公務員試験
過去問攻略Ｖテキスト ❷

TAC公務員講座 編

民 法 (下)

TAC出版
TAC PUBLISHING Group

●── はしがき

本シリーズのねらい──「過去問」の徹底分析による効率的な学習を可能にする

<u>合格したければ「過去問」にあたれ。</u>

あたりまえに思えるこの言葉の、ほんとうの意味を理解している人は、じつは少ないのかもしれません。過去問は、なんとなく目を通して安心してしまうものではなく、徹底的に分析されなくてはならないのです。とにかく数多くの問題にあたり、自力で解答していくうちに、ある分野は繰り返し出題され、ある分野はほとんど出題されないことに気づくはずです。ここまできて初めて、「過去問」にあたれ、という言葉が自分のものにできたといえるのではないでしょうか。

頻出分野が把握できたなら、もう合格への道筋の半分まで到達したといっても過言ではありません。時間を効率よく使ってどの分野からマスターしていくのか、計画と戦略が立てられるはずです。

とはいえ、教養試験も含めると20以上の科目を学習する必要がある公務員試験では、過去問にあたれといっても時間が足りない、というのが実状ではないでしょうか。

そこでTAC公務員講座では、<u>みなさんに代わり全力を挙げて、「過去問」を徹底分析し、この『過去問攻略Vテキスト』シリーズにまとめあげました。</u>

<u>網羅的で平板な解説を避け、不必要な分野は思いきって削り、重要な論点に絞って厳選収録しています。また、図表を使ってわかりやすく整理されていますので、初学者でも知識のインプット・アウトプットが容易にできるはずです。</u>

『過去問攻略Vテキスト』の一冊一冊には、"無駄なく勉強してぜったい合格してほしい"という、講師・スタッフの思いが込められています。公務員試験は長く孤独な戦いではありません。本書を通して、みなさんと私たちは合格への道を一緒に歩んでいくことができるのです。そのことを忘れないでください。そして、必ずや合格できることを心から信じています。

2019年5月　ＴＡＣ公務員講座

●── 第2版（大改訂版）　はしがき

　長年、資格の学校ＴＡＣの公務員対策講座で採用されてきた『過去問攻略Ｖテキスト』シリーズが、このたび大幅改訂されることになりました。

◆より、過去問攻略に特化

　資格の学校ＴＡＣの公務員講座チームが過去問を徹底分析。合格に必要な「標準的な問題」を解けるようにするための知識を過不足なく掲載しています。

　『過去問攻略Ｖテキスト』に沿って学習することで、「やりすぎる」ことも「足りない」こともなく、必要かつ充分な公務員試験対策を進められます。

　合格するために得点すべき問題は、このテキスト1冊で対策できます。

◆より、わかりやすく

　執筆は資格の学校ＴＡＣの公務員講座チームで、受験生指導に当たってきた講師陣が担当。受験生と接してきた講師が執筆するからこそ、どこをかみ砕いて説明すべきかがわかります。

　読んでわかりやすいこと、講義で使いやすいことの両面を意識した原稿づくりにこだわりました。

◆より、使いやすく

・本文デザインを全面的に刷新しました。

・「過去問 Exercise」などのアウトプット要素も備え、知識の定着と確認を往復しながら学習できます。

・ＴＡＣ公務員講座の講義カリキュラムと連動。最適な順序でのインプットができます。

　ともすれば20科目以上を学習しなければならない公務員試験においては、効率よく試験対策のできるインプット教材が不可欠です。『過去問攻略Ｖテキスト』は、上記のとおりそのニーズに応えるべく編まれています。

　本書を活用して皆さんが公務員試験に合格することを祈念しております。

2022年8月　ＴＡＣ公務員講座

●── 〈民法〉はしがき

　本書は、地方上級・国家一般職・国家専門職・裁判所職員一般職の公務員試験の合格に向けて、過去問（過去に出題された問題）を徹底的に分析して作成されています。過去問の分析を通じてわかることは、特定の分野から繰り返し出題されていることです。そこで、試験対策として頻出箇所を優先的に学習する必要があります。そのような学習のために、本書は以下の特長を有しています。

1．一冊で本試験に対応

　近時の公務員試験に対応するために充分な情報量を盛り込んであり、本書一冊で試験のインプット対策はOKです。本文中に各節の最後に掲載している過去問との対応を明示したことで、直ちに内容の確認を図ることができます。

2．条文事項・重要判例の重視

　民法は、条文数が 1050 条、判例が約 600 以上あり、憲法と比べるとかなり多いうえに、法律用語、制度等が横断的に登場するため、苦手意識をもつ受験生が多い科目の 1 つです。そのため、 発展 の表示（後述 3．参照）、条文事項については 意義 ・ 趣旨 、判例事項等については 問題点 → 結論 → 理由 の順に掲載して、知識の習得・理解の手助けとなるようにしています。また、 設例 を設け、条文や判例の具体的なイメージを持てるようにしています。

3． 発展 の明示

　 発展 アイコンは、①過去問を分析し 2021 年を基準として、10 年間に 1 回以下しか出題のないもの、②一部の試験種のみしか出題がない分野や箇所、③現在学習している箇所よりも後の分野の理解が前提となる箇所・分野、④難度の高い分野に記しており、学習の効率化を図るために仕分けをしたものです。 発展 の箇所については、初学者は民法を一通り学習した後に読むことを勧めます。

4．重要事項のゴシック化と赤字

　メリハリをつけて読めるようにするため、意義・要件・判例の規範部分や理由部分の重要事項については文字をゴシックにしました。また、キーワードとして覚えるべき単語については、赤字としています。

5．重要事項一問一答、過去問チェック、章末の過去問で確認

　公務員試験にあたり重要なことは、「本番の試験」で問題が解けることにあります。このためには、知識を整理して頭にインプットしておく必要があります。重要事項の確認や過去問チェックで、インプットした知識を節ごとに確認し、章末の過去問で、公務員試験のレベルを体感してください。

5　2018 年・2021 年民法改正対応

　2018 年民法等（相続法）改正、2021 年民法（物権法）改正に対応しています。改正点については、マークをつけていますので、注意して学習しましょう。

※本書は、2022 年 5 月 1 日を執筆基準日として加筆・修正を行っています。

2022 年 8 月　ＴＡＣ公務員講座

本書の使い方

　本書は、本試験の広範な出題範囲からポイントを絞り込み、理解しやすいよう構成、解説した基本テキストです。以下は、本書の効果的な使い方ガイダンスです。

本文

●アウトライン
その節のアウトラインを示しています。これから学習する内容が、全体の中でどのような位置づけになるのか、留意しておくべきことがどのようなことなのか、あらかじめ把握したうえで読み進めていきましょう。

●アイコン
法律科目の学習においては抽象的な概念が数多く登場します。これらを学習する際には、意義、趣旨などの要素に分けて捉えておくことで試験問題の求める切り口に対応しやすくなります。
これらのアイコンは、学習事項をそのような要素に切り分けて示したものです。

●語句
重要な語句や概念は、初めて登場したときにここで解説しています。

国般★★★／国専★★☆／裁判所★★★／特別区★★☆／地上★★☆

9 契約各論(3)—その他② 請負

本節では、建物の建築を依頼する場合などに用いられる請負契約について扱います。

1 総説

1 請負契約の意義

意義 請負契約(請負)とは、当事者の一方(請負人)がある仕事を完成することを約束し、相手方(注文者)がその仕事の結果に対してその報酬を支払うことを約束することによって、その効力を生じる契約である(632条)。 01

【請負契約】

　請負は、注文者と請負人が約束することのみで成立する諾成契約であり(書面は不要である)、「仕事の完成」「報酬の支払」という対価的な債務を互いに負担する双務契約であり、注文者が金銭的な負担をする有償契約である(諾成・双務・有償契約)。 01

〈語句〉●注文者とは請負において、仕事の完成を依頼した者のことをいう。請負人とは仕事を完成させて報酬を受け取る者のことをいう。

2 請負契約の成立

　請負は諾成契約なので、注文者と請負人が約束すること、言いかえれば、注文者と請負人の意思表示(申込み・承諾)が合致することで成立する。

　例えば、Aが「建物を建築して欲しい」と申込みをしたことに対し、Bが「建物を建築します」と承諾をしたことで、AB間で建物の建築を目的とする請負契約が成立する。

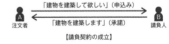

【請負契約の成立】

2012〜2021年度の直近10年間の出題において、この節の内容の出題がどの程度あったかを示していますので、学習にメリハリをつけるための目安として利用してください。

★★★：3問以上出題
★★　：2問出題
★　　：1問出題
★なし：出題なし

【試験の略称表記】

「国般」	：国家一般職
「国専」	：国税専門官、労働基準監督官、財務専門官
「裁判所」	：裁判所職員一般職
「特別区」	：特別区Ⅰ類
「地上」	：道府県庁・政令市役所上級

そして、請負契約の目的である「仕事の完成」は、建物(ex.住宅、マンション)の建築、土地の工作物(ex.道路、橋梁)の建設、物品(ex.機械、加工食品)の製造、人や物品の運送(ex.タクシー、宅配便)など多岐にわたっている。

〈解説〉　請負契約に関しては、「業法」と呼ばれる各種の特別法(ex.建設業法)によって規制される部分も多いが、公務員試験では民法の規定を押さえておけば足りる。

2 当事者の義務

請負人は、仕事を完成させる義務のほか、引渡しが必要な場合は完成した仕事の目的物を注文者に引き渡す義務を負うのに対し、注文者は、完成した仕事の報酬(請負代金)を支払う義務を負うのが基本である。

1 請負人の義務

① 仕事完成義務

請負人は、注文者に対して、請負契約において定められた仕事を完成させる義務を負う(仕事完成義務)(632条)。

民法上は、請負人が仕事を完成させる手段について、特段の制限を設けていない。したがって、請負人が仕事の全部又は一部の完成を第三者(下請負人)に請け負わせることも可能である〔02〕。これを下請(下請負)という。

発展　下請があった場合、下請負人は請負人に対して義務を負うにとどまり、注文者に対して直接義務を負わない。〔A〕

〈語句〉●元請(元請負)とは、下請に対して、注文者から直接仕事の完成を請け負うことをいい、元請における請負人のことを元請負人という。

〈解説〉　当事者間の特約によって、下請を禁止又は制限することは可能である。

② 完成物の引渡義務

仕事の完成が物の引渡しを要する場合、請負人は、注文者に対して、完成した仕事の目的物(完成物)を引き渡す義務を負う。

例えば、仕事の完成が「新築の建物の建築」である場合には、建築した建物を注文者に引き渡すことを要するので、請負人は、完成した建物を注文者に引き渡す義務

第5章 債権各論

●過去問チェック用アイコン
節の末尾にある、後述の「過去問チェック」の問題番号に対応しています。「過去問チェック」の問題に関連する情報であることを示しています。
※予想問題も作成しています。

●発展アイコン
初学者は民法を一通り学習した後に読むことをお勧めする箇所です(詳細は「〈民法〉はしがき」Ⅴ頁を参照)。

（※図はいずれもサンプルです）

設例 記事の読み方

これから学習する項目の権利関係、法律行為を把握していただくために、出題頻度の高い条文あるいは制度等を、平易に、モデル化しました。

して同時履行の抗弁権(533条)を有する場合、保証人は、債権者に対して同時履行の抗弁権を主張して、保証債務の履行を拒むことができる。 13

③ 主たる債務者に相殺権・取消権・解除権が生じた場合

> 設例 ①XがAから100万円を借り入れる(AがXに対して100万円の貸金債権を取得する)に際して、②Yが保証人になった。その後、③XがAに対して80万円の代金債権を取得し、貸金債権と代金債権は相殺可能な状況になったが、④Xは相殺をしようとしない。この場合、保証債務の履行について、Yはどのような主張をすることができるか。

主たる債務者が債権者に対して相殺権・取消権・解除権を有するときは、これらの権利の行使によって主たる債務者がその債務を免れるべき限度において、保証人は、債権者に対して債務の履行を拒むことができる(保証人の履行拒絶権)(457条3項)。この場合、保証人が相殺権・取消権・解除権を行使して主たる債務を消滅させることはできず、自らの保証債務の履行を拒むことができるにとどまる。 14

> 設例 の場合、Yは、Xが貸金債務について相殺権を行使すれば免れる80万円の限度で、保証債務の履行を拒むことができる。したがって、Yが保証債務の履行をするときは、20万円を支払えばよい。

2 保証人に生じた事由

保証債務の独立債務性が重視され、保証人に生じた事由は、弁済その他債権を消滅させる事由(代物弁済・供託・相殺)が保証債務に生じた場合を除き、主たる債務者に影響しない(相対効)。 15

例えば、保証人Yの保証債務について消滅時効の完成猶予・更新や履行遅滞が生じても、主たる債務者Xには影響せず、主たる債務の消滅時効の完成猶予・更新や

上記 設例 の、答え―結論・結果です。この答えと同様に権利関係、法律行為をとらえ、自ら答えを導き出すことができたか、確認してみましょう。

重要事項一問一答

節の最後に、学習内容を復習できる一問一答を設けています。

重要事項 一問一答

01 債務者が債権者に対して債務の弁済をした場合の効果は？
当該債権の消滅(473条)

02 弁済をすべき場所の約定がない場合、特定物の引渡し場所は？
債権発生の時にその物が存在した場所(484条1項)

03 弁済をすべき場所の約定がない場合、不特定物の引渡し場所は？
債権者の現在の住所(484条1項)

04 弁済の費用について約定がない場合、弁済の費用は、原則誰の負担か？
債務者(485条)

05 弁済を証明するための証拠を確保する方法（権利）は（2つ）？
①受取証書の交付請求権(486条1項)、②債権証書の返還請求権(487条)

06 第三者が債務者の代わりに弁済することは、原則としてできるか？
原則としてできる(474条1項)

07 「弁済をするについて正当な利益を有する者」とは？
弁済について法律上の利害関係を有する者をいう。

08 第三者が債務者に代わって弁済をした場合は債権は消滅するか？

過去問チェック

実際の試験での出題を、選択肢の記述ごとに分解して掲載したものです。本文の学習内容を正しく理解できているかを確認するのに利用してください。

冒頭の記号は本文中に埋め込まれたアイコンと対応していますので、答えがわからない場合は戻って確認しましょう。

01 数字の問題：基本論点

Ａ アルファベットの問題
：発展的な論点

04/予 ：予想問題

出題のあった試験と出題年度を示しています。

過去問チェック（争いのあるときは、判例の見解による）

01 弁済の費用は、別段の意思表示がないときには、原則として債務者の負担となる。
○（裁2015）

02 弁済の費用について別段の意思表示がない場合、債権者が住所の移転その他の行為によって弁済の費用を増加させたときは、その増加額は、債権者の負担とする。
○（区2019改題）

03 弁済をする者は、弁済を受領する者に対して、弁済と引換えに受取証書の交付を請求することができる。
○（区2014改題）

04 債権に関する証書がある場合において、弁済をした者が全部の弁済をしたときは、弁済をした者は、弁済を受領した者に対して受取証書の交付を請求できるので、債権に関する証書の返還を請求することはできない。
×（区2014）「債権に関する証書の返還を請求することはできない」が誤り。

05 自ら債務を負っていない第三者は、債権者と債務者の合意で認められた場合以外は、債務の弁済をすることができない。
×（裁2011）「債権者と債務者の合意で認められた場合以外は、債務の弁済をすることができない」が誤り。

06 債務の弁済をなすべき者は、原則は債務者であるが、債務者以外の第三者も弁済をすることができるから、芸術家が絵画を創作する債務についても、第三者が弁済をすることはできる。

【試験の略称表記】

「国般」	：国家一般職	「労」	：労働基準監督官
「税・労」	：国税専門官および労働基準監督官	「財」	：財務専門官
「税・労・財」	国税専門官、労働基準監督官および財務専門官	「裁」	：裁判所職員一般職
「予想問題」	：本試験で出題が予想される問題	「区」	：特別区Ⅰ類

過去問Exercise

章の終わりに、実際の過去問にチャレンジしてみましょう。

解説は選択肢（記述）ごとに詳しく掲載していますので、正解できたかどうかだけでなく、正しい基準で判断できたかどうかも意識しながら取り組むようにしましょう。

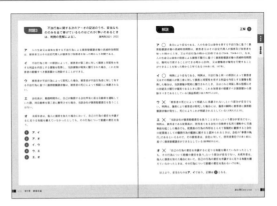

CONTENTS

第 4 章

債権総論

　本章では、債権が特定の人に対する相対的な請求権であることを前提に、各制度を理解してください。特に債権総論はどの制度も重要ですので、各制度を十分に学習する必要があります。公務員試験では、債権者代位権、詐害行為取消権、債権譲渡が特に重要です。

債権の目的

本節では、債権の目的を扱います。

1 債権法の全体像

債権法は、債権総論と債権各論に大別され、さらに以下のように細分される。

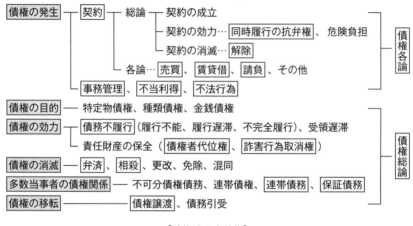

【債権法の全体像】

※「債権」・「債務」の使い分けは慣用的なもので特に意味はない。

2 債権とは

意義 債権とは、特定の人に一定の行為(作為または不作為)を請求することができる権利をいう。債権を有する者を**債権者**といい、その相手方を**債務者**という。

(例)金銭を支払え(作為)、物を引き渡せ(作為)
　　私が賃貸した建物で深夜営業をするな(不作為)

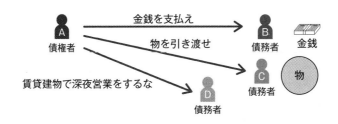

設例 売主Aは買主Bにテレビ1台を10万円で売却する契約を結んだ。

　設例 では、Aに代金10万円の支払いを請求する権利(代金債権)が発生するのに対し、Bにテレビの引渡しを請求する権利(テレビの引渡債権)が発生する。これを、請求された者の義務という観点から言いかえると、Bには代金10万円の支払いをする義務(代金債務)、Aにはテレビの引渡しをする義務(テレビの引渡債務)が発生することになる。

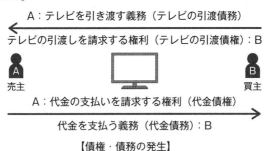

A：テレビを引き渡す義務（テレビの引渡債務）

テレビの引渡しを請求する権利（テレビの引渡債権）：B

A：代金の支払いを請求する権利（代金債権）

代金を支払う義務（代金債務）：B

【債権・債務の発生】

　このように、テレビをめぐって、当事者(A・B)の間で向かい合う2つの債権(債務)が発生する。2つの債権は、互いに関連性はあっても別個独立のものであり、それぞれの債権者は独自に自ら有する債権を他人に譲渡(ex.債権の売買)することもできる。

　なお、売買契約の成立によりテレビの所有権はAからBに移転するが(移転時期については、当該テレビが特定物か不特定物かで異なる)、テレビの所有権が誰に帰属するかは、物に対する支配権である物権の問題であり、これは**債権とは別個に問題となるもの**である。

1 債権の発生原因

　債権は、契約・事務管理・不当利得・不法行為によって生じる。

【債権の発生原因】

① 契約 ───────→当事者の意思の合致で発生

② 事務管理 ─┐
③ 不当利得 ─┼───→法律の規定により発生
④ 不法行為 ─┘

　※①～④の詳細は第5章「債権各論」で扱う。

2 債権の性質（通有性）

　債権は、物を直接支配する物権と異なり、特定の人に対して一定の行為を請求する権利である。そこから、次のような異同が見られる。

【物権と債権の性質の違い】🔖発展

	債権	物権
権利の客体	債務者の行為	特定の物
直接性	なし（債務者に対して履行を請求できるにすぎない⇒間接性※1）	あり（他人の行為を介在せずに支配できる）
排他性	なし（1人の債務者に同一内容の債権が複数成立する）※2 [A]	あり（1個の物の上に同一内容の物権は1つだけ）
絶対性	なし（債務者に対してのみ主張できる⇒相対性）[B]	あり（誰に対しても主張できる）
優先的効力	**原則** 物権が債権に優先する。「売買は賃貸借を破る」 **例外** 債権が物権に優先する場合がある	
譲渡性	原則として、自由に譲渡することができる [C]	
不可侵性	第三者が不当に侵害した場合には、損害賠償請求等が可能である [D]	

※1 債権の実現には他人（債務者）の行為が必要で、他人の行為を介在してしか支配できないので、これを間接性という。

※2 Bが講師Aに対して、自己の教室で講義をしてもらうという債権を有する場合に、CもAに対して、同日同時刻に自己の教室で講義をしてもらう債権を有するとすれば、BC間に優劣はない。この場合、B・Cどちらかの講義は不可能となり、講義をしてもらえなかった者はAに対する債務不履行責任を追及することになる。

○月□日△時に講義		○月□日△時に講義
B 講義依頼者 [債権者]	A 講師 [債務者]	C 講義依頼者 [債権者]

③ 債権の目的

①▷ 目的の要件

意義 債権の目的(対象)を**給付**という。すなわち、**相手方(債務者)の一定の行為**を意味する。

　給付の内容は、金銭の支払い、事務の処理、物の引渡し、賃貸建物での深夜営業の禁止など多種多様である(**契約自由の原則**)。これらに共通して必要な要件として、次のものが挙げられる。いずれかを欠く場合には、債権としての効力は認められず、**無効**となる。

要件 ① **適法性**

　　　　給付の内容は、公序良俗(90条)や強行規定(91条参照)に反しないものでなければならない。

　　　　(例)殺人の契約は、公序良俗に反して無効であるから、殺人を実行する債務も発生しない。

② **確定性**

　　　　債務者に要求する「一定の行為」が確定していなければならない。ただし、債権成立時ではなく、履行期までに確定すればよい。

　　　　(例)「○月△日までに債権者の指定する物を持参すること」という債務は、約束した○月△日までに債権者が物を指定しなければ、債務は確定せず無効となる。

〈解説〉　旧民法では、債権の目的の要件として「可能性」＝「債権の目的は、実現可能なものでなければならない」があると解されていた。しかし、改正民法は、契約に基づく債務の履行が契約成立時に不能であったとしても損害賠償請求を妨げないとしており(412条の2第2項)、債権の目的の要件として「可能性」は求められていないと解されている。

②▷ 目的の内容

① 債権の概念による分類

　債権の分類の概念の一つとして**なす債務**と**与える債務**がある。条文に規定はなく、学問上の分類にすぎない。

意義 ① **なす債務**とは、債務者の行為そのものを目的とする債務をいう。

② **与える債務**とは、物の引渡しを目的とする債務をいう。

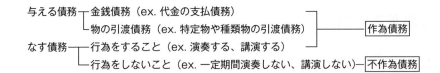

与える債務┬金銭債務（ex. 代金の支払債務）
　　　　　└物の引渡債務（ex. 特定物や種類物の引渡債務）┐
なす債務┬行為をすること（ex. 演奏する、講演する）　　　┴ 作為債務
　　　　└行為をしないこと（ex. 一定期間演奏しない、講演しない）─ 不作為債務

② 債務の内容に応じた分類

債務の内容に応じた分類として、以下のようなものがある。

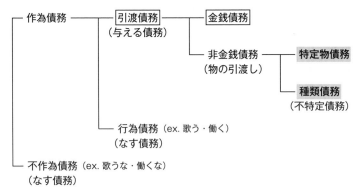

　┌─作為債務─────┬ 引渡債務 ───── 金銭債務
　│　　　　　　　　（与える債務）
　│　　　　　　　　　　　　　　└─ 非金銭債務 ──── **特定物債務**
　│　　　　　　　　　　　　　　（物の引渡し）
　│　　　　　　　　　　　　　　　　　　　　└─ **種類債務**
　│　　　　　　　　　　　　　　　　　　　　　（不特定債務）
　│
　├─── 行為債務（ex. 歌う・働く）
　│　　（なす債務）
　│
　└─ 不作為債務（ex. 歌うな・働くな）
　　　（なす債務）

【債務の内容に応じた分類】

③ 引渡債務の引渡し場所

意義　① 　**持参債務**とは、**債権者**の住所に目的物を**債務者**が持参する債務をいう。

② 　**取立債務**とは、**債務者**の住所で目的物を**債権者**が取り立てる債務をいう。

③ 　**送付債務**とは、**債権者・債務者**の住所以外の場所に目的物を送付する債務をいう。

3 特定物債権

リサイクルショップAで、Bは2万円の中古テレビを購入する契約を締結した。その後に以下の①～③の事実が生じた(各事実は独立したものとする)。

設例❶ 売主Aが誤って、テレビを焼失させてしまい、Bに引き渡すことができなかった。

設例❷ 地震が発生してテレビが全損してしまい、Bに引き渡すことができなかった。

設例❸ 引渡しを受けたBがテレビの電源を入れたところ、画面が映らなかった。

① 意義

意義 ① 特定物債権とは、特定物の引渡しを目的とする債権をいう。

② 特定物とは、その物の個性に着目して取引の対象となった物をいう。
(例)不動産(土地・建物)・美術品(絵画・彫刻)・中古品

② 特徴❶ ―引渡しまでの保存義務(400条)

意義 債権の目的が特定物の引渡しであるときは、債務者は、その引渡しをするまで、善良な管理者の注意(=善管注意義務)をもって、その物を保存しなければならない。

善管注意義務の内容は、契約その他の債権の発生原因及び取引上の社会通念に照らして判断される。

③ 特徴❷ ―目的物の引渡義務(483条)

原則 債務者は、契約その他の債権の発生原因及び取引上の社会通念に照らして定まった品質の物を引き渡す義務を負う。

(例)通常の売買契約であれば、壊れていない物や腐っていない物を引渡

す義務を負う。

例外 その引渡し時の品質を定めることができないときは、**引渡し時の現状で物を引き渡せばよい。**

趣旨 483条は、原則論として、特定物であっても、引き渡された目的物が契約などに照らして定まった品質に合致しなければ、契約不適合となり、債務不履行責任が成立することを明らかにした。

④ 引渡し前の物の滅失 **発展**

問題点 引渡しを受けるはずの特定物が引渡し前に滅失した場合（破壊された場合や焼失した場合など）、債権者は特定物の引渡しを請求することができるか。

結論 引渡しを請求することはできない（412の2第1項）。

理由 特定物の滅失により、債務者の**引渡債務は履行不能**となる（412条の2第1項）。債務者は別の物を調達して給付する義務はない。 **E**

　この場合、特定物の滅失について**債務者の責めに帰するべき事由（帰責事由）**があれば、**債務不履行責任に基づく損害賠償**（詳細は本章 **2** 節「債権の効力①—債務不履行」で扱う）の問題になり（412条の2第2項）、債務者に帰責事由がなければ（**天災等による**）、**危険負担の問題となる**（536条）。 **F**

〈解説〉 危険負担の規定では、債務の履行不能について、双方に帰責事由がない場合は、債権者が債務者からの反対給付の履行請求を拒絶することができる（536条1項）のに対し、債権者に帰責事由がある場合は、債権者が債務者からの反対給付の履行請求を拒絶することができない（536条2項本文、詳細は第5章 **2** 節 **❷** 項「危険負担」で扱う）。

> **設例❶** においては、売主Aが誤って中古テレビを燃やして焼失させた場合（売主Aに帰責事由がある場合）なので、買主Bは、債務不履行に基づく損害賠償を請求することになる。
>
> **設例❷** においては、地震によって中古テレビが滅失した場合（売主A・買主Bの双方に帰責事由がない場合）なので、危険負担の規定（536条1項）により、B（債権者）がA（債務者）からの代金2万円の支払請求を拒否することができる。

⑤ 引渡しを受けた物に損傷があった場合

問題点 引渡しを受けた特定物に損傷があった場合（動作不良や一部欠損など）、債権者は債務者に対してどのような請求をすることができるか。

結論 契約の目的物に不適合があるとして、**損害賠償請求・契約解除・追完請求・代金減額請求**をすることができる（562条〜564条、543条、詳細は第5章**5**節「契約各論(1)—売買②」で扱う）。

理由 特定物の損傷は、目的物の品質が契約の内容に適合しない場合であり、契約の目的物の不適合に該当する。

〈**解説**〉 契約の目的物に不適合がある場合、買主は、自らに帰責事由がないときに、契約解除・追完請求・代金減額請求が可能である（562条〜564条、543条）のに対し、売主に帰責事由があれば、損害賠償請求が可能である（564条、415条1項。詳細は第5章**5**節「契約各論(1)—売買②」で扱う）。

〈**語句**〉 ●**不適合**とは、目的物の種類、品質、数量、権利が契約の内容に適合しないことを指す（562条1項、565条）。
  ●**追完請求**とは、契約の内容に適合した履行を請求することをいう。具体的には、目的物の修補、代替物の引渡し、不足分の引渡しなどを請求することができる。

> **設例❸**においては、中古テレビの画面が正常に映らないことが契約の目的物の不適合に該当するので、画面の故障について買主Bに帰責事由がなければ、Bは、売買契約の解除のほか、売主Aに対して中古テレビの代金減額請求、修補請求等をすることもできる。また、画面の故障についてAに帰責事由があれば、Bは、Aに対して損害賠償請求をすることができる。

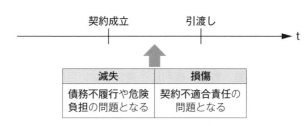

【特定物と債務者の責任】

4 種類債権（不特定債権・不特定物債権）

設例 電気店Cで、Dは10万円の新品テレビを購入した。売主Cの倉庫で火災があり、倉庫内にあった新品テレビがすべて焼失してしまった場合、Dはテレビの引渡しを請求することができるか。

① 意義

意義 ① 種類債権(不特定債権)とは、種類物(不特定物)の引渡しを目的とする債権をいう。反対に、種類物(不特定物)の引渡しを目的とする義務のことを種類債務(不特定債務)という。

② 種類物(不特定物)とは、その種類のみに着目して取引の対象となる物をいう。例えば、新品の動産(テレビ・スマートフォン・市販の缶コーヒー等)がこれにあたる。

〈解説〉 民法上は「債権の目的物を種類のみで指定した場合」と定義されている(401条1項)。厳密には、不特定物は種類物よりも狭い概念であるが、試験対策上は同じ概念であると考えてよい。

② 特徴❶—種類・品質・数量・権利に不適合のない目的物の給付義務

種類債務を負っている債務者は、種類・品質・数量・権利に不適合のない目的物の給付義務を負う。

理由 種類債権を有する債権者は、その債務者に対して完全履行請求権を有するから。

債権者に給付した目的物が契約の内容に適合していないときは、後述の⑤「種類物の特定」は生じておらず、債務者は債務不履行責任を負う。

③ 特徴❷—調達して給付する義務（調達義務）

種類債務を負っている債務者は、目的物が滅失しても、同種の物が存在しており、取り寄せが可能であれば、他の同種の物を市場から調達して給付する義務を負う。

理由 種類物は、たとえ損傷・滅失してもメーカーから取り寄せるなど、同種の物を用意することが可能であり、取引上の社会通念に照らして**引渡債務が履行不能になるとはいえない**から。

同種の物を調達して給付することができなかった場合、債務者は、債務不履行責任を負う。

④ 特徴❸──保存義務を負わない

種類債務を負っている債務者は、保管義務として**善管注意義務は負わない**。

理由 種類債務を負っている債務者には調達義務が課されているから、保管義務を負わせる必要がない。

設例においては、倉庫内にあった新品テレビがすべて焼失しても、売主C（種類債務を負っている債務者）は、メーカーから新品テレビを取り寄せるなどして、買主D（種類債権を有する債権者）に引き渡さなければならない。

---

⑤ 種類物の特定（401条2項）

意義 **種類物の特定**とは、売主が買主に引き渡す種類物を特定の物に決定することをいう。

要件 ①債務者が**物の給付に必要な行為を完了したとき**、または、②**債権者の同意を得て給付すべき物を指定したとき**。

効果 給付の目的物がその物に特定され、以後は、**特定物と同じく扱われる**。債務者は、調達して給付する義務から解放され、**特定した物を引き渡せばよい**ことになるが、**善管注意義務を負う**ことになる。

趣旨 種類物については、同種の物が市場に存在する限り、債務者が調達義務を負うことになっており、この義務からの解放を認めた。

⑥ 特定の時期 ／発展

問題点 401条2項の「債務者が物の給付に必要な行為を完了したとき」（特定の時期）とはいつを指すか。

結論 債務の種類（目的物の引渡し方法）により、以下のようになる。なお、債務は、特約がない限り持参債務が原則になる（484条1項）。

債務の種類	内容	特定の時期
持参債務 じさん	売主が買主の下(自宅など)に物を届ける	売主が種類物を買主の下に持参した時点(=現実の提供※) G
取立債務 とりたて	買主が物を引取りに行く	売主が種類物を他の物と分離し、引渡しの準備を整えてこれを債権者に通知した時点(=分離+口頭の提供※) H
送付債務 そうふ	買主の指定した場所に届ける	原則として持参債務と同じ

※ 現実の提供、口頭の提供については、本章 8 節「債権の消滅(2)―弁済②」で扱う。

5 制限種類債権 /発展

意義 **制限種類債権**とは、種類債権のうち、**種類の範囲に限定のあるもの**をいう。例えば、A倉庫内にあるパソコン10台を引き渡す債権がある。

制限種類債権においては、その制限に当てはまる物が**すべて滅失すると履行不能**となる。例えば、A倉庫内にあるパソコン10台を引き渡す債権(制限種類債権)は、火災によりA倉庫内にあるパソコンがすべて焼失した場合、履行不能となる。 I

6 金銭債権

意義 **金銭債権(債務)**とは、一定額の金銭の支払いを**目的**とする債権(債務)のことをいう。

(例)売買契約から発生する売買代金債権、金銭消費貸借契約から発生する貸金債権等

〈解説〉 金銭債権については、過去20年間で、債務不履行にかかわる事項を除いて出題がないため、省略する。

重要事項 一問一答

01 債権とは?

特定の人に一定の行為(作為または不作為)を請求することができる権利

02 債権の発生原因は(4つ)?

①契約、②事務管理、③不当利得、④不法行為

03 債権の性質のうち、①間接性、②非排他性、③相対性の意味は?

①実現には他人(債務者)の行為が必要、②同じ内容の債権が両立する、③債務者に対してのみ主張できる

04 債権と物権に共通する性質は(2つ)?

①譲渡性がある、②不可侵性がある

05 特定物債権とは？

特定物の引渡しを目的とする債権

06 特定物とは？

その物の個性に着目して取引の対象となった物(≒非代替物)

07 特定物の具体例は（3つ）？

①不動産、②美術品、③中古品

08 特定物の債務者の義務は（2つ）？

①善管注意義務、②引渡義務

09 特定物が滅失した場合、債務者に目的物の調達義務はある？

調達義務はない。引渡債務は履行不能となる。

10 種類債権（不特定債権）とは？

種類物(不特定物)の引渡しを目的とする債権

11 種類物（不特定物）とは？

その種類のみに着目して取引の対象となる物(≒代替物)

12 種類物の具体例は？

新品の動産

13 種類物が滅失した場合、債務者に目的物の調達義務はある？

調達義務はある。

14 種類物の特定とは？

買主が売主に引き渡す種類物を特定の物に決定すること

15 種類物が特定する場合は（2つ）？

①債務者が物の給付に必要な行為を完了したとき、②債権者の同意を得て給付すべき物を指定したとき

16 持参債務が特定するのは？

売主が種類物を買主の住所まで持参した時点(現実の提供)

17 取立債務が特定するのは？

売主が種類物を分離・準備・通知した時点

18 種類物が特定された場合の効果は（2つ）？

①特定した物を引き渡せばよい(調達義務がなくなる)、②善管注意義務を負う。

過去問チェック（争いのあるときは、判例の見解による）

A 物権には排他性があり、原則として一つの物について同一の内容の物権は一つしか成立しないが、債権には排他性がないので、同一の給付内容を目的とする複数の債権が成立し得る。

○（国般2008）

B 物権には絶対性があるが、債権には絶対性がなく、債務者に対する相対的権利である。
○（国般2008改題）

C 債権は、物権と異なり、原則として自由に譲渡することができない。したがって、債権を譲渡するには、当初の債権者と債務者の間で特別の約定をしておく必要がある。
×（国般2008）全体が誤り。

D 物権には絶対性があるので、侵害されると不法行為が成立するが、債権には相対性があるにすぎないので、第三者に侵害されても不法行為は成立しない。
×（国般2008）「第三者に侵害されても不法行為は成立しない」が誤り。

E 買主Aが売主Bと建物の売買契約を締結した後、Bの煙草の火の不始末で引渡し前に当該建物が全焼してしまった場合、Bは別の建物を調達してAに引き渡す義務を負う。
×（国般2011）「Bは別の建物を調達してAに引き渡す義務を負う」が誤り。

F Bは画商Aから、さる有名な画家の手による絵画を購入し、Aは所定の期日にB宅に配達したが、売買契約締結時から履行期日までの間に、Aの責めに帰することができない事由によって、当該絵画の一部が損傷していた場合、BはAに対して損害賠償を請求できる。
×（税・労2001改題）「BはAに対して損害賠償を請求できる」が誤り。

G Bは家具店Aから量販品のテーブルを購入し、所定の期日にB宅へ配達してもらうこととしていたが、Aは、所定の期日にB宅へ配達中、Aの責めに帰することができない事由によって、当該テーブルを紛失してしまったが、替わりのテーブルを期日までに配達した。この場合、BはAに対して損害賠償を請求できる。
×（税・労2001改題）「BはAに対して損害賠償を請求できる」が誤り。

H 種類物の売買契約において、買主が売主の下を訪れて目的物の引渡しを行うという合意がされた場合に、売主は、買主に対して目的物を引き取りにくるよう通知しただけでは、その後に当該目的物が滅失したときに、売主は同種の物を調達し

て買主に引き渡さなければ、債務不履行の責任を負う。

○（裁2014）

Aを売主、Bを買主とする売買契約が締結された。Aが、Bに対して、倉庫に保管されているガラスのコップのうちの100個について売買契約を締結し、Bが引き取りに行く日時を定めていたが、その後、ガラスのコップは、地震により、保管されていた全てのガラスのコップとともに割れてしまった。この場合、Aの引渡し債務は履行不能となる。

○（裁2004改題）

2 債権の効力①―債務不履行

本節では、履行遅滞、履行不能、不完全履行という３種類の債務不履行と、債務不履行に基づく損害賠償を中心に扱います。

1 債務不履行総説

1 債権の効力

債権には、請求力、給付保持力、訴求力等の効力が認められる。

【債権の効力の一覧】

効力	内容
請求力	債務者に債務の**履行を請求**することができる
給付保持力	債務者から受け取った**給付を保持**することができ、返還する必要がない
訴求力	債務者に債務の履行をするよう**裁判所に訴える**ことができる
執行力	債権者は**履行の強制**（強制執行）により債権を実現することができる
債務不履行責任の追及	債務不履行の態様ごとに、①履行の強制、②**損害賠償の請求**、③**契約の解除**などができる
責任財産の保全※	**債権者代位権**や**詐害行為取消権**を行使することができる

※ 責任財産の保全については、本章 **4** 節「債権の効力③―責任財産の保全」以降で扱う。

2 債務不履行の意義

意義 ① 債務不履行とは、債務者がその**債務の本旨に従った履行をしない**ときまたは**債務の履行が不能**であるときをいう（415条１項）。
② 「債務の本旨に従った履行をしないとき」とは、**履行遅滞、不完全履行**を指す。
③ 「債務の履行が不能であるとき」とは、**履行不能**を指す。

効果 債権者は、①**履行の強制**（414条１項）を裁判所に請求することができる。また、それぞれの要件を満たせば、②**契約の解除**（541条、542条）、③**損害賠償の請求**（415条）をすることができる。

〈解説〉 履行不能が原始的不能（契約に基づく債務の履行が契約成立時に不能で

あったこと)であっても、損害賠償請求は可能である(412条の2第2項)。

　契約の解除については、第5章 **3** 節「契約総論③―解除」で扱い、ここでは債務不履行の種類、損害賠償の内容等について説明する。

2 債務不履行の種類

　債務不履行には、履行不能、履行遅滞、不完全履行の3種類がある。

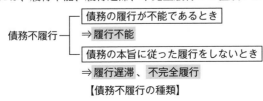

【債務不履行の種類】

1 履行不能

> **設例**　売主Aは、自己の所有する建物甲を買主Bに売却する契約を結んだ。しかし、隣家が火事になり、その延焼により建物甲は焼失したため、Bは引渡し日に建物甲の引渡しを受けられなかった。BはAに対してどのような主張をすることができるか。

① 意義

意義　履行不能とは、**債務の履行が不能であること**をいう。契約成立後に不能になることを**後発的不能**といい、契約成立時から不能な場合を**原始的不能**という。原始的不能についても債務不履行の行不能に含まれる。 01

> **設例**において、火事で建物甲が焼失しているので建物甲の引渡債務は履行不能である。このうち、売買契約成立後に建物甲が焼失したときが後発的不能に当たり、売買契約成立前にすでに建物甲が焼失していたときが原始的不能に当たる。
>
>

② 要件と効果

要件 ① 債務の履行が不能であること

効果 ① 債権者は、**履行請求をすることができない**(412条の2第1項)。[02/予]

② 債権者は、自らに責めに帰すべき事由(帰責事由)がある場合(543条)を除き、**催告をすることなく契約の解除**をすることができる(542条1項1号)。[03/予]

③ 債権者は、債務者に帰責事由があれば、債務の履行に代わる**損害賠償(塡補賠償)の請求**をすることができる(415条1項、2項1号)。原始的不能の場合でも、損害賠償請求は**可能**である(412条の2第2項)。[01]

〈解説〉 履行が不能(不可能)である以上、**催告をしても無意味**であることから、履行不能を理由に契約の解除をする場合には、催告は**不要**である(542条1項1号)。

〈語句〉●催告とは、債務者に対して債務の履行を請求する意思の通知をいう。契約解除のための催告は、「相当の期間を定めて」行う必要がある(541条)。
●塡補賠償とは、本来の債務が履行できない場合などに生じる、本来の債務の履行に代わる損害の賠償のことをいう。

> **設例** においては、建物甲は、隣家からの延焼によって焼失しているので、売主A、買主Bの両者ともに帰責事由はない。したがって、Bは催告をすることなく売買契約の解除をすることができるが、Aに対して履行の請求や、損害賠償請求をすることはできない。

【履行不能の効果】

	履行不能について 債務者に帰責事由あり	履行不能について 双方に帰責事由なし	履行不能について 債権者に帰責事由あり
履行請求	債務の履行請求が不可(412条の2第1項)		
契約の解除	契約の無催告解除が可能(542条1項1号)		契約の解除不可(543条)
損害賠償の請求	**塡補賠償**の請求可能(415条1項、2項1号)	損害賠償請求不可(415条1項ただし書)	債務者に帰責事由があれば、塡補賠償の請求可能
危険負担※	—	債権者は、反対給付の**履行拒絶可能**(危険負担の債務者主義)(536条1項)	債権者は、反対給付の**履行拒絶不可**(危険負担の債権者主義)(536条2項)

※ 危険負担については、第5章**2**節**2**項「危険負担」で扱う。

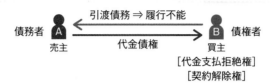

【履行不能の場合の法律関係】

③ 履行不能の判断基準

　履行が不能か否かは、契約その他の債務の発生原因及び取引上の社会通念に照らして債務の履行が不能か否かによって判断される(412条の2第1項)。履行期日の前後を問わず、債務の履行が不能と判断された時点で履行不能となる。 04

　(例)引き渡すべき指輪を川の中に落とした場合の指輪の引渡債務、契約締結後に目的物の取引が法律上禁止された場合の目的物の引渡債務、不動産の二重譲渡で譲受人の一方が登記を具備した場合の他の譲受人への引渡債務等がある。 05 06

④ 履行遅滞中の履行不能

　債務者の履行遅滞(詳細は次の 2 「履行遅滞」で扱う)の間に、**当事者双方の責めに帰することができない事由**によって債務の履行が不能となった場合、その履行の不能は、**債務者の責めに帰すべき事由によるものとみなす**(413条の2第1項)。

　趣旨　既に債務者が履行遅滞に陥っていることから、履行不能についても債務者が責任を負うべきといえる。

　履行不能が債務者の帰責事由によるものとみなされるため、債権者は履行不能を理由とする損害賠償の請求をすることができる。 07/予

⑤ 受領遅滞中の履行不能

　受領遅滞中の履行不能(413条の2第2項)については、本章 3 節「債権の効力②—受領遅滞」で扱う。

2 履行遅滞

> **設例** 売主Aは、自己の所有する自転車を買主Bに5万円で売却する契約を締結し、自転車の引渡しと代金の支払いを4月1日と定めた。Bは、4月1日に代金5万円を持ってAの下を訪れたが、自転車を売るのが惜しくなったAが何かと理由をつけて自転車の引渡しを拒んだため、仕方なく帰宅した。BはAに対してどのような主張をすることができるか。

① 意義

意義 履行遅滞とは、債務の履行が可能であるのに、履行期(履行の期限)を過ぎても履行が行われていない(**履行期の徒過**)ことをいう。

② 要件と効果

要件
① 履行が**可能**であること(履行が不可能な場合は、履行不能となる)。
② **履行期を過ぎている**こと。
③ 履行しないことが**違法**であること(**発展** 債務者に同時履行の抗弁権・留置権などの正当事由がないこと)。 A

効果
① **履行の強制**を裁判所に請求することができる(414条1項)。
② 相当の期間を定めた催告をした後、**契約の解除**ができる(541条)。
③ 債務者に帰責事由のある場合は、**損害賠償請求**(遅延賠償・填補賠償)ができる(415条1項、2項3号)。

> **設例** においては、Aが自転車の引渡しをしない理由は、売るのが惜しいというものである(要件①を満たす)。また、Bは自転車の引渡し(と代金の支払い)期日である4月1日に代金5万円をAの下に持参しているので(要件②③を満たす)、Aの自転車の引渡債務は履行遅滞にあるといえる。したがって、BはAに対して、裁判を通じて自転車の引渡しを求めること、(自転車を諦めて)催告をした後に売買契約を解除することや、これらと併せて損害賠償請求をすることができる。

③ 履行期を過ぎていること (要件②)

要件②の履行期については、債務の種類により以下のように分類される。消滅時効の起算点との違いに注意を要する。

債務の種類		履行遅滞の起算点	具体例
期限の定めのある債務	確定期限付き債務	期限到来時(412条1項) **08**	4月1日を引渡しの期限とした場合、4月2日から遅滞
	不確定期限付き債務	期限到来後、履行請求を受けた時又は期限到来を知った時のいずれか早い時(412条2項) **09**	Aが死亡したら贈与するとした場合、Aが死亡して請求を受けた時か、Aが死亡したことを知った時のいずれか早い時から遅滞
期限の定めのない債務※1		履行請求(催告)を受けた時(412条3項) **10**	返還時期を定めずに車を借りた場合、返還の請求を受けた時から遅滞
	期限の定めのない消費貸借	履行請求後、相当期間を経過した時(591条1項参照) **11**	返還時期を定めないで金銭を借りた場合、請求を受けて相当期間が経過した時から遅滞
	不法行為に基づく損害賠償債務 /発展	不法行為時(最判昭37.9.4) **B**	交通事故の場合、事故のあった時から遅滞
	債務不履行による損害賠償債務 /発展	履行請求(催告)を受けた時(最判昭55.12.18) **C**	従業員が工場内の作業で怪我をした場合(安全配慮義務違反)※2、会社に損害賠償の請求をした時から遅滞

※1 法律の規定によって生じる債務(不当利得返還債務・原状回復義務等)は、原則として、期限の定めのない債務となる。
※2 安全配慮義務違反については、本項 ③ ④「安全配慮義務違反」で扱う。

④ 履行遅滞の効果一覧

【履行遅滞の効果】

	債務者に帰責事由あり	債務者に帰責事由なし
履行の強制	債権者は、**履行の強制**を裁判所に請求することができる(414条1項)。(履行の請求は、履行期の到来の効果としてできる)	
契約の解除	債権者は、相当の期間を定めてその**履行の催告**をし、その期間内に履行がないときは、**契約の解除**をすることができる(541条)。	
損害賠償の請求(遅延賠償)	債権者は、履行の遅延によって生じた損害の賠償(**遅延賠償**)を請求することができる(415条1項)。	損害賠償請求不可(415条1項ただし書)
損害賠償の請求(填補賠償)	債権者は、契約を解除した場合、または、債務の不履行による**解除権が発生**した場合には、債務の履行に代わる損害賠償(**填補賠償**)の請求をすることができる(415条2項3号)。	

【履行遅滞の場合の法律関係】

3 ▷ 不完全履行

① 意義

> **意義** 不完全履行とは、一応債務の履行はされているが、**履行の内容や方法な**
> **どに不完全な点がある場合**をいう。

　不完全履行については、以下の②~④のような場合があると解されている。

② 給付内容そのものが不完全な場合（内容の不備）**発展**

(ア) 給付した物が契約とは異なる物であった場合

　給付した物が契約とは異なる物であった場合、履行されたとはいえないので、債権者は**契約で定めた物の引渡しを請求**することができる。

　(例) 55インチのテレビの売買契約のところ、32インチのテレビが配達された。

(イ) 給付した物の品質に契約不適合があった場合

　履行はなされているが給付した物の**品質に契約不適合がある**ので、契約不適合責任の問題となり、**履行追完請求**(修繕の請求、代わりの物の引渡しの請求等)や損害賠償請求(遅延賠償の請求)をすることができる。履行の追完が不可能な場合は、履行不能に準じる(契約の解除、損害賠償請求)。 **D**

(ウ) 給付内容の不完全さのために拡大損害が生じた場合

　給付内容の不完全さのために拡大損害が生じた場合(積極的債権侵害という)、別個に損害賠償責任が発生する。

　(例)給付した自動車のブレーキに欠陥があり、事故を起こした。

③ 給付内容は完全であったが、履行方法などの付随的な事項に不十分な点がある場合（方法の不備）**発展**

　債務の履行について、付随的な事項に不備があった場合は、原則として損害賠償請求のみが問題となる。

　(例)家具の売買契約において、家具を家に搬入する際に壁を損傷した。

④ 安全配慮義務違反

意義 安全配慮義務とは、ある法律関係(雇用関係など)に基づいて特別な社会的接触の関係に入った当事者間において、当該法律関係の付随義務として当事者の一方又は双方が相手方に対して信義則上負う義務として一般的に認められるものをいう(最判昭50.2.25)。[12]

（例)工作機械を使って商品を製造している会社において、従業員が安全に作業をすることができる施策(工作機械の安全な使用方法の周知等)を講じる義務

趣旨 労働災害において、不法行為責任ではなく、債務不履行責任として処理することにより、労働者を保護する法律構成として発展した。

安全配慮義務に違反した場合は、不完全履行(付随義務の履行がなされていない)と考えられ、債務不履行として損害賠償請求権が生じることになる。[12]

3 履行の強制

1 要件

意義 履行の強制とは、債務が任意に履行されないときに、債権者が**債権の内容を強制的に実現**することをいう。強制執行とも呼ばれる。

要件 実現されるべき債権の存在が公的に確認されていること。債務者の帰責事由があることは要件とされていない。[13]

手続 履行の強制を**裁判所に請求**すること。

〈解説〉 強制執行によって実現されることが予定される債権の存在、範囲、債権者、債務者を表示した公的文書を**債務名義**という。裁判の確定判決や執行認諾文言付きの公正証書等が債務名義に当たる(民事執行法22条)。

〈語句〉● 執行認諾文言付きの公正証書とは、証書記載の金銭債務を履行しないときは直ちに強制執行に服する旨の文言が含まれている公正証書をいう。

2 履行の強制の方法

履行の強制の方法は、民事執行法等に規定されており、**直接強制、代替執行、間接強制**その他の方法がある(414条1項本文)。ただし、**債務の性質が履行の強制を許さない**ものであるときは、履行の強制はできない(414条1項ただし書)。[14]

なお、履行の強制がされた場合でも、債務不履行に対する損害賠償の成立要件が満たされていれば、債権者は損害賠償の請求をすることができる(414条2項)。[15]

〈語句〉● **直接強制**とは、債務者の意思を無視して、国家の力により直接に債権の内容を

実現する方法のことをいう。物の引渡しを目的とする債権については、国家(執行官)が目的物を債務者から取り上げて債権者に渡し、金銭債権については、債務者の財産に対して差押え・競売を行い、その売却代金を債権者に配当することになる。

●**代替執行**とは、作為債務のうち他人が代わりに行為しても債務の目的を達成できるもの(代替的作為債務)について、他人にその行為をさせ、その費用を債務者から強制的に取り立てる方法である。

●**間接強制**とは、債務者に対して、一定の期間内に履行をしなければ一定の額の金銭(間接強制金)を債権者に支払うべき旨を命ずる旨を宣告し、債務者の意思を強制して履行させる方法である。

❹ 債務不履行に対する損害賠償の成立要件

1 成立要件概論

債務不履行による損害賠償を請求するには、一般に以下の要件が必要とされる。

【成立要件】

① 債務が発生していること

② 債務不履行となっていること

③ 損害が発生していること

④ 要件②と③の間に因果関係があること

⑤ 債務不履行が債務者の責めに帰することのできない事由によるものでないこと

---

2 債務が発生していること (要件①)

債務の発生原因としては、契約、事務管理、不当利得、不法行為の4つが民法上規定されている(本章 **1** 節 **2** 項 **1** 「債権の発生原因」参照)。ここでは、契約により発生する債務を中心に検討する。

3 債務不履行となっていること (要件②)

債務不履行とは、「債務者がその**債務の本旨に従った履行**をしないとき又は**債務の履行が不能であるとき**」(415条1項本文)をいう。具体的には、履行遅滞、履行不能、不完全履行の3つがある(本節 **2** 項「債務不履行の種類」参照)。

4 損害が発生していること (要件③)

損害の種類は、財産的損害である積極損害・消極損害と、非財産的損害である精神的損害に大別できる。

> **設例** 家屋の売買契約がなされたところ、売主Aは、約束の日に引渡しができなかった (履行遅滞)。この場合、家屋の引渡し債務者である売主Aは、買主Bのどのような損害を賠償すればよいのだろうか。

① 積極損害

意義 **積極損害**とは、債権者の財産の滅失・減少など(債権者が**現に受けた損害**)をいう。

> **設例**においては、買主Bが予定通り家屋に入居できなかったため、現在住んでいるアパートの賃料が余分にかかった (余計な支出が生じた) 場合などが、積極損害に当たる。

② 消極損害 (逸失利益)

意義 **消極損害(逸失利益)**とは、債権者が**得られるはずであった利益が得られなかったこと**(債権者の得べかりし利益)をいう。 [16]

> **設例**においては、買主Bが不動産屋であり、家屋の転売を予定していたが、売主Aの履行遅滞のために転売の交渉が成立せず、転売利益を得られなかった場合などが、消極損害に当たる。

③ 精神的損害

意義 **精神的損害**とは、精神的な苦痛による損害(非財産的損害)をいう。精神的損害に対する賠償を慰謝料という。

> **設例**においては、売主Aの履行遅滞が長引いたことで、買主Bが対応に追われ、心労から病気になった場合などが、精神的損害に当たる。

```
                                    ┌─ 積極損害
        ┌─ 財産的損害 ─────────────┤
        │                          └─ 消極損害（逸失利益）
        └─ 精神的損害（非財産的損害）
```

【損害の種類】

5 ▶ 要件②と③の間に因果関係があること（要件④）

意義　因果関係（事実的因果関係）とは、「原因と結果」の関係にあることをいう。ここでは、**債務不履行があったことにより、損害が生じた**といえる関係があることをいう。

　現実に債権者に損害が生じていたとしても、因果関係が認められなければ債務者は損害賠償責任を負わない。

6 ▶ 債務者の責めに帰することのできない事由によるものでないこと（要件⑤、415条1項ただし書）

意義　債務者の責めに帰することのできない事由とは、債務者に帰責することのできない事由（＝免責事由がある・帰責事由がない）をいう。簡単にいうと、債務者の責任がないということである。

　債務者に帰責することのできない事由があるか否かは、**契約その他の債務の発生原因及び取引上の社会通念に照らして判断**される。したがって、債務者の帰責事由は必ずしも、債務者の故意・過失を意味するものではない。

　債務者に帰責することのできない事由がある（＝免責事由がある・帰責事由がない）と判断された場合、債権者は**損害賠償を請求することができない**。 [17]

〈解説〉　改正前民法では、債務不履行の要件として「債務者の責に帰すべき事由」が要求され、債務者の故意・過失又は信義則上これと同視すべき事由をいうと解釈されていた。

① 証明責任

問題点　債務者の帰責事由の有無について、証明責任は債務者と債権者のいずれが負うのか。

結論　**債務者が自己に帰責事由のない（＝免責事由がある）ことを証明**しなければならない。債権者は、損害賠償を請求するに当たり、債務者に帰責事由があることを証明する必要はない。 [18]

理由　債務者は、既に債務の履行義務を負っている以上、**自ら免責事由がある**ことを証明すべきである。

債務者が、「債務者の責めに帰することができない事由」によることを証明できない場合、帰責事由がある（＝免責事由がない）と判断され、他の要件を満たせば、債務者は損害賠償責任を負うことになる。

② 債務の履行に補助者を用いた場合（履行補助者の行為）〔発展〕

意義 履行補助者とは、債務者が債務の履行のために使用する者（運送業者、家族等）をいう。広義では、利用補助者（賃貸借契約における賃借人の同居家族や転借人等）もここに含まれる。

問題点 履行補助者の行為により債務不履行となった場合、履行補助者の故意・過失は債務者の帰責事由と同視されるのか。

結論 履行補助者の故意・過失は、直ちに債務者の帰責事由と同視されない。
[E]

理由 債務者に帰責事由があるか否かは、**契約その他の債務の発生原因及び取引上の社会通念**に即して判断されるので、履行補助者の故意・過失が直ちに債務者の帰責事由と同視されるわけではない。

〈解説〉 改正前民法では、履行補助者に故意・過失があった場合、これを債務者の故意・過失と同視して、信義則上、債務者は債務不履行責任を負うと解されていた（大判昭4.3.30）。しかし、改正民法においてはこの解釈をとらないことになる。

❺ 債務不履行に対する損害賠償の範囲・効果

1 損害賠償の方法

損害賠償は、**別段の意思表示がないとき**は、**金銭**をもってその額を定める（417条）。すなわち、金銭賠償が原則となる。[19]

〈解説〉 損害賠償の方法としては、金銭の支払いで損害のない状態を回復させる金銭賠償と、債務者又は第三者が現実に損害を回復させる原状回復が挙げられるが、債務不履行による損害賠償の方法は金銭賠償が原則である。[19]

2 損害賠償の種類

損害賠償の種類として、遅延賠償と塡補賠償がある。また、損害の性質という視点からは、履行利益の賠償と信頼利益の賠償がある。

① 遅延賠償

意義　遅延賠償とは、履行期を徒過しても債務の履行がない場合に、履行が遅延したことによって生じる損害の賠償のことをいう。

(例)住宅の完成が遅れたために必要となったアパートの家賃

② 填補賠償

意義　填補賠償とは、本来の債務が履行できない場合などに生じる、**本来の債務の履行に代わる損害の賠償**のことをいう。

(例)住宅が焼失したため、代わりにその住宅の市場価格にあたる代金

債権者が、填補賠償を請求することができるのは以下の場合である(415条2項)。

【填補賠償を請求する場合】

① 債務の履行が不能であるとき（履行不能）[20]

② 債務者がその債務の履行を**拒絶する意思を明確に表示**したとき（履行拒絶）[21/予]

③ 債務が契約によって生じたものである場合において、その契約が**解除**され、又は債務の不履行による契約の**解除権が発生**したとき（契約解除）[22]

---

③ 履行利益の賠償と信頼利益の賠償

意義　① **履行利益**の賠償とは、契約が完全に履行された場合に債権者が**得られたであろう利益**の賠償のことをいう。

(例)土地の売買契約で、土地の引渡しがあったならば得られたであろう土地の転売利益

② **信頼利益**の賠償とは、有効でない契約を有効に成立していると**信頼**したために**費やした費用等**の賠償のことをいう。

(例)土地の売買契約が無効であった場合における、土地調査の費用や建物建築の準備の費用

3 損害賠償の範囲

> **設例**　売主Aと買主Bは、家屋の売買契約を締結した。家屋の引渡しの日に買主Bは代金を支払ったが、売主Aが引渡しの日を勘違いしていたことから家屋の引渡しはされなかった（履行遅滞）。買主Bは、①やむを得ず引き続き賃料月10万円のアパートに住んでいたが、②引渡しが遅れたことに伴う繁多な手続きによる心労から病気になってしまった。さらに、買主Bの病気は良くならず、③買主Bが経営していた会社が倒産してしまい、④買主Bの子どもは経済的理由から留学を断念することになった。

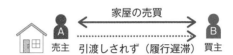

家屋の売買

売主　引渡しされず（履行遅滞）　買主

　債務不履行の要件である因果関係(事実的因果関係)の有無という点において、①賃料10万円、②心労による病気、③会社の倒産、④留学の中止、これらの損害は売主Aの債務不履行と事実的因果関係があるといえる。

問題点　債権者(買主B)は、債務不履行と因果関係があるすべての損害について賠償を請求することができるか。

結論　損害賠償請求は、債務者に賠償させることが**社会通念上相当といえる損害の範囲に限定される(相当因果関係説)**(判例)。因果関係があるすべての損害について賠償を請求できるわけではない。そして、416条は相当因果関係のルールを定めた規定である。

理由　債務不履行と事実的因果関係のある損害は、どこまでも拡大していく場合もあり、このような損害の賠償をすべて債務者に負担させるのはあまりに酷である。また、当事者間の公平を図るという損害賠償制度の趣旨に照らしても妥当ではないため。

　具体的には、以下の損害が債務不履行に基づく損害賠償の範囲に含まれる。

通常損害	債務不履行によって**通常生ずべき損害**(416条1項)**23**
当事者が予見すべき特別損害	・特別の事情によって生じた損害(特別損害)のうち、当事者がその事情を**予見すべきであったもの**(416条2項)**23** ・**発展**「当事者がその事情を予見すべきであった」ことは、**債務不履行時**を基準に判断される(大判大7.8.27参照)**F** ・本項の「当事者」とは、**債務者**のことをいう(大判大13.5.27参照)

どのような損害が通常損害にあたり、どのような損害が特別損害にあたるのかは、事案ごとに個別具体的に判断される。

> 　**設例**においては、①アパートの賃料10万円は通常損害に含まれる。これに対して、②心労による病気、③会社の倒産、④留学の中止は、特別損害に含まれるが、Aが②～④の事情を予見すべきであったものとはいえない。したがって、売主Aは、①アパートの賃料10万円についてのみ損害賠償責任を負うことになる。

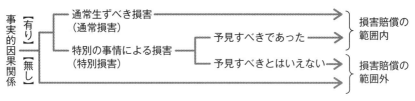

【損害賠償の範囲】

4 賠償額の算定の基準時 /発展

　損害賠償の範囲について、目的物の価格に変動があった場合に、どの時点を基準に価格が算定されるのかが判例上しばしば問題となった。以下の **設例** を用いて判例(改正前民法の下での判例)の考え方を確認する。

① 土地の転売が行われた場合

> 　**設例**　売主Aが買主Bとの間で土地の売買契約を締結したが、履行期日にAは土地の引渡しをしなかった。その後、Bは、土地を購入価格の３倍でCに転売する契約を締結していたが、依然としてAが土地を引き渡さないため、Bは転売利益を得られなかった。Bは、Aに対して、転売利益の賠償を請求することができるか。
>
>

　判例は、購入価格の３倍でのBC間の転売契約は、416条２項の「特別の事情」に当たるとする。もっとも、売主Aが特別の事情を予見することができなかったこと

を理由に、転売利益の賠償を認めなかった（大判昭4.4.5）。

② 履行不能後に土地の価格が騰貴した場合

> **設例**　売主Aが買主Bとの間で土地の売買契約を締結したが、その後、A
> が土地をC（背信的悪意者ではない）に売却して登記を経由したことにより、
> AのBに対する土地引渡義務が履行不能となった。この履行不能から1年後、
> 土地の価格が1.2倍になった。Bは、Aに対し、騰貴した現在の価格による損
> 害賠償を請求することができるか。
>
>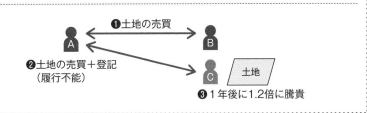

　判例は、土地が騰貴しつつあるという事情は、416条2項の「特別の事情」に当
たるとする。そして、賠償額の算定の基準時は、原則として履行不能時の価格であ
るが、目的物の価格が騰貴を続けているという特別の事情があり、かつ、債務者（売
主)が債務を履行不能とした際にその事情を知っていたか、または知りえた場合に
は、債権者(買主)は、騰貴した現在の価格による損害賠償を請求することができる
とした（最判昭37.11.16）。 **G**

> **理由**　債権者は、債務不履行がなかったならば、その騰貴した目的物を現に保
> 有しえたはずである。

> **設例**では、例えば、異常な騰貴でないとすれば、売主Aが特別の事情を予見
> することができたと認められ、買主Bは、騰貴した現在の価格による損害賠
> 償を請求することができる。

③ 履行不能後に土地の価格が一時的に騰貴した場合

> **設例** 売主Aが買主Bとの間で土地の売買契約を締結したが、その後、Aが土地をC（背信的悪意者ではない）に売却して登記を経由したことにより、AのBに対する土地引渡義務が履行不能になった。この履行不能から1年後、土地の価格は最大2倍に騰貴したが、その後は下落し、現在は1.2倍の価格となっている。Bは、Aに対し、最大2倍に騰貴した価格による損害賠償を請求することができるか。

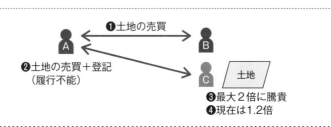

❶土地の売買
❷土地の売買＋登記
（履行不能）
❸最大2倍に騰貴
❹現在は1.2倍
土地

　土地の価格が一旦騰貴したことは、416条2項の「特別の事情」に当たる。この場合、買主が最も騰貴した価格で転売して利益を取得することができたという事情が認められ、売主がこのことを履行不能時に予見することができたときには、買主は最も騰貴した価格での損害賠償を請求することができるとした（大連判大15.5.22、ただし、判例の事案は不法行為のものである）。

〈語句〉●価格が騰貴した後に下落した場合における、最も騰貴した時点の価格のことを**中間最高価格**という。

> **設例**では、買主Bが2倍の価格で転売して利益を取得することができたという事情が認められ、売主Aがこれを履行不能時に予見することができたのであれば、Bは2倍の価格での損害賠償を請求することができる。

価格の騰貴	中間最高価格
価格 履行不能時　現在	価格 履行不能時　現在

【転売利益の請求】

5 金銭債務の不履行に関する特則（419条）

① 金銭債務とは

意義 金銭債務(債権)とは、一定額の**金銭の支払いを目的**とする債務(債権)の
ことをいう。

(例)売買契約から発生する売買代金債務、金銭消費貸借契約から発生す
る貸金返還債務

② 要件についての特則①

金銭債務の不履行における損害賠償について、**債務者は不可抗力を抗弁とするこ
とができない**(419条3項)。 24

趣旨 金銭は利息を支払えば容易に調達することが可能だからである。

したがって、金銭債務の不履行について、債務者は**帰責事由の有無にかかわら
ず、常に損害賠償責任を負う**。

〈語句〉●**不可抗力**とは、一般に、大地震、戦争など、当事者の合理的な支配を超えた事
象のことをいう。

③ 要件についての特則②

金銭債務の不履行について、債権者は、**損害があることの証明をする必要がない**
(419条2項)。 25

趣旨 金銭債務の不履行の場合には、利息分の損害は常に発生し、かつ、それ
以上の損害は生じないとみなすのが公平に適する。

したがって、債務者の損害賠償責任を追及するに当たり、債権者は、履行遅滞の
事実を証明すれば足り、損害額の証明は不要である。

④ 効果についての特則

損害賠償の額について算定基準が定められている(419条1項)。

原則 債務者が**遅滞の責任を負った最初の時点**における**法定利率**による。 25

趣旨 現在の法定利率は年3％であるが(404条2項)、3年ごとに変動する可
能性があるため(404条3項～5項)、金銭債務の不履行の場合の遅延利息の基
準時を明確にした。

例外 約定利率が**法定利率を超えるとき**は、**約定利率**による。 26

問題点 約定利率又は法定利率を超過した損害が発生し、債権者がこれを立証
した場合、債権者は超過分についても損害賠償請求をすることができるか。

結論 法律に別段の定めがある場合を除き、約定利率又は法定利率を超過した

損害の発生を立証しても、その超過分についての損害賠償請求をすることはできない(最判昭48.10.11)。[27]

理由 金銭債務については、債務者は、免責事由を認められない(不可抗力を抗弁とすることができない)という重い責任を負っていることとの均衡による。

〈解説〉 利息制限法の制限を超える消費貸借の約定利率は、その超える部分が無効となる(利息制限法1条)。

6 賠償額の調整

債権者・債務者間の公平を図るため、以下の方法により債務者の賠償額を減額することが認められている。

① 過失相殺(418条)

意義 債務不履行における過失相殺とは、債務の不履行またはこれによる損害の発生・拡大に関して債権者に過失があったときは、裁判所は必ずこれを考慮して(必要的考慮)、損害賠償の責任及びその額を定めることをいう。[28]

趣旨 債権者に過失があった場合に、損害の全てを債務者に負わせることは、公平ではないため。

本条により、債権者の過失が著しく重い場合には、債務者の損害賠償責任が否定されることもありうる。[28]

〈解説〉 不法行為における過失相殺の場合(詳細は、第5章 **13** 節「不法行為①」で扱う)、被害者(債権者)の過失を考慮するか否かは裁判所の裁量に任されており(任意的考慮)、また、損害賠償の額についてのみ考慮ができるため、加害者(債務者)の損害賠償責任を否定することはできない(722条2項)。

	裁判所の考慮	考慮の対象
債務不履行の過失相殺	必要的考慮	責任及びその額
不法行為の過失相殺	任意的考慮	額のみ

② 損益相殺

設例 タクシーの乗客Aは、運転手Bの帰責事由による交通事故で死亡した。Aの遺族がBに対して安全配慮義務違反に基づく損害賠償請求をしたところ、裁判では、Aの死亡による損害額が1億5000万円、Aが生きていたとしたら死亡するまでにかかっていた生活費が5000万円だと認定された。Bの負担する損害賠償額はいくらになるか。

意義 損益相殺とは、債務不履行によって、債権者が損害と同時に利益を得た場合や出費を免れた場合に、その額を**債務者の賠償額から控除**する制度をいう。民法上、明文の規定は置かれていないが、解釈上認められている。

理由 利益を得た額や出費を免れた額を損害賠償額に含めることは、その額について債権者の「二重取り」を認めることになり、不公平であるから。

> **設例** においては、損害額1億5000万円から生活費5000万円（免れた出費）が控除され、Bの負担する損害賠償額は1億円となる。

〈**解説**〉 損益相殺は、不法行為に対する損害賠償請求の場合にも認められることがある。

③ 中間利息の控除（417条の2）

意義 中間利息の控除とは、将来において取得すべき利益、又は将来において負担すべき費用についての損害賠償額(ex.逸失利益、将来の介護費用)を定める場合、その利益を取得すべき時、又はその費用を負担すべき時までの利息相当額を控除することをいう。

中間利息の控除は、**その損害賠償の請求権が生じた時点における法定利率によっ**て行う。29/予

趣旨 将来発生する損害について、その賠償金の前払いを受ける場合に、将来発生する利息分を差し引く際の利息の計算方法を示した。

(例)安全配慮義務違反により人身損害が生じ、損害額として、将来のある時点までの逸失利益や介護費用等を一括して賠償請求する場合、中間利息を控除するときは、人身損害が生じた時点(債務不履行時)の法定利率が適用される。

〈**解説**〉 中間利息の算定に法定利率が用いられること、基準時が損害賠償請求権の生じた時点であることが、2020年施行の民法改正により明文化された。

7 賠償額の予定（420条、421条）

意義 賠償額の予定とは、債権者と債務者が、あらかじめ債務不履行があった場合における**損害賠償の額**を定めておくことをいう。30

予定として定めた以上、予定した損害賠償額より実際に生じた損害額が多くても、少なくても、予定した損害賠償額を**増減することはできない**。ただし、公序良俗(90条)又は特別法の規定(ex.消費者契約法9条)に違反する場合、予定した損害賠償額の一部または全部は**無効**となる(90条違反について大

判昭19.3.14)。

〈解説〉　①　改正前民法には、賠償額の予定がある場合に、「裁判所は、その額を増減することができない」とする規定が存在したが、2020年施行の民法改正では削除された 31。もっとも、これにより裁判所による無制限の増減が許されるわけではないと解されている。

②　/発展 当事者が420条1項により損害賠償額を予定した場合においても、債務不履行に関し債権者に過失があったときは、特段の事情のない限り、裁判所は、損害賠償の責任及びその金額を定めるにつき、これを斟酌すべきものと解するのが相当である(最判平6.4.21)。 H

① 履行の請求又は解除権の行使

賠償額の予定は、履行の請求又は解除権の行使を妨げない(420条2項)。 32

趣旨　賠償額の予定は、履行請求権や解除権を放棄したものではないから。

② 違約金 /発展

違約金を定めた場合は、賠償額の予定と推定する(420条3項)。

趣旨　違約金の内容が判明しない場合の推定規定である。

〈解説〉　「違約金」には、債務不履行に対するペナルティー(**違約罰**、別個に損害賠償が可能)とする場合と、損害賠償額の予定とする場合の2通りの趣旨がある。420条3項は、当事者間の合理的意思の解釈によって、違約金の趣旨が特定できない場合、賠償額の予定と考える(推定する)ことにしたので、債権者は、反証のない限り、**違約金とは別個に損害賠償を請求することはできない。** I

③ 金銭でないもので賠償額の予定 /発展

当事者が金銭でないものを損害の賠償に充てるべき旨を予定した場合について、賠償額の予定の規定が準用される(421条)。 J

趣旨　賠償額の予定に関して、金銭と金銭でないものとでその効力を異にする理由はないから。

8 賠償者の代位 (422条)

設例　Aは、Bにその所有する彫刻を寄託した(預けた)が、Bが不注意で壊してしまった。BがAに対して彫刻全額の損害賠償をした場合、ABのどちらが彫刻の所有者となるのか。

意義 賠償者の代位とは、債権者が、損害賠償として、その債権の目的である物又は権利の**価額の全部の支払い**を受けたときは、債務者は、**その物又は権利について当然に債権者に代位する**ことをいう。 [33]

　ここにいう「代位する」とは、その債権の目的である物について債権者が有する権利又は債権の目的である権利が、**当然に債務者に移転する**ことを意味する。

趣旨 損害賠償がされた場合に、債権者が賠償額以上の利益を受けることは不公平であるため。

設例 においては、A（債権者）は、彫刻が壊されたことに対する損害賠償全額の支払いをB（債務者）より受けている。したがって、Bは彫刻の所有権を取得する（Aに代位する）。

---

9 代償請求権（422条の2）

設例 賃借人Bが賃貸人Aから賃借していた建物が焼失し、Bの建物返還債務が履行不能となった。Bは、損害を賠償する十分な資力を有していなかったが、火災保険に加入していたことから、保険会社から火災保険金を受け取ることができる状態であった。Aは自己の被った損害を補塡するために、Bの受け取る火災保険金について、権利を主張することができるだろうか。

意義 代償請求権とは、債務者が、その債務の履行が不能となったのと**同一の原因**により、債務の目的物の代償である権利又は利益を取得したときは、債権者は、その**受けた損害の額の限度**において、債務者に対し、**その権利の移転又はその利益の償還**を請求することができる権利をいう。 [34]

趣旨 当事者間の公平を図るため。

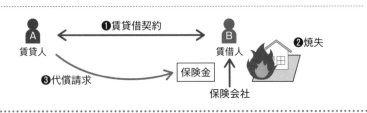

設例においては、Aは、自らの損害額の限度で、Bに対して（Bが保険会社に対して）火災保険金を請求する権利の移転を請求することができる（Bが火災保険金の支払いを受けていたときは、火災保険金相当額の償還を請求することができる）。

A 賃貸人 ❶賃貸借契約 **B** 賃借人 ❷焼失

❸代償請求 保険金

保険会社

重要事項 一問一答

01 債務者が債務を履行しないことを何という？

債務不履行

02 債務不履行の形態は（3つ）？

①履行不能、②履行遅滞、③不完全履行

03 債務不履行の効果は（3つ）？

①履行の強制、②契約解除、③損害賠償請求

04 原始的不能は債務不履行に含まれる？

含まれる。

05 原始的不能について債務者に帰責事由がある場合、債権者は損害賠償請求をすることができるか？

損害賠償請求をすることができる。

06 履行不能の場合、債権者は履行請求ができるか？

履行請求をすることはできない。

07 履行不能の場合、解除に催告は必要か？

不要。無催告解除が可能

08 履行不能の判断基準は？

契約その他の債務の発生原因及び取引上の社会通念に照らして判断する。

09 履行遅滞の要件は（3つ）？

①履行が可能、②履行期を過ぎている、③履行しないことが違法であること

10 履行遅滞の場合、解除に催告は必要か？

必要（相当期間を定めた履行の催告が必要）

11 民法上明文のある履行の強制の方法は（3つ）？

①直接強制、②代替執行、③間接強制

12 債務不履行に対する損害賠償請求の対象となる損害は？（3つ）

①積極損害、②消極損害、③精神的損害

13 債務不履行について、債務者の帰責事由の有無についての証明責任は誰が負う？

債務者が自己に帰責事由のないことの証明責任を負う。

14 債務不履行があった場合、債務者はすべての損害を賠償する義務を負うか？

相当因果関係のある範囲（債務者に賠償させることが社会通念上相当といえる損害の範囲）に限定される。

15 損害賠償の範囲とは？

通常損害と当事者が予見すべき特別損害

16 金銭債務の不履行に対する損害賠償請求に債務者の帰責事由は必要か？

不要。債務者は不可抗力による場合でも損害賠償責任を負う。

17 金銭債務の不履行に対する損害賠償請求をする場合、債権者は損害額の証明をする必要があるか？

不要

18 金銭債務の不履行に対する損害賠償請求をする場合、損害額の算定基準は？

原則 債務者が遅滞の責任を負った最初の時点における法定利率　**例外** 約定利率が法定利率を超えるときは約定利率

19 金銭債務の不履行があった場合、実際に生じた損害額が約定利率を超過したときは、超過分の損害賠償の請求はできるか？

できない。

20 債務不履行に対する損害賠償請求における過失相殺は、裁判所の必要的考慮事項か？

必要的考慮事項である。裁判所は必ず過失相殺を考慮しなければならない。

21 賠償額の予定をした場合、裁判所がその額を増減することは民法上禁止されているか？

民法上禁止されていない。

過去問チェック（争いのあるときは、判例の見解による）

01 債務の履行が不能である場合、債権者は、これによって生じた損害の賠償を請求することができるが、契約に基づく債務の履行がその契約の成立時に既に不能であったときは、そもそも債権が発生していないのであるから、その履行の不能に

よって生じた損害の賠償を請求することはできない。

× (国般2021)「そもそも債権が発生していないのであるから、その履行の不能によって生じた損害の賠償を請求することはできない」が誤り。

02/予 債務の履行が契約その他の債務の発生原因及び取引上の社会通念に照らして不能であるときでも、債権者は、その債務の履行を請求することができる。

× (予想問題)「債権者は、その債務の履行を請求することができる」が誤り。

03/予 債務の全部の履行が不能であるときは、債権者は、相当の期間を定めてその履行の催告をし、その期間内に履行がないときは、契約の解除をすることができる。

× (予想問題)「相当の期間を定めてその履行の催告をし、その期間内に履行がないときは、契約の解除をすることができる」が誤り。

04 AがBに対し、甲絵画を引渡期限を定めて売却した場合、Bは、引渡期限が到来する前に、Aに対して甲絵画の引渡しを請求することはできないから、Aが甲絵画の引渡しについて債務不履行になるのは、引渡期限の到来した後に限られる。

× (裁2009改題)「引渡期限の到来した後に限られる」が誤り。

05 売買契約締結後に、目的物の取引が法律上禁止されたとしても、当事者間においては、売主の引渡債務は履行不能ではない。

× (裁2012)「売主の引渡債務は履行不能ではない」が誤り。

06 最高裁判所の判例では、不動産の二重売買において、一方の買主に対する売主の債務は、他の買主に対する所有権移転登記が完了した時点ではなく、契約した時点で履行不能となるとした。

× (区2010)「他の買主に対する所有権移転登記が完了した時点ではなく、契約した時点で履行不能となるとした」が誤り。

07/予 債務者が履行遅滞に陥った後、当事者双方の責に帰すべからざる事由により履行不能となった場合には、原則として、帰責事由のある履行不能とはならないから、債務者は、履行不能に基づく損害賠償責任を負わず、履行遅滞に基づく損害賠償責任を負うにとどまる。

× (予想問題)「原則として、帰責事由のある履行不能とはならないから、債務者は、履行不能に基づく損害賠償責任を負わず、履行遅滞に基づく損害賠償責任を負うにとどまる」が誤り。

08 債務の履行について確定期限があるときは、その期限が到来しても、債権者からの履行の請求を受けなければ、債務者は遅滞の責任を負うことはない。

× (区2006)「債権者からの履行の請求を受けなければ、債務者は遅滞の責任を負うことはない」が誤り。

09 甲絵画の引渡しについて不確定期限が定められている場合、Aが引渡期限の到来を知らなくても、引渡期限到来後にBがAに対し、弁済の提供をした上で甲絵画の引渡しについて履行の請求をしたときは、Aは履行遅滞となる。

○ (裁2009改題)

10 債務の履行について期限を定めなかったときは、履行の請求を受けたとしても、遅滞の責任を負うことはない。

× (区2015改題)「履行の請求を受けたとしても、遅滞の責任を負うことはない」が誤り。

11 期限の定めのない金銭消費貸借契約の債務者は、債権者から催告を受けた日から履行遅滞となる。

× (裁2014)「債権者から催告を受けた日から履行遅滞となる」が誤り。

12 安全配慮義務は、ある法律関係に基づいて特別な社会的接触の関係に入った当事者間において、当該法律関係の付随義務として当事者の一方又は双方が相手方に対して信義則上負う義務として、一般的に認められるべきものであり、安全配慮義務違反による損害賠償請求権が認められるとするのが判例である。

○ (税・労・財2019)

13 債務者が任意に債務の履行をしない場合、債権者が民事執行法その他強制執行の手続に関する法令の規定に従い履行の強制を裁判所に請求することができるのは、その不履行が債務者の責めに帰すべき事由によって生じたときに限られる。

× (国般2021)「その不履行が債務者の責めに帰すべき事由によって生じたときに限られる」が誤り。

14 債務者が任意に債務の履行をしないときは、債権者は、民事執行法その他強制執行の手続に関する法令の規定に従い、直接強制、代替執行、間接強制その他の方法による履行の強制を裁判所に請求することができるが、債務の性質がこれを許さないときは、この限りでない。

○ (区2021)

15 債務者が任意に債務の履行をしないときは、債権者は、民事執行法その他強制執行の手続に関する法令の規定に従って履行の強制を裁判所に請求することができるので、この場合、債権者は、損害賠償を請求することはできない。
× (区2015改題)「債権者は、損害賠償を請求することはできない」が誤り。

16 債権者は、債務者に対して、債務不履行によって生じた損害の賠償を請求することができるが、ここにいう「損害」には、債務不履行がなければ得られたであろう利益は含まれないと一般に解されている。
× (税・労・財2019)「債務不履行がなければ得られたであろう利益は含まれないと一般に解されている」が誤り。

17 債務者がその債務の本旨に従った履行をしないとき、債権者は、その債務の不履行が契約その他の債務の発生原因及び取引上の社会通念に照らして債務者の責めに帰することができない事由によるものであるときであっても、これによって生じた損害の賠償を請求することができる。
× (区2021)「債務者の責めに帰することができない事由によるものであるときであっても、これによって生じた損害の賠償を請求することができる」が誤り。

18 履行不能に基づく損害賠償における債務者の「責めに帰することができない事由」については、債務者において、その存在を立証する責任を負う。
○ (裁2012改題)

19 債務不履行による損害賠償の方法には、金銭賠償と原状回復とがある。金銭賠償とは金銭を支払うことによって損害が発生しなかった状態を回復するものであり、原状回復とは債務者が自ら又は他人をして現実に損害を回復するものであり、損害賠償の方法としては、金銭賠償が原則である。
○ (国般2016)

20 契約から生じた債務が、債務者の責めに帰すべき事由によって不能になった場合において、債権者は、その契約を解除しなければ、本来の履行に代わる損害賠償を求めることはできない。
× (区2006)「その契約を解除しなければ、本来の履行に代わる損害賠償を求めることはできない」が誤り。

21/予 債務者が、債務者の責めに帰すべき事由によりその債務の本旨に従った履行

をしないときは、債務者がその債務の履行を拒絶する意思を明確に表示したとしても、債務の履行に代わる損害賠償の請求をすることができない。

×（予想問題）「債務の履行に代わる損害賠償の請求をすることができない」が誤り。

22 債務が契約によって生じたものである場合において、債権者が債務の履行に代わる損害賠償の請求をすることができるのは、債務の不履行による契約の解除権が発生したときではなく、実際にその解除権を行使したときである。

×（国般2021）「債務の不履行による契約の解除権が発生したときではなく、実際にその解除権を行使したときである」が誤り。

23 債務不履行により債権者が損害を被った場合には、債務不履行による損害賠償の範囲は、債務不履行がなければ生じなかった損害全てに及び、特別な事情による損害も、通常生ずべき損害と同様に、損害賠償の対象となる。

×（国般2016）「債務不履行がなければ生じなかった損害全てに及び」「通常生ずべき損害と同様に」が誤り。

24 売買契約の買主が代金の支払を遅滞したときは、買主において代金支払の遅滞が不可抗力によるものであることを立証すれば、買主は債務不履行の責めを免れることができる。

×（裁2014）「買主は債務不履行の責めを免れることができる」が誤り。

25 金銭の給付を目的とする債務の不履行の損害賠償については、債権者が損害の証明をすることを要し、その損害賠償の額は債務者が遅滞の責任を負った最初の時点における法定利率によって定める。

×（区2021）「債権者が損害の証明をすることを要し」が誤り。

26 金銭給付を目的とする債務不履行については、その損害賠償額は、法定利率により定めるが、約定利率が法定利率を超えるときは、約定利率によるものとする。

○（区2006）

27 金銭を目的とする債務の履行遅滞による損害賠償については、法律に別段の定めがなくとも、債権者は、約定又は法定の利率以上の損害が生じたことを立証すれば、その賠償を請求することができる。

×（国般2018）全体が誤り。

[28] 債務の不履行に関して債権者に過失があったときは、裁判所は、これを考慮して、損害賠償の額を軽減することができるが、債務者の賠償責任を否定することはできない。

×（区2018）「損害賠償の額を軽減することができるが、債務者の賠償責任を否定することはできない」が誤り。

[29/予] 将来において取得すべき利益についての損害賠償の額を定める場合において、その利益を取得すべき時までの利息相当額を控除するときは、その損害賠償を請求した時点における法定利率により、これをする。

×（予想問題）「その損害賠償を請求した時点における法定利率により、これをする」が誤り。

[30] 債務不履行に基づく損害賠償請求権は、債務不履行によって通常生ずべき損害の賠償をさせることを目的としており、当事者が損害賠償の額をあらかじめ約定することは認められない。

×（国般2013）「当事者が損害賠償の額をあらかじめ約定することは認められない」が誤り。

[31] 当事者が、債務不履行について損害賠償額を予定した場合、裁判所は、その額を増減させることが条文上禁止されている。

×（区2010改題）「裁判所は、その額を増減させることが条文上禁止されている」が誤り。

[32] 当事者は、債務の不履行について損害賠償の額を予定することができるが、賠償額を予定した場合であっても、当然に履行の請求や解除権の行使をすることができる。

○（区2018）

[33] 債権者が、損害賠償として、その債権の目的である物又は権利の価額の全部の支払を受けたときは、債務者は、その物又は権利について当然に債権者に代位する。

○（区2015）

[34] 債務者が、その債務の履行が不能となったのと同一の原因により債務の目的物の代償である権利を取得したときは、債権者は、その受けた損害の額にかかわらず、債務者に対し、その権利の全部の移転を請求することができる。

×（国般2021）「その受けた損害の額にかかわらず、債務者に対し、その権利の全部の移転を請求することができる」が誤り。

[A] 双務契約上の債務の履行について確定期限がある場合、債務者が同時履行の抗弁権を有しているときは、相手方から履行の提供がない限り、当事者が定めた期日を経過しても、債務者は履行遅滞に陥らない。
○（裁2005改題）

[B] 不法行為に基づく損害賠償債務は、損害の発生と同時に遅滞となる。
○（裁2002）

[C] 安全配慮義務の債務不履行に基づく損害賠償債務は、不法行為に基づく損害賠償債務に準じた債務であることから、債務者の義務違反時に発生し、債権者からの履行の請求を受けなくても履行遅滞に陥る。
×（裁2016）全体が誤り。

[D] 買主Aが売主Bと建物の売買契約を締結した後、Bの煙草の火の不始末で引渡し前に当該建物の一部が損傷したがそのまま引き渡した場合、BはAに対して損害賠償責任を負わない。
×（国般2011改題）「BはAに対して損害賠償責任を負わない」が誤り。

[E] 買主Aが売主Bと建物の売買契約を締結した後、Bの指示を受けて当該建物を管理していたBの被用者Cの煙草の火の不始末で引渡し前に当該建物が全焼してしまった場合、Cの過失はBの過失と同視されるので、BはAに対して債務不履行に基づく損害賠償責任を免れない。
×（国般2011改題）「Cの過失はBの過失と同視されるので、BはAに対して債務不履行に基づく損害賠償責任を免れない」が誤り。

[F] 特別の事情によって生じた損害であっても、当事者がその事情を予見すべきであったときは、債権者は、その賠償を請求することができるが、この「当事者がその事情を予見すべきであった」を判断する時期は、債務不履行時ではなく、契約の締結時である。
×（国般2013改題）「債務不履行時ではなく、契約の締結時である」が誤り。

[G] 最高裁判所の判例では、売買契約の目的物である不動産の価格が、売主の所有権移転義務の履行不能後も騰貴を続けているという特別の事情があり、かつ、履行不能の際に売主がそのような特別の事情の存在を知っていたとしても、買主は履行不能時の価格を基準として算定した損害額の賠償を請求すべきとした。

× (区2015)「履行不能時の価格を基準として算定した損害額の賠償を請求すべきとした」が誤り。

[H] 当事者が債務不履行について損害賠償の額を予定している場合、裁判所は、その損害賠償の予定額を増減することはできない旨が条文上明らかにされており、過失相殺により賠償額を減額することもできない。

× (裁2016改題) 全体が誤り。

[I] 債権者と債務者との間であらかじめ違約金を定めておいた場合には、その違約金は原則として債務不履行に対する制裁であるため、債務者は、債権者に対し、現実に発生した損害賠償額に加えて違約金を支払わなければならない。

× (国般2016) 全体が誤り。

[J] 当事者は、債務の不履行について損害賠償の額を予定することができるが、当事者が金銭でないものを損害の賠償に充てるべき旨を予定することはできない。

× (区2021)「当事者が金銭でないものを損害の賠償に充てるべき旨を予定することはできない」が誤り。

3 債権の効力②—受領遅滞

本節では、受領遅滞を扱います。要件と効果に関する事項を中心に学習しましょう。

1 受領遅滞総説

> リサイクルショップを経営しているAは、Bとの間で中古の甲冷蔵庫の売買契約を締結し、代金は甲冷蔵庫の受領後に支払うとした。Aは、約定の日にB宅に甲冷蔵庫を配達したが、Bは置く場所の準備ができていないとして、甲冷蔵庫の受領を拒絶した。
>
> **設例❶** Aが冷蔵庫を持ち帰ったが保管する場所がなく、倉庫を借りて保管した場合、Bに対して保管費用を請求することができるか。
>
> **設例❷** Aが甲冷蔵庫を持ち帰る途中で、落石事故に巻き込まれて甲冷蔵庫が大破した場合（AB双方に帰責事由がない）、Bは代金の支払を拒むことができるか。また、Bは、Aとの契約を解除することができるか。

約定の日時に配達

A
売主

B
買主
受領拒絶

1 意義

意義 受領遅滞とは、債務者が債務の本旨に従った履行の提供をした場合において、債権者が、債務の履行を受けることを拒み、又は受けることができないことをいう（413条1項）。

趣旨 債務者が債務の本旨に従った履行の提供をしても、債権者が債務の履行を受け取らなければ履行は完了しないため、このような場合における債務者の責任を軽減する必要がある。

2 要件と効果

要件
① 債務者が債務の本旨に従った履行の提供をしたこと(413条1項参照)
② その債務の目的が**特定物の引渡し**であること(413条1項)
③ 債権者が債務の履行を受けることを拒み、又は受けることができないこと(413条1項)

効果
① 注意義務の軽減(413条1項)
② 増加費用の債権者負担(413条2項)
③ 危険の移転(413条の2第2項)

以上の3つの効果の内容は、以下のとおりである。

① 注意義務の軽減 (413条1項)

債務の目的が特定物の引渡しであるときは、債務者は、履行の提供をした時からその引渡しをするまで、**自己の財産に対するのと同一の注意をもってその物を保存すれば足りる。**善管注意義務(400条)からの軽減である。 〔01〕

② 増加費用の債権者負担 (413条2項)

履行の費用が増加した場合の**増加額は、債権者が負担**する。〔02/予〕

> **設例❶**においては、債務者Aが甲冷蔵庫を保管するために倉庫を借りた場合の倉庫使用料は、債権者Bの負担となる。したがって、Aは、Bに対して保管費用を請求することができる。

③ 危険の移転 (413条の2第2項)

受領遅滞中に、当事者双方の責めに帰することができない事由によって債務の履行が不能となったときは、その履行の不能は、**債権者の責めに帰すべき事由によるものとみなす。**〔03〕

趣旨 受領遅滞中の履行不能について、債権者の帰責事由によるものとみなすことで、当事者間の公平を図っている。

債権者の帰責事由による履行不能とみなされる結果、①債権者は契約の解除をすることができない(543条)。また、②債務者に帰責事由がないため、債権者は損害賠償を請求することができない(415条1項ただし書 〔A〕)。さらに、③危険負担の債権者主義(536条2項、詳細は第5章 **2** 節 **2** 項「危険負担」で扱う)が適用されるため、債権者は反対給付(代金支払等)の履行を拒むことができない。

> **設例❷**においては、債務者Ａが甲冷蔵庫を持ち帰る途中で、双方の帰責事由なく落石事故に巻き込まれて甲冷蔵庫が大破しているので、危険負担の債権者主義の適用により、債権者Ｂは、Ａに対する代金支払義務の履行を拒むことができず、かつ、ＢはＡとの契約を解除することもできない。

❷ 債権者の受領義務の有無 / 発展

　債権者に一般的な受領義務があるか否かについては、受領遅滞の法的性質をいかに解するかによって結論が異なる。

問題点　債権者には一般的な受領義務があるか。また、受領遅滞がある場合、債務者から債権者に対して損害賠償請求等が認められるか。

《A説》　債務不履行責任説

結論　債権者には**一般的な受領義務がある**。したがって、給付の不受領は**一種の債務不履行**として、債務者からの損害賠償請求、契約解除が認められる。 B

理由　債権者・債務者は、信義則の要求するところに従って、給付の実現に協力すべきものであって、債権者は受領すべき**法律上の義務**（一種の債務）を負う。 B

〈解説〉　債務者からの損害賠償請求を認めるためには、債権者の帰責事由が必要となる。

《B説》　法定責任説（判例）

結論　債権者には**一般的な受領義務はない**。したがって、受領遅滞による債務者から債権者への損害賠償請求や、債務者からの契約解除は**認められない**（最判昭40.12.3）。 C

理由　債権者は、自己の権利を行使するかしないかを決定する自由を持ち、特約のない限り、自己の**権利を行使する義務**を負うものではない。受領遅滞は、公平の観点から（債務者が不利益を被らないため）、信義則上、法が特に認めたものである。 C

〈解説〉　債権者の一般的な受領義務を否定する見解に立ちつつ、債権者・債務者間の具体的な関係に応じて、信義則上、債権者に目的物の引取り義務が認められる場合があるとする見解もある。判例も、約定した期間内に採掘した硫黄鉱石の全量を買い取るという継続的な売買契約の事案において、信義則上、買主には、売主が期間内に採掘した鉱石を引き取る義務があるとして、約定した期間の途中での受領拒絶は債務不履行として、債務者によ

る損害賠償請求を認めている（最判昭46.12.16）。 04

重要事項 一問一答

01 受領遅滞とは？

債務者の債務の本旨に従った履行の提供に対して、債権者が債務の履行を受けることを拒み、又は受けることができないこと

02 受領遅滞は債務者・債権者どちらの責任？

債権者の責任

03 受領遅滞の効果は（3つ）？

①注意義務の軽減、②増加費用の債権者負担、③危険の移転

04 債権者に一般的な受領義務はあるか（判例）？

一般的な受領義務はない。

05 具体的な債権者・債務者間の関係において信義則上、受領義務が認められた判例があるか？

ある。継続的な売買契約における約定期間中の受領拒絶

過去問チェック（争いのあるときは、判例の見解による）

01 債権者が債務の履行を受けることができない場合において、その債務の目的が特定物の引渡しであるときは、債務者は、履行の提供をした時からその引渡しをするまで、自己の財産に対するのと同一の注意をもって、その物を保存すれば足り、注意義務が軽減される。
○（国般2021）

02/予 債権者が債務の履行を受けることを拒み、又は受けることができないことによって、その履行の費用が増加したときは、その増加額は、債務者の負担とする。
×（予想問題）「債務者の負担とする」が誤り。

03 債権者が債務の履行を受けることができない場合において、履行の提供があった時以後に当事者双方の責めに帰することができない事由によってその債務の履行が不能となったときは、その履行の不能は、債務者の責めに帰すべき事由によるものとみなす。
×（区2021）「債務者の責めに帰すべき事由によるものとみなす」が誤り。

[04] 最高裁判所の判例では、硫黄鉱区の採掘権を有する者が、鉱石を採掘してこれを売り渡す売買契約において、契約の存続期間を通じて採掘する鉱石の全量を買主に売り渡す約定があったとしても、鉱石市況の悪化を理由として、買主が契約期間内に採掘した鉱石を引き取らないことは、信義則に反しないとした。

× (区2015)「信義則に反しないとした」が誤り。

[A] Bは電器店Aから量販品のパソコンを購入し、Aは所定の期日にB宅に配達したが、Bは正当な理由なく受領を拒絶した。その後、Aは倉庫に当該パソコンを保管していたが、A及びBの責めに帰することができない事由によって、当該倉庫が全焼し、当該パソコンが滅失した場合、BはAに対して損害賠償を請求することができる。

× (税・労2001改題)「BはAに対して損害賠償を請求することができる」が誤り。

[B] 受領遅滞の性質について、債権者が協力しなければ債務を履行できない場合もあるので、債権者には受領義務があり、受領遅滞は債権者の債務不履行であるとする立場は、受領しない債権者に対して、受領遅滞に基づき債務者の損害賠償請求を認めるべきであるとする。

○ (国般2006改題)

[C] 受領遅滞の法的性質に関して、債権を行使することは債権者の権利であって義務ではないから、債権者には原則として受領義務はなく、受領遅滞は、履行遅延から生ずる不利益を債権者に負担させることを、公平の観点から信義則上法が特に定めた法定責任であるとする立場は、債権者が受領遅滞に陥った場合でも、債務者は、受領遅滞を理由に契約を解除することができないとする。

○ (裁2003改題)

4 債権の効力③ ─責任財産の保全

本節は、債権者代位権や詐害行為取消権の存在理由である責任財産の維持を扱います。

1 責任財産とは

> **設例** AはBに対し1000万円の貸付債権を有しているが、Bは弁済期日になっても弁済をしない。Bには、所有する土地以外に財産がなかった。この場合、債権者Aは、Bに対しどのような請求をすることができるか。

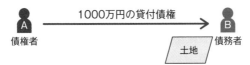

設例 において、債務者Bが弁済期日に金銭債務の弁済をしない場合、債務不履行（412条1項）となるので、債権者は、債務者に対して、強制執行などの**履行の強制**（414条1項）をしたり、債務者に帰責事由があれば**損害賠償の請求**をしたりすることになる※（415条）。

※ この点については、本章 **2** 節「債権の効力①─債務不履行」を参照。

　債権者Aが抵当権(369条1項)や質権(342条)などの担保物権を有していれば、その担保物権の目的となっている財産から優先して弁済を受けられる(担保物権の優先弁済的効力)。しかし、担保権を有しない債権者(＝**一般債権者**)は、債務者Bの**責任財産**(一般債権者への弁済に充てられる債務者の財産、一般財産ともいう)から弁済を受けることになる。

　したがって、債務者の責任財産が、債権者に対する最終的な責任を担っているという意味で、**責任財産の保全**は重要となってくるのである。

> **意義** 責任財産とは、債務の引当てになっている財産をいう。具体的には、債権者から見て債務者が有する強制執行の対象となる目的物である財産や権利のことをいう。

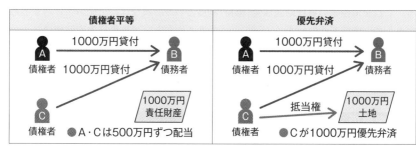

【責任財産】

② 責任財産の保全（維持）制度

　債務者が自己の責任財産をどのように使うのかは、原則として債務者の自由である。このため、①債務者が自らの権利を行使しないことにより責任財産が減少する場合や（例えば、債権を行使しないことにより消滅時効が完成する等）、②債務者が責任財産を減少させる法律行為を行う場合（例えば、債務者が責任財産を第三者に贈与する等）、債権者が債務者の財産に対して履行の強制をしようとしても、もはや債務者の責任財産は残っていない事態もありうる。

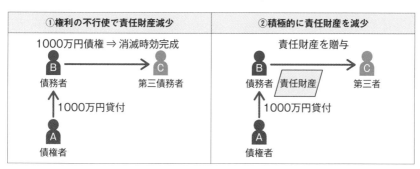

【責任財産の保全制度】

> **設例**においては、債務者Bが所有する土地を第三者に無償で譲渡してしまうと（上記②の場合）、債権者Aは、Bの財産に対して履行の強制をすることができなくなってしまう。

　そのため、民法は、債務者の責任財産を保全（維持）するため、**例外的に一定の限度において、債権者が債務者による財産権の行使に対して介入する権利を認めてい**

る。これを**債務者の責任財産保全（維持）制度**という。民法は、上記の①に対するものとして、**債権者代位権**を、上記の②に対するものとして**詐害行為取消権**の２つの制度を認めている。どちらも**強制執行の準備をするための制度**としての性質を有する。

重要事項 一問一答

01 責任財産とは？

債務の引当てになっている財産

02 民法上の責任財産保全の制度とは（２つ）？

①債権者代位権、②詐害行為取消権

5 債権の効力④ ─債権者代位権

本節では、債権者代位権を扱います。債権者代位権は、公務員試験の頻出分野です。成立
要件や個別権利実現準備型の可否などが重要となります。

1 債権者代位権の意義

> **設例** AはBに対し、500万円の貸金債権を有している。一方、Bは資産
> 状態が悪化し、唯一の財産としては、Cに対する300万円の売買代金債権しか
> ない。それにもかかわらず、Bは当該債権をCに請求せず放置しているため、
> 消滅時効が完成間近となってしまった。この場合、債権者Aは、どうすれば
> よいのか。
>
> ──500万円の貸金債権──▶ ──300万円の代金債権──▶
> 債権者 　　　　　　　　　　　　　債務者　消滅時効の完成間近　第三者

意義 債権者代位権とは、債務者の**責任財産を保全する**ために、債務者が自ら
の権利を行使しないときに、債権者が債務者に代わって債務者に属する権
利(これを**被代位権利**といい、多くの場合は債務者の第三債務者に対する債
権である)を行使することができる権利である(423条1項)。[01]

趣旨 一般債権者が、債務者の無資力により自分の金銭債権(被保全債権)を回
収できなくなる事態を防ぐため、債務者の財産管理権に介入して、**放置さ
れている権利を代位行使**し、それによって**債務者の責任財産を保全し、債
権者が有する債権の強制執行の準備をするための制度**である。これが本来
の制度趣旨である。

　　他方、債権者代位権は、責任財産の保全とは無関係に、**特定債権(非金銭
債権)の内容を実現するための手段**としても用いられている(詳細は本節 **5** 項
「債権者代位権の転用」で扱う)。

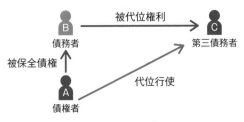

【債権者代位権】

〈語句〉●**第三債務者**とは、債務者の債務者のことをいう。上記 **設例** のCである。

> **設例** では、Aは、要件を満たせば、債権者代位権を行使して、Cに対して
> 300万円を請求することができる。

② 債権者代位権の要件

債権者代位権の行使は、債務者の財産管理に干渉するものなので、無制限に認めるのは相当ではないことから、転用事例の場合を除き（詳細は本節 **❺** 項「債権者代位権の転用」で扱う）、以下の要件をすべて満たさなければならない。

【債権者代位権の成立要件】

債権者についての要件	① 債権者の債権（**被保全債権**）が金銭債権であること ② 債権保全の必要性があること（423条1項本文） ③ 被保全債権が強制執行により実現することができないものでないこと（423条3項） ④ 被保全債権の弁済期が原則として到来していること（423条2項本文）
債務者についての要件	① 債務者の権利不行使 ② 債務者の無資力（被保全債権保全の必要性）
被代位権利についての要件	① 一身専属権ではないこと（423条1項ただし書） ② 差押え禁止債権ではないこと（423条1項ただし書）

1 債権者についての要件

① 債権者の債権（被保全債権）が金銭債権であること

債権者の債務者に対する債権（**被保全債権**）は、債務者の責任財産への強制執行による回収が可能な債権であること、すなわち**金銭債権**でなければならない（後述の **❺** 項「債権者代位権の転用」では、この要件については不要とされる）[02]。

発展 単なる期待権（ある利益の発生を期待する地位）は、被保全債権に当たらない。[A]

理由 債権者代位権は、債務者の責任財産を保全して強制執行の準備をするための制度だからである。

② 債権保全の必要性があること

債権者が、自己の**債権を保全するため必要があること**が求められる（423条1項本文）。これは、債権者が債務者の権利を行使しなければ自己の債権について完全な満足を受けられなくなるおそれがあることである。具体的には、債務者の総財産がその全債権者の債権を満足させるのに足りないこと（＝**債務者の無資力**）を意味する（詳細は後述の②▶②「債務者の無資力」で扱う）。

趣旨 債権者代位権は責任財産保全のための手段として認められたものだからである。

③ 被保全債権は強制執行可能な債権であること

被保全債権は、**強制執行可能な債権**であることが求められる（423条3項）。

趣旨 債権者代位権は、債務者の責任財産を保全して強制執行の準備をするための制度であるため、強制執行により実現することのできない債権を被保全債権として債権者代位権を行使することは適切ではないからである。〔03〕

④ 被保全債権の弁済期が原則として到来していること

原則 被保全債権の**弁済期が原則として到来していること**が求められる（423条2項本文）。債権者は、その債権の期限が到来しない間は、被代位権利を行使することができない。

趣旨 債権者代位権は、強制執行の準備のための制度であるので、強制執行ができる状態にあることが必要になるからである。

例外 保存行為（消滅時効の完成を阻止する行為・不動産を登記しておくなど、債務者の責任財産の現状を維持するための行為等）については、**例外的に期限到来前であっても代位行使が可能**である（423条2項ただし書）。〔04〕

〈解説〉 ① 従来は、被保全債権の弁済期が未到来の場合であっても、裁判上の代位であれば例外的に代位行使が可能であったが、**2020年施行の民法改正により裁判上の代位は削除された**。〔05〕

② **被代位権利の成立前に被保全債権が成立している必要はない**（最判昭33.7.15）。詐害行為取消権と異なり（424条3項参照）、債権者代位権では、債務者の権利不行使による責任財産の減少が問題となるため、その権利不行使の状態にある代位権行使時に被保全債権が存在していればよ

いからである。 06

2 債務者についての要件

① 債務者の権利不行使

債務者がすでに自ら権利を行使している場合には、その行使の方法または結果の良いと否とにかかわらず、債権者は債権者代位権を**行使することはできない**(最判昭28.12.14)。 07

理由　債務者が権利行使をしているのに代位行使を認めると、債務者の財産権行使への不当な干渉となるからである。

② 債務者の無資力

債務者が弁済するだけの資力を欠いているという状態が必要である(大判明39.11.21)。これを債務者の**無資力**(無資力要件)という。

理由　債権者代位権は、例外的に債務者の財産権の行使に介入するものであるから、当該介入を正当化するだけの必要性があるからである。

〈解説〉　①　債務者に弁済の意思がないことは、無資力とは無関係である。 08
　　　　　②　特定債権保全のための転用の場合、無資力要件については不要とされる場合も認められている。 09

〈語句〉●**特定債権**とは、特定の給付を請求する債権をいう(例えば、登記請求権がこれにあたる)。

3 被代位権利についての要件

① 被代位権利総説 /発展

被代位権利には、金銭債権、取消権・相殺権(大判昭8.5.30 B)・解除権(大判大8.2.8)などの形成権 C 、消滅時効の完成を阻止する行為(大判昭15.3.15)、時効の援用権(145条、最判昭43.9.26) D の他、債権者代位権への代位行使(大判昭5.7.14)も認められる(登記請求権への代位行使については、本節 5 項「債権者代位権の転用」で扱う)。

理由　債権者代位権は、債務者の責任財産を保全して強制執行の準備をするための制度だからである。

〈解説〉　判例は、債権譲渡の通知(467条)について、通知をすることは権利ではないとして、譲受人が譲渡人に代位することはできないとしている(大判昭5.10.10、詳細は本章 15 節「債権譲渡」で扱う。) E

② 一身専属権ではないこと

一身専属権に該当する権利については、債権者代位権を行使することはできない

(423条1項ただし書)。

趣旨 一身専属権は、債務者のみが行使するのが適当な権利であるので(行使上の一身専属権)、権利の性質上、債権者が代位行使することはできないからである。

【民法上の一身専属権】

代位行使が認められないもの	代位行使が認められたもの
① 離婚請求権 ② 扶養請求権 ③ 夫婦間の契約取消権 ④ 発展 認知 **F** ⑤ 発展 財産分与請求権(最判昭55.7.11参照) **G**	① 名誉の侵害を理由とする慰謝料請求権(最判昭58.10.6) **10** ② 遺留分侵害額請求権(最判平13.11.22) **12**

〈語句〉●認知とは、嫡出でない子(非嫡出子)について、その父又は母が血縁上の親子関係の存在を認めることをいう(法的性格については争いがある)。詳細は第6章**4**節「親族④―親子」で扱う。

問題点❶ 名誉毀損を理由とする慰謝料請求権の代位行使ができる場合があるか。

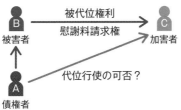

【慰謝料請求権への代位行使】

結論 加害者が被害者に対し一定額の慰謝料を支払うことを内容とする合意又はかかる支払いを命ずる債務名義が成立したなど、**その具体的な金額が当事者間において客観的に確定した場合**は、被害者の債権者においてこれを差し押えることができるし、また、**被代位権利の目的とすることができる**(最判昭58.10.6)。 **10**

理由 具体的な金額の慰謝料請求権が当事者間で客観的に確定したときは、当該請求権につき被害者の自律的判断に委ねるべき特段の理由はなく、被害者がそれ以前の段階において**死亡した場合**も、慰謝料請求権の承継取得者(=相続人)に行使上の一身専属性を認める理由はない。 **11**

問題点❷ 遺留分侵害額請求権(1046条1項、旧:遺留分減殺請求権)の代位行使ができる場合があるか。

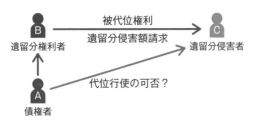

【遺留分侵害額請求権の代位行使】

結論 遺留分侵害額請求権は、遺留分権利者が、これを第三者に譲渡するなど、権利行使の確定的意思を有することを外部に表明したと認められる特段の事情がある場合を除き、債権者代位の目的とすることができない(最判平13.11.22)。12

理由 遺留分侵害額(旧：減殺)請求権は、前記特段の事情がある場合を除き、行使上の一身専属性を有すると解され、423条1項ただし書にいう「債務者の一身に専属する権利」に当たる。

〈語句〉●遺留分とは、一定の相続人(遺留分権利者)について、被相続人(亡くなった方)の財産から法律上取得することが保障されている最低限の取り分のことで、被相続人の生前の贈与又は遺贈によっても奪われることのないものである。
●遺留分侵害額請求権とは、遺留分権利者が、被相続人が財産を遺留分権利者以外に贈与又は遺贈し、遺留分に相当する財産を受け取ることができなかった場合に、贈与又は遺贈を受けた者に対し、遺留分を侵害されたとして、その侵害額に相当する金銭の支払を請求する権利である。

問題点❸ 📖発展 離婚の際の財産分与請求権を保全するために、債権者代位権を行使することができるか。

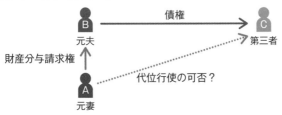

【財産分与請求権保全のための代位行使】

結論 協議あるいは審判等によって具体的内容が形成される前の財産分与請求権を保全するために債権者代位権を行使することは許されない(最判昭55.7.11)。G

理由 離婚によって生ずることがある財産分与請求権は、一個の私権たる性格を有するものではあるが、協議あるいは審判等によって具体的内容が形成されるまでは、その範囲及び内容が不確定・不明確であるから。

〈解説〉 本判決は、財産分与請求権が被保全債権となり得るかどうかが争われた事案であることに注意を要する。

③ 差押え禁止債権ではないこと（423条1項ただし書）

差押えが禁止された権利も代位行使をすることができない（423条1項ただし書）。

趣旨 差押え禁止債権は、責任財産ではなく保全の対象とならないからである。

〈語句〉 ●**差押え禁止債権**とは、民事執行法上又は個別法上、特定の債権者の生計の保護の観点から差押えが禁止された債権である。(例)公的年金、生活保護法に基づく金銭給付や現物給付、労働基準法による災害補償としての休業補償金、自動車損害賠償保障法等に基づく損害賠償金等

❸ 代位行使の方法

1 権利行使の主体

債権者代位権行使の主体は、債権者である。債権者は、**自己（＝債権者）の固有の権利として**（これを「自己の名で」という）、債権者代位権を行使する。債務者の代理人として債権者代位権を行使するわけではない（大判昭9.5.22）。 13

2 裁判による行使・裁判外の行使

債権者代位権は、**裁判上でも裁判外でも行使が可能である** 14 。ただし、裁判による代位（代位訴訟）による場合は、債務者に**訴訟告知**をする必要がある（423条の6、詳細は本節❹項 2 「訴えを提起した場合の訴訟告知」で扱う）。

> **設例** AはBに対し、500万円の貸金債権を有している。一方、Bは資産状態が悪化し、唯一の財産としては、Cに対する300万円の売買代金債権しかない。そこで、債権者Aは、BのCに対する当該債権に債権者代位権を行使した。この場合、Cは、BC間の契約について錯誤があるとして（錯誤の要件は満たしている）、Aに対し当該契約の錯誤取消しの抗弁を主張して売買代金の支払いを拒むことができるか。

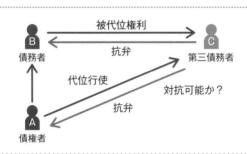

代位行使の目的となるのは債務者の権利なので、相手方（第三債務者）は、債権者から被代位権利の行使を受けた場合には、債務者に対して主張することができる**抗弁**を、**債権者に対しても対抗**することができる（423条の4）。 **15**

例えば、第三債務者は、第三債務者が債務者に対して主張することができる契約の無効・取消し・解除の抗弁、消滅時効の抗弁、同時履行の抗弁権などを債権者に対して行使して、被代位権利に係る債務の履行を拒むことができる。

> **趣旨** 代位債権者は、抗弁の付着した債権を行使するにすぎないし、第三債務者にとって、債務者から被代位権利の請求を受けた場合に債務者に主張できた抗弁が、債権者代位権の行使によって債権者から被代位権利の請求を受けた場合に主張できなくなってしまう不利益を甘受しなければならないいわれはないからである。

> **設例** の場合、第三債務者であるCは、債務者Bに対して錯誤による取消し（95条1項柱書）を主張できたことから（錯誤取消しの抗弁の対抗）、当該抗弁を債権者Aに対して行使して、売買代金債務の履行を拒むことができる。

発展 債権者代位権に基づく訴訟において、被告である第三債務者が提出した**抗**

弁に対し、債権者が原告として提出することのできる**再抗弁**事出は、**債務者自身が主張することのできるものに限られ、原告独自の事情に基づく再抗弁を提出することはできない**(最判昭54.3.16)。 H

〈語句〉●抗弁とは、民事訴訟において相手方(原告)の主張を排斥させるため、被告が、相手方が主張する事実と両立し得る新たな事実を主張することをいう。

(例)貸金返還請求訴訟において、被告の「金銭は借用したが、代金債務は消滅時効の援用によって消滅した」との主張(時効援用の抗弁)

●再抗弁とは、民事訴訟において、被告から抗弁が出された場合、原告がこれに基づく法律効果の発生を妨げ、あるいは消滅させる事実をさらに主張することをいう。

(例)(上記時効援用の抗弁に対して)「被告は債務承認をしたので消滅時効は更新されている」との主張(時効更新の再抗弁)

4 行使の範囲

金銭債権などのように被代位権利の目的が可分であるときは、**被保全債権の範囲内においてのみ、被代位権利を行使することができる**(423条の2)。これに対し、特定物の引渡債権などのように**被代位権利の目的が不可分であるときは、被代位権利の全部を行使することができる。** 16

例えば、被代位権利の目的が500万円の金銭債権で、債権者の被保全債権が300万円の場合、債権者は300万円分のみ代位行使することができる。 17

趣旨 債権者代位権は、債権者の債務者に対する債権の保全のための制度であるため、保全に必要な限度でのみ債権者代位権を認めれば足りるからである。

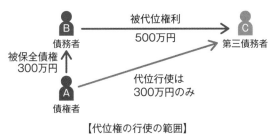

【代位権の行使の範囲】

④ 代位行使の効果

　債権者が債務者に代位して債務者の権利を行使した結果は、直接に**債務者に対し**てその効力を生じる。

1 債務者による被代位権利の行使

> 　AはBに対し、500万円の貸金債権を有している。一方、債務者Bは資産状態が悪化し、唯一の財産としては、第三債務者Cに対する300万円の売買代金債権しかない。そこで、Aは、BのCに対する当該債権を代位行使した。この場合において、
>
> **設例❶**　Bは、C対して当該売買代金の支払を請求することができるか。
> **設例❷**　Cは、Bに対して当該売買代金の支払をすることができるか。

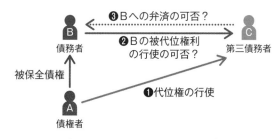

❸Bへの弁済の可否？
❷Bの被代位権利の行使の可否？
❶代位権の行使
被保全債権
B　債務者
C　第三債務者
A　債権者

【債務者による被代位権利の行使】

　債権者が被代位権利を行使した場合でも、①債務者が被代位権利について自ら処分（債権の取立てなど）をすることを妨げられないだけでなく、②相手方も被代位権利について債務者に対して履行をすることを妨げられない（423条の5）。 18

> **趣旨**　債権者代位権は、強制執行の準備のための制度にすぎず、正規の強制執行の手続きをとらない債権者は、債務者の権利行使・処分のリスクを甘受すべきだからである。

> **設例**の場合、債権者Aによる当該売買代金債権の代位行使があっても、①債務者Bは、C対して当該売買代金の支払を請求することができる。また、②Cも、Bに対して当該売買代金の支払をすることができる。

2 訴えを提起した場合の訴訟告知

　債権者は、被代位権利の行使に係る訴えを提起したときは、債務者に対し、遅滞なく訴訟告知をしなければならない(423条の6)。

趣旨 *発展* 債権者代位訴訟においては、債務者が訴訟に参加しなくても、その判決の効力は債務者に及ぶ(民事訴訟法115条1項2号参照)と解されているが〔I〕、それでは債務者自ら主張する機会が与えられないことから、債権者に対し、訴えを提起した旨を債務者に伝える義務(訴訟告知の義務)を課すことで、場合によっては債務者が当事者として訴訟参加することを可能にした。

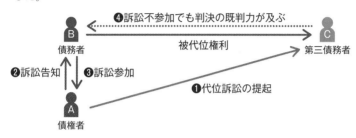

【訴訟告知】

〈語句〉●訴訟告知とは、訴訟の当事者が、訴訟の対象となっている事件に関係する第三者に対して、訴訟が係属している(特定の裁判所で審理中である)という事実を通知することである。

3 債権者への金銭の支払又は動産の引渡し

① 債権者への支払又は引渡し

　債権者は、被代位権利が金銭の支払又は動産の引渡しを目的とするときは、相手方(第三債務者)に対して、金銭の支払又は動産の引渡しを自己に対してすることを求めることができる(423条の3前段)。 [19]

趣旨 債権者代位権は、債務者の責任財産保全の制度であるため、本来、債権者に認められるのは、債務者への支払や債務者への引渡しを求めることになるところ、債務者が受領しないときには、代位権はその目的を達成しえないからである。

② 引渡しを受けた財産の扱い *発展*

　423条の3前段は、引渡しを受けた財産を直接自己の債権の弁済に充てることまで認めているわけではないので、**弁済充当を行うには強制執行手続をとらなければ**

ならない。 J

〈解説〉　不動産の移転登記について、債権者が自己への移転登記を請求すること
　　　　はできない。登記請求権を代位行使する場合には、債務者の受領がなくて
　　　　も債務者の名義に移転登記することができるからである（不動産登記法59条7
　　　　号）。

③ 代位のために要した費用 ⟨発展⟩

　代位債権者は、他の債権者との関係では、代位のため要した費用が「共益の費用」
として一般先取特権の対象となることから（306条1号）、優先的地位が認められる。
したがって、Aは、代位のため要した費用については、他の債権者に対して優先的
地位を取得し、他の債権者と平等の立場で配当を受けるわけではない。 K

〈解説〉　債権者としては、受領したものを債務者に返還すべきことになるが、金
　　　　銭を受領した場合は、債務者に対する被保全債権との相殺（詳細は本章 9 節
　　　　「債権の消滅(3)―相殺」で扱う）を行うことができる。その結果、債権者は、事
　　　　実上の優先弁済を得られたのと同じ結果となる。

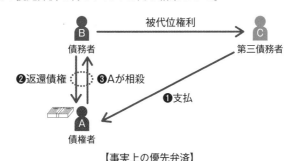

【事実上の優先弁済】

4 債権者への支払・引渡しによる債務の消滅

　第三債務者が債権者に対して金銭の支払又は動産の引渡しをしたときは、これに
より被代位権利が消滅する（423条の3後段）。

5 債権者代位権の転用（個別権利実現準備型の債権者代位権）

1 債権者代位権の転用の意義

　意義　債権者代位権の転用とは、債権者が有する**特定の債権（非金銭債権）**を保
　　　　全する適当な方法がないため、代位行使が認められる場合のことをいう。

2 ▷ 債権者代位権の転用の要件

　債権者代位権の転用においては、債務者の無資力を要求する意味もないので、代位権行使の要件のうち、①債権者の債権が金銭債権であること、②債務者の無資力の二つは不要ということになる。 20 21

3 ▷ 登記又は登録の請求権を保全するための債権者代位権

> **設例**　A→B→Cと不動産が順次譲渡されたが、登記名義がいまだAにあり、Bが移転登記に協力しない場合、Cは、どのような方法で移転登記を取得することができるか。

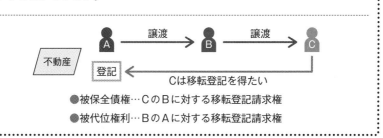

　登記・登録によって対抗要件になる財産(不動産、自動車、船舶など)を譲り受けた者は、その譲渡人が第三者に対して有する登記・登録の手続請求権を行使しないときに、その権利を行使することができる(423条の7前段) 22 。この場合には、相手方の抗弁、債務者の取立て・債務者への履行、債権者代位権についての訴訟告知に関する規定が準用される(423条の7後段、423条の4、423条の5、423条の6)。

> **趣旨**　判例が債権者代位権の転用を認めていた事例(大判明43.7.6等)について、債権者代位権の行使が認められることを確認し、その場合において準用される条文を明確化したものである。

〈解説〉　不動産がA→B→Cと順次譲渡されたが登記名義がAにある場合、直接「A→C」に移転登記をすること(中間省略登記)は、原則として認められない(『民法 上』第2章 **8** 節 **6** 項「不動産登記の方法」を参照。《『民法 上』=『過去問攻略Vテキスト**❶**民法(上)第2版』以下同じ》)。

設例 の場合、Ｂは移転登記に協力しない（被代位権利を行使しない）ので、Ｃは、Ｂに対する移転登記請求権を保全するため、「Ｂ→Ａ」の移転登記請求権をＢに代位して行使することが認められる。 23

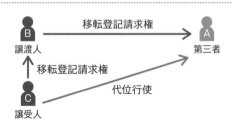

4 不動産賃借人による不法占拠者の妨害排除請求

設例 Ｂは、ＡからＡが所有する不動産を賃借したが、この不動産に不法占拠者Ｃがいる場合に、ＢはＣに対して不動産の明渡請求をすることができるか。

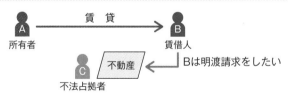

●被保全債権…ＢのＡに対する賃借物使用収益請求権
●被代位権利…ＡのＣに対する所有権に基づく妨害排除請求権

問題点 所有者の不法占拠者に対する妨害排除請求権を不動産賃借人が代位行使することができるか。

結論 代位行使することができる（大判昭4.12.16）。そして、賃借人が、賃貸人たる所有者に代位して不法占拠者に対しその明渡を請求する場合においては、**直接自己に対してその明渡しをすべきことを請求することができる**（最判昭29.9.24）。 24

理由 賃借人の賃借権を保全する必要があるが、特に対抗力を備えていない賃借人には、他に適当な方法がないからである。

　設例の場合、Bが不動産賃借権について対抗要件を備えていないときは、A
に対する賃借物の使用収益請求権を被保全債権として、Aが所有者として有
するCに対する妨害排除請求権を代位行使することができる。**発展**なお、B
が不動産賃借権について対抗要件を備えていれば、Cに対して、直接に賃借
権に基づく返還請求が認められる（605条の4第2号、賃借権に基づく妨害排除請求
については、第5章**7**節「契約各論(2)—賃貸借②」で扱う）。**L**

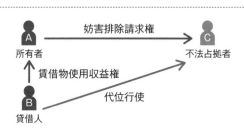

5 抵当権者による妨害排除請求権への代位行使の可否

　設例　抵当権者AはB所有の建物に抵当権の設定を受けているが、第三者
Cがこの建物を不法占拠している。Aは、所有者BのCに対する妨害排除請
求権を代位行使して、Cに対し建物の明渡しを請求することができるか。

●被保全債権…AのBに対する抵当不動産を適切に維持又は保存するよう求める請求権
●被代位権利…BのCに対する所有権に基づく妨害排除請求権

　問題点　所有者の不法占拠者に対する妨害排除請求権を抵当権者が代位行使す
ることができるか。

　結論　第三者が抵当不動産を不法占有することにより抵当不動産の**交換価値の
実現が妨げられ抵当権者の優先弁済請求権の行使が困難**となるような状態
があるときには、代位行使することができる（最大判平11.11.24）。**25**

理由 そのような状態があるときは、抵当権の効力として、抵当権者は、抵当不動産の所有者に対し、その有する権利を適切に行使するなどして右状態を是正し抵当不動産を適切に維持又は保存するよう求める請求権を有する。

設例 の場合、第三者Cの不法占拠により、抵当不動産の交換価値の実現が妨げられ、抵当権者Aの優先弁済請求権の行使が困難となるような状態があるときは、Aは、所有者BのCに対する妨害排除請求権を代位行使することができる。

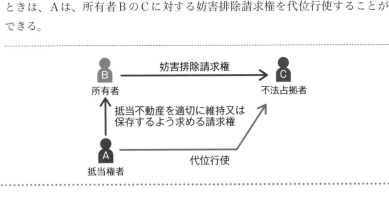

6 他の共同相続人が買主の移転登記手続請求権を代位行使する場合 /発展

> ■設例 土地の売主の死亡後、土地の買主に対する所有権移転登記手続義務を相続した共同相続人ABのうち、Bが当該義務の履行を拒絶しているため、買主が同時履行の抗弁権を行使して土地の売買代金全額について弁済を拒絶している。この場合、Aは、Bに対し、買主の有する所有権移転登記手続請求権を代位行使することができるか。

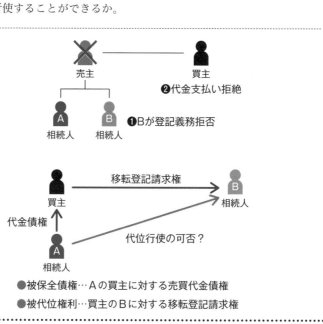

● 被保全債権…Aの買主に対する売買代金債権
● 被代位権利…買主のBに対する移転登記請求権

■問題点 買主に対する土地所有権移転登記手続義務を相続した共同相続人の一部の者が義務の履行を拒絶しているため、買主が相続人全員による登記手続義務の履行の提供があるまで代金全額について弁済を拒絶する旨の同時履行の抗弁権を行使している場合において、他の相続人は、義務の履行を拒否している共同相続人に対して、買主の有する所有権移転登記手続請求権を代位行使することができるか。

■結論 自己の相続した**代金債権を保全**するため、**買主が無資力でなくても**、これに代位して、登記手続義務の履行を拒絶している相続人に対し**買主の所有権移転登記手続請求権を行使**することができる（最判昭50.3.6）。 M

■理由 共同相続人は、同時履行の抗弁権を失わせて買主に対する自己の代金債

権を保全する必要があるからである。

〈解説〉 この判例は、形式的には金銭債権を保全するための代位権行使ではあるものの、実質的には債務者の有する同時履行の抗弁権を消滅させるための行使であることから、転用の一例と見ることができる。

設例の場合、ABが相続した土地の買主に対する所有権移転登記手続義務について、Bがその履行を拒絶しているため、買主が同時履行の抗弁権を行使して土地の売買代金全額について弁済を拒絶していることから、Aは、買主の同時履行の抗弁権を失わせる方法が他にないので、Bに対し、買主の有する所有権移転登記手続請求権を代位行使することができる。

【債権者代位権の転用】

事例	結論・条文・判例
登記請求権の代位行使	できる(423条の7)
不動産賃借人による所有者の不法占拠者に対する妨害排除請求権の代位行使	できる(大判昭4.12.16)。直接自己への明渡しをなすべきことを請求することができる(最判昭29.9.24)
抵当権者による妨害排除請求権の代位行使	できる(最大判平11.11.24)
他の共同相続人が買主の移転登記手続請求権を代位行使	できる(最判昭50.3.6)

重要事項 一問一答

01 債権者代位権の対象となる債務者に属する権利とは？

被代位権利

02 被保全債権はどのような債権か（原則）？

金銭債権

03 無資力とは？

債務者の総財産がその債権者の債権を満足させるのに足りないこと

04 被保全債権は強制執行可能な債権であることを要するか？

要する。

05 被保全債権の弁済期が到来していることを要するか？

原則として要する。

06 弁済期が到来していなくとも代位行使できる場合は？

保存行為を行う場合

07 被代位権利の成立前に被保全債権が成立している必要は？

ない。

08 債務者が権利行使をしている場合、代位行使はできるか？

できない。

09 行使上の一身専属権とは？

債務者のみが行使するのが適当な権利のこと

10 名誉毀損を理由とする慰謝料請求権の具体的な金額が当事者間において客観的に確定した場合、被代位権利とすることができるか？

できる。

11 差押え禁止債権を代位行使することはできるか？

できない。

12 債権者は被代位権利をどのような立場で行使するか？

自己の固有の権利として行使する。

13 債権者代位権は、裁判上でも裁判外でも行使可能か？

行使可能である。

14 代位訴訟において第三債務者が行使できる抗弁は？

債務者に対して主張することができる抗弁

15 被代位権利の目的が可分であるときに代位行使できる範囲は？

被保全債権の範囲内

16 債権者が代位行使した場合、債務者が被代位権利を処分することは？

妨げられない。

17 裁判による代位（代位訴訟）による場合、債権者が債務者にすべきことは？

訴訟告知

18 被代位権利が金銭の支払又は動産の引渡しを目的とする場合、債権者は、相手方に対して、金銭の支払又は動産の引渡しを自己に対してすることを求めることは？

できる。

19 債権者代位権の転用とは？

債権者が有する特定債権（非金銭債権）を保全する適当な方法がないため、代位行使が認められる場合のこと

20 債権者代位権の転用において債務者の無資力要件は？

不要である。

01 債権者代位権は、債務者の責任財産を保全するために、債務者が自らの権利を行使しないときに、債権者が債務者に代わって債務者に属する権利を行使する制度である。

○（国般2009改題）

02 債権者代位権は債権者の債権の引当てとなる債務者の責任財産を保全するための制度であるから、被保全債権は金銭債権であることが必要であり、金銭以外の債権を保全するために用いることは認められない。

×（税・労2010）「金銭以外の債権を保全するために用いることは認められない」が誤り。

03 債権者は、その債権が強制執行により実現することのできないものであるときは、被代位権利を行使することができない。

○（区2021）

04 債権者は、その債権の期限が到来しない間は、保存行為であっても、裁判上の代位によらなければ被代位権利を行使することができない。

×（区2021）「保存行為であっても、裁判上の代位によらなければ被代位権利を行使することができない」が誤り。

05 債権者は、その債権の期限が到来しない間であっても、裁判上の代位によれば、債務者に属する権利を行使することができる。

×（国般2021）「裁判上の代位によれば、債務者に属する権利を行使することができる」が誤り。

06 代位債権者が債務者に対して有する被保全債権は、被代位債権の発生前に成立したものである必要がある。

×（裁2019改題）「必要がある」が誤り。

07 最高裁判所の判例では、債務者がすでに自ら権利を行使している場合であっても、その行使の方法又は結果が債権者にとって不利益になる場合には、債権者は代位権を行使することができるとした。

×（区2013）「その行使の方法又は結果が債権者にとって不利益になる場合には、債権者は代位権を行使することができるとした」が誤り。

[08] 債務者の資力が債務を弁済するのに十分であっても、債務者に弁済の意思がないことが明らかなときには、金銭債権を有する債権者は、債務者の権利を代位行使することができる。

× (税・労2005)「債務者の権利を代位行使することができる」が誤り。

[09] 債権者代位権は、自己の債権を保全する必要性がある場合に認められるものであるから、債権者代位権を行使するためには、常に債務者が無資力であることが必要である。

× (裁2021)「常に債務者が無資力であることが必要である」が誤り。

[10] 最高裁判所の判例では、名誉の侵害を理由とする慰謝料請求権は、具体的な慰謝料金額が当事者間において客観的に確定した場合であっても、行使上の一身専属性を失うことはないとした。

× (区2010)「具体的な慰謝料金額が当事者間において客観的に確定した場合であっても、行使上の一身専属性を失うことはないとした」が誤り。

[11] 名誉毀損による損害賠償請求権は、金銭債権なので債権者代位権の対象となるが、被害者が死亡したときは、権利の性質上相続の対象とならないから、債権者代位権の対象とならない。

× (国般2005)「権利の性質上相続の対象とならないから、債権者代位権の対象とならない」が誤り。

[12] 遺留分権利者が遺留分侵害額請求権を第三者に譲渡するなどして、その権利行使の確定的意思を外部に表明した場合には、債権者代位権に基づき遺留分侵害額請求権を代位行使することができる。

○ (裁2014改題)

[13] 債権者代位権における債権者は、債務者の代理人として債務者に属する権利を行使することができるが、自己の名においてその権利を行使することはできない。

× (区2013)「債務者の代理人として債務者に属する権利を行使することができるが、自己の名においてその権利を行使することはできない」が誤り。

[14] 債権者代位権は、被保全債権の履行期が到来していれば、保存行為であるか否かを問わず、裁判外であっても行使することができる。

○ (区2017改題)

15 AがBに代位してBがCに対して有する債権を代位行使する場合、Cは、Bに対して行使することができる抗弁権を有しているとしても、Aに対しては、その抗弁権を行使することはできない。

×（裁2019）「Aに対しては、その抗弁権を行使することはできない」が誤り。

16 債権者は、債務者に属する権利を行使する場合において、その権利の目的が可分であるときは、自己の債権の額の限度においてのみ、その権利を代位行使することができる。

○（国般2021）

17 債権者代位権は、債務者の責任財産の保全のためのものであるから、被保全債権が300万円の金銭債権、被代位権利が500万円の金銭債権である場合、債権者は被代位権利全額について代位をした上で、これを債務者に返還することができる。

×（裁2021）「債権者は被代位権利全額について代位をした上で」が誤り。

18 債権者が被代位権利を行使した場合であっても、債務者は、被代位権利について、自ら取立てその他の処分をすることを妨げられず、この場合においては、相手方も、被代位権利について、債務者に対して履行をすることを妨げられない。

○（区2021）

19 債権者は、債務者に属する権利を行使する場合において、その権利が金銭の支払を目的とするものであるときは、相手方に対し、その支払を債務者に対してすることを求めることはできるが、自己に対してすることを求めることはできない。

×（国般2021）「自己に対してすることを求めることはできない」が誤り。

20 債権者代位権で保全される債権は、必ずしも金銭債権に限られない。

○（裁2002改題）

21 債権者が、特定物に関する債権を保全するため代位権を行使するためには、金銭債権を保全するために代位権を行使する場合と同様に、債務者が無資力であることが必要である。

×（区2013）「金銭債権を保全するために代位権を行使する場合と同様に、債務者が無資力であることが必要である」が誤り。

[22] 登記をしなければ権利の得喪及び変更を第三者に対抗することができない財産を譲り受けた者は、その譲渡人が第三者に対して有する登記手続をすべきことを請求する権利を行使しないときであっても、その第三者の同意を得れば、その権利を行使することができる。

× (国般2021)「その第三者の同意を得れば、その権利を行使することができる」が誤り。

[23] 不動産がAからB、BからCへと順次譲渡され、いずれの売買についても移転登記がなされていない場合には、CのAに対する直接の移転登記請求が可能であるから、CがBのAに対する移転登記請求権を代位行使することは許されない。

× (国般2000)「CのAに対する直接の移転登記請求が可能であるから、CがBのAに対する移転登記請求権を代位行使することは許されない」が誤り。

[24] Aが甲建物の所有者Bから、甲建物を賃借しているとき、甲建物の不法占有者であるCに対し、Bを代位して甲建物の所有権に基づく返還請求権を行使する場合、AはCに対して直接Aに甲建物を明け渡すよう求めることはできない。

× (裁2018)「AはCに対して直接Aに甲建物を明け渡すよう求めることはできない」が誤り。

[25] 最高裁判所の判例では、第三者が抵当不動産を不法占有することにより、抵当不動産の交換価値の実現が妨げられ、抵当権者の優先弁済請求権の行使が困難となるような状態があるときは、抵当権者は、所有者の不法占有者に対する妨害排除請求権を代位行使することができるとした。

○ (区2016)

[A] BがB所有の不動産をCに仮装譲渡して、その登記名義をCに移転した場合、Bの推定相続人であるAは、Bに代位してC名義の所有権移転登記の抹消を請求することができる。

× (裁2004)「Bの推定相続人であるAは、Bに代位してC名義の所有権移転登記の抹消を請求することができる」が誤り。

[B] 債務超過に陥っている甲の債権者である乙は、甲と第三者丙とが相互に債権を有し、それらの債権が相殺適状にあるので、甲に代位して、丙に対し相殺の意思表示をすることができる。

○ (裁2007改題)

[C] 債権者代位権の行使の対象となるものは、代金請求権、損害賠償請求権等の

請求権であり、物権的請求権である登記請求権や取消権、解除権のいわゆる形成権は含まれない。

×（区2010）「物権的請求権である登記請求権や取消権、解除権のいわゆる形成権は含まれない」が誤り。

［ D ］ AがBに対する貸金債権（甲債権）を有し、CもBに対する貸金債権（乙債権）を有している場合、Bが無資力であり、かつ、乙債権の消滅時効が完成しているときであっても、AはBに代位して、Cに対し、乙債権の消滅時効を援用することはできない。

×（裁2018）「であっても、AはBに代位して、Cに対し、乙債権の消滅時効を援用することはできない」が誤り。

［ E ］ 債務超過に陥っている甲から、甲が第三者丙に対して有していた金銭債権の譲渡を受けた乙は、甲が丙に対して債権譲渡の通知をしない場合には、甲に代位して、丙に対し債権譲渡の通知をすることができる。

×（裁2007改題）「甲に代位して、丙に対し債権譲渡の通知をすることができる」が誤り。

［ F ］ 無資力者甲の債権者である乙は、資産家の丙が甲の実子であることを知ったが、甲が丙を認知しないので、甲に代位して、丙を認知することができる。

×（裁2007改題）「甲が丙を認知しないので、甲に代位して、丙を認知することができる」が誤り。

［ G ］ 離婚の際の財産分与請求権は、協議あるいは審判等によって具体的内容が形成されるまでは、その範囲及び内容が不確定・不明確であるから、債権者代位権の対象とならない。

○（国般2005）

［ H ］ 債権者代位訴訟の原告である債権者が、被告である第三債務者が提出した抗弁に対して提出することのできる再抗弁事由は、債務者自身が主張することのできるものに限られず、その再抗弁が信義則に反し権利の濫用として許されないと解されるものを除き、債権者独自の事情に基づくものも提出することができる。

×（国般2013）「限られず、その再抗弁が信義則に反し権利の濫用として許されないと解されるものを除き、債権者独自の事情に基づくものも提出することができる」が誤り。

［ I ］ 代位訴訟の既判力は債務者に及ばないから、債権者が債務者の第三債務者に対する債権を代位行使することによっては、当該債権の消滅時効の完成は猶予され

ない。

×（税・労2005改題）全体が誤り。

[J] Aが、Bに対して有する貸付金債権を保全するため、BがCに対して有する売掛金債権をBに代位して行使した場合、Aは、Cから受領した金額を直接自己の債権の弁済に充てることができると解するのが通説である。

×（税・労2002）「Aは、Cから受領した金額を直接自己の債権の弁済に充てることができると解するのが通説である」が誤り。

[K] Aが、Bに対して有する貸付金債権を保全するため、BがCに対して有する売掛金債権をBに代位して行使したとしても、他にBの債権者がいる場合、それらの者に対し何ら優先的地位を取得するものではないから、その代位のため要した費用についても、Aは他の債権者と平等の立場で配当を受けることができるにすぎない。

×（税・労2002）「Aは他の債権者と平等の立場で配当を受けることができるにすぎない」が誤り。

[L] 土地の賃借人は、土地の不法占拠者に対し、対抗力の有無を問わず賃借権に基づく妨害排除請求権を行使して、直接に土地の明渡しを請求することができるから、賃貸人たる土地所有者の妨害排除請求権を代位行使して土地の明渡しを請求することはできない。

×（国般2013）全体が誤り。

[M] 土地の売主の死亡後、土地の買主に対する所有権移転登記手続義務を相続した共同相続人の一人が当該義務の履行を拒絶しているため、買主が同時履行の抗弁権を行使して土地の売買代金全額について弁済を拒絶している場合には、他の相続人は、自己の相続した代金債権を保全するため、買主が無資力でなくても、登記手続義務の履行を拒絶している相続人に対し、買主の所有権移転登記手続請求権を代位行使することができる。

○（国般2013）

6 債権の効力⑤
―詐害行為取消権

本節では、詐害行為取消権を扱います。成立要件や行使方法などがポイントになります。

1 総説

> **設例**　AはBに対し、500万円の貸金債権を有している。一方、Bは資産状態が悪化し、唯一の財産としては、300万円相当額の絵画しかない。それにもかかわらず、Bは当該絵画をCに贈与してしまった。この場合、債権者Aは、どうすればよいのか。
>
>

意義　詐害行為取消権とは、債権者が、裁判所に請求することで、**債務者が債権者を害することを知ってした行為（詐害行為）を取り消すことができる権利**である（424条1項本文）。

趣旨　① 債務者によって責任財産を積極的に減少させる行為がなされたときに、履行の強制（強制執行）の準備段階として**責任財産を保全**するため、**債権者が責任財産から逸失した財産を取り戻す**ことを認めた。

② 詐害行為取消権は、債務者による財産の管理・処分に対する強力な介入であるため、その要件を厳格に規定することにした。

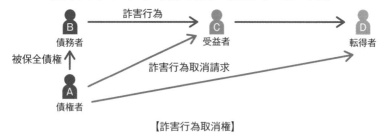

【詐害行為取消権】

〈**語 句**〉●**詐害行為取消請求**とは、詐害行為の取消しを裁判所に請求することをいう(424条3項)。

●**受益者**とは、詐害行為によって利益を受けた者のことをいう(424条1項ただし書)。

●**転得者**とは、受益者に移転した財産を転得した者のことをいう。

設例では、Aは、要件を満たせば、詐害行為取消請求をして、Cに対して当該絵画の返還を請求することができる。

民法では、**受益者に対する詐害行為取消請求を原則的な形態**(424条〜424条の4)としており、転得者に対する詐害行為取消請求については、その要件がさらに厳格となっている(424条の5、詳細は本節 **4** 項「転得者に対する詐害行為取消請求の要件」で扱う)。そこで、最初に受益者に対する詐害行為取消請求の要件を見ていくことにする。

2 受益者に対する詐害行為取消請求の要件

受益者に対して詐害行為取消請求をするための要件は、①債権者についての要件、②債務者についての要件、③受益者についての要件、の3つに大きく分けることができる。

【受益者に対する詐害行為取消請求の要件】

債権者についての要件		① 被保全債権が**金銭債権**であること ② 被保全債権が詐害行為の**前の原因に基づいて生じた**ものであること(424条3項) ③ 被保全債権が強制執行による**実現可能性のある**ものであること(424条4項)
債務者についての要件	客観的要件	① **詐害行為**であること(詐害性) ② **財産権を目的とする行為**であること(424条2項)
	主観的要件	③ **詐害行為時に債権者を害することを知っていた**こと(詐害の意思)(424条1項本文)
受益者についての要件		詐害行為時(受益の当時)において、**債権者を害することを知っていた**こと(424条1項ただし書)

1 債権者についての要件

① 被保全債権が金銭債権であること

債権者代位権と同じく、詐害行為取消権も責任財産を保全するための制度である

から、**被保全債権は金銭債権**であることを要する。詐害行為取消権については、債権者代位権のような特定債権(金銭債権以外の債権)での転用は認められていない。

問題点 AがBに譲渡した土地をCにも譲渡し、Cに土地の登記を移転した場合、B(債権者)は、A(債務者)に対する土地引渡債権を被保全債権として、AC間の土地売買契約について詐害行為取消請求をすることができるか。

結論 他の要件を満たせば、**BのAに対する土地引渡債権を被保全債権とする詐害行為取消請求が認められる**(最大判昭36.7.19)。 01

理由 Bの土地引渡債権が究極的には**金銭債権である**損害賠償請求権に変じうるから、Aの一般財産(責任財産)により担保されなければならないことは、金銭債権と同様である。

〈解説〉 ① 判例は、BのAに対する土地引渡債権が、下図の「**❹登記移転**」によって履行不能となり、BのAに対する債務不履行に基づく損害賠償請求権に変じたことに着目し、この損害賠償請求権の保全を目的とした詐害行為取消請求を認めたといえる。また、被保全債権をBのAに対する土地引渡債権とすることにより、次の②「被保全債権が詐害行為の前の原因に基づいて生じたものであること」という要件が満たされる。

② AからBCに対する不動産の二重譲渡の場合、Cに登記が移転されると、AのBに対する土地引渡債務が履行不能になるので(最判昭35.4.21)、Aに帰責事由があればBのAに対する損害賠償請求権が発生する(415条1項)。

【不動産の二重譲渡と詐害行為取消権】

② 被保全債権が詐害行為の前の原因に基づいて生じたものであること

意義 詐害行為取消請求をするには、**被保全債権が詐害行為の前の原因に基づいて成立している**ことが必要である(424条3項)。 02

趣旨 被保全債権が詐害行為以後に生じたとしても、**被保全債権の発生原因が詐害行為前に成立していれば**、債権者は責任財産に期待するのが通常であり、詐害行為によって債権者が害されるといえる。

〈解説〉　例えば、詐害行為前に金銭債権(利息債権や遅延損害金債権の発生原因)が成立している場合、当該金銭債権の債権者は、詐害行為以後に発生する利息債権や遅延損害金債権も責任財産から回収することを期待するので、詐害行為によって債権者が害される。この場合、利息債権や遅延損害金債権を被保全債権とした詐害行為取消請求を認める余地がある。

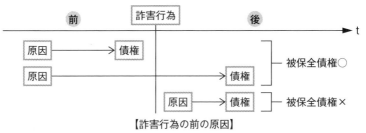

【詐害行為の前の原因】

発展 被保全債権が詐害行為の前の原因に基づいて成立したものであれば、詐害行為以後に譲り受けたものであってもよい(大判大12.7.10参照)。

理由　債権譲渡によって債権がその同一性を保ったまま譲受人に移転するので、被保全債権が詐害行為によって害されている状態も譲受人に引き継がれる。

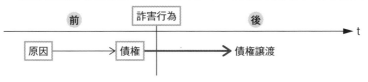

【詐害行為の前の原因と債権譲渡】

問題点❶　債権者代位権の場合(423条2項本文)と同様、被保全債権の履行期が到来している必要があるか。

結論　被保全債権の履行期が到来している必要はない(大判大9.12.27)。 03

理由　①　債権者代位権の場合と異なり、履行期の到来が条文上要求されていない。

　　②　履行期が到来しているか否かにかかわらず、詐害行為によって債権者が不利益を受けることに変わりはない。

問題点❷　**発展** 債務者による詐害行為当時債権者であった者は、その後にその債権を目的とする準消費貸借契約を締結したとしても、当該詐害行為を取り消すことができるか。

結論　詐害行為取消請求の要件を具備する限り、**詐害行為として取り消すことができる**(最判昭50.7.17)。 A

理由　準消費貸借契約に基づく債務は、当事者の反対の意思が明らかでない限

り、既存債務と同一性を維持しつつ、単に消費貸借の規定に従うこととされるにすぎないものと推定される。したがって、被保全債権(準消費貸借契約に基づく債務に係る債権)の発生原因である既存債務に係る債権が詐害行為前に成立している。

〈語 句〉●**準消費貸借契約**とは、既存債務(売買代金債務や商品引渡債務など)を消費貸借(ここでは金銭の貸し借りとの理解でよい)の目的とする契約である(588条)。準消費貸借契約の成立によって既存債務が消滅し、これが貸金債務に置き換えられるので、既存債務と貸金債務は同一性を維持しているといえる。

③ 被保全債権が強制執行による実現可能性があること

債権者は、**被保全債権が強制執行により実現することのできない**ものであるときは、**詐害行為取消請求をすることができない**(424条4項)。したがって、被保全債権が**強制執行による実現可能性**のあることが、詐害行為取消請求の要件の一つになる。 04

> ■**趣旨** 詐害行為取消権は、責任財産を保全して強制執行の準備をするための制度であり、強制執行によって実現できない債権を被保全債権として詐害行為取消請求をするのは適切でないからである。

2 債務者についての要件

債務者についての要件は、**客観的要件**と**主観的要件**に分けることができる。また、債務者が行う4つの行為類型について、後述する「詐害性の判断についての特則」が規定されている(424条の2〜424条の4)。

① 客観的要件

(ア) 詐害行為であること(詐害性)

> ■**意義** 債権者を害する債務者の行為のことを**詐害行為**という。具体的には、行為の結果として、**債務者が債権者に対して弁済する資力を欠くに至った(無資力となった)**場合、そのような債務者の行為が詐害行為(詐害性を有する行為)に該当する。 05

> ■**趣旨** 債務者が無資力の場合は、責任財産が不充分で、債権者が不充分な弁済しか受けることができない状態なので、詐害行為取消請求を認める必要性がある。

> ■**問題点❶** 詐害行為取消請求が認められるには、詐害行為の時点で債務者が無資力であれば足りるか。

> ■**結論** 詐害行為の時点だけでは足りず、**債権者が詐害行為取消請求をした時点でも債務者が無資力であることを要する。**したがって、詐害行為時に債務

者が無資力であったとしても、その後に資力を回復すれば、詐害行為取消請求をすることができない(大判大15.11.13)。

理由 詐害行為取消権の行使時に債務者の資力が回復しているのであれば、責任財産は保全されており、債権者が債務者の財産権行使に介入する必要がない。

〈**語句**〉●債権者が詐害行為取消請求をした時点とは、正確にいうと、詐害行為取消請求に係る訴訟の事実審の口頭弁論終結時である。

問題点❷ 債務者から受益者への**不動産や債権の譲渡行為**が債権者の**債権発生原因の成立前**に行われた場合、当該譲渡行為は詐害行為とはならない。それでは、債権者の**債権成立後**に行われた対抗要件具備行為を詐害行為として、受益者に対する詐害行為取消請求が認められるか。

結論 当該譲渡行為に基づく対抗要件具備行為が**債権成立後**にされたときであっても、**受益者に対する詐害行為取消請求は認められない**(不動産の移転登記について最判昭55.1.24、債権譲渡の通知について最判平10.6.12)。 06 07

理由 詐害行為取消請求の対象となるものは、物権や債権の譲渡行為であり、対抗要件具備行為は、権利移転の効果を生じさせるものではない。

【詐害行為取消請求の対象】

(イ) 財産権を目的とする行為であること

意義 詐害行為取消請求の対象となる**財産権を目的とする行為**とは、売買・贈与などの**契約**、抵当権・保証などの**担保権の設定**、**債務の弁済**といった**財産的行為**である。相続放棄・離婚・養子縁組などの**財産権を目的としない行為は詐害行為取消請求の対象とならない**(424条2項)。

趣旨 ① 財産権を目的としない行為は、本人の身分に関係する行為(身分的行為)であるから、特に本人の意思を尊重すべきである。

② 債権者が債務者による財産権を目的としない行為に介入することは、責任財産の保全とは無関係なので、これを認めるべきではない。

❶相続放棄の取消請求✍発展	・相続放棄は**詐害行為取消請求の対象とはならない**(最判昭49.9.20)　B 　理由　相続放棄は身分的行為であり、他人の意思によって強制すべきではないからである　B
❷離婚に伴う財産分与(768条)の取消請求✍発展	・離婚に伴う財産分与は、民法768条3項の規定※の趣旨に反して不相当に過大であり、財産分与に仮託してされた財産処分であると認めるに足りる**特段の事情のない限り**、詐害行為取消請求の対象とはならない(最判昭58.12.19)　C 　理由　財産分与の性質上、一切の事情を考慮して分与の額・方法を定めなければならないから ・詐害行為取消請求の対象になる場合でも、不相当に過大な部分について、その限度において詐害行為として取り消される(最判平12.3.9)　C
❸遺産分割協議の取消請求✍発展	・共同相続人の間で成立した遺産分割協議は**詐害行為取消請求の対象となる**(最判平11.6.11)　D 　理由　遺産分割協議はその性質上、財産権を目的とする法律行為といえるからである　D

※ 民法768条3項は、財産分与の協議に代わる処分の請求を受けた家庭裁判所が、「当事者双方がその協力によって得た財産の額その他一切の事情を考慮して、分与をさせるべきかどうか並びに分与の額及び方法を定める」ことを規定する。

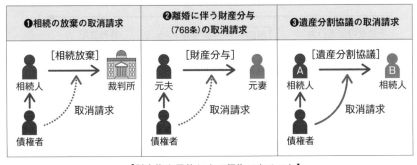

【財産権を目的とする行為であること】

② **主観的要件**

　詐害行為取消請求が認められるには、**詐害行為時に債務者が債権者を害することを知っていたことを要する**(債務者の**悪意**)(424条1項本文)。この点については、積極的に債権者を害する意図までは不要で、**債権者を害することを認識していれば足りるのを原則とする**。[08]

　ただし、次の❸項「詐害性の判断に関する特則」では、債務者が行う4つの行為類型のうち、詐害性の弱い行為について、詐害の意思として債権者を害する意図までを必要とする場合について規定している。

3 受益者についての要件

　受益者が、詐害行為時(受益の当時)において、債権者を害することを知っていたことを要する(受益者の**悪意**)。民法では、詐害行為時において、受益者が債権者を害することを知らなかった場合、債権者は、詐害行為取消請求ができないと規定しているからである(424条1項ただし書)[09]。そして、悪意の内容について、積極的に債権者を害する意図までは不要で、債権者を害することを認識していれば足りる。

❸ 詐害性の判断に関する特則 /発展

　民法では、①相当価格処分行為(424条の2)、②支払不能時の担保の供与等(424条の3第1項)、③非義務行為(424条の3第2項)、④過大な代物弁済等(424条の4)、という債務者が行う4つの行為類型について、詐害性の判断に関する特則を規定している(424条の2〜424条の4)。

　これらのうち、①②③の行為類型は詐害性の弱い行為であることから、原則的に詐害性を否定するのを前提とし、**詐害行為取消請求が認められるための要件を加重**している。

1 相当価格処分行為 (相当な対価を得てした財産の処分行為)

意義　相当価格処分行為(相当な対価を得てした財産の処分行為)とは、債務者が、受益者から相当の対価を取得して、その有する財産を処分する行為のことである(424条の2柱書)。例えば、債務者が自らの不動産を時価(適正価格)で売却する行為が、相当価格処分行為に該当する。

〈解説〉　不当に安い価格で売却するなど、債務者が受益者から相当の対価を得ていない場合は、相当価格処分行為に該当しない。

趣旨　民法上は、債務者の財産処分権を尊重するため、相当価格処分行為の詐害性を否定することを前提にしている。そこで、以下の要件をすべて満たす場合に限り、債権者は、相当価格処分行為について詐害行為取消請求をすることを認めた(424条の2各号)。[E]

【相当価格処分行為の詐害行為取消請求の要件】
① 相当価格処分行為が、不動産の金銭への換価その他の当該処分による財産の種類の変更により、**債務者において隠匿等の処分をするおそれを現に生じさせるものであること**(1号)
② 債務者が、相当価格処分行為の当時、対価として取得した金銭その他の財産について、**隠匿等の処分をする意思を有していたこと**(2号)
③ 受益者が、相当価格処分行為の当時、債務者が隠匿等の処分をする意思を有していたことを知っていたこと(3号)

〈語句〉●隠匿等の処分(上記①)とは、隠匿、無償の供与その他の債権者を害することとなる処分のことを指す(424条の2第1号)。

2 支払不能時の担保の供与等

意義 ① 支払不能とは、債務者が、支払能力を欠くために、その**債務のうち弁済期にあるものにつき、一般的かつ継続的に弁済することができない状態**のことである(424条の3第1項1号)。
② 担保の供与等とは、**債務者がした既存の債務についての担保の供与又は債務消滅行為**(債務の消滅に関する行為)のことである(424条の3第1項柱書)。

趣旨 民法上は、特定の債権者に対して担保の供与等をしても責任財産が減少しないことや、弁済期到来後の債務消滅行為は債務者の義務であることから、特定の債権者に対する担保の供与等の詐害性を否定することを前提としている。そこで、以下の要件をすべて満たす場合に限り、債権者は、支払不能時の担保の供与等について詐害行為取消請求をすることを認めた(424条の3第1項各号)。

【支払不能時の担保の供与等の詐害行為取消請求の要件】F/予 G/予
① 特定の債権者に対する担保の供与等が**債務者が支払不能の時に行われたもの**であること(1号)
② 特定の債権者に対する担保の供与等が**債務者と受益者とが通謀して他の債権者を害する意図をもって行われたもの**であること(2号)

〈語句〉●担保の供与とは、債務者が債務の担保として、自らの不動産に抵当権を設定したり、自らの不動産・動産・債権に質権を設定したりする行為である。
●債務消滅行為とは、弁済、代物弁済、供託、相殺、更改など、債務者が自らの

債務を消滅させる効果を発生させるための行為である。
- **特定の債権者に対する担保の供与等**は、破産実務において**偏頗行為**と呼ばれている。

〈解説〉　債務者が特定の債権者に対する債務の弁済に代えて、第三者に対する自己の債権を受益者に譲渡した場合、譲渡された債権の額が債務の額を超えていなくても、上記の①及び②の要件を満たせば、詐害行為取消請求をすることができる(最判昭48.11.30参照)。 G/予

3 > 非義務行為

意義　非義務行為とは、特定の債権者に対する担保の供与等が、①債務者の義務に属しない場合(ex.契約上の義務(特約)がないのに抵当権を設定する行為)、又は、②その時期が債務者の義務に属しないものである場合(ex.期限前弁済)のことを指す。

趣旨　民法上は、特定の債権者に対して担保の供与等をしても責任財産が減少しないので、非義務行為の詐害性を否定することを前提とする。そこで、以下の要件をすべて満たす場合に限り、債権者は、非義務行為について詐害行為取消請求をすることを認めた(424条の3第2項各号)。

【非義務行為の詐害行為取消請求の要件】
①　非義務行為が、**債務者が支払不能になる前30日以内に行われたものである**こと(1号)
②　非義務行為が**債務者と受益者とが通謀して他の債権者を害する意図をもって行われたものである**こと(2号)

---

4 > 過大な代物弁済等

設例　債務者Bは、債権者Aに対して1000万円の債務を、債権者Cに対して100万円の債務をそれぞれ負担しており、唯一の財産として1000万円の土地を所有していた。Bは、Aに対しては債務を弁済したくないと考え、Cに土地を代物弁済した。Aは、土地の代物弁済の詐害行為取消請求をすることができるか。

意義　過大な代物弁済等とは、債務者がした債務消滅行為であって、**受益者の受けた給付の価額がその債務消滅行為によって消滅した債務の額より過大である**もののことを指す(424条の4)。

> **【過大な代物弁済等の詐害行為取消請求の要件】**
>
> 　過大な代物弁済等については、前述した**受益者に対する詐害行為取消請求の要件**(424条)**を満たしていれば**、**過大な部分**(消滅した債務の額に相当する部分以外の部分)について**詐害行為取消請求をすることができる**(424条の4)。

> 　■設例■においては、債権者Aは、債務者C(受益者)に対する詐害行為取消請求の要件を満たすことにより、消滅した100万円以外の**900万円の部分**(**過大な部分**)について代物弁済の詐害行為取消請求が可能となる(価額償還)。

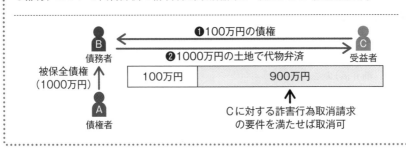

① 取消しの範囲

　過大な部分についての詐害行為取消請求を認めるにすぎないので、詐害行為の目的物が不可分(ex.不動産)の場合でも**価額償還**による。■設例■では、代物弁済の目的物である土地は不可分であるが、Aは、代物弁済の詐害行為取消請求として、Cに900万円の価額償還を請求することができるにとどまる。

② 過大な部分以外の取消し

　支払不能時の担保の供与等(424条の3第1項)又は非義務行為(424条の3第2項)の要件を満たせば、過大な部分以外についても詐害行為取消請求をすることができる。■設例■では、どちらかの要件を満たす場合、Aは、代物弁済の詐害行為取消請求として、Cに土地の返還(**現物返還**)を請求することができる。

【詐害性の判断に関する特則】

行為類型	詐害行為取消請求が認められるための要件
相当価格処分行為	① 相当価格処分行為が、不動産の金銭への換価その他の当該処分による財産の種類の変更により、債務者において隠匿等の処分をするおそれを現に生じさせるものであること ② 債務者が、相当価格処分行為の当時、対価として取得した金銭その他の財産について、隠匿等の処分をする意思を有していたこと ③ 受益者が、相当価格処分行為の当時、債務者が隠匿等の処分をする意思を有していたことを知っていたこと
支払不能時の担保の供与等	① 特定の債権者に対する担保の供与等が、債務者が支払不能の時に行われたものであること ② 特定の債権者に対する担保の供与等が債務者と受益者とが通謀して他の債権者を害する意図をもって行われたものであること
非義務行為	① 非義務行為が、債務者が支払不能になる前30日以内に行われたものであること ② 非義務行為が債務者と受益者とが通謀して他の債権者を害する意図をもって行われたものであること
過大な代物弁済等	民法424条に規定する要件(受益者に対する詐害行為取消請求の要件)に該当すること(過大な部分についての詐害行為取消請求)

4 転得者に対する詐害行為取消請求の要件

　債権者は、**受益者に対して詐害行為取消請求をすることができる場合**において、受益者に移転した財産を転得した者(**転得者**)があるときは、下表に該当するときに限り、転得者に対しても詐害行為取消請求をすることができる(424条の5各号)。したがって、転得者が悪意であるとしても、**受益者に対して詐害行為取消請求ができない場合は、転得者に対しても詐害行為取消請求ができない**ことになる。10/予

【転得者に対する詐害行為取消請求が認められる場合】

転得者が受益者から転得した者である場合(1号)	受益者からの転得者が、転得の当時、債務者がした行為が債権者を害することを知っていたとき(悪意)に限り、転得者に対する詐害行為取消請求が認められる。
転得者が他の転得者から転得した者である場合(2号)	転得者及びその前に転得した全ての転得者が、それぞれの転得の当時、債務者がした行為が債権者を害することを知っていたとき(悪意)に限り、転得者に対する詐害行為取消請求が認められる。

　たとえば、債権者A、債務者B、受益者C、Cからの転得者D、Dからの転得者Eがいる場合は、次のようになる。

① AがDに対して詐害行為取消請求をするには、AがCに対して詐害行為取消請求ができる場合であることに加え、**Dが転得当時に悪意であった**ことも必要である(424条の5第1号)。

② AがEに対して詐害行為取消請求をするには、AがCに対して詐害行為取消請求ができる場合であることに加え、**DとEがともに転得当時に悪意であった**ことも必要になる(424条の5第2号)。

【転得者に対する詐害行為取消請求の可否】

受益者	転得者	詐害行為取消請求の可否
善意	善意	×
善意	悪意	×
悪意	善意	×
悪意	悪意	○

⑤ 詐害行為取消請求の方法

詐害行為取消請求は、**必ず裁判所に詐害行為の取消しを請求する方法**によらなければならない(424条1項本文)。すなわち、詐害行為取消請求は、必ず裁判上で行使しなければならず、裁判外で行使することはできない。[11]

趣旨 債務者の行為を詐害行為として取り消すことを認めるものであることから、取消しの要件の充足について裁判所の判断を必要とした。

〈解説〉 /発展 詐害行為取消権の行使は、訴えの方法によるべきであって、抗弁の方法によることは許されない(最判昭39.6.12)。反訴も訴えの方法の一つなので許される。[H]

1 詐害行為取消請求の被告

① 受益者・転得者を被告とする

詐害行為取消請求の被告については、**受益者に対する詐害行為取消請求に係る訴えは受益者を被告とし、転得者に対する詐害行為取消請求に係る訴えは転得者を被告とする**(424条の7第1項)[12]。**債務者は被告になる資格がない**ので、債務者を被告にしても訴えは却下される。

趣旨 逸失した財産を債務者の手元に回復させることができれば、責任財産の保全という詐害行為取消請求の目的を達成することができるので、その財産を持っている受益者又は転得者を被告とすれば足りる。

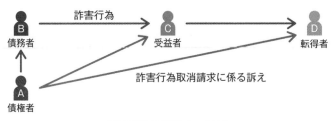

【詐害行為取消請求の方法】

② 債務者に対する訴訟告知

詐害行為取消請求に係る訴えを提起した**債権者**は、**遅滞なく債務者に対して訴訟告知**をしなければならない(424条の7第2項)。 **12**

> **趣旨** 　詐害行為取消請求を認容する確定判決の効力が債務者にも及ぶので(425条)、訴え提起の事実を債務者に知らせて、債務者に詐害行為取消請求を否定するための主張反論の機会を与える。

2 詐害行為取消請求の内容

詐害行為取消請求の内容(請求内容)については、責任財産の保全の観点から、**逸失した財産の取戻し(現物返還)**の請求を原則とする。ただし、現物返還が困難であるときは、**逸失した財産の価額の償還(価額償還)**を請求するものとしている。具体的な請求内容は、被告を受益者とするか転得者とするかに応じて、下表のように規定されている(424条の6)。

【詐害行為取消請求の内容】

受益者を被告とする場合の請求内容(1項)	債務者がした詐害行為の取消しとともに、**詐害行為によって受益者に移転した財産の返還(現物返還)**を請求することができる。ただし、受益者による財産の返還が困難であるときは、その価額の償還(**価額償還**)を請求することができる。 **13/予**
転得者を被告とする場合の請求内容(2項)	債務者がした詐害行為の取消しとともに、**転得者が転得した財産の返還(現物返還)**を請求することができる。ただし、転得者による財産の返還が困難であるときは、その価額の償還(**価額償還**)を請求することができる。

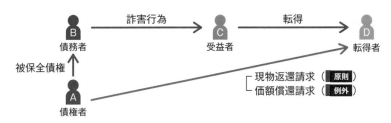

【転得者を被告とする場合の請求内容】

【詐害行為取消請求の被告と請求内容の関係】

受益者	転得者	受益者への請求内容	転得者への請求内容
善意	－	請求不可	－
善意	善意	請求不可	請求不可
善意	悪意	請求不可	請求不可
悪意	－	現物返還請求（原則）	－
悪意	善意	価額償還請求※	請求不可
悪意	悪意	価額償還請求※	現物返還請求（原則）

※ 受益者は逸失した財産を持っておらず、現物返還は困難であるため、価額償還請求となる。

3 詐害行為の取消しの範囲

> **設例**　債権者Aは、債務者Bに対して500万円の債権を有しているところ、Bが他の債権者Cに対して、①1000万円の金銭を贈与した、又は②1000万円の土地を贈与した（①及び②には関連性がないものとする）。①②について詐害行為取消請求が可能である場合、どの範囲において取消しの請求が認められるか。

原則　詐害行為となる債務者の行為の目的物（詐害行為の目的である財産）が可分である場合、債権者は、**被保全債権の額の範囲内（自己の債権の額の限度）**においてのみ、詐害行為の取消しを請求することができる（424条の8第1項）。 [14]

趣旨　債権者が不当な利益を得るのを避けるため、被保全債権の額の範囲内における取消しの請求ができるときは、それによるべきである。

例外　詐害行為となる債務者の行為の目的物が**不可分**（ex.不動産）である場合には、債権者は、目的物の価額が被担保債権の額を超過するとしても、詐害行為の**全部の取消し**を請求することができる（最判昭30.10.11）。 [15]

理由　目的物が不可分であるときは、被保全債権の額の範囲内における取消しの請求が困難である。

　設例においては、債権者Aの被保全債権は500万円である。したがって、①1000万円の金銭の贈与について詐害行為取消請求をする場合は、金銭が可分であることから、500万円分の贈与の取消しを請求することができるにとどまる。これに対して、②1000万円の土地の贈与について詐害行為取消請求をする場合は、土地が不可分であることから、土地の贈与の全部の取消しを請求することができる。

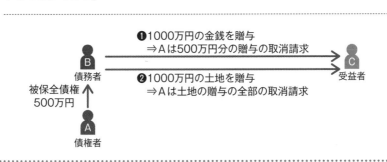

❶1000万円の金銭を贈与
⇒Aは500万円分の贈与の取消請求

❷1000万円の土地を贈与
⇒Aは土地の贈与の全部の取消請求

B 債務者
被保全債権 500万円
A 債権者
C 受益者

〈**解説**〉　詐害行為取消請求の内容が、現物返還が困難であるときの価額償還の請求(424条の6第1項後段、第2項後段)である場合、債権者は、**自己の債権の額の限度**においてのみ、その行為の取消しを請求することができる(424条の8第2項)。

4 ▷ 債権者への支払又は引渡し

① 債権者への支払又は引渡しの可否

　債権者は、受益者又は転得者に対して現物返還を請求する場合(424条の6第1項前段、第2項前段)、それが**金銭の支払又は動産の引渡し**を求めるものであるときは、受益者に対して金銭の支払又は動産の引渡しを、転得者に対して動産の引渡しを、それぞれ**債権者自身に対してすること**を求めることができる(424条の9第1項前段)。
[16]

　趣旨　逸失した財産が債務者の手元に戻れば、責任財産の保全という詐害行為取消請求の目的は達成されるが、債務者が支払又は引渡しを受けるのを拒絶するおそれがある他、債務者が受領しても逃亡するおそれもあるので、債権者自身への支払又は引渡しも認めておく必要がある。

　問題点　詐害行為の目的物が**不動産又は登録制度のある動産**(ex.登録された自動車)である場合、債権者は、債権者自身に対して登記又は登録をすることを求めることができるか。

結論 登記または登録の名義を債務者に回復させることを求めることができるにとどまる(最判昭53.10.5)。したがって、債権者自身に対する登記又は登録の移転を請求することはできない。 [17]

理由 登記又は登録は、裁判所の判決によれば、債務者の意思に反していても債務者名義に戻すことができる(ex.不動産登記法63条に基づく判決による登記)。

〈解説〉 /発展 詐害行為取消請求の内容が、現物返還が困難であるときの価額償還の請求(426条の6第1項後段、第2項後段)である場合、債権者は、受益者又は転得者に対して金銭の支払いを、債権者自身に対してすることを請求することができる(424条の9第2項)。

② 受益者又は転得者が債権者に支払又は引渡しをした場合

意義 詐害行為取消請求を受けた受益者又は転得者が、債権者に対して現物返還又は価額償還をしたときは、**債務者に対して現物返還又は価額償還をすることを要しない**(424条の9第1項後段、第2項)。

趣旨 受益者又は転得者による二重払いの負担を防止する。

③ 債権者が支払又は引渡しを受けた場合

詐害行為が取り消されると、逸失した財産は総債権者の責任財産として、債務者の手元に回復されるべきものとなる。したがって、**金銭の支払又は動産の引渡しを受けた債権者は、それを債務者に返還しなければならない。**

問題点 詐害行為の取消しによって受益者又は転得者から金銭の支払を受けた債権者(取消債権者)は、その金銭を他の債権者に分配する義務を負うか。

結論 他の債権者に分配する義務は負わない(最判昭37.10.9) [18]。したがって、取消債権者は、債務者に対する金銭債権と受領した金銭(取戻物)の引渡債務との相殺によって、事実上の優先弁済を得られることになる。

理由
① 他の債権者は、取消債権者の手中に入った取戻物の上に、当然に総債権者と平等の割合による現実の権利を取得するものではない。
② 分配の時期、手続等を解釈上明確にする規定を全く欠いている。

6 詐害行為の取消しの効果

詐害行為の取消しの効果については、**詐害行為取消請求を容認する判決が確定(債権者勝訴の確定判決)すると、詐害行為が初めから無効であったとみなされる(遡及的無効)**(121条)。

〈解説〉　詐害行為取消請求を認容する確定判決に基づく受益者・転得者の現物返還又は価額償還の義務は、期限の定めのない債務(412条3項)であって、債権者による請求時から履行遅滞に陥る(最判平30.12.14)。

1 取消しの効果が及ぶ者

詐害行為の取消しの効果(遡及的無効)は、訴訟当事者(**債権者**及び**被告となった受益者又は転得者**)に加えて、**債務者及びその全ての債権者(総債権者)**に対してもその効力を有する(425条)**19**。

趣旨　詐害行為の取消しによって責任財産を保全したという効果を債務者や総債権者にも及ぼすためである。

これに対して、**被告になっていない受益者又は転得者**に対しては、**詐害行為の取消しの効果が及ばない**。具体的には、受益者が被告となった場合、転得者には取消しの効果が及ばず、転得者が被告となった場合、受益者及び被告とならなかった他の転得者には取消しの効果が及ばない。

〈解説〉　①　**発展** 詐害行為の取消しを認めない確定判決(債権者敗訴の確定判決)の効果は、訴訟当事者だけに及ぶのを原則とする。

②　**発展** 詐害行為取消請求を認容する確定判決により、被告となった受益者や転得者には現物返還や価額償還の義務が生じるが、被告とならなかった受益者や転得者との関係は変動しない。債権者としては、被告となった者との関係で詐害行為を取り消して、その者から現物返還や価額償還を受ければ、責任財産の保全という目的が達成されるからである。

例えば、債権者Cが転得者Eを被告として詐害行為取消請求を行い、これを認容する判決が確定した場合、詐害行為の取消しの効果は、訴訟当事者であるC及びEに加えて、債務者B及び他の債権者A、A′にも及ぶのに対して、受益者Dには及ばない。

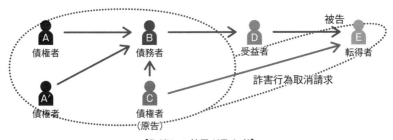

【取消しの効果が及ぶ者】

2 > 詐害行為取消請求を受けた受益者の権利

① 債務者の受けた反対給付に関する受益者の権利

　債務者がした財産の処分に関する行為(債務消滅行為を除く)が取り消された場合、受益者は、債務者に対し、その財産を取得するためにした反対給付の返還を請求することができる(425条の2前段)。

趣旨　詐害行為の取消しの効果が債務者にも及ぶことになったので、受益者が債務者に対して反対給付の返還の請求することを認めた。

〈解説〉　**発展** 反対給付の返還が困難な場合、受益者は、その財産の価額の償還を請求することができる(425条の2後段)。

　例えば、債権者Aが債務者Bに500万円を貸していたが、Bが唯一の財産である甲土地(時価500万円)を受益者Cに200万円で売却したので、AがBC間の売買契約について詐害行為取消請求を行い、これを認容する判決が確定した。この場合、Cは、Bに対して、代金200万円(反対給付)の返還を請求することができる。

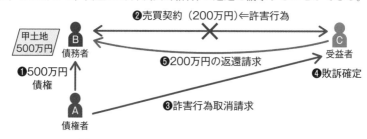

【債務者の受けた反対給付に関する受益者の権利】

② 受益者の債権の回復

　債務者がした債務消滅行為が取り消された場合において(過大な代物弁済等の特則により取り消された場合を除く。)、**受益者が債務者から受けた給付を返還し、又はその価額を償還したときは、受益者の債務者に対する債権が原状に復する(復活する)**ことになる(425条の3)。**20/予**

趣旨　詐害行為の取消しの効果が債務者にも及ぶことになったので、受益者が債務者に対して債権の回復を図ることを認めた。

　例えば、債権者Aが債務者Bに500万円を貸したが、Bが受益者Cに対する500万円の債務を弁済して無資力になったので、Aが当該弁済について詐害行為取消請求を行い、これを認容する判決が確定したとする。その後、CがBに500万円を返還すると、Bの弁済によって消滅したはずの「CのBに対する500万円の債権」が復活する。

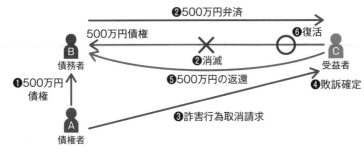

【受益者の債権の復活】

〈解説〉 📝発展 過大な代物弁済等(424条の4)の規定によって債務消滅行為が取り消された場合は、取消しの効果が過大な部分に限定されるため、その過大な部分を受益者が債務者に返還しても、受益者の債務者に対する債権は原状に復さない(425条の3括弧書)。

3 詐害行為取消請求を受けた転得者の権利 📝発展

> **設例** 債権者Aが債務者Bに500万円を貸したが、Bが受益者Cに唯一の財産である土地を200万円で売却して無資力となり、Cが転得者Dに当該土地を150万円で転売した。そこで、AがBC間の売買契約について、Dを被告とする詐害行為取消請求を行い、これを認容する判決が確定したので、DはB名義に土地の登記を戻さなければならなくなった。Dは、Bに対していかなる権利を行使できるか。

　債務者がした行為が転得者に対する詐害行為取消請求によって取り消された場合には、転得者は、取り消された行為に応じて、次表の①又は②に定める権利を行使することができる(425条の4本文各号)。

　ただし、次表の①又は②に定める権利の行使は、転得者がその前者から財産を取得するためにした反対給付の価額、又は転得者がその前者から財産を取得することで消滅した債権の価額を限度とする(425条の4ただし書)。

①債務者がした財産処分に関する行為（債務消滅行為を除く）が取り消された場合（1号）	転得者は、その行為が受益者に対する詐害行為取消請求によって取り消されたとすれば、425条の2の規定によって生ずべき受益者の債務者に対する反対給付の返還請求権又はその価額の償還請求権を行使することができる
②債務者がした債務消滅行為が取り消された場合（2号）※	転得者は、その行為が受益者に対する詐害行為取消請求によって取り消されたとすれば、425条の3の規定により回復すべき受益者の債務者に対する債権を行使することができる

※ 424条の4の規定（過大な代物弁済等）により取り消された場合を除く。

設例においては、Dは、Bに対して、CのBに対する200万円の返還請求権（受益者の債務者に対する反対給付の返還請求権）を、自己がCに支払った150万円（転得者がその前者から財産を取得するためにした反対給付の価額）の限度で行使することができる（425条の4第1号）。

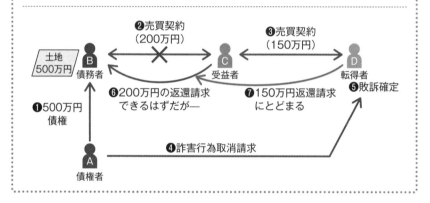

❼ 詐害行為取消権の期間の制限

詐害行為取消請求に係る訴えは、債務者が債権者を害することを知って行為（詐害行為）をしたことを**債権者が知った時から2年**を経過したときは、提起することができない（426条前段）。 21

また、**行為の時から10年**を経過したときも、提起することができない（426条後段）。

8 債権者代位権と詐害行為取消権の比較

	債権者代位権	詐害行為取消権
被保全債権	**原則** 金銭債権 **例外** 転用の場合は特定債権	金銭債権
被保全債権の成立時期	―	詐害行為より前の原因に基づいて生じたこと
被保全債権の履行期	**原則** 履行期にあること **例外** 保存行為	―
無資力要件	**原則** 必要 **例外** 転用事例では不要	常に必要
行使方法	裁判上、裁判外	裁判上
行使の効果	すべて債務者に帰属	債務者及びその全ての債権者に対してもその効力を有する
期間制限	なし	詐害行為をしたことを債権者が知った時から2年 行為の時から10年

重要事項 一問一答

01 詐害行為取消権の趣旨は何か？

強制執行の準備段階としての責任財産の保全

02 詐害行為取消請求とは何か？

詐害行為の取消しを裁判所に請求すること

03 詐害行為取消請求の要件として、被保全債権は金銭債権であることを要するか？

原則として金銭債権であることを要する。

04 詐害行為取消請求の要件として、被保全債権はいつまでに生じていることを要するか？

被保全債権が詐害行為の前の原因に基づいて成立していることを要する(424条3項)。

05 詐害行為取消請求の要件として、被保全債権の強制執行による実現可能性の有無は問わないか？

被保全債権が強制執行による実現可能性があることを要する(424条4項)。

06 詐害行為取消請求が認められるには、詐害行為の時点で債務者が無資力であれば足りるか。

詐害行為の時点だけでなく、詐害行為取消請求の時点でも債務者が無資力であることを要する(判例)。

07 相続放棄などの身分行為は詐害行為取消請求の対象となるか?

詐害行為取消請求の対象は財産権を目的とする行為なので(424条2項)、相続放棄などの身分行為は対象外である。

08 債務者の悪意(債権者を害することを知っていたこと)は詐害行為取消請求の要件に含まれるか?

含まれる(424条1項本文)。

09 受益者の悪意は詐害行為取消請求の要件に含まれるか?

含まれる(424条1項ただし書)。

10 詐害行為取消請求における相当価格処分行為とは何か?

債務者が、受益者から相当の対価を取得して、その有する財産を処分する行為のこと(424条の2柱書)

11 支払不能とは何か?

債務者が、支払能力を欠くために、その債務のうち弁済期にあるものにつき、一般的かつ継続的に弁済ができない状態のこと(424条の3第1項1号)

12 非義務行為とは何か?

特定の債権者に対する担保の供与等が、債務者の義務に属しない場合、又はその時期が債務者の義務に属しないものである場合(424条の3第2項)

13 過大な代物弁済等について、民法424条の4の規定により詐害行為取消請求ができる範囲は?

過大な部分(消滅した債務の額に相当する部分以外の部分)に限られる(424条の4)。

14 受益者が善意、転得者が悪意の場合、詐害行為取消請求ができるか?

できない。受益者が善意の場合、受益者に対して詐害行為取消請求ができないからである(424条の5第1号)。

15 裁判外での詐害行為取消請求が認められるか?

認められない(424条1項本文)。

16 受益者及び債務者は詐害行為取消請求の被告になる資格があるか?

受益者は被告になる資格がある(424条の7第1項1号)のに対し、債務者は被告になる資格がない。

17 詐害行為取消請求の内容は、価額償還(逸失した財産の価額の償還)の請求を原則とするか?

現物返還(逸失した財産の取戻し)の請求を原則とする(426条の6第1項前段、第2項前段)。

18 詐害行為の目的である財産が可分である場合、債権者は、どの範囲内で詐害行為の取消しを請求できるか?

被保全債権の範囲内(424条の8第1項)。

19 受益者に対して現物返還を請求する場合、それが動産の引渡しを求めるものであるときは、債権者自身への引渡しを求めることができるか？

求めることができる(424条の9第1項前段)。

20 詐害行為取消請求を受けた受益者が、債権者に対して現物返還をしたときは、債務者に対して現物返還をすることを要するか？

要しない(424条の9第1項後段)。

21 転得者に対する詐害行為取消請求を認容する確定判決は、訴訟当事者、受益者及び債務者以外には及ばないか？

訴訟当事者(債権者及び転得者)と債務者に加えて、その全ての債権者にも及ぶ(425条)。しかし、被告でない受益者には及ばない。

22 債務者がした財産処分(債務消滅行為を除く)が取り消された場合、受益者は、債務者に対し、どのような請求ができるか？

その財産を取得するためにした反対給付の返還請求ができる(425条の2前段)。

23 債務者がした債務消滅行為が取り消された場合で、受益者が債務者から受けた給付を返還したときは、受益者の債務者に対する債権はどうなるか？

原則として、受益者の債務者に対する債権が原状に復する(復活する)ことになる(425条の3)。

24 詐害行為取消請求に係る訴えは、債務者が債権者を害することを知ってした行為の時から何年経過すると提起できなくなるか？

10年(426条後段)

過去問チェック（争いのあるときは、判例の見解による）

[01] 詐害行為取消権は、金銭債権の引き当てとなる債務者の責任財産を回復するための権利であるから、特定物の引渡請求権を債務者に対して有するにすぎない者は、当該特定物が第三者に譲渡されたことで債務者が無資力となったとしても、詐害行為取消権を行使することはできない。

×(裁2019)「当該特定物が第三者に譲渡されたことで債務者が無資力となったとしても、詐害行為取消権を行使することはできない」が誤り。

[02] 債権者は、その債権が詐害行為の前の原因に基づいて生じたものである場合に限り、詐害行為取消請求をすることができる。

○(国般2020)

[03] 詐害行為取消権を行使しようとする債権者の債務者に対する債権は、詐害行為の前の原因に基づいて生じたものであることを要し、詐害行為取消請求の時点で

弁済期が到来していることも要する。

× (裁2016改題)「詐害行為取消請求の時点で弁済期が到来していることも要する」が誤り。

[04] 債権者は、その債権が強制執行により実現することのできないものであるときは、詐害行為取消請求をすることができない。

○ (税・労・財2021)

[05] 詐害行為取消権が認められるためには、詐害行為当時の債務者の無資力は要件とされない。

× (区2017改題)「要件とされない」が誤り。

[06] 債務者が行った第三者への不動産譲渡行為を詐害行為として取り消そうとする場合、譲渡行為が取消債権者の債権発生原因の成立前になされたものであったとしても、移転登記が債権成立後になされていれば、取消権を行使することができる。

× (裁2008改題)「譲渡行為が取消債権者の債権発生原因の成立前になされたものであったとしても、移転登記が債権成立後になされていれば、取消権を行使することができる」が誤り。

[07] 債務者が自己の第三者に対する債権を譲渡した場合は、当該債権譲渡行為自体が詐害行為を構成しないときでも、債務者がこれについてした確定日付のある債権譲渡の通知は、詐害行為取消請求の対象となる。

× (国般2012改題)「債務者がこれについてした確定日付のある債権譲渡の通知は、詐害行為取消請求の対象となる」が誤り。

[08] 詐害行為の成立には、債務者がその債権者を害することを知って法律行為をしたことに加え、債権者を害することを意図し又は欲して法律行為をしたことが当然に必要となる。

× (税・労・財2013)「債権者を害することを意図し又は欲して法律行為をしたことが当然に必要となる」が誤り。

[09] 詐害行為取消権は、受益者が善意であっても、債務者に詐害の意思があれば、これを行使できる。

× (区2017改題)「受益者が善意であっても」が誤り。

[10/予] 被保全債権の債務者から当該債権の目的物である不動産の贈与を受けた第三者(受益者)が、当該贈与が詐害行為に当たることについて善意である場合におい

て、受益者が当該詐害行為について悪意である者（転得者）に当該不動産を売却したときは、取消債権者は転得者に対する当該不動産それ自体の返還請求をすることができる。

× (予想問題)「転得者に対する当該不動産それ自体の返還請求をすることができる」が誤り。

⑪ 詐害行為取消権を行使する場合には、裁判上の行使である必要はなく、裁判外においても、自由にこれを行使することができる。

× (税・労・財2016改題) 全体が誤り。

⑫ 詐害行為取消請求に係る訴えは、受益者又は転得者を被告として提起しなければならないが、その際、債務者に対して訴訟告知をする必要はない。

× (税・労・財2021)「債務者に対して訴訟告知をする必要はない」が誤り。

⑬/予 債権者は、受益者に対して詐害行為取消請求をする場合には、債務者がした詐害行為の取消しとともに、詐害行為によって受益者に移転した財産の返還を請求することができるが、受益者がその財産の返還をすることが困難であるときは、債権者は、その価額の償還を請求することができる。

○ (予想問題)

⑭ AはBに1,000万円の貸金債権を有していたが、Bは、自己の責任財産から現金3,000万円をCに贈与したため、債務超過に陥った。Aがこれを詐害行為として取り消す場合、現金3,000万円の贈与全てを取り消すことができる。

× (税・労・財2013改題)「現金3,000万円の贈与全てを取り消すことができる」が誤り。

⑮ 詐害行為となる債務者の行為の目的物が、不可分な一棟の建物であり、その価額が債権者の被保全債権額を超える場合において、債権者は、詐害行為の全部を取り消すことができる。

○ (裁2021)

⑯ 債権者は、受益者に対する詐害行為取消請求において財産の返還を請求する場合であって、その返還の請求が金銭の支払又は動産の引渡しを求めるものであるときは、受益者に対して、その支払又は引渡しを自己に対してすることを求めることはできない。

× (国般2020)「受益者に対して、その支払又は引渡しを自己に対してすることを求めることはできない」が誤り。

〔17〕 不動産引渡請求権者が債務者による目的不動産の処分行為を詐害行為として詐害行為取消請求をする場合には、直接自己に当該不動産の所有権移転登記を求めることができる。

× (区2011改題)「直接自己に当該不動産の所有権移転登記を求めることができる」が誤り。

〔18〕 詐害行為の取消しにより債権者が引渡しを受けた価格賠償金は、債務者の一般財産に回復されたものとして取り扱うべきであるから、債権者は、他の債権者の請求に応じて、平等の割合により価格賠償金を分配する義務を負う。

× (裁2005改題)「他の債権者の請求に応じて、平等の割合により価格賠償金を分配する義務を負う」が誤り。

〔19〕 詐害行為取消請求を認容する確定判決は、債務者及びその全ての債権者に対してもその効力を有する。

○ (税・労・財2021)

〔20/予〕 債務者がした債務の消滅に関する行為が取り消された場合(過大な代物弁済等の特則により取り消された場合を除く。)において、受益者が債務者から受けた給付を返還し、又はその価額を償還したときは、受益者の債務者に対する債権は、これによって原状に復する。

○ (予想問題)

〔21〕 詐害行為取消請求に係る訴えは、債務者が債権者を害することを知って行為をした時から1年を経過したときは、提起することができない。

× (国般2020)「1年」が誤り。

〔A〕 最高裁判所の判例では、準消費貸借契約に基づく債務は、既存債務と同一性を維持しないので、債務者による詐害行為当時債権者であった者は、その後その債権を目的とする準消費貸借契約を締結した場合においても、当該詐害行為を取り消すことができないとした。

× (区2012)「準消費貸借契約に基づく債務は、既存債務と同一性を維持しないので」「その後その債権を目的とする準消費貸借契約を締結した場合においても、当該詐害行為を取り消すことができないとした」が誤り。

〔B〕 債務超過の状態にある債務者Xが相続を放棄した。Xの債権者であるYは、当該放棄を詐害行為として詐害行為取消請求をすることができる。

×（税・労2009改題）「当該放棄を詐害行為として詐害行為取消請求をすることができる」が誤り。

［ C ］ 最高裁判所の判例では、離婚に伴う財産分与として金銭の給付をする旨の合意は、その額が不相当に過大であり、財産分与に仮託してされた財産処分であると認めるに足りるような特段の事情があるときは、不相当に過大な部分について、その限度において詐害行為として取り消されるべきであるとした。
○（区2011改題）

［ D ］ 遺産分割協議は身分行為であり、詐害行為取消請求の対象にはならない。
×（裁2012改題）全体が誤り。

［ E ］ 債務者が、その有する財産を処分する行為をした場合には、受益者から相当の対価を取得しているときであっても、その財産を隠匿する意思があったと直ちにみなされるため、債権者は、その行為について詐害行為取消請求をすることができる。
×（国般2020）「その財産を隠匿する意思があったと直ちにみなされるため、債権者は、その行為について詐害行為取消請求をすることができる」が誤り。

［F/予］ 債務の弁済は債務者の義務であるから、特定の債権者と通謀し、他の債権者を害する意図をもって一部の債権者にのみ弁済をした場合であっても、詐害行為になる余地はない。
×（予想問題）「詐害行為になる余地はない」が誤り。

［G/予］ 債務者が特定の債権者に優先的に債権の満足を得させる意図の下に、特定の債権者と通謀し、債務の弁済に代えて第三者に対する自己の債権を譲渡したとしても、譲渡された債権の額が債務の額を超えない場合であれば、当該債権譲渡は詐害行為として取消しの対象になる余地はない。
×（予想問題）「当該債権譲渡は詐害行為として取消しの対象になる余地はない」が誤り。

［ H ］ 詐害行為取消権は、裁判所への請求によって行使しなければならないところ、反訴で行使することはできるが、抗弁によって行使することはできない。
○（裁2016改題）

7 債権の消滅⑴―弁済①

本節では、債権が消滅する場合について、弁済を扱います。第三者の弁済が重要なので、原則・例外を意識して整理しましょう。

1 債権の消滅原因

債権は、その給付内容が実現される場合のほか、給付内容を実現させる必要がなくなった場合にも、その手段としての現実性を失うから消滅することになる。具体的には、次のような原因で消滅する。

【債権の消滅原因】

①債権内容の実現	②債権内容の実現不要	③権利一般の消滅原因
弁済、代物弁済、供託	相殺、更改、免除、混同	消滅時効、終期の到来、取消し、解除、解除条件の成就

本章 **7** ～ **10** 節の「債権の消滅」では、上記①②の原因について扱い、そのうち弁済・相殺について詳しく説明する。それ以外については、簡潔に押さえておけばよい。

2 弁済

1 弁済の意義と問題点

① 意義

債務者が債権者に対して債務の弁済をしたときは、その**債権は、消滅する**(473条)。

意義 弁済とは、債権の本来の**内容を実現**して(履行)、**債権を消滅させる行為**をいう。債権は、**債務の本旨に従った弁済**により実現されなければならない(本旨弁済ともいう)。債務の本旨に従うとは、約束をした日時・場所で、債務者が、債権者に、約束をした行為を行うことである。

趣旨 弁済が債権の消滅原因であることを明記したものである。

② 問題点

日時・場所・行為者・行為の相手方・行為が約束どおりであれば、問題なく債権は消滅する。日時を過ぎれば、履行遅滞となる。約束以外の場所で履行しても、債権者が任意に受領しないかぎり弁済は有効とならない。

もっとも、行為者・相手方・行為については、必ずしも本来的な実現でなくてもよい場合がある。この３つの項目については、それぞれ以下の点が問題となる。

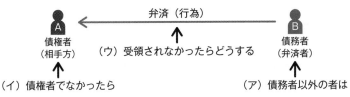

【弁済の問題点】

(ア) 行為者 (弁済者) に関する問題

通常は、債務者が弁済する。ここでは、**債務者以外の第三者の弁済**が問題となる (詳細は後述の 4 「第三者の弁済の意義と原則」以下で扱う)。

(イ) 行為の相手方に関する問題

通常は、債権者が受領しなければ有効な弁済とはならない。しかし、実際には債権者でなくても、債権者らしき者(ex.債権証書を持参する)が現れることがあり、**受領権者としての外観を有する者に対する弁済**が問題となる(詳細は本章 8 節「債権の消滅(2)―弁済②」で扱う)。

(ウ) 行為に関する問題

債権者の受領が必要な債務は、履行をしても債権者の受領がなければ完了せず、したがって債権も消滅しない。しかし、債務者としては受領を強制することはできないから、自らするべきことをすれば、責任は果たしたということになる。とすれば、履行が完了しないのは債権者の責任であり(本章 3 節「債権の効力②―受領遅滞」参照)、債務不履行責任は生じない。この、債務者がするべきことをすることを「**弁済の提供**」という。ここでは、**弁済の提供の内容と効果**が問題となる(詳細は本章 8 節「債権の消滅(2)―弁済②」で扱う)。

2 弁済についての補充規定

弁済の場所・時間・費用等について、当事者間に約束がない場合には、以下の規定が適用される(ただし、売買には573条・574条が優先適用される。詳細は第5章 5 節「契約各論(1)―売買②」で扱う)。

① 弁済の場所 📝発展

　弁済をすべき場所について別段の意思表示がないときは、**特定物の引渡しは債権発生の時にその物が存在した場所**において、その他（ex.不特定物）の弁済は債権者の現在の住所において、それぞれしなければならない（484条1項）。 [A]

> **趣旨**　弁済の場所の決定について、別段の意思表示がなく、特定物の引渡し以外のものについて、**持参債務の原則**を規定した。

② 弁済の時間

　法令又は慣習により取引時間の定めがあるときは、その取引時間内に限り、弁済をし、又は弁済の請求をすることができる（484条2項）。

> **趣旨**　商法に本条と同様の規定があり、取引一般に当てはまるものとして、民法に規定された。

③ 弁済の費用

> **原則**　**弁済の費用**について別段の意思表示がないときは、その費用は、**債務者の負担**とする（485条本文） [01] 。（例）運送費、荷造費、登録税、為替料等

> **例外**　債権者が住所の移転その他の行為によって弁済の**費用を増加**させたときは、その増加額は、**債権者の負担**とする（485条ただし書）。 [02]

3 弁済者の権利

　弁済者は、弁済を証明するための証拠を確保する方法として、以下の2つの請求権が認められている。

① 受取証書の交付請求権

> **意義**　**受取証書の交付請求権**とは、弁済をする者が、**弁済と引換え**に、弁済を受領する者に対して受取証書（弁済があったことを証明する書面＝領収書）の**交付を請求**することができる権利をいう（486条1項）。この場合、当該請求権が発生するためには、弁済の提供をすることが必要となる。 [03]
> 　なお、弁済を受領する者に不相当な負担を課するものでないときは、弁済者は、受取証書の交付に代えて、その内容を記録した**電磁的記録の提供を請求**することができる（486条2項）。

> **趣旨**　本来、弁済後に初めて成立する権利であるが、債権者が弁済後に受取証書を交付しないということを防ぎ、証拠確保の実効性を確保するため、弁済提供により当該交付請求権の成立を認めたものである。

② 債権証書の返還請求権

意義 債権証書の返還請求権とは、債権証書がある場合において、弁済をした者が**全部の弁済**をしたときは、その**証書の返還を請求**することができる権利をいう(487条)〔04〕。この場合、**弁済が先履行**(先に履行すること)となる。

問題点 〔発展〕弁済以外の債権の消滅事由である相殺、更改又は免除によって債権全部が消滅した場合、債権証書の返還を請求することができるか。

結論 債権証書の返還を請求することができる。〔B〕

理由 相殺、更改又は免除も債権の消滅事由であり、弁済と同視することができることから、証拠確保の実効性を確保する必要がある。

4 第三者の弁済の意義と原則

意義 **第三者の弁済**とは、債務者の代わりに第三者が弁済することをいう。債務の弁済は、**第三者もすることができる**のが原則である(474条1項)。〔05〕

趣旨 第三者が弁済をすることは債務者にとって便宜であるし、弁済が給付の実現行為であるため、債権者からみても、誰が債務の弁済をしたかによって違いは生じないからである。

5 例外的に第三者の弁済ができない場合

① 債務の性質が第三者の弁済を許さないとき

債務の性質が第三者の弁済を許さないときは、第三者が代わりに債務を弁済することはできない(474条4項)〔06〕。これは、**一身専属的給付**についての制限を意味する。

【一身専属的給付の制限】

絶対的一身専属的給付	債務者でなければ絶対に債務内容を実現できないもの(ex.著名な学者の講演)〔06〕
相対的一身専属的給付	債権者の同意があれば第三者でも給付できるもの(ex. 雇用契約上の労務者の労働義務)(625条2項)

② 当事者が第三者の弁済を禁止・制限した場合

一身専属的給付ではない場合でも、**当事者が第三者の弁済を禁止し、若しくは制限する旨の意思表示をしたとき**は、第三者は弁済をすることはできない(474条4項)〔07〕。したがって、債権者・債務者間において第三者弁済を禁止する合意があれば、第三者の弁済は、弁済した者が**当該特約につき善意**であったとしても**無効**となる。

趣旨 第三者の弁済を望まない当事者の意思を尊重したものである。

③ 弁済をするについて正当な利益を有する者でない第三者
(ア) 弁済をするについて正当な利益を有する第三者による弁済

弁済をするについて正当な利益を有する第三者の弁済は、債務者・債権者の意思に反しても有効となる(474条2項本文の反対解釈、474条3項本文の反対解釈)。 **08**

趣旨 債務者の意思に反して弁済できる者を法定代位(500条括弧書)の要件と同じくすることで明確化を図ったものである(法定代位については、後述の **7**「弁済による代位」で扱う)。

意義 弁済をするについて正当な利益を有する者とは、債務者が弁済をしない場合に、法律上不利益を被る者(法律上の利害関係を有する者)をいう。

【弁済をするについて正当な利益を有する (有する者でない) 第三者の具体例】

正当な利益を有する第三者	正当な利益を有する者でない第三者
法律上の利害関係を有する者 ・物上保証人(最判昭39.4.21) **08** ・抵当不動産の第三取得者(同上記判例) **09** ・借地上の建物賃借人(最判昭63.7.1) **10**	事実上の利害関係を有するにすぎない者 ・債務者の親族 **11** ・債務者の友人

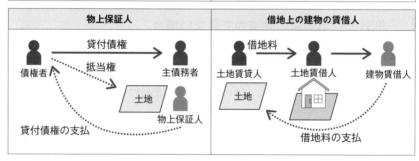

【正当な利益を有する者】

(イ) 債務者の意思に反する場合

原則 弁済をするについて正当な利益を有する者でない第三者は、債務者の意思に反して弁済をすることができない(→当該第三者の弁済は無効)(474条2項本文)。

趣旨 正当な利益を有する者でない第三者の弁済を望まない債務者の意思を尊重したものである。

例外 債務者の意思に反することを債権者が知らなかったときは、弁済をすることができる(→当該第三者の弁済は有効)(474条2項ただし書)。 **12/予**

趣旨 債権者が、債務者の意思を知らずに弁済を受領した場合に常に無効な

弁済とすることは、債権者保護に欠けるため。

〈解説〉 〔発展〕連帯債務(数人が連帯して債務を負担する)においては、第三者の弁済が連帯債務者の1人の意思に反しないとしても、他の連帯債務者の意思に反するときは、**意思に反する他の連帯債務者との関係では第三者の弁済は無効**となる(大判昭14.10.13)〔C〕。したがって、意思に反する他の弁済者は自ら有効な弁済をすることができる(連帯債務については、本章**13**節**2**項「連帯債務」で扱う)。

(ウ) 債権者の意思に反する場合

原則 弁済をするについて正当な利益を有する者でない第三者は、債権者の意思に反して弁済をすることができない(→当該第三者の弁済は**無効**)(474条3項本文)。

趣旨 第三者の弁済が債務者の意思に反するか否かは、債権者においてこれを判断することが困難な場合も多いため、債権者の意思によって第三者の弁済を拒絶できるようにした。

例外 第三者が**債務者の委託を受けている場合**に(ex. 履行の引受け)、そのことを**債権者が知っていたとき**は、弁済をすることができる(→当該第三者の弁済は**有効**)(474条3項ただし書)。

趣旨 第三者が債務者の委託を受けていることを債権者が知っている場合には、債権者による拒絶を認める必要がない。

【第三者の弁済の可否】

	正当な利益を有する者	正当な利益を有する者でない第三者
債務の性質が第三者の弁済を許さない	不可	
当事者が第三者の弁済を禁止・制限	不可	
債務者の意思に反する	可能	不可 ただし、債権者が善意で受領すると弁済は有効
債権者の意思に反する	可能	不可 債務者の委託を受けて弁済する場合、債権者がそのことに悪意であると弁済は有効

6 第三者の弁済の効果

弁済をした第三者は債務者に対して**求償権を取得**する。また、この求償権を確実

にするために、弁済によって消滅した債権及びこれに伴う担保権などは、消滅しな
かったものとして扱い、第三者に移転するものとした(**弁済による代位**)。

【第三者の弁済の効果】

効果1	債務者に対し**求償権を取得する**
効果2	求償権を確保するため、**債権者が有した一切の権利を取得する**(詳細は次の 7 「弁済による代位」で扱う)

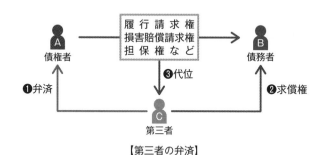

【第三者の弁済】

7 弁済による代位 /発展

① 弁済による代位の意義と効果

意義 　弁済による代位とは、債務者のために弁済をした第三者が**債権者に代位**する制度である(499条)。

効果 　弁済をした第三者は、債務者に対し、第三者弁済した分を支払えという求償権を取得する D 。また、この求償権を確保するため、求償権の範囲内で、**債権者が債務者に対して有した一切の権利を取得**する(501条1項)。

債権者が債務者に対して有した一切の権利には、履行請求権(これを原債権という)、損害賠償請求権、抵当権等の物的担保権、債権者の保証人に対する保証債権(人的担保権)などがある。 D E

② 代位の方法

弁済者	代位の要件
正当な利益を有する第三者	弁済により債権者に当然に代位する(法定代位) (500条括弧書) E
正当な利益を有する者でない第三者	弁済により債権者に代位するが、原債権の取得につき債権譲渡の対抗要件(債務者への通知または債務者の承諾)を備える必要がある(任意代位) (500条)

③ 弁済

　法定代位・任意代位共通の要件は、「**弁済をした**」ことである（499条）。弁済のほか、債権者が物上保証人の設定にかかる抵当権の実行（大判昭4.1.30）、弁済と同視しうる相殺（505条）等による債権の満足でもよい。

理由　弁済による代位の制度は、求償権の確保にあることから、弁済以外にも求償権が生じた場合には代位を認める必要がある。また、債権者、第三者の保護が図られる一方で、債務者に不利益となるものではないので、弁済以外に拡大しても不都合はない。

④ 一部弁済

　債権の一部について弁済があったときは、代位者は、①債権者の**同意**を得て、②その弁済をした**価額に応じて**、③**債権者とともに**その権利を行使することができる（502条1項）。

趣旨　債権の一部の弁済でも、代位が生じるので、代位における効果を規定した。

　例えば、債権者が物上保証人の設定にかかる抵当権の実行によって債権の一部の満足を得た場合、物上保証人（代位者）が一部弁済をしたのと同じであるから、物上保証人（代位者）は、単独で債権者の有する抵当権を実行することはできない。 $\boxed{\text{F}}$
　代位者と債権者との権利を調整するために、以下の規定がある。

【代位者と債権者との権利調整】
① **債権者は**、単独でその権利を行使することができる（502条2項）。
② **債権者が行使する権利**は、その債権の担保の目的となっている財産の売却代金その他の当該権利の行使によって得られる金銭について、**代位者が行使する権利に優先**する（502条3項）。 $\boxed{\text{G}}$
③ 債務の不履行による契約の解除は、債権者のみがすることができる。この場合においては、代位者に対し、その弁済をした価額及びその利息を償還しなければならない（502条4項）。

---

⑤ 法定代位権者が数人いる場合

　保証人・物上保証人（物上保証人からの取得者も物上保証人とみなされる）・抵当不動産の第三取得者（第三取得者からの取得者も第三取得者とみなされる）等が一人の債務者について複数いる場合もある。このような場合にそのうち一人が弁済したときは、債権者の権利すべてに代位できるのではなく、代位権者相互の調整が行われる（501条）。調整方法の概略を示すと、次のようになる。

【代位権者相互の調整】

弁済者	弁済者以外の法定代位権者	法定代位権者への代位の可否
保証人・物上保証人	第三取得者	弁済額全額について代位可能(501条1項)
第三取得者	保証人・物上保証人	代位不可(501条3項1号)
第三取得者	第三取得者	財産の価格に応じて代位可能(501条3項2号)
物上保証人	物上保証人	財産の価格に応じて代位可能(501条3項3号)
保証人・物上保証人	物上保証人・保証人	頭数に応じて代位可能(501条3項4号本文)【具体例①】 H 。ただし、物上保証人が数人あるときは、保証人の負担部分を除いた残額について、各財産の価格に応じて、代位可能(501条3項4号ただし書)【具体例②】
保証人	保証人	頭数に応じて代位可能(501条2項括弧書)

【具体例①】 　債権者Aの債権額1000万円、債務者B、保証人C、物上保証人Dがいる場合において、保証人Cが1000万円全額を弁済した場合、保証人Cは、自己の取得した求償権を確保するため、1000万円を2(保証人と物上保証人の頭数)で割った500万円について抵当権を行使することができる(501条3項4号)。

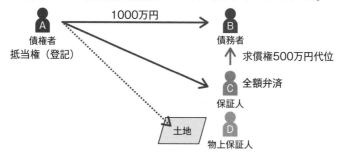

債権者
抵当権(登記)

1000万円

債務者

求償権500万円代位

全額弁済

保証人

土地

物上保証人

【保証人と物上保証人がいる場合】

【具体例②】 　債権者Aの債権額6000万円、債務者B、保証人C、物上保証人D(不動産の価格3000万円)、物上保証人E(不動産の価格1000万円)がいる場合において、保証人Cが全額を弁済した場合、保証人Cは、3000万円について物上保証人Dに対して、1000万円について物上保証人Eに対して、それぞれ抵当権を行使することができる(501条3項4号ただし書)。

　Cの負担分:6000万円÷3(頭数)=2000万円

残額4000万円をDEの不動産の価格に応じて按分する。

D の負担部分：4000万円×3000万円／（3000万円＋1000万円）＝3000万円

E の負担部分：4000万円×1000万円／（3000万円＋1000万円）＝1000万円

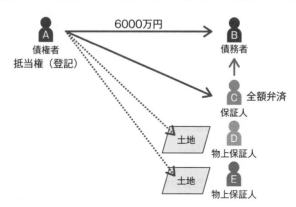

【保証人が1人、物上保証人が複数いる場合】

8 担保保存義務 /発展

原則 保証人など、弁済をするについて正当な利益を有する者（代位権者）がある場合、債権者は、担保保存義務を負う。そして、**債権者が故意又は過失によってその担保を喪失し、又は減少させたときは**、その代位権者は、代位をするに当たって**担保の喪失又は減少によって償還を受けることができなくなる限度において、その責任を免れる**（504条1項前段）。また、物上保証人がこの規定により責任を免れる場合、その抵当不動産を譲り受けた者も免責の効果を主張することができる（504条1項後段）。

趣旨 弁済をするについて正当な利益を有する者が担保の減少により償還に支障が出ることは公平に反するので、償還を受けることができなくなる限度において、弁済の責任を免れさせることにより公平を図るものである。

例えば、債権者が保証人の資力が十分だから抵当権は不要と思い、抵当権を放棄すると、債務者に代わって弁済をした保証人は、抵当権があれば回収できたはずの求償権の弁済を受けられなくなる。そこで、この場合保証人は抵当権があれば回収できたはずの額の限度で保証債務を免れる。

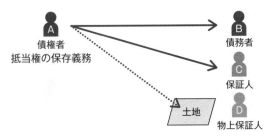

【担保保存義務】

例外 債権者が担保を喪失し、又は減少させたことについて取引上の社会通念に照らして合理的な理由があると認められるときは、債権者は担保保存義務を負わない(504条2項)。

趣旨 弁済をするについて正当な利益を有する者として、保証人、物上保証人がいる場合に、債務者の要請に応じて債権者が債権発生の原因となる契約の一部解除をした場合等、物上保証人の担保が形式的には減少するが、保証人の免責を認めることが妥当でない場合があるので規定された。

重要事項 一問一答

01 債務者が債権者に対して債務の弁済をした場合の効果は？

当該債務の消滅(473条)

02 弁済をすべき場所の約定がない場合、特定物の引渡し場所は？

債権発生の時にその物が存在した場所(484条1項)

03 弁済をすべき場所の約定がない場合、不特定物の引渡し場所は？

債権者の現在の住所(484条1項)

04 弁済の費用について約定がない場合、弁済の費用は、原則誰の負担か？

債務者(485条)

05 弁済を証明するための証拠を確保する方法 (権利) は (2つ)？

①受取証書の交付請求権(486条1項)、②債権証書の返還請求権(487条)

06 第三者が債務者の代わりに弁済することは、原則としてできるか？

原則としてできる(474条1項)。

07 「弁済をするについて正当な利益を有する者」とは？

弁済について法律上の利害関係を有する者をいう。

08 第三者が債務者に代わって弁済をした場合は債務は消滅するか？

しない。

09 第三者弁済の効果は (2つ)？

①債務者に対し求償権を取得する。②債権者が有した一切の権利を取得する。

過去問チェック（争いのあるときは、判例の見解による）

01 弁済の費用は、別段の意思表示がないときには、原則として債務者の負担となる。
○（裁2015）

02 弁済の費用について別段の意思表示がない場合、債権者が住所の移転その他の行為によって弁済の費用を増加させたときは、その増加額は、債権者の負担とする。
○（区2019改題）

03 弁済をする者は、弁済を受領する者に対して、弁済と引換えに受取証書の交付を請求することができる。
○（区2014改題）

04 債権に関する証書がある場合において、弁済をした者が全部の弁済をしたときは、弁済をした者は、弁済を受領した者に対して受取証書の交付を請求できるので、債権に関する証書の返還を請求することはできない。
×（区2014）「債権に関する証書の返還を請求することはできない」が誤り。

05 自ら債務を負っていない第三者は、債権者と債務者の合意で認められた場合以外は、債務の弁済をすることができない。
×（裁2011）「債権者と債務者の合意で認められた場合以外は、債務の弁済をすることができない」が誤り。

06 債務の弁済をなすべき者は、原則は債務者であるが、債務者以外の第三者も弁済をすることができるから、芸術家が絵画を創作する債務についても、第三者が弁済をすることはできる。
×（裁2021）「芸術家が絵画を創作する債務についても、第三者が弁済をすることはできる」が誤り。

07 弁済について正当な利益を有する者でない第三者は、当事者が反対の意思を表示した場合は、債務の弁済をすることができないが、正当な利益を有する第三者は、当事者が反対の意思を表示した場合であっても、債務の弁済をすることができ

る。

×（区2014改題）「当事者が反対の意思を表示した場合であっても、債務の弁済をすることができる」が誤り。

[08] 抵当不動産の物上保証人は、債務者の意思に反しても、弁済をすることができる。

○（国般2013）

[09] 民法第474条第2項にいう弁済をするについて正当な利益を有する者である第三者には、担保不動産の第三取得者等債務の弁済につき法的利害関係を有する者が含まれる。

○（国般2001改題）

[10] 最高裁判所の判例では、借地上の建物の賃借人と土地賃貸人との間には直接の契約関係はないものの、当該建物賃借人は、敷地の地代を弁済し、敷地の賃借権が消滅することを防止することに法律上の利益を有するとした。

○（区2019）

[11] 弁済をするについて正当な利益を有する者でない第三者は、債務者の意思に反して弁済することができないところ、弁済をするについて正当な利益を有する者には、債務者の配偶者と第三者の配偶者が兄弟である場合の第三者のような、単に債務者と親族関係にある第三者も含まれる。

×（国般2016改題）「単に債務者と親族関係にある第三者も含まれる」が誤り。

[12/予] 弁済をするについて正当な利益を有する者でない第三者は、債務の弁済が債務者の意思に反する場合には、債権者の承諾を得たときに限り、債務の弁済をすることができる。

×（予想問題）「債権者の承諾を得たときに限り、債務の弁済をすることができる」が誤り。

[A] 特定物の売買契約において、代金支払債務が先履行とされた場合には、買主は、別段の意思表示のない限り、買主の現在の住所地において代金を支払わなければならない。

×（裁2017）「買主の現在の住所地」が誤り。代金支払債務が先履行とされた場合には、弁済の一般原則である「持参債務の原則」（484条）に従う。

B 債権に関する証書がある場合において、弁済をした者が全部の弁済をしたときは、その証書の返還を請求することはできるが、弁済以外の事由である相殺、更改又は免除によって債権全部が消滅したときには、返還を請求することができない。

× (区2016)「返還を請求することができない」が誤り。

C 連帯債務の弁済においては、連帯債務者のうち少なくとも一人が弁済することに賛同していれば、他の連帯債務者の意思に反する場合であっても、弁済をするについて正当な利益を有するものでない第三者は弁済することができ、意思に反する連帯債務者との関係でもこの弁済は有効である。

× (国般2016)「意思に反する連帯債務者との関係でもこの弁済は有効である」が誤り。

D 保証人が債権者に弁済した場合、保証人は、主たる債務者に対して求償権を取得するとともに、債権者に代位し、債権者の主たる債務者に対する原債権を取得する。

○ (裁2010)

E 債権者Aが債務者Bに甲債権を有し、甲債権についてCが保証人となり、甲債権の担保のために抵当権が設定されていた場合において、CがAに弁済をすると、甲債権は抵当権とともにCに当然に移転する。

○ (裁2021)

F 債権者が物上保証人の設定にかかる抵当権の実行によって債権の一部の満足を得た場合、物上保証人は、債権者の有する抵当権を単独で行使することができる。

× (税・労2004改題)「債権者の有する抵当権を単独で行使することができる」が誤り。

G 債権者が物上保証人の設定にかかる抵当権の実行によって債権の一部の満足を得た場合、物上保証人は、債権者と共に債権者の有する抵当権を行使することができるが、この抵当権が実行されたときには、その代金の配当については物上保証人が債権者に優先する。

× (税・労2004)「その代金の配当については物上保証人が債権者に優先する」が誤り。

H 抵当不動産の物上保証人が1名、保証人が2名いる場合、物上保証人が債権の全額を弁済したときは、物上保証人は、債権全額の3分の1の割合をもって、各

保証人に対し、債権者に代位してその有していた権利を行使することができる。

○（国般2013）

8 債権の消滅(2)―弁済②

前節に引き続き弁済を扱います。弁済受領者、弁済の提供が中心となります。本試験では条文事項とともに判例も出題されているので、条文の構造を押さえたうえで、判例を整理していきましょう。

1 行為の相手方（弁済受領者）

　弁済受領者は、**債権者及び法令の規定又は当事者の意思表示によって弁済を受領する権限を付与された第三者**でなければならない。それ以外の第三者に対する弁済は、原則として**無効**である。しかし、次のような場合、無権限者に対する弁済が有効とされる。

〈語句〉●債権者及び法令の規定又は当事者の意思表示によって弁済を受領する権限を付与された第三者とは、破産管財人(破産手続において破産財団に属する財産の管理及び処分をする権利を有する者をいう)(破産法2条12項)や債権者代位権(423条)を行使した者等である。

1 受領権者としての外観を有するものに対する弁済

　受領権者以外の者であって取引上の社会通念に照らして受領権者としての外観を有するもの(改正前民法での「債権の準占有者」)に対してした弁済は、その弁済をした者が**善意**であり、かつ、**過失がなかった**ときに限り、その効力を有する(478条)。
01

趣旨　　受領権限があるかのような外観を信頼して弁済した債務者を例外的に保護することにより、債務者によって簡易迅速にされるべき弁済が滞ることを防ぐための規定である。また、改正前の「債権の準占有者」が不明確であったので、従来の判例理論をもとに明文で明らかにしたものである。

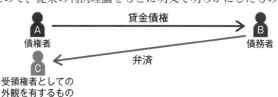

【受領権者としての外観を有するものへの弁済】

① 成立要件と効果

> **設例** Aは銀行Bに預金債権を有していたところ、CがAから印鑑や預金通帳等を盗み出し、AになりすましてBに払戻しを請求した。Bは印鑑と預金通帳等を確認の上、A本人に間違いないと思い、Cに対して弁済をした。Bの弁済は有効となるか。

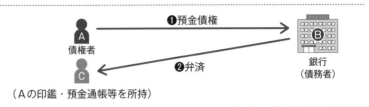

要件 ① 取引上の社会通念に照らして受領権者としての外観を有するもの(債権の準占有者)に対して弁済をすること
② 弁済をした者が善意無過失であること

効果 有効な弁済となり、債権は消滅し、債務者は債務を免れる。

弁済が有効とされることから、債権者は債務者に対して、履行を求めることも、損害賠償を請求することもできない(大判昭16.6.17)。この場合、債権者は、受領権者としての外観を有するもの(弁済受領者)に対して**不当利得返還請求**(703条、704条)をすることになる。

〈語 句〉●**不当利得返還請求**とは、法律上の正当な理由なく、他人の損失によって財産的利益を得た者に対し、自己の損失を限度として、その利得返還を請求できる権利をいう(詳細は第5章 **12** 節「不当利得」で扱う)。

> **設例** においては、CはAの印鑑や預金通帳等を所持していることから、受領権者としての外観を有するものといえる。そして、Bは印鑑や預金通帳等を確認の上でCをA本人だと思い、預金の払戻しをしているので善意無過失といえる。したがって、BのCに対する弁済は有効なものとなる。

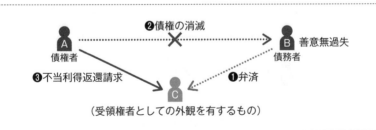

② 受領権者としての外観を有するもの

受領権者としての外観を有するものとして、債権者らしき外観を有する者に限られない〔02〕。判例は、以下の者を受領権者としての外観を有するもの(改正前の「債権の準占有者」)として認めている。

> **【受領権者としての外観を有するものに該当するもの】**
> ① 相続人らしい外観の者(表見相続人)(大判昭15.5.29)
> ② 債権者の代理人と詐称する者(最判昭37.8.21)〔03〕
> ③ **発展** 債権譲渡が無効であった場合の債権の譲受人に対する弁済(大判大7.12.7) 〔A〕
> ④ **発展** 債権の二重譲渡の場合の劣後する譲受人(最判昭61.4.11)(詳細は本章 **15** 節「債権譲渡」で扱う)〔B〕
> ⑤ 債権証書と印鑑の所持人(債権者・受領権者でない者)(大判昭16.6.20)
> ⑥ **発展** 期限前払戻の商慣習があり、弁済の具体的内容が契約成立時に確定している場合に期限前の払戻しを受けた定期預金証書の所持人(債権者・受領権者でない者)(最判昭41.10.4)〔C〕
> ⑦ **発展** 現金自動支払機(通帳又はキャッシュカードを使用した機械払い)を利用して預金の払戻しを受けた預金者以外の者(最判平15.4.8)〔D〕
> ⑧ **発展** 受取証書(真正か否かを問わない)の持参人(債権者・受領権者でない者)(大判昭2.6.22参照)〔E〕

③ 弁済をした者が善意無過失であること **発展**

「善意」「無過失」は共に人間の知覚を基準に判断されるものだが、「人間対機械」の形で取引が行われる場合、機械に過失は観念できないことから、どのように過失を判断するか問題となる。

問題点 無権限者が預金通帳又はキャッシュカードを使用し暗証番号を入力して現金自動入出機(ATM)から預金の払戻しを受けた場合(預金の不正引き出し)に、銀行が無過失であるというためにはどのような事由が必要か。

結論 銀行において、無権限者が預金通帳又はキャッシュカードを使用し暗証番号を入力する方法により預金の払戻しが受けられる旨を預金者に明示すること等を含め、現金自動入出機を利用した預金の払戻しシステムの設置管理の全体について、可能な限度で無権限者による払戻しを排除し得るよう注意義務を尽くしていたことを要する(最判平15.4.8)。〔F〕

理由 機械払においては、弁済受領者の権限の判定が銀行側の組み立てたシステムにより機械的、形式的にされるものであることから、払戻しの時点に

おいて通帳等と暗証番号の確認が機械的に正しく行われたというだけでなく、機械払システムの利用者の過誤を減らし、預金者に暗証番号等の重要性を認識させることを含め、同システムが全体として、可能な限度で無権限者による払戻しを排除し得るよう組み立てられ、運営されるものであることを要するからである。

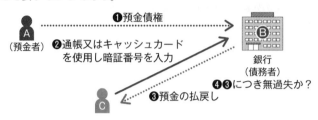

【ATMからの預金の不正引き出し】

2 478条の類推適用 /発展

① 預金担保貸付債権を自働債権とする銀行の相殺の可否

> **設例** AがBに金銭を渡してC銀行への定期預金を頼んだところ、Bは自己の名義で預金をしてしまった（表見預金者）。その後Bは、C銀行から金銭の貸付けを受けたが（預金担保貸付）、これを弁済しなかったので、C銀行は貸付金とB名義の預金との相殺を行うと主張した。この場合、C銀行の相殺の主張は真の預金者Aに対抗することができるか。
>
>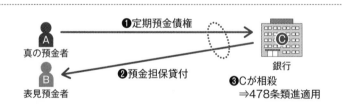

問題点 銀行の表見預金者に対する預金担保債権を自働債権とする定期預金債権との**相殺**は478条によって保護されるか。

結論 銀行は、表見預金者が真実の預金者と異なるとしても、銀行として尽くすべき相当な注意を用いた以上、**478条の類推適用**によって、**表見預金者に対する貸金債権と無記名定期預金債務との相殺**等をもって真実の預金者に対抗しうる（最判昭48.3.27）。 Ｇ

理由 ① 特段の事情の認められないかぎり、出捐者をもって無記名定期預金

の預金者と解すべきである。

② 預金担保貸付における貸金債権を自働債権とする無記名定期預金債務との相殺は、**実質的には、無記名定期預金の期限前払戻と同視することができる。**

〈**語 句**〉●**預金担保貸付**とは、銀行が、無記名定期預金債権に担保の設定をうけ、または、当該債権を受働債権として相殺をする予定のもとに、新たに貸付をする場合のことである。

> **設例** の場合、C銀行が、真実の預金者Aと異なる表見預金者Bを預金者と信じて貸付をし、相殺を行った場合でも、C銀行が銀行として尽くすべき相当な注意を用いたのであれば、C銀行の相殺の主張は478条の類推適用によって真の預金者Aに対抗することができる。

② 生命保険契約の契約者外貸付

> **設例** 夫Aは、C保険会社と生命保険契約を締結していたところ、Aの妻Bが、保険契約者であるAに無断でAの代理人と称して契約者貸付制度に基づく契約者貸付を受けた。その後、Aは満期保険金等から契約者貸付金が控除されていることを知り、Cに対し貸付の無効を主張した。保険会社Cは、当該貸付の効力を478条によってAに対し主張することができるか。
>
>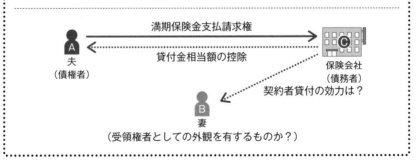

問題点 保険会社は、契約者貸付相当額を保険契約者の保険金支払い請求権から控除することができるか。

結論 保険会社が、契約者貸付制度に基づいて、保険契約者の代理人と称する者の申込みによる貸付けを実行した場合において、保険契約者の代理人と称する者を保険契約者の代理人と認定するにつき相当の注意を尽くしたときは、保険会社は、**478条の類推適用**により保険契約者に対し、当該**貸付**

けの効力を保険契約者に主張することができる(最判平9.4.24)。 H

理由 契約者貸付制度による貸付けは、約款上の義務の履行として行われる上、
貸付金額が解約返戻金の範囲内に限定され、保険金等の支払の際に元利金
が差引計算されることにかんがみれば、**その経済的実質において、保険金
または解約返戻金の前払と同視することができる。**

設例 の場合、保険契約者Aの代理人と称するBを保険契約者の代理人と認定
するにつき相当の注意を尽くしたときは、保険会社Cは、478条の類推適用に
より保険契約者に対し、当該貸付けの効力を主張することができる。

3 受領権者以外の者に対する弁済

原則 受領権者としての外観を有する者に対する弁済(478条)を除き、弁済を受
領する権限を有しない者に対してした弁済は**無効**となる。

例外 弁済によって**債権者が利益を受けた場合、その利益の限度で当該弁済は
有効となる**(479条)。 04/予

趣旨 債権者が利益を受けた場合、その利益の限度で債権の目的を達したこ
とになることから規定された。

4 差押えを受けた債権の第三債務者の弁済

差押えを受けた債権の第三債務者が、自己の債権者にその債務を弁済しても、**差
押債権者は受けた損害の限度で、さらに第三債務者に対し弁済を請求することがで
きる**(481条1項) 05/予。ただし、第三債務者からその債権者に対する求償権の行使を
妨げられない(481条2項)。

趣旨 債権の差押命令により、第三債務者は債権者への弁済が禁止され、債権
者は弁済を受領することができなくなるので(民事執行法145条1項)、債権者
に対して弁済をした第三債務者は、差押債権者に対して、自己の債務が消
滅したことを主張できず、したがって、差押債権者は、差し押さえた債権
がなお存在するものとして、第三債務者に対して弁済を請求することがで
きることを規定したものである。

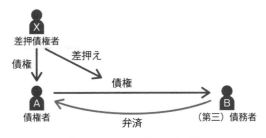

【差押えを受けた債権の弁済】

2 弁済の提供

1 弁済の提供の意義

意義 弁済(履行)の提供とは、弁済を行う者が、給付を実現するために必要な準備をして、債権者の協力を求めることである。

効果 債務者は、弁済の提供の時から債務を履行しないことによって生ずべき責任(履行遅滞による責任)を免れる(492条)。

趣旨 債権は履行が完了しなければ消滅しないが、債務者としては債権者が受領しなければ完了させようがない。そこで、債務者がするべきことをすれば、債権は消滅しなくても債務を履行しないことによって生ずべき責任(履行遅滞による責任)を負わないとした。 06

2 弁済の提供の方法

❶現実の提供 (原則)
❷口頭の提供 (例外❶)
❸口頭の提供も不要な場合 (例外❷)

【弁済の提供の方法】

① 原則 現実の提供

意義 現実の提供とは、債務の本旨に従って履行行為をすることをいう。物の引渡しであれば、約束(契約)によって定めた場所、日時に、約束どおりの目的物を持参することである。

別段の意思表示がない場合の弁済の場所及び時間については、484条が規定する

(本章 **7** 節 **2** 項 `2` 「弁済についての補充規定」参照)。

(ア) 債権の目的が特定物の引渡しの場合

原則 契約その他の債権の発生原因及び取引上の社会通念に照らしてその**引渡しをすべき時の品質**を定めて引き渡す。

例外 品質を定めることができないときは、弁済をする者は、その**引渡しをすべき時の現状**でその物を引き渡さなければならない(483条)。

(イ) 債権の目的が金銭債権の場合

原則 金額は、**債務の全額**(元本・利息・費用等も含める)であることを要する(大判明44.12.16)。 `07`

例外 金額の不足がわずかである場合には、債務の本旨に従った弁済の提供があったものとされることがある(最判昭35.12.15)。

(ウ) 現実の提供の方法

債務者が弁済のため**現金を債権者方に持参して受領を催告**すれば、債権者の面前に提示しなくても、現実の提供となる(最判昭23.12.14)。 `08`

発展 建物賃借人Aが、賃貸人の代理人である弁護士Bから賃料支払いの催告を受け、指定された期日に指定場所であるBの事務所に賃料を持参したが、Bは不在で事情を知らない事務員Cしかいなかったため、Cに対して**受領の催告をすることなく帰宅**したという事案では、**現実の提供があった**とされる(最判昭39.10.23)。 `I`

(エ) 金銭に代わるもの

金銭に代わるものであっても現実の提供ができる。

【金銭に代わるもの】

有効な提供となる	郵便為替(大判大8.7.15)、振替貯金払出証書(大判大9.2.28)、銀行振出の小切手(最判昭37.9.21) `09`
有効な提供とならない	普通の小切手(銀行振出と異なり不渡りになる可能性がある)(最判昭35.11.22)

② **例外❶** 口頭の提供

(ア) 口頭の提供の意義

意義 口頭の提供とは、債権者があらかじめ受領を拒んでいる場合、又は債務の履行について**債権者の行為を要する場合**には、①弁済の準備をしたことを、②債権者に通知して、③その受領を催告するだけで弁済の提供があったとするものである(493条ただし書)。 `10` `11`

(イ) 口頭の提供で足りる場合 (493条ただし書) [11]

【口頭の提供で足りる場合】
① 債権者があらかじめ受領を拒んでいる場合
② 債務の履行について債権者の行為を要する場合
    (例)債権者の供給する材料に加工する債務(加工債務)、債権者が取り立
    てる債務(取立債務)等

(ウ) 弁済の準備の程度 🖋 発展

弁済の準備の程度については、**債権者の行為があれば直ちに弁済できるだけの準備**をすることが必要だと解されている(大判大10.11.8)。 [J]

例えば、すぐに弁済できるように必要な現金を手元に置く、銀行に対する確実な資金借受契約をしておく(大判大7.12.4)、後日借り受けて履行できるような状態になっている(大判大10.11.8)程度でよい。ただし、現金があってもすぐ弁済できないような状況のときは弁済の準備をしたとはいえない(大判昭17.7.17)。

③ 例外❷ 口頭の提供も不要な場合

債権者が契約そのものの存在を否定するなど**弁済を受領しない意思が明確と認められる場合**においては、債務者は口頭の提供もなくても、債務不履行の責めを免れる(最大判昭32.6.5)。 [12]

3 弁済の提供の効果 (492条)

債務者は、弁済の提供の時から、債務を履行しないことによって生ずべき責任(**債務不履行責任**)を免れる(492条) [06]。債権者が弁済を受領しなければ同時に債権者は**受領遅滞**(413条)となり、受領遅滞の効果も生じることとなる(本章**3**節「債権の効力②—受領遅滞」参照)。

【弁済の提供の効果】

具体的には、以下の効果が生じる。

【弁済提供の効果・受領遅滞の効果】

弁済の提供の効果 (492条)	① 債務不履行に基づく損害賠償義務を負わない ② 債務不履行を理由とする契約解除をされない ③ 担保権設定の場合に担保権が実行されない ④ 利息の不発生・違約金の支払いは不要となる ⑤ 双務契約における相手方の同時履行の抗弁権(533条)を奪う
受領遅滞の効果 (413条、413条の2第2項)	① 注意義務の軽減(413条1項) ② 増加費用の債権者負担(413条2項) ③ 危険の移転(413条の2第2項)

③ 他人の物を引き渡した場合

1 引き渡した物の取戻し

　弁済をした者が弁済として他人の物を引き渡したときは、その弁済をした者は、更に有効な弁済をしなければ、その物を取り戻すことができない(475条)。

　趣旨　不特定物売買で他人の物を引き渡した場合に、債権者を保護するため、弁済者の返還請求を制限したものである。

① 他人の物の引渡しの効力

　弁済として他人の物を引き渡しても「債務の本旨に従った履行」とはならないので、有効な弁済とはならない。

② 他人の「物」とは /発展

　475条は、「物」を給付する場合にのみ適用され、「更に有効な弁済をしなければ」とあることから、「物」とは、不特定物を意味すると解されている。 **K**

　理由　特定物の引渡しを目的とする債権の場合、他の物をもって「更に有効な弁済」をすることはありえないからである。

　なお、「物」の所有者の返還請求については、475条の制限を受けない。

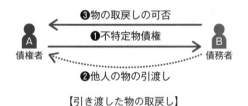

【引き渡した物の取戻し】

2 引き渡した物が消費又は譲渡された場合

不特定物の引渡しを目的とする債権を有する債権者が、弁済として受領した他人の物を**善意で消費**し、又は**譲り渡した**ときは、**その弁済**は、**有効とする**(476条前段)。この場合において、債権者が第三者から賠償の請求を受けたときは、弁済をした者に対して**求償**をすることができる(476条後段)。

趣旨 ① 他人の物が債権者のもとから失われた以上、弁済をした者は、「更に有効な弁済」をすることによる返還請求権(475条)を失うことから、有効な弁済とした(476条前段)。

② 債権者が所有者等への損害賠償責任を負う場合の弁済者への求償を認めた(476条後段)。

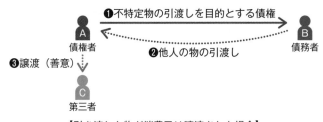

【引き渡した物が消費又は譲渡された場合】

④ 預金又は貯金の口座に対する払込みによる弁済 (477条)

債権者の預金又は貯金の口座に対する**払込みによってする弁済**は、債権者がその預金又は貯金に係る債権の債務者に対してその払込みに係る金額の**払戻しを請求する権利を取得した時**に、弁済の効力が発生する(477条)。 13/予

例えば、債務者が債権者名義の銀行口座に債務額100万円の払込みをした場合、当該口座の残高に、払い込まれた100万円が反映されて、債権者がその100万円を払い戻せる状態になったときに、初めて弁済の効力が発生する。

趣旨 口座決済に対応するとともに、口座に対する払込みが弁済であることを明確にするために規定された。

〈語句〉●**預金又は貯金に係る債権の債務者**とは、金融機関を意味する。(例)銀行や農協、信用金庫等

5 弁済の充当 /発展

1 弁済の充当の意義

意義 弁済の充当とは、弁済額が債権全額に満たない場合(一部弁済)、債権のうちのある部分にその弁済を割り当てることをいう。

2 充当方法

① 充当の合意がある場合 (合意充当)

意義 合意充当とは、弁済をする者と弁済を受領する者との間に弁済の充当の順序に関する合意がある場合、その順序に従い、その弁済を充当することをいう(490条)。

　合意充当の場合には、指定充当(488条1項)や法定充当(488条4項、489条)と異なる充当も可能である(合意充当は、指定充当や法定充当に優先する)。

② 充当の合意がない場合

　充当の合意がない場合、元本、利息、費用については、**費用→利息→元本の順で充当される**(489条)。一方当事者の意思表示によって順番を変えることはできない(大判大6.3.31)。したがって、弁済者がまず元本に充当してほしいと主張しても弁済受領者はこれを拒否することができる。 L

　費用相互、利息相互、元本相互の間における充当については以下のようになる。

(ア) 指定充当

意義 指定充当とは、一個の債務の弁済として数個の給付をすべき場合において、当事者に弁済の充当に関する合意がないときに、**弁済する者は、給付の時に、その弁済を充当すべき債務を指定**することができることをいう(488条1項)。

　弁済をする者が指定をしないときは、弁済を受領する者は、その受領の時に、その弁済を充当すべき債務を指定することができる(指定充当権)(488条2項本文)。ただし、弁済をする者がその充当に対して直ちに異議を述べたときは、指定充当権の効力は認められない(488条2項ただし書)。

(イ) 法定充当

意義 法定充当とは、指定充当がされない場合に、488条4項各号の規定に従って充当されることをいう。債務者の利益を考慮して順序が定められている。

【法定充当】

債務の中に弁済期にあるものと弁済期にないものとがあるとき(1号)	弁済期にあるものに先に充当する
全ての債務が弁済期にあるとき、又は弁済期にないとき(2号)	債務者のために弁済の利益が多いものに先に充当する
債務者のために弁済の利益が相等しいとき(3号)	弁済期が先に到来したもの又は先に到来すべきものに先に充当する
前2号に掲げる事項が相等しい債務の弁済(4号)	各債務の額に応じて充当する

重要事項 一問一答

01 弁済受領権者は（2つ）？

①債権者、②弁済を受領する権限を付与された第三者

02 弁済を受領する権限を有しない第三者に対してなされた弁済の効果は？

原則無効

03 受領権者以外の者であって取引上の社会通念に照らして受領権者としての外観を有するものに対してした弁済の効果は？

弁済をした者が善意無過失の場合に限り、弁済の効力を有する(478条)。

04 弁済の提供は原則としてどのような方法によるか？

現実の提供(493条本文)

05 口頭の提供で足りる場合は（2つ）？

①債権者があらかじめその受領を拒んでいる場合、②債務の履行について債権者の行為を要するとき

06 口頭の提供すら不要な場合とは？

債権者が契約そのものの存在を否定するなど弁済を受領しない意思が明確と認められる場合(判例)

07 弁済充当の方法（3つ）

①合意充当、②指定充当、③法定充当

過去問チェック（争いのあるときは、判例の見解による）

01 民法第478条の受領権者以外の者であって取引上の社会通念に照らして受領権者としての外観を有するものに対する弁済は、弁済者が善意無過失である場合にのみ有効な弁済となる。

○（裁2003改題）

02 民法第478条の受領権者以外の者であって取引上の社会通念に照らして受領権者としての外観を有するものには、自ら債権者であると称して弁済を受領した無権利者に限られる。
×（裁2003改題）「限られる」が誤り。

03 最高裁判所の判例では、債権者の代理人と称して債権を行使する者も受領権者としての外観を有するものにあたると解すべきであり、受領権者としての外観を有するものに対する弁済が有効とされるには、弁済者が善意であればよく、無過失である必要はないとした。
×（区2019改題）「善意であればよく、無過失である必要はないとした」が誤り。

04/予 受領権者としての外観を有する者に対する弁済を除いて、受領権者以外の者に対してした弁済は、債権者がこれによって利益を受けたとしても効力を有しない。
×（予想問題）「債権者がこれによって利益を受けたとしても効力を有しない」が誤り。

05/予 差押えを受けた債権の第三債務者が、その債務を弁済すると、弁済は有効となり、差押債権者はさらに第三債務者に対し弁済を請求することができない。
×（予想問題）「弁済は有効となり、差押債権者はさらに第三債務者に対し弁済を請求することができない」が誤り。

06 弁済の提供によって債権は消滅し、債務者は一切の債務不履行責任を免れる。
×（裁2020）「債権は消滅し」「一切の」が誤り。

07 債務者が、金銭債務についてその全額に満たない金額の金銭を持参した場合は、原則として債務の本旨に従った弁済の提供とはいえない。
○（裁2017）

08 金銭債務は履行地に現金を持参し、受領するように催告しても、相手方の面前で提供しなければ、現実の提供とはならない。
×（裁2004）「相手方の面前で提供しなければ、現実の提供とはならない」が誤り。

09 Aは、Bに対して100万円の金銭債務を負っていたところ、Aは、返済期日にたまたま手元に現金がなかったため、額面100万円の信用ある銀行の自己宛小切手を返済場所に持参した。債務者Aの当該行為は弁済の提供として有効とされる。
○ (国般2010改題)

10 弁済は常に現実の提供を行う必要があり、債権者があらかじめその受領を拒んでいる場合であっても、一度は現実の提供を行う必要がある。
× (税2000)「常に」「一度は現実の提供を行う必要がある」が誤り。

11 弁済の提供は、債務の本旨に従って現実にしなければならないが、債権者があらかじめ債務の受領を拒んだときに限り、弁済の準備をしたことを通知してその受領の催告をすれば足りる。
× (区2019)「債権者があらかじめ債務の受領を拒んだときに限り」が誤り。

12 債権者が弁済を受領しない意思が明確と認められる場合であっても、債務者は口頭の提供をしなければ債務不履行責任を免れない。
× (裁2020)「債務者は口頭の提供をしなければ債務不履行責任を免れない」が誤り。

13/予 債権者の預金又は貯金の口座に対する払込みによってする弁済は、債務者が債権者の預金又は貯金の口座に対してその払込みをした時に、その効力を生ずる。
× (予想問題)「債務者が債権者の預金又は貯金の口座に対してその払込みをした時に」が誤り。

A 債権の債権者Aが、債権をBに譲渡したことを当該債権の債務者Cに通知した場合において、CのBに対する弁済は、AとBとの間の債権譲渡が無効であった場合においても、Cが、当該債権譲渡が無効であったことにつき善意無過失であれば、効力を有する。
○ (裁2021改題)

B 債務者において、債権の二重譲渡において劣後する譲受人が真正の債権者であると信じてした弁済につき過失がなかった場合であっても、この弁済は効力を有しない。
× (国般2016改題)「この弁済は効力を有しない」が誤り。

C 定期預金の期限前解約による払戻しを預金者以外の者に行った場合、弁済の具体的内容が契約の成立時に既に合意によって確定されているときには、当該払戻

しは民法第478条の弁済に当たり、同条が適用される。

○（国般2004）

[D] 現金自動支払機を利用して預金者以外の者が預金の払戻しを受けた場合、民法第478条は適用されない。

×（国般2004改題）「民法第478条は適用されない」が誤り。

[E] 弁済をした者が過失によって受取証書の持参人に弁済を受領する権限がないことを知らなかったときは、弁済は有効となるが、その権限がないことを知っていたときは、弁済は無効となる。

×（区2016改題）「弁済は有効となるが」が誤り。

[F] 無権限者のした機械払の方法による預金の払戻しについても民法第478条の適用があるが、銀行が預金の払戻しにつき無過失であるというためには、払戻しの際に機械が正しく作動していれば足り、銀行において、機械払システムの設置管理全体について、可能な限度で無権限者による払戻しを排除し得るよう注意義務を尽くしていたことまでは必要ない。

×（国般2016改題）「払戻しの際に機械が正しく作動していれば足り、銀行において、機械払システムの設置管理全体について、可能な限度で無権限者による払戻しを排除し得るよう注意義務を尽くしていたことまでは必要ない」が誤り。

[G] 銀行が定期預金の預金者と誤認した者に対する貸付債権をもってした預金債権との相殺は、実質的に払戻しと同視できるので、民法第478条が類推適用される。

○（国般2004）

[H] 生命保険契約の契約者貸付が契約者以外の者になされた場合、貸付金額が解約返戻金に限定されること等から、当該貸付はその経済的実質において保険金又は解約返戻金の前払いと類似するが、貸付行為自体は弁済とは同視できないので、民法第478条は類推適用されない。

×（国般2004）「するが、貸付行為自体は弁済とは同視できないので、民法第478条は類推適用されない」が誤り。

[I] 建物の賃借人Aは、賃貸人Bの代理人である弁護士Cから賃料の支払の催告を受け、Cに指定された期日に指定されたCの事務所に賃料を持参したが、Cは不

在で、事情を知らない事務員Dしかいなかったため、AはDに対して持参した賃料の受領の催告をせずにそのまま引き返した。債務者Aの当該行為は弁済の提供として有効とされる。

○（国般2010改題）

[J] 履行に債権者の行為を要する債務について債務者が口頭の提供をするには、債権者の協力行為があれば履行ができる程度の準備をすることを要する。

○（裁2004）

[K] 通説に照らすと、弁済をした者が弁済として他人の物を引き渡したときは、その弁済をした者は、更に有効な弁済をしなければ、その物を取り戻すことができず、それは、債権の目的が物の給付であれば、不特定物の引渡しを目的とする債権に限らず、特定物の引渡しを目的とする債権の場合にも適用される。

×（区2016改題）「不特定物の引渡しを目的とする債権に限らず、特定物の引渡しを目的とする債権の場合にも適用される」が誤り。

[L] 元本のほか、利息、費用の債務が存在し、債権者と債務者との間で、弁済の充当に関する合意がない場合には、債務者が、まず元本に充当することを求めたとしても、債権者はこれを拒絶することができる。

○（裁2011）

9 債権の消滅⑶—相殺

本節では、債権が消滅する場合のうち、相殺について扱います。特に相殺が禁止される場合が重要です。

1 相殺とは

1 意義・趣旨

意義 相殺とは、相互に同種の債権を持ち合っている場合に、**一方当事者の意思表示**によって、**相互の債権を消滅**させる制度をいう(505条)。

趣旨 ① 現実に弁済することが不要となり、**簡易な方法で決済**できる。
② 一方が無資力となった場合に**当事者間の公平**が図れる。
③ 債権者は、相殺をすること(相殺の意思表示をすること)により、債権を回収できるという期待をもてる(**担保的機能**)。

設例 AはBに対して100万円の売買代金債権を持っているが、BもAに対して50万円の貸金債権を持っている。BのAに対する債務、AのBに対する債務はともに弁済期にある。

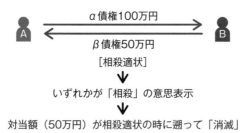

[相殺適状]
↓
いずれかが「相殺」の意思表示
↓
対当額（50万円）が相殺適状の時に遡って「消滅」

　設例 においては、A・Bが100万円と50万円を相互に現実に支払うよりは、相殺をすることで50万円については相互に決済したことにして、BがAに残額の50万円だけ支払うことにした方が簡便である（簡易な決済方法）。また、Bが無資力になった場合、Aは相殺をすることにより100万円の債権のうち少なくとも50万円については回収できたことになる（当事者間の公平、担保的機能）。

2 ▷ 相殺における両債権

　相殺は、相互に債権を有する当事者のいずれか（一方当事者）の意思表示によって行われる。そこで、この意思表示をした方の債権（相殺をする者の債権）を**自働債権**、意思表示をされた方の債権（相殺をされる者の債権）を**受働債権**（じゅどう）という。自働債権・受働債権は、相互に**反対債権**という。

　設例 においては以下のようになる。

> **【自働債権と受働債権】**
> ・ Aが相殺の意思表示をした場合→α債権＝自働債権　　β債権＝受働債権
> ・ Bが相殺の意思表示をした場合→α債権＝受働債権　　β債権＝自働債権

3 ▷ 相殺の実質的意味

　相殺は、一方当事者の相殺の意思表示により、対立する2つの債権（の全部または一部）が消滅するものであり、**一方当事者の意思表示により対立する2つの債務が履行された**ことに等しい。これを自働債権・受働債権の履行という観点からみると、以下のような意味を持つことになる。

> **【相殺の実質的意味】**
> ［自働債権］相殺権者が**債務者に履行を強制する**
> ［受働債権］相殺権者が**自ら債務を履行する**

4 ▷ 相殺の種類

　相殺には、法定相殺と約定相殺がある。

　意義　**法定相殺**とは、法律の規定により認められる相殺権のことをいう。
　　　　　約定相殺とは、当事者の合意により認められる相殺権（相殺の合意、相殺契約）のことをいう。

　約定相殺は、契約自由に任されるため（相殺の要件・効果・方法などを合意によ

り定める)、法定相殺の要件を満たす必要がない。

〈解説〉　約定相殺と類似のものとして**相殺予約**がある。相殺予約には、①相殺契
　　　　約を予約するもの、②一定事由の発生をもって、意思表示を要せず、当然
　　　　に相殺の効力が発生するとするもの、③法定相殺の要件を緩和し、相殺適
　　　　状(詳細は次の❷項 1 「相殺適状にあること」で扱う)の発生を容易にするものが
　　　　ある。このうち、②③は銀行取引において約定として定められることも多
　　　　い。

❷ 成立要件

相殺の要件及び効果は以下のものである。

要件	効果
(1)　**相殺適状**にあること 　①両債権が**対立**していること 　②両債権が**同種の目的**を有する債権であること 　③両債権が共に**弁済期**にあること 　④両債権の**性質**が相殺を許すものであること (2)　**相殺禁止**の場合に当たらないこと (3)　当事者の一方が相殺の**意思表示**をすること	相殺適状時に遡って、**対当額**について、双方の**債権が消滅する**

以下、相殺の要件(1)～(3)、相殺の効果の順に個別に見ていく。

1 相殺適状にあること (要件(1))

意義　相殺適状とは、相殺をするに適した状態のことをいう。

　具体的には、①両債権が**対立**していること、②両債権が**同種の目的**を有する債権
であること、③両債権が共に**弁済期**にあること、④両債権の**性質**が相殺を許すもの
であること、以上の4つを満たしている状態である。

① 両債権の対立

(ア)　原則

意義　両債権が対立しているとは、相殺をする者(相殺権者)と相手方との間(当
　　　　事者間)に相対立する債権が存在していることをいう。

問題点　📝発展　債権者Aが債務者Bに対するα債権を担保するためにB所有の
　　　　不動産に抵当権の設定を受けていた場合において、**抵当不動産の第三取得
　　　　者C**は、Aに対して有するβ債権を自働債権として相殺をすることができ
　　　　るか。

| 結論 | 相殺をすることはできない（大判昭8.12.5）。 [A] |
| 理由 | 相殺の当事者である AC 間に対立する債権が存在していない。 |

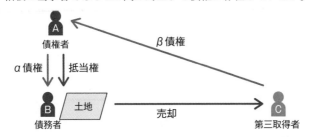

【抵当不動産の第三取得者による相殺】

（イ） 例外

　相殺をする時点において、相殺権者と相手方との間に対立する債権が存在しなくとも、相殺または相殺を理由とする履行拒絶が認められる場合がある。

⑦　時効によって消滅した債権

　時効によって消滅した債権がその**消滅以前に相殺適状**になっていた場合には、債権者は、その債権を**自働債権として相殺**をすることができる（508条）。 [01]

| 趣旨 | 相殺適状にあった債権を有する債権者は、それが清算されていると期待するのが通常であるから、この期待を保護する。 |

〈解説〉　「その消滅以前に」とは、時効の援用により債権が確定的に消滅する以前の意味ではなく、「消滅時効期間が経過する以前に」の意味だと解されている。

| 設例 | A・Bの双方は、それぞれ相手に対して100万円の債権を有しており、相殺適状にあった。Aは、相殺適状になった以降も相殺の意思表示をすることはなく、その後、AのBに対する債権は消滅時効によって消滅した。 |

❸相殺適状（Aは相殺せず）　　　　[自働債権]
　　　　　　　　　　　　　　　　❶100万円　　❹時効により消滅

A　←　　　　　　　　　　　　　　　　　　　　　　　　→　B

❷100万円
[受働債権]

　設例 においては、Aは、相殺適状となった時点でA・B間の債権・債務関係が清算されたと考える（期待する）のが通常である。そのため、AがBに対して100万

円の請求をしていなくても、Aは、権利の上に眠る者とはいえないことから、Aは時効消滅した100万円の債権を自働債権として相殺をすることができる。

問題点　既に消滅時効にかかった他人の債権を譲り受け、当該債権を自働債権として相殺をすることは許されるか。

結論　508条の法意に照らし**許されない**(最判昭36.4.14)。 02

理由　既に時効消滅した債権を譲り受けても、相殺適状にないから。

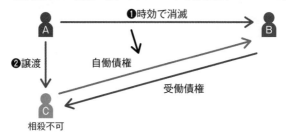

【消滅時効にかかった債権の譲受け】

④　保証人の履行拒絶権 /発展

　主たる債務者が債権者に対して相殺権を有するときは、この権利の行使によって**主たる債務者がその債務を免れるべき限度**において、保証人は、債権者に対して**債務の履行を拒む**ことができる(**履行拒絶権**)(457条3項)。

　(例) A(債権者)がB(主たる債務者)に対して有する債権を、C(保証人)が保証している(β債権)場合、BがAに対してα債権を有していたときは、Cは、Bがα債権を自働債権とした相殺によって債務を免れる限度で、Aに対してβ債権の履行を拒むことができる。 B

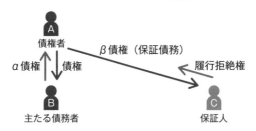

【相殺を理由とする保証人の履行拒絶】

② 同種の目的を有する債権

　通常は金銭債権だが、それ以外(ex.米5kgの引渡し)でも可能である。原因や債務額が同一である必要はなく、履行地が異なる場合でもよい(507条前段) 03。

/発展 もっとも、相殺をする当事者は、相手方に対し、これによって生じた損害を

賠償しなければならない(507条後段)。 C

③ 両債権が共に弁済期にある

意義 505条の文言上は「双方の債務が弁済期にあること」だが、受働債権は弁済期にある必要はなく、**自働債権が弁済期にあることが必要**という意味である。 04

理由 自働債権が弁済期にない場合に相殺を認めることは、その**債務者である相手方の期限の利益を一方的に奪う**ことになり許されない。

受働債権が弁済期になくとも、その**債務者である相殺権者が期限の利益を放棄することができる**ので、弁済期にあることは必要ではない(大判昭8.5.30)。

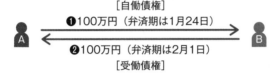

●両債権が共に弁済期にある（**自働債権だけが弁済期にある**）場合

［自働債権］
❶100万円（弁済期は1月24日）
❷100万円（弁済期は2月1日）
［受働債権］

⇒Aは、受働債権の弁済期前（例えば1月28日）でも**相殺可能**

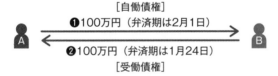

●両債権が共に弁済期にない（**受働債権だけが弁済期にある**）場合

［自働債権］
❶100万円（弁済期は2月1日）
❷100万円（弁済期は1月24日）
［受働債権］

⇒Aは、自働債権の弁済期前（例えば1月28日）には**相殺不可**

【「両債権が共に弁済期にある」の意味】

（ア）期限の利益の放棄の意思表示が必要か 　/発展

受働債権が弁済期になくても、相殺権者は、期限の利益の放棄の意思表示をする必要はない(大判昭7.4.20)。 D

理由 受働債権の弁済期前における相殺の意思表示は、期限の利益の放棄をする意思を含むと認められる。

（イ）期限の利益の放棄又は喪失等と、弁済期の到来

既に弁済期にある自働債権と弁済期の定めのある受働債権とが相殺適状にあるというためには、受働債権につき、期限の利益を放棄することができるというだけではなく、**期限の利益の放棄又は喪失等により、その弁済期が現実に到来している**

ことを要する(最判平25.2.28)。 05

④ 両債権の性質が相殺を許すもの

債権の性質によって、相殺することができない場合がある。例として、以下のようなものがある。

(ア) 現実に履行されなければ意味がない債権

現実に履行されなければ債権の目的を達成することができないものは、相殺することができない。

(例)AとBが、お互いに自己の所有する畑の収穫を3日間手伝う。

(イ) 自働債権に抗弁権が付着している場合

意義　自働債権に抗弁権が付着している場合とは、自働債権に同時履行の抗弁権や催告・検索の抗弁権が付着していることをいう。

理由　相殺を認めることは、相手方の抗弁権を一方的に奪うことになり公平でないため。

〈語句〉●同時履行の抗弁権とは、売買などの双務契約において、相手方が債務の履行をするまでは、自己の債務の履行を拒むことができる権利をいう。

> **設例**　売主Aは、買主Bに対して絵画を100万円で売却し、絵画の引渡債権と100万円の代金債権の弁済期が到来した。一方、買主Bは売主Aに対して既に弁済期の到来している200万円の貸金債権を有している。
>
>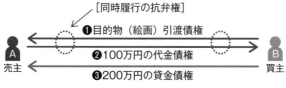
>
> [同時履行の抗弁権]
> ❶目的物（絵画）引渡債権
> ❷100万円の代金債権
> ❸200万円の貸金債権
> A 売主　　B 買主

⑦　Aによる相殺の可否（自働債権に同時履行の抗弁権あり）

Aは、❷100万円の代金債権を自働債権、❸200万円の貸金債権を受働債権として相殺をすることは許されない(大判昭13.3.1)。 06

理由　Aの相殺を認めると、Bの目的物引渡債権の同時履行の抗弁権を一方的に奪うことになり、公平でないためである。

⑦　Bによる相殺の可否（受働債権に同時履行の抗弁権あり）

Bが、❸200万円の貸金債権を自働債権、❷100万円の代金債権を受働債権として相殺をすることは禁止されない(受働債権に同時履行の抗弁権が付いている場合

には相殺が可能)。

理由 相殺を主張する者(B)が、**自ら抗弁権を放棄することは自由**であり、また、相手方(A)の抗弁権を一方的に奪っているわけでもないためである。

㋒ 🖊**発展** 請負人の報酬請求権と瑕疵修補 (現在は追完請求) に代わる損害賠償債権

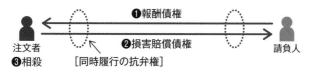

注文者 ❸相殺　[同時履行の抗弁権]　請負人

❶報酬債権

❷損害賠償債権

【報酬請求権と瑕疵修補に代わる損害賠償債権の相殺】

問題点 注文者は、瑕疵修補に代わる損害賠償債権を自働債権とし、これと同時履行の関係にある請負人の報酬債権を受働債権として、相殺をすることは認められるか。

結論 相殺は**認められる**(最判昭53.9.21)。 **E**

理由 注文者の損害賠償債権は、実質的には請負代金を減額させる機能を有するなど、**相互に現実の履行をさせる特別な利益はなく**、むしろ、相殺を認めて**清算的調整を図る**ことが当事者双方の便宜と公平にかなうから。

2 相殺禁止の場合に当たらないこと (要件(2))

相殺禁止の場合に当たらないこととは、該当する事由があると相殺が認められないという消極的要件である。①当事者の意思表示による禁止と、②政策上相殺が禁止される場合に大別され、②については、受働債権にできないものとして3つが明文で規定されている。

```
─①当事者の意思表示による禁止
─②政策上の相殺禁止 ─ 不法行為等による損害賠償債権が受働債権
                  ─ 差押禁止債権が受働債権
                  ─ 差押えを受けた債権が受働債権
```

【相殺禁止の場合】

① 当事者の意思表示による禁止

当事者が相殺を禁止・制限する旨の意思表示(合意)をした場合、相殺をすることができない。このような意思表示(合意)を相殺禁止特約という。相殺禁止特約は、**悪意又は重過失の第三者**(債権の譲受人など)に対抗することができる(505条2項)。
07

趣旨 相殺禁止特約を認めるとともに、特約について善意無重過失の第三者を保護する。

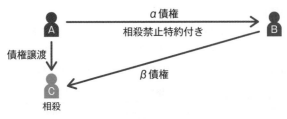

【当事者の意思表示による相殺禁止】

　上図の場合、Cが相殺禁止特約のあることを**重大な過失なく知らずに**α債権の譲渡を受けたならば、Cは譲受債権（α債権）とβ債権との相殺を主張することができる。

② 政策上の相殺禁止❶（不法行為等による損害賠償債権を受働債権とする相殺）

（ア）悪意による不法行為に基づく損害賠償の債務（509条1号）

　悪意による不法行為に基づく損害賠償債権を**受働債権**とした相殺は認められない。ここにいう「悪意」とは、事実を知っていることではなく、「単なる故意では足りず、**積極的な加害の意思（積極的意欲）を有すること**」を意味する。 08/予

　趣旨　不法行為の誘発を防止する。

> **設例**　Aは、Bに貸金債権（α債権）を有していたが、Bがなかなか弁済しないことに腹を立てていた。そこでAは、Bへの嫌がらせとしてB所有の自動車を傷つけ、その損害賠償債務について貸金債権との相殺を主張しようとの意図の下に、当該自動車に傷をつけた。Aは、Bに対して不法行為による損害賠償債務（Bの損害賠償請求権、β債権）を負った。
>
>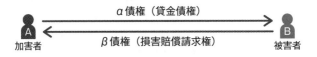

　㋐　A（損害賠償の債務者）による相殺の可否

　Aは「Bへの嫌がらせとして不法行為を行い、自己が負うであろう損害賠償債務との相殺をする」との意図（積極的意欲）をもって不法行為を行っている。したがって、Aがα債権を自働債権として、β債権を受働債権として相殺をすることはできない。 09/予

　㋑　B（損害賠償の債権者）による相殺の可否

　509条1号の趣旨は、不法行為の誘発の防止にあることから、被害者であるBが

β債権を自働債権として相殺を行うことは**禁じられない**（最判昭42.11.30参照）。 10/予

⑦　両債権が共に悪意による不法行為によって生じたものである場合

　　α債権も悪意による不法行為による損害賠償債権である場合には、Bによる相殺も認められず、結局**両者とも相殺をすることはできない**（最判昭32.4.30参照）。

(イ) 人の生命又は身体の侵害による損害賠償の債務（509条2号）

意義　人の生命・身体の侵害による損害賠償債権を受働債権とした相殺は認められない。ここにいう損害賠償債権には、不法行為に基づくものだけでなく、**債務不履行に基づくもの（安全配慮義務違反による損害賠償債権など）も含まれる**。 11/予

趣旨　生命・身体を侵害された者に対しては、**現実の給付を得させる**（現実に金銭の支払いがなされる）**ことが必要**である。

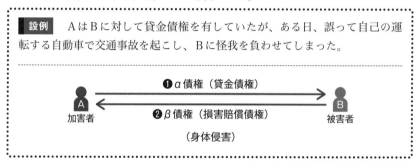

設例　AはBに対して貸金債権を有していたが、ある日、誤って自己の運転する自動車で交通事故を起こし、Bに怪我を負わせてしまった。

❶α債権（貸金債権）

A 加害者　→　B 被害者

❷β債権（損害賠償債権）

（身体侵害）

⑦　A（損害賠償の債務者）による相殺の可否

　Aの負っている損害賠償債務（Bの損害賠償債権）は、Bの身体侵害によるものであるから、Aがα債権を自働債権として、β債権を受働債権として相殺をすることはできない。 11/予

④　B（損害賠償の債権者）による相殺の可否

　被害者であるBがβ債権を自働債権として相殺を行うことは**禁じられない**。509条2号の趣旨は、生命・身体侵害の被害者に現実の給付を得させることにあるので、**被害者が自ら利益を放棄することは問題ない**。 12/予

(ウ) 相殺が禁止される損害賠償債権を他人から譲り受けた場合（509条柱書ただし書）

　509条1号、2号に該当する債務であっても、その債権者がその債務に係る債権（受働債権に当たる債権）を他人から譲り受けたときは、**債務者は、相殺をもって債権者に対抗することができる**。 13/予

趣旨　債権譲渡を受けた第三者との間では、相殺禁止の趣旨（不法行為の誘発防止、被害者に現実の給付を得させる）が妥当しないため。

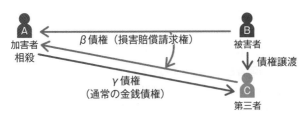

【不法行為等により生じた債権の譲受人に対する相殺】

　上図の場合、β債権が被害者Bから第三者Cへ譲渡されたときは、その債務者A
は、γ債権を自働債権とし、β債権を受働債権として、相殺をもってCに対抗する
ことができる。Cは自分が怪我を負わされたわけではなく、現実に治療費等を必要
としていない以上、Cに現実の給付を得させる必要はないからである。

（エ）交叉的不法行為

　同一の不法行為により当事者双方が互いに損害賠償債務を負う、いわゆる交叉的
不法行為の場合に509条が適用されるか否かは解釈にゆだねられていると解されて
いる。

〈解説〉　改正民法（2020年施行）以前の判例は、不法行為の当事者双方の過失による
　　　　同一の交通事故によって生じた、物的損害の損害賠償請求権相互間におい
　　　　ても（改正前民法）509条により相殺が許されないとしている（最判昭32.4.30）。
　　　　14

【不法行為等と相殺のまとめ】

損害賠償請求権の内容	加害者から被害者への相殺	加害者から損害賠償債権の譲受人への相殺	被害者から加害者への相殺
悪意による不法行為に基づく損害賠償請求権	相殺禁止	相殺可能	相殺可能
過失による不法行為に基づく損害賠償請求権	相殺可能		
人の生命・身体の侵害による損害賠償請求権	相殺禁止		

※加害者が有している債権は通常の金銭債権とする。

③ 政策上の相殺の禁止❷（差押え禁止債権を受働債権とする相殺）

　法律上差押えが禁止されている債権（差押禁止債権）を受働債権とする相殺は**禁止**
される（510条）。15

📝**発展**　(例) 給料債権、年金受給権、生活保護の保護受給権など F

趣旨 差押禁止債権は、生活の基礎となるものであり、**現実に支払われること**（現実の債務の履行がなされること）**を確保**するために差押えが禁止されていることから、これを無意味なものとしないため。

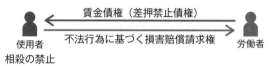

賃金債権（差押禁止債権）

不法行為に基づく損害賠償請求権

使用者
相殺の禁止

労働者

④ 政策上の相殺の禁止❸（差押えを受けた債権を受働債権とする相殺）

設例 AがBに対してα債権を有していたところ、Aの債権者Xがα債権を差し押さえた。この場合、BはAに対して有するβ債権により、α債権との相殺を主張することができるか。

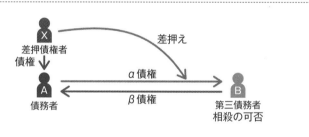

X
差押債権者
債権

差押え

α債権

A
債務者

β債権

B
第三債務者
相殺の可否

〈解説〉 債権者Xによる差押えがなされると、裁判所から差押命令がなされ、BはAに対して**弁済することができなくなり**（Aに対して弁済をしたとしても、Xからの支払いの請求を拒めない）、Aはα債権について取立てその他の処分をすることが禁止される（民事執行法145条1項）。相殺は「その他の処分」に該当するため、Aもα債権を自働債権とした相殺が禁止される。

(ア) **原則**（511条1項）

差押えを受けた債権の第三債務者は、差押債権者に対して、①**差押えを受けた後に取得した債権を自働債権として相殺を主張することができない**。②**差押えを受ける前に取得した債権を自働債権とする相殺は主張することができる**。 16

趣旨 相殺権者（第三債務者）の相殺に対する期待と、差押債権者による差押えの効果の確保との調和を図る。すなわち、第三債務者が差押え前に反対債権を取得した場合には、**第三債務者の相殺に対する期待を保護すべきである**。

> **設例** においては、Bがβ債権を、①α債権の差押え前に取得していた場合には、Bによる相殺が認められる（Xに相殺を対抗することができる）が、②α債権の差押え後に取得していた場合には、Bによる相殺は認められない（Xに相殺を対抗することができない）。

なお、Bによる相殺が可能な場合（①の場合）、α債権とβ債権の弁済期の先後を問わず、相殺適状になれば**相殺が可能である**（無制限説）。 〔17〕

> （例）α債権の弁済期が10月1日、β債権の弁済期が12月31日で差押えが10月30日の場合、Bは12月31日までα債権の履行をせずに（履行遅滞の状態のまま）Xに対して相殺を主張することができる。もっとも、BはAに対して履行遅滞の責任（遅延賠償等）は負うことになる。

（イ）　**例外** 等

⑦　差押え前の原因に基づいて生じた債権の場合

差押えを受けた債権の第三債務者は、**差押え後に取得した債権が、差押え前の原因に基づいて生じたもの**であるときは、その債権による相殺をもって差押債権者に対抗することができる（511条2項本文）。 〔18/予〕

> **趣旨**　実際の自働債権の発生が差押え後であったとしても、自働債権の発生が差押え前の原因に基づくものである場合は、**自働債権の発生原因時点における第三債務者の相殺への期待は保護すべき**である。

> **設例** においては、Bがβ債権を、α債権の差押え後に取得していた場合でも、差押え前の原因に基づいて生じたものであるときは、Bによる相殺は認められる（Xに相殺を対抗することができる）。

① 差押え後の他人の債権の取得

設例　AがBに対してα債権を有していたところ、①Aの債権者Xがα債権を差し押さえた。そこで、②Aに対する債権者Yが有しているβ債権を譲り受けたBは、Aに対して有するβ債権を自働債権として、α債権との相殺をXに対抗することができるか。

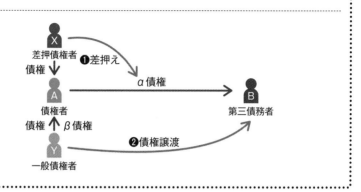

　差押えを受けた債権の第三債務者は、**差押え後に他人の債権を取得したときは、**当該債権が**差押え前の原因に基づいて生じた**ものであっても、当該債権による相殺をもって差押債権者に対抗することができない(511条2項ただし書)。19/予

趣旨　差押え前の原因により発生した債権であっても、第三債務者が他人から当該債権を差押え後に取得した場合は、**当該債権の発生原因時点において第三債務者に相殺の期待が生じているとはいえず、保護に値しない。**

設例においては、β債権が、差押え前の原因に基づいて生じたものであっても、他人(Y)から取得した債権なので、Bはβ債権を自働債権としてα債権を受働債権とする相殺を、Xに対抗することはできない。

禁止の性質	禁止の内容	注意点
当事者の意思	相殺禁止の特約付債権は相殺禁止	善意無重過失の第三者に対抗することができない
債権の性質上	自動債権に相手方の抗弁権が付着している場合は相殺禁止	受働債権としてなら相殺可能
政策上	悪意による不法行為、人の生命・身体の侵害により生じた損害賠償請求権を受働債権とする相殺禁止	自動債権としてなら相殺可能
	差押禁止債権を受働債権とする相殺禁止	自動債権としてなら相殺可能
	受働債権の差押え後に取得した債権を自動債権として相殺できない	受働債権の差押え前に、自動債権を取得したときは、第三債務者は相殺可能

(ウ) 関連判例 ⚑発展

⑦ 抵当権者が物上代位権を行使して賃料債権の差押えをした後は、抵当不動産の賃借人は、抵当権設定登記の後に賃貸人に対して取得した債権を自動債権とする賃料債権との相殺をもって、抵当権者に対抗することはできない（最判平13.3.13、『民法 上』第3章 **6** 節「抵当権②—抵当権の効力」を参照）。 **G**

① 抵当権者が物上代位権を行使して賃料債権を差し押さえた場合においても、賃貸借契約が終了し、目的物が明け渡されたときは、賃料債権は、敷金の充当によりその限度で消滅するので、賃借人は、賃料の消滅を抵当権者に対抗することができる（最判平14.3.28、『民法 上』第3章 **6** 節「抵当権②—抵当権の効力」を参照）。 **H**

⑦ 仮登記担保権者は、目的不動産につき後順位権利者があるときは、債務者に対する被担保債権以外の金銭債権をもって自己の負担する清算金支払債務と相殺することができない（最判昭50.9.9）。 **I**

3 相殺の意思表示（要件(3)）

相殺は当事者の一方から相手方に対する意思表示によってする（形成権）（506条1項前段）**[20]**。相殺適状になったことにより自動的に相殺がなされるのではなく、**意思表示が必要である。**

そして、相殺の意思表示に条件・期限を付することはできない（506条1項後段）。**[20]**

趣旨 当事者の一方的意思表示に条件を付することを認めると、相手方の地位が不安定になる。また、相殺の効果は相殺適状時に遡って生じるので(506条2項)、期限を付しても無意味である。

これに対して、相殺の合意に条件・期限を付することは、契約自由の原則から認められる。 21

3 相殺の効果

効果 相殺の意思表示がなされると、相殺適状の生じた時に遡及して双方の債権がその対当額において消滅する(506条2項)。 22

相殺の効果は、相殺以前に生じた事実までも覆すものではない。

(例) **発展** 相殺以前に賃料不払いにより賃貸借契約が解除されていた場合、相殺により不払い分の賃料債権が消滅したからといって、賃貸借契約が解除されたという事実は覆らない (最判昭32.3.8)。 J

重要事項 一問一答

01 相殺の制度趣旨は（3つ）？

簡易な決済方法、当事者間の公平、担保的機能

02 相殺する側の債権を何というか？

自働債権

03 相殺される側の債権を何というか？

受働債権

04 相殺の要件は（3つ）？

相殺適状、相殺禁止でないこと、相殺の意思表示

05 相殺適状にあるといえる要件は（4つ）？

両債権が①対立、②同種、③共に弁済期、④性質が相殺を許す

06 相殺の効果は？

相殺適状時に遡って双方の債権が対当額について消滅する。

07 自働債権が弁済期到来、受働債権が弁済期未到来の場合、相殺は可能か。その理由は？

相殺可能。相殺権者自らが受働債権について期限の利益を放棄することは自由だから。

08 自働債権が弁済期未到来、受働債権が弁済期到来の場合、相殺は可能か。その理由は？

相殺不可能。相手方の期限の利益を一方的に奪うことになるため

09 自働債権が時効消滅した後でも相殺できるか？

時効消滅以前に相殺適状であった場合は相殺可能

10 ①悪意による不法行為に基づく損害賠償請求権、②人の生命・身体侵害による損害賠償請求権、これらを受働債権とする相殺は可能か？

相殺不可能

11 自働債権を取得後に受働債権が差し押さえられた場合、相殺は可能か？

相殺可能

過去問チェック（争いのあるときは、判例の見解による）

01 相殺をなし得るためには、相殺時において当事者間に対立する債権が現実に存在している必要があるから、自働債権が時効により消滅した場合、たとえ消滅前に相殺適状にあったとしても、その債権を自働債権とする相殺をすることはできない。

×（裁2009）「たとえ消滅前に相殺適状にあったとしても、その債権を自働債権とする相殺をすることはできない」が誤り。

02 債務者が、第三者からその債権者に対する債権を譲り受けた場合、当該債権の譲渡を受けるより前にその債権について消滅時効が完成していたとしても、譲り受けた債権を自働債権、自身の債務を受働債権として、相殺することができる。

×（裁2014）「譲り受けた債権を自働債権、自身の債務を受働債権として、相殺することができる」が誤り。

03 相殺が認められるためには、当事者相互が同種の目的を有する債務を負担することが必要であり、当事者双方の債務の履行地が同じであることが必要である。

×（税・労・財2015）「当事者双方の債務の履行地が同じであることが必要である」が誤り。

04 相殺が有効になされるためには、相対立する債権の弁済期において、受働債権は常に弁済期に達していなければならないが、自働債権については必ずしも弁済期にあることを必要としない。

×（区2015）「受働債権は常に弁済期に達していなければならないが、自働債権については必ずしも弁済期にあることを必要としない」が誤り。

05 既に弁済期にある自働債権と弁済期の定めのある受働債権とが相殺適状にあるというためには、受働債権につき、期限の利益を放棄することができるというだ

けではなく、期限の利益の放棄又は喪失等により、その弁済期が現実に到来していることを要する。

○（国般2018）

[06] Aに対して土地を売却したBは、いまだAに対する土地の引渡債務を履行していない場合には、Aに対する売買代金債権を自働債権とし、AのBに対する貸金債権を受働債権として相殺することはできない。

○（裁2011）

[07] 相殺禁止の特約は、当事者間で締結することができるが、この特約は善意無重過失の第三者には対抗することができない。

○（区2005改題）

[08/予] 過失によってBのパソコンを損傷したAは、Bに対して有する貸金債権を自働債権とし、Bに対する不法行為に基づく損害賠償債務を受働債権として相殺をすることはできない。

×（予想問題）「Bに対して有する貸金債権を自働債権とし、Bに対する不法行為に基づく損害賠償債務を受働債権として相殺をすることはできない」が誤り。

[09/予] 悪意による不法行為の加害者は、不法行為によって被害者が加害者に対して有している損害賠償債権と、加害者が被害者に対して有している損害賠償債権以外の債権との相殺を主張することができる。

×（予想問題）「主張することができる」が誤り。

[10/予] 悪意による不法行為の被害者は、不法行為によって生じた加害者に対する損害賠償債権と、自己に対する損害賠償債権以外の加害者の債権との相殺を主張することができない。

×（予想問題）「主張することができない」が誤り。

[11/予] 人の生命・身体の侵害による損害賠償請求権を受働債権とした相殺は禁止されるが、当該損害賠償請求権が債務不履行に基づくものであるときは、当該損害賠償請求権を受働債権とした相殺は認められる。

×（予想問題）「当該損害賠償請求権が債務不履行に基づくものであるときは、当該損害賠償請求権を受働債権とした相殺は認められる」が誤り。

[12/予] 不法行為により身体を侵害された被害者は、加害者に対する身体侵害による損害賠償債権と、加害者が自己に対して有する損害賠償債権以外の債権との相殺を主張することができない。

×（予想問題）「主張することができない」が誤り。

[13/予] 人の生命又は身体の侵害による損害賠償の債務の債務者は、相殺をもって当該債務に係る債権を他人から譲り受けた債権者に対抗することができない。

×（予想問題）「相殺をもって当該債務に係る債権を他人から譲り受けた債権者に対抗することができない」が誤り。

[14] 受働債権を不法行為に基づく債権とする相殺は原則として許されないが、双方の債権がいずれも相手方の不法行為に基づく債権であって、かつ、それが同一の事故により生じたものである場合には、相殺は許される。

×（国般2019）「相殺は許される」が誤り。

[15] 相殺は、相殺適状にある債権の債権者にとって担保的な機能を有し、当該担保的機能への期待は尊重されるべきであることから、民法上、差押禁止債権を受働債権として相殺を行うことも認められる。

×（税・労・財2015）「民法上、差押禁止債権を受働債権として相殺を行うことも認められる」が誤り。

[16] 第三債務者が差押えによって支払を差し止められた場合において、その後に取得した反対債権を自働債権として相殺したときは、その債権が差押え後の原因に基づいて生じたものであっても、これをもって差押債権者に対抗することができる。

×（区2018改題）「その後に取得した反対債権を自働債権として相殺したときは、その債権が差押え後の原因に基づいて生じたものであっても、これをもって差押債権者に対抗することができる」が誤り。

[17] AがBのCに対する債権を差し押さえた場合に、Cが差押前に取得したBに対する債権の弁済期が差押えの時点で未到来であり、かつ、差し押さえられた債権の弁済期よりも後に到来するときは、Cは、両債権の相殺をもってAに対抗することができない。

×（国般2018）「Cが差押前に取得したBに対する債権の弁済期が差押えの時点で未到来であり、かつ、差し押さえられた債権の弁済期よりも後に到来するときは、Cは、両債権の相殺をもってAに

対抗することができない」が誤り。

[18/予] 差押えを受けた債権の第三債務者は、差押え後に取得した債権が、差押え前の原因に基づいて生じたものであるときでも、その債権による相殺をもって差押債権者に対抗することができない。

× (予想問題)「その債権による相殺をもって差押債権者に対抗することができない」が誤り。

[19/予] 第三債務者が差押え後に取得した債権が差押え前の原因に基づいて生じたものであるときは、その債権が差押え後に他人から取得した債権であったとしても、その第三債務者は、その債権による相殺をもって差押債権者に対抗することができる。

× (予想問題)「その債権が差押え後に他人から取得した債権であったとしても」が誤り。

[20] 相殺の意思表示は、単独の意思表示で法律関係の変動を生じさせる形成権の行使である。また、相殺の意思表示には、条件又は期限を付けることができない。

○ (国般2019)

[21] 相殺の意思表示は、条件及び期限をつけることはできないから、相殺合意をする場合であっても、相殺合意の効力発生に条件及び期限をつけることはできない。

× (裁2018)「相殺合意の効力発生に条件及び期限をつけることはできない」が誤り。

[22] 相殺は、当事者の一方から相手方に対する意思表示によって効力を生じるが、その相殺の効力発生時期は、実際に相殺の意思表示をした時期であり、双方の債権が相殺適状になった時に遡及して効力を生じることはない。

× (区2018)「実際に相殺の意思表示をした時期であり、双方の債権が相殺適状になった時に遡及して効力を生じることはない」が誤り。

[A] 甲が乙に対して有する債権Aを担保するために抵当権が設定された不動産の第三取得者丙は、自らが甲に対する債権Bを有する場合であっても、当然には債権Bを自働債権、債権Aを受働債権として相殺することはできない。

○ (裁2013)

[B] 主たる債務者が債権者に対して相殺権を有するときは、この権利の行使によって主たる債務者がその債務を免れるべき限度において、保証人は、債権者に対

して相殺権を援用することができる。

× （予想問題）「債権者に対して相殺権を援用することができる」が誤り。

[C] 相殺は、双方の債務の履行地が異なるときであってもすることができ、この場合において、相殺をする当事者は、相手方に対し、これによって生じた損害を賠償する必要はない。

× （区2020）「これによって生じた損害を賠償する必要はない」が誤り。

[D] 相殺適状にあるためには自働債権と受働債権とがいずれも弁済期にあることを要するため、受働債権について弁済期が到来していない場合には、直ちに相殺をすることはできず、相殺の意思表示とともに、受働債権について期限の利益の放棄の意思表示をする必要がある。

× （裁2013）全体が誤り。

[E] 自働債権に相手方の同時履行の抗弁権が付着している場合には、原則として相殺は許されないが、注文者が請負目的物の追完請求（瑕疵修補）に代わる損害賠償請求権を自働債権とし、これと同時履行の関係にある請負人の報酬請求権を受働債権として相殺することは許される。

○ （裁2009改題）

[F] 使用者は、労働者に対して有する不法行為に基づく損害賠償請求権を自働債権とし、賃金債権を受働債権とする相殺をすることができる。

× （国般2018）全体が誤り。

[G] 登記された抵当権の目的となっている建物が賃貸されている場合において、抵当権者が物上代位により賃料債権を差し押さえた後は、賃借人は抵当権設定登記後に取得した債権を自働債権として、差し押さえられた賃料債権との相殺を主張することができない。

○ （国般2006）

[H] 登記された抵当権の目的となっている建物が賃貸され、当該賃貸について敷金の授受がなされている場合において、抵当権者が物上代位により賃料債権を差し押さえたときは、賃貸借の終了により建物を退去した賃借人は、退去時に敷金返還請求権と差し押さえられた賃料債権との相殺を主張しておかない限り、賃料の支払を免れることができない。

×（国般2006）「退去時に敷金返還請求権と差し押さえられた賃料債権との相殺を主張しておかない
限り、賃料の支払を免れることができない」が誤り。

（ I ）　債務者に対する清算義務を負っている仮登記担保権者は、後順位担保権者が
いる場合には、債務者に対して被担保債権以外の債権を有するときであっても、そ
の債権を自働債権として、債務者の自己に対する清算金債権との相殺を主張するこ
とができない。
○（国般2006）

（ J ）　賃貸借契約が賃料不払のために解除された場合であっても、賃借人が解除当
時に賃貸人に対する債権を有していたのであれば、賃借人は、この債権を自働債権
とし、賃料債権を受働債権として相殺の意思表示をすることにより、賃料債務はさ
かのぼって消滅するから、解除は無効であったことになる。
×（裁2013）「解除は無効であったことになる」が誤り。

第4章 債権総論

10 債権の消滅(4)―その他

本節では、債権が消滅する場合について、代物弁済、供託、更改、免除、混同を扱います。条文事項が中心となります。

1 代物弁済

1 意義

意義 代物弁済とは、弁済をすることができる者(弁済者)が、債権者との間で、債務者の負担した給付に代えて他の給付をすることにより債務を消滅させる旨の契約(代物弁済契約)を締結し、その弁済者が当該他の給付をした場合に、その給付が弁済と同一の効力を有することになるものをいう(482条)。 01

例えば、100万円の債務を負う債務者にめぼしい財産がないので、当事者間において、金銭の代わりに債務者の所有する時計を給付する旨の合意をする。

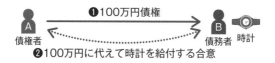

【代物弁済】

2 法的性質

代物弁済契約は、債権者・弁済者間において**代物の給付により債務を消滅させる合意**をすることで成立する**諾成契約**であり、契約成立に**物の給付は不要である** 01。代物弁済の合意(代物弁済契約の成立)により債務が消滅するのではなく、当該合意の履行としての代物給付がなされたときに債務が消滅する。 02

問題点 債務者がその負担した給付に代えて不動産所有権の譲渡をもって代物弁済する場合、債務消滅の効力はどの時点で生じるか。

結論 原則として、単に所有権移転の意思表示をなすのみでは足らず、**所有権移転登記手続の完了**によって生ずる(最判昭40.4.30)。 03

【不動産の所有権譲渡を代物給付とした場合の債務消滅時期】

3 給付の目的物

　給付の目的物が特定物の場合、弁済者は、契約その他の債権の発生原因及び取引上の社会通念に照らしてその**引渡しをすべき時の品質を定めて引き渡す**が、品質を定めることができない時は、**引渡しをすべき時の現状で特定物を引き渡さなければならない**(483条)。[04]

問題点　給付の目的物に欠陥があった場合、債権者は欠陥のない物との交換を請求することができるか。

結論　追完請求として、欠陥のない物との交換(代替物の引渡し)を請求することができる。代物弁済契約は有償契約なので、契約不適合責任の規定(562条～564条)が準用され(559条)、**追完請求、損害賠償請求**および、契約の目的を達成できない場合には**代物弁済契約の解除**をすることができる[05](契約不適合責任については、第5章 **4** 節「契約各論(1)―売買①」で扱う)。

〈解説〉　代物弁済契約成立後において、元の給付の請求、履行ができるか否かは個々の代物弁済契約の解釈によることになる。

2 供託

1 意義

意義　供託とは、一定の原因がある場合に、弁済の目的物を**供託所へ寄託**(供託)することにより、**債権を消滅させる制度**をいう。

趣旨　供託という**債務者**(ここでは弁済者)**の一方的行為により債務を免れさせ**、債務を履行できないことによって債務者が不利益を被らないようにする。

　債務を履行できないことによって債務者が被る不利益としては、物の引渡債務の場合に目的物の保管義務が存続すること(弁済の提供をしても保管義務自体は存続する)、債権者を確知(誰が債権者であるか知ること)できず不安定な立場に置かれること、などがある。

【供託】

2 要件（供託原因）

供託の要件は、次の3つの事由（供託原因）のいずれかがあることである（494条）。

【供託の要件（供託原因）】
① 弁済の提供をしたが、債権者がその受領を拒んだとき（1項1号）[06]
　(例)(1)賃料額をいくらにするかの合意ができず、賃貸人が賃料の受領を拒む場合、(2) 発展 抵当不動産の物上保証人が第三者弁済をしようとしたが、債権者が弁済の受領を拒んで、受領遅滞に陥った場合 [A]
② 債権者が弁済を受領できないとき（1項2号）[06]
　(例)履行時に債権者の所在が不明
③ 弁済者が債権者を確知することができず、そのことに過失がないとき（2項）

〈解説〉 口頭の提供をしても債権者が受領を拒むであろうことが明確な場合には、弁済者は直ちに供託することができる（大判大11.10.25）。[07]

3 効果

① 債権の消滅

債権が消滅し（494条1項柱書）、債務者は債務を免れる。[08]

② 供託物還付請求権（供託物受領請求権）の発生

債権者は、**供託所に対して供託物についての債権**（供託物還付請求権）を取得する。 発展 債権者による受益の意思表示（537条3項）は不要である [B] （受益の意思表示については、第5章 2 節 3 項「第三者のためにする契約」で扱う）。

③ 債務の一部の供託 発展

債務の一部の供託は無効であり、上記①②の効果は生じないが、一部の供託が数回にわたりなされた結果、**債務の全額に達したときは債務全額について供託があった**ものとして**有効な供託**となる（最判昭46.9.21）。[C]

〈解説〉　供託後も債務者には供託物取戻請求権が認められるので(次の ４ 「供託物の取戻し」で扱う)、その意味では債権消滅等の効果は確定的ではない。

４ 供託物の取戻し 🖋発展

　供託は弁済者の利益のために認められるものであるから、一定の場合には、弁済者は供託を撤回して供託物を取り戻すことができる(供託物取戻請求権)(496条)。

原則　債権者が供託を受諾しない間、または供託を有効と宣告した判決が確定しない間は、供託物を取り戻すことができる。 [D]

例外　供託によって質権、または抵当権が消滅した場合は、供託物を取り戻すことができない。 [D]

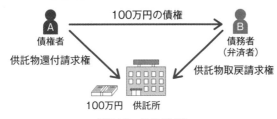

【供託後の法律関係】

問題点　供託物取戻請求権の消滅時効の起算点はいつか。

結論　供託の基礎となった債務について消滅時効が完成する等、**供託者が免責の効果を受ける必要が消滅した時**(最大判昭45.7.15、最判平13.11.27)。 [E]

理由　起算点を供託の時から進行すると解すると、債務から免責されるという効果を生ぜしめる供託の制度趣旨に反するから。

５ 供託の方法 🖋発展

① 供託所

　供託は、債務の履行地の供託所に供託しなければならない(495条1項)。供託所について法令に特別の定めがない場合には、裁判所は、弁済者の請求により、供託所の指定及び供託物の保管者の選任をしなければならない(495条2項)。

② 弁済の目的物

　弁済の目的物が、供託に適しない物である、滅失・損傷等の理由により価格低落のおそれがある等の場合は、**裁判所の許可を得て当該目的物を競売に付し、その代金を供託**することができる(497条)。 [F]

③ 債権者に対する通知

　供託をした者は、遅滞なく債権者に供託の通知をしなければならない（495条3項）。この通知がなかった場合、供託者の損害賠償責任の問題となるが、**供託の効力には影響しない**。 G

③ 更改 /発展

1 意義

意義　**更改**とは、当事者が従前の債務に代えて新たな債務を発生させる契約をすることで、従前の債務を消滅させることをいう（513条参照）。 H

2 「新たな債務」の種類

　513条の「新たな債務」とは、①従前の給付の内容について重要な変更をするもの（1号）、②従前の債務者が第三者と交替するもの（2号）、③従前の債権者が第三者と交替するもの（3号）をいう。

① 従前の給付内容の重要な変更

　債権者と債務者との間において、「100万円を支払う（金銭債権）」ことに代えて、「自動車を引き渡す（引渡債権）」とする合意をすることなどが該当する。

② 債務者の交替（514条）

要件　債権者と更改後に債務者となる者（新債務者）との合意、および債権者が更改前の債務者（旧債務者）に対して当該合意を通知することである（514条1項）。

効果　債権者が新債務者に対して債権を取得し、旧債務者は債務を免れる。この場合、新債務者は、旧債務者に対して求償権を取得しない（514条2項）。

③ 債権者の交替（515条）

要件　更改前の債権者（旧債権者）、更改後に債権者となる者（新債権者）、および債務者の三者による合意をすることである（515条1項）。

効果　新債権者が債務者に対する債権を取得し、旧債権者は債権を失う（債務者は旧債権者に対する債務を免れる）。

　債権者の交替による更改は、実質的には債権譲渡に当たるので、**確定日付のある証書によってしなければ第三者に対抗することができない**（515条2項）。

【更改の前後における法律関係】

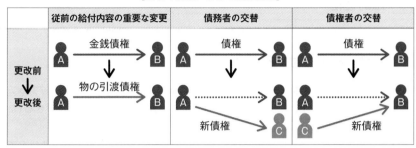

	従前の給付内容の重要な変更	債務者の交替	債権者の交替
更改前 ↓ 更改後	金銭債権 A→B / 物の引渡債権 A→B	債権 A→B / A‑‑‑‑B / 新債権 →C	債権 A→B / A‑‑‑‑B / C 新債権→

3 更改後の債務への担保の移転

更改前の債務の担保として設定された質権や抵当権は、更改前の債務の消滅と共に原則として消滅する(付従性)。しかし、債権者(債権者の交替による更改にあっては、更改前の債権者)は、一定の場合に更改前の債務の担保として設定された質権または抵当権を、**更改前の債務の目的の限度において**更改後の債務に移すことができる(518条1項本文)。

要件　① あらかじめまたは同時(更改契約をする以前)に、更改の相手方(債権者の交替による更改にあっては、債務者)に対して、質権または抵当権を移転する旨の意思表示をする(518条2項)。

② 第三者(物上保証人)により担保権が設定されている場合は、その承諾を得る(518条1項ただし書)。

〈解説〉　更改の相手方に対する質権または抵当権を移転する旨の意思表示を、「あらかじめまたは同時」(更改契約をする以前)にしなければならない理由は、更改契約により被担保債権が消滅した後に質権または抵当権が移転することによる消滅に関する付従性との抵触を防止する観点にある。

④ 免除 ／発展

1 意義

意義　免除とは、債務を免除するという**債権者の一方的な意思表示**により債権を消滅させるものである(519条)。 Ⅰ

❷もう、払わなくていいよ。 — A 債権者 ── ❶100万円の債権 / ❸債権消滅 → B 債務者

2 ▷ 法的性格

免除は、債権者の一方的な意思表示であることから、単独行為である。

3 ▷ 条件・期限を付すること

単独行為(取消し・解除・相殺等の一方的意思表示)には、条件・期限を付することができないのが原則であるが、**免除には、条件・期限を付することができる**(ただし、撤回までは認められない)。

理由 単独行為に条件・期限を付することができないのは、相手方の地位が不安定なものになることを防止することが主な理由であるが、免除は**債務者にとって一方的な利益**となるものである。

5 混同 🖉 発展

1 ▷ 意義

意義 混同とは、債務者が債権者の地位を取得し、**債権と債務が同一人に帰属**した場合に**債権が消滅**することをいう(520条本文)。

趣旨 債権・債務が同一人に帰属した場合には、債権を存続させておく意味がない(例えば、「自分が自分に金を貸す」という状態を存続させる意味はない)。

2 ▷ 混同が生じる場合

原則 ①債権者・債務者間に相続が生じる、②法人の合併、③債務者が債権譲渡により債権を取得する。

例外 混同により消滅する債権が**第三者の権利の目的である場合**には、当該債権は消滅しない(520条ただし書)。

(例)混同により消滅する債権が、第三者の債権質の目的となっている。

[J]

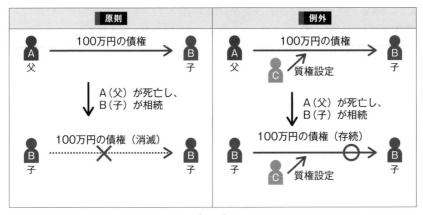

【混同】

重要事項 一問一答

01 **代物弁済とは？**

弁済者・債権者間で、債務者の負担した給付に代えて他の給付をすることにより債務を消滅させる旨の契約(代物弁済契約)を締結し、その弁済者が当該他の給付をした場合に、その給付が弁済と同一の効力を有することになるもの

02 **代物弁済契約において債務が消滅するのはいつか？**

代物弁済の合意後、当該合意の履行としての代物給付がなされたとき

03 **本来の給付に代えて不動産所有権の譲渡をもって代物弁済する場合、債務が消滅するのはいつか？**

所有権移転の意思表示後、所有権移転登記手続の完了したとき

04 **代物弁済契約の給付の目的物に欠陥があった場合、債権者は欠陥のない物との交換を請求できるか？**

請求できない(契約不適合責任を追及することはできる)。

05 **供託とは？**

債務者が弁済の目的物を供託所に寄託(供託)し、債権を消滅させる制度

06 **供託原因は（3つ）？**

①弁済の提供をしたが、債権者がその受領を拒んだとき、②債権者が弁済を受領できないとき、③債務者が債権者を確知することができず、そのことに過失がないとき

07 **供託の効果は（2つ）？**

①債権が消滅、②債権者が供託物受領請求権を取得

08 **供託物取戻請求権はいつまで行使できる？**

債権者が供託を受諾しない間、または供託を有効と宣告した判決が確定しない間(ただし、供託

によって質権、または抵当権が消滅した場合は行使不可）

09 債権者に対する供託の通知がない場合、供託は無効となるか？

供託は有効

10 更改とは？

従前の債務に代えて新たな債務を発生させ、従前の債務を消滅させる契約のこと

11 更改における「新たな債務」の種類は（3つ）？

①従前の給付の内容について重要な変更、②債務者の交替、③債権者の交替

12 免除とは？

債権者の一方的意思表示により債権を消滅させること

13 混同とは？

債権と債務が同一人に帰属した場合に債権が消滅すること

14 混同が生じない場合は？

混同により消滅する債権が第三者の権利の目的である場合

■ 過去問チェック（争いのあるときは、判例の見解による）

〔01〕 代物弁済は、本来の給付と異なる他の給付をなすことにより債務を消滅させる契約であり、債務者は、当該代物弁済契約によって他の給付をなす新たな債務を負担し、これを履行する義務を負うこととなる。

○（国般2001改題）

〔02〕 債権の本来の内容である給付に代えて、これとは異なる給付を行うことも可能であるから、金銭債務を負う債務者が、債権者に対し、債権者の承諾を得ることなく自己所有の自動車を引き渡した場合、当該金銭債務は消滅する。

×（裁2021）「債権者の承諾を得ることなく自己所有の自動車を引き渡した場合、当該金銭債務は消滅する」が誤り。

〔03〕 不動産所有権の譲渡をもって代物弁済をする場合、債務消滅の効力が生じるには、特約がない限り、単に所有権移転の意思表示をしただけで足り、所有権移転登記手続の完了までは要しない。

×（裁2011）「特約がない限り、単に所有権移転の意思表示をしただけで足り、所有権移転登記手続の完了までは要しない」が誤り。

〔04〕 債権の目的が特定物の引渡しである場合において、契約その他の債権の発生原因及び取引上の社会通念に照らしてその引渡しをすべき時の品質を定めることが

できないときは、弁済をする者は、その引渡しをすべき時の現状でその物を引き渡さなければならない。

○（区2014改題）

[05] 代物弁済として給付した物に欠陥があった場合には、給付した物の修補による履行の追完を請求することはできない。

×（国般2015改題）「給付した物の修補による履行の追完を請求することはできない」が誤り。

[06] 弁済の提供をしたが、債権者が弁済の受領を拒み、又はこれを受領することができないときは、弁済者は債権者のために弁済の目的物を供託することができる。

○（区2009改題）。

[07] 債務者が弁済の提供をしても債権者がこれを受領しないことが明らかである場合であっても、債務者が口頭の提供をしないでした弁済の目的物の供託は有効ではない。

×（区2009）「債務者が口頭の提供をしないでした弁済の目的物の供託は有効ではない」が誤り。

[08] 債権者が弁済の受領を拒み、又はこれを受領することができないときは、弁済者は債権者のために弁済の目的物を供託することができるが、債権者が供託を受諾するまでは債務を免れることができない。

×（区2009）「債権者が供託を受諾するまでは債務を免れることができない」が誤り。

[A] 抵当不動産の物上保証人は、債権者が弁済の受領を拒んで受領遅滞に陥ったときであっても、供託をすることはできない。

×（国般2013）「供託をすることはできない」が誤り。

[B] 債権者が弁済の受領を拒んでいる場合、債務者は、供託所との間で供託契約を締結して弁済の目的物を供託することができる。その後、債権者が受益の意思表示をして供託物還付請求権を取得することにより、債務者は債務を免れることができる。

×（国般2015）「その後、債権者が受益の意思表示をして供託物還付請求権を取得することにより」が誤り。

[C] 最高裁判所の判例では、本来、一部供託は無効であるが、債務の一部ずつの弁済供託がなされた場合であっても、各供託金の合計額が債務全額に達したときは、その全額について供託があったものとして、これを有効な供託と解するのが相当であるとした。

〇（区2012）

[D] 債権者が供託を受諾せず、又は供託を有効と宣告した判決が確定しない間は、当該供託によって質権又は抵当権が消滅した場合であっても、弁済者は供託物を取り戻すことができる。

×（区2012）「当該供託によって質権又は抵当権が消滅した場合であっても、弁済者は供託物を取り戻すことができる」が誤り。

[E] 最高裁判所の判例では、民法は、消滅時効は権利を行使することができる時から進行すると定めているので、弁済供託における供託金取戻請求権の消滅時効は、供託者が免責の効果を受ける必要が消滅した時から進行するのではなく、供託の時から進行するとした。

×（区2012）「供託者が免責の効果を受ける必要が消滅した時から進行するのではなく、供託の時から進行するとした」が誤り。

[F] 弁済の目的物が供託に適しないとき、又はその物について滅失若しくは損傷のおそれがあるときは、弁済者は、供託所の許可を得て、これを競売に付し、その代金を供託することができる。

×（区2009）「供託所の許可を得て」が誤り。

[G] 債務者は、弁済の目的物を供託した場合、遅滞なく、債権者に供託の通知をしなければならず、これを怠ったときは、当該供託は無効であり、債務は消滅しない。

×（区2012）「当該供託は無効であり、債務は消滅しない」が誤り。

[H] 更改とは、当事者がもとの債務を存続させつつ、当該債務に新たな債務を付加する契約である。

×（裁2020）全体が誤り。

[I] 債権者Aが、債務者Bに対して、自己の有する債権を免除する旨の意思表示

をした場合、債務者Ｂの同意がなければ、債権は消滅しない。

×（裁2018）「債務者Ｂの同意がなければ、債権は消滅しない」が誤り。

ＡがＢに対して債権（甲債権）を有していたところ、ＡがＢを相続した場合、甲債権に債権質権が設定されていた場合であっても、甲債権は混同により消滅する。

×（裁2018）「甲債権は混同により消滅する」が誤り。

多数当事者の債権債務関係①
—総論

本節以降では、1個の債権について債権者又は債務者が複数いる多数当事者の債権債務関係について扱っていきます。本節では、これから多数当事者の債権債務関係を学習するにあたっての視点等を見ていきます。

1 問題の所在

ここからは、下図のように、1個の給付義務について債権者又は債務者が複数になった場合に生じる問題を扱う。このような場合は**多数当事者の債権債務関係**と呼ばれており、基本的に多数存在する当事者に着目して名称がつけられている。多数当事者の債権債務関係においては、次の3つの視点が問題となる。

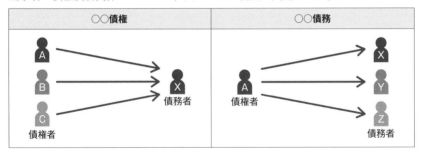

【多数当事者】

1 対外的効力（請求・弁済方法）

債権者・債務者間の関係の問題である。具体的には、債務者に対して債権者はどのような形で請求することができるか、逆に、債務者はどのような形で債権者に弁済すればよいか、といった問題である。

2 影響関係

複数の債権者又は債務者のうち特定の者に生じた事由が、**他の債権者又は債務者にどのような影響を与えるか**の問題である。

例えば、債権者がA、債務者がXYZという複数の場合において、債務者のうちXが自己のAに対する債権（反対債権）で相殺したときに、他の債務者であるYZの

債務にどのような影響を与えるか、といった問題である。このとき、YZの債務に影響を与える場合を絶対効（絶対的効力）、YZの債務に影響を与えない場合を相対効（相対的効力）という。

3 ▶ 内部関係（分配・求償関係）

複数の債権者のうちの一人が弁済を受領した場合、**他の債権者はその債権者に対して分配を請求することができるか**、逆に、複数の債務者のうちの一人が弁済をした場合、**その債務者は他の債務者に対して求償をすることができるか**、という問題である。

例えば、債権者がA、債務者がXYZという複数の場合において、債務者のうちXが弁済をしたときに、Xは他の債務者であるYZに対して求償をすることができるか、という問題である。

〈語句〉●**求償**とは、弁済をした者が、本来負担をすべき者に対して、賠償又は償還を求めることをいう。

❷ 多数当事者の債権債務関係の形態

多数当事者の債権債務関係には、①**分割債権・分割債務**、②**不可分債権・不可分債務**、③**連帯債権・連帯債務**、④**保証債務**、という4つの形態がある。民法上、性質上可分な債権債務は、法令の規定又は当事者間の意思表示（合意）がない限り、**分割債権・分割債務**が原則となる（427条）。

【多数当事者の債権債務関係の形態（保証債務を除く）】

		債　権	債　務
性質上可分	原則	分割債権（427条）	分割債務（427条）
	法令又は合意がある場合	連帯債権（432条）	連帯債務（436条）
性質上不可分		不可分債権（428条）	不可分債務（430条）

❸ 人的担保

多数当事者の債権債務関係のうち**保証債務**は、主たる債務者が弁済することができない場合、保証人が代わりに弁済する義務を負うものである（446条1項）。保証債務は、保証人の全財産（一般財産）をもって主たる債務（主たる債務者が負担している債務）の担保とする関係にあるため、**人的担保**とされている。

また、不可分債務や連帯債務についても、一人の債務者が債務全部の給付義務を

負う(430条、436条)ことから、複数の債務者が、お互いに人的担保の役割を果たしている。

〈解説〉　人的担保に対する概念が物的担保である。物的担保とは、特定の物や財産権を担保とする場合であり、特定の不動産を担保とする抵当権が代表例である。

重要事項 一問一答

01 多数当事者の債権債務関係とは？

一個の給付義務について債権者又は債務者が複数になった場合

02 複数の債権者又は債務者のうち特定の者に生じた事由が、他の債権者又は債務者に影響を与えるのは、相対効（相対的効力）であるか？

絶対効(絶対的効力)である。

03 性質上不可分な多数当事者の債権債務関係とは？

不可分債権(428条)、不可分債務(430条)

04 多数当事者の債権債務関係の原則的形態は？

分割債権(427条)、分割債務(427条)

05 保証債務は物的担保とされているか？

人的担保とされている。

12 多数当事者の債権債務関係② ―分割・不可分

本節では、分割債権・債務、不可分債権・債務について扱います。両者は債権・債務の目的が性質上可分であるか否かによって区別されます。

---

1 分割債権・分割債務 / 発展

1 総説

> **設例❶** 債権者 ABC が共同で債務者 X に対して150万円の代金債権を有している場合、ABC の各自の債権額はいくらか。
>
> **設例❷** 債務者 XYZ が共同で債権者 A に対して150万円の代金債務を負担している場合、XYZ の各自の債務額はいくらか。

意義 **分割債権**とは、**数人の債権者**がある場合において、別段の意思表示がない限り、各債権者が、**それぞれ等しい割合で権利を有する**ものをいう(427条)。

分割債務とは、**数人の債務者**がある場合において、別段の意思表示がない限り、各債務者が、**それぞれ等しい割合で義務を負う**ものをいう(427条)。 **A**

後述するように、債権・債務の目的が性質上不可分の場合(不可分給付)は不可分債権・債務となるので(428条、430条)、**分割債権・分割債務となるのは債権・債務の目的が性質上可分の場合**(可分給付)である。

趣旨 同一の可分給付を目的とする債権・債務について複数の債権者・債務者がある場合、当該債権・債務は原則として分割債権・債務となり、各債権者・各債務者の債権・債務は、その人数に応じて分割された額の独立したものになることを定めた。

〈解説〉 427条は契約によって生じた金銭給付に関する債権債務関係以外にも適用される場合がある **B**。例えば、相続財産中に金銭その他の可分債権がある場合、その債権は法律上当然分割され、各共同相続人が、その相続分に応じて権利を承継するとした判例がある(最判昭29.4.8)。

〈解説〉　債権・債務の目的が性質上可分であっても、法令の規定又は当事者の意思表示があるときは、本来は分割債権・債務となるべきものが連帯債権・債務となる（本章 **13** 節「多数当事者の債権債務関係③―連帯」で扱う）。

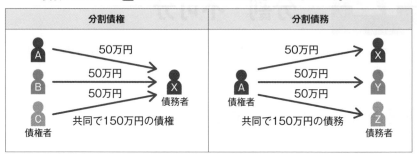

【分割債権と分割債務】

> **設例❶** の場合、代金債権は性質上可分であるから、ABC は、X に対して、等しい割合で分けた50万円の代金債権を各々有している。
>
> **設例❷** の場合、代金債務は性質上可分であるから、XYZ は、A に対して、等しい割合で分けた50万円の代金債務を各々負担している。

2 分割債権・分割債務の効力

① 対外的効力

　各債権者は、分割された額の**自己の債権のみを単独で行使**することができ、各債務者は、分割された**自己の債務のみを単独で弁済**すればよい。

理由　分割債権・債務の場合は、各自の債権・債務が独立している。

> **設例❶** の場合、ABC は、X に対して、それぞれ50万円のみの支払いを請求することができる。
>
> **設例❷** の場合、XYZ は、A に対して、それぞれ50万円のみを支払えばよい。

〈解説〉　①各債権者と債務者との間の別段の意思表示によって平等でない権利割合が定められている場合、各債権者は、その割合で債権を有する。**設例❶** の場合、ABCX の合意により、権利割合を A が100万円、B が20万円、C が30万円と定めると、A は X に対して100万円の支払いを請求できる。

　　　　②債権者と各債務者との間の別段の意思表示によって平等でない負担割合が定められている場合、各債務者は、その割合で債務を負担する。

設例② の場合、AXYZ の合意により、負担割合をXが100万円、Yが20万円、Zが30万円と定めると、XはAに対して100万円の支払義務を負う。

② 影響関係

一人の債権者又は一人の債務者に生じた事由は、**他の債権者・債務者に影響を与えず、相対的効力(相対効)**を有するにとどまる。

| 理由 | 分割債権・債務の場合は、各自の債権・債務は独立している。 |

> **設例❶** の場合、例えば、AのXに対する代金債権が時効消滅しても、それによって BCのXに対する金銭債権が時効消滅することはない。
> **設例❷** の場合、例えば、XのAに対する代金債務が時効消滅しても、それによって YZのAに対する代金債務が消滅することはない。 [C]

③ 内部関係

分割債権の債権者の一人が**分割された額を超えて弁済を受領**しても、分割債務者の債務者の一人が**分割された額を超えて弁済**しても、他の債権者・債務者との間で**求償関係は生じない**。この場合、弁済の受領や弁済について、委託を受けている場合は委任の規定、委託を受けていない場合は事務管理又は不当利得の規定に基づいて処理する。

❷ 不可分債権・不可分債務 /発展

1 総説

> **設例❶** ABC は、共同でX所有の土地を購入した。ABC のXに対する土地の引渡債権は分割債権になるのか。
> **設例❷** Aは、XYZ からその共有する土地を購入した。XYZ のAに対する土地の引渡債務は分割債務になるのか。

不可分債権・不可分債務となるのは、その債権・債務が**性質上不可分**である場合に限られるので、ほとんどの金銭債権・金銭債務は、その性質上可分であって分割債権・分割債務となる。しかし、ほとんどの物の引渡債権・引渡債務は、その性質上不可分であって不可分債権・不可分債務となる。

設例❶における ABC の引渡債権は不可分債権であり、設例❷における XYZ の引渡債務は不可分債務である。

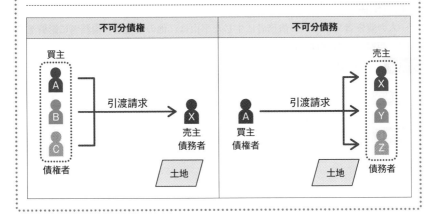

2 不可分債権

① 総説

意義 　不可分債権とは、**債権の目的がその性質上不可分**である場合において、**数人の債権者**があるときの当該債権者の債権のことである(428条)。不可分債権を有している債権者のことを**不可分債権者**という。

趣旨 　性質上分割することができない給付(不可分給付)に関する特別の概念として不可分債権を認めた。

② 対外的効力

　対外的効力については連帯債権の規定が準用され、不可分債権の各債権者は、**全ての債権者のために全部又は一部の履行を請求**することができ、債務者は、全ての債権者のために**各債権者に対して履行**をすることができる(428条、432条)。

趣旨 　不可分債権者の一人の全部又は一部の履行の請求は、全ての債権者の利益になり、不可分債権者の一人に対する履行は、全ての債権者の利益になるからである。

③ 影響関係

(ア) 相対的効力の原則

　不可分債権について、**絶対効が生じる事由以外の事由は相対効**にとどまり、別段

の意思表示がない限り、**一人の不可分債権者に生じた事由が、他の不可分債権者に対して効力を生じない**(428条、435条の2本文)。特に、連帯債権では絶対効が生じる事由である更改、免除、混同は、不可分債権では相対効にとどまる事由である(428条括弧書)。

〈解説〉　ここにいう「別段の意思表示」は、他の不可分債権者の一人及び債務者が別段の意思を表示した場合である。この場合、当該他の不可分債権者に対する効力は、その意思に従う(428条、435条の2ただし書)。

(イ) 絶対的効力

不可分債権について、**一人の不可分債権者に生じた事由が、他の不可分債権者に対しても効力が生じる事由**(絶対効が生じる事由)は、**弁済・請求・相殺**である(428条、432条、434条)。また、弁済に準じて扱われる**代物弁済・供託**も、絶対効が生じる事由である。

⑦　弁済 (債務の履行)

債務者が不可分債権者の一人に弁済すれば、その不可分債権が消滅するので、債務者は他の不可分債権者への弁済を免れる。

> **設例❶**の場合、Xは、ABCのいずれかに対して土地を引き渡すことができる(全員に対して土地を引き渡す必要はない)。例えば、Aに対して土地を引き渡した場合、この引渡しによって土地の引渡債権が消滅するので、BCに対する土地の引渡しを免れる。

④　請求 (履行の請求)

不可分債権者の一人が**請求**(裁判上の請求又は催告)をすると、それによる時効完成猶予の効果(147条1項1号、150条1項)が他の不可分債権者にも及ぶ。

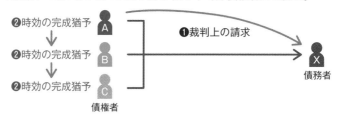

【請求 (履行の請求)】

> **設例❶** の場合、ABC の各自が、Xに対して、土地を自己に引き渡すように請求することができる。例えば、AがXに対して自己への土地引渡しを請求する訴訟を提起すると、これによる土地の引渡請求権の時効完成猶予の効果がBC にも及ぶ。

(ウ) 利益の調整

不可分債権者の一人と債務者との間に**更改**又は**免除**があっても、他の不可分債権者は、債務の全部の履行を請求することができる(429条前段)。この場合、その一人の不可分債権者がその権利を失わなければ分与されるべき利益を債務者に償還しなければならない(429条後段)。

> **設例❶** において、Xが負担する土地の引渡債務をAが免除しても、それがBC には及ばないので (相対効)、BC は、Xに対して土地の引渡しを請求することができる。しかし、BC は、免除がなければAが受けるはずであった利益に相当する額を、Xに償還しなければならない。

④ 内部関係

内部関係について民法には明文規定がない。もっとも、弁済を受けた不可分債権者は、他の不可分債権者に対して利益を分与する義務を負うと解されている。

3 不可分債務

① 総説

| **意義** | 不可分債務とは、**債務の目的がその性質上不可分**である場合において、**数人の債務者**があるときの当該債務者の債務のことである(430条)。 |

| **趣旨** | 性質上分割することができない給付(不可分給付)に関する特別の概念として不可分債務を認めた。 |

| **問題点** | 共同賃借人(数人が共同して賃借人の地位にある場合)の賃料債務は不可分債務となるか。 |

| **結論** | 反対の事情の認められない限り**不可分債務となる**(大判大11.11.24)。 D |

| **理由** | 共同賃借人は、各々が目的物の全部を使用収益することができる地位にあるので、目的物から受ける利益は不可分であり、賃料はその不可分の利益の対価である。 D |

② 対外的効力

対外的効力については連帯債務の規定が準用され、不可分債務の債権者は、**不可分債務者の一人**に対し、又は**同時に若しくは順次に全ての不可分債務者**に対し、全部又は一部の履行を請求することができる(430条、436条)。 **E**

> **設例❷**のAは、Xに対してのみ土地を自己に引き渡すように請求してもよいし、XYZに対して同時に土地を自己に引き渡すように請求してもよいし、X→Y→Zと順次に引渡債務の履行を請求してもよい。

③ 影響関係

(ア) 相対的効力の原則

不可分債務について、**絶対効が生じる事由以外の事由は相対効**にとどまり、別段の意思表示がない限り、**一人の不可分債務者に生じた事由が、他の不可分債務者に対して効力を生じない**(430条、441条本文)。

例えば、**免除が相対効**であることは不可分債権と同じであるのに対し、**請求が相対効である**(請求による時効の完成猶予の効果なども相対効である)ことは不可分債権と異なる。 **F** **G**

〈解説〉 ここにいう「別段の意思表示」は、他の不可分債務者の一人及び債権者が別段の意思を表示した場合である。この場合、当該他の不可分債務者に対する効力は、その意思に従う(430条、441条ただし書)。

(イ) 絶対的効力

不可分債務について、**一人の不可分債務者に生じた事由が、他の不可分債務者に対しても効力が生じる事由**(絶対効が生じる事由)として、民法が規定しているのは**更改・相殺**である(430条、438条、439条)。

その他、民法上の明文規定はないが、一人の不可分債務者が**弁済**した場合も絶対効が生じ、債務消滅の効果が他の不可分債務者に対しても及ぶ **F** 。また、弁済に準じて扱われる**代物弁済・供託**も、絶対効が生じる事由である。

影響関係について、不可分債務と不可分債権とを対比させると、次のようになる。

【不可分債権と不可分債務】

	不可分債権	不可分債務
絶対効	弁済、代物弁済・供託(弁済に準じる)、請求、相殺	弁済、代物弁済・供託(弁済に準じる)、相殺、更改
相対効	更改、免除、混同等	請求、免除、混同等
相対効だが利益調整	更改、免除	

④ 内部関係

弁済した不可分債務者の一人は、他の不可分債務者に対して、それぞれの負担部分の割合(不可分債務者間で特段の定めがなければ等しい割合)に応じた**償還を請求**することができる。これが**求償権**である。なお、不可分債務者による求償権の行使方法については、連帯債務の規定が準用される(430条)。

4 ▶ 可分債権・可分債務への転化

不可分債権が可分債権となったときは、各債権者は自己が権利を有する部分についてのみ履行を請求することができ、不可分債務が可分債務となったときは、各債務者はその負担部分についてのみ履行の責任を負う(431条)。

趣旨 給付の不可分性が解消されると、本来の分割債権債務関係の性質が現れることを規定した。

設例❶ の ABC が有する土地の引渡債権が、X の履行不能によって損害賠償債権に転化した場合、その損害賠償債権が可分債権となる。また、**設例❷** の XYZ が負担する土地の引渡債務が、これらの履行不能によって損害賠償債務に転化した場合、その損害賠償債務が可分債務となる。

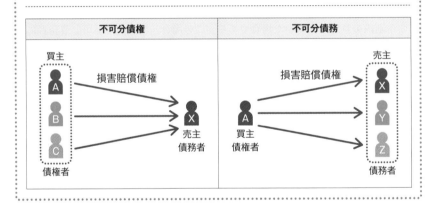

重要事項 一問一答

01 分割債権とは何か?

数人の債権者がある場合において、別段の意思表示がない限り、各債権者が等しい割合で権利を有するもの(427条)

02 分割債権や分割債務は、債権・債務の目的が性質上どのようであることを要するか。

性質上可分であることを要する。

03 **分割債務の各債務者は、他の債務者の債務も弁済しなければならないか？**

分割された自己の債務のみを弁済すればよい。

04 **分割債権において、一人の債権者に生じた事由は、他の債権者に影響を与えるか。**

他の債権者に影響を与えない（相対効）。

05 **不可分債権とは何か？**

債権の目的がその性質上不可分である場合において、数人の債権者があるときの当該債権者の債権(428条)

07 **不可分債権の各債権者は、全ての債権者のために履行の請求ができるか？**

できる(428条、432条)。

08 **弁済や弁済に準じて扱われる事由以外で不可分債権について絶対効が生じる事由は何か（2つ）？**

請求、相殺

09 **不可分債権者の一人と債務者との間に更改又は免除があった場合、他の不可分債権者は、債務の全部の履行を請求できなくなるか？**

債務の全部の履行を請求できる(429条前段)。更改や免除は相対効にとどまるからである(428条括弧書)。

10 **不可分債務とは何か？**

債務の目的がその性質上不可分である場合において、数人の債務者があるときの当該債務者の債務(430条)

11 **債権者は、不可分債務者の一人に対し、全部又は一部の履行を請求できるか？**

できる(430条、436条)。

12 **不可分債務について絶対効が生じる事由は何か（5つ）？**

更改、相殺、弁済、代物弁済、供託

13 **不可分債権が可分債権になった場合、各債権者が履行を請求できる範囲はどうなるか？**

自己が権利を有する部分についてのみ履行を請求できる(431条)。

過去問チェック（争いのあるときは、判例の見解による）

A ある債務が分割債務である場合、各債務者は、各自独立して債務を負担し、その割合は、特段の意思表示がない限り、原則として平等である。

○（税・労2011改題）

B 民法第427条によれば、複数の債務者がいる場合において、別段の意思表示がないときは、各債務者はそれぞれ等しい割合でのみ債務を負うとされるが、この規定は契約によって生じた金銭の給付についての債権債務関係にのみ適用される。

✕（国般2012）「この規定は契約によって生じた金銭の給付についての債権債務関係にのみ適用される」が誤り。

C ある債務が分割債務である場合、債務者の一人について時効が完成した場合、その効力は他の債務者にも及ぶ。

✕（税・労2011改題）「その効力は他の債務者にも及ぶ」が誤り。

D AとBがC所有の不動産を共同でCから賃借している場合、AとBの賃料支払義務は、不動産の利用の対価であり、賃貸人との関係においては各賃借人は目的物の全部に対する使用収益をなし得る地位にあるから、賃貸人であるCは、賃借人であるAとBのいずれに対しても、賃料全額の支払を請求することができる。

○（国般2012）

E ある債務が不可分債務である場合、連帯債務の規定が準用されるため、債権者は各債務者に対して全部の履行を請求することができるとともに、すべての債務者に対し、同時又は順次に全部の履行を請求することができる。

○（税・労2011改題）

F 1個の不可分給付につき数人の債務者がある場合、債務者の一人について生じた弁済や履行の請求による時効完成猶予などの効力が他の債務者にも及ぶ。

✕（税・労2011改題）「や履行の請求による時効完成猶予」が誤り。

G 1個の不可分給付につき数人の債務者がある場合、債権者が債務者の一人に対してその債務を免除したときは、その債務者の負担部分についてのみ、他の債務者の利益のためにも、その効力を生ずる。

✕（国般2017）「その債務者の負担部分についてのみ、他の債務者の利益のためにも、その効力を生ずる」が誤り。

13 多数当事者の債権債務関係③ —連帯

本節では、連帯債権・連帯債務について学習します。連帯債権は2020年施行の民法改正により明文化された新しい制度です。

1 連帯債権

1 総説

> **設例** AB が X に対して150万円を貸し付ける旨の消費貸借契約を締結した際に、AB のいずれも X に対して150万円の返済を請求できるようにすることができるか。

連帯して150万円貸付

意義 連帯債権とは、債権の目的がその性質上可分である場合において、法令の規定又は当事者の意思表示によって数人が連帯して債権を有するときの当該債権のことである(432条)。各連帯債権者の債権は別個独立しているので、連帯債権者ごとに異なる取扱いをすることができる。

趣旨 債権の目的がその性質上可分である場合は分割債権(427条)になるはずであるが、法令の規定又は当事者の意思表示があれば、それぞれの債権者が債務者に対して全部の履行を請求することを可能にした。

　連帯債権における「当事者の意思表示」は、全ての債権者と債務者との間で連帯債権にする旨を合意することである。

> 設例 の場合、貸付債権は性質上可分であるから、AB は、X に対して、それぞれ75万円の返済を請求できる（分割債権）にとどまるはずである。しかし、ABX 間において「AB の X に対する150万円の貸付債権を連帯債権とする」旨を合意することによって、AB のいずれも X に対して150万円の返済を請求できるようになる。

2 対外的効力

連帯債権を有する**各債権者**は、**全ての債権者のために全部又は一部の履行を請求**することができ、債務者は、**全ての債権者のために各債権者に対して履行をする**ことができる（432条）。01/予

> **趣旨** 連帯債権者の一人の全部又は一部の履行の請求は、全ての債権者の利益になり、連帯債権者の一人に対する履行は、全ての債権者の利益になるからである。

3 影響関係

① 相対的効力の原則

連帯債権について、**絶対効が生じる事由以外の事由は相対効**にとどまり、別段の意思表示がない限り、**一人の連帯債権者に生じた事由が、他の連帯債権者に対して効力を生じない**（435条の2本文）。

> **趣旨** 各連帯債権者の債権は別個独立していることからすれば、他の連帯債権者に対して効力が生じないことが原則といえるため規定した。

〈解説〉 **発展** ここにいう「別段の意思表示」は、他の連帯債権者の一人及び債務者が別段の意思を表示した場合である。この場合、当該他の連帯債権者に対する効力は、その意思に従う（435条の2ただし書）。

② 絶対的効力

> **設例** AB が X に対して150万円を貸し付ける旨の消費貸借契約を締結した。その際、ABX 間において「AB の X に対する150万円の貸付債権を連帯債権とする」旨の合意がなされた。

連帯債権において、**一人の連帯債権者に生じた事由が、他の連帯債権者に対しても効力が生じる事由**（絶対効が生じる事由）は、**請求**（432条）及び**弁済**（債務の履行）

(432条)に加えて、更改(433条)、免除(433条)、相殺(434条)、混同(435条)である。その他、民法上の明文規定はないが、弁済に準じて扱われる**代物弁済・供託**も、絶対効が生じる事由である。

なお、絶対効が生じる事由のうち更改・免除は、それらが生じた連帯債権者の持分割合(特約がない限り等しい割合)について他の連帯債権者にも影響するにとどまる(**制限絶対効**)。これに対して、更改・免除以外の絶対効が生じる事由は、債権の全部(全額)について他の連帯債権者にも影響する(**完全絶対効**)。

(ア) 請求 (履行の請求)

連帯債権者の一人が請求(裁判上の請求又は催告)をすると(432条)、それによる時効完成猶予の効果(147条1項1号、150条1項)が他の連帯債権者にも及ぶ。 02/予

趣旨 連帯債権者の一人による請求が、全ての連帯債権者の利益のために行われるものとし、請求に**絶対効**を認めた。

> **設例**の場合、ABの各自が、Xに対して、それぞれ150万円の返済を請求することができる。例えば、AがXに対して150万円の返済を請求する訴訟を提起すると、これによる貸付債権の時効の完成猶予の効果がBにも及ぶ。

(イ) 弁済 (債務の履行)

連帯債権者の一人に弁済すれば(432条)、その連帯債権が消滅するので、債務者は他の連帯債権者への弁済を免れる。 03/予

趣旨 連帯債権者の一人に対する弁済(債務の履行)が、全ての連帯債権者の利益のために行われるものとし、弁済に**絶対効**を認めた。

> **設例**の場合、Xは、A又はBに対して150万円を返済することができ(双方に対して150万円を返済する必要はない)、この返済によって貸付債権が消滅するので、他の連帯債権者に対する150万円の弁済を免れる。

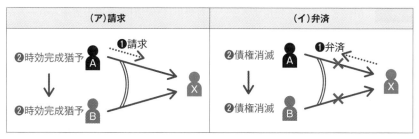

【絶対効の例】

(ウ) 更改・免除

　連帯債権者の一人と債務者との間に更改又は免除があったときは、**その連帯債権者がその権利を失わなければ分与されるべき利益に係る部分**については、他の連帯債権者は、**履行を請求することができない**(433条)。04/予

> **趣旨**　更改・免除を相対効にすると、更改・免除があった連帯債権者が利益の分与を受ける理由がなくなるので、「弁済を受けた他の連帯債権者から更改・免除があった連帯債権者への利益の分与」→「更改・免除があった連帯債権者から債務者への利益の償還」という求償の循環が生じるが、この方法は迂遠である。

〈解説〉　433条の「その連帯債権者がその権利を失わなければ分与されるべき利益」が連帯債権者の持分割合のことを指す。

> **設例**の場合、AがXに対する150万円の貸金債権の全額を免除すると、Aの持分割合2分の1について免除の効果がBにも影響する。その結果、Bの債権額は75万円になる。
>
>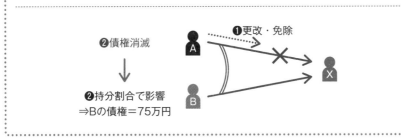

(エ) 相殺

　債務者が連帯債権者の一人に対して債権(反対債権)を有する場合において、その**債務者が相殺を援用**したときは、その相殺は、他の連帯債権者に対しても、その**効力を生ずる**(434条)。05/予

> **趣旨**　債務者が相殺を援用すると、反対債権(自働債権)と連帯債権者の一人が有する債権(受働債権)とが対当額によって消滅するので(505条1項本文)、債務者の相殺は反対債権による弁済と同視してよい。

設例 の場合、①ＸがＡに対して150万円の債権（反対債権）を有しており、Ｘが反対債権を自働債権とする相殺を援用した場合、②Ａの貸金債権が消滅するとともに、②Ｂの貸金債権も消滅する。その後のＡＢ間の調整は、Ａだけが150万円全額の返済を受けたのと同様の状態であるため、③ＢがＡに対して利益分与請求をすることになる。

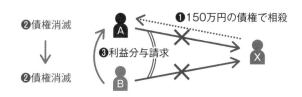

（オ）混同

連帯債権者の一人と債務者との間に**混同**（債権と債務が同一人に帰属すること）があったときは、債務者は、**弁済をしたものとみなす**(435条)。06/予

趣旨 　混同によって連帯債権者の一人の債権が消滅する(520条本文)ところ、これを相対効にすると、債務者の地位も併有する連帯債権者の一人が、他の連帯債権者に対して弁済しなければならなくなるが、それは不都合である。

設例 の場合においてＡＸが親子のときは、①親Ａが死亡し子Ｘが単独相続するとＸに混同が生じるので、②Ａが有していた貸金債権が消滅する(520条本文)とともに、②Ｂの貸金債権も弁済したとみなされて消滅する。その後は、③ＢがＸに対して75万円の利益分与請求をすることになる。

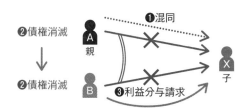

【連帯債権の影響関係】

事由	該当事例	効果
請求	ＡがＸに150万円の支払を請求した	連帯債権の時効の完成猶予
弁済、代物弁済・供託	ＸがＡに150万円を弁済	債権全部が消滅し、ＢはＡに75万円の利益分与請求可能
相殺	ＸがＡに対し150万円の反対債権を取得し、相殺を援用	
混同	ＸがＡを相続した結果、ＸがＡの債権を取得した	
更改	ＸがＡとの間で150万円の支払に代えて自己所有の自動車を引き渡すことで合意が成立	持分割合で影響し、Ｂの債権は75万円となる
免除	ＡがＸに対して債務の免除をした	

4 内部関係

　内部関係について民法には明文規定がない。もっとも、連帯債権者の一人が弁済を受けた場合、その者は他の連帯債権者が受けるべき利益も受領していることになる。そこで、弁済を受けた連帯債権者は、持分割合(特約がない限り等しい割合)に応じて、その**受けた利益を他の連帯債権者に対して分配**しなければならないと解されている。

2 連帯債務

1 総説

> **設例**　ＸＹＺがＡから150万円を借り入れる旨の消費貸借契約を締結した際に、ＡがＸＹＺの誰に対しても150万円の返済を請求できるようにすることはできるか。

① 意義

意義　連帯債務とは、債務の目的がその性質上可分である場合において、**法令の規定又は当事者の意思表示によって数人が連帯して債務を負担する**ときの当該債務のことである(436条)。

趣旨　債務の目的がその性質上可分である場合は分割債務(427条)になるはずで

あるが、法令の規定又は当事者の意思表示があれば、債権者がそれぞれの債務者に対して全部の履行を請求することを可能にした。

> **設例** の場合、貸金債務は性質上可分であるから、XYZ は、A に対して、それぞれ50万円を返済する義務を負う（分割債務）にとどまるはずである。しかし、A と XYZ 間において「XYZ の A に対する150万円の貸金債務を連帯債務とする」旨を合意することによって、A が XYZ のいずれに対しても150万円の返済を請求することができるようになる。

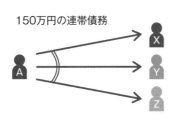

150万円の連帯債務

② 連帯債務の成立
（ア）成立要件

連帯債務が成立するのは、債務の**目的がその性質上可分**の場合で、**法令の規定又は当事者の意思表示**による場合である（436条）。

【連帯債務が成立する場合】

法令の規定	民法では、①併存的債務引受(470条1項)、②共同不法行為者の責任(719条)、③日常家事債務の夫婦の連帯責任(761条)が規定されている
当事者の意思表示	債権者と全ての債務者との間で連帯債務にする旨を合意することである

（イ）異なる取扱い

連帯債務者ごとに、条件や期限その他の性質について**異なる取扱い**をすることができる。

理由 各連帯債務者の債務は別個独立しているから。

> **設例** の場合、貸金債務の返済期限を「X は1か月後、Y は3か月後、Z は6か月後」と異なる取扱いをすることができる。また、X の貸金債務に係る A の貸金債権だけを切り離し、これを他人に譲渡することができる。

③ 連帯債務者の一人についての法律行為の無効等

連帯債務者の一人について法律行為の無効又は取消しの原因があっても、**他の連帯債務者の債務は、その効力を妨げられない**(437条)。[07]

趣旨 各連帯債務者の債務が**別個独立**していることから、連帯債務者の一人の法律行為(ex.契約)が無効・取消しになっても、他の連帯債務者に影響しないものとした。

設例 の場合、XA間の消費貸借契約がAの詐欺を理由に取り消され(96条1項)、Xの貸金債務が消滅しても、YZのAに対する貸金債務は影響を受けず、依然として存続する。このことから、連帯債務は人的担保として利用されている。

④ 負担部分

意義 負担部分とは、連帯債務者相互間において**内部的に負担しなければならない割合**のことである。

負担部分については、連帯債務者間の合意(特約)によって定めるので、負担部分がゼロである連帯債務者や全部を負担する連帯債務者も存在し得るが、**負担部分を定めていない場合は等しい割合(平等)**となる。[08]

そして、弁済した連帯債務者は、他の連帯債務者に対して求償権を取得する(詳細は後述の ④ 「内部関係」で扱う)。

設例 の場合、XYZ間で負担部分を各3分の1と定めた場合、①XがAに150万円を弁済すると、②XのみならずYZの債務も消滅し、③XはYZに対して各50万円の求償権を取得する。

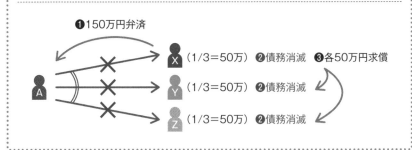

❶150万円弁済

X (1/3=50万) ❷債務消滅 ❸各50万円求償

Y (1/3=50万) ❷債務消滅

Z (1/3=50万) ❷債務消滅

2 ▷ 対外的効力

債権者は、①連帯債務者の一人に対し、**全部又は一部の履行を請求**することもできるし、②同時に若しくは順次に全ての連帯債務者に対し、**全部又は一部の履行を請求**することもできる(436条)。 09

設例 の場合、A は、①X だけに対して、150万円全額の返済請求をすることもできるし、②XYZ の全員に対して、同時に150万円全額の返済請求をすることや、X→Y→Z の順番に150万円全額の返済請求をすることもできる。

発展 連帯債務者の一人に対して支払を命じる勝訴判決を得ても、債務の弁済がない限り、他の連帯債務者に対して、残債務全額の支払いを請求することができる。 A

3 ▷ 影響関係

① 相対的効力の原則

連帯債務について、**絶対効が生じる事由以外の事由は相対効にとどまり、別段の意思表示がない限り、一人の連帯債務者に生じた事由が、他の連帯債務者に対して効力を生じない**(441条本文)。 10 11

(例)履行の請求、債務の承認、免除等

趣旨 各連帯債務者の債務は別個独立していることからすれば、他の連帯債務者に対して効力が生じないことが原則といえるため規定した。

〈解説〉 ここにいう「別段の意思表示」は、債権者及び他の連帯債務者の一人が別段の意思を表示した場合である。この場合、当該他の連帯債務者に対する効力は、その意思に従う(441条ただし書)。

② 絶対的効力

> **設例** XYZがAから150万円を借り入れる旨の消費貸借契約を締結した。その際、AとXYZ間において「XYZのAに対する150万円の貸金債務を連帯債務とする」旨の合意がなされた。

連帯債務において、**連帯債務者の一人に生じた事由が、他の連帯債務者に対しても効力が生じる事由**(絶対効が生じる事由)は、**更改**(438条)、**相殺**(439条1項)、**混同**(440条)、**他の連帯債務者による履行拒絶権**(439条2項)である。その他、民法上の明文規定はないが、**弁済及び弁済に準じて扱われる代物弁済・供託**も、絶対効が生じる事由である。

なお、絶対効が生じる事由のうち、他の連帯債務者による履行拒絶権(439条2項)は、連帯債務者の一人の負担部分について他の連帯債権者にも影響するにとどまる(**制限絶対効**)。それ以外の絶対効が生じる事由は、債務の全部(全額)について他の連帯債務者にも影響する(**完全絶対効**)。

【絶対的効力の一覧】

完全絶対効	更改、相殺、混同、弁済・代物弁済・供託(債権の満足)
制限絶対効	他の連帯債務者による履行拒絶権

以下、前述したX・Y・ZがAに対して150万円の連帯債務を負う(負担部分は平等)という設例で説明する。

(ア) 弁済(債務の履行)

連帯債務者の一人が弁済(弁済に準じる代物弁済・供託を含む)すると、弁済がなされた全額について他の連帯債務者の債務も消滅する。

設例 の場合、①XがAに対して150万円全額を弁済すると、②XのみならずYZの連帯債務も150万円全額について消滅する。そして、弁済をした連帯債務者の一人は、他の連帯債務者に対して、各自の負担部分に応じた求償権を有するから(442条1項)、③Xは、YZに対して各50万円を求償することができる。

❶150万円弁済

X (1/3＝50万) ❷債務消滅 ❸各50万円の求償権
A
Y (1/3＝50万) ❷債務消滅
Z (1/3＝50万) ❷債務消滅

(イ) 更改

連帯債務者の一人と債権者との間に更改があったときは、**債権は、全ての連帯債務者の利益のために消滅する**(438条)。12

趣旨 　更改によって既存の債務が消滅するが(513条)、他の連帯債務者との関係でも既存の債務を消滅させるという更改契約の当事者の意思を推測して規定された。

設例 の場合、① AX間において150万円の貸金債務 (既存の債務) をX所有の自動車の引渡債務に変更する旨の更改契約を締結すると、②Xの連帯債務が消滅する (513条) とともに、YZの連帯債務も150万円全額について消滅する。③XがYZに対して各50万円を求償することができる点は、弁済の場合と同様である。

❶更改契約

X (1/3＝50万) ❷債務消滅 ❸各50万円の求償権
A
Y (1/3＝50万) ❷債務消滅
Z (1/3＝50万) ❷債務消滅

（ウ）相殺

　連帯債務者の一人が債権者に対して債権（反対債権）を有する場合において、その連帯債務者が相殺を援用したときは、**債権は、全ての連帯債務者の利益のために消滅する**（439条1項）。 [13]

> **趣旨**　連帯債務者の一人が相殺を援用すると、反対債権（自働債権）と債権者の債権（受働債権）とが対当額によって消滅するので（505条1項本文）、連帯債務者一人による相殺は反対債権による弁済と同視してよい。

> **設例** の場合、①Xが自己のAに対する150万円の代金債権をもって相殺を援用すると、②Xの連帯債務が消滅する（505条1項本文）とともに、YZの連帯債務も150万円全額について消滅する。③XがYZに対して各50万円を求償することができる点は、弁済の場合と同様である。
>
>
>
>
>
> ❶150万円の債権で相殺を援用
>
> X （1/3＝50万）❷債務消滅　❸各50万円の求償権
> Y （1/3＝50万）❷債務消滅
> Z （1/3＝50万）❷債務消滅

（エ）混同

　連帯債務者の一人と債権者との間に混同があったときは、**その連帯債務者は、弁済をしたものとみなす**（440条）。

> **趣旨**　混同によって連帯債務者の一人との関係で債権が消滅する（520条本文）ところ、これを相対効にすると、債権者の地位を併有する連帯債務者の一人が、他の連帯債務者から弁済を受けることができるが、それは不都合である。

設例 の場合、①Ａの死亡によりＸが単独で相続人になると、債権者と債務者の地位がＸに帰属するので、②Ｘの連帯債務が消滅するとともに、ＹＺの連帯債務も150万円全額について消滅する。③ＸがＹＺに対して各50万円を求償することができる点は、弁済の場合と同様である。

❶相続⇒混同

Ｘ（1/3＝50万）❷債務消滅　　❸各50万円の求償権

Ａ

Ｙ（1/3＝50万）❷債務消滅

Ｚ（1/3＝50万）❷債務消滅

（オ）他の連帯債務者による履行拒絶権

　債権者に対して債権（反対債権）を有する連帯債務者の一人が相殺を援用しない間は、その連帯債務者の負担部分の限度において、他の連帯債務者は、債権者に対して**債務の履行を拒むことができる**（439条2項）。連帯債務者の一人の代わりに他の連帯債務者が相殺を援用することができるわけではない。[14]

趣旨　相殺の担保的機能（自己の債権を回収するという機能）を考慮して、反対債権を有する連帯債務者の一人が相殺によって反対債権を回収する余地を残した。

設例 の場合、①Ａに対する150万円の反対債権を有しているＸが相殺を援用しない間は、②50万円（Ｘの負担部分）の限度において、ＹＺは、Ａに対する貸金債務の履行を拒むことができるので、ＹＺはＡに対して100万円を弁済すればよい。

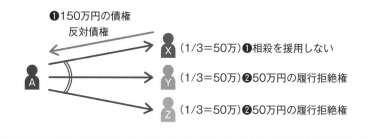

❶150万円の債権
反対債権

Ｘ（1/3＝50万）❶相殺を援用しない

Ａ

Ｙ（1/3＝50万）❷50万円の履行拒絶権

Ｚ（1/3＝50万）❷50万円の履行拒絶権

	事由	該当事例	効果
債務全部の消滅	弁済等	XがAに150万円を弁済	債務全部が消滅し、XはYZに求償可
	更改	XがAとの間で150万円の支払に代えて自己所有の自動車を引き渡すことで合意が成立	
	相殺	XがAに対する150万円の反対債権を取得し、相殺を援用した	
	混同	XがAを相続した結果、XがAの債権を取得した	
負担部分のみ影響	他の連帯債務者の相殺権	XがAに対する150万円の反対債権を取得したが相殺を援用しない	YZはXの負担部分について履行拒絶できる

4 内部関係

> **設例** XYZがAから150万円を借り入れる旨の消費貸借契約を締結した。その際、AとXYZ間において「XYZのAに対する150万円の貸金債務を連帯債務とする」旨の合意がなされた。XがAに45万円を弁済した場合、XはYZに対して求償することができるか。

　連帯債務者の一人が弁済をし、その他自己の財産をもって共同の免責を得たときは、その連帯債務者は、その免責を得た額が**自己の負担部分を超えるかどうかにかかわらず**、他の連帯債務者に対し、その免責を得るために支出した財産の額のうち**各自の負担部分に応じた額の求償権**を有する(442条1項)。

　設例　の場合、XのAに対する弁済額は45万円であり、免責を得た額（45万円）がXの負担部分（50万円）を超えていないが、YZに対して各々15万円の求償をすることができる。

❶45万円弁済

X (1/3＝50万) ❷45万債務消滅　❸各15万円の求償権

Y (1/3＝50万) ❷45万債務消滅

A

❷105万円の
連帯債務

Z (1/3＝50万) ❷45万債務消滅

① 求償権の成立要件 /発展

　連帯債務者の一人が**弁済をし、その他自己の財産をもって共同の免責を得たこと**が、求償権の成立要件である（442条1項）。また、弁済をし、その他自己の財産をもって共同の免責を得た額が、連帯債務者の一人の負担部分を超える必要はない（442条1項）。 B

〈語句〉●自己の財産をもって共同の免責を得たとは、連帯債務者の一人が、代物弁済、供託、更改、混同、相殺により、他の連帯債務者の債務を免責（消滅又は減少）させた場合を意味する。連帯債務者の一人が債務を免除された場合や、連帯債務者の一人の債務が時効消滅した場合は該当しない。

② 求償の範囲 /発展

　求償の範囲には、共同の免責を得るために支出した財産の額（442条1項）に加えて、**弁済その他免責があった日以後の法定利息及び避けることができなかった費用その他の損害の賠償を含む**（442条2項）。 C

　なお、求償の範囲となる「共同の免責を得るために支出した財産の額」は、それが共同の免責を得た額を超える場合には、共同の免責を得た額になる（442条1項括弧書）。　設例　の場合、Xが時価200万円の自動車をもってAに対して代物弁済をした場合は、200万円（共同の免責を得るために支出した財産の額）ではなく、150万円（共同の免責を得た額）が求償の範囲となる。

③ 通知を怠った連帯債務者の求償の制限

　弁済をし、その他自己の財産もって共同の免責を得た連帯債務者の一人は、他の

連帯債務者があることを知りながら、事前・事後に他の連帯債務者に対して通知を
しないと、求償の制限を受ける場合がある。

（ア）事前の通知を怠った場合 *発展*

> **設例**　XYZがAから150万円を連帯して借り入れる旨の消費貸借契約（負
> 担部分は平等とする）を締結した後、XはAから履行の請求を受けたが、YZ
> の存在を知りながら、共同の免責を得ることをYZに通知しないで150万円を
> 弁済した。しかし、Xの弁済前にZがAに対して100万円の反対債権を取得し
> ていた。XがYZに対して求償権を行使した場合、Zはどのような主張ができ
> るか。

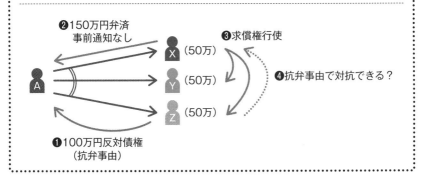

　他の連帯債務者があることを**知りながら**、連帯債務者の一人が共同の免責を得る
ことを他の連帯債務者に通知しないで弁済をし、その他自己の財産をもって共同の
免責を得た場合において、他の連帯債務者は、**債権者に対抗することができる事由**
（抗弁事由）を有していたときは、その負担部分について、その事由をもってその免
責を得た連帯債務者に対抗することができる（443条1項前段）。**D**

> **趣旨**　他の連帯債務者が抗弁事由を行使する機会を保護するため、事前の通知
> がない場合に、その抗弁事由を共同の免責を得た連帯債務者の一人に対抗
> することができるものとした。

> **設例**の場合、Xが弁済前にYZに通知していれば、Zが反対債権をもって相
> 殺を援用し、債務額を減らすことができたはずだが、その機会が失われたこ
> とになる。この場合、Zは、Xの求償に対して、50万円（Zの負担部分）につ
> いて反対債権による相殺を主張して求償を拒絶することができる。

〈解説〉　相殺をもって共同の免責を得た連帯債務者に対抗したときは、その連帯

債務者は、債権者に対し、相殺によって消滅すべきであった債務の履行を請求することができる（443条1項後段）。 **設例** のように抗弁事由が相殺の場合、そのままでは債権者が弁済を免れるので、反対債権のうち求償を拒絶する際に用いられた分は共同の免責を得た連帯債務者に移転し、これを債権者に対して行使できるものとした。 **設例** の場合、100万円の反対債権のうちＺが求償を拒絶する際に用いた50万円はＸに移転するので、ＸがＡに対して50万円の弁済を請求することができる。

（イ）事後の通知を怠った場合

設例 　XYZ はＡから150万円を連帯して借り入れる旨の消費貸借契約（負担部分は平等とする）を締結した。ＸがＹＺの存在を知りながらＡに150万円を弁済した後、そのことをＹＺに通知しないでいたところ、ＺがＸの弁済の事実を知らずにＸＹに事前の通知をしてＡに150万円を弁済した。この場合、ＸＺ間の求償関係はどうなるか。

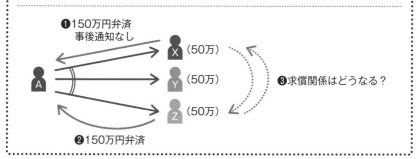

❶150万円弁済
事後通知なし
Ｘ（50万）
Ａ
Ｙ（50万）
Ｚ（50万）
❸求償関係はどうなる？
❷150万円弁済

弁済をし、その他自己の財産をもって共同の免責を得た連帯債務者が、他の連帯債務者があることを知りながら**その免責を得たことを他の連帯債務者に通知する**ことを怠ったため、他の連帯債務者が**善意で弁済その他自己の財産をもって免責を得るための行為をした**ときは、当該他の連帯債務者は、その免責を得るための行為を**有効であったものとみなすことができる**（443条2項）。

趣旨 　他の連帯債務者の二重弁済の危険を回避するため、共同の免責を得たという事実を知らない他の連帯債務者への事後の通知を要求した。

設例 の場合、Ｘが事後の通知を怠っており、ＺがＸの弁済について善意で、ＸＹに事前の通知をして弁済をしているから、Ｚは、自己の弁済を有効とみなすことができる。その結果、ＺはＸからの求償に応じる必要はなく、反対にＺがＸに求償できることになる。

（ウ）第一弁済の事後通知と第二弁済の事前通知の双方を怠った場合

問題点　「事後の通知を怠った場合」の **設例** において、Ｘによる第一弁済の事後通知もなく、Ｚによる第二弁済の事前通知もなかった場合、どちらの弁済を有効とすべきか。

結論　Ｘによる**第一弁済が有効**となり、第二弁済をしたＺは自己の弁済を有効とみなすことができない（最判昭57.12.17）。[15]

理由　443条２項の規定は、443条１項の規定を前提とするものであり、事前の通知について過失のある連帯債務者までを保護する趣旨ではないから、事前通知のない第二弁済を有効とみなすことはできない。

④ 償還をする資力のない者の負担部分の分担 📖発展

設例　ＸＹＺがＡから150万円を連帯して借り入れる旨の消費貸借契約（負担部分は平等）を締結した後、ＸがＡに150万円を弁済したが、求償に応じるだけの資力がＹになかった。この場合、Ｘは、Ｚに対して何万円を求償することができるか。

連帯債務者の中に**償還をする資力のない者**があるときは、その償還をすることができない部分は、**求償者及び他の資力のある者の間で、各自の負担部分に応じて分割して負担する**（444条１項）。[E]

設例 の場合、Ｙの負担部分（50万円）については、ＸＺが各々25万円を分担し合うことになる（ＸＺの負担部分が各々２分の１になる）。したがって、ＸはＺに対して75万円を求償することができる。

〈解説〉　求償者及び他の資力のある者がいずれも負担部分を有しない者であるときは、その償還をすることができない部分は、求償者及び他の資力のある者の間で、等しい割合で分割して負担する（444条２項）。ただし、償還を受

けることができないことについて求償者に過失があるときは、他の連帯債務者に対して分担を請求することができない(444条3項)。

⑤ 連帯債務者の一人との間の免除等と求償権 /発展

連帯債務者の一人に対して**債務の免除**がされ、又は連帯債務者の一人のために**時効が完成した**場合においても、**他の連帯債務者は、その一人の連帯債務者に対し、442条1項の求償権を行使することができる**(445条)。 F

趣旨 債務の免除や時効の完成は相対効であるため(441条本文)、他の連帯債務者は、それらの事由があった連帯債務者の一人の負担部分も含めて債務を履行する義務を負うことになるが、公平の観点から、その連帯債務者の一人に対する求償権の行使を認めた。

5 連帯債務と相続 /発展

設例 XYZがAから150万円を借り入れる旨の消費貸借契約(負担部分は平等)を締結した後、Xが死亡し、配偶者E、子F、子Gが共同相続した。この場合、EFGの相続分は、Eが2分の1、FGが各々4分の1である(900条1号、4号本文)。

問題点 Xの相続人であるEFGは、どのような形で、Xから相続した連帯債務を負担するか。

結論 相続人EFGは、被相続人Xの債務の分割されたものを承継し、各自その承継した範囲において、本来の債務者とともに連帯債務者となる(最判昭34.6.19)。 G

理由 連帯債務における各債務は債権の確保及び満足という共同の目的を達する手段として相互に関連結合しているが、可分であることは通常の金銭債務と同様である。

設例では、Eが150万円×1/2=75万円、FとGが150万円×1/4=37.5万円の連帯債務を負担する。

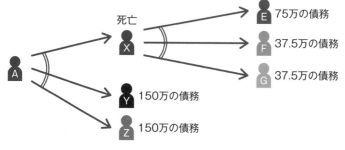

重要事項 一問一答

01 連帯債権とは何か？

　債権の目的が性質上可分である場合において、法令の規定又は当事者の意思表示によって数人が連帯して債権を有するときの当該債権(432条)

02 連帯債権の各債権者は、債務者に対して全部の履行を請求できるか？

　できる(432条)。

03 弁済や弁済に準じて扱われる事由以外で、連帯債権において絶対効が生じる事由は（5つ）？

　請求、更改、免除、相殺、混同

04 連帯債務とは何か？

　債務の目的が性質上可分である場合において、法令の規定又は当事者の意思表示によって数人が連帯して債務を負担するときの当該債務(436条)

05 連帯債務者の一人に無効原因があった場合、他の連帯債務者の債務の効力に影響するか。

　影響しない(437条)。

06 連帯債務者間の負担部分について定めがない場合、負担部分の割合はどうなるか。

　等しい割合(平等)になる。

07 債権者は、連帯債務者の一人に対して全部の履行を請求できるか。

　できる(436条)。

08 弁済や弁済に準じて扱われる事由以外で、連帯債務において絶対効が生じる事由は（4つ）？

09 反対債権を有する連帯債務者が相殺を援用しない間は、他の連帯債務者は、債権者に対する債務の履行を拒絶できるか。

反対債権を有する連帯債務者の負担部分の限度で、債権者に対する債務の履行を拒絶できる(439条2項)。

10 債権者に弁済した連帯債務者の一人は、免責を得た額が自己の負担部分を超えていなければ、他の連帯債務者に対して求償権を有しないか？

免責を得た額が自己の負担部分を超えていなくても、他の連帯債務者に対して、各自の負担部分に応じた求償権を有する(442条1項)。

11 求償の範囲には、弁済その他免責があった日以後の法定利息が含まれるか。

含まれる(442条2項)。

12 他の連帯債務者があることを知らず、共同の免責を得たことについて他の連帯債務者への事前・事後の通知を怠った連帯債務者は、443条1項、2項による求償の制限を受けるか。

受けない。他の連帯債務者があることを知りながら、他の連帯債務者への事前・事後の通知を怠ったことが要件である。

13 ある連帯債務者による第一弁済の事後通知と、別の連帯債務者による第二弁済の事前通知の双方が行われなかった場合、どちらの弁済を有効とすべきか。

第一弁済を有効とすべきである(判例)。

過去問チェック（争いのあるときは、判例の見解による）

01/予 連帯債権の場合、各債権者は、全ての債権者のために全部又は一部の履行を請求することができるが、債務者は、全ての債権者のために各債権者に対して履行をすることはできない。

×（予想問題）「債務者は、全ての債権者のために各債権者に対して履行をすることはできない」が誤り。

02/予 連帯債権者の一人が請求（裁判上の請求又は催告）をしても、それによる時効完成猶予の効果が、他の連帯債権者には及ばない。

×（予想問題）「他の連帯債権者には及ばない」が誤り。

03/予 債務者が連帯債権者の一人に対して全額を弁済すれば、その連帯債権が消滅するので、債務者は他の連帯債権者への弁済を免れる。

○（予想問題）

04/予 連帯債権者の一人と債務者との間に更改又は免除があった場合、その連帯債権者がその権利を失わなければ分与されるべき利益に係る部分については、他の連帯債権者は、履行を請求することができる。

×（予想問題）「他の連帯債権者は、履行を請求することができる」が誤り。

05/予 債務者が連帯債権者の一人に対して債権を有する場合において、その債務者が相殺を援用した場合、その相殺は、他の連帯債権者に対して、その効力を生じない。

×（予想問題）「他の連帯債権者に対して、その効力を生じない」が誤り。

06/予 連帯債権者の一人と債務者との間に混同があった場合、債務者が弁済をしたものとはみなされない。

×（予想問題）「債務者が弁済をしたものとはみなされない」が誤り。

07 連帯債務者の一人について法律行為の無効又は取消しの原因があっても、他の連帯債務者の債務は、その効力を妨げられない。

○（国般2017）

08 連帯債務者間の負担割合は特約があればその特約に従うため、負担部分が零の連帯債務者や全部を負担する連帯債務者も存在し得る。

○（税・労2011）

09 数人が連帯債務を負担するとき、債権者は、その連帯債務者の１人に対し、全部又は一部の履行を請求することができるが、同時にすべての連帯債務者に対し、全部又は一部の履行を請求することはできない。

×（区2019）「同時にすべての連帯債務者に対し、全部又は一部の履行を請求することはできない」が誤り。

10 連帯債務者の１人が債務の承認を行った場合、その効力は、他の連帯債務者に対しても及ぶ。

×（区2009）「その効力は、他の連帯債務者に対しても及ぶ」が誤り。

11 債権者が連帯債務者の一人に対してした債務の免除は、他の連帯債務者の利益のためにその効力を生じる。

×（区2013改題）「他の連帯債務者の利益のためにその効力を生じる」が誤り。

[12] 連帯債務者の一人と債権者との間に更改があったときは、その連帯債務者の負担部分についてのみ、他の連帯債務者の利益のためにも、その効力を生ずる。

×（国般2017）「その連帯債務者の負担部分についてのみ」が誤り。

[13] 連帯債務者A及びBのうち、Aが債権者Cに対して反対債権を有する場合において、Aが相殺を援用したときは、債権はAのみの利益のために消滅する。

×（国般2018）「債権はAのみの利益のために消滅する」が誤り。

[14] 連帯債務者の1人が債権者に対して債権を有する場合において、当該債権を有する連帯債務者が相殺を援用しない間は、その連帯債務者の負担部分についてのみ他の連帯債務者が相殺を援用することができる。

×（区2019）「他の連帯債務者が相殺を援用することができる」が誤り。

[15] 最高裁判所の判例では、連帯債務者の一人である乙が弁済その他の免責の行為をするに先立ち、他の連帯債務者に通知することを怠った場合、既に弁済しその他共同の免責を得ていた他の連帯債務者甲が乙に事後の通知をせずにいた場合でも、乙の免責行為を有効であるとみなすことはできないとした。

○（区2016）

[A] Aは、B、C、Dを連帯債務者として、90万円を貸し付けた（負担割合は平等とする。）。Aは、Bに対して90万円の支払を命じる勝訴判決を得た後であっても、債務の全額の弁済がないときは、C、Dに対してそれぞれ残債務の全額の支払を請求することができる。

○（裁2005）

[B] Aは、B、C、Dを連帯債務者として、90万円を貸し付けた（負担割合は平等とする。）。Bは、Aに対して負担部分30万円を超える弁済をした場合に限り、その負担部分30万円を超える部分についてのみ、C、Dに対して求償することができる。

×（裁2005）「Bは、Aに対して負担部分30万円を超える弁済をした場合に限り、その負担部分30万円を超える部分についてのみ、C、Dに対して求償することができる」が誤り。

[C] 連帯債務者の1人が弁済をし、その他自己の財産をもって共同の免責を得たとき、その連帯債務者は、他の連帯債務者に対し各自の負担部分について求償権を有するが、当該求償権には、免責のあった日以後の法定利息は含まれない。

× (区2019)「当該求償権には、免責のあった日以後の法定利息は含まれない」が誤り。

D A、B及びCの3人がXに対して負担部分を平等とする300万円の連帯債務を負っていた。AがB及びCに対して事前の通知をせずに、Xに対して300万円弁済したが、BがXに対して300万円の債権を有していた場合、AはBに対して100万円求償することができる。

× (国般2008改題)「AはBに対して100万円求償することができる」が誤り。

E A、B及びCの3人がXに対して負担部分を平等とする300万円の連帯債務を負っていた。AがXに対して300万円弁済し、Bが無資力になった場合、AはCに対して150万円求償することができる。

○ (国般2008改題)

F AとBがCから連帯して100万円を借り受けた場合、CがAに対してのみ債務の免除をしたときであっても、Aの負担部分についてのみBの利益のためにも免除の効力が生じる。よって、CがBに対して請求できるのは、100万円からAの負担部分を控除した額であり、この請求に応じたBはCに対して求償権を行使できない。

× (国般2012改題)「Aの負担部分についてのみBの利益のためにも免除の効力が生じる。よって、CがBに対して請求できるのは、100万円からAの負担部分を控除した額であり、この請求に応じたBはCに対して求償権を行使できない」が誤り。

G 連帯債務者の一人が死亡した場合においても、その相続人らは、被相続人の債務の分割される前のものを承継し、各自その承継した範囲において、本来の債務者とともに連帯債務者となると解するのが相当である。

× (税・労2006改題)「被相続人の債務の分割される前のものを承継し」が誤り。

14 多数当事者の債権債務関係④ ―保証

本節では保証を扱います。保証債務の性質、主たる債務者と保証人の影響関係からの出題が多いので、これらの項目を重点的に学習しましょう。

1 概説

1 > 保証債務の意義

> **設例** Xは、Aから150万円を借り入れたいが、Aは保証人を付けることを要求した。XはAから150万円を借り入れるために、どのようなことをすればよいか。

> **意義** 保証債務とは、**主たる債務者がその債務(主たる債務)を履行しないときに、その履行をする責任を負う債務**のことをいい、保証債務を負担する者のことを**保証人**という(446条1項)**01**。保証人は、主たる債務者が弁済しない場合に、第二次的に弁済する義務を負うものである。

債権者から見ると、保証債務には、債務者から弁済を受けられないときに、保証人から弁済を受けるという機能がある。この機能は、債務者から弁済を受けられないときに、不動産などの「特定の物」から弁済を受けるという物的担保(ex.抵当権)と類似の機能を果たしている。そして、保証債務は保証人という「特定の人(の一般財産)」を担保にしており、人的担保の典型例である。

> **設例** の場合、XはAから150万円を借り入れるために、友人のYに保証人となることを依頼して、保証契約を締結してもらえばよい。主たる債務者がX、債権者がA、XがAに対して負担する借金の返済債務が主たる債務、Yが保証人、YがAに対して負担する債務が保証債務となる。
>
>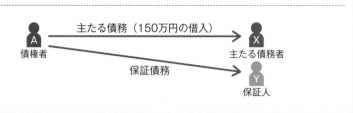

〈**語 句**〉●一般財産とは、その者が有している全ての財産のことをいう。

2 保証契約の意義

> **設例** Aは、150万円を貸し付けているXに対して、友人のYを保証人とすることを求めた。Xがこれを拒否したことから、Aは直接Yに保証人となるように求め、Yはこれを承諾した。保証契約の成立要件が満たされていた場合、AY間の保証契約は有効に成立するか。

意義 保証債務の負担に関する契約のことを保証契約という。保証契約は保証人と債権者との間で締結されるので、主たる債務者は保証契約の当事者ではない。[01]

問題点 主たる債務者の意思に反していても(反対していても)保証契約を締結することができるか。

結論 締結することができる。[02]

理由 ① 主たる債務者の意思に反して保証契約を締結することができる旨を前提とした規定がある(462条2項)。
② 保証契約は主たる債務に係る契約とは別個独立のものである。

〈**解説**〉 保証契約が債務者の意思に反しているか否かは、債務者への求償権の行使の範囲において差異を生じさせる(459条〜462条、詳細は本節❹項「保証人の求償権」で扱う)。

> 設例 の場合は、債権者をA、保証人をYとする保証契約が有効に成立する。AY間の保証契約は、主たる債務者Xの意思に反するものだが、保証契約の成立には影響しない（YのXに対する求償権の行使の範囲に影響する）。

3 保証契約の成立

① 要式行為

> 設例 Xは、Aから100万円を借り入れる際、Yに保証人となってもらい、AY間で口頭による保証契約が締結された。この保証契約は有効であるか。

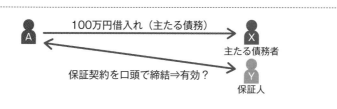

100万円借入れ（主たる債務）
A → X 主たる債務者
保証契約を口頭で締結⇒有効？
→ Y 保証人

　保証契約は、口頭による意思表示の合致だけでは足りず、**書面**（又は保証契約の内容を記録した**電磁的記録**）でしなければ、**その効力が生じない**（要式行為）（446条2項、3項）。 03

趣旨 保証契約の締結は慎重に行うべきなので、その内容を書面又は電磁的記録にしておくことを成立要件として要求した。

〈解説〉 個人根保証契約（詳細は本節 **7** 項 3 「根保証」で扱う）は、極度額（保証限度額）の定めについても書面又は電磁的記録にしておかなければ、その効力が生じない（465条の2第3項）。

> 設例 の場合は、債権者Aと保証人Yとの間で保証契約が締結される。そして、保証契約の内容を書面又は電磁的記録にしておかなければ、締結について合意があっても保証契約は無効となる。

② 保証人の資格

（ア） 原則

　保証人となる者の資格には**制限がない**。したがって、保証人に一定の資格があることは、保証契約の成立要件ではない。

趣旨 保証契約が債権者と保証人との間で締結されるので、債権者がその保証人でよいと判断したとすれば、それでよいこととした。

（イ） **例外** （主たる債務者が保証人を立てる義務を負う場合）

主たる債務者が債権者に対して**保証人を立てる義務を負う場合**には、①**行為能力者であること**、②**弁済の資力を有する者**であること、という双方の要件を具備する者を保証人としなければならない(450条1項)。この場合には、保証人が行為能力者かつ弁済の資力を具備する者であることが保証契約の成立要件となる。**04**

〈解説〉 **発展** ①保証人を立てる義務を負う場合としては、契約に基づく場合、法令に基づく場合(ex.650条2項後段)、裁判所の命令による場合(ex.29条1項)がある。

発展 ②債務者は、保証人を立てる義務を負う場合で、行為能力と弁済の資力を具備する者である保証人を立てることができないときは、他の担保を供してこれに代えることができる(451条)。

保証人を立てる義務を負う場合で、行為能力かつ弁済の資力を具備する保証人を立てた後、**保証人が弁済の資力を欠いたときは、債権者は、行為能力かつ弁済の資力を具備する他の保証人に代えることを請求することができる**(450条2項)。

（ウ）主たる債務者が保証人を立てる義務を負う場合の例外 （債権者が保証人を指名した場合）

債権者が保証人を指名した場合には、制限行為能力者や弁済の資力を欠く者を保証人とすることもできる(**保証人の資格に制限がなくなる**)と共に、その保証人が弁済の資力を欠いたとしても、債権者は他の保証人に代えることを請求することができなくなる(450条3項)。**04** **05**

趣旨 債権者が保証人を指名したときは、その保証人でよいと債権者が判断したといえるので、保証人の資格に制限がないという原則の通りに扱うことにした。

❷ 保証債務の性質

保証債務は、主たる債務とは別個独立した債務であるが(**独立債務性**)、付従性、随伴性、補充性という通常の債務とは異なる性質を有している。

【保証債務の性質】

付従性	保証債務は、主たる債務が存在する限度で、主たる債務と同一内容の債務を負担する
随伴性	主たる債務が債権譲渡その他の原因により第三者に移転した場合は、保証債務もそれに伴って当該第三者に移転する
補充性	保証人は、主たる債務者が弁済しない場合に、第二次的に弁済する責任を負う

1 付従性

保証債務の付従性は、①**成立**における付従性、②**内容**における付従性、③**消滅**における付従性に分けることができる。

① 成立における付従性 /発展

> **設例** ①未成年者Xは、Aから100万円を借り入れる際、Yに保証人となってもらい、②AY間で保証契約が締結された。その後、③Xが行為能力の制限を理由にAX間の消費貸借契約を取り消した場合、Yの保証債務はどうなるか。

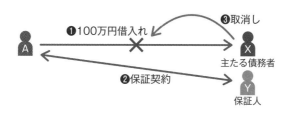

原則 主たる債務が存在しなれば、保証債務も成立しない(成立における付従性)。具体的には、主たる債務が無効であったり取り消されたりしたときは、保証債務もその効力を失うことを意味する。 A

　理由 条文はないが、保証債務は主たる債務を担保するものなので、主たる債務が存在しないときに保証債務を成立させる必要はない。

例外 行為能力の制限によって取り消すことができる債務を保証した者は、**保証契約の時においてその取消しの原因を知っていたときは、主たる債務の不履行の場合又はその債務の取消しの場合においてこれと同一の目的を有する独立の債務を負担したものと推定する**(449条)。 A

趣旨 付従性の例外として、行為能力の制限によって主たる債務が取り消される可能性を知っている保証人に対し、主たる債務の取消し又は債務不履行によって債権者に生じる損害を塡補させる。

設例 の場合、AX間の消費貸借契約の取消しにより、100万円の返済債務（主たる債務）が存在しなくなるので、Yの保証債務もその効力を失う。ただし、Yが保証契約の締結時にXが未成年者であることを知っていたときは、YがAに対して100万円の返済債務（独立の債務）を負担したと推定される。

② 内容における付従性

意義 内容における付従性とは、**保証債務が主たる債務より重くならないこと**をいう。したがって、保証債務の内容は、主たる債務の内容と同一であるか、又は主たる債務の内容の一部としなければならない。06

趣旨 保証人の負担を主たる債務を担保するのに必要な限度にとどめる。

例えば、主たる債務が100万円の場合、保証債務を150万円とすることはできないのに対し、保証債務を100万円とすることや、50万円（一部保証）とすることはできる。06

〈語句〉●一部保証とは、主たる債務の一部を限度として保証債務を負担することをいう。

（ア）保証債務の内容 ✒発展

民法では、以下のように内容における付従性を明らかにしている。

【保証人の負担と主たる債務の目的又は態様（448条）】

①保証債務の方が重い場合	保証人の負担が債務の目的又は態様において**主たる債務より重いとき**は、**これを主たる債務の限度に減縮する**（1項）B
②主たる債務の方が重い場合	主たる債務の目的又は態様が保証契約の締結後に加重されたときであっても、**保証人の負担は加重されない**（2項）C/予

例えば、主たる債務・保証債務ともに100万円の場合、主たる債務が50万円に減額されると、①の規定により保証債務も50万円に減額される。これに対し、主たる債務が150万円に増額されても、②の規定により保証債務は100万円のままである。

もっとも、**保証人は、自らの保証債務についてのみ、違約金又は損害賠償の額を約定することができる**（447条2項）。これは保証債務の内容それ自体を拡張するものではないから、主たる債務よりも重い負担となったとしても、内容における付従性に反しない。D

趣旨 違約金又は損害賠償の約定は、保証債務の履行を確実にするためのもの

にすぎない。

（イ）保証債務の範囲

保証債務は、主たる債務に関する利息、違約金、損害賠償その他その債務に従たるすべてのものを包含する(447条1項)。

| **問題点** | 特定物の売買契約における売主のための保証人は、売主の債務不履行により契約が解除された場合における原状回復義務(代金返還債務)についても、保証の責任を負うか。 |

| **結論** | 特に反対の意思表示(原状回復義務については保証しない旨の特約)のない限り、**保証の責任を負う**(最大判昭40.6.30)。[07] |

| **理由** | 特定物の売買契約における売主のための保証は、通常、当該契約から直接に生ずる売主の債務につき保証人が自ら履行の責任を負うというよりも、むしろ、売主の債務不履行に基因して売主が買主に対し負担する債務につき責任を負う趣旨でなされる。 |

例えば、①Xが住宅内に所有する建具(特定物に該当する)をAに売却する契約について、②Xの債務を保証するためにYがAとの間で保証契約を締結したとする。この場合、③Aが代金を支払ったがXが建具を引き渡すことができなくなり、債務不履行となったため、④Aが売買契約を解除すると、⑤当該売買契約の解除による原状回復義務についても、特に反対の意思表示がない限り、Yは保証の責任を負う。具体的には、Xが受領済の代金をAに返還しないときに、Yが代わりに代金をAに返還する責任を負う。

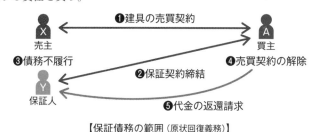

❶建具の売買契約
X 売主　A 買主
❸債務不履行　❹売買契約の解除
❷保証契約締結
Y 保証人
❺代金の返還請求

【保証債務の範囲(原状回復義務)】

③ 消滅における付従性 発展

| **意義** | 消滅における付従性とは、主たる債務が消滅すると、保証債務も消滅することをいう。 |

| **理由** | 条文はないが、保証債務は主たる債務を担保するものなので、主たる債務が消滅したときに保証契約を存続させておく必要はない。 |

例えば、主たる債務者が消滅時効を援用すると、主たる債務が消滅する結果として保証債務も消滅する。また、主たる債務者が主たる債務の消滅時効を援用しなく

ても、保証人は、主たる債務の消滅時効の援用権者に該当するので(145条括弧書)、主たる債務の消滅時効を自ら援用して保証債務を免れることができる。 [E]

〈解説〉 解除によって主たる債務が消滅した後、債権者と主たる債務者とが解除をなかったことにする旨を合意しても、保証債務は復活しない(大判昭4.3.16) [F]。保証契約は債権者と保証人により締結されるものだからである。

2 随伴性

保証債務に随伴性があることにより、保証付債権(主たる債務に係る債権)が債権譲渡(詳細は本章 **15** 節「債権譲渡」で扱う)その他の原因により移転したときは、保証付債権の譲受人が保証債権(保証債務に係る債権)の債権者となる。 [08]

〈解説〉 保証付債権の譲受人は、譲渡人が**主たる債務者に譲渡通知**をすることで、保証人にも債権譲渡を対抗することができる(大判明39.3.3)。しかし、譲渡人が**保証人だけに譲渡通知**をしても、主たる債務者や保証人に債権譲渡を対抗することができない(大判昭9.3.29) [09]。 **発展** なお、この通知は、確定日付のある証書による通知であることを要しない [G] (詳細は本章 **15** 節 **3** 項「債権譲渡の方法」で扱う)。

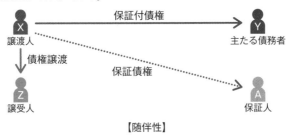

【随伴性】

3 補充性

保証債務に補充性があること(主たる債務者が弁済しない場合における第二次的な弁済責任であること)に基づく抗弁権として、民法では、保証人に対して**催告の抗弁権**と**検索の抗弁権**を認めている。

① 催告の抗弁権(催告の抗弁)

原則 債権者が保証人に債務の履行を請求したときは、**保証人は、まず主たる債務者に催告をすべき旨を請求することができる**(452条本文)。これを催告の抗弁権という。 [10]

例外 ①主たる債務者が破産手続開始の決定を受けたとき、または、②主たる

債務者の行方が知れないときは、保証人は、催告の抗弁権を行使することができない（452条ただし書）。**10**

趣旨 ①の場合は主たる債務者による弁済が期待できず、②の場合は主たる債務者への催告ができない状況にある。

② 検索の抗弁権（検索の抗弁）

債権者が452条の規定に従い主たる債務者に催告をした後であっても、**保証人が主たる債務者に弁済をする資力があり、かつ、執行が容易であることを証明した**ときは、**債権者は、まず主たる債務者の財産について執行をしなければならない**（453条）。これを**検索の抗弁権**という。**11**

趣旨 保証債務の補充性のあらわれである。催告の抗弁権と比べて実効性が大きい。

③ 催告の抗弁権・検索の抗弁権の効果 ✎発展

452条又は453条の規定により保証人の請求・証明があったにもかかわらず、債権者が催告・執行をすることを**怠った**ために主たる債務者から**全部の弁済**を得られなかったときは、保証人は、債権者が直ちに催告・執行をすれば弁済を得ることができた限度において、その義務を免れる（455条）。

❸ 主たる債務者と保証人の影響関係

主たる債務者と保証人との間で、一方に生じた事由が他方に影響を及ぼすか否かについては、①保証債務が主たる債務に従う性質を有すること（付従性）、②主たる債務と保証債務とが別個独立の債務であること（独立債務性）、の2点から考えることができる。

1 主たる債務者に生じた事由

保証債務の**付従性**が重視され、主たる債務者に生じた事由は、**主たる債務を加重する事由を除いて、保証人に影響する**（絶対効）。具体的には、以下のように457条で規定されている。

〈解説〉 「主たる債務を加重する事由」を除外するのは、主たる債務の目的又は態様が保証契約の締結後に加重されても、保証人の負担は加重されないからである（448条2項）。

【主たる債務者に生じた事由】

① 主たる債務者に時効の完成猶予・更新が生じた場合

> 設例　XがAから100万円を借り入れる際、Yが保証人になった。その後、Xが自らの貸金債務の存在を承認した場合、Yの保証債務の消滅時効期間はどうなるか。

　主たる債務者に対する履行の請求その他の事由による**時効の完成猶予及び更新**は、保証人に対しても、その効力を生ずる(457条1項)。したがって、履行の請求による時効の完成猶予・更新(147条)に限らず、強制執行等による時効の完成猶予・更新(148条)、権利の承認による時効の更新(152条)などの効力も、保証人に対して及ぶことになる。12

> 設例の場合、Xの行為は権利の承認に当たるので、これによる消滅時効の更新の効力がYに対しても生じ、Yの保証債務の消滅時効も更新される。
>
>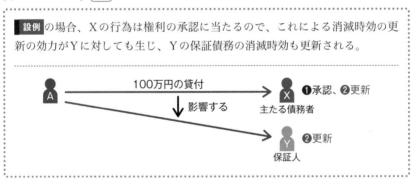

〈解説〉　発展　時効完成後は時効利益を放棄することができるが(146条反対解釈)、主たる債務者が時効利益を放棄しても、保証人は、主たる債務についての消滅時効を援用することができる(**放棄の相対効**)(大判大5.12.25)　H　。

② 主たる債務者に抗弁権が生じた場合

　保証人は、主たる債務者が主張することができる抗弁をもって、**債権者に対抗することができる**(**保証人の抗弁権**)(457条2項)。例えば、主たる債務者が債権者に対

して同時履行の抗弁権(533条)を有する場合、保証人は、債権者に対して同時履行の抗弁権を主張して、保証債務の履行を拒むことができる。[13]

③ 主たる債務者に相殺権・取消権・解除権が生じた場合

> **設例** ①XがAから100万円を借り入れる（AがXに対して100万円の貸金債権を取得する）に際して、②Yが保証人になった。その後、③XがAに対して80万円の代金債権を取得し、貸金債権と代金債権は相殺可能な状況になったが、④Xは相殺をしようとしない。この場合、保証債務の履行について、Yはどのような主張をすることができるか。

　主たる債務者が債権者に対して相殺権・取消権・解除権を有するときは、これらの権利の行使によって**主たる債務者がその債務を免れるべき限度**において、**保証人は、債権者に対して債務の履行を拒むことができる**(保証人の履行拒絶権)(457条3項)。この場合、保証人が相殺権・取消権・解除権を行使して主たる債務を消滅させることはできず、自らの保証債務の履行を拒むことができるにとどまる。[14]

> **設例**の場合、Yは、Xが貸金債務について相殺権を行使すれば免れる80万円の限度で、保証債務の履行を拒むことができる。したがって、Yが保証債務の履行をするときは、20万円を支払えばよい。

2 保証人に生じた事由

　保証債務の**独立債務性**が重視され、保証人に生じた事由は、**弁済その他債権を消滅させる事由**(代物弁済・供託・相殺)が**保証債務に生じた場合を除き、主たる債務者に影響しない**(相対効)。[15]

　例えば、保証人Yの保証債務について消滅時効の完成猶予・更新や履行遅滞が生じても、主たる債務者Xには影響せず、主たる債務の消滅時効の完成猶予・更新や

履行遅滞は生じない。これに対して、保証人Yが保証債務を弁済して消滅させると、主たる債務者Xに影響するので、主たる債務も消滅する。

【保証人に生じた事由】

	主たる債務者について生じた事由	保証人について生じた事由
原則	保証人について効力を生じる(付従性)（例)履行の請求・債務の承認・時効の完成猶予・更新等	弁済等、主たる債務を消滅させる事由以外は、債務者について効力を生じない
例外	時効の利益の放棄は保証人に影響なし	連帯保証(458条)

④ 保証人の求償権

　主たる債務者が主たる債務を弁済して消滅させても、それは自らの債務の履行であるため、**主たる債務者は保証人に求償することができない**。反対に、保証人が保証債務を弁済して主たる債務を消滅させた場合、その実質は他人の債務の履行であるため、**保証人は主たる債務者に求償することができる**。

　そして、保証人による求償の範囲は、以下のように、主たる債務者と保証人との関係により異なる。

〈解説〉　**発展** ①保証人が債権者に弁済した場合、保証人は、主たる債務者に対して求償権を取得するとともに、債権者に代位し、債権者の主たる債務者に対する原債権を取得する(弁済による代位)(501条、本章 **7** 節「債権の消滅(1)―弁済①」参照)。 **I**

　　　　発展 ②連帯債務者又は不可分債務者の一人のために保証をした者は、他の債務者に対し、その負担部分のみについて求償権を有する(464条) **J** 。

　趣旨　本来、債権者の負担する債務のみ弁済をするところ、主たる債務が連帯又は不可分のため全額を弁済しなければならない場合の求償権についての規定である。

1 ▷ 主たる債務者から委託を受けた保証人

主たる債務者から委託を受けた保証人は、委託を受けない保証人と異なり、事前求償権(460条)を行使することができるのを特徴とする。

① 求償の範囲 /発展

主たる債務者の委託を受けて保証をした保証人は、**主たる債務者に代わって債務の消滅行為をした場合**、主たる債務者に対し、**債務の消滅行為のために支出した財産の額**(その財産の額が債務の消滅行為によって消滅した**主たる債務の額を超える場合は、その消滅した額**)を求償することができる(459条1項)。 K

〈解説〉 　求償の範囲には、債務の消滅行為の日以後の「法定利息及び避けることができなかった費用その他の損害の賠償」も含まれる(459条2項、442条2項)。

〈語句〉 ●債務の消滅行為とは、弁済その他自己の財産をもって債務を消滅させる行為である。

② 弁済期前に債務の消滅行為をした場合 /発展

(ア) 求償の時期・範囲の特則

委託を受けた保証人は、主たる債務の弁済期前に債務の消滅行為をした場合、**主たる債務の弁済期以後でなければ求償することができない**(459条の2第3項)。この場合における求償の範囲は、**主たる債務者がその当時**(保証人が債務の消滅行為をして免責された当時)**利益を受けた限度**である(459条の2第1項前段)。

〈解説〉 　求償の範囲には、主たる債務の**弁済期以後**の法定利息や、主たる債務の**弁済期以後**に債務の消滅行為をしたとしても避けることができなかった費用その他の損害の賠償が含まれる(459条の2第2項)。

(イ) 主たる債務者が相殺の原因を主張する場合

委託を受けた保証人が債務の消滅行為をする日以前に、主たる債務者が相殺の原因を有していた(債権者への反対債権を取得していた)場合、主たる債務者は相殺によって自らの債務を消滅させることができる状況にあったので、**債務の消滅行為の当時利益を受けていない**。この場合、保証人は主たる債務者への求償をすることができない。

ただし、主たる債務者が債務の消滅行為の日以前に相殺の原因を有していたことを主張するときは、保証人は、債権者に対し、その相殺によって消滅すべきであった債務(反対債権に係る債務)の履行を請求することができる(459条の2第1項後段)。

趣旨 　債権者が、主たる債務者の相殺によって自己の債権(主たる債務に係る債権)が消滅するのに、保証人による債務の消滅行為によって利益を受けたままにすることは妥当でないから、主たる債務者が有していた反対債権が保

証人に移転するものとした。

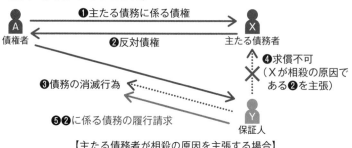

【主たる債務者が相殺の原因を主張する場合】

③ 事前求償権

　主たる債務者の委託を受けて保証をした保証人は、下記のいずれかに該当する場合、主たる債務者に対し、**あらかじめ**（債務の消滅行為をする前に）、**求償すること
ができる**（460条）。 16

趣旨　下記の①②は主たる債務者の無資力によって求償ができなくなる可能性
　　　　があること、下記の③は保証人が直ちに強制執行を受ける立場になったこ
　　　　とを趣旨とする。

【事前求償権を行使することができる場合】
①　主たる債務者が破産手続開始の決定を受け、かつ、債権者がその破産財団の配当
　に加入しないとき
②　債務が弁済期にあるとき（ただし、保証契約の後に債権者が主たる債務者に許与
　した期限は、保証人に対抗することができない）
③　保証人が過失なく債権者に弁済をすべき旨の裁判の言渡しを受けたとき

〈**語句**〉●**破産財団**とは、破産者の財産又は相続財産などのうち、破産手続において破産
　　　　管財人にその管理処分権が専属するものをいう（破産法2条14号）。

問題点　　債務者の委託を受けてその債務を担保するために自らの不動産に抵当
　　　　権を設定した者（**物上保証人**）は、事前求償権を行使することができるか。
結論　事前求償権を行使することはできない（最判平2.12.18）。 L
理由　物上保証人は、債務者から抵当権設定行為の委託を受けているにすぎず、
　　　　保証債務そのものを負担しているわけではない。

2 主たる債務者から委託を受けない保証人

　主たる債務者から委託を受けない保証人は、委託を受けた保証人と異なり、**事前**

求償権を行使することができない。また、主たる債務者の意思に反するか否かによって、主たる債務者への求償の範囲が異なる。

① 主たる債務者の意思に反しない場合の求償の範囲

　求償の範囲は、**主たる債務者が保証人による債務の消滅行為によって免責された当時利益を受けた限度**であり、委託を受けた保証人が主たる債務の弁済期前に債務の消滅行為をした場合と同様である(462条1項、459条の2第1項)。 [17]

〈**解説**〉　求償の範囲には、主たる債務の弁済期以後の法定利息や、主たる債務の弁済期以後に債務の消滅行為をしたとしても避けることができなかった費用その他の損害の賠償は含まれない(462条1項が459条の2第2項を準用していない)。 [17]

② 主たる債務者の意思に反する場合の求償の範囲 /発展

　求償の範囲は、**主たる債務者が現に(保証人による求償の当時)利益を受けている限度**である(462条2項前段)。 [M]

　例えば、保証人による求償の日以前に、主たる債務者が相殺の原因を有していた(債権者への反対債権を取得していた)場合、主たる債務者は相殺によって自らの債務を消滅させることができる状況にあったので、**現に利益を受けていない**。この場合、保証人は主たる債務者への求償ができない。

　もっとも、主たる債務者が求償の日以前に相殺の原因を有していたことを主張するときは、保証人は、債権者に対し、その相殺によって消滅すべきであった債務(反対債権に係る債務)の履行を請求することができる(462条2項後段)。この点は、前述の[ ]→②(イ)「主たる債務者が相殺の原因を主張する場合」と同様である。

【保証人の求償権】

保証人の種類	事前求償権	事後求償権の範囲
委託を受けた保証人	○	/発展 債務の消滅行為のために支出した財産の額(債務の消滅行為の日以後の法定利息などを含む)※ [K]
委託を受けず、主たる債務者の意思に反しない保証人	×	主たる債務者がその当時(保証人による債務の消滅行為の当時)利益を受けた限度 [17]
委託を受けず、主たる債務者の意思に反する保証人	×	/発展 主たる債務者が現に(保証人による求償の当時)利益を受けている限度 [M]

※ 主たる債務の弁済期前に債務の消滅行為をした場合は、主たる債務者がその当時利益を受けた限度(債務の消滅行為の日以後の法定利息などを含む)になる。

❺ 債務の消滅行為の通知義務 /発展

通知義務が問題になるのは、債務の消滅行為をする前の通知（事前通知）、債務の消滅行為をした後の通知（事後通知）、という2つの場面である。

1 委託を受けた保証人が債務の消滅行為をした場合

委託を受けた保証人には、**主たる債務者への事前通知・事後通知の義務**がある。通知義務を怠った場合は以下のようになる。

① 事前通知を怠った場合

委託を受けた保証人が主たる債務者への事前通知を怠って債務の消滅行為をした場合、主たる債務者は、債権者に対抗することができた事由をもって、保証人に対抗することができる（463条1項前段）。

〈解説〉 　主たる債務者が相殺をもって保証人に対抗した場合、保証人は、債権者に対し、相殺によって消滅すべきであった債務の履行を請求することができる（463条1項後段）。この点は、本節❹項 1 ②（イ）「主たる債務者が相殺の原因を主張する場合」と同様である。

② 事後通知を怠った場合

債務の消滅行為をした委託を受けた保証人が、主たる債務者への事後通知を怠ったため、主たる債務者が善意で債務の消滅行為をしたときは、主たる債務者は、**自らの債務の消滅行為を有効とみなす**ことができる（463条3項）。

2 委託を受けない保証人が債務の消滅行為をした場合

① 事前通知の義務はない

委託を受けない保証人には、**主たる債務者への事前通知の義務がない**。

趣旨 　委託を受けない保証人による債務の消滅行為以前に、主たる債務者が債務の消滅行為をしていた場合は、主たる債務者が保証人による債務の消滅行為の当時利益を受けておらず、求償ができないので、事前通知を義務付ける意味がない。

② 主たる債務者の意思に反しない保証人は事後通知の義務がある

主たる債務者への事後通知の義務があるのは、主たる債務者の意思に反しない保証人である。主たる債務者の意思に反しない保証人が事後通知を怠った場合は、委託を受けた保証人と同様の規律がなされる（463条3項）。しかし、**主たる債務者の意**

思に反する保証人には、主たる債務者への事後通知の義務もない。

趣旨 主たる債務者の意思に反する保証人は、求償の範囲が主たる債務者が現に利益を受けている限度に制限され、求償以前に主たる債務者が債務の消滅行為をしていた場合は、主たる債務者が利益を受けておらず、求償ができないため、事後通知を義務付ける意味がない。

3 主たる債務者が債務の消滅行為をする場合

主たる債務者には、保証人への事前通知の義務がないのに対して、委託を受けた保証人への事後通知の義務がある。具体的には、主たる債務者が債務の消滅行為をしたことの事後通知を怠ったため、委託を受けた保証人が善意で債務の消滅行為をした場合、その保証人は、その債務の消滅行為を有効とみなすことができる(463条2項)。

〈解説〉 主たる債務者は、委託を受けない保証人に対しては、事前通知・事後通知の双方をする義務がない。

【通知義務と通知を欠いた場合の効果】

弁済者	事前通知	欠いた場合	事後通知	欠いた場合
委託を受けた保証人	必要	主債務者は、債権者に対抗することができた事由を保証人に対抗可能	必要	保証人がした弁済について善意の主債務者による弁済が有効であったとみなすことができる
委託がなく主債務者の意思に反しない保証人	×		必要	
委託がなく主債務者の意思に反する保証人	×		×	
主債務者	×		必要	保証人が善意で債務の消滅行為をしたときは、その保証人は債務の消滅行為を有効であったものとみなすことができる

6 債権者による情報提供義務 /発展

債権者による情報提供義務は、保証人がどの程度の弁済を求められる可能性があるのかを知る機会を確保するため、保証契約の関係が継続している間に課されているものである。

1 主たる債務の履行状況に関する情報提供義務

　債権者は、委託を受けた保証人（個人か法人かを問わない）からの請求があったときは、その保証人に対し、遅滞なく、次表に関する情報（主たる債務の履行状況）を提供しなければならない（458条の2）。 N/予

> **【主たる債務の履行状況に関する情報提供義務】**
> ① 主たる債務の元本
> ② 主たる債務に関する利息、違約金、損害賠償その他その債務に従たる全てのものについての不履行の有無
> ③ ①②の残額及びそのうち弁済期が到来しているものの額

2 主たる債務者の期限の利益喪失に関する情報提供義務

　債権者は、主たる債務者が期限の利益を喪失したときは、個人の保証人（委託を受けたか否かを問わない）に対して、その期限の利益の喪失を知った時から2か月以内に、その旨を通知しなければならない（458条の3第1項）。

❼ 特殊な保証

　特殊な保証として、連帯保証、共同保証、根保証という3つの類型がある。そして、これらの類型に該当しない一般的な保証については通常の保証（普通の保証）と呼ばれている。

1 連帯保証

意義　連帯保証とは、保証人が主たる債務者と連帯して債務（連帯保証債務）を負担する旨を合意した保証のことである（454条）。連帯保証債務を負担する保証人のことを連帯保証人といい、連帯保証債務の負担に関する契約のことを連帯保証契約という。

趣旨　連帯債務の要素を加味した債権担保の機能がより強化された保証を認める。

　連帯保証が通常の保証と異なるのは、①補充性がない、②連帯債務の一部の規定が準用される、③分別の利益がない、という3点であり、その他については通常の保証と同様の規律が適用される。

〈解説〉 発展 債務が主たる債務者の商行為によって生じたとき、又は、保証契約が商行為に当たるときは、その保証は連帯保証とされる（商法511条2項）。

(O)

① 補充性がない

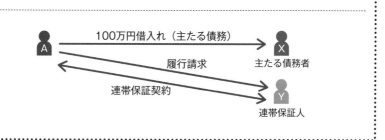

> **設例**　Xは、Aから100万円を借り入れる際、Yに連帯保証人となってもらい、AY間で連帯保証契約が有効に締結された。AがXに対して履行の請求をすることなく、Yに対して履行の請求をした場合、Yは催告の抗弁権を主張して履行を拒むことができるか。
>
> 100万円借入れ（主たる債務）
> 履行請求
> A
> X　主たる債務者
> 連帯保証契約
> Y　連帯保証人

連帯保証人は、催告の抗弁権・検索の抗弁権を有しない(454条)。[18]

趣旨　連帯保証に補充性がない(検索の抗弁権・催告の抗弁権という制度がない)ことを規定した。

連帯保証に補充性がないことによって、**債権者は、主たる債務者に履行の請求をすることなく、直ちに連帯保証人に対して履行の請求をすることができる**。これに対して、連帯保証人は、催告の抗弁権・検索の抗弁権を主張して、債権者への履行を拒むことができない。

〈**解説**〉　連帯保証は補充性がないことから、債権者にとって有利であり、実際の取引では通常の保証よりも頻繁に利用される傾向がある。

> **設例**の場合、連帯保証人Yは、債権者Aからの履行の請求に対し、催告の抗弁権を主張してAへの履行を拒むことができない。

② 連帯債務の規定の一部が準用される　📝発展

連帯債務に関する438条(更改の絶対的効力)、439条1項(相殺の絶対的効力)、440条(混同の絶対的効力)、441条(相対的効力の原則)の規定は、連帯保証人について生じた事由について準用する(458条、本章**13**節**②**項 3 「影響関係」参照)。(P)
(Q)

趣旨　連帯債務の絶対的効力(絶対効)がある規定を連帯保証に準用する。

具体的には、連帯保証人に生じた事由のうち**更改・相殺・混同**は、主たる債務者に対しても効力を生じる(絶対的効力)。また、弁済及び弁済に準じて扱われる代物弁済、供託等も、連帯債務の規定の準用を待つまでもなく、当然に主たる債務者に対しても効力を生じる。

　しかし、その他の事由は、債権者と連帯保証人が別段の意思を表示したときを除き、主たる債務者に対して効力を生じない(相対的効力)。

〈解説〉　連帯保証人には主たる債務について負担部分を観念できない(内部的には主たる債務者がすべてを負担し、連帯保証人の負担部分はない)ので、負担部分を前提とする連帯債務の規定(439条2項)は準用されない。したがって、主たる債務者は、連帯保証人が債権者に対して有する反対債権をもって、自らの債務の履行を拒絶することはできない。

【連帯保証人の影響関係】

事由	連帯保証人に生じた場合	主たる債務者に生じた場合
更改、相殺、混同、弁済等	主たる債務者の債務消滅 P	通常の保証と同じく、付従性により連帯債務者に影響する
履行の請求、免除	主たる債務者に影響なし Q	
時効の完成猶予・更新	主たる債務者に影響なし R	
反対債権の取得	主たる債務者は履行拒絶不可 S	主たる債務者が相殺を援用しない場合、連帯保証人は履行拒絶ができる

③ 分別の利益がない

　共同保証の場合に連帯保証人には分別の利益がない。共同保証、分別の利益については、次の 2 「共同保証」で扱う。

■趣旨■　連帯保証に分別の利益がない(債権者に対しては全額の弁済義務を負う)ことを規定する。

2 共同保証

■意義■　1つの主たる債務について保証人が2人以上いる場合のことを**共同保証**といい、共同保証をした保証人のことを**共同保証人**という。

　共同保証については、①分別の利益、②共同保証人間の求償、という2点について特別の扱いがなされている。

① 分別の利益

設例 Xは、Aから100万円を借り入れる際、Yには通常の保証人、Zには連帯保証人となってもらい、AY間で保証契約、AZ間で連帯保証契約がそれぞれ有効に締結された。この場合、YZはAに対して全額の弁済義務を負うか。

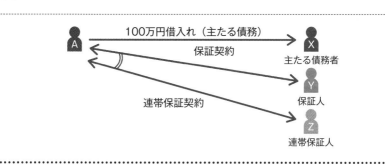

意義 分別の利益とは、共同保証人が、各別の行為により債務を負担したときであっても、**主たる債務の額を保証人の人数で割った額について、保証債務を負担する**ことをいう(456条、427条)。

　ただし、下記のいずれかに該当する場合は、**共同保証人に分別の利益がない**ので、各自が全額を弁済する義務を負う。

【共同保証人に分別の利益がない場合】 〔発展〕

① 主たる債務が不可分の場合

② 共同保証人が連帯保証人である場合(大判大6.4.28)〔T〕

③ 共同保証人間において保証連帯をした場合

〈語句〉●保証連帯とは、各共同保証人が全額について債務を負担する旨を特約して共同保証をする場合である。連帯保証が債権者と連帯して債務を負担するのに対し、保証連帯は他の共同保証人と連帯して債務を負担するという特徴がある。また、保証連帯をした共同保証人は、催告の抗弁権・検索の抗弁権を主張することができる(**補充性がある**)。

設例の場合、通常の保証人Yには分別の利益が認められるが、連帯保証人Zには分別の利益が認められない。したがって、Yは50万円を弁済する義務を負い、Zは100万円全額を弁済する義務を負う。

② 共同保証人間の求償 / 発展

共同保証人間の求償については、分別の利益がある場合と、分別の利益がない場合で扱いが異なる。

【共同保証人間の求償】

分別の利益が ない場合	他の共同保証人への求償に際して、連帯債務者間の求償権の規定(442条～444条)が準用される(465条1項) **趣旨** 分別の利益がない共同保証人の一人が全額または自己の負担部分を超える額を弁済したときは、連帯債務者の一人がした弁済と同様に考えることができる
分別の利益が ある場合	他の共同保証人への求償に際して、委託を受けない保証人の求償権の規定(462条)が準用される(465条2項) **趣旨** 分別の利益がある共同保証人の一人が、全額または自己の負担部分を超える額を弁済したときは、義務のない行為をしたことになり事務管理と同じ関係になる

3 根保証 / 発展

意義 一定の範囲に属する不特定の債務を主たる債務とする保証(保証契約)のことを根保証(根保証契約)という。根保証の典型例は、賃借人が負担する賃料債務などを保証する場合である。

根保証は、主たる債務を保証する期間が長期にわたるほか、実際の保証額が不確定であるなど、保証人の負担を過大にする危険性があり、特に根保証を個人が行う場合(個人根保証契約)に深刻化することが多いので、以下のような規定を設けている。

〈語句〉●個人根保証契約とは、一定の範囲に属する不特定の債務を主たる債務とする保証契約であって、保証人が法人でない(個人である)ものをいう(465条の2第1項)。

① 個人根保証契約

個人根保証契約は、極度額(保証限度額)の定めを書面または電磁的記録によってしなければ、その効力を生じない(465条の2第2項、3項)。 U

また、主たる債務の元本確定事由の一つに「主たる債務者又は保証人が死亡したとき」を含める(465条の4第1項3号)ことで、相続される保証債務に一定の制限を設けている。

② 個人貸金等根保証契約

個人根保証契約のうち個人貸金等根保証契約は、特に保証人の負担を過大にする

危険性が高いので、個人根保証契約の規定に加えて、元本確定期日（主たる債務の元本の確定すべき期日）の規定を設けることにより、元本が確定するまでの期間を短縮させている。

〈語句〉●個人貸金等根保証契約とは、個人根保証契約であってその主たる債務の範囲に貸金等債務（金銭の貸渡し又は手形の割引を受けることによって負担する債務）が含まれるものをいう（465条の3第1項）。

【個人貸金等根保証契約の元本確定期日】

元本確定期日を定める場合の制限	元本確定期日が個人貸金等根保証契約の締結日から5年を経過する日より後の日と定められているときは、元本確定期日の定めは効力を生じない※（465条の3第1項）
元本確定期日を定めない場合の制限	元本確定期日の定めがない場合（上記により元本確定期日の定めが効力を生じない場合を含む）には、元本確定期日は個人貸金等根保証契約の締結日から3年を経過する日とする（465条の3第2項）

※ 個人貸金等根保証契約の締結日から3年以内の日を元本確定期日として定める場合を除き、元本確定期日の定めを書面または電磁的記録にしなければ、元本確定期日の定めは効力を生じない（465条の3第4項、446条2項、3項）。

4 事業にかかる債務についての保証契約の特則 /発展

① 保証契約締結時の主たる債務者による情報提供義務

以下の規定は、保証をする者が法人である場合は適用しないので（465条の10第3項）、保証をする者が個人である場合に適用される。

（ア）情報提供義務の内容

主たる債務者は、事業のために負担する債務を主たる債務とする保証の委託をするときは、委託を受ける者（保証をする個人）に対し、以下の3つの事項に関する情報を提供しなければならない（465条の10第1項）。 V/予

【情報提供をしなければならない3つの事項】
① 財産及び収支の状況
② 主たる債務以外に負担している債務の有無並びにその額及び履行状況
③ 主たる債務の担保として他に提供し、又は提供しようとするものがあるときは、その旨及びその内容

〈解説〉 主たる債務の範囲に事業のために負担する債務が含まれる根保証の委託をする場合も、同じく情報提供義務が課せられている（465条の10第1項）。

（イ）情報提供義務に違反した場合

主たる債務者が3つの事項に関して情報を提供せず、又は事実と異なる情報を提

供したために委託を受けた者がその事項について誤認をし、それによって保証契約の申込み又はその承諾の意思表示をした場合、保証人は、保証契約を取り消すことができる(465条の10第2項)。

　もっとも、この場合に保証契約を取り消すには、主たる債務者が3つの事項に関して情報を提供せず又は事実と異なる情報を提供したことを、**債権者が知り又は知ることができたことを要する**(債権者の悪意又は有過失)。

② 保証意思宣明公正証書の作成

　事業のために負担した**貸金等債務を主たる債務**とする保証契約は、その契約の締結に先立ち、その締結の日前**1か月以内**に作成された公正証書で**保証人になろうとする個人**(法人には適用されない)が保証債務を履行する意思を表示していなければ、その効力を生じない(465条の6第1項、第3項)。この場合に作成される公正証書は**保証意思宣明公正証書**と呼ばれている。 W/予

　趣旨　事業のための貸金等債務は高額になるので、それを保証する意思が明確にあることを公正証書によって確認させることにした。

〈解説〉　①　主たる債務の範囲に事業のために負担する貸金等債務が含まれる根
　　　　　　保証契約の保証人になろうとする個人にも、同様に公正証書の作成義
　　　　　　務が課されている(465条の6第1項)。
　　　　　②　保証人になろうとする者が、主たる債務者が法人である場合の経営
　　　　　　陣(取締役、理事など)または大株主(総株主の議決権の過半数を有する
　　　　　　株主)などであるときは、保証意思宣明公正証書の作成は不要である
　　　　　　(経営者保証)(465条の9)。

❽ 保証契約の締結に関する錯誤 🖊️発展

　保証契約の締結に関する錯誤は、保証契約を締結する際に保証人が勘違いをした事実が、錯誤取消しの要件の1つである「錯誤の重要性」(95条1項)を有するかどうかの問題である(錯誤については、『民法 上』第1章❻節❶項「錯誤」を参照)。

【保証契約の締結に関する錯誤】

事例	錯誤の重要性
債権者が主たる債務者の家族ではなく単なる友人であった	なし **理由** 債権者が主たる債務者の家族か友人かは保証契約の重要な部分ではない
主たる債務者が必ず弁済すると約束したので保証契約を締結したが、実際には弁済をしなかった（大判大3.12.15）	なし（原則）**X** **理由** 保証契約を締結する際に基礎とした事情にすぎない（その事情が表示されたときに錯誤の重要性が認められる場合がある）
主たる債務者がAであると思って保証契約を締結したが、実際の主たる債務者はBであった	あり**Y** **理由** 主たる債務者が誰であるかは保証契約の重要な部分である
主たる債務が100万円であると思って保証契約を締結したが、実際の主たる債務は1億円であった	あり **理由** 主たる債務の金額は保証契約の重要な部分である
他に保証人が存在すると思って保証契約を締結したが、実際は保証人が自分だけであった（最判昭32.12.19）	なし（原則） **理由** 他に保証人が存在する旨を特に保証契約の内容としたのでなければ、その旨は保証契約の内容とならない

重要事項 一問一答

01 保証債務とは何か？

主たる債務者がその債務を履行しないときに、その履行をする責任を負う債務

02 保証契約の当事者は誰か？ 口頭での締結は可能か？

保証人と債権者が当事者であり、書面または電磁的記録でしなければ効力を生じない（446条2項、3項）。

03 保証人の資格に制限はあるか？

資格の制限はないのが原則である（保証人を立てる義務を負う場合の例外がある）。

04 保証人を立てる義務を負う場合、どのような者を保証人とすべきか？

行為能力者かつ弁済の資力を有する者を保証人とすべきである（450条1項）。

05 保証債務の性質は（3つ）？

付従性、随伴性、補充性

06 成立における付従性とは何か？

主たる債務が存在しなければ、保証債務も成立しないこと

07 内容における付従性とは何か？

保証債務が主たる債務より重くならないこと

08 主たる債務が保証契約締結後に加重されると保証人の負担はどうなるか？

保証人の負担は加重されない（448条2項）。

09 保証人が自らの保証債務についてのみ違約金を定めることができるか？

できる（447条2項）。

10 保証債務の範囲はどの程度か？

主たる債務に関する利息、違約金、損害賠償その他その債務に従たるすべてのものを包含する（447条1項）。

11 消滅における付従性とは何か？

主たる債務が消滅すると、保証債務も消滅すること

12 保証債務に補充性があることに基づく抗弁権は何か（2つ）？

催告の抗弁権、検索の抗弁権

13 主たる債務者に生じた事由は保証人に影響するか？

主たる債務を加重する事由と時効利益の放棄を除き、保証人に影響する。

14 主たる債務者による時効の更新は、保証人に対して及ぶか？

及ぶ（457条1項）。

15 保証人に生じた事由は主たる債務者に影響するか？

弁済その他債権を満足させる事由が保証債務に生じた場合を除き、主たる債務者に影響しない。

16 委託を受けた保証人はあらかじめ求償できるか？

460条各号の場合に該当すればできる（事前求償権）。

17 連帯保証には催告の抗弁権・検索の抗弁権が認められるか？

認められない（454条）。

18 弁済や弁済に準じて扱われる事由以外で、連帯保証人に生じた事由で絶対効が認められるものは（3つ）？

更改、相殺、混同

19 共同保証とは何か？

1つの主たる債務について保証人が複数いる場合

20 分別の利益とは何か？

共同保証人が主たる債務の額を保証人の人数で割った額について保証債務を負担すること（456条、427条）

21 保証連帯には補充性が認められるか？

認められる。保証連帯と連帯保証とは異なる保証形態である。

22 事業にかかる債務についての保証契約の締結時に委託を受ける保証人となる個人への情報提供義務は誰が負っているか？

主たる債務者（465条の10第1項）

過去問チェック（争いのあるときは、判例の見解による）

01 保証債務は、保証人と主たる債務者との間の保証契約によって成立し、保証人は、主たる債務者がその債務を履行しないときに、その履行をする責任を負う。
×（区2020改題）「保証人と主たる債務者との間の保証契約によって成立し」が誤り。

02 主たる債務者が保証契約を締結することに反対している場合でも、保証人となろうとする者は、債権者との間で、保証契約を締結することができる。
○（裁2010）

03 保証契約は、その内容を記録した書面又は電磁的記録によってされなければ、その効力を生じない。
○（区2020改題）

04 債務者が保証人を立てる義務を負う場合、債権者が保証人を指名したときを除き、その保証人は行為能力者であることが必要である。
○（国般2017）

05 債権者が指名した保証人が弁済をする資力を有することの要件を欠くに至ったときは、当該債権者は、弁済をする資力を有することの要件を具備する者をもってこれに代えることを常に債務者に請求することができる。
×（区2014）「常に債務者に請求することができる」が誤り。

06 保証債務は、主たる債務と同じ給付を目的とする必要があるから、600万円の金銭債務を200万円の限度で保証するとの契約は無効である。
×（裁2010）全体が誤り。

07 最高裁判所の判例では、特定物の売買契約における売主のための保証人は、債務不履行により売主が買主に対し負担する損害賠償義務についてはもちろん、特に反対の意思表示のない限り、売主の債務不履行により契約が解除された場合における原状回復義務についても保証の責に任ずるものとした。
○（区2020）

08 保証債務と主たる債務は別個の債務であるから、主たる債務に係る債権が債権譲渡その他の原因により移転しても、主たる債務に係る債権の譲受人が保証債権

の債権者となることはない。

× (裁2021)「主たる債務に係る債権の譲受人が保証債権の債権者となることはない」が誤り。

(09) 保証付債権の譲受人は、保証人に債権譲渡を対抗するには主たる債務者に対して対抗要件を備えることを要し、上記債権の譲渡人が保証人に対してのみ譲渡の通知をしても保証人に債権譲渡を対抗することはできない。

○ (裁2013)

(10) 催告の抗弁権とは、債権者が保証人に債務の履行を請求した場合に、保証人が、まず主たる債務者に催告をすべき旨を請求できる権利をいい、主たる債務者が破産手続開始の決定を受けたときであっても、催告の抗弁権を行使できる。

× (区2017)「主たる債務者が破産手続開始の決定を受けたときであっても、催告の抗弁権を行使できる」が誤り。

(11) 債権者が主たる債務者に対して債務の履行を催告した後に保証人の財産について執行してきた場合、保証人は、主たる債務者に弁済の資力があり、かつ、執行が容易であることを証明して、まず主たる債務者の財産に対して執行すべきことを主張することができる。

○ (国般2015)

(12) 保証債務は主たる債務とは別個の債務であるから、主たる債務者に対する履行の請求その他の事由による時効の完成猶予及び更新は、保証人に対しては、その効力を生じない。

× (区2014改題)「保証人に対しては、その効力を生じない」が誤り。

(13) 主たる債務者が同時履行の抗弁権を有している場合でも、保証人はその同時履行の抗弁権を行使することはできない。

× (裁2002)「その同時履行の抗弁権を行使することはできない」が誤り。

(14) 主債務者が取消原因のある意思表示を取り消さない場合、保証人は、主債務者の取消権を行使してその意思表示を取り消すことができる。

× (裁2020)「主債務者の取消権を行使してその意思表示を取り消すことができる」が誤り。

(15) 債権者が履行期の定めのない債務の保証人に対し履行を請求したが、保証人が債務を履行しなかった場合、主たる債務者は、その請求の日の翌日から履行遅滞

に陥る。

× (裁2010)「その請求の日の翌日から履行遅滞に陥る」が誤り。

[16] 主たる債務が弁済期にある場合、保証人は、主たる債務者の委託を受けないで保証をしたときであっても、主たる債務者に対して事前求償権を行使することができるが、主たる債務者の意思に反して保証をしたときは、事前求償権を行使することができない。

× (国般2015)「主たる債務者に対して事前求償権を行使することができるが」が誤り。

[17] 主たる債務者の委託を受けずに、主たる債務者の意思に反しないで保証をした者が弁済をして、主たる債務者にその債務を免れさせたときは、免責当時に利益を受けた限度において求償できるため、利息や損害賠償も請求できる。

× (区2017)「利息や損害賠償も請求できる」が誤り。

[18] 保証債務の履行を請求された場合、連帯保証人は、債権者に対し、催告の抗弁及び検索の抗弁を主張することができる。

× (裁2020)「催告の抗弁及び検索の抗弁を主張することができる」が誤り。

[A] 主たる債務が取り消された場合には、附従性により保証債務も効力を失うから、制限能力者たる主たる債務者が締結した消費貸借契約が取り消された場合、特約がない限りその契約の保証人は、能力の制限につき悪意であったとしても、貸主に対する債務を免れる。

× (税・労2003)「能力の制限につき悪意であったとしても、貸主に対する債務を免れる」が誤り。

[B] 保証債務の負担が主たる債務の負担よりも重い場合には、主たる債務の限度まで縮減するのが原則である。

○ (税・労2003改題)

[C/予] 保証債務は、主たる債務の内容の変更に応じて保証債務もその内容を変ずるので、保証契約締結後に主たる債務の目的又は態様が重くなった場合には、それに応じて保証債務も重くなる。

× (予想問題)「それに応じて保証債務も重くなる」が誤り。

[D] 保証債務について定められた損害賠償の額が主たる債務について定められた損害賠償の額よりも負担が重い場合には、保証人の負担は主たる債務の限度に減縮

される。

×（裁2013）「保証人の負担は主たる債務の限度に減縮される」が誤り。

E 保証人は、主たる債務の消滅時効を援用できる。

○（裁2021）

F 解除によって主たる債務が消滅した後に、債権者と主たる債務者とが解除をなかったことにする旨の合意をしても、保証債務は復活しない。

○（裁2013）

G Aは、Bに対して100万円を貸し付け、C、DはBの債務を連帯保証した。Aが主たる債務者Bに対する債権をEに譲渡した場合、AがBに対して確定日付のない債権譲渡の通知をしただけでは、Eは、C、Dに対して債権譲渡の効力を主張できない。

×（裁2005）「Eは、C、Dに対して債権譲渡の効力を主張できない」が誤り。

H 主たる債務者が時効利益を放棄した場合でも、保証人は主たる債務についての消滅時効を援用することができる。

○（裁2002）

I 保証人が債権者に弁済した場合、保証人は、主たる債務者に対して求償権を取得するとともに、債権者に代位し、債権者の主たる債務者に対する原債権を取得する。

○（裁2010）

J 連帯債務者又は不可分債務者の一人のために保証をした者は、他の債務者に対し、その負担部分のみについて求償権を有する。

○（区2014）

K 主たる債務者に頼まれて保証人となった者が弁済した場合、当該保証人は主たる債務者に対して債務の消滅行為のために支出した財産の額を求償することができるのを原則とする。

○（税・労2003改題）

L Bが、Aから委託を受けて、Aの債務を担保するためにB所有の不動産に抵

当権を設定した場合、Bは、被担保債権の弁済期が到来すれば、Aに対してあらかじめ求償権を行使することができる。

×（裁2013）「Aに対してあらかじめ求償権を行使することができる」が誤り。

M 主たる債務者の意思に反して保証人となった者が弁済した場合、当該保証人は主たる債務者に対して何ら求償することができない。

×（税・労2003改題）「当該保証人は主たる債務者に対して何ら求償することができない」が誤り。

N/予 保証人が主たる債務者の委託を受けて保証をした否かを問わず、その保証人の請求があったときは、債権者は、保証人に対し、遅滞なく、主たる債務に関する情報を提供しなければならない。

×（予想問題）「保証人が主たる債務者の委託を受けて保証をした否かを問わず」が誤り。

O 連帯保証契約は債権者と保証人との合意により成立するが、債務が主たる債務者の商行為によって生じたとき、又は、保証契約が商行為に当たるときは、その保証は、法律上、連帯保証とされる。

○（税・労2011改題）

P 甲が乙の丙に対する貸金債務を連帯保証した場合、甲と丙との間で連帯保証債権につき更改がなされた場合でも、丙の乙に対する貸金債権は消滅しない。

×（裁2006改題）「丙の乙に対する貸金債権は消滅しない」が誤り。

Q 甲が乙の丙に対する貸金債務を連帯保証した場合、丙が甲に対して連帯保証債務の一部を免除すれば、その部分に限り、丙の乙に対する貸金債権は消滅する。

×（裁2006改題）「その部分に限り、丙の乙に対する貸金債権は消滅する」が誤り。

R 甲が乙の丙に対する貸金債務を連帯保証した。甲が丙に対して連帯保証債務の一部を弁済すれば、丙の乙に対する貸金債権の残部についての消滅時効の完成は猶予される。

×（裁2006改題）「丙の乙に対する貸金債権の残部についての消滅時効の完成は猶予される」が誤り。

S 甲が乙の丙に対する貸金債務を連帯保証した。甲が丙に対して不法行為に基づく損害賠償請求権を有するとしても、乙は、当該損害賠償請求権をもって履行を拒絶することはできない。

○（裁2006改題）

[T] 主たる債務について二人の連帯保証人がある場合、各連帯保証人は、債務者に対して主たる債務の2分の1の額についてのみ保証債務を負う。

× (国般2015)「債務者に対して主たる債務の2分の1の額についてのみ保証債務を負う」が誤り。

[U] 貸金債務等の根保証契約は、自然人が保証人であっても法人が保証人であっても、極度額を定めなければ効力を生じない。

× (国般2015)「法人が保証人であっても」が誤り。

[V/予] 主たる債務者は、事業のために負担するものではない債務を主たる債務とする保証の委託をするときは、委託を受ける者に対し、所定の事項に関する情報を提供しなければならない。

× (予想問題)「事業のために負担するものではない債務」が誤り。

[W/予] 貸金等債務であるか否かを問わず、事業のために負担した債務を主たる債務とする保証契約は、その契約の締結に先立ち、その締結の日前1か月以内に作成された公正証書で保証人になろうとする個人又は法人が保証債務を履行する意思を表示していなければ、その効力を生じない。

× (予想問題)「貸金等債務であるか否かを問わず、事業のために負担した債務」「又は法人」が誤り。

[X] Aは、Bの委託を受けて、BがCから金員を借り入れるについての保証人となることを承諾し、Cと保証契約を締結した。Aは、Bから必ず自分が支払うのでAが支払を求められることはないと言われたのでそれを信じて保証したが、Cがその言葉を知らない場合、Aは、実際はCから請求を受けたことを理由に錯誤による取消しを主張して、Cからの請求を拒むことができる。

× (裁2012改題)「Aは、実際はCから請求を受けたことを理由に錯誤による取消しを主張して、Cからの請求を拒むことができる」が誤り。

[Y] Aは、Bの委託を受けて、Cから金員を借り入れるについての保証人となることを承諾し、Cと保証契約を締結した。Aは、借主がBだと思って保証したが、実際の借主がDであった場合、特段の事情のない限り、実際は借主がBではなくDであることを理由に錯誤による取消しを主張して、Cからの請求を拒むことができる。

○ (裁2012改題)

15 債権譲渡

本節では、債権譲渡を扱います。債務者に対する対抗要件とそこから生じる問題、債権の二重譲渡がなされた場合の優劣関係などが重要です。

1 債権譲渡総説

1 債権譲渡の意義と法的性質

① 債権譲渡の意義

意義 債権譲渡とは、債権の同一性を保ちつつ、旧債権者・新債権者間の契約によって、債権を旧債権者から新債権者へと移転させることである。

趣旨 債権を取引の対象にすることを認め、例えば、債権を売買することによって、旧債権者が履行期前に金銭を入手し、これによって自己の債権を回収することを可能にした。

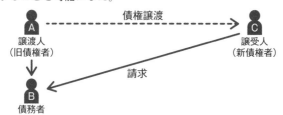

〈語 句〉●譲渡人は債権を譲り渡す者（旧債権者）を、譲受人は債権を譲り受ける者（新債権者）をいう。

② 法的性質

債権譲渡は、債権を1個の財貨として移転する処分行為である。その譲渡の枠組みは、基本的には不動産や動産の物権変動と同様に考えればよい。したがって、債権譲渡は**準物権行為**とも称されている。

債権は、債権譲渡の契約（ex.債権の売買契約）に基づいて、その**同一性を変えることなく、譲渡人から譲受人に移転**する。債権譲渡に伴い、債権に従たる権利も譲受人に移転する（87条2項の類推適用）。また、物的担保・人的担保も、被担保債権の譲渡に伴い**譲受人に移転**する（**随伴性**）。 01

③ 債権譲渡の方式

　債権譲渡の代表的な方式には、売買、贈与、代物弁済、譲渡担保があり、いずれも譲渡人(旧債権者)と譲受人(新債権者)との間で**諾成・不要式**の契約でされる。
02

2 債権譲渡の対象となる債権

　民法の債権譲渡に関する規定における債権は、売買代金債権や賃料債権など、市場で流通することが予定されておらず、**債権者が特定している**ものを念頭に置いている。また、その意思表示の時に**現に発生していない債権**についても、債権譲渡の対象となる(466条の6第1項)。

② 債権の譲渡性

1 譲渡性の原則

　民法は、「債権は、譲り渡すことができる」(466条1項本文)と規定し、一般に**債権の譲渡性を承認**している。債権譲渡によって、譲受人が新たな債権者になる。

2 譲渡性の制限

　債権の譲渡性を承認するのを原則とするが、以下の場合には、債権譲渡が制限される。

① 債権の性質上の制限 /発展

　債権の**性質上**、特定の債権者に給付することが当然に予定されているものは、譲渡することができない(466条1項ただし書)。例えば、画家に自己の肖像画を描いてもらう債権である。 A

② 法律上の制限 /発展

　法律で譲渡を禁止しているものである。例えば、扶養請求権(881条)、恩給請求権(恩給法11条1項)、労災補償金請求権(労働基準法83条2項)などがある。 B

　趣旨 債権者の生活保障の見地等。

③ 当事者の意思表示による制限

　債権者・債務者間で、第三者に債権を**譲渡することを禁止**し、又は**制限**する旨の意思表示(約束)をする場合である(466条2項、**譲渡制限特約**)。

趣旨 債務者が予期していなかった第三者へ債権が譲渡されることを防ぐ。

3 譲渡制限特約

設例 債権者Aは、債務者Bに対して売買代金債権を有していた。AB間において、当該債権の譲渡を禁止する合意（譲渡制限特約）がなされていたが、Aは、譲渡制限特約が付されていることを知っているCに対して、当該債権を譲り渡した。

① 特約の効力

譲渡制限特約に反する債権譲渡も**有効**である(466条2項)。 03

趣旨 譲渡制限特約は、債務者の不利益を防止するためのものであるから、別途債務者保護の規定を設け、債権の譲渡性自体を制限する効力は否定された。

債権譲渡が有効であるため、譲受人が債権者となる。譲渡人は債務者に対して履行を請求することはできない。

設例 の場合、AC間の売買代金債権の譲渡は有効に成立し、譲受人Cが債権者となる。

② 債務者保護の規定等

（ア）悪意又は重過失の譲受人等に対する債務者の抗弁等 (466条3項)

譲渡制限特約について悪意又は重過失のある譲受人等(譲受人その他の第三者)に対しては、債務者は**債務の履行を拒む**ことができ、かつ、**弁済その他の債務消滅事由を譲受人等に対抗**することができる。 04

趣旨 悪意又は重過失のある譲受人等に対する履行拒絶権等を認めることで、債務者を保護した。

〈語句〉●**譲受人等**(譲受人その他の第三者)とは、譲受人や譲受人からの転得者のことを指す。譲受人が悪意又は重過失でも、譲受人からの転得者が善意無重過失であれば、転得者は、債務者に対して履行を請求することができる。

設例 の場合、Cは、売買代金債権に譲渡制限特約が付されていることを知りながら譲り受けているので、悪意の譲受人となる。したがって、BはCからの履行の請求を拒むことができる。また、BがAに対して弁済をしていた場合は、債務が消滅していることをCに対して対抗することができる。

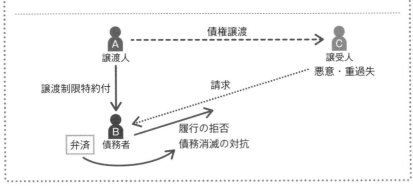

(イ) 悪意又は重過失の譲受人等による債務者への履行の催告等（466条4項）

　悪意又は重過失の譲受人等に対して債務者が債務の履行を拒否した場合において、その譲受人等が相当の期間を定めて**債務者に対して譲渡人への履行を催告**し、その期間内に履行がないときは、譲受人等は、**債務者に履行を請求**することができる。 05/予

趣旨　債務者が譲渡人・譲受人等の双方に履行を拒否するという閉塞状態を解消するためである。

設例 においては、債務者Bが、悪意の譲受人Cに対して債務の履行を拒んだ場合、Cは相当の期間を定めてBに対して譲渡人Aへ履行するよう催告をし、その期間内にBがAに対して履行をしないときは、CがBに対して履行を請求することができる。

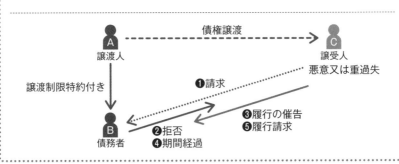

4 ▶ 譲渡制限特約と供託

① 債務者の供託権

　譲渡制限特約が付された金銭債権の債務者は、その債権が譲渡されたときには、その**債権の全額に相当する金銭を供託**することができる(466条の2第1項)。06/予

趣旨　譲受人等に悪意又は重過失があるかどうかわからない場合、弁済先が不明となった債務者を保護する規定である。

〈**解説**〉　供託をする場所は、**金銭債権に係る債務の履行地**(債務の履行地が債権者の現在の住所により定まる場合には、譲渡人の現在の住所を含む)の供託所である(466条の2第1項)。このことは、466条の3に基づいて債務者に供託させる場合も同様である。

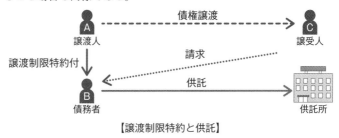

【譲渡制限特約と供託】

② 譲渡人の破産と譲受人の供託請求権

　金銭債権の**譲渡人に破産手続開始の決定**があったときは、その債権の全額を譲り受け、第三者対抗要件を備えた譲受人は、悪意又は重過失であっても債務者にその債権の全額に相当する金銭を**供託させる**ことができる(466条の3前段)。

趣旨　破産した譲渡人に債務者が弁済してしまうと、譲受人が金銭債権の全額を回収することが困難となるので、そのような危険性を回避する規定である。

③ 供託の通知

　466条の2第1項、466条の3前段に基づいて供託をした債務者は、遅滞なく、譲渡人及び譲受人に**供託の通知**をしなければならない(466条の2第2項、466条の3後段)。06/予

④ 供託金の還付請求権

　供託をした金銭は、**譲受人に限り**、還付を請求することができる(466条の2第3項、466条の3後段)。譲受人の善意・悪意は問われない。

趣旨　譲渡された債権は、譲受人の主観的事情にかかわらず、譲受人に帰属し

ているからである。

5 譲渡制限特約のある債権の差押え

① 原則

　債務者は、譲渡制限特約のある債権に対する強制執行をした**差押債権者に対して**は、その**譲渡制限特約を対抗することができない**(466条の4第1項)。すなわち、債務者は、差押債権者に対して、その債務の履行を拒むことができず、かつ、譲渡人に対する弁済その他の債務を消滅させる事由をもって対抗することができない。したがって、悪意又は重過失の債権者であっても、債権差押命令や転付命令を取得することができる(債権差押命令や転付命令は有効である)。 07/予

趣旨　債権に譲渡制限特約を付けることで強制執行を免れることができるとする(当事者の合意により差押禁止債権を作り出す)ことは認められないからである。

〈語句〉●**債権差押命令**とは、債務者には債権の取立てその他の処分を禁止し、第三債務者(債務者の債務者)には債務者への弁済を禁止する旨の裁判所の命令である(民事執行法145条1項)。債権差押命令により差し押さえられた債権のことを被差押債権という。

●**転付命令**とは、被差押債権である金銭債権を差押債権者に転付する旨の裁判所の命令である(民事執行法159条1項)。転付命令によりその金銭債権が差押債権者へと移転する。

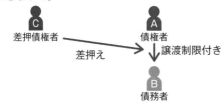

差押債権者Cを基準とした場合、Aが債務者、Bが第三債務者となる
【譲渡制限特約のある債権の差押え】

〈解説〉　債権差押命令や転付命令を取得した差押債権者が、譲渡制限特約について悪意又は重過失の場合でも、債務者は、その債務の履行を拒むことができず、かつ、債権者に対する**債務消滅事由をもって対抗することができない**。

② 例外

　悪意又は重過失のある譲受人に譲渡制限特約のある債権が譲渡された後、その債権が差し押えられた場合、債務者は、差押債権者に対して、その債務の履行を拒むことができ、かつ、譲渡人に対する債務消滅事由をもって**対抗することができる**(466条の4第2項)。 08/予

趣旨 譲受人の差押債権者には、悪意又は重過失の譲受人が有する権利以上のものを認めるべきではないからである。

【譲渡制限特約のある債権の差押え】

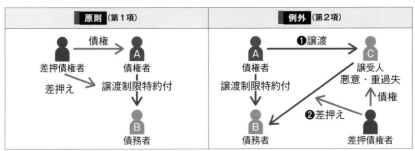

6 > 預貯金債権に係る譲渡制限の意思表示の効力

① 譲渡制限特約のある預貯金債権の譲渡の効力

預貯金債権に譲渡制限特約が付されていることにつき**悪意又は重過失ある譲受人**に対しては、債務者（銀行）は、**譲渡制限特約を対抗する**ことができる（466条の5第1項）。 09/予

趣旨 預貯金債権においては、当事者の特約により譲渡性自体を否定することができ、債務者は**債権移転自体を否定**することができる。これは、もし譲渡を認めてしまうと、払戻しなどの銀行実務において事務手続の負担が大きくなるなどの不都合があるからである。

〈語句〉●**預貯金債権**とは、「預金口座又は貯金口座に係る預金又は貯金に係る債権」（466条の5第1項）であり、預金債権と貯金債権のことである。

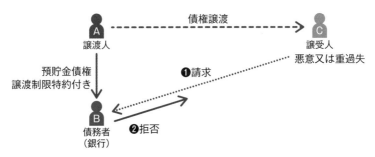

【譲渡制限特約のある預貯金債権の譲渡の効力】

② 譲渡制限特約のある預貯金債権の差押え

譲渡制限の意思表示がされた預貯金債権に対する強制執行をした差押債権者に対しては、債務者（銀行）は、譲渡制限特約を**対抗することができない**（466条の5第2項）。

趣旨 預貯金債権とはいえ差押禁止債権を特約により作り出すことは認められないからである。

7 将来債権の譲渡性

設例 売主Aと買主Bは継続的な売買契約を締結している。Aは、当該売買契約に基づき将来発生するであろう1年分の代金債権を、Cに譲渡した。

① 将来債権の譲渡性

将来発生する債権も譲渡することができる(466条の6第1項)。そして、その債権が発生したときは、譲受人は**当然にその債権を取得**する(466条の6第2項)。 10/予

趣旨 将来発生する債権について、譲渡が可能であることを明確にした。

設例の場合、AC間の代金債権の譲渡は有効であり、AB間で実際に売買が行われたとき(代金債権が発生したとき)、譲受人Cが当該債権を取得する。

② 譲渡制限特約がある場合

将来債権の譲渡後に、譲受人が**対抗要件を具備するまでに譲渡制限の意思表示がされた場合**には、**譲受人が譲渡制限特約について悪意であるとみなし**、債務者は、その債務の履行を拒むことができ、かつ、譲渡人に対する債務消滅事由をもって譲受人に対抗することができる(466条の6第3項)。 11/予

趣旨 譲渡制限特約により自らの利益を確保したい債務者と、譲渡制限特約の効力の対抗を受けずに債権を取得したい譲受人の調整規定である。

設例の場合、譲受人Cが対抗要件を具備する前に、AB間で売買が行われ、譲渡制限特約を付けたときは、BはCに対して債務の履行を拒むことや、Aに対する債権消滅事由をもってCに対抗することができる。

③ 将来債権譲渡の対抗要件

将来発生する債権が譲渡された場合、**債権が発生する前でも債権譲渡の対抗要件**

(467条)を備えることができる(467条1項括弧書)。対抗要件については、次の❸項「債権譲渡の方法」で扱う。

❸ 債権譲渡の方法

> **設例** AはBに対して100万円の債権を有している。Cがこの債権をAから譲り受けた場合、Cはどのような手続をとれば、Bに対して自己が債権者であることを主張することができるか。

譲渡人 A ----譲渡----> 譲受人 C

債務者 B

　債権譲渡の方法は、基本的には物権の譲渡と同様である。すなわち、**意思表示のみにより債権を譲渡することができるが、これを第三者に主張するには対抗要件が必要**となる。ただし、**設例**では譲渡当事者はACであって、債務者Bも第三者であるから、次の2つの側面で対抗要件が必要となってくる。

> **【債権譲渡に必要とされる対抗要件】**
> ① 債務者に対して、債権の譲受人が債権者であると主張するための要件(**権利行使の要件**)
> ② 債務者以外の第三者に対して、自己が債権者であり、債務者から弁済を得られると主張するための要件(**優劣決定の要件**)

1 債務者に対する対抗要件

　債権の譲受人(新債権者)が債務者に自己が債権者であると主張するための要件は、**譲渡人から債務者への債権譲渡の通知**であるか、または**債務者による債権譲渡の承諾**である(467条1項)**12**。この場合の通知や承諾は口頭でもよい。

　趣旨 債務者に債権譲渡に関する情報を集中させ、新債権者が誰であるかを知らせ、二重弁済の危険を回避するためである。

　🖊**発展** 467条1項は強行規定なので、譲渡人の通知又は債務者の承諾が

なくても、債権譲渡を債務者に対抗することができる旨の特約は無効である（大判大10.2.9）。 C

設例 の場合、①譲渡人Ａが債務者Ｂに対して債権譲渡の通知をするか、②Ｂが AC 間の債権譲渡を承諾すれば、ＣはＢに対して自己が債権者であることを主張することができる。

【通知と承諾】

	通知	承諾
意義	債権譲渡があったという事実を知らせる**譲渡人**の行為	債権譲渡の事実を認識したことを表示する**債務者**の行為
性質	観念の通知である。ただし、意思表示に関する規定が準用される	
方法	・**譲渡人から債務者に対して行う** 13 ・**譲受人が譲渡人を代位して通知する**ことはできない（大判昭5.10.10、通知㋒） 14 ・譲受人が譲渡人に譲渡の通知をするよう請求することができ、この請求を転得者が代位してすることはできる（大判大8.6.26、通知㋑） 発展 譲受人が譲渡人の代理人として通知することはできる（大判昭12.11.9）。 D	・債務者が行う。 発展 承諾の相手方は、譲渡人・譲受人のいずれでもよい（大判大6.10.2） E
時期	・譲渡後に通知がなされた場合は、通知時から対抗力を生じる ・**譲渡前の通知は無効である**	・譲渡後でもよい 発展 譲渡前の**予めの承諾**も、**債権及び譲受人が特定していれば対抗要件となる**（最判昭28.5.29） F
欠く場合	通知・承諾を欠く場合には、債権譲渡の事実を債務者に対抗することができない ⇒債務者は譲渡人に弁済すればよい。ただし、債権者の側から譲渡の効力を認めることは可能である	

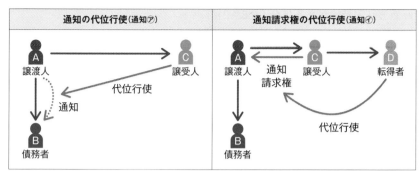

| 通知の代位行使(通知⑦) | 通知請求権の代位行使(通知④) |

【通知や通知請求権の代位行使】

2 債務者の抗弁

① 譲渡人に対する抗弁の対抗

債務者は、**対抗要件具備時**(譲渡人の債務者に対する通知又は債務者の承諾の時)までに**譲渡人に対して生じた事由**をもって**譲受人に対抗**することができる(468条1項)。 15/予

趣旨 譲受人が対抗要件を具備する時までに生じている抗弁事由を認めることで、債務者を保護した。

〈語句〉● 468条1項の「**譲渡人に対して生じた事由**」とは、債務者が債務の弁済を拒むことができる事由である。具体的には、弁済や時効による債務の消滅、契約の無効・取消し・解除、同時履行の抗弁権などがある。

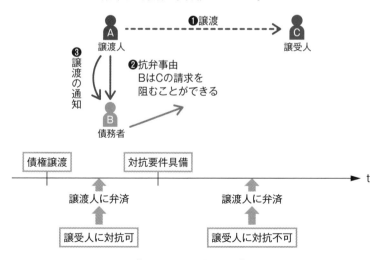

【譲渡通知と抗弁の対抗】

② 譲渡制限特約がある場合（468条2項）

（ア）悪意又は重過失の譲受人と債務者の抗弁

　譲渡制限特約について悪意又は重過失の譲受人が、466条4項で規定された債務者に対する譲渡人への履行の催告を行った場合（本節❷項③②（イ）「悪意又は重過失の譲受人等による債務者への履行の催告等」参照）には、債務者は、「相当の期間を経過した時」を基準時とし、その時までに譲渡人に対して生じた事由をもって譲受人に対抗することができる。

> **趣旨** 債務者は、「相当の期間を経過した時」までは、譲渡制限特約を譲受人に対抗することができていた（ex.弁済拒絶が可能であった）から、その時までに生じていた事由は譲受人に対抗することができるものとした。

（イ）譲渡人の破産手続開始の決定と債務者の抗弁

　金銭債権の譲渡人について破産手続開始の決定があった（466条の3）場合（本節❷項④②「譲渡人の破産と譲受人の供託請求権」を参照）には、債務者は、「債務者が譲受人（第三者対抗要件を備えている）から供託の請求を受けた時」を基準時とし、その時までに譲渡人に対して生じた事由をもって譲受人に対抗することができる。

> **趣旨** 債務者は、「債務者が譲受人から供託の請求を受けた時」までは、譲渡制限特約を譲受人に対抗することができていたから、その時までに生じていた事由は譲受人に対抗することができるものとした。

③ 債務者以外の第三者に対して債権譲渡を主張するための要件

① 第三者対抗要件

　債務者に対する対抗要件としての**通知又は承諾**が、**確定日付のある証書**によってなされることが必要である（467条2項）16。「確定日付のある証書」とは、**公正証書や内容証明郵便**など、その行為を行った日付が、公の機関により証明されうるものである。通知行為又は承諾行為について確定日付のある証書を必要とするもので、通知又は承諾のあったことを、確定日付のある証書をもって証明すべきことを規定したものではない（大連判大3.12.22）。

② 第三者とは

　譲渡の当事者以外であって、譲渡債権そのものに**法律上の利益を有する者**に限られる（大判昭9.6.26）。

第三者に該当する	債権の二重譲受人、譲渡債権の差押債権者
第三者に該当しない	無権利者、譲渡債権の保証人

4 譲受人相互の優劣関係

> **設例** AがBに対して有している債権をCに譲渡したが、その後に同じ債
> 権をXにも譲渡した。

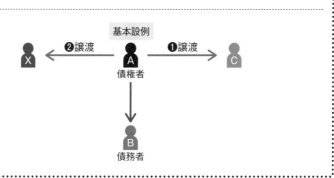

① C＝確定日付なしの通知 vs X＝確定日付ある通知

　確定日付のある通知を備えたXが優先する（大連判大8.3.28）。 [17]

理由 Xが第三者対抗要件を備えている。

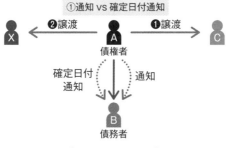

【債権の二重譲渡①】

② C＝確定日付ある通知 vs X＝確定日付ある通知

　確定日付のある通知が債務者に到達した日時又は確定日付のある債務者の承諾の
日時の**先後**で決する（**到達時説**）（最判昭49.3.7）。確定日付の先後ではない。**設例** で
は、C・Xのうち先に確定日付ある**通知が到達した方が優先**する（次図はXが優先
する場合である）。 [18]

理由 債権譲渡の対抗要件制度は、債務者の認識を通じて公示されることを根
　　　幹として成り立っている。

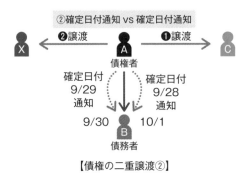

【債権の二重譲渡②】

③ 確定日付のある通知が同時に到達した、または先後不明の場合

（ア）譲受人間の優劣

同時到達の場合、互いに自己のみが唯一の**優先的地位にある債権者であると主張することができない**(最判昭53.7.18)。

理由 到達時説では優劣を決することができない。

【債権の二重譲渡③】

（イ）譲受人と債務者の関係

同時到達の場合、各譲受人は、債務者に対しそれぞれの**譲受債権全額の弁済を請求することができ**、債務者は、他の譲受人に対する弁済その他の債務消滅事由が存在しない限り、弁済の責を免れることができない(最判昭55.1.11)。 **19**

理由 各譲受人は、債権者としての地位を有しているから。

（ウ）債務者が供託をした場合

債務者が債権額に相当する金員を供託した場合において、被差押債権額と譲受債権額との合計額が供託金額を超過するときは、差押債権者と債権譲受人は、**被差押債権額と譲受債権額に応じて供託金額を按分**した額の供託金還付請求権をそれぞれ分割取得する(差押通知と確定日付ある通知が先後不明の事案、最判平5.3.30)。

（エ）差押通知と確定日付のある譲渡通知 ✐発展

　同一の債権について、差押通知と確定日付のある譲渡通知との第三債務者への到達の先後関係が不明である場合、差押債権者と債権譲受人とは、互いに自己が優先的地位にある債権者であると主張することができない(最判平5.3.30)。 G

　債権の譲受人と同一債権に対し債権差押命令・転付命令を得た者の間の優劣は、確定日付のある譲渡通知が債務者に到達した日時または確定日付のある債務者の承諾の日時と債権差押命令・転付命令が第三債務者に送達された日時の先後によって決する(最判昭58.10.4)。

④ 弁済後の譲渡 ✐発展

　確定日付のない通知を備えたCへの譲渡後にBが弁済したにもかかわらず、Xに対して債権が譲渡され、確定日付ある通知が到達した場合、債権譲渡の対抗問題は生じない(大判昭7.12.6)。 H

> **理由** 　第一の譲受人Cに対抗要件の欠缺があっても、第二の譲受人Xは既に消滅した債権を譲り受けたものにほかならないから。

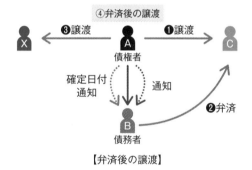

【弁済後の譲渡】

⑤ 劣後譲受人に対する弁済 ✐発展

　二重譲渡で劣後する債権者に債務者が誤って弁済した場合には、弁済者である債務者が善意無過失であれば、受領権者としての外観を有する者に対する弁済(478条)として弁済は有効となり、債権が消滅する(最判昭61.4.11)。 I

> **理由** 　弁済の効力は、債権の消滅に関する民法の規定によって決すべきものであるから。

4 債権譲渡と相殺 /発展

1 債権譲渡の対抗要件具備前に取得した債権による相殺

> **設例** AがBに対して有している債権をCに譲渡した。Bは、この譲渡について対抗要件が備わるより前からAに対してα債権を有しており、債権αと譲渡債権（CのBに対する債権）とを相殺したいと考えている。

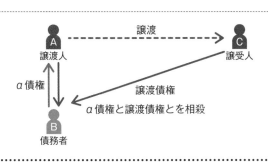

債務者は**対抗要件具備時より前に取得した譲渡人に対する債権**をもって譲受人に対抗することができる(469条1項)。 J

趣旨 債務者の相殺に対する期待を保護するためである。

> **設例**では、債務者Bは、譲受人Cが対抗要件を具備するより前に取得したα債権による相殺を、Cに対抗することができる。この場合、α債権と譲渡債権の弁済期の前後に関係なく、Bは相殺をすることができる。

2 債権譲渡の対抗要件具備後に取得した債権による相殺

対抗要件具備後に取得した債権であっても、以下の場合には相殺を対抗することができる(469条2項)。

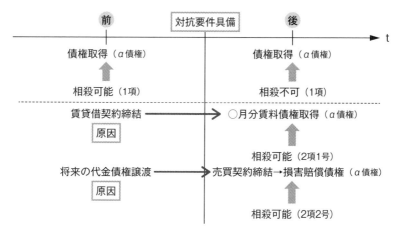

【債権譲渡の対抗要件具備後に取得した債権による相殺】

① 対抗要件具備時より前の原因に基づいて生じた債権

対抗要件具備時より前の原因に基づいて生じた債権については、債権の取得が対抗要件具備の後でも、債務者は、譲渡人に対する債権による相殺をもって譲受人に対抗することができる(469条2項1号)。 K/予

例えば、対抗要件具備時より前に締結されていた賃貸借契約に基づき、対抗要件具備時より後に発生した賃料債権や、対抗要件具備時より前に主たる債務者の委託に基づいて保証をしていた場合で、対抗要件具備時より後に発生した事後求償権などが当てはまる。

② 譲受人の取得した債権の発生原因である契約に基づいて生じた債権

譲受人の取得した債権の発生原因である契約に基づいて生じた債権については、債権の取得が対抗要件具備の後であっても、債務者は譲渡人に対する債権による相殺をもって譲受人に対抗することができる(469条2項2号)。

例えば、メーカーと販売店のように継続的な売買契約に基づく将来の売買代金債権(Aはメーカーで売主、Bは販売店で買主とする)がCに譲渡され、対抗要件を具備した場合に、BがCの対抗要件具備時よりも後にAに対する債権を取得したとしても、その債権が、Cが取得した債権の発生原因である売買契約に基づいて生じた損害賠償債権である場合には、Bは、この損害賠償債権とCに譲渡された売買代金債権とを相殺することができる。

③ 他人の債権を取得した場合

上記①②の債権であっても、債務者が対抗要件具備時より後に他人から当該債権を取得したときは、債務者は譲渡人に対する債権による相殺をもって譲受人に対抗することができない（469条2項ただし書）。L/予

他人が当該債権を取得したとは、例えば、上記①②の債権（α債権）はXが有していたが、債権譲渡によりAが債権者となった場合である。

5 債権譲渡の効果

債権譲渡により、債権は性質を変えずに譲受人に移転する。このため、債権に付されていた担保権や保証債権も譲受人に移転する（随伴性）。また、譲渡人に対する同時履行の抗弁権などの対抗事由もそのまま存続する。

重要事項 一問一答

01 債権譲渡とは？

債権の同一性を変えないで移転すること

02 同一性を変えないで移転するとは？

債権に付着した担保権や抗弁権も一緒に移転する。

03 譲渡制限特約に反する債権譲渡は有効か？

有効（譲受人が債権者、譲渡人は履行請求できない）

04 譲渡制限特約に反する債権譲渡の債務者が一定の保護をされる場合は？

譲受人が譲渡制限特約について悪意又は重過失の場合

05 悪意又は重過失の譲受人に対して債務者ができることは？

履行拒絶をすることや、弁済その他の債務消滅事由を対抗することが可能

06 譲渡制限特約につき悪意又は重過失の差押債権者には？

債務者は、差押債権者には譲渡制限特約を対抗することができない。

07 将来債権を譲渡することはできるか？

できる。

08 債権譲渡の債務者への対抗要件は（2つ）？

①譲渡人から債務者への通知、②債務者による承諾（譲渡人・譲受人のどちらに承諾してもよい）

09 譲受人は譲渡人に代位して債権譲渡の通知ができるか？

できない。

10 債権譲渡の事前の通知に対抗力が認められるか？

認められない。

11 **債権譲渡の事前の承諾に対抗力が認められるか?**

譲渡される債権及び譲受人が特定されていれば認められる。

12 **債務者は、譲渡人に対して生じた事由を譲受人にも対抗することができるか?**

対抗要件具備(通知・承諾)時までに譲渡人に対して生じた事由を、譲受人に対抗することができる。

13 **債権譲渡の第三者への対抗要件は?**

確定日付ある証書による通知又は承諾

14 **双方とも確定日付ある証書による通知の場合の優劣は?**

到達の先後で決する。

15 **双方とも確定日付ある証書による通知が同時到達した場合の優劣は?**

双方に法律上の優劣は無く、対等である(双方共に、全額債務者に請求可能)。

過去問チェック（争いのあるときは、判例の見解による）

01 債権譲渡は、同一性を保ちつつ債権を移転するものであるから、債権に付随している利息債権、違約金債権、保証債権、担保権などの権利や、債権に付着している同時履行の抗弁権は、当然に譲受人に移転する。

○（国般2007）

02 債権の譲渡契約は、必ず書面によらなければならない。

×（裁2003）「必ず書面によらなければならない」が誤り。

03 債権者Aと債務者Bが債権の譲渡を禁止し、又は制限する旨の意思表示をしていたにもかかわらず、AがCにその債権を譲渡した場合には、その譲渡の効力は生じない。

×（国般2020）「その譲渡の効力は生じない」が誤り。

04 当事者が債権の譲渡を禁止し、又は制限する旨の意思表示をしたときであっても、債務者は、当該意思表示がされたことを知る譲受人その他の第三者に対してしか、その債務の履行を拒むことができない。

×（裁2021）「当該意思表示がされたことを知る譲受人その他の第三者に対してしか、その債務の履行を拒むことができない」が誤り。

05/予 譲渡制限の意思表示について悪意の譲受人に対しては、債務者は、その債務の履行を拒むことができるが、債務者が債務を履行しない場合において、譲受人が

相当の期間を定めて譲渡人への履行の催告をし、その期間内に履行がないときでも、債務者は、債務の履行を拒むことができる。

×（予想問題）「債務者は、債務の履行を拒むことができる」が誤り。

[06/予] 譲渡制限特約が付された金銭債権の債務者は、その債権が譲渡されたときには、その債権の全額に相当する金銭を供託することができるが、譲渡人及び譲受人に供託の通知をする必要はない。

×（予想問題）「譲渡人及び譲受人に供託の通知をする必要はない」が誤り。

[07/予] 譲渡制限特約がなされている債権を譲渡制限特約の存在について知っている第三者が差し押さえ、転付命令を得ても、転付命令の実質は債権譲渡といえるから、当該転付命令は効力を生じない。

×（予想問題）「当該転付命令は効力を生じない」が誤り。

[08/予] 譲渡制限特約について悪意又は重過失がある者に譲渡制限特約のある債権が譲渡された後、その債権が差し押えられた場合、債務者は、差押債権者に対して、その債務の履行を拒むことができず、かつ、譲渡人に対する債務消滅事由をもって対抗することができない。

×（予想問題）「差押債権者に対して、その債務の履行を拒むことができず、かつ、譲渡人に対する債務消滅事由をもって対抗することができない」が誤り。

[09/予] 預貯金債権について当事者がした譲渡制限の意思表示は、その譲渡制限の意思表示がされたことを知らず、又は重大な過失によって知らなかった譲受人に対抗することができない。

×（予想問題）「対抗することができない」が誤り。

[10/予] 現在存在している債権だけではなく将来発生すべき債権についても債権譲渡する契約を締結することができるが、将来発生すべき債権を目的とする債権譲渡契約にあっては、当該債権が発生したときに、譲受人が当然に当該債権を取得するものではない。

×（予想問題）「当該債権が発生したときに、譲受人が当然に当該債権を取得するものではない」が誤り。

[11/予] 将来債権の譲渡後に、譲受人が対抗要件を具備するまでに譲渡制限の意思表示がされたときは、譲受人が譲渡制限特約について知っていたものとみなされる。

○（予想問題）

12 債権譲渡は、譲渡人から債務者に対する確定日付のある証書による通知又は確定日付のある証書による債務者の承諾がなければ、債務者に対抗することができない。

×（国般2017改題）「確定日付のある証書による通知又は確定日付のある証書による債務者の承諾がなければ」が誤り。

13 債権の譲渡は債権者(譲渡人)と譲受人の合意によって成立する。しかし、債権者(譲渡人)又は譲受人から当該譲渡について債務者に対し通知をするか、債務者から承諾を得なければ、当該譲渡を債務者に対抗することはできない。

×（税・労2011）「又は譲受人」が誤り。

14 債権譲渡については、譲渡人から債務者への通知が、債務者への対抗要件として必要であるが、債権の譲受人が譲渡人を代位して通知を行うこともできる。

×（税・労2008改題）「債権の譲受人が譲渡人を代位して通知を行うこともできる」が誤り。

15/予 債務者は、対抗要件具備時までに譲渡人に対して生じた事由をもって譲受人に対抗することができない。

×（予想問題）「対抗することができない」が誤り。

16 Aは、Bに対して有する売買代金債権をCに譲渡した。Aはその後、Cに譲渡した売買代金債権をDに譲渡した。Aが、AC間の債権譲渡について、確定日付のある証書によらずに通知をした場合には、CはDに対抗することができないが、Bが確定日付のある証書によらずに承諾をした場合には、CはDに対抗することができる。

×（裁2017改題）「Bが確定日付のある証書によらずに承諾をした場合には、CはDに対抗することができる」が誤り。

17 債権が二重に譲渡され、第一譲渡について譲渡人から債務者に口頭の通知がなされ、第二譲渡について譲渡人から債務者に対して内容証明郵便による通知がなされた場合、第二譲渡の内容証明郵便の到達より第一譲渡の通知が先であっても、第二譲渡の譲受人が優先する。

○（国般2010）

[18] 債権が二重に譲渡された場合において、どちらの債権譲渡についても譲渡人から債務者に対する確定日付のある証書による通知があるときには、譲受人間の優劣は、その確定日付の先後で決定される。

× (国般2017改題)「その確定日付の先後で決定される」が誤り。

[19] 債権が二重に譲渡され、確定日付のある各譲渡通知が同時に債務者に到達したときは、譲受人間の優劣は決し得ないから、債務者は、譲受人の一人から弁済の請求を受けたときであっても、同順位の譲受人がほかに存在することを理由として当該弁済の請求を拒絶することができる。

× (国般2007)「同順位の譲受人がほかに存在することを理由として当該弁済の請求ができる」が誤り。

[A] Aは、自らの肖像を画家Bに描かせる債権を、Cに譲渡することができる。

× (国般2020)「Cに譲渡することができる」が誤り。

[B] 債権は、債務者の承諾がなくても、債権者である譲渡人と譲受人との合意だけで譲渡し得るのが原則であるが、法律によりその譲渡が禁止されているときは譲渡することができず、例えば、扶養を受ける権利はこれに当たる。

○ (国般2014)

[C] 譲渡人による通知又は債務者の承諾がなくても債権譲渡を債務者に対抗できる旨の特約は有効である。

× (裁2015)「有効である」が誤り。

[D] 債権譲渡の通知は譲渡人本人によってなされる必要があるから、債権の譲受人が、譲渡人の代理人として、債務者に対して債権譲渡の通知をしたとしても、その効力は生じない。

× (裁2021)「その効力は生じない」が誤り。

[E] 譲渡人は債権の譲渡について利害を有するので、債権譲渡の債務者に対する対抗要件としての債務者の承諾は、譲渡人に対してする必要があり、譲受人に対する承諾は、対抗要件としての効力を有しない。

× (裁2008改題)「譲渡人に対してする必要があり、譲受人に対する承諾は、対抗要件としての効力を有しない」が誤り。

[F] 譲渡の事実が未確定な段階での債務者の承諾に効力を認めると、法律関係が不明確になるので、譲渡前にあらかじめ行った承諾は、譲渡の目的たる債権とその譲受人が特定していたとしても、債務者に対する対抗要件としての効力を有しない。

×（裁2008）全体が誤り。

[G] 債権が譲渡され、一方で同じ債権が差し押さえられたが、確定日付のある譲渡の通知と差押えの通知がほぼ同時に到達し正確な先後が分からないときは、差押債権者よりも譲受人が優先する。

×（国般2010）「差押債権者よりも譲受人が優先する」が誤り。

[H] AがBに対して有するα債権（以下「α」という。）をCに譲渡したことについて、普通郵便によりBに通知した。この通知が12月3日にBに到達し、Bが同日にCにαの全額を弁済した場合には、その後、AがαをDに二重に譲渡し、その旨の内容証明郵便がBに到達したとしても、Bは、αはCへの弁済により消滅しているとして、Dからされたαの支払請求を拒絶することができる。

○（税2014）

[I] 債権が二重に譲渡されたが、債務者がその事実を知らず対抗要件で劣後する債権者へ弁済してしまった場合、受領権者以外の者であって取引上の社会通念に照らして受領権者としての外観を有するものへの弁済となるから、債務者に過失があっても弁済は有効となる。

×（国般2010改題）「債務者に過失があっても弁済は有効となる」が誤り。

[J] 債権者Aは、債務者Bに対して有する債権をCに譲渡し、その旨を確定日付のある証書によってBに通知したが、Bは、その通知がなされる前にAに対する債権を取得していた。この場合、Bは、Cから債務の履行を求められたときは、Aに対する債権による相殺をもってCに対抗することができる。

○（国般2020）

[K/予] 債務者が対抗要件具備時より後に取得した譲渡人に対する債権であっても、その債権が対抗要件具備時より前の原因に基づいて生じた債権であるときは、当該債権による相殺をもって譲受人に対抗することができる。

○（予想問題）

L/予 債務者が対抗要件具備時より後に取得した譲渡人に対する債権であっても、その債権が譲受人の取得した債権の発生原因である契約に基づいて生じた債権であるときは、債務者が対抗要件具備時より後に他人の債権を取得したときであっても、譲渡人に対する債権による相殺をもって譲受人に対抗することができる。

× (予想問題)「譲渡人に対する債権による相殺をもって譲受人に対抗することができる」が誤り。

16 債務引受 /発展

本節では、債務引受を扱います。債務引受の種類と、それぞれの要件や効果の違いがポイントです。公務員試験での出題実績がほぼないので、/発展 としています。

❶ 意義と要件

意義 （広義の）債務引受とは、**債務者以外の第三者（引受人）**が、**債務の履行義務を負う**ものである。第三者が新たに債務者となる場合と、ならない場合がある。

┌── 第三者が債務者にならない場合 ── 履行引受
└── 第三者が債務者になる場合 ──┬── 併存的債務引受
　　　　　　　　　　　　　　　　　└── 免責的債務引受

〈解説〉　民法では、第三者が債務者になる場合のみを「債務の引受け」（債務引受）としており、これに履行引受を含めていない（履行引受については民法の規定が存在しない）。ただ、広義の債務引受には、履行引受を含めると解されている。

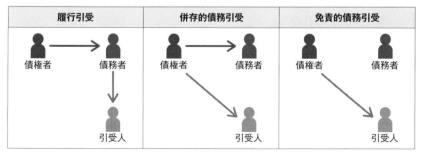

【債務引受の種類】

1 履行引受

意義 履行引受とは、**債務者と第三者（引受人）との契約**で、**第三者が債務者の債務の履行を引き受け、債権者に弁済する義務を債務者に対して負う**ものである。履行引受に基づいて第三者が弁済すれば、第三者弁済（本章 **7** 節 **❷**項「弁済」参照）となる。

① 要件

債務者と第三者(引受人)との契約により成立する。

② 債権者の同意

債権者の同意は不要である。

2 ▷ 併存的債務引受

意義 **併存的債務引受**とは、引受人が、**債務者と連帯**して、債務者が債権者に対して負担する債務と**同一の内容の債務を負担**する契約である(470条1項)。債務者に加えて、引受人も新たに債務者として加わる。この結果、債務者と引受人が連帯債務者(本章 **13** 節 **2** 項「連帯債務」参照)となる。

① 債権者と第三者 (引受人) の契約

債権者と引受人となる者との間の契約で成立し、債務者の同意は要件ではない(470条2項)。 A

② 債務者と第三者 (引受人) の契約

債務者と引受人となる者との間の契約によっても成立するが、**債権者が引受人に対して承諾をした時に、その効力が生じる**(470条3項) B/予。この場合の法律関係は、第三者のためにする契約の規定により規律される(470条4項)。

3 ▷ 免責的債務引受

意義 **免責的債務引受**とは、引受人が、**債務者が債権者に対して負担する債務と同一の内容の債務を負担**し、**債務者は自己の債務を免れる契約**である(472条1項)。元の債務者の債務が、そのまま引受人に移転し、引受人のみが債務者になる。

① 債権者と第三者 (引受人) との契約

債権者と引受人となる者との間の契約で成立するが、**債権者が債務者に対してその契約をした旨を通知**した時に、その効力を生ずる(472条2項)。

② 債務者と第三者 (引受人) との契約

債務者と引受人となる者が契約をし、債権者が引受人となる者に対して承諾をすることによってもすることができる(472条3項)。債務者の変更を伴うため、債権者の承諾が必要とされた。

2 効果

1 履行引受

① 引受人の義務

引受人は、第三者弁済その他の方法により債務者を免責させる義務を、債務者に対して負う。債権者は、引受人に対して請求する権利を有しない（大判大4.7.16）。

理由 債権者と引受人との間には、法律関係は存在しない。

② 引受人が義務を履行しない場合

債務者は引受人に対して、債権者への履行を請求することができる（大判昭11.1.28）。引受人が義務を履行しない場合には、債務者は引受人に対して債務不履行責任を追及することができる（大判明40.12.24）。

2 併存的債務引受

① 抗弁の主張

引受人は、併存的債務引受により負担した自己の債務について、その効力が生じた時に**債務者が主張する**ことができた抗弁（ex.債務の不成立、契約の取消し・解除、弁済・時効による債務の消滅）をもって**債権者に対抗**することができる（471条1項）。C/予

趣旨 引受人の負担する債務は、債務者と同じ内容の債務であるから。

② 履行拒絶権

債務者が債権者に対して取消権又は解除権を有するときは、引受人は、これらの権利の行使によって**債務者がその債務を免れるべき限度**において、**債権者に対して債務の履行を拒む**ことができる（471条2項）。引受人が取消権又は解除権を行使することはできない。

趣旨 引受人は、債務者と同じ内容の債務を負担することになるから、債務者がその債務を免れることができた限度において、債権者に対して債務の履行を拒むことを認めた。

3 免責的債務引受

引受人は、債務者と同じ内容の債務を債務者に代わって負担することになる。

① 抗弁の主張

引受人は、免責的債務引受により負担した自己の債務について、その効力が生じた時に**債務者が主張することができた抗弁をもって債権者に対抗**することができる（472条の2第1項）。

> **趣旨** 引受人は、債務者と同じ内容の債務を債務者に代わって負担することになるから、債務者が主張することができる抗弁の主張を認めた。

② 履行拒絶権

債務者が債権者に対して取消権又は解除権を有するときは、引受人は、免責的債務引受がなければこれらの権利の行使によって**債務者がその債務を免れることができた限度**において、**債権者に対して債務の履行を拒む**ことができる（472条の2第2項）。引受人が取消権又は解除権を行使することはできない。

> **趣旨** 引受人は、債務者と同じ内容の債務を債務者に代わって負担することになるから、債務者がその債務を免れることができた限度において、債権者に対して債務の履行を拒むことを認めた。

③ 求償権

免責的債務引受の引受人は、債務者に対して**求償権を取得しない**（472条の3）。

D/予

> **趣旨** 引受人が債務者と同じ内容の債務を債務者に代わって負担し、債務者が自己の債務を免れるのが免責的債務引受であり、引受人が債務を最終的に負担する意思があると認められるから。

④ 担保の移転

債権者は、債務者が負担していた債務の担保として設定された担保権及び保証について、引受人が負担する債務に移転させることができる（472条の4第1項、第3項）。

> **趣旨** 引受前の債務と引受後の債務は、債務者が異なるだけで、その内容に変更がないから。

ただし、移転の対象となる担保権や保証を**引受人以外の者が設定しているときは、その者の承諾を得なければならない**（472条の4第1項ただし書、第3項）。特に引受人以外の者が保証を設定した者（保証人）である場合、その承諾は、書面又は電磁的記録によってしなければならない（472条の4第4項、第5項）。

> **趣旨** 担保権や保証を設定した者が、債務引受によって予期しない不利益を受けないようにする。特に保証を設定した者については、保証契約が要式行

為であること(446条2項、3項)との均衡を図ったものである。

　そして、担保権及び保証の移転は、債権者があらかじめ又は同時に引受人に対して移転をさせる旨の意思表示が必要である(472条の4第2項、第3項)。

重要事項 一問一答

01 (広義の) 債務引受にはどのようなものがあるか (3つ)？

履行引受、併存的債務引受、免責的債務引受

02 履行引受は、誰と誰の契約により成立するのか？

債務者と第三者(引受人)との契約

03 併存的債務引受は、誰と誰の契約により成立するのか？

①債権者と第三者(引受人)との契約、②債務者と第三者(引受人)との契約(債権者の承諾が必要)

04 免責的債務引受は、誰と誰との契約により成立するのか？

①債権者と第三者(引受人)との契約(債権者から債務者への通知が必要)、②債務者と第三者(引受人)との契約(債権者の承諾が必要)

05 履行引受における引受人の義務は？

引受人は、第三者弁済その他の方法により債務者を免責させる義務を、債務者に対して負う。

06 併存的債務引受や免責的債務引受における引受人の抗弁の主張とは？

引受人は、併存的債務引受等により負担した自己の債務について、その効力が生じた時に債務者が主張することができた抗弁をもって債権者に対抗することができる。

07 併存的債務引受や免責的債務引受における履行拒絶権とは？

債務者が債権者に対して取消権又は解除権を有するときは、引受人は、これらの権利の行使によって債務者がその債務を免れるべき限度において、債権者に対して債務の履行を拒むことができる。

08 免責的債務引受における引受人は、債務者に対して求償権を有するのか？

有しない。

09 免責的債務引受において債権者は、債務者が負担していた債務の担保として設定された担保権及び保証について、引受人が負担する債務に移転させることができるか？

できる。ただし、担保権や保証を引受人以外の者が設定しているときは、その者の承諾を得なければならない。

過去問チェック (争いのあるときは、判例の見解による)

A 債権者A、債務者B、債務引受人Cがおり、CがAとの間で、BのAに対する債務を併存的に引き受ける旨の併存的債務引受をする場合には、Bの同意を得な

ければならない。

× (裁2018改題)「Bの同意を得なければならない」が誤り。

B/予 併存的債務引受は、債務者と引受人となる者との契約によってもすることができるが、引受人となる者が債権者に対してその契約をした旨を通知した時に、その効力を生ずる。

× (予想問題)「引受人となる者が債権者に対してその契約をした旨を通知した時に」が誤り。

C/予 引受人は、併存的債務引受により負担した自己の債務について、その効力が生じた時に債務者が主張することができた抗弁をもってしても、債権者に対抗することができない。

× (予想問題)「債権者に対抗することができない」が誤り。

D/予 免責的債務引受の引受人は、債務者に対する求償権を取得する。

× (予想問題)「取得する」が誤り。

過去問 Exercise

問題1 民法に規定する債務不履行に関する記述として、妥当なのはどれか。
特別区2021［R3］

··

❶ 債権者が債務の履行を受けることができない場合において、履行の提供があった時以後に当事者双方の責めに帰することができない事由によってその債務の履行が不能となったときは、その履行の不能は、債務者の責めに帰すべき事由によるものとみなす。

❷ 債務者が任意に債務の履行をしないときは、債権者は、民事執行法その他強制執行の手続に関する法令の規定に従い、直接強制、代替執行、間接強制その他の方法による履行の強制を裁判所に請求することができるが、債務の性質がこれを許さないときは、この限りでない。

❸ 債務者がその債務の本旨に従った履行をしないとき、債権者は、その債務の不履行が契約その他の債務の発生原因及び取引上の社会通念に照らして債務者の責めに帰することができない事由によるものであるときであっても、これによって生じた損害の賠償を請求することができる。

❹ 金銭の給付を目的とする債務の不履行の損害賠償については、債権者が損害の証明をすることを要し、その損害賠償の額は債務者が遅滞の責任を負った最初の時点における法定利率によって定める。

❺ 当事者は、債務の不履行について損害賠償の額を予定することができるが、当事者が金銭でないものを損害の賠償に充てるべき旨を予定することはできない。

❶ ✕　「債務者の責めに帰すべき事由によるものとみなす」という部分が妥当でない。債権者が債務の履行を受けることを拒み、又は受けることができない場合（受領遅滞の場合）において、履行の提供があった時以後に当事者双方の責めに帰することができない事由によってその債務の履行が不能となったときは、その履行の不能は、債権者の責めに帰すべき事由によるものとみなす（413条の2第2項）。

❷ ◯　条文により妥当である。債務者が任意に債務の履行をしないときは、債権者は、民事執行法その他強制執行の手続に関する法令の規定に従い、直接強制、代替執行、間接強制その他の方法による履行の強制を裁判所に請求することができる（414条1項本文）。ただし、債務の性質がこれを許さないときは、この限りでない（414条1項ただし書）。

❸ ✕　「債務者の責めに帰することができない事由によるものであるときであっても、これによって生じた損害の賠償を請求することができる」という部分が妥当でない。債務者がその債務の本旨に従った履行をしないとき又は債務の履行が不能であるときは、債権者は、これによって生じた損害の賠償を請求することができる（415条1項本文）。ただし、その債務の不履行が契約その他の債務の発生原因及び取引上の社会通念に照らして債務者の責めに帰することができない事由によるものであるときは、この限りでない（415条1項ただし書）。

❹ ✕　「債権者が損害の証明をすることを要し」という部分が妥当でない。金銭の給付を目的とする債務の不履行については、その損害賠償の額は、原則として、債務者が遅滞の責任を負った最初の時点における法定利率によって定める（419条1項本文）。この損害賠償については、債権者は、損害の証明をすることを要しない（419条2項）。

❺ ✕　「当事者が金銭でないものを損害の賠償に充てるべき旨を予定することはできない」という部分が妥当でない。当事者は、債務の不履行について損害賠償の額を予定することができる（420条1項）。また、民法420条の規定（賠償額の予定）は、当事者が金銭でないものを損害の賠償に充てるべき旨を予定した場合について準用する（421条）。したがって、当事者が金銭でないものを損害の賠償に充てるべき旨を予定することも認められる。

問題2 詐害行為取消権に関するア～オの記述のうち、妥当なもののみを全て挙げているのはどれか。

国税・財務・労基2021 ［R3］

ア 債権者は、その債権が強制執行により実現することのできないものであるときは、詐害行為取消請求をすることができない。

イ 詐害行為取消請求に係る訴えは、債務者が債権者を害することを知って行為をしたことを債権者が知った時から1年を経過したときは提起することができず、その行為の時から20年を経過したときも同様である。

ウ 詐害行為取消請求を認容する確定判決は、債務者及びその全ての債権者に対してもその効力を有する。

エ 詐害行為取消請求に係る訴えは、受益者又は転得者を被告として提起しなければならないが、その際、債務者に対して訴訟告知をする必要はない。

オ 債権者は、詐害行為取消請求をする場合において、債務者がした行為の目的が可分であるときであっても、総債権者のために、自己の債権の額の限度を超えて、その行為の取消しを請求することができる。

1　ア、イ
2　ア、ウ
3　イ、エ
4　ウ、オ
5　エ、オ

ア ○ 条文により妥当である。債権者は、その債権が強制執行により実現することのできないものであるときは、詐害行為取消請求をすることができない（424条4項）。詐害行為取消権は、強制執行の準備をするための制度であるので、強制執行により実現できない債権（強制力を欠く債権）を保全するために詐害行為取消権を行使することは不適切だからである。

イ × 「債権者が知った時から1年」、「その行為の時から20年」という部分が妥当でない。詐害行為取消請求に係る訴えは、債務者が債権者を害することを知って行為をしたことを債権者が知った時から「2年」を経過したときは、提起することができず、行為の時から「10年」を経過したときも、同様である（426条）。

ウ ○ 条文により妥当である。詐害行為取消請求を認容する確定判決は、債務者及びその全ての債権者に対してもその効力を有する（425条）。

エ × 「債務者に対して訴訟告知をする必要はない」という部分が妥当でない。詐害行為取消請求に係る訴えは、受益者又は転得者を被告として提起しなければならないが（424条の7第1項）、債権者は、詐害行為取消請求に係る訴えを提起したときは、遅滞なく、債務者に対し、訴訟告知をしなければならない（424条の7第2項）。詐害行為取消請求を認容する確定判決の効果が債務者に及ぶことから（425条）、債務者にも訴訟に参加する機会を与える必要があるからである。

オ × 「総債権者のために、自己の債権の額の限度を超えて、その行為の取消しを請求することができる」という部分が妥当でない。債権者は、詐害行為取消請求をする場合において、債務者がした行為の目的物が可分であるときは、自己の債権の額の限度においてのみ、その行為の取消しを請求することができる（424条の8第1項）。

　以上より、妥当なものは**ア**、**ウ**であり、正解は **②** となる。

問題3

弁済に関する次のア～エの記述のうち、妥当なもののみを全て挙げているものはどれか（争いのあるときは、判例の見解による）。

裁判所2021［R3］

ア 指名債権の債権者Aが、債権をBに譲渡したことを当該債権の債務者Cに通知した場合において、CのBに対する弁済は、AとBとの間の債権譲渡が無効であった場合においても、Cが、当該債権譲渡が無効であったことにつき善意無過失であれば、効力を有する。

イ 債権の本来の内容である給付に代えて、これとは異なる給付を行うことも可能であるから、金銭債務を負う債務者が、債権者に対し、債権者の承諾を得ることなく自己所有の自動車を引き渡した場合、当該金銭債務は消滅する。

ウ 債務の弁済をなすべき者は、原則は債務者であるが、債務者以外の第三者も弁済をすることができるから、芸術家が絵画を創作する債務についても、第三者が弁済をすることはできる。

エ 債権者Aが債務者Bに甲債権を有し、甲債権についてCが保証人となり、甲債権の担保のために抵当権が設定されていた場合において、CがAに弁済をすると、甲債権は抵当権とともにCに当然に移転する。

1. ア、イ
2. ア、ウ
3. ア、エ
4. イ、ウ
5. ウ、エ

ア ○ 判例により妥当である。受領権者としての外観を有する者(受領権者以外の者であって取引上の社会通念に照らして受領権者としての外観を有するもの)に対してした弁済は、その弁済をした者が善意であり、かつ、過失がなかったときに限り、その効力を有する(478条)。判例は、債権譲渡が無効であるときの譲受人は、受領権者としての外観を有する者(改正前の債権の準占有者)に当たるとしている(大判大7.12.7)。したがって、債務者CのBに対する弁済は、AB間の債権譲渡が無効であったとしても、Cが当該債権譲渡の無効につき善意無過失であれば効力を有する。

イ × 「金銭債務を負う債務者が、債権者に対し、債権者の承諾を得ることなく自己所有の自動車を引き渡した場合、当該金銭債務は消滅する」という部分が妥当でない。債権の本来の内容である給付に代えて、これとは異なる給付を行うことも可能である。これを代物弁済という。代物弁済によって債務を消滅させる(弁済と同一の効力を生じさせる)ためには、債務者の負担した給付に代えて他の給付をすることにより債務を消滅させる旨の契約を締結し、弁済者が当該他の給付をすることが必要であるから(482条)、債権者と弁済者(債務者又は第三者)との間の合意が必要となる。したがって、金銭債務を負う債務者が、債権者に対し、債権者の承諾を得ることなく自己所有の自動車を引き渡したとしても、弁済と同一の効力を有するとはいえず、当該金銭債務は消滅しない。

ウ × 「芸術家が絵画を創作する債務についても、第三者が弁済することはできる」という部分が妥当でない。債務の弁済をなすべき者は、原則は債務者であるが、債務者以外の第三者も弁済をすることができる(474条1項)。もっとも、債務の性質が第三者の弁済を許さないときは、第三者は弁済することができない(474条4項)。芸術家が絵画を創作する債務は、当該芸術家が創作することに意味のある債務であって、債務の性質が第三者の弁済を許さないときに当たる。したがって、芸術家が絵画を創作する債務については、第三者が弁済することはできない。

エ ○ 条文により妥当である。債務者のために弁済をした者は、債権者に代位する(弁済による代位)(499条)。そして、債権者に代位した者は、債権の効力及び担保としてその債権者が有していた一切の権利を行使することができる(501条1

項)。弁済による代位は、弁済者が債務者に対する求償権を確保するために、それまで債権者が債務者に対して有していた担保権等の権利を、弁済者に対して当然に移転させ、債務者の代わりに行使できるようにする仕組みである。したがって、弁済をするについて正当な利益を有する者である保証人Cが債権者Aに弁済をすると、債権者Aが債務者Bに対して有していた甲債権は、抵当権とともにCに対して当然に移転することになる。

　以上より、妥当なものは**ア**、**エ**であり、正解は **3** となる。

第 5 章

債権各論

本章では、私たちが行う契約が法的にどのように構成されているか、また具体的にどのような契約が予定されているかを学習します。特に売買と賃貸借が重要です。また不法行為法上の各制度も理解してください。この分野は、範囲が広い分、出題頻度の低い箇所もありますので要領よくメリハリをつけて学習してください。

契約総論①─契約総説

本節では、契約はどのような分類がなされているか、民法が定める13類型の契約の概要、そして契約の申込みと承諾について扱います。

1 債権各論の構成

債権各論では、各種の債権を、その発生原因ごとに類型化して規定する。初めにその全体像を見ておくと、次のような形で構成されている。

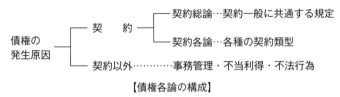

【債権各論の構成】

2 契約とは

1 契約の意義

意義 契約とは、相対する複数当事者の意思表示が合致することにより、相互の拘束関係を形成する法律行為である。

例えば、家屋の売買は、以下のように、売主Aと買主Bの申込みと承諾が一致して、AB間に売買契約が成立し、代金債権と目的物引渡債権が発生する。

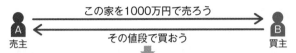

売買契約成立＝Aの代金債権とBの目的物引渡権が発生

【売買契約】

2 各種の契約類型

民法には、13類型の契約が規定されている。ここでは、13類型の契約のうち、重要なものについて、その内容および法的性質の概略をまとめておく。

【各種の契約類型】

類 型	内 容	法的性質
売買(555条)	売主が財産権移転を約束し、買主が代金支払を約束	諾成・双務・有償
贈与(549条)	贈与者が無償で財産を与えることを約束し、受贈者がこれを受諾	諾成・片務・無償
賃貸借(601条)	賃貸人が物の使用収益をさせることを約束し、賃借人がそれに賃料支払及び契約終了時に返還を約束	諾成・双務・有償
使用貸借(593条)	貸主が物を引き渡すことを約束し、借主が無償で物を使用収益した後に返還することを約束	諾成・片務・無償
消費貸借(587条)	借主が借りた物を消費した後、同種・同等・同量の物を返還することを約束し、物を受け取る	要物※1・片務・無償※2
雇 用(623条)	労働者が労務に服することを約束し、雇用者がそれに報酬支払を約束	諾成・双務・有償
請 負(632条)	請負人が仕事の完成を約束し、注文者が報酬支払を約束	諾成・双務・有償
委 任(643条)	委任者が事務の処理を委託し、受任者がこれを承諾	**原則** 諾成・片務・無償 報酬あり→諾成・双務・有償
寄 託(657条)	預かり主(受寄者)が相手(寄託者)の物を保管することを約束	**原則** 諾成・片務・無償 報酬あり→諾成・双務・有償
組 合(667条)	数人の当事者が出資して共同事業を営む約束	諾成・双務・有償

※1 書面でする消費貸借は諾成契約である。

※2 利息付消費貸借は有償契約である。

3 契約の分類

　民法に規定されている13類型の契約を**典型契約**(有名契約)という。契約の内容は、原則として当事者が自由に決定することができるので(契約自由の原則)(521条2項)、民法の規定は1つの標準にすぎない。

　これに対して、民法に規定されていない類型の契約を**非典型契約**(無名契約)という。ただ、非典型契約の解釈にあたっては典型契約の規定を基準にするので、結局、典型契約の内容を押さえることが重要となる。

　さらに、各種の契約はその法的性質により、いくつかの観点から分類されるが、

次の３つの分類が重要である。

① 双務契約と片務契約

（ア）双務契約

意義　双務契約とは、契約の両当事者に、対価関係（相補い合う関係）に立つ債務が生じる契約である。（例）売買、賃貸借、請負

（イ）片務契約

意義　片務契約とは、契約の当事者の一方のみに債務が生じる契約である。両当事者に債務が生じても、それが対価関係に立たない場合も含む。（例）贈与、使用貸借

【双務契約と片務契約】

② 諾成契約と要物契約

（ア）諾成契約

意義　諾成契約とは、当事者の意思表示の合致のみで成立する契約である。典型契約の中では、消費貸借以外のすべての類型が諾成契約である（書面でする消費貸借は諾成契約である）。

（イ）要物契約

意義　要物契約とは、意思表示の合致のほか、物の引渡しなどがあって初めて成立する契約である。典型契約の中では、消費貸借（書面でする消費貸借を除く）だけが要物契約である。

〈語句〉●消費貸借とは、書面でする消費貸借を除き、要物契約であり、借主の同種同等の金銭その他の物の返還義務のみが生じる片務契約である。

成立⇒したがって、貸主には引渡義務は生じず、
借主の返還義務のみ生じる（片務契約）。

【消費貸借契約（書面でする消費貸借を除く）】

③ 有償契約と無償契約

（ア）有償契約

意義 　有償契約とは、契約の両当事者が、互いに対価的な経済的出捐（出費）をする契約である。(例)売買、賃貸借、請負

（イ）無償契約

意義 　無償契約とは、当事者の一方は、対価的な経済的出捐をしない契約である。(例)贈与、使用貸借、消費貸借

④契約の分類の関係

双務契約はすべて有償契約だが、有償契約がすべて双務契約とは限らない。

(例)利息付消費貸借(消費貸借の借主が利息を支払うもの)

【利息付消費貸借】

債務	貸主＝なし 借主＝返還債務＋利息支払債務(片務契約)
出捐	貸主＝元本貸付　　借主＝利息(有償契約)

【契約の分類の関係】

	双務契約	片務契約
有償契約	売買・賃貸借・請負等	利息付消費貸借
無償契約	―	贈与・使用貸借・消費貸借

4 契約自由の原則

民法は、各人の意思による自治を原則とし(私的自治の原則)、これは契約の場面では契約自由の原則として表れる(『民法 上』第1章「総則」参照)。契約自由の原則については、具体的には次の4つの内容を含む。

① 契約締結の自由

意義 　契約締結の自由とは、契約するかどうかを決定する自由である(521条1項)。

② 相手方選択の自由

意義 　相手方選択の自由とは、誰と契約をするかを決定する自由である。

③ 内容の自由

意義 内容の自由とは、契約の内容を決定する自由である（521条2項）。

④ 方式の自由

意義 方式の自由とは、契約の成立には、法令に特別の定めがある場合を除き、書面の作成その他の方式の具備を要しないことをいう（522条2項）。

③ 契約の成立 /発展

契約は、対立当事者の意思表示の合致により成立するので、そこには2つの意思表示が存在する。このうち、契約の内容を示してその締結を申し入れる意思表示を**申込み**（522条1項）といい、申込みに応じる意思表示を**承諾**という。

このことから、**契約は、申込みに対して相手方が承諾をしたときに成立する**（522条1項）。また、契約の成立には、法令に特別の定めがある場合を除き、書面の作成その他の方式を具備することを要しない（方式の自由）（522条2項）。

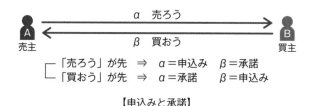

【申込みと承諾】

1 申込み・承諾の効力

当事者が対面してなされる契約では、その場で申込み・承諾が完了する場合も多い。この場合は、特に契約の成立に関する問題は生じない。

しかし、当事者が郵便でやり取りするような場合には、申込み・承諾がいつ効力を生じ、契約がどの時点で成立するかが問題となりうる。民法では、このような問題が生じる場合を想定して、いくつかの規定を置いている。

① 効力の発生時期

申込み・承諾は、**相手方に到達した時**から効力を生じる（到達主義）（97条1項）。したがって、原則として**承諾の到達時＝契約の成立時**である。　A

〈解説〉 契約の成立時期について、承諾を発信した時＝契約の成立時とする発信主義という考え方もある。

② 申込みの撤回

　民法は、相手方に承諾が到達して契約が成立する以前であれば、一定の場合に申込者が申込みを撤回することを認めている。

〈語句〉●撤回とは、意思表示に瑕疵があること以外の理由により、意思表示(ここでは申込み)の効力を失わせることをいう。申込みが有効に撤回されれば、承諾をしても契約は成立しない。

(ア) 申込みに承諾期間を定めたとき

㋐　申込みの撤回

原則　承諾の期間を定めてした**申込みは、撤回することはできない**(523条1項本文)。したがって、申込者が期間内に申込みを撤回しても、それは効力を生じないので、期間内に承諾の通知が申込者の元に到達すれば、契約が成立する **B**。

例外　申込者が撤回をする権利を留保したときは、申込みを撤回することができる(523条1項ただし書)。

㋑　承諾の期間内に承諾の通知を受けなかったとき

　申込者が申込みに対して期間内に承諾の通知を受けなかった(承諾の通知が申込者の元に到達しなかった)ときは、その**申込みは、その効力を失う**(523条2項)。

(イ) 申込みに承諾期間を定めていないとき

隔地者間	**原則**　申込者が承諾の通知を受けるのに相当な期間内は、申込みを撤回することができない(525条1項本文) **C** **例外**　申込者が撤回をする権利を留保したときは、申込みを撤回することができる(525条1項ただし書)
対話者間	①　対話者に対してした申込みは、その対話が継続している間は、いつでも撤回することができる(525条2項) ②　申込者が対話終了後もその申込みが効力を失わない旨を表示した場合を除き、対話終了までに承諾がなければ、申込みはその効力を失う(525条3項)

③ 申込者の死亡等の場合

　申込者が**申込みの通知を発した後に死亡し、意思能力を有しない常況**にある者となり、又は**行為能力の制限**を受けた場合でも、原則として、その**申込みは有効**である。ただし、以下の①又は②に該当するときは、その申込みは、その**効力を有しない**(526条)。一般の意思表示はこのような場合でも有効である(97条3項)ことから、その例外である。

> 【申込者の死亡等の確認】
> ① 申込者がその事実が生じたとすればその**申込みは効力を有しない旨**の意思を表示
>   していたとき
> ② その相手方が**承諾の通知を発するまでにその事実が生じたことを知った**とき

- ・申込者が死亡
- ・申込者が意思能力を有しない常況となった
- ・申込者が行為能力の制限を受けた

2 承諾と契約の成否

　契約は、申込みに対して相手方が承諾したとき(522条1項)、すなわち承諾の到達により成立する(97条1項)　D 。ただし、申込者が承諾期間を定めた場合には、その期間内に承諾が申込者に到達しなければ、契約は成立しない(523条2項)。

① 遅延した承諾の効力

　申込者は、遅延した承諾を新たな申込みとみなすことができる(524条)。　E

趣旨　承諾期間内に承諾が到達しなかった場合、契約は成立しないのが原則である。しかし、承諾は、契約締結に向けた意思表示であるから、これを申込者の側で新たな申込みとみなしても不都合はない。そのため、申込者がこれを承諾して契約を成立させる余地を与えた。

② 申込みに変更を加えた承諾

　承諾者が、申込みに条件を付し、その他変更を加えてこれを承諾したときは、その申込みの拒絶とともに新たな申込みをしたものとみなす(528条)。

趣旨　変更を加えられた承諾を無効とするより、申込みに対する拒絶とともに新たな申込みとみなした方が、取引の実態に即し、取引を円滑にすることから、元々の申込者が、この変更された新たな申込みを承諾して、契約を成立させる余地を与えた。

④ 申込みと承諾以外による契約の成立

1 交叉申込み

意義　交叉申込みとは、契約の当事者双方が**偶然に互いに申込み**を行い、その内容が**客観的に一致**する場合をいう。この場合、**後に到達した申込みが到達した時**を契約の成立時期とする。

理由　２つの申込みの意思表示が客観的にも主観的にも合致していることから、契約の成立を認めた。

2 承諾の通知を必要としない場合における契約の成立時期

申込者の意思表示又は取引上の慣習により承諾の通知を必要としない場合には、契約は、**承諾の意思表示と認めるべき事実があった時**に成立する(527条)。例えば、旅館が宿泊の申込みを受け、返事をすることなく部屋の準備をする場合である。

⑤ 定型約款

1 総説

契約に際して、約款を用いて契約が締結されることが多くなっており、約款を利用する取引の安定性を確保するために、定型約款に関する規定が置かれている(548条の２～548条の４)。

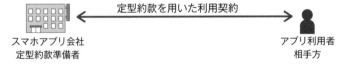

定型約款を用いた利用契約

スマホアプリ会社
定型約款準備者

アプリ利用者
相手方

【定型約款を用いた契約】

〈語句〉●**定型約款準備者**とは、定型約款を準備した者のことをいい、定型約款準備者の取引相手のことを**相手方**という(548条の２第１項２号)。

① 定型取引

意義　**定型取引**とは、①ある特定の者が**不特定多数の者を相手方**として行う取引であって、②その内容の全部又は一部が**画一的**であることがその双方にとって**合理的**なものをいう(548条の２第１項柱書第１括弧書)。例えば、アプリの利用契約や、自動車保険・生命保険などの保険契約、交通機関の乗車契

約等がある。

② 定型約款

意義 定型約款とは、定型取引において、契約の内容とすることを目的として
その特定の者により準備された条項の総体をいう(548条の2第1項柱書第3括
弧書)。具体例としては、アプリの利用における利用約款(規約)、保険取引
における保険約款、交通機関における運送約款等がある。

2 定型約款を契約の内容とすることの合意

① 要件

定型取引を行うことの合意をした者は、以下の①又は②のいずれかの要件を満た
す場合には、定型約款の個別の条項についても**合意をしたものとみなす**(548条の2
第1項)。 01/予

【定型約款・個別条項合意についての要件】
① 定型約款を契約の内容とする旨の合意をしたとき
② 定型約款準備者があらかじめその定型約款を契約の内容とする旨を相手方
に表示していたとき

---

② 効果(548条の2)

原則 定型約款の個別の条項の内容について相手方が認識していなくとも、**定型
約款の個別の条項について合意をしたものとみなす**(548条の2第1項柱書)。
01/予

例外 相手方の権利を制限し、又は相手方の義務を加重する条項であって、信
義則(1条2項)に反して**相手方の利益を一方的に害すると認められる条項**(不
当条項)については、**合意をしなかったものとみなす**(548条の2第2項)02/予。
例えば、定型約款準備者の故意・過失に基づく損害賠償責任の免責条項や、
相手方の過大な損害賠償責任を定める条項がこれに当たる。

3 定型約款の内容の表示(開示義務)

① 相手方からの請求による開示義務

原則 定型取引を行い、又は行おうとする定型約款準備者は、定型取引合意の
前又は定型取引合意の後相当の期間内に相手方から**請求があった場合**には、
遅滞なく、相当な方法でその定型約款の内容を示さなければならない(548
条の3第1項本文)。 03/予

例外 定型約款準備者が既に相手方に対して定型約款を記載した**書面を交付**し、又はこれを記録した**電磁的記録を提供**していたときは、定型約款の内容を**示す必要はない**（548条の３第１項ただし書）。

② 定型約款の内容の表示を拒んだ場合

原則 定型約款準備者が定型取引合意の前において548条の３第１項の請求（定型約款の内容の表示の請求）を拒んだときは、定型約款の個別の条項について**合意をしたものとはみなされない**（548条の３第２項本文）。

例外 一時的な通信障害が発生した場合その他正当な事由がある場合は、定型約款の個別の条項について合意をしたものとみなされる（548条の３第２項ただし書）。

4 定型約款の変更

① 定型約款の変更のための要件

定型約款準備者は、以下の①又は②のいずれかの要件を満たす場合には、定型約款の変更をすることにより、変更後の定型約款の条項について合意があったものとみなし、個別に相手方と合意をすることなく**契約の内容を変更**することができる（548条の４第１項柱書）。 04/予

【定型約款の変更のための要件】
① 定型約款の変更が、相手方の一般の利益に適合するとき
② 定型約款の変更が、契約をした目的に反せず、かつ、変更の必要性、変更後の内容の相当性、548条の４の規定により定型約款の変更をすることがある旨の定めの有無及びその内容その他の変更に係る事情に照らして合理的なものであるとき

趣旨 定型約款は不変のものではなく、事情によっては変更が必要になる。そのため、定型約款準備者が定型約款の変更を安定的に行えるように規定が設けられた。

② 定型約款の変更の周知義務と効力の発生

上記①の場合	定型約款の変更をするときは、その効力発生時期を定め、かつ、定型約款を変更する旨及び変更後の定型約款の内容並びにその効力発生時期をインターネットの利用その他の適切な方法により周知しなければならない(周知義務)(548条の4第2項)。もっとも、効力発生時期が到来するまでに周知義務を果たしていなくても、変更の効力が生じる 05/予 **理由** 上記①の場合は、相手方の一般の利益に適合する変更なので、変更の効力を生じさせても相手方に不利益は及ばないといえる
上記②の場合	定型約款の変更をするときは、その効力発生時期を定め、かつ、定型約款を変更する旨及び変更後の定型約款の内容並びにその効力発生時期を、**効力発生時期が到来するまでに**、インターネットの利用その他の適切な方法により周知しなければ、**変更の効力を生じない**(548条の4第3項) **理由** 上記②の場合は、相手方に不利益が及ぶ変更になり得るので、周知義務を果たしたときに限り、変更の効力を生じさせることにした。

重要事項 一問一答

01 民法に規定のある契約とは？民法に規定のない契約とは？

規定のあるのは典型契約、規定のないのは非典型契約

02 双務契約とは？

当事者双方に対価的な関係に立つ債務が生じる契約

03 片務契約とは？

当事者の一方のみに債務が生じる契約、又は、当事者双方に債務が生じても対価的な関係に立たない契約

04 当事者の意思表示の合致のみで成立する契約は？

諾成契約

05 要物契約とは？

意思表示の合致＋物の引渡しで成立する契約

06 有償契約とは？

契約当事者が互いに対価的出捐をする契約

07 無償契約とは？

契約当事者の一方は対価的な経済的出捐をしない契約

08 契約自由の原則の内容は（4つ）？

契約締結の自由、相手方選択の自由、内容の自由、方式の自由

09 契約はいつ成立するのか？

申込みに対して相手方が承諾した（承諾が到達した）時に成立する。

10 申込みに承諾期間があるときは申込みの撤回ができるか？

撤回する権利を留保していた場合を除き、撤回はできない。

11 遅延した承諾は一切の効力を有しないか？

申込者が遅延した承諾を新たな申込みとみなすことができる。

12 定型約款とは何か？

定型取引において、契約の内容とすることを目的として特定の者により準備された条項の総体

▶ 過去問チェック（争いのあるときは、判例の見解による）

01/予 定型約款を契約の内容とする旨の合意をした者は、定型約款の個別の条項についても合意したものとみなされるが、定型約款を準備した者があらかじめその定型約款を契約の内容とする旨を相手方に表示したものの、定型約款を契約の内容とする旨の合意が得られない場合には、定型約款の個別の条項について合意したものとみなされない。

×（予想問題）「定型約款の個別の条項について合意したものとみなされない」が誤り。

02/予 定型約款を契約の内容とする旨の合意をした者は、定型約款の個別の条項についても合意したものとみなされるから、相手方の権利を制限し、又は相手方の義務を加重する条項であって、信義則（1条2項）に反して相手方の利益を一方的に害すると認められる条項についても、合意をしたものとみなされる。

×（予想問題）「合意をしたものとみなされる」が誤り。

03/予 定型取引を行い、又は行おうとする定型約款準備者は、定型取引合意の前又は定型取引合意の後相当の期間内に、相手方から請求がなくても、原則として遅滞なく、相当な方法でその定型約款の内容を示さなければならない。

×（予想問題）「相手方から請求がなくても」が誤り。

04/予 定型約款準備者は、定型約款の変更が相手方の一般の利益に適合するときには、定型約款の変更をすることにより、変更後の定型約款の条項について合意があったものとみなし、個別に相手方と合意をすることなく契約の内容を変更することができる。

○（予想問題）

05/予 定型約款準備者は、相手方の一般の利益に適合するとして定型約款の変更をするときは、その効力発生時期を定め、かつ、定型約款を変更する旨及び変更後の

定型約款の内容並びにその効力発生時期を、効力発生時期が到来するまでに、インターネットの利用その他の適切な方法により周知しなければ、変更の効力を生じない。

× (予想問題)「効力発生時期が到来するまでに、インターネットの利用その他の適切な方法により周知しなければ、変更の効力を生じない」が誤り。

A Xは、Yに対し、4月1日、承諾期間について特に定めのない契約の申込書を発送し、これが同月2日にYのもとに到達した。Yは、Xに対して、同月8日、承諾書を発送したが、この承諾書は郵便局員の手違いにより紛失され、Xのもとに到達しなかった。XY間に契約が成立する。

× (裁2008改題)「XY間に契約が成立する」が誤り。

B Xは、Yに対し、4月1日、「契約締結のご承諾は4月9日までにお願いいたします。同日までにご返事をいただけなかった場合には、ご承諾をいただけなかったものと扱わせていただきます。」との記載をした契約の申込書を発送し、これが同月2日にYのもとに到達した。Xは、Yに対し、同月6日、契約の申込みを撤回する旨を記載した書面をファクシミリで送信した。Yは、Xに対して、同月7日、契約の承諾書を発送し、これが同月8日にXのもとに到達した。XY間に契約が成立する。

○ (裁2008改題)

C Xは、Yに対し、4月1日、承諾期間について特に定めのない契約の申込書を発送し、これが同月2日にYのもとに到達した。Xが申込みをした契約は、承諾の通知を受けるまでの相当期間が1週間とされるものであった。Xは、Yに対し、同月11日、契約の申込みを撤回する旨を記載した書面を発送し、これが同月13日にYのもとに到達した。Yは、Xに対し、同月12日、契約の承諾書を発送し、これが、同月14日にXのもとに到達した。XY間に契約が成立する。

× (裁2008改題)「XY間に契約が成立する」が誤り。Xによる契約の申込みの撤回は、相当の期間の経過後に行われている。

D Xは、Yに対し、4月1日、承諾期間について特に定めのない契約の申込書を発送し、これが同月2日にYのもとに到達した。Yは、Xに対し、同月8日、承諾書を発送したが、その後思い直し、同月9日、Xに対し、承諾を撤回したい旨を記載した書面をファクシミリで送信した。そして、同月10日、Yが同月8日に発送した承諾書がXのもとに到達した。XY間に契約が成立する。

× （裁2008改題）「XY 間に契約が成立する」が誤り。Y が承諾書の到達前にこれを撤回している。

X は、Y に対し、4 月 1 日、「契約締結のご承諾は 4 月 9 日までにお願いいたします。同日までにご返事をいただけなかった場合には、ご承諾をいただけなかったものと扱わせていただきます。」との記載をした契約の申込書を発送し、これが同月 2 日に Y のもとに到達した。Y は、X に対し、同月 8 日、承諾書を発送し、これが同月 10 日に X のもとに到達した。X は、改めて Y に対し、同月 11 日、契約を締結したい旨を記載した書面を発送し、これが同月 12 日に Y のもとに到達した。XY 間に契約が成立する。

○ （裁2008改題）

2 契約総論②─契約の効力

本節は、契約の効力として、主に同時履行の抗弁権と危険負担を扱います。同時履行の抗弁権は、これが認められる場合と認められない場合との区別、危険負担は、債権者主義と債務者主義との区別が重要です。

❶ 同時履行の抗弁権

1 意 義

意義　同時履行の抗弁権とは、双務契約の当事者の一方は、相手方がその**債務の履行**(債務の履行に代わる損害賠償の債務の履行を含む。)を**提供**するまでは、**自己の債務の履行を拒む**ことができるとするものである(533条本文)。

趣旨　双務契約においては、当事者双方に対価的な意義を有する債務(債権)が発生する。この2つの債務は、相対応するものであるから、どちらかが先に履行する約束(先履行の約束)がない限り、**当事者間の公平**のため、同時に履行されるべきである。これを**同時履行関係**という。

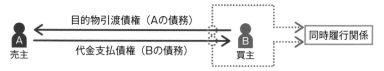

【同時履行関係】

2 同時履行の抗弁権の要件

> **【同時履行の抗弁権の要件】**
> ① 同一の双務契約から生じる両債務が存在すること
> ② 相手方の債務が履行期にあること(533条ただし書)
> ③ 相手方が自己の債務の履行を提供せずに履行を請求すること(単純請求)
> (533条本文)

① 同一の双務契約から生じる両債務が存在すること

両当事者の各債務が同一の双務契約から生じたものであることを要する。

趣旨 同時履行の抗弁権は、双務契約の効力として認められるものであるから。

発展 したがって、債権譲渡があった場合でも、債権の同一性は保たれるので、債権に付着した同時履行の抗弁権は存続する（大判大6.11.10）。 **A**

そして、同時履行の抗弁権は同一の双務契約から生じる両債務の関係によるものであるから、同時履行の抗弁権の付着した債権が譲渡された場合を除いて、契約当事者間でしか主張することはできず、**第三者に対して主張することはできない**。 **01**

② 相手方の債務が履行期にあること（533条ただし書）

相手方の債務が後払い(ex.代金の支払いが割賦払い)とされる契約（自己の債務が先履行）の場合には、自己の債務(ex.目的物引渡義務)の履行期が到来しても、同時履行の抗弁権を主張することはできない。 **02**

趣旨 履行期が到来していなければ、履行義務がないことを理由として履行を拒絶することができるから。

もっとも、先履行である自己の債務を遅滞している間に、相手方の債務の履行期が到来した場合、同時履行の抗弁権を主張することができる（通説）。

③ 相手方が自己の債務の履行を提供せずに履行を請求すること（単純請求）（533条本文）

相手方が単純請求をしてきたことを要する。

趣旨 相手方が自己の債務の履行を提供しつつ履行を請求してきた場合、債務の履行を拒むことは公平ではないから。

〈解説〉 **発展**「債務の履行を提供」は、常に現実の提供(493条本文)が必要となるわけではなく、口頭の提供(493条ただし書)で足りる場合もある。 **B**

(ア) 弁済の提供の解消と同時履行の抗弁権

双務契約の当事者の一方は、相手方の弁済の提供（履行の提供）があっても、その**提供が継続されないかぎり**、同時履行の**抗弁権を失うものではない**（最判昭34.5.14）。したがって、相手方が弁済の提供をすると同時履行の抗弁権は消滅するが、弁済の提供が解消された後、相手方が債務の履行を再び請求する場合には、再び弁済の提供をしないと同時履行の抗弁権による対抗を受ける。 **03**

例えば、売主Aが、売買契約の目的物を買主Bの下に持参したが、Bが代金を用意できていなかったため目的物を持ち帰った場合、Aは再度目的物の引渡しをしなければ、代金の請求について同時履行の抗弁権による対抗を受ける。

理由 弁済の提供をした相手方が無資力になった場合、その者に対して無条件で債務の履行をさせるのは不公平になるからである。

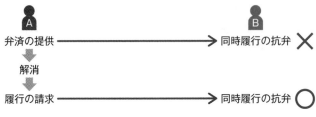

【弁済の提供の解消】

(イ) 債務を履行しない意思が明確な場合 /発展

一方当事者が債務を履行しない意思を明確にした場合には、その相手方が自己の債務の弁済の提供をしないからといって、当該当事者の一方は、自己の債務の不履行について履行遅滞の責を免れる（同時履行の抗弁権を主張する）ことができない（最判昭41.3.22）。 C

理由 相手方が債務の行を提供するのは、一方当事者の債務の履行を期待して行うものであるから、一方当事者が履行しない意思を明確にしたにもかかわらず、相手方に履行の提供を強いるのは不合理である。

3 同時履行の抗弁権の効果

① 自己の債務の履行を拒める

同時履行の抗弁権の本来の効力である。

② 履行遅滞とならない 04

同時履行の抗弁権により、債務不履行が違法とならないからである。

③ 相殺の禁止 /発展

同時履行の抗弁権の付いた債権を自働債権として相殺をすることはできない（505条1項ただし書、大判昭13.3.1、第4章 9 節「債権の消滅(3)―相殺」参照）。 D

④ 引換給付判決

訴訟において、被告が同時履行の抗弁権を主張した場合、原告敗訴の判決（請求棄却判決）ではなく、**引換給付判決**（原告の給付と引換えに被告が給付をすべき旨を命ずる判決）が言い渡される（大判明44.12.11）。 05

4 同時履行関係に立つ債務

双務契約上の2つの債務であるが、債務は双方に複数生じることもあり、そのうち何が同時履行関係に立つかは、具体的類型により決定される。例えば、不動産売買では、以下のような同時履行関係になる。

【不動産売買における同時履行関係】 ✍ 発展

家屋（最判昭34.6.25）	目的物引渡し＋登記移転 ⟷ 代金支払 E
土地（大判大7.8.14）	登記移転 ⟷ 代金支払 E F

① 双務契約上の債務ではないが、条文により、533条が準用されるもの

（ア）契約解除の場合の双方の原状回復義務（546条）

契約を解除すると、当事者双方に原状回復義務が発生するが、これらの原状回復義務が同時履行の関係に立つ。 06

【契約解除の場合の双方の原状回復義務】

（イ）負担付贈与の目的物引渡しと負担義務の履行（553条） ✍ 発展

負担付贈与契約は、一方がある財産を負担付きで相手方に与える意思を表示し、相手方が受諾することによって成立するが、**贈与目的物の引渡しと負担義務の履行が同時履行の関係に立つ。** G

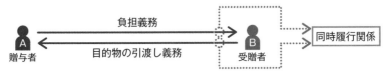

【負担付贈与の目的物引渡しと負担義務の履行】

（ウ）弁済と受取証書の交付（486条1項） ✍ 発展

弁済をする者は、弁済と引換えに、弁済を受領する者に対して受取証書の交付を請求することができる。**弁済と受取証書の交付が同時履行の関係に立つ。** H

〈解説〉 債権証書は全部の弁済をした後に返還を請求することができるので（487条）、債権証書と弁済との関係は、弁済が先履行である。 H

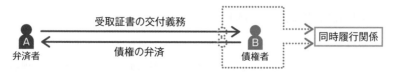

【弁済と受取証書の交付】

(エ) その他

　売主の担保責任の履行(損害賠償の支払)と買主の原状回復義務(旧571条)、請負人の担保責任の履行(損害賠償の支払)と注文者の報酬支払(旧634条2項)が削除された。533条括弧書で「債務の履行に代わる損害賠償請求」についても同時履行の抗弁権が認められることが明らかにされたので、わざわざ533条を準用するまでもなく、533条の解釈・適用に任せれば十分になったからである。

② 判例上、533条が準用ないし類推適用されたもの

(ア) 取消し・無効による当事者双方の原状回復義務

問題点　　制限行為能力や詐欺による取消しにより発生した当事者双方の原状回復義務は同時履行の関係に立つのか。

結論　同時履行の関係に立つ(最判昭28.6.16、最判昭47.9.7)。 07

理由　公平の観念上、解除の場合と区別すべき理由がないから。

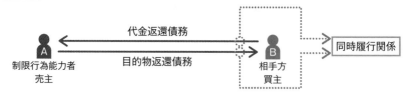

【当事者双方の原状回復義務】

(イ) 建物買取請求権の建物代金と土地の引渡し 発展

問題点　　借地権者が建物買取請求権(借地借家法13条)を行使した場合に発生する、借地権設定者の建物代金支払義務と借地権者の土地引渡し義務は同時履行の関係に立つのか。

結論　　建物の引渡しを拒絶することができる借地権者は、その**反射的効力として当然敷地の引渡しをも拒絶**することができる(大判昭7.1.26)。 I

理由　　本来同時履行の関係に立つのは建物の引渡し義務・移転登記義務と建物代金支払義務であるが、敷地の引渡拒絶はその反射的効力として認められる(大判昭7.1.26)。

〈**語句**〉●**建物買取請求権**とは、借地権の存続期間が満了した場合に、建物を建築した借地権者(土地賃借人)が、借地権設定者(土地賃貸人)に対して建物を時価で買い

取るべきことを請求することができる権利をいう(借地借家法13条1項)。建物収去による国民経済的損失を防ぐことを目的とした規定であり、借地権者による建物買取請求権の意思表示によって、売買契約の効果が発生し、建物の所有権は直ちに借地権設定者に帰属する(形成権)。

〈語句〉●形成権とは、権利者の一方的な意思表示によって一定の法律関係を発生させたり、消滅させたりする権利をいう。

【建物買取請求権の建物代金と土地の引渡し】

③ 533条の適用が否定されたもの

(ア) 造作買取請求権の造作代金債務と建物の明渡し /発展

問題点 借家人が造作買取請求権(借地借家法33条1項)を行使した場合の借主の建物明渡債務と造作代金支払い債務は同時履行の関係に立つのか。

結論 同時履行の関係に立たない(同時履行の抗弁によって建物の明渡しを拒むことができない)(最判昭29.7.22)。J

理由 借家人の造作代金債権は、造作に関する債権に過ぎず、家屋に関して生じた債権ではない。

〈語句〉●造作とは、建物の経済的価値を増加させるもので、賃貸人の同意を得て取り付けたもの、又は賃貸人から買い受けたものをいう。**建物から独立性のあるもの**で、畳、建具、電気設備、空調設備などがこれに当たる。

●造作買取請求権(借地借家法33条1項)とは、建物の賃貸借が期間の満了または解約の申入れにより終了した場合に、建物賃借人が建物賃貸人に対して造作を時価で買い取ることを請求することができる権利をいう。造作買取請求権の意思表示によって売買契約の効果が発生し、造作の所有権は直ちに建物賃貸人に帰属する(形成権)。

【造作代金債務と建物の明渡し】

(イ) 賃貸借契約における敷金返還と目的物明渡し

問題点　賃貸借契約における敷金返還と目的物明渡しは同時履行の関係に立つのか。

結論　同時履行の関係に立たない。目的物明渡しが先履行となる。〔08〕

理由　賃貸人は、敷金を受け取っている場合において、賃貸借が終了し、かつ、目的物(賃貸物)の返還を受けたときは、賃借人に対し、その受け取った敷金の額から賃貸借に基づいて生じた賃借人の賃貸人に対する金銭債務(ex. 未払賃料)の額を控除した残額を返還しなければならない(622条の2第1項柱書1号)。したがって、目的物明渡しが先履行であり、敷金返還と目的物明渡しは同時履行の関係に立たない。

【敷金返還と目的物明渡し】

(ウ) 債務の弁済と抵当権設定登記の抹消手続 **発展**

　債務の弁済とその債務担保のために経由された抵当権設定登記の抹消登記手続とは、前者が後者に対し先履行の関係に当たるものであって、同時履行の関係に立つものではない(最判昭27.1.19)。〔K〕

5 留置権との対比

　同時履行の抗弁権は双務契約から生じる効力であるのに対し、留置権は物権であることから、以下のような異同が生じる。

【留置権との対比】

	留置権	同時履行の抗弁権
発生原因	物に関して債権が生じた（295条）	双務契約
占有喪失	消滅する（302条本文）	消滅しない。例えば、売主が売買目的物の占有を失っても、自分が先に目的物を引き渡さなければならない状態にはならない
代担保提供による消滅請求	できる（301条）	できない。売主が別の物を担保として引き渡して買主に対して代金債務の先履行を請求することはできない
債務者の一部弁済 **発展**	消滅しない **理由** 留置権の不可分性（296条）	割合的に減縮する。例えば、1つ100円の商品を5セット購入した買主は、300円を提供すると3セットの引渡し請求ができる（売主が履行拒絶を行えるのは2セットに縮減）**L**
被担保債権の譲渡	被担保債権の譲渡とともに、目的物の占有も移転しない限り、留置権は消滅する **理由** 担保物権だから随伴しそうだが、留置権は目的物の占有を要件とするところ、被担保債権が譲渡されると譲受人が債権者となるが、譲受人は、目的物を譲渡されたわけではないから、目的物を占有しない。債権の譲渡によって債権と物との牽連性が断ち切られたと考えてもよい	消滅しない **理由** 売主たる地位には、代金債権、引渡債務（これに同時履行の抗弁権が付いている）、解除権・取消権等の形成権があるが、代金債権を譲渡しても引渡債務に付着している同時履行の抗弁権は、売主の下に留まる
第三者に主張	できる **理由** 物権の絶対性	できない **09** **理由** 債権の相対性

② 危険負担

1 意義と制度趣旨

> **設例** AB間でAがBに家屋を売却する契約が成立し、Aに代金債権、B
> に目的物引渡債権が発生した。ところが、Aが引渡債務を履行する前に、家
> 屋が隣家の失火によって焼失してしまった。Bは、代金の支払いを拒むこと
> ができるか。

 設例 の場合、売主Aの引渡債務はAの帰責事由なく履行不能となる。この場
合、買主Bの代金支払債務はどうなるのであろうか。これを「危険負担」の問題とい
う。すなわち、Bが、Aからの反対給付の履行請求(代金支払請求)を拒むことがで
きるか否か、という問題である。

① 意義と趣旨

意義 危険負担とは、当事者双方の帰責事由なしに、あるいは債権者の帰責事
由により債務が履行不能(一部不能も含む)となった場合、**債権者が債務者
からの反対給付の履行請求を拒むことができるか否か**、という問題である。

趣旨 履行不能は、債務(債権)の消滅事由ではなく、**債権者の履行請求権を否
定するにすぎず**(412条の2第1項)、履行不能の契約でも、その効力は妨げら
れない(412条の2第2項)。そして、一方の債務が履行不能となった場合、他
方の債務が消滅するか存続するかは解除の制度が扱う(542条1項1号)ものと
し、危険負担においては反対給付の履行拒絶権を扱うものとした。

② 債務者主義と債権者主義

危険負担においては、履行不能(一部不能も含む)となった債務を基準として、**債
務者が不利益を負担する場合を債務者主義**といい、**債権者が不利益を負担する場合
を債権者主義**という。 **設例** からすると、履行不能となった売主Aの引渡債務を基

準として、債務者Aが不利益を負担すると(債務者主義)、反対給付である代金の支払拒絶を受けることになり、債権者Bが不利益を負担すると(債権者主義)、反対給付である代金の支払いをしなければならないことになる。

2 危険負担の内容

① 当事者双方に帰責事由がない場合 (原則 債務者主義)

債権者は、反対給付の履行を拒むことができる(履行拒絶権)(536条1項)。 10/予

趣旨 当事者間の公平を図る。

【危険負担の債務者主義】

> **設例** では、家屋が隣家の失火によって焼失していることから、AB双方に帰責事由がない場合に該当し、危険負担の債務者主義が適用される。したがって、買主Bは、売主Aに対する代金の支払を拒絶することができる。

② 債権者に帰責事由がある場合 (例外 債権者主義)

債権者は、反対給付の履行を拒むことが**できない**(536条2項前段) 11/予。もっとも、債務者は、自己の債務を免れたことによって利益を得たときは、これを**債権者に償還**しなければならない(利益償還)(536条2項後段)。なお、債権者は、履行不能を理由として契約を解除することができない(543条)。

趣旨 債権者に帰責事由があるので、履行拒絶権を認めることはできない。

【危険負担の債権者主義】

3 他の制度との関係

① 契約締結前にすでに不能となっていた場合（原始的不能）

契約に基づく債務の履行がその契約の成立の時に不能（履行不能）であった場合でも、その契約の効力は妨げられない（412条の2第2項）。そこで、原始的不能でも危険負担の規律が及ぶと解されている。

② 履行不能について債務者に帰責事由がある場合

債務不履行責任（第4章 2 節 2 項 1 「履行不能」参照）の問題となる。

【帰責事由の所在とその効果】

	契約締結前に不能 （原始的不能）	契約締結後に不能 （後発的不能）
当事者双方に帰責事由なし	危険負担の債務者主義	
債権者に帰責事由あり	危険負担の債権者主義	
債務者に帰責事由あり	債務不履行責任の問題	

③ 第三者のためにする契約（537条～539条） 発展

1 意義

> **設例** AB間でA所有の車を50万円でBに売却するとの契約を締結したが、その際、車の代金はBがCに支払うと合意した。このような契約が有効に成立するのか。

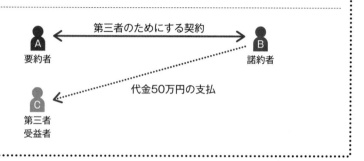

> **意義** 第三者のためにする契約とは、契約により当事者の一方が第三者に対してある給付をすることを約束する契約をいう（537条1項）。

〈語句〉●**第三者（受益者）**とは、第三者のためにする契約において、契約から利益を受ける者をいう。第三者に対して給付をする者を**諾約者**、諾約者との契約の相手方を**要約者**という。

〈解説〉 ABが第三者のためにする契約をした理由はいろいろと考えられる。例えば、AがCからお金を借りていたとか、Cが試験に合格したのでAがお祝いにお金を贈与する目的の場合である。

> **設例**では、50万円の利益を受けるCを第三者（受益者）、Cに対して50万円を給付するBを諾約者、Bとの売買契約の相手方であるAを要約者、とする第三者のための契約が成立している。

2 契約の成立要件

第三者のためにする契約が成立するための要件は、以下の2つである。

> **【第三者のためにする契約が成立するための要件】**
> ① 要約者と諾約者との間に有効な契約が存在すること
> ② 契約の内容が第三者(受益者)に直接権利を取得させるものであること(537
>   条1項)

〈**解説**〉 契約の成立の時に、第三者(受益者)が現に存しない場合、又は第三者が
特定していない場合でも、そのために契約の効力を妨げられない(537条2
項)。第三者は契約当事者ではないからである。

3 契約の効果

① 第三者(受益者)の権利の発生時期

第三者(受益者)の権利は、第三者が諾約者に対して契約の利益を享受する意思
(**受益の意思表示**)を表示した時に発生する(537条3項)。受益の意思表示は、第三者
の権利発生要件であって、契約の成立要件ではない。

趣旨 利益といえども意思に反して強制することはできないから。

② 直接の給付請求

第三者(受益者)の受益の意思表示があった後は、**第三者は、債務者(諾約者)に対
して直接に給付を請求**することができる(537条1項)。もっとも、受益者と諾約者と
の間には契約関係が存在しないので、諾約者が債務を履行しない場合でも、第三者
による契約の解除は認められない。 M

③ 契約内容の変更・消滅

第三者(受益者)の受益の意思表示があった後は、**契約当事者(要約者と諾約者)
は、契約の内容を変更・消滅させることはできない**(538条1項)。例えば、契約当事
者により契約を合意解除することは認められない。 N

趣旨 第三者の発生した権利を保護するためである。

④ 契約の解除

第三者(受益者)の受益の意思表示があった後は、債務者(諾約者)がその第三者に
対する債務を履行しない場合でも、要約者は、その**第三者の承諾を得なければ、契
約を解除することができない**(538条2項)。

趣旨 第三者の債務の履行に対する期待を保護するためである。

⑤ 諾約者の抗弁

　債務者(諾約者)は、契約に基づく抗弁(ex.同時履行の抗弁権、契約の取消しや解除)を第三者(受益者)に対抗することができる(539条)。

> **趣旨**　契約当事者の一人である諾約者を保護するため。

❹ 契約上の地位の移転

1 概説

> **意義**　**契約上の地位の移転**とは、契約の当事者の一方が、第三者との間でその**契約上の地位**を譲渡する合意をした場合に、その**地位が第三者に移転**するものをいう(539条の2)。例えば、売買契約における売主・買主の地位があるが、この地位が移転した場合、契約の相手方が変更されることになる。

2 要件

　契約上の地位の移転は、契約の当事者の一方と第三者(契約上の地位を譲り受ける者)との合意によってすることができるが、この場合には、**契約の相手方の承諾があること**がその効力発生要件とされている(539条の2)。

> **趣旨**　契約上の地位の移転により、契約の当事者の一方が変更されるので、契約の相手方が不利益を受けるおそれがあるから。

〈解説〉　不動産の賃貸人たる地位の移転に際して、賃借人の承諾は不要である(605条の3、詳細は本章 **7** 節「契約各論(2)―賃貸借②」にて扱う)。

重要事項 一問一答

01 同時履行の抗弁権とは?

　双務契約の当事者の一方は、相手方がその債務の履行を提供するまでは、自己の債務の履行を拒むことができるとするもの

02 同時履行の抗弁権の成立要件は(3つ)?

　①同一の双務契約から生じる両債務が存在すること、②相手方の債務が履行期にあること、③相手方が自己の債務の履行を提供せずに履行を請求すること(単純請求)

03 債務の履行を拒んでも、同時履行の抗弁権があれば履行遅滞とならないのか?

　履行遅滞にならない。

04 訴訟で同時履行の抗弁権を主張した場合の判決は?

　引換給付判決

05 危険負担の問題とは？

双務契約において、当事者双方の帰責事由なしに、あるいは債権者の帰責事由により債務が履行不能になった場合に、債権者が反対債務の履行を拒めるかという問題

06 債務者主義とは？

債権者が反対債務の履行を拒める(債務者が危険を負担)。

07 債権者主義とは？

債権者が反対債務の履行を拒めない(債権者が危険を負担)。

08 当事者双方に帰責性がなく履行不能となった場合は？

債務者主義が適用される。

09 債権者に帰責性あって履行不能となった場合は？

債権者主義が適用される。

10 第三者のためにする契約とは？

契約当事者の一方が第三者(受益者)に対してある給付をすることを約束する契約

11 第三者の権利はいつ発生するか？

第三者が諾約者に対して契約の利益を享受する意思(受益の意思表示)をした時

12 契約上の地位の移転は、契約当事者の一方と契約上の地位を譲り受ける者との合意だけで効力が発生するか。

効力を発生させるには契約の相手方の承諾が必要

▌ 過去問チェック （争いのあるものは、判例の見解による）

[01] 目的物がAからB、BからCへと転売され、BがAに対して当該目的物の売買契約に基づく金銭債務を履行しない場合、Aは同時履行の抗弁権に基づき、Cからの目的物の引渡請求を拒むことができる。

×（税2015）「Aは同時履行の抗弁権に基づき、Cからの目的物の引渡請求を拒むことができる」が誤り。

[02] 双務契約の一方の当事者甲が他方の当事者乙よりも先に自らの債務を履行する旨の合意をしたときにおいて、乙の甲に対する債務の履行期が到来していない場合には、先に履行する義務を負う甲は、同時履行の抗弁権により債務の履行を拒むことができない。

○（裁2010）

[03] 双務契約の当事者の一方は、相手方から履行の提供が一度でもあれば、不受領の不利益を提供の継続という形で相手方に転嫁するのは公平に反するため、相手

方の履行の提供が継続しなくても、同時履行の抗弁権を失う。

× (区2013)「不受領の不利益を提供の継続という形で相手方に転嫁するのは公平に反するため、相手方の履行の提供が継続しなくても、同時履行の抗弁権を失う」が誤り。

[04] 売主は、目的物引渡債務の履行期後も、買主が代金を支払うまでは目的物の引渡しを拒むことができるが、履行期を徒過したことについての履行遅滞の責任は負う。

× (裁2021)「履行期を徒過したことについての履行遅滞の責任は負う」が誤り。

[05] 双務契約の当事者の一方が契約の相手方に対して訴訟上で債務の履行を請求する場合であっても、その相手方が同時履行の抗弁権を主張したときは、請求が棄却される。

× (国般2014)「請求が棄却される」が誤り。

[06] 双務契約である売買契約の解除によって発生した原状回復義務につき、売主及び買主は、原状回復義務の履行について、互いに同時履行の抗弁権を行使することができる。

○ (国般2014)

[07] 売買契約が詐欺を理由として取り消された場合における当事者双方の原状回復義務は、同時履行の関係に立たない。

× (区2013)「同時履行の関係に立たない」が誤り。

[08] 家屋の賃貸借終了に伴う賃借人の家屋明渡債務と賃貸人の敷金返還債務とは、賃借人保護が要請されるため、特別の約定のない限り、同時履行の関係に立つ。

× (区2013)「特別の約定のない限り、同時履行の関係に立つ」が誤り。

[09] 建物の売買契約において、売主は、買主に建物の登記を移転したとしても、代金の提供がない限り買主への引渡しを拒絶することができ、たとえ買主がその建物を第三者に譲渡し登記名義も移転したとしても、同時履行の抗弁権を主張して、当該第三者に対して建物の引渡しを拒絶することができる。

× (国般2002)「同時履行の抗弁権を主張して、当該第三者に対して建物の引渡しを拒絶することができる」が誤り。

[10/予] 双務契約について、一方の債務が当事者双方の責めに帰することができない事由により履行不能となった場合、他方の債務は消滅する。

× (予想問題)「他方の債務は消滅する」が誤り。

[11/予] 双務契約について、一方の債務が債権者の責めに帰すべき事由により履行不能となった場合、債権者は、反対給付の履行を拒むことができる。

× (予想問題)「反対給付の履行を拒むことができる」が誤り。

[A] AとBの間で売買契約が締結された後、売主Aが代金債権を第三者Cに譲渡した場合、買主BのCに対する代金債務とAの引渡債務は、同時履行の関係にある。

○ (国般2009)

[B] 双務契約の当事者の一方は、相手方の同時履行の抗弁権を消滅させるためには、常に相手方に対して現実の提供をすることが必要である。

× (国般2014)「常に相手方に対して現実の提供をすることが必要である」が誤り。

[C] 双務契約の当事者の一方が自己の債務の履行をしない意思を明確にした場合には、相手方が自己の債務の弁済の提供をしなくても、当該当事者の一方は、自己の債務の不履行について履行遅滞の責を免れることをえない。

○ (区2013)

[D] 債権者は、債務者が同時履行の抗弁権を有する場合でも、その債権を自働債権として相殺することができるから、原告から貸金返還請求訴訟を提起された被告は、原告が同時履行の抗弁権を有する売買代金請求権を自働債権として、貸金返還債務との相殺を主張することができる。

× (裁2010) 全体が誤り。

[E] 不動産の売買契約において、売主の移転登記の協力義務と買主の代金支払義務は同時履行の関係に立つ。

○ (裁2021)

[F] 土地を目的物とする売買契約を締結した場合、売主の所有権移転登記協力義務及び引渡義務と買主の代金支払義務とは同時履行の関係にあるため、買主は、売主が所有権移転登記手続及び土地の引渡しをするまで、同時履行の抗弁権を理由と

して、代金の支払を拒むことができる。

×（裁2014）「及び引渡義務」「及び土地の引渡し」が誤り。

G 贈与契約は片務契約であるため同時履行の抗弁権は認められないが、負担付贈与は、その性質に反しない限り、双務契約に関する規定が準用されることから、同時履行の抗弁権の規定の適用がある。

○（税2015）

H 弁済と債権証書の返還は同時履行の関係にあるが、弁済と受取証書の交付は同時履行の関係にない。

×（国般2009）全体が誤り。

I 建物の所有を目的とする土地の賃貸借契約において、借地権の存続期間が満了したため、借地権者によって建物買取請求権が行使された場合には、建物の引渡し及び移転登記と代金支払とが同時履行の関係に立つことはもちろん、借地権者は、代金の提供があるまで、当該建物の建っている土地の明渡しを拒むことができるとするのが判例である。

○（国般2002）

J 建物の賃貸借契約における賃借人から造作買取請求権が行使された場合において、造作買取代金の支払と建物の明渡しは同時履行の関係に立つ。

×（裁2021）「造作買取代金の支払と建物の明渡しは同時履行の関係に立つ」が誤り。

K 債務の弁済とその債務を担保するための抵当権設定登記の抹消手続とは、前者が後者に対し先履行の関係にあるものではなく、両者は同時履行の関係に立つ。

×（区2013）「前者が後者に対し先履行の関係にあるものではなく、両者は同時履行の関係に立つ」が誤り。

L 1セット30万円のパーソナル・コンピュータを10セット売却する旨の売買契約において、買主が代金額の一部である180万円しか提供しない場合には、売主は、同時履行の抗弁権を主張して、代金全額の提供があるまでは、当該売買契約に係るすべてのパーソナル・コンピュータの引渡しを拒むことができる。

×（国般2002）「代金全額の提供があるまでは、当該売買契約に係るすべてのパーソナル・コンピュータの引渡しを拒むことができる」が誤り。

M Aが自己所有の建物をBに売却する契約において、代金はBからCに支払う旨の合意をAB間でした場合、受益の意思表示を行ったCは、直接Bに対して代金の支払を請求することができるが、契約の当事者ではないため、Bが代金を支払わない場合でも、当該契約を解除することができない。

○（国般2010）

N AB間の売買契約で、Aがその所有する宝石をBに売却し、代金はBがCに支払うとの合意をした場合において、CがBに対して、その代金を受領する意思を表示した後であっても、A及びBは、かかる売買契約を合意解除することができる。

×（税・労・財2016）「A及びBは、かかる売買契約を合意解除することができる」が誤り。

3 契約総論③—解除

本節では、契約が終了する原因の一つである解除を扱います。催告による解除と催告によらない解除との違いに着目しましょう。

1 解除の意義

意義 解除（契約の解除）とは、法律や契約で定める解除原因がある場合に、解除権を有する一方の当事者が、相手方に対する**一方的な意思表示**により、**契約を遡及的に消滅**させる制度である(判例)。

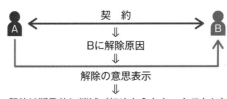

【契約の解除】

1 解除の種類

解除は、大きく分けて、以下の3種類がある。

【解除の種類】

解除の種類	内容
法定解除	解除原因を民法などの法律で定めている
約定解除	当事者が契約であらかじめ解除原因を定めている 🚩発展 解除権の行使方法や効果について、法定解除の要件や効果を修正することもできる A
合意解除	当事者間で契約を解除することについて合意する(合意解除は契約の一種である)

2　法定解除における解除原因

【法定解除における解除原因】

解除原因	具体例
債務不履行による場合 （541条・542条）	履行遅滞、履行不能、不完全履行による場合のことをさす
それ以外による場合	売主の契約不適合責任（564条）、無断譲渡・無断転貸（612条2項）などが個別に規定されている

2　債務不履行による法定解除

　債務者に債務不履行があると、債権者は、①履行の強制（履行不能の場合を除く）（412条の2第1項）または契約の解除のいずれかを行うことができるとともに、②債務者に帰責事由があれば損害賠償請求を行うこともできる（債務不履行については、第4章 2 節「債権の効力①─債務不履行」参照）。この場合、①または②の一方だけを求めることも可能である。

　そして、債務不履行による法定解除については、**債務者の帰責事由が不要である**とともに、債務不履行が債権者の帰責事由によるものであるときは、契約の解除を行うことができないという特徴がある（543条）。[01]

【帰責事由の要否】

	債務者に帰責事由あり 債権者に帰責事由なし	双方に帰責事由なし	債権者に帰責事由あり 債務者に帰責事由なし
履行の強制	債権者は、履行の強制を裁判所に請求することができる（414条1項） （履行不能の場合には履行の強制は不可）		
契約の解除	契約の解除が可能（541条、542条）		契約の解除不可（543条）
損害賠償の請求	債務不履行に応じて**遅延賠償**や**塡補賠償**を請求可能（415条）	損害賠償の請求不可	

3　催告による解除の要件（541条）

　民法は、債務不履行による契約の解除の要件を「催告による解除」および「催告によらない解除」の2種類に区分しているので、これに沿って説明する。

　まず、**催告による解除**は、債務者が債務を履行しない場合に、債権者が相当期間

を定めて履行を催告したが、相当期間内に履行がないという要件を満たすことで、債権者は契約の解除を行うことができるとするものである。催告による解除の要件は、次の5つである。

【催告による解除の要件(541条、543条)】

① 債務者が債務を履行しないこと(541条本文)

② 債権者が**相当期間を定めて履行の催告**をしたこと(541条本文)

③ 債務者が相当期間内に履行しないこと(541条本文)

④ 債務不履行が契約及び取引上の社会通念に照らして**軽微でない**こと(541条ただし書)

⑤ 債権者の責めに帰すべき事由によるものでないこと(543条)

---

1 債務者が債務を履行しないこと(要件①)

「債務を履行しない」は、履行遅滞に限定されず、あらゆる債務不履行を含む。ただし、履行不能の場合は催告によらない解除をすることもできるので、催告による解除は**履行遅滞**の場合に行われることが多い。

① 同時履行の抗弁権が付着している債務と履行遅滞

債務者に同時履行の抗弁権がある場合には、履行しないことを正当化する事由が存在することになり、履行遅滞とはならない。

そこで、同時履行の抗弁権が付着している債務の履行遅滞を理由に契約の解除をする場合には、自己の債務について**弁済の提供**(履行の提供)を行い、**同時履行の抗弁権を失わせること**を必要とする。ただし、解除に関しては、弁済の提供は一度すればよく、継続する必要はない(大判昭3.10.30)。

〈解説〉 弁済の提供をしないで催告による解除をしても無効であるが(大判大10.6.30)、/発展 催告をするだけであれば、弁済の提供をしなくてもよい。B

② 相手方の債務が先履行の場合

相手方の債務が先履行で、その履行期が到来した場合には、相手方が履行遅滞に陥っているので、債権者は自己の債務について弁済の提供をしなくても契約を解除することができる。02

③ 債権者があらかじめ受領を拒んでいる場合

上記の通り、債務者に同時履行の抗弁権がある場合には、自己の債務について弁

済の提供を必要とするが、債権者があらかじめ受領を拒んでいる場合は、現実の提供(493条本文)までする必要はなく、口頭の提供(493条ただし書)をしたうえで、契約の解除をすることができる。 03

2 債権者が相当期間を定めた履行の催告をしたこと（要件②）

債権者が相当の期間を定めてその履行の催告をしたことが必要である。

① 相当期間

相当期間は、債務者が履行の準備をしていることを前提に、個々の契約の事情などに応じて決定される。

そして、催告に定められた期間が相当でない場合でも、債務者が催告の時から相当期間を経過してなお債務を履行しないときには、債権者は契約の解除をすることができる(最判昭44.4.15)。 04

また、債権者が期間を定めないで履行の催告をしても、催告が無効になるわけではなく、催告から相当期間を経過すれば(相当期間経過後も債務を履行しないときは)、契約の解除をすることができる(大判昭2.2.2)。 05

② 履行の催告

意義 履行の催告とは、裁判外で履行の請求をすることである。

③ 期限の定めのない債務と解除 /発展

期限の定めのない債務については、債権者から履行の請求を受けた時に履行遅滞となるが(412条3項)、契約の解除をするために改めて履行の催告をする必要はない(大判大6.6.27)。 C

理由 412条3項の「履行の請求」と541条の「履行の催告」を兼ねた相当の期間を定めた履行の催告を1回すれば足りる。

【期限の定めのない債務と解除】

④ 履行の催告が不要な場合

履行遅滞の場合であっても、後述(❹項「催告によらない解除」)するように、履行拒絶、契約目的達成不能、定期行為に該当する場合は、履行の催告をせず、直ちに契

約の解除をすることができる(542条1項2号～5号)。06/予

3 債務者が相当期間内に履行しないこと (541条本文、要件③)

　債権者が催告をしたにもかかわらず、相当期間内に債務を履行しないことが必要である。

4 債務不履行が契約及び取引上の社会通念に照らして軽微でないこと(要件④)

　催告期間の経過時における債務の不履行が**契約及び取引上の社会通念に照らして軽微であるとき**は、契約の解除をすることができない(541条ただし書)07/予。したがって、債務不履行が契約及び取引上の社会通念に照らして軽微でないことが要件となる。

趣旨　解除権行使について債務者の帰責事由を不要とするのに対応して、債権者による解除権行使を制限するものである。

　債務不履行が軽微である場合は、損害賠償責任の問題として処理することになる。改正前民法の下では、付随的義務の不履行として議論されていたものが、債務不履行が「軽微」であるかどうかの問題に引き継がれたといえる。

〈解説〉　① 債務不履行が軽微か否かを判断する基準時は、催告期間の経過時、すなわち債権者が履行の催告をしてから相当期間を経過した時である(541条ただし書)。07/予

② 債務不履行が軽微でない場合には、履行不能や契約目的達成不能の場合が含まれるほか、契約目的の達成に軽微でない影響が及ぶ場合も含まれると解される。

① 契約をした主たる目的の達成に必須的でない付随的義務

　土地の売買において買主が契約をした主たる目的の達成に必須的でない付随的義務の履行を怠ったにすぎないような場合には、**特段の事情がない限り、相手方は、その義務の不履行を理由として当該契約を解除することができない**(買主が固定資産税の負担義務を怠った事案)(最判昭36.11.21)。

理由　法律が債務の不履行による契約の解除を認める趣意は、契約の要素をなす債務の履行がないために、その契約をした目的を達することができない場合を救済するためである。

② 付随的義務の不履行が契約締結の目的の達成に重大な影響を与える場合

　土地の売買契約において、所有権移転登記手続は代金完済と同時にし、代金完済まで買主は土地の上に建物等を築造しない旨の付随的約款がつけられている場合

にあって、約款は、本来契約締結の目的に必要不可欠のものでないが、代金の完全な支払の確保のために重要な意義をもち、その不履行が契約締結の目的の達成に重大な影響を与えるものであるときは、売主は、**約款の不履行を理由として、売買契約を解除**することができる(最判昭43.2.23)。

> **理由** 当該付随的約款の不履行は契約締結の目的の達成に重大な影響を与えるものであるから、このような約款の債務は売買契約の要素たる債務に入り、これが不履行を理由として売主は売買契約を解除することができると解するのが相当である。

5 債権者の責めに帰すべき事由によるものでないこと (要件⑤)

債務の不履行が**債権者の責めに帰すべき事由**によるものであるときは、債権者は、541条、542条の規定による**契約の解除をすることができない**(543条)。 08/予

> **趣旨** 債権者の責めに帰すべき事由があるときは、債務不履行の危険は、債務不履行について帰責事由のある債権者が負担すべきであり、解除権を債権者に与える必要はない。

❹ 催告によらない解除 (542条)

民法は、**催告によらない解除**について、**全部解除**をする場合(契約自体を消滅させる場合)と、**一部解除**をする場合(契約を部分的に消滅させる場合)の2つを規定している。

【催告によらない解除】

全部解除(542条1項)	一部解除(542条2項)
① 全部履行不能(1号)	① 一部履行不能(1号)
② 全部履行拒絶(2号)	② 一部履行拒絶(2号)
③ 契約目的達成不能(3号)	
④ 定期行為(4号)	
⑤ 契約目的達成に足りる履行の見込みがない(5号)	

1 全部解除をする場合 (542条1項)

次の5つのいずれかに該当する場合、債権者は、**履行の催告をすることなく、直ちに契約の解除をすることができる**。 09/予

> **趣旨** いずれも契約の目的に沿った債務の履行を期待することができない場合であるから、解除前に履行の催告を要件とする意味がなく、債権者を契約

の拘束力から解放するため、無催告で契約の全部を解除することを認めた。

① 全部履行不能（1号）

意義 全部履行不能とは、債務の全部の履行が不能であるときをいう。

（ア）不能の種類

不能は、後発的不能のみならず、原始的不能も含まれる（412条の2第2項参照）。

（イ）不能の判断基準時

不能かどうかを判断する基準時は履行期であるが、履行期の到来する前でも、履行期に履行することの不能なことが確実になれば、**履行期をまたずに履行不能**となり、契約の解除をすることができる。**10**

理由 この場合に履行期まで待つことは無意味だからである。

② 全部履行拒絶（2号）

意義 全部履行拒絶とは、債務者がその**債務の全部の履行を拒絶する意思を明確に表示した**ときをいう。

③ 契約目的達成不能（3号）

意義 契約目的達成不能とは、債務の一部の履行が不能である場合（一部履行不能）又は債務者がその債務の一部の履行を拒絶する意思を明確に表示した場合（一部履行拒絶）において、**残存する部分のみでは契約をした目的を達成することができない**ときをいう。

趣旨 一部履行不能や一部履行拒絶それ自体は、次の **2**「一部解除をする場合」の事由である。しかし、残存部分（履行不能や履行拒絶のない部分）のみでは契約目的達成不能のときは、契約の目的に沿った債務の履行を期待することができないので、全部解除が認められている。

④ 定期行為（4号）

設例 A社は、B社に「○月△日に開催されるコンサートのための舞台の設定」を依頼したが、B社が舞台設定をしないまま「○月△日」を経過した。A社は、催告をすることなく、B社との契約を直ちに解除することができるか。

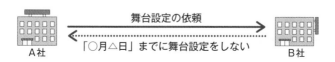

舞台設定の依頼

A社 ← → B社

「○月△日」までに舞台設定をしない

意義 定期行為とは、契約の性質又は当事者の意思表示により、特定の日時又は一定の期間内に履行をしなければ契約をした目的を達成することができない場合をいう。

定期行為において、債務者が履行をしないでその時期(特定の日時又は一定の期間)を経過したときに、**催告によらない**解除をすることができる。〔11〕

〈語句〉●**絶対的定期行為**とは、契約の性質により定期行為とされるものをいう。
●**相対的定期行為**とは、当事者の意思表示により定期行為とされるものをいう。

設例では、A社・B社間の契約が絶対的定期行為に該当するので、A社は、「○月△日」を経過した場合、B社に催告をすることなく、直ちに契約の解除をすることができる。

⑤ 契約目的達成に足りる履行の見込みがない (5号)

①～④に掲げる場合のほか、債務者がその債務の履行をせず、債権者が履行の催告をしても契約をした目的を達成するのに足りる**履行がされる見込みがないこと**が明らかであるときも、催告によらない解除をすることができる。〔12/予〕

趣旨 ①～④に該当しなくても、契約目的達成の見込みがないときは、契約の目的に沿った債務の履行を期待することができないので、全部解除を認めている。

2 一部解除をする場合 (542条2項)

次の①～②のいずれかに該当する場合、債権者は、**履行の催告をすることなく、直ちに契約の一部の解除をすることができる。**

趣旨 履行不能又は履行拒絶の部分について債務の履行が期待できない場合に、債権者を契約の拘束力から解放するため、その部分についての契約の解除を認めたものである。

① 一部履行不能 (1号)

意義 一部履行不能とは、債務の一部の履行が不能であるときをいう。

〈解説〉 一部履行不能の場合において、残存する部分のみでは契約をした目的を達することができないときは、催告をすることなく、直ちに契約の全部の解除をすることができる(契約目的達成不能)(542条1項3号)。

② 一部履行拒絶 (2号)

意義 一部履行拒絶とは、債務者がその債務の一部の履行を拒絶する意思を明

確に表示したときをいう。 13/予

〈解説〉 一部履行拒絶の場合において、残存する部分のみでは契約をした目的を達することができないときは、催告をすることなく、直ちに契約の全部の解除をすることができる(契約目的達成不能)(542条1項3号)。 13/予

3 不完全履行の場合

条文上の明確な規定はないが、改めて完全な履行(追完)が可能であるか否かにより、それぞれ履行遅滞・履行不能に準じて扱う。

> 【追完が可能】…履行遅滞に準じて扱う
> 【追完不可能】…履行不能に準じて扱う

不完全履行には、給付内容自体が不完全である場合と、付随的義務に違反している場合がある(第4章 **2** 節 **2** 項 **3** 「不完全履行」参照)。後者の場合は、契約の目的に重大な影響を与えない限り、契約の解除をすることはできないと解される。これに対して、前者の場合は、売買契約などの有償契約であれば、契約不適合責任を追及することが可能である(559条、562条〜566条)。

4 複数契約における債務不履行と解除

同一当事者間で締結された2個以上の契約のうち1つの契約の債務不履行を理由に他の契約を解除することのできる場合がある。スポーツクラブ会員権売買契約(甲契約)とリゾートマンション売買契約(乙契約)の2つの契約があり、マンションの区分所有権はクラブ会員権と分離して処分できない特約などがあった事案で判例は、同一当事者間の債権債務関係が2個以上の契約からなる場合であっても、それらの**目的とするところが相互に密接に関連付けられていて、社会通念上、甲契約または乙契約のいずれかが履行されるだけでは契約を締結した目的が全体としては達成されないと認められる場合**には、甲契約(スポーツクラブ会員権売買契約)上の債務不履行を理由に、その債権者が法定解除権の行使として甲契約と併せて乙契約(リゾートマンション売買契約)をも解除することができるとしている(最判平8.11.12)。 14

5 賃貸借契約と解除 / 発展

家屋賃貸借契約において、1か月分の賃料の遅滞を理由に催告なしで契約を解除することができる旨を定めた特約条項は、賃料の遅滞を理由に当該契約を解除するに当たり、**催告をしなくても不合理とは認められない事情が存する場合**には、催告なしで解除権を行使することが許される旨を定めた約定として有効である(最判昭

43.11.21)。 D

5 解除権行使の方法

1 相手方に対する意思表示

契約又は法律の規定により当事者の一方が解除権を有するときは、その解除は、**相手方に対する意思表示**によってする(540条1項) 15 。解除の意思表示については、裁判上でも裁判外でもよく、その形式を問わない。

また、解除の法的性質は形成権であるから、解除の意思表示によって、契約の解除の効果が発生する。

2 条件・期限・撤回の禁止

① 条件・期限の禁止

他の単独行為と同じく、原則として、解除の意思表示に**条件・期限を付けること**はできない。

理由 相手方の地位を不安定なものにするおそれがあるからである。

もっとも、条件について、履行の催告と同時に、相当期間内に履行しなければ契約を解除するという意思表示(相当期間内に適法な履行がないことを停止条件とする解除の意思表示)を行うことは、相手方の地位を特に不利益にするものではないので、認められている(大判明43.12.9)。 16

② 撤回の禁止

解除の意思表示は、**撤回することはできない**(540条2項)。 17

趣旨 相手方の地位を不安定なものにするおそれがあるからである。

✎発展 もっとも、相手方の同意があれば、解除の意思表示を撤回することも可能となる。 E

3 解除権不可分の原則(544条)

当事者の一方が数人ある場合には、契約の解除は、**その全員から又はその全員に対してのみ、することができる**(544条1項)。 18 19

趣旨 解除した者については契約が消滅し、他の者については契約が存続すると、複雑な関係となり不都合が生じてしまうから。

① 行使上の不可分

債権者が複数の場合	全員で行使しなければならない
債務者が複数の場合	全員に対して行使しなければならない

② 存続上の不可分

　1人について解除権が消滅すれば、**全員**について解除権が**消滅**する（544条2項）。
[19]

趣旨　1つの契約について解除権が消滅した者と、解除権が消滅していない者
　　　　が混在すると、複雑な関係を生じるおそれがあるから。

❻ 契約解除の効果

1 契約の遡及的消滅

　契約の解除によって、契約は遡及的に消滅し、初めからなかったことになる（直
接効果説）。具体的には、以下のようになる。

①　相互にまだ履行していない債務（未履行債務）
当然に消滅する。

②　すでに履行した分（既履行分）
相互に不当利得となる。

【解除の効果】

2 原状回復義務

　当事者の一方がその解除権を行使したときは、各当事者は、その**相手方を原状に
復させる義務を負う**（原状回復義務）（545条1項本文）。**[20]**

趣旨　契約の解除によって、既履行分が不当利得になるとしても、不当利得の
　　　　原則（703条）によれば、解除時に現に残っている利益（現存利益）を返還すれ

ばよいことになる。しかし、これでは契約をなかった状態に戻すのを目的
とする解除には不都合である。そこで、解除の場合には、**相互に受け取っ
た利益をすべて相手方に返還しなければならないものとした。**

　したがって、受け取った物自体またはその価額(受け取った物が現存しない場合)
に加え、次のものを相手方に返還しなければならない。

① 金銭

　受け取った時からの利息を付けて返還する(545条2項)。

② 金銭以外の物 ／発展

　受領の時以後に生じた果実(545条3項)と、使用した場合における使用利益を返還
する(最判昭34.9.22)。　**F**

> **理由**　特定物の売買により買主に移転した所有権は、解除によって当然遡及的
> に売主に復帰すると解すべきであるから、その間買主が所有者としてその
> 物を使用収益した利益は、これを売主に償還すべきものであることは疑い
> ない。

【解除と原状回復義務】

③ 損害賠償の請求

　債権者は解除権の行使後も、帰責事由のある債務者に対しては、別途**損害賠償請
求**をすることができる(545条4項)。　**21**

④ 保証人と原状回復義務

　原状回復義務は、当事者に保証人がいる場合には、保証債務の範囲内となる(第
4章**14**節**2**項「保証債務の性質」参照)。

　特定物の売買契約における売主のための保証人は、特に反対の意思表示のない限
り、売主の債務不履行により**契約が解除された場合における原状回復義務につい
ても、保証の責に任ずる**(最大判昭40.6.30)。

> **理由**　特定物の売買における売主のための保証においては、通常、その契約か
> ら直接に生ずる売主の債務につき保証人が自ら履行の責に任ずるというよ

りも、むしろ、売主の債務不履行に基因して売主が買主に対し負担する可能性のある債務につき責に任ずる趣旨でなされるものと解するのが相当であるから。

⑤ 他人物売買解除後の使用利益の返還 🖊発展

　売買契約が解除された場合に、目的物の引渡しを受けていた買主は、原状回復義務の内容として、解除までの間**目的物を使用したことによる利益を売主に返還すべき義務を負う**ものであり、このことは、他人の権利の売買契約において、売主が目的物の所有権を取得して買主に移転することができず、その契約が解除された場合についても同様である(最判昭51.2.13)。 **G**

理由
① 　解除によって売買契約が遡及的に効力を失う結果として、契約当事者にその契約に基づく給付がなかったのと同一の財産状態を回復させるためには、買主が引渡しを受けた目的物を解除するまでの間に使用したことによる利益をも返還させる必要がある。

② 　売主が、目的物につき使用権限を取得しえず、買主から返還された使用利益を究極的には正当な権利者からの請求により保有しえないこととなる立場にあったとしても、このことは上記の結論を左右するものではない。

⑥ 原状回復義務相互の関係

　当事者の原状回復義務は、同時履行の関係に立つ(546条)。 **22**

3 　第三者との関係

設例 　AB間で土地の売買契約が締結された後、Bの代金不払いを理由にAが当該売買契約を解除したのに対し、解除前もしくは解除後にBC間でその土地の売買契約が締結された(土地がBからCに転売された)。

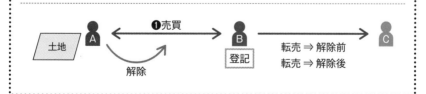

　BC間の売買契約については、Aによる解除の前に行われる場合(Cは「解除前の第三者」に当たる※)と、Aによる解除の後に行われる場合(Cは「解除後の第三者」

に当たる）とがあり、どちらもＣが保護されるには登記を要するという結論は同じ
であるが、その理由は異なる。※ 第三者との関係については、『民法 上』第2章 **8** 節 **3** 項「解
除と登記」を参照のこと。

① 解除前の第三者（解除前にＣが土地を譲り受けた場合）

原状回復義務により、当事者は、受け取った目的物を相互に返還しなければなら
ないが、その目的物について新たな権利を取得した**第三者を害することはできない**
（545条１項ただし書）。したがって、その第三者に対しては解除の効果を主張するこ
とができない。

（ア）第三者とは

545条１項ただし書の「第三者」とは、**契約に基づく給付の対象となる目的物**（解
除後に返還されるべき物）**について、解除前に新たな権利を取得した者**である。

例えば、目的物の転得者、目的物について抵当権や質権の設定を受けた者、目的
物の賃借人で対抗要件を備えた者などが含まれる。これに対して、契約により生じ
た債権を譲り受けた者や、契約により生じた債権を差し押さえた者は、第三者には
該当しない（債権の譲受人について、大判明42.5.14参照）。

（イ）第三者が保護されるには登記が必要か

第三者として保護されるためには、不動産であれば**登記**（最判昭33.6.14）、動産で
あれば**引渡し**を得ることが必要とされる。 〔23〕

理由 何ら帰責性のない解除者（Ａ）との均衡から、登記・引渡しを要求するべ
きである。

（ウ）第三者が保護されるには善意が必要か

第三者は解除原因について悪意でもよい。

理由 第三者（Ｃ）としては、解除原因を解除者（Ａ）の相手方（Ｂ）が解消して、
解除されない状態にするのを期待して譲り受けることもあるから。

② 解除前と解除後の関係

解除によって契約は遡及的に消滅することから、545条１項ただし書の「第三者」
とは、前述したように、解除前に目的物について新たな法律関係に入った者を指す
ことになる。

これに対して、解除後に、第三者が目的物について新たに法律関係に入った場合
は「二重譲渡」の関係となる。すなわち、解除後に出現した第三者の場合、解除によ
る遡及効を復帰的物権変動と構成し、相手方を起点とした解除者と第三者への二重
譲渡類似の関係として、177条の対抗問題として登記の有無で優劣を決する（最判昭
35.11.29）。 〔24〕

もっとも、解除の前後を問わず、第三者が目的物の権利を解除者に対抗するためには、不動産の場合は登記、動産の場合は引渡しが必要である。

Cの立場	AC間	結論
解除前の第三者	対抗関係にならない	545条1項ただし書に該当するときにCが土地所有権を取得することができる（Cは悪意でもよいが登記の取得が必要）
解除後の第三者	対抗関係になる	Aは、登記を備えなければ、Cに対して土地の所有権を対抗することができない

4 > 解除の法的性質 /発展

問題点 解除の効果について

《A説》 直接効果説（判例・通説）

契約が解除されると解除の直接の効果として、契約上の債権債務はその成立当初に遡って消滅する。

《B説》 間接効果説

解除はその直接の効果として契約を遡及的に消滅させるのではなく、ただ契約が初めから存在しなかったのと同様の状態に戻すという債権・債務関係を発生させるに過ぎない。それが履行されることによって、初めて契約関係は終了する。

【解除の法的性質―両説からの帰結】

	直接効果説（判例）	間接効果説
解除の効果	未履行債務は、履行義務を免れる 既履行債務は、返還義務が発生する	未履行債務は、履行を拒絶する抗弁権 **H** 既履行債務は、新たな返還義務
返還義務の範囲	不当利得に基づくものとなる。したがって、本来は善意の受益者として現存利益を返還すれば足りるはずであるが、解除については特別に545条1項本文により、原状回復にまで拡大されていると説明する **I**	解除により生じる新たな返還義務であり、それが原状回復と定められているに過ぎない
物権変動の法律構成	物権変動も遡及的に消滅するから、理論的には対抗要件として処理される余地はない。しかし、判例は直接効果説にたちつつも、解除後の第三者との関係では復帰的物権変動を観念し、対抗問題としている	契約によって生じた物権変動は、解除によって直接の影響を受けないから、第三者保護の問題は、すべて対抗問題として処理される **J**
解除による損害賠償（545条4項）の性質	契約は遡及的に消滅する以上、本来は履行利益の賠償が含まれると解する余地はなく、信頼利益の賠償に限られることになるはずであるが、履行利益の賠償まで認める **K**	履行利益の賠償が認められることになる
保証人の責任は原状回復義務にも及ぶか	原状回復義務は本来の債権関係とは別個のものであるから、解除の法的性質から考えれば、保証人の責任はこれには及ばないとするのが論理的である	解除後の原状回復義務は、本来の契約上の債権関係の変形であり同一性があるから、保証人の責任は原状回復義務にも及ぶことを無理なく説明できる
545条1項ただし書の評価	第三者を保護するため特別に規定されたもの	当然のことを注意的に規定したもの **L**
解除前の第三者	対抗要件があれば保護（545条1項ただし書）	177条で規律
解除後の第三者	177条で規律	

❼ 解除権の消滅

解除権は、次の原因により消滅する。

1 一般的な原因

① 解除権の放棄

解除権者が解除権を放棄した場合、解除権は消滅する。

② 消滅時効

解除権は、債務不履行の事実を知った時(権利を行使することができることを知った時)から5年、または、債務不履行の時(権利を行使することができる時)から10年で時効によって消滅する(166条1項)。

理由 解除権は債権ではないが、解除権の消滅時効については債権に準じた扱いをする(最判昭62.10.8)。

2 特有の原因

① 催告による解除権の消滅

解除権の行使について期間の定めがないときに、相手方が、解除権者に対し、相当の期間を定めて、その**期間内に解除するかどうかを確答すべき旨の催告**をした場合において、その期間内に相手方が解除の通知を受けないとき、解除権は消滅する(547条)。 25

趣旨 解除権の行使について期間の定めがない場合には、相手方は解除されるかどうかわからない不安定な状態に置かれるので、相手方を保護するために、催告による解除権の消滅を認めた。

② 解除権者の故意による目的物の損傷等による解除権の消滅

原則 解除権者が**故意・過失**によって契約の目的物を著しく損傷し、もしくは返還することができなくなったとき、または加工・改造によって目的物を他の種類の物に変えたとき、**解除権は消滅する**(548条本文)。 26/予

例外 解除権を有する者がその解除権を有することを知らなかったときは、**解除権は消滅しない**(548条ただし書)。 26/予

趣旨 解除権を有する者が解除権を有することを知ったうえで、解除すれば返還しなければならないものを、自ら返還不能にしている以上、解除権を行使することは、信義則に反するといえるからである。

01 解除とは？

　法律や契約で定める解除事由がある時に、当事者の一方的な意思表示によって契約を遡及的に消滅させる制度

02 解除は何のための制度か？

　債権者を契約の拘束力(債務)から解放する制度

03 債務不履行による解除をするのに債務者の帰責事由は必要か？

　必要ない。

04 債権者に帰責事由がある場合に債務不履行による解除をすることはできるか？

　解除できない(543条)。

05 期限の定めのない債務の場合、債務不履行による解除をするには何回催告すればよい？

　1回の催告で足りる。催告後、相当期間経過すれば解除可能

06 無催告解除ができる場合は（5つ）？

　①全部履行不能、②全部履行拒絶、③契約目的達成不能、④定期行為、⑤契約目的達成に足りる履行の見込みがない

07 債権者・債務者が複数の場合における解除の方法は？

　全員で解除・全員に対して解除の意思表示をする必要がある(解除不可分の原則)。

08 解除権が当事者のうちの一人について消滅したら？

　他の者の解除権も消滅する。

09 解除の効果は？

　遡及的消滅(①未履行債務は消滅、②既履行債務は原状回復)

10 解除した場合、損害賠償請求はできるか？

　債務者に帰責事由があれば損害賠償請求はできる。

11 A→B→Cと不動産が順次売却された後、AがBとの売買契約を解除した場合、CとAとの関係は？

　原則として解除者Aが保護される。ただし、解除前の第三者Cは登記があれば保護される(545条1項ただし書、判例)。

12 不動産売買に関する解除後の第三者と解除者との関係は？

　対抗関係になり、登記の先後で処理する。

13 催告による解除権の消滅とは？

　解除権の行使について期間の定めがないときに、相手方が、解除権者に対し、相当の期間を定めて、その期間内に解除するかどうかを確答すべき旨の催告をした場合において、その期間内に相手方が解除の通知を受けないときに、解除権が消滅すること

14 解除権者の故意による目的物の損傷等により目的物を返還することができなくなった場合は？

解除権が消滅する。

過去問チェック（争いのあるときは、判例の見解による）

01 履行遅滞の場合は、解除の要件として債務者の責めに帰すべき事由が必要であるが、履行不能の場合には、債務者の責めに帰すべき事由がなくても、契約を解除することができる。

×（国般2007）「解除の要件として債務者の責めに帰すべき事由が必要であるが」が誤り。

02 相手方の債務が先履行であり、その履行期が到来した場合、債権者は自己の債務の履行を提供しなくても契約を解除することができる。

○（裁2016）

03 履行遅滞により双務契約を解除するには、相手方の同時履行の抗弁権を封じるため、自己の債務について履行の提供をする必要があるが、債権者があらかじめ受領を拒んでいる場合には、履行の提供をする実益がないため、履行の提供は不要である。

×（裁2014）「履行の提供をする実益がないため、履行の提供は不要である」が誤り。

04 履行遅滞を理由とする契約解除の前提としての催告に定められた期間が相当でない場合であっても、債務者が催告の時から相当の期間が経過してなお債務を履行しないときには、債権者は契約を解除することができる。

○（国般2007改題）

05 履行遅滞を理由として契約を解除するには、相当の期間を定めてその履行の催告を行うことが必要であり、期間の指定のない催告は一切無効である。

×（区2008）「期間の指定のない催告は一切無効である」が誤り。

06/予 債権者は、債務者の履行遅滞を理由に契約を解除する場合、常に債務の履行の催告をしなければ契約を解除することはできない。

×（予想問題）「常に債務の履行の催告をしなければ契約を解除することはできない」が誤り。

07/予 履行の催告をしてから相当期間を経過した時における履行遅滞が、契約及び

取引上の社会通念に照らして軽微であっても、契約の解除をすることができる。

×（予想問題）「契約の解除をすることができる」が誤り。

[08/予] 債務の不履行が債権者の責めに帰すべき事由によるものであるときは、債権者は、契約の解除をすることができない。

○（予想問題）

[09/予] 債務の全部の履行不能により解除するには、債権者は、債務者に対し、まず解除に先立って当該債務の履行を催告しなければならない。

×（予想問題）「まず解除に先立って当該債務の履行を催告しなければならない」が誤り。

[10] 売主Aが、建物の売買契約で定めた履行期の前に当該建物を過失により焼失させたため、当該建物を引き渡すことができなくなった場合であっても、給付が不能であるかどうかの判断の基準時は履行期であるから、買主Bは、Aの債務の履行不能を理由に売買契約を解除するためには、履行期の到来を待つ必要がある。

×（税・労2002）「履行期の到来を待つ必要がある」が誤り。

[11] 定期行為の履行遅滞による契約の解除は、絶対的定期行為については催告をすることなく直ちに契約の解除をすることができるが、相対的定期行為については催告が必要となる。

×（区2011）「相対的定期行為については催告が必要となる」が誤り。

[12/予] 債務者がその債務の履行をせず、債権者が履行の催告をしても契約をした目的を達成するのに足りる履行がされる見込みがないことが明らかであるときでも、履行の催告をすることなく、直ちに契約の解除をすることはできない。

×（予想問題）「履行の催告をすることなく、直ちに契約の解除をすることはできない」が誤り。

[13/予] 債務者がその債務の一部の履行を拒絶する意思を明確に表示した場合において、催告をすることなく、直ちに契約の一部を解除することができるが、残存する部分のみでは契約をした目的を達することができないときは、催告をしなければ、契約の全部の解除をすることができない。

×（予想問題）「催告をしなければ、契約の全部の解除をすることができない」が誤り。

[14] 同一当事者間の債権債務関係が二個の契約から成る場合において、それらの目的が相互に密接に関連付けられており、社会通念上一方の契約が履行されるだけ

では契約を締結した目的が全体として達成されないときは、一方の契約の債務不履行を理由として他方の履行された契約をも解除することができる。

○（国般2007）

[15] 契約又は法律の規定により当事者の一方が解除権を有する場合は、その解除は、相手方に対する意思表示によってする。

○（国般2019改題）

[16] 解除に条件を付けることは認められないことから、当事者の一方がその債務を履行しないときに、履行の催告をすると同時に、相当の期間内に履行しないならば解除する旨の意思表示を行うことはできない。

×（国般2019改題）「当事者の一方がその債務を履行しないときに、履行の催告をすると同時に、相当の期間内に履行しないならば解除する旨の意思表示を行うことはできない」が誤り。

[17] 契約又は法律の規定により当事者の一方が解除権を有するときは、その解除は、相手方に対する意思表示によってするが、当該意思表示は、任意に撤回することができる。

×（区2018）「任意に撤回することができる」が誤り。

[18] AからBとCが共同で車を買った後、売主Aが契約を解除するには、AよりB、C両者に対する解除の意思表示が必要となるが、買主B、Cが契約を解除する場合は、B、Cの一人がAに対して解除の意思表示をすれば足りる。

×（区2011）「B、Cの一人がAに対して解除の意思表示をすれば足りる」が誤り。

[19] 契約の当事者の一方が数人ある場合には、契約の解除は、その全員から又はその全員に対してのみ、することができ、解除権が当事者のうちの一人について消滅したときは、他の者についても消滅する。

○（区2016）

[20] 売主の債務不履行により売買契約を解除した買主は、売主に対して既に支払った売買代金の返還を請求できるが、売主は、買主に対して既に引き渡した目的物の返還を請求することはできない。

×（裁2016）「売主は、買主に対して既に引き渡した目的物の返還を請求することはできない」が誤り。

[21] 解除権が行使されると、解除によって遡及的に契約の効力が失われ、各当事者は相手方を原状に復させる義務を負い、相手方の債務不履行を理由に契約を解除する場合であっても、損害賠償を請求することはできない。

× (区2016)「損害賠償を請求することはできない」が誤り。

[22] 売買契約が売主Aの責めに帰すべき事由による債務不履行により解除された場合であっても、買主Bが自らが負う原状回復義務を履行するまでは、Aは自らが負う原状回復義務の履行を拒むことができる。

○ (税・労2002)

[23] 不動産の売買契約が解除された場合、その解除前に既に当該不動産が第三者に売却されていたときは、その第三者は、登記による対抗要件を備えていなくても、売買契約に解除原因があることについて善意無過失であれば保護される。

× (国般2007)「登記による対抗要件を備えていなくても、売買契約に解除原因があることについて善意無過失であれば保護される」が誤り。

[24] 不動産を目的とする売買契約に基づき買主に移転した所有権が解除によって遡及的に売主に復帰した場合において、売主は、その所有権取得の登記を了しなければ、その契約解除後に買主から不動産を取得した第三者に対し、所有権の取得を対抗することができない。

○ (国般2019)

[25] 解除権の行使について期間の定めがない場合は、相手方は、解除権を有する者に対し、相当の期間を定めて、その期間内に解除するかどうかを確答すべき旨の催告をすることができ、その期間内に解除の通知を受けないときは、解除権は消滅する。

○ (国般2019)

[26/予] 自らに契約の解除権があることを知っている者が、自己の行為によって契約の目的物を著しく損傷したときは、解除権は消滅するが、加工又は改造によってこれを他の種類の物に変えたときは、解除権は消滅しない。

× (予想問題)「加工又は改造によってこれを他の種類の物に変えたときは、解除権は消滅しない」が誤り。

[A] 当事者相互の契約によって解除権が留保されている場合の解除を約定解除と

いうが、解除権の行使方法や効果について、法定解除の限定された要件や効果を修正するためにすることは一切できない。

×（区2016）「法定解除の限定された要件や効果を修正するためにすることは一切できない」が誤り。

B 双務契約上の債務が同時履行の関係に立つ場合、履行遅滞を理由にして当該双務契約を解除しようとするときは、債権者が自らの債務につき相手方にその履行の提供をした後でなければ、当該相手方に履行の催告をすることができない。

×（国般2007改題）「債権者が自らの債務につき相手方にその履行の提供をした後でなければ、当該相手方に履行の催告をすることができない」が誤り。

C 期限の定めのない債務につき履行遅滞を理由に解除する場合、債務を履行遅滞に付するための催告と解除の要件としての催告は別個のものであるから、1回の催告で両方の催告を兼ねることはできない。

×（裁2012）「1回の催告で両方の催告を兼ねることはできない」が誤り。

D 賃貸借契約において、無催告解除特約が合意されている場合には、賃借人に債務不履行があれば、直ちに賃貸人は催告することなく契約を解除することができる。

×（裁2014改題）「直ちに賃貸人は催告することなく契約を解除することができる」が誤り。

E 解除の効力が生じた後にその撤回を認めると、解除によって既に生じた効果が失われ、第三者が極めて不安定な立場に置かれるので、契約の相手方の承諾があっても撤回はできない。

×（区2011）「契約の相手方の承諾があっても撤回はできない」が誤り。

F 売買契約が解除された場合、既に目的物の引渡しを受けていた買主は、解除までの間に目的物を使用したことによる利益を売主に返還すべき義務を負う。

○（国般2007）

G 他人の権利の売買契約において、売主が目的物の所有権を取得して買主に移転することができずに契約を解除された場合には、たとえ買主から売主に対して、解除までの間目的物を使用したことによる利益（使用利益）の返還がなされたとしても、売主はその利益を正当な権利者からの請求により保有し得ない立場にあるから、買主は使用利益を売主に返還すべき義務を負わない。

×（国般2000）「買主は使用利益を売主に返還すべき義務を負わない」が誤り。

H 乙説(解除によって契約の効力は遡及的に消滅せず、原状回復が認められることによる間接的な影響を受けるに過ぎない)によれば、未履行の債務は、解除時に当然に消滅する。

× (裁2009改題)「乙説 (解除によって契約の効力は遡及的に消滅せず、原状回復が認められることによる間接的な影響を受けるに過ぎない) によれば」が誤り。

I 甲説(解除により契約の効力は遡及的に消滅する)によれば、原状回復義務の性質は不当利得返還義務ないしその特則である。

○ (裁2009改題)

J 乙説(解除によって契約の効力は遡及的に消滅せず、原状回復が認められることによる間接的な影響を受けるに過ぎない)によれば、売買契約が解除された場合、当該売買契約により売主から買主に移転した目的物の所有権は、解除により買主から売主に復帰することになる。

○ (裁2009改題)

K 甲説(解除により契約の効力は遡及的に消滅する)によれば、解除とともに債務不履行に基づく損害賠償請求をすることは、民法545条4項の有無にかかわらず、当然認められる。

× (裁2009改題)「甲説 (解除により契約の効力は遡及的に消滅する) によれば」が誤り。

L 乙説(解除によって契約の効力は遡及的に消滅せず、原状回復が認められることによる間接的な影響を受けるに過ぎない)によれば、民法545条1項但書は、解除により不測の損害を被る第三者を特に保護するための規定ということになる。

× (裁2009改題)「乙説 (解除によって契約の効力は遡及的に消滅せず、原状回復が認められることによる間接的な影響を受けるに過ぎない) によれば」が誤り。

契約各論(1)―売買①

本節では、売買契約に際して買主が交付する手付や、契約不適合責任などの売主の義務について扱います。

1 概説

1 売買契約の意義

意義 売買契約(売買)とは、当事者の一方(売主)がある**財産権を相手方**(買主)**に移転すること**を約束し、相手方がこれに対して**その代金を支払うこと**を約束することによって、その効力を生じる契約である(555条)。

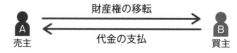

【売買契約の意義】

売買は、売主と買主が約束することのみで成立する**諾成契約**であり(書面は不要である)、「財産権の移転」「代金の支払」という対価的な債務を互いに負担する**双務契約**であり、買主が金銭的な負担をする**有償契約**である(諾成・双務・有償契約)。
01

〈解説〉 売買の目的物である「財産権」は、物(不動産・動産)の所有権に限定されない。例えば、**債権を目的物とする売買**も可能であり、これにより売主から買主への債権の移転(債権譲渡)が行われる(第4章**15**節「債権譲渡」参照)。

2 売買契約の成立

売買は諾成契約なので、売主と買主が約束すること、言いかえれば、売主と買主の意思表示(申込み・承諾)が合致することで成立する。

例えば、Aが「甲土地を売りたい」と申込み(甲土地の所有権をBに移転させるとの約束)をしたことに対し、Bが「甲土地を買います」と承諾(甲土地の代金をAに支払うとの約束)をしたことで、AB間で甲土地の売買契約が成立する。

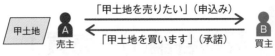

【売買契約の成立】

　このように、**売主の物**と**買主の金銭**とを交換することが、売買契約の特徴である。当事者が互いに物を交換する(物々交換)のは交換契約である。

〈語句〉●**交換契約**(交換)とは、「当事者が互いに金銭の所有権以外の財産権を移転することを約することによって、その効力を生ずる」契約である(586条1項)。

〈解説〉　売買の一方の予約が行われた場合は、当事者の一方に予約完結権(売買契約を成立させる権利)が生じ、その当事者が予約完結権を行使する旨の意思表示をした時から売買の効力が生じる(556条1項、本章 **5** 節 **2** 項「売買の一方の予約」で扱う)。

　📝**発展**　なお、**売買契約に関する費用**(ex.目的物の評価、証書の作成に要した費用)は、当事者双方が**等しい割合で負担**する(558条)。 Ａ

2 手付

1 手付の意義・種類 📝**発展**

■**意義**　手付とは、売買契約の**締結の際**に、当事者の一方から他方に対して**交付される金銭などの有価物**である Ｂ 。もっとも、手付は買主から売主に対して交付されるのが一般的で、民法も「**買主が売主に手付を交付したときは**」(557条1項本文)と規定して、このことを前提にしている。

　手付には、それが交付される目的に応じて、主に**証約手付、解約手付、違約手付**の3種類がある。 Ｃ

　なお、少なくとも証約手付の性質は、どの手付にも必ず備わっている。

【手付の種類】

証約手付	契約締結の証拠として交付されるもの（必ず備わっている）
解約手付	当事者が**契約解除権（約定解除権）を留保**しておく趣旨のもの ⇒買主が手付を交付した場合、買主は手付を**放棄**し、売主は**手付の倍額を現実に提供**して、契約を解除することができるもの（557条1項本文）
違約手付	債務不履行の際に手付受領者によって**手付が没収**される趣旨のもの（契約解除権はない） ⇒買主が手付を交付した場合、買主の債務不履行の際は手付が没収され、売主の債務不履行の際は手付の倍額を買主へ現実に提供しなければならないもの

※その他、契約の成立要件として交付される**成約手付**もある。手付の交付をもって契約が成立したものと扱う趣旨である。 C

2 解約手付の推定

　手付が証約手付以外にどのような性質を有しているかは、第一義的には当事者の意思表示で決まる。しかし、当事者の意思が明らかでない場合には、手付がどのような性質を有しているかが問題となる。

問題点　売買契約に際して手付が交付された場合、証約手付に加えて、どの手付であると解釈すべきか。

結論　特別の意思表示（解約手付の性質を排除する意思表示）がない限り、**解約手付であると認めるべきである**。これと異なる効力を有する手付であることを主張しようとする者は、特別の意思表示の存することを主張・立証すべき責任がある（最判昭29.1.21）。すなわち、**当事者の意思が明らかでない場合、手付は解約手付であると推定される**。 02

理由　民法に解約手付の規定があるので、当事者の意思が不明であれば、民法が規定する解約手付としての効力を認めるべきである。

〈解説〉　/発展 手付の額が代金の額と比べて著しく少なくても、解約手付の推定が及ぶ（大判大10.6.21）。したがって、解約手付の推定に関して金額の多寡は関係ない。 D

3 解約手付の性質と違約手付の性質との併有

　解約手付の推定に関連して、違約手付の定めがある場合に、解約手付の性質を兼ねることができるのかが問題となる。

問題点　1つの手付が解約手付と違約手付の性質を兼ねることができるか。

結論　**兼ねることができる**（最判昭24.10.4）。違約手付の定めがあっても、特別の

意思表示がない限り、解約手付の性質も併有することになる。 03

理由 解約手付と違約手付の性質は相互に排斥し合う関係ではない。

例えば、「買主に契約不履行（債務不履行）があるときは、売主は手付を没収し、売主に契約不履行があるときは、売主は買主に手付の倍額を損害賠償として提供する」という違約手付の定めがあっても、それだけでは解約手付の性質を排除する意思表示があったとはいえない。この場合も、特別の意思表示がない限り、次の 4 「解約手付による解除」をすることができる。 04

4 解約手付による解除（手付解除）

① 意義

設例❶ Aが自己所有の甲土地をBに1000万円で売却する旨の売買契約を締結し、その際、BからAに100万円の解約手付が交付された。AとBは、どのような方法によって、AB間の売買契約について解約手付による解除をすることができるか。

買主が売主に手付を交付したときは、**買主はその手付を放棄し**（手付損）、**売主はその倍額を現実に提供して**（手付倍返し）、契約を解除することができる（557条1項本文）。これを**解約手付による解除（手付解除）**という。 05

趣旨 相手方に債務不履行がなくても、手付の金額分を損することで、一方的に契約関係を消滅させることができる制度を認めた。

〈**解説**〉 ① 売主が解約手付による解除をする際、手付の倍額の「現実の提供」が必要であるということは、**口頭の提供では足りないことを意味する**（最判平6.3.22）。 05

② 解約手付による解除権を行使しても、債務不履行による解除権の行使の場合（545条4項）とは異なり、損害賠償を請求することはできない（557条2項）。

設例❶において、買主Bは交付した100万円の手付を放棄することで、売主Aは手付の倍額である200万円をBに対して現実に提供することで、それぞれ解約手付による解除をすることができる。この場合、解約手付による解除をした者は、手付の金額分である100万円を損することになる。

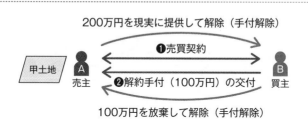

200万円を現実に提供して解除（手付解除）

❶売買契約

甲土地 　A　　❷解約手付（100万円）の交付　　B
　　　　売主　　　　　　　　　　　　　　　買主

100万円を放棄して解除（手付解除）

② 解約手付による解除ができない場合

設例❷ 設例❶の事案において、Aは契約の履行に着手しているが、Bは契約の履行に着手していない場合、AとBは、AB間の売買契約について解約手付による解除をすることができるか。

相手方が契約の履行に着手した後は、解約手付による解除をすることができない（557条1項ただし書）[06]。したがって、相手方が履行に着手していないのであれば、**自らは履行に着手していても、解約手付による解除をすることができる**（最大判昭40.11.24）。[07]

趣旨 契約の履行に着手した相手方は、自らが履行を受けることについて多くの期待を寄せるので、その相手方が不測の損害を受けることを防ぐ。[07]

設例❷において、Aは、Bが履行に着手していないので、Bに200万円を現実に提供して売買契約を解除することができる。これに対して、Bは、Aが履行に着手しているので、100万円を放棄して売買契約の解除をすることができない。

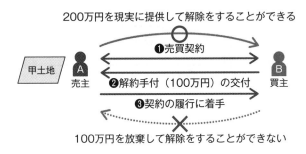

〈解説〉　**発展**解約手付による解除をすることができなくなっても、相手方の**債務不履行責任を追及**すること(損害賠償請求、契約解除など)は妨げられない　**E**　。また、契約を合意解除した場合や、債務不履行を理由に契約を解除した場合は、違約手付でない限り、原状回復義務(545条1項本文)に基づいて**受領した手付**(手付金相当額)**は返還**しなければならない。　**F**

問題点❶　　557条1項ただし書の「履行に着手」とは、どのような場合を指すか。

結論　債務の内容たる給付の実行に着手することを指す。具体的には、**客観的に外部から認識し得るような形で履行行為の一部をなし、又は履行の提供をするために欠くことのできない前提行為**をした場合を指す(最大判昭40.11.24)。

理由　相手方がこれらの行為をした後に、履行に着手していない者が解約手付による解除をすることを認めてしまうと、相手方は、手付をそのまま取得し、又は手付の倍額の償還を受けてもなお償いきれない不測の損害を受けることがあり得る。

問題点❷　履行期の約束がある場合、履行期前でも履行に着手することができるか。**発展**

結論　当事者が債務の履行期前には履行に着手しない旨合意している等格別の事情のない限り、**履行期前に履行に着手することができないものではない**(最判昭41.1.21)。　**G**

理由　履行期前でも債務の内容たる給付の実行に着手することは可能である。

なお、相手方が履行に着手しているか否かが問題となった主な事例として、下表のものがある。

【履行に着手しているか問題となった事例】 発展

履行に着手している場合	① 第三者所有の不動産の売主が、買主に所有権を移転する前提として、第三者から不動産の所有権を取得し、**自己名義の登記を得た場合**、売主は履行に着手している（最大判昭40.11.24）**H** ② 履行期到来後、買主が代金を直ちに支払えるよう準備をして、**しばしば売主に履行を求めていた場合**、買主は履行に着手している（最判昭33.6.5）**I**
履行に着手していない場合	① 買主が代金を支払うための資金を銀行から借り入れた場合、買主は履行に着手していない（通説）**J** ② 土地・建物の買主が、履行期前に土地を測量し、残代金を準備して口頭の提供をした上で履行の催告をしたが、売主の移転先確保のため履行期が約1年9か月先に定められていた場合、買主は履行に着手していない（最判平5.3.16）

❸ 売買契約の効力①—売主の義務

契約の効力として当事者には義務（債務）が生じる。売買は双務契約であるため、売主・買主の双方に対価的な義務が生じるものの、特に売主の義務が重要なので、下表に掲げた売主の義務から見ていくことにする。なお、果実引渡債務に関しては、本章 **5** 節「契約各論(1)—売買②」で扱う。

〈解説〉 売買の目的物が特定物である場合、売主は、目的物を買主に引き渡すまで、善良な管理者の注意をもって目的物を保存する義務（善管注意義務）を負う（400条、第4章 **1** 節「債権の目的」参照）。

【売主の義務】

財産権移転義務	売買の目的である権利（財産権）を買主に移転する義務
対抗要件具備義務	売買の目的である権利の移転についての対抗要件を買主に備えさせる義務（560条）
果実引渡義務	引渡し前に目的物が果実を生じた場合、代金受領後に生じた果実を買主に引き渡す義務（大判昭7.3.3）
他人の権利の売主の責任（権利移転義務）	他人の権利を売買の目的とした場合、その権利を取得して買主に移転する義務（561条）
売主の契約不適合責任	契約の内容に適合しない目的物を引き渡したり、権利を移転したりした場合、買主に対して負うことになる一定の義務（562条以下）

1 財産権移転義務

　売主は、売買の目的である**権利(財産権)を買主に移転する義務**を負う(**財産権移転義務**) [08]。例えば、不動産や動産の所有権を売買の目的とする場合は、売主がその所有権を買主に移転する義務(不動産や動産を買主に引き渡す義務)を負う。また、債権を売買の目的とする場合は、売主がその債権を買主に譲り渡す義務を負う。

> **趣旨**　売買は、売主が財産権を買主に移転する旨を約束する契約(555条)である点から、売主の財産権移転義務が生じる。

2 対抗要件具備義務

　売主は、買主に対して、登記、登録その他の売買の目的である権利の移転についての**対抗要件を備えさせる義務**を負う(**対抗要件具備義務**)(560条)。具体的には、売買の目的が不動産の場合は**登記**(177条)、動産の場合は**引渡し**(178条)、債権の場合は**通知・承諾**(467条)が対抗要件なので、売主は、対抗要件を買主に備えさせる義務、すなわち、買主が対抗要件を備えることについて協力する義務を負う。 [08]

> **趣旨**　売主は、買主が売買の目的を支配することができるように、対抗要件を備えさせなければならない。

3 他人の権利の売主の責任 (権利移転義務)

　他人物売買または一部他人物売買の場合、買主への権利の移転の効力は生じないが、契約としては一応有効である。この場合、売主は、**他人に属する権利を取得して買主に移転する義務**を負う(**権利移転義務**)(561条)。 [09] [10]

① 所有権の移転時期 ✦発展

　売主が第三者所有の特定物を売り渡した後、目的物の所有権を取得した場合には、買主への所有権移転の時期・方法について特段の約定がない限り、目的物の所有権は、何らの意思表示がなくても、**売主の所有権取得と同時に買主に移転**する(最判昭40.11.19)。 [K]

② 売主が権利の全部を買主に移転できないとき (他人物売買)

　他人物売買の場合、売主が**権利の全部を買主に移転できないとき**は、**債務不履行の一般規定**に従って処理される。具体的には、権利移転義務の履行不能として、**損害賠償請求権**(415条)、**契約解除権**(541条、542条)に関する規定が適用される。例えば、契約解除権を行使するには、権利の全部が他人に属することについて、買主が

善意であるか悪意であるかは問わないが、買主に帰責事由のないことが要求される
（543条）。[11/予]

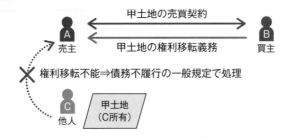

【他人物売買における権利移転義務】

〈**語句**〉●**他人物売買**とは、売買の目的である**権利の全部**が他人に属する場合をいう。

〈**解説**〉　①　他人物売買にあっては、目的物の所有者が、売買成立当時から当該
　　　　　　目的物を他に譲渡する意思がなく、売主において、当該目的物を取得
　　　　　　して買主に移転することができないような場合でも、その**売買契約は**
　　　　　　有効に成立する（最判昭25.10.26）。[12][13]

　　　　　　②　🖉**発展** 他人の権利の売主が死亡し、その権利者において売主を相続
　　　　　　した場合でも、権利者は、相続前と同様その権利の移転につき諾否の
　　　　　　自由を保有し、信義則に反すると認められるような**特別の事情のない**
　　　　　　限り、その履行義務を拒否することができる（最大判昭49.9.4）。[L]

③ 売主が権利の一部を買主に移転できないとき（一部他人物売買）

　一部他人物売買の場合、売主が**権利の一部**を買主に移転できないときは、**権利に関**
する契約不適合として処理される（詳細は後述の❹項[3]「権利に関する契約不適合」で扱う）。

〈**語句**〉●**一部他人物売買**とは、売買の目的である**権利の一部**が他人に属する場合をいう。
　　　　　　例えば、目的物の一部を他人が所有している場合や、売主と他人とが目的物を
　　　　　　共有している場合がある。

【権利を移転できないときの処理】

種類	権利を移転できないときの処理
他人物売買	権利移転義務の履行不能として、損害賠償請求権（415条）、契約解除権（541条、542条）に関する規定が適用される
一部他人物売買	**権利に関する契約不適合**として処理され、追完請求権、代金減額請求権、損害賠償請求権、契約解除権が認められる（565条、562条〜564条）

❹ 売買契約の効力②—売主の契約不適合責任

　売主の契約不適合責任(売主の担保責任)も、前述の❸項 ⌐1⌐「財産権移転義務」などと同様に、売主の義務の１つである。

⌐1⌐ 総説

意義　売主の契約不適合責任(売主の担保責任)とは、売主から買主への財産権移転について契約不適合がある場合、売主が買主に対して一定の責任を負うことである。

趣旨　売主が、買主に対して、契約の内容に適合した財産権を移転する義務を負っていることを前提とし、買主に財産権を移転したものの、それが契約の内容に適合しない場合における売主の責任を規定した。

〈**解説**〉　民法の規定では「売主の契約不適合責任」という用語は使用されておらず、改正前民法と同じく「**売主の担保責任**」という用語が使用されている(565条参照)。また、売主の契約不適合責任は、単に「**契約不適合責任**」と呼ばれることも多い。

　契約不適合は、債務不履行のうち**不完全履行**(第４章 ❷ 節「債権の効力①—債務不履行」参照)に該当するもので、①**目的物の種類・品質・数量に関する契約不適合**、②**権利に関する契約不適合**に大きく分けることができる。 ⌐14⌐

契約不適合責任 ─┬─①目的物の種類・品質・数量に関する契約不適合責任
　　　　　　　　　└─②権利に関する契約不適合責任

【契約不適合責任の種類】

⌐2⌐ 目的物の種類・品質・数量に関する契約不適合

意義　目的物の種類・品質・数量に関する契約不適合とは、買主に引き渡された目的物が種類・品質・数量に関して契約の内容に適合しないことをいう(562条１項本文)。

　契約不適合が種類・品質に関するのか、数量に関するのかによって、後述する③「買主の権利が失われる場合」に差異が生じるので、種類・品質か数量かを区別する必要はある。しかし、**契約不適合が種類に関するのか、品質に関するのかによって、取扱いの差異はないので、種類か品質かを区別する実益は少ない**(どちらかには該当すると判断することができればよい)。

① 成立要件

　目的物の種類・品質・数量に関する契約不適合を理由とする契約不適合責任の成立要件は、買主に引き渡された目的物に**種類・品質・数量のいずれかに関する契約不適合が存在**することである（562条1項本文）。また、買主の救済手段に応じた**帰責事由**に関する成立要件もある（後述の(エ)「帰責事由」で扱う）。

〈解説〉　何をもって契約不適合とするか(何をもって契約の内容に適合しないとするか)は、どのような内容の種類・品質・数量が合意されていたかという契約の解釈によって確定される。また、目的物の引渡しの時点を基準にして、契約不適合の存否が判断される。

(ア) 種類に関する契約不適合の存在

意義　**種類に関する契約不適合**とは、契約の内容に適合しない種類の目的物が買主に引き渡された場合をいう。簡潔にいうと、**異なる種類の目的物が引き渡された場合**である。

　例えば、新品の『Vテキスト憲法』の売買契約を締結したにもかかわらず、新品の『Vテキスト民法』が買主に引き渡された場合は、種類に関する契約不適合に該当する。

(イ) 品質に関する契約不適合の存在

意義　**品質に関する契約不適合**とは、契約の内容に適合しない品質の目的物が買主に引き渡された場合をいう。簡潔にいうと、**欠陥のある目的物**が買主に引き渡された場合である。

　品質に関する契約不適合には、**物理的欠陥**、**心理的欠陥**、**法律上の制限**が含まれる。

【品質の契約不適合】

品質の契約不適合	具体例
物理的欠陥	購入した住宅がシロアリ被害を受けていた
心理的欠陥	購入した住宅で過去に殺人事件があった
法律上の制限	購入した土地に建築制限があって工場を建築できない（最判昭41.4.14参照）

〈解説〉　購入した住宅がシロアリ被害を受けていたり、過去に殺人事件が起きた場所であったりしても、買主がそれを承知して購入したのであれば、それらの事実が契約の内容として合意されており、品質に関する契約不適合に該当しないと判断される可能性が高い。

(ウ) 数量に関する契約不適合の存在

> **設例** A所有の100坪の甲土地をBが1000万円で購入するとの売買契約が締結されたが、実際の甲土地の面積は80坪であった。
>
>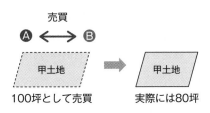

意義 数量に関する契約不適合とは、契約の内容に適合しない数量の目的物が買主に引き渡された場合をいう。簡潔にいうと、**数量不足の目的物が引き渡された場合**である。

　目的物に数量不足がある場合の全てが、当然に数量に関する契約不適合に該当するわけではない。**一定の数量を基礎として代金額を定めた場合（数量指示売買）**において、その数量が不足しているときに、数量に関する契約不適合が問題となる。

> **設例**の場合、1坪10万円を基礎として売買代金を1000万円（10万円×100坪）と決定していた場合は、数量指示売買であるため、甲土地の面積不足は数量に関する契約不適合に該当する。
>
> 　しかし、単に甲土地の売買代金を1000万円と決定しただけの場合は、数量指示売買ではなく、甲土地の面積不足は数量に関する契約不適合に該当しない。

(エ) 帰責事由

　買主の救済手段と帰責事由との関係は以下のようになる。

【買主の救済手段と帰責事由】

買主の救済手段	帰責事由
追完請求権、代金減額請求権、契約解除権	**買主に帰責事由がないこと**(562条2項、563条3項、564条、543条) (売主の帰責事由は問わない)
損害賠償請求権	**売主に帰責事由があること**(564条、415条1項ただし書) (買主の帰責事由は問わない)

② 効果(買主の救済手段)

> **設例**　AB間において、A所有の中古の甲住宅をBが購入するとの売買契約が締結された。売主Aが契約締結時に「居住に支障のあるような欠陥は甲住宅には存在しない」と買主Bに説明しており、これを前提として売買代金が決定されていた。しかし、Bに甲住宅が引き渡された後、引渡しの前から甲住宅に存在した欠陥が原因で雨天時に雨漏りが発生して一部の部屋を使用することができない状況になった。

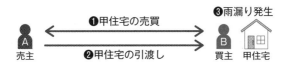

　引き渡された目的物に種類・品質・数量に関する契約不適合があった場合、買主の救済手段として、**追完請求権、代金減額請求権、損害賠償請求権、契約解除権**が認められている。**設例**の場合、甲住宅には品質に関する契約不適合があるので、Bがこれらの救済手段をとることができるか否かが問題となる。

〈解説〉　居住に支障がないことを前提に甲住宅の売買代金が決定されているので、「居住に支障がない」ことがAB間の売買契約の内容となっている。したがって、雨漏りという居住への支障が生じたことは、品質について契約の内容に適合しておらず、品質に関する契約不適合に該当することになる。

(ア) 追完請求権

　引き渡された目的物が種類・品質・数量に関して契約の内容に適合しないものである場合、買主が、売主に対し、**目的物の修補、代替物の引渡し、不足分の引渡し**による履行の追完を請求することができる(**追完請求権**)(562条1項本文)。 **15**

> **趣旨**　契約不適合を解消させるための手段として追完請求権を認めた。

㋐　帰責事由

　　買主は、契約不適合が売主の責めに帰すべき事由(帰責事由)によるものでなくて
も、追完請求権を行使することができる。しかし、契約不適合が**買主の責めに帰す**
べき事由によるものである場合、**買主は追完請求権を行使することができない**(562
条2項)。[15]

> 　**設例**の場合、買主Bは、自らに雨漏りに関する帰責事由がなければ、売主A
> に対し、甲住宅の修補または代替物の引渡しによる履行の追完を請求するこ
> とができる(数量不足はないので不足分の引渡しを請求することはできない)。

㋑　履行の追完の方法

　　原則として、履行の追完の方法を選択するのは買主である。ただし、売主は、**買**
主に不相当な負担を課するものでないときは、買主が請求した方法と異なる方法に
よる履行の追完をすることができる(562条1項ただし書)。[16]

　　趣旨　売主が不当に重い負担を課せられることを防止する。

> 　**設例**においては、雨漏りの修補によって居住可能となるため(買主Bに不相
> 当な負担を課するものではない)、帰責事由のないBが代わりの住宅の提供
> (代替物の引渡し)を請求した場合、売主Aは、雨漏りの修補による履行の追
> 完をすることができる。なお、Aは、代わりの住宅の提供による履行の追完
> をすることもできるが、数量不足ではないので不足分の引渡しによる履行の
> 追完をすることはできない。

（イ）代金減額請求権

　　引き渡された目的物が種類・品質・数量に関して契約の内容に適合しないもので
ある場合で、買主が、**売主に対し、相当期間を定めて履行の追完を催告し、その期**
間内に履行の追完がないときは、その不適合(契約不適合)の程度に応じた代金の減
額を請求することができる(代金減額請求権)(563条1項)。[17/予]

　　趣旨　代金減額請求権の本質が契約の一部解除であることから、催告による解
　　　　　除(541条)が契約解除権の行使前に催告を要求しているのと同様、代金減額
　　　　　請求権の行使前に催告を要求した。

㋐　帰責事由

　　買主は、契約不適合が売主の責めに帰すべき事由(帰責事由)によるものでなくて
も、代金減額請求権を行使することができる。しかし、契約不適合が**買主の責めに**
帰すべき事由によるものである場合、**買主は代金減額請求権を行使することができ**

ない(563条3項)。 17/予

> 設例 の場合、買主Bは、自らに雨漏りに関する帰責事由がなければ、売主Aに対し、相当期間を定めて履行の追完を催告し、その期間内に履行の追完がなければ、雨漏りの程度に応じた売買代金の減額を請求することができる。

④ 代金減額請求権の行使に際して催告不要の場合

　帰責事由のない買主は、**下記①～④のいずれかに該当するとき**は、**履行の追完の催告をすることなく、直ちに代金減額請求権を行使する**ことができる(563条2項柱書)。

　趣旨　代金減額請求権の本質は契約の一部解除であり、下記①～④は、いずれも催告によらない解除(542条)が認められる場合であるから、代金減額請求権でも同様の取扱いをする。

【代金減額請求権の行使に際して催告不要の場合(563条2項)】

① 　履行の追完が不能であるとき(追完不能)(1号) 18/予

② 　売主が履行の追完を拒絶する意思を明確に表示したとき(明確な追完拒絶)
　　(2号) 18/予

③ 　契約の性質又は当事者の意思表示により、特定の日時又は一定の期間内に履行をしなければ契約をした目的を達することができない場合(定期行為)において、売主が履行の追完をしないでその時期を経過したとき(3号)

④ 　上記に掲げる場合のほか、買主が催告をしても履行の追完を受ける見込みがないことが明らかであるとき(4号)

(ウ) 損害賠償請求権

　買主は、売主に対し、**損害賠償請求をする**ことができる(564条)。

⑦ 帰責事由

　売主(目的物の引渡債務を負っている債務者)の責めに帰すべき事由(帰責事由)が要件となる(564条、415条1項ただし書)。

　理由　これは債務不履行を理由とする損害賠償であり、債務不履行の一般規定
　　　(415条)に従って規律されるから。

④ 損害賠償の範囲

　損害賠償の範囲は、契約の内容に適合した履行がされたならば買主が受けたはずの利益である(履行利益)。

（エ）契約解除権

買主は、売買契約を解除することができる（564条）。

⑦ 売主の帰責事由

売主の責めに帰すべき事由（帰責事由）がなくても、買主は契約解除権を行使する
ことができる。 [19/予]

理由 これは債務不履行を理由とする解除であり、債務不履行の一般規定（541
条以下）に従って規律されるから。

④ 買主の帰責事由

帰責事由のある買主は、契約解除権を行使することができない（543条）。 [19/予]

〈**解説**〉 契約解除権の行使に関しては、その要件を満たす限り、催告による解除
（541条）を行うこともできるし、催告によらない解除（542条）を行うこともで
きる。

③ 買主の権利が失われる場合

種類・品質の契約不適合を理由とする買主の権利（追完請求権、代金減額請求権、
損害賠償請求権、契約解除権）（562条〜564条）は、①債権の消滅時効、②種類・品
質に関する契約不適合責任の期間制限、のいずれかによって失われることがある。

これに対して、**数量**の契約不適合を理由とする買主の権利は、①債権の消滅時効
によって失われることがある。

【買主の権利が失われる場合】

買主の権利の種類	失われる場合
種類・品質の契約不適合を理由とする買主の権利	①債権の消滅時効、②種類・品質に関する契約不適合責任の期間制限
数量の契約不適合を理由とする買主の権利	①債権の消滅時効

（ア）債権の消滅時効

債権の消滅時効に関する一般原則（166条1項）により、種類・品質・数量の契約不

適合を理由とする買主の権利は、5年間又は10年間の消滅時効の完成によって失われる。具体的には、種類・品質・数量の契約不適合（権利を行使することができること）を**知った時から5年間**、又は**目的物の引渡し時（権利を行使することができる時）から10年間**を経過すると、これらの契約不適合を理由とする買主の権利が消滅する。20/予

（イ）種類・品質に関する契約不適合責任の期間制限

> **設例**　AB間において、A所有の中古の甲住宅をBが購入するとの売買契約が締結された。売主Aが契約締結時に「居住に支障のあるような欠陥は甲住宅には存在しない」と買主Bに説明しており、これを前提として売買代金が決定されていた。Bに甲住宅が引き渡された後、引渡しの前から甲住宅に存在した欠陥が原因で雨天時に雨漏りが発生して一部の部屋を使用することができない状況になったが、それから1年を経過しても、Bは雨漏りの事実をAに通知しなかった。

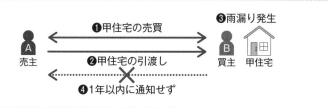

- **原則**　買主は、引き渡された目的物の種類・品質に関する契約不適合（数量に関する契約不適合は含まれない）を知った時から**1年以内**に、その旨を売主に通知しなければならない（裁判外の通知でよい）20/予 21/予。この通知を怠った場合、買主は、種類・品質に関する契約不適合を理由とする買主の権利を行使することができなくなる（566条本文）。
- **趣旨**　引渡しによって履行が完了したとの売主の信頼を保護する。
- **例外**　種類・品質の契約不適合について、売主が目的物の引渡し時に**悪意又は重過失**であれば、上記の通知を怠っても買主の権利は失われない（566条ただし書）。21/予
- **趣旨**　悪意又は重過失のある売主は保護するに値しない。

> **設例** の場合、甲住宅の引渡し時に売主Aが雨漏りの事実を知り (悪意)、又は知らないことにつき重大な過失 (重過失) があった場合を除き、買主Bは、Aに対し、品質に関する契約不適合を理由とする買主の権利を行使することができなくなる。

3 権利に関する契約不適合

意義 権利に関する契約不適合とは、①売主が買主に移転した権利が契約の内容に適合しない場合、又は、②権利の一部が他人に属する場合において売主が買主にその権利の一部を移転しない場合である(565条)。

① 成立要件

権利に関する契約不適合を理由とする契約不適合責任の成立要件は、上記の①又は②が存在することである(565条)。また、買主の救済手段に応じた**帰責事由**に関する成立要件もある(後述の(ウ)「帰責事由」で扱う)。

(ア) 売主が買主に移転した権利が契約の内容に適合しない場合

売主が買主に移転した権利が契約の内容に適合しない場合とは、目的物の利用が制限されている場合である。例えば、AがBに売却した土地にCの地上権・地役権・留置権・質権などが付着している場合や、AがBに売却した建物(土地所有者はC)に土地賃借権又は地上権が設定されていない場合が挙げられる。 22/予

【権利に関する契約不適合①】

(イ) 権利の一部が他人に属する場合において売主が買主にその権利の一部を移転しない場合

権利の一部が他人に属する場合において売主が買主にその権利の一部を移転しない場合とは、例えば、目的物の一部が他人Cの所有である場合(一部他人物売買)で、売主Aが買主Bにその権利を移転しない場合(次図の①)、目的物が売主Aと他人Cとの共有である場合で、Aが買主Bにその権利を移転しない場合(次図の②)などが挙げられる。 23/予

なお、権利の全部が他人Cに属する場合(他人物売買)で、売主Aが買主Bにその権利を移転しない場合(次図の③)は、権利に関する契約不適合ではないので、債務

不履行の一般規定によって処理される。

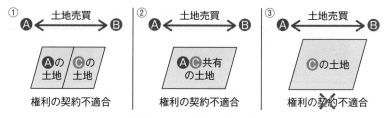

【権利に関する契約不適合②】

（ウ）帰責事由

　買主の救済手段と帰責事由との関係は、目的物の種類・品質・数量に関する契約不適合と同様に以下のようになる。

【買主の救済手段と帰責事由】

買主の救済手段	帰責事由
追完請求権、代金減額請求権、契約解除権	**買主に帰責事由がないこと**（565条、562条2項、563条3項、564条、543条） （売主の帰責事由は問わない）**23/予**
損害賠償請求権	**売主に帰責事由があること**（565条、564条、415条1項ただし書） （買主の帰責事由は問わない）

② 効果

　目的物の種類・品質・数量に関する契約不適合と同様に、買主には、**追完請求権、代金減額請求権、損害賠償請求権、契約解除権**が認められる（565条、562条〜564条）。**24/予**

　また、566条（種類・品質に関する契約不適合責任の期間制限）のような規定は存在しないので、**通知を怠ったことを理由に買主の権利**（追完請求権、代金減額請求権、損害賠償請求権、契約解除権）が**消滅することはない**（**24/予**）。しかし、債権の消滅時効に関する一般原則（166条1項）が適用されるので、消滅時効が完成すると買主の権利が失われる。

種類	成立要件・範囲等	目的物の種類・品質・数量に関する契約不適合		権利に関する契約不適合
		種類・品質	数量	
追完請求権	成否	○		
	追完方法の選択権	**原則** 買主 **例外** 買主に不相当な負担を課すものでないときは売主		
	売主の帰責事由	不要		
	買主の帰責事由あり	追完請求権が認められない		
代金減額請求権	成否	○		
	減額請求の方法	**原則** 追完の催告から相当期間経過後 **例外** 以下の①〜④の場合は無催告で減額請求 ①追完不能 ②明確な追完拒絶 ③定期行為 ④その他追完の見込みがない		
	売主の帰責事由	不要		
	買主の帰責事由あり	代金減額請求が認められない		
損害賠償請求権	成否	○		
	賠償範囲	履行利益		
	売主の帰責事由	必要		
解除権	成否	○		
	売主の帰責事由	不要		
	買主の帰責事由あり	解除が認められない		
通知義務と通知懈怠による失権		○	×	×

4 競売の場合の特則

　競売(民事執行法その他の法律の規定に基づく競売)の場合は、数量・権利に関する契約不適合がある場合か、それとも種類・品質に関する契約不適合がある場合かによって取扱いが異なる。

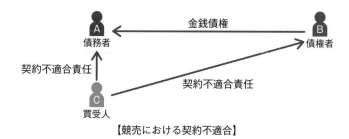

【競売における契約不適合】

① 数量・権利に関する契約不適合がある場合

原則 　競売における買受人は、**数量・権利に関する契約不適合**がある場合に、債務者に対し、**契約解除権**(541条、542条)又は**代金減額請求権**(563条、565条)のみを行使することができるのを原則とする(568条1項)。

例外 　債務者が物・権利の不存在を知りながら申し出なかったとき、又は債権者が物・権利の不存在を知りながら競売を請求したときは、買受人は、これらの者に対し、損害賠償請求をすることもできる(568条3項)。

〈解説〉 　債務者が無資力である場合、買受人は、代金の配当を受けた債権者に対し、その代金の全部又は一部の返還を請求することができる(568条2項)。

② 種類・品質に関する契約不適合がある場合 /発展

　競売における買受人は、**種類・品質に関する契約不適合**があっても、**追完請求権、代金減額請求権、損害賠償請求権、契約解除権を行使することはできない**(568条4項)。 M/予

【契約不適合と競売における買受人の権利】

不適合責任の種類	買受人の権利(568条)	
数量・権利に関する契約不適合	**原則**	契約解除権又は代金減額請求権(1項)
	例外	債務者が悪意で申し出ない、又は債権者が悪意で競売を請求したときは、損害賠償請求も可能(3項)
種類・品質に関する契約不適合	責任追及不可(4項)	

5 契約不適合責任を負わない旨の特約

原則 　契約不適合責任は**任意規定**なので、売主と買主との間で契約不適合責任を負わない旨の特約をすることができる。

例外 　売主は、契約不適合責任を負わない旨の特約をした場合でも、**知りながら告げなかった事実**及び自ら第三者のために設定し又は第三者に譲り渡し

た権利については、**契約不適合責任を免れることができない**(572条)。25/予

〈語句〉●ここでの知りながら告げなかった事実とは、契約不適合責任を生じさせる事実を知りながら売主が買主に伝えなかったことを意味する。

6 目的物の滅失等についての危険の移転

567条は、売買の目的物(売買の目的として特定したものに限る)が買主に引き渡されたときや、その目的物について買主に受領遅滞が生じた場合、危険が売主から買主へと移転することを規定している。

① 特定された目的物の引渡しによる危険の移転

売主が買主に目的物(売買の目的として特定したものに限る)を引き渡した場合で、その引渡しがあった時以後に目的物が滅失又は損傷したときにおける買主の取扱いについては、次のようになる。

原則 引渡し以後の目的物の滅失又は損傷が**当事者双方の責めに帰することができない事由**による場合、買主は、その滅失又は損傷を理由として追完請求権、代金減額請求権、損害賠償請求権、契約解除権を**行使することができない**と共に、**代金の払を拒むことができない**(567条1項)。26

> **趣旨** 目的物の引渡しにより、危険が売主から買主へと移転するという原則を明らかにすることで、売主が過重な責任を負わないようにする。

例外 引渡し以後の目的物の滅失又は損傷が**売主の責めに帰すべき事由**による場合、買主は、その滅失又は損傷を理由として追完請求権、代金減額請求権、損害賠償請求権、契約解除権を**行使することができる**と共に、**代金の支払を拒むことができる**(567条1項反対解釈)。したがって、引渡しによっても危険が売主から買主へと移転していない。

> **趣旨** 売主に帰責事由がある場合にまで、危険を売主から買主へと移転させて売主の保護を図る必要はない。

〈解説〉 ① 引渡し以後の目的物の滅失又は損傷が**買主の責めに帰すべき事由**による場合、引渡しにより危険が売主から買主に移転するとの原則に戻り、買主は、その滅失又は損傷を理由として追完請求権、代金減額請求権、損害賠償請求権、契約解除権を行使することができない(562条2項、563条3項、564条、415条1項ただし書、543条の各規定を参照)と共に、代金の支払を拒むことができない。結論としては **原則** と同じ取扱いになる。

② 種類物の売買で、契約の内容に適合しない目的物を選定して引き渡しても、それは売買の目的として特定しないので、567条1項は適用

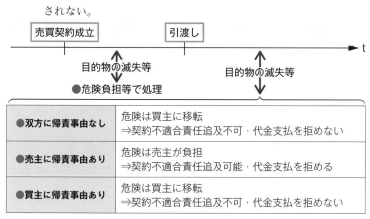

されない。

	危険は買主に移転
●双方に帰責事由なし	⇒契約不適合責任追及不可・代金支払を拒めない
●売主に帰責事由あり	危険は売主が負担 ⇒契約不適合責任追及可能・代金支払を拒める
●買主に帰責事由あり	危険は買主に移転 ⇒契約不適合責任追及不可・代金支払を拒めない

【引渡し後の危険の移転】

② 受領遅滞による危険の移転

　売主が契約の内容に適合する目的物(売買の目的として特定したものに限る)をもって、その引渡債務の履行を提供したにもかかわらず、**買主の受領遅滞が生じた場合**で、履行の提供があった時以後に当事者双方の責めに帰することができない事由によって目的物が滅失又は損傷したときも、**567条1項と同様とする**(567条2項)。すなわち、買主は、追完請求権、代金減額請求権、損害賠償請求権、契約解除権を行使することができないと共に、代金の支払を拒むことができない。 N/予

趣旨 　買主の受領遅滞により、危険が売主から買主へと移転することを明らかにして、売主が過重な責任を負わないようにする。

〈語句〉●ここでの買主の受領遅滞とは、売主が契約の内容に適合する目的物の引渡債務の履行を提供したにもかかわらず、買主が履行を受けることを拒み、又は受けることができない場合を意味する(567条2項)。

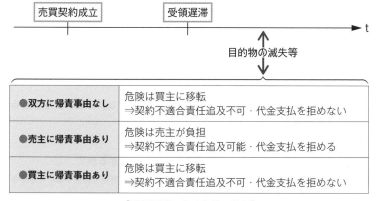

	危険は買主に移転
●双方に帰責事由なし	⇒契約不適合責任追及不可・代金支払を拒めない
●売主に帰責事由あり	危険は売主が負担 ⇒契約不適合責任追及可能・代金支払を拒める
●買主に帰責事由あり	危険は買主に移転 ⇒契約不適合責任追及不可・代金支払を拒めない

【受領遅滞による危険の移転】

重要事項 一問一答

01 売買契約とは？

当事者の一方がある財産権を相手方に移転することを約束し、相手方がこれに対してその代金を支払うことを約束して、その効力を生じる契約である。

02 売買契約は書面を要する契約か？

約束だけで成立する諾成契約なので、書面は不要である。

03 物々交換は売買契約か？

交換契約であり、売買契約ではない。

04 手付とは何か？

売買契約の締結の際に、当事者の一方から他方に対して交付される金銭などの有価物である。

05 手付の主な種類は（3つ）？

証約手付、解約手付、違約手付

06 手付は違約手付であると推定されるか？

解約手付であると推定される（判例）。

07 解約手付による解除をするには、売主はどうすればよいか？

手付の倍額を現実に提供する（手付倍返し）。

08 相手方が契約の履行に着手していた後は、解約手付による解除をすることができるか？

できない。

09 売主の義務の一つである対抗要件具備義務とは何か？

売買の目的である権利の移転についての対抗要件を買主に備えさせる義務である。

10 売主の義務の一つである権利移転義務とは何か？

他人の権利（権利の一部が他人に属する場合におけるその権利の一部を含む）を売買の目的とした場合、売主がその権利を取得して買主に移転する義務である。

11 売主の契約不適合責任とは何か？

売主から買主への財産権移転について契約不適合がある場合、売主が買主に対して一定の責任を負うことである。

12 契約不適合を大きく2つに分けるとそれぞれの内容は？

種類・品質・数量に関する契約不適合、権利に関する契約不適合

13 4つある買主の救済手段のうち、買主に帰責事由がないことが要求されるのはどの救済手段か？

追完請求権、代金減額請求権、契約解除権

14 追完請求権を行使して買主は何を請求することができるか？

目的物の修補、代替物の引渡し又は不足分の引渡しによる履行の追完を請求することができる。

15 買主が代金減額請求権を行使するために、あらかじめ履行の追完の催告をしておくべきか?

原則として、相当期間を定めて履行の追完を催告し、その期間内に履行の追完がないことが必要である。

16 種類・品質・数量の契約不適合を理由とする買主の権利は、債権の消滅時効の完成によって失われることがあるか?

失われることがある。

17 種類・品質に関する契約不適合責任の期間制限 (566条) に関して、買主は、いつまでに通知することが要求されているか?

種類・品質に関する契約不適合を知った時から1年以内に通知する。

18 権利に関する契約不適合とは何か?

売主が買主に移転した権利が契約の内容に適合しない場合、又は権利の一部が他人に属する場合においてその権利の一部を移転しない場合

19 競売における買受人は、数量に関する契約不適合がある場合に、債務者に対し、代金の減額を請求することができるか?

できる。

20 契約不適合責任を負わない旨の特約をすることはできるか?

できる。

21 売主が買主に目的物 (売買の目的として特定したものに限る) を引き渡した場合で、その引渡しがあった時以後にその目的物が当事者双方の責めに帰することができない事由によって滅失したときは、買主は、その滅失を理由として、代金の支払を拒むことができるか?

できない。

過去問チェック (争いのあるときは、判例の見解による)

01 売買は、有償・双務・諾成契約である。
○ (裁2002)

02 売買契約における手付は、反対の意思表示がない限り、解約手付の性質を有するものと解釈される。
○ (裁2020)

03 買主が売主に対して手付を交付した場合、この手付が違約手付であることが売買契約書上で明らかなときは、違約手付と解約手付とを兼ねることは不可能であ

るから、この手付は解約手付を兼ねる違約手付ではないとされる。

× (国般2014)「違約手付と解約手付とを兼ねることは不可能であるから、この手付は解約手付を兼ねる違約手付ではないとされる」が誤り。

[04] 売買契約締結に際し、買主から売主に対し手付が交付された場合であっても、契約書にその手付について「買主に契約不履行があるときは、売主は手付を没収し、売主に契約不履行があるときは、売主は買主に手付の倍額を損害賠償として提供する」と定めているときには、売主は、この手付を根拠にして、手付の倍額を返還して契約を解除することはできない。

× (国般2017)「売主は、この手付を根拠にして、手付の倍額を返還して契約を解除することはできない」が誤り。

[05] 買主が売主に手付を交付したときは、売主がその倍額を口頭で提供して、契約の解除をすることができる。

× (裁2020)「口頭で提供して」が誤り。

[06] 買主が売主に手付を交付したときは、相手方が契約の履行に着手した後であっても、買主はその手付を放棄し、売主はその倍額を現実に提供することで、契約の解除をすることができる。

× (区2021)「相手方が契約の履行に着手した後であっても」が誤り。

[07] 売買契約締結に際し、買主から売主に対し手付が交付された場合において、その後買主が履行に着手することにより売主が契約の履行に対する期待を抱いた以上、売主がいまだ履行に着手していないときであっても、履行に着手した買主は売主に対して契約を解除することはできない。

× (国般2017)「履行に着手した買主は売主に対して契約を解除することはできない」が誤り。

[08] 売主は、買主に対し、売買の目的である財産権を買主へ移転する義務を負うが、売買の目的物が不動産である場合、売主は、買主に対し、不動産の引渡しだけではなく、買主が不動産の対抗要件を具備することに協力する義務を負う。

○ (国般2014)

[09] 他人の権利を売買の目的としたときは、売主は、その権利を取得して買主に移転する義務を負うが、他人の権利には、権利の一部が他人に属する場合におけるその権利の一部は含まれない。

× (区2021)「他人の権利には、権利の一部が他人に属する場合におけるその権利の一部は含まれない」が誤り。

[10] 売買契約はある財産権を他人に移転することを目的とする契約であるから、契約が有効に成立するためには、当該契約時点において、その財産権が売主に帰属していることが必要である。

× (裁2021)「その財産権が売主に帰属していることが必要である」が誤り。

[11/予] 他人の権利の全部を目的とする売買契約において、売主がその権利を取得して買主に移転することができない場合には、買主が契約の時にその権利が売主に属しないことを知っていたときであっても、買主は契約の解除をすることができる場合がある。

○ (予想問題)

[12] 売買は債権行為であるので、売主に所有権がない物であっても売買することができるが、契約が成立すると売主は所有権を取得して買主に移転する義務を負うため、売主が買主に所有権を移転できない場合は、売買が無効になる。

× (区2010)「売買が無効になる」が誤り。

[13] 売主Aが買主Bとの間で、第三者Cが所有する甲土地の売買契約を締結した場合、売買契約当時からCに土地を他に譲渡する意思がなく、Aが土地を取得してBに移転することができない場合であっても、なおその売買契約は有効に成立する。

○ (裁2019)

[14] 特定物売買において売主が負担する債務は、当該目的物を引き渡すことに尽きるものではないから、目的物に瑕疵があった場合には、売主は債務不履行責任を負う。

○ (裁2021)

[15] 引き渡された目的物が種類、品質又は数量に関して、買主の責めに帰すべき事由により、契約の内容に適合しないものであるときには、買主は売主に対し、目的物の修補による履行の追完を請求することはできるが、代替物の引渡し又は不足分の引渡しによる履行の追完を請求することはできない。

× (区2021)「目的物の修補による履行の追完を請求することはできるが」が誤り。

[16] 売主は、目的物の品質が契約の内容に適合せず、買主から代替物の引渡しの方法による履行追完の請求を受けた場合、買主の負担の有無にかかわらず、売主の側で目的物の補修又は代替物の引渡しのいずれかの方法を選択して履行の追完をすることができる。

× (裁2021)「買主の負担の有無にかかわらず」が誤り。

[17/予] 引き渡された目的物が種類、品質又は数量に関して契約の内容に適合しないものであるときは、買主は、その不適合が買主の責めに帰すべき事由によるものであっても、その不適合の程度に応じて代金の減額を請求することができる。

× (予想問題)「その不適合の程度に応じて代金の減額を請求することができる」が誤り。

[18/予] 引き渡された目的物が種類、品質又は数量に関して契約の内容に適合しないものである場合、買主は、履行の追完が不能であるときは、履行の追完の催告をすることなく、直ちに代金の減額を請求することができるが、売主が履行の追完を拒絶する意思を明確に表示したとしても、履行の追完の催告をすることなく、直ちに代金の減額を請求することはできない。

× (予想問題)「履行の追完の催告をすることなく、直ちに代金の減額を請求することはできない」が誤り。

[19/予] 売買契約で引き渡された目的物が、品質に関して契約の内容に適合しないときは、売主に帰責事由がなくても、買主は売買契約を解除することができる場合がある。

○ (予想問題)

[20/予] 買主が、売主に対して種類、品質、又は数量の不適合についての責任を追及する場合、その不適合を知った時から1年以内に訴えを提起して権利を行使することが必要である。

× (予想問題)「その不適合を知った時から1年以内に訴えを提起して権利を行使することが必要である」が誤り。

[21/予] 売主が品質に関して契約の内容に適合しない目的物を買主に引き渡した場合で、買主がその不適合を知った時から1年以内にその旨を売主に通知しなかったときは、売主が引渡しの時にその不適合を重大な過失によって知らなかったとしても、買主は、その不適合を理由として履行の追完の請求をすることができなくなる。

× (予想問題)「買主は、その不適合を理由として履行の追完の請求をすることができなくなる」が
誤り。

22/予 売買の目的物の不動産に地上権が設定されている場合において、地上権が設
定されていることにより移転された目的物の利用権が制限されているときは、買主
は、その契約を解除することができる場合がある。

○ (予想問題)

23/予 Aは、甲土地が自己の所有であると考えてBに売ったが、売買契約後、甲土
地の一部がCの所有であることが判明し、Cが自己の所有する部分を譲渡すること
を拒絶した場合、Bは、自らに帰責事由がないとしても、Aに対し、不足する部分
の割合に応じた代金の減額を請求することはできない。

× (予想問題)「Aに対し、不足する部分の割合に応じた代金の減額を請求することはできない」が
誤り。

24/予 売主が買主に移転した権利が契約の内容に適合しないものである場合におい
て、買主がその不適合を知った時から1年以内にその旨を売主に通知しないとき
は、買主は、その不適合を理由として履行の追完の請求をすることができなくな
る。

× (予想問題)「買主は、その不適合を理由として履行の追完の請求をすることができなくなる」が
誤り。

25/予 売主は、契約不適合責任を負わない旨の特約をしたときは、知りながら告げ
なかった事実について、その責任を免れることができる。

× (予想問題)「その責任を免れることができる」が誤り。

26 売主が買主に売買の目的として特定した目的物を引き渡した場合において、
その引渡しがあった時以後にその目的物が当事者双方の責めに帰することができな
い事由によって損傷したときは、買主は、その損傷を理由として、代金の減額の請
求をすることができる。

× (区2021)「買主は、その損傷を理由として、代金の減額の請求をすることができる」が誤り。

A 売買契約に関する費用は、契約で特に定めなかった場合は、全て買主が負担
する。

× (税・労・財2016)「全て買主が負担する」が誤り。

B 手付として交付される物は金銭に限られ、金銭以外の有価物を手付とすることはできない。

× (国般2001)「金銭に限られ、金銭以外の有価物を手付とすることはできない」が誤り。

C 手付は、証約手付、解約手付、違約手付のほか、売買契約を成立させる趣旨で交付される成約手付として解釈されることがある。

○ (国般2001)

D 手付は、原則として解約手付であると推定されるが、手付金額が売買代金額と比べて著しく少ない場合には、契約の解除が容易に認められてしまうため、当該手付は、解約手付ではなく、証約手付であるとされる。

× (国般2001)「当該手付は、解約手付ではなく、証約手付であるとされる」が誤り。

E 手付金を交付した者は、相手方に債務不履行があっても、手付解除ができるにとどまり、損害賠償請求をすることはできない。

× (裁2017)「手付解除ができるにとどまり、損害賠償請求をすることはできない」が誤り。

F 手付金を交付した者は、売買契約が合意解除されたときには、特段の事情がない限り、相手方に対し、手付金相当額の返還を求めることができる。

○ (裁2017)

G 民法第557条第1項ただし書にいう履行の着手とは、履行期到来後の行為であって、履行期前の行為は、履行の準備にとどまり、履行の着手には当たらない。

× (国般2001改題) 全体が誤り。

H 不動産売買契約において、買主が売主に手付を交付したとき、買主は、第三者所有の不動産の売主が第三者から当該不動産の所有権を取得し、その所有権移転登記を受けた場合であっても、手付を放棄して契約を解除することができる。

× (裁2020)「手付を放棄して契約を解除することができる」が誤り。

I 買主が、約定の履行期後、売主に対してしばしば履行を要求し、かつ、売主が履行すればいつでも支払ができるよう約定残代金の準備をしていたときは、履行の着手があったといえるから、売主は、手付の倍額を提供して売買契約を解除することはできない。

○ (裁2007)

J 通説に照らすと、買主が代金支払のための資金を銀行から借り入れたときには、履行の着手があったといえるから、買主は、手付を放棄して売買契約を解除することはできない。

×（裁2007改題）「履行の着手があったといえるから、買主は、手付を放棄して売買契約を解除することはできない」が誤り。

K Aが、Bに対し、Cが所有する甲土地を売った場合において、AがCから甲土地の所有権を取得したときは、Bは、AB間の売買契約締結時にさかのぼって甲土地の所有権を取得する。

×（裁2002改題）「Bは、AB間の売買契約締結時にさかのぼって甲土地の所有権を取得する」が誤り。

L Xが、A所有の甲土地をYに売却する旨の売買契約を締結した後、Xが死亡し、AがXを単独で相続した場合でも、信義則に反するような特別の事情のない限り、AはYに対し、甲土地の引渡しを拒むことができる。

○（裁2011改題）

M/予 競売の目的物の品質に関して不適合があったときは、買受人は、売主の地位に立つ債務者に対し、契約不適合責任を追及することができる。

×（予想問題）「買受人は、売主の地位に立つ債務者に対し、契約不適合責任を追及することができる」が誤り。

N/予 売主が契約の内容に適合する目的物をもって、その引渡しの債務の履行を提供したにもかかわらず、買主がその履行を受けることを拒んだ場合において、その履行の提供があった時以後に当事者双方の責めに帰することができない事由によってその目的物が損傷したときは、買主は、その損傷を理由として代金の減額の請求をすることができる。

×（予想問題）「買主は、その損傷を理由として代金の減額の請求をすることができる」が誤り。

5 契約各論(1)—売買②

本節では、買主の義務に加えて、売買の一方の予約、買戻しという売買契約に関する応用的な事項について扱います。

1 売買契約の効力②—買主の義務

買主の義務は、売主への**代金支払義務及び利息支払義務**である。なお、代金支払義務に関連して、一定の場合に代金支払拒絶権が認められるので、その点も言及する。

1 代金支払義務

契約自由の原則の一つである内容の自由(521条2項)より、代金支払義務について、代金をいつまでに支払わなければならないか(**支払期限**)、代金をどこで支払わなければならないか(**支払場所**)は、売主・買主間の合意で定めるところによる。もっとも、代金の支払期限や支払場所については、以下のような民法の規定がある。

① 代金の支払期限

売買の**目的物の引渡しについて期限があるときは、代金の支払についても同一の期限を付したものと推定する**(573条)。推定規定にとどまるので、売主・買主間で代金の支払について期限を別に定めているときは、その期限による。

> **趣旨** 売買契約の当事者は同時履行の抗弁を有する(533条)ので、当事者間の公平の観点から、期限について別に定めている場合を除き、目的物の引渡しと代金の支払が同一の期限であると扱うものとした。

② 代金の支払場所 /発展

売買の**目的物の引渡しと同時に代金を支払うべきときは、その引渡しの場所において支払わなければならない**(574条)。 A

> **趣旨** 目的物の引渡しと代金支払とが同時の場合は、引渡しの場所で代金を支払うことが当事者間の合理的意思である。

③ 代金支払拒絶権 /発展

以下の2つのいずれかに該当する場合、買主は、代金の支払を拒むことができる（代金支払拒絶権）。

（ア）権利を取得することができない等のおそれがある場合（576条）

原則 売買の目的について権利を主張する者があることその他の事由により、①買主がその買い受けた**権利の全部若しくは一部を取得することができず**、②**又は失うおそれがあるとき**は、買主は、その危険の程度に応じて、**代金の全部又は一部の支払を拒む**ことができる（576条本文）。

趣旨 当事者間の公平の観点から、権利を取得することができない等のおそれのある買主を保護するため、代金支払拒絶権を認めた。

例外 売主が相当の担保を供したときは、買主は、権利を取得することができない等のおそれがあることを理由に、**代金の支払を拒むことができない**（576条ただし書）。 **B**

趣旨 権利を取得することができない等のおそれが現実化しても、相当の担保が確保されていれば、それを損害の塡補とすることができるので、代金支払拒絶権を認めないものとした。

（イ）目的不動産に抵当権等の登記が存在する場合（577条）

買い受けた不動産について契約の内容に適合しない抵当権の登記があるときは、買主は、**抵当権消滅請求の手続が終わるまで**、その代金の支払を拒むことができる（577条1項前段）。 **C**

趣旨 当事者間の公平の観点から、担保物権が実行されて権利を失うおそれのある買主を保護するため、代金支払拒絶権を認めた。

上記において買主が代金支払を拒絶した場合、売主は、買主に対し、**遅滞なく抵当権消滅請求をすべき旨を請求**することができる（577条1項後段）。 **C**

〈解説〉 577条1項の規定は、買い受けた不動産について契約の内容に適合しない先取特権又は質権の登記がある場合について準用する（577条2項）。

〈語句〉●契約の内容に適合しないとは、例えば、契約締結時までに抵当権を消滅させておくという約定があったにもかかわらず、契約締結時に抵当権が存在していたような場合である。

④ 供託請求権

上記（ア）または（イ）の事由により代金の支払の拒絶を受けた売主は、買主に対して代金の供託を請求することができる（供託請求権）（578条）。 **C**

趣旨 代金支払拒絶後に買主が支払困難になる可能性があり、売主による代金の回収が困難になることを防ぐため、供託請求権を認めた。

2 > 利息支払義務 (果実と利息の処理)

> AB間において、A所有の中古の甲住宅をBが購入するとの売買契約が4月1日に締結され、甲住宅は4月10日に売主Aから買主Bへと引き渡されたが、Bは未だ代金を支払っていない。
>
> **設例❶** 代金支払期限について定めをしていなかった場合、Bは、いつから代金の利息を支払う義務を負うか。
>
> **設例❷** 代金支払期限を5月1日と定めていた場合、Bは、いつから代金の利息を支払う義務を負うか。
>
>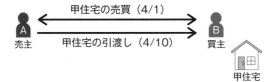

利息支払義務について、575条は目的物から生じた果実の帰属との関係で規定を設けている。

趣旨 果実や管理費用の額を正確に割り出し、当事者間で清算するのは煩雑なので、目的物引渡し義務が履行される前は、目的物の**果実から管理費用を差し引いたものが代金の利息に等しい**と考えて、清算の処理を不要とした。

【果実と利息の処理】

目的物引渡し義務 (売主)	代金支払義務 (買主)	果実と利息の処理
未履行	未履行	**目的物の果実は売主に帰属する**(575条1項)※1 **D** 買主は代金の利息を支払う義務を負わない(大連判大13.9.24)
未履行	履行	目的物の果実を買主が取得する(大判昭7.3.3)
履行	未履行	**目的物の果実は買主に帰属する**(575条1項反対解釈) 買主は代金の利息を支払う義務を負う(575条2項本文)※2 **E**

※1 引き渡されていない目的物から生じた果実は**売主に帰属**する(575条1項)。売主は、目的物引渡し義務を遅滞していても、代金支払義務が未履行である限り、果実を収得することができる(大連判大13.9.24)。
E

※2 代金の支払について期限がある場合、買主は、その期限が到来するまでは、利息を支払うことを要しない(575条2項ただし書)。

【果実の帰属と利息支払義務（代金支払期限がない場合）】

> **設例❶** の場合、買主Bは、4月9日までは利息支払義務を負わないが（大連判大13.9.24）、4月10日以降は利息支払義務を負う（575条2項本文）。
> **設例❷** の場合、Bは、5月1日までは利息支払義務を負わないが（575条2項ただし書）、5月2日以降は利息支払義務を負う（575条2項）。

❷ 売買の一方の予約

売買の一方の予約には、一方当事者の意思表示だけで本契約を成立させることができるという特徴がある。

1 売買の一方の予約とは

意義　売買の一方の予約とは、売買の予約のうち、**相手方（一方当事者）が売買を完結する意思を表示する**ことにより、**売買の効力を生じさせる**ことを内容とする契約である（556条1項）。売買の一方の予約において、**売買を完結する意思を表示する相手方の権利**のことを予約完結権という。

〈語句〉●売買の予約（売買予約契約）とは、売買契約を将来的に締結する旨を約束する契約である。

〈解説〉　①　不動産について売買の一方の予約をした場合、相手方（この場合は不動産の買主となる者）は、予約完結権の行使による不動産の所有権移転請求権を保全するため、当該不動産に仮登記をすることができる（不動産登記法105条2号）。

②　売買の一方の予約には、次項「買戻し」のような厳格な制限が規定されていない。例えば、売買契約の締結と同時にする必要はなく、目的物も不動産に限定されない。

例えば、「売主A所有の甲住宅を買主Bに売却する契約を、後日Bが希望するのであれば、本契約として効力を生じさせる」という売買の一方の予約を締結し、Bに予約完結権を付与する。後日、BがAに予約完結権を行使した時点で、AB間の売買契約（本契約）の効力が生じ、甲住宅の所有権がAからBに移転する。

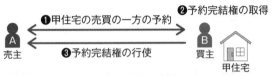

【売買の一方の予約】

【売買の一方の予約と通常の売買契約の相違点】

種類	売買の効力発生要件
通常の売買	申込 ＋ 承諾 ⇒ 売買成立
売買の一方の予約	申込 ＋ 承諾 ⇒ 売買の一方の予約の成立 ↓ 相手方の予約完結権の意思表示 ⇒ 売買の成立

2 予約完結権の行使

予約完結権の行使は、相手方に対する一方的な意思表示(売買を完結する旨の意思表示)によって行われ、**予約完結権が行使された時点で売買の効力が生じる**(556条1項)[01][02]。予約完結権の行使は、当事者間の意思表示の合致を要しない(意思表示を受けた者による承諾を要しない)ので、相手方による単独行為に当たる。[02][03]

<発展> なお、予約完結権の行使について期間を定めなかった場合、予約者(予約完結権を有しない当事者)は、相手方に対し、**相当の期間を定めて**、その期間内に売買を完結するかどうかを確答すべき旨の**催告をすることができる**(556条2項前段)。[F]

この催告に対して、相手方がその期間内に確答をしないときは、売買の一方の予約は、その**効力を失う**(556条2項後段)。

〈解説〉 予約完結権の行使の期間について、買戻し期間(580条)のような期間制限は規定されていない。ただし、予約完結権も債権であるため、債権一般の消滅時効(166条1項)が完成すると消滅する。

③ 買戻し <発展>

1 買戻しとは

意義 買戻しとは、不動産の売買契約と同時に、買戻権(契約解除権)を売主に留保する旨の特約(買戻しの特約)をしておき、後日、売主が、買戻し代金

を買主に返還して買戻権を行使する(売買契約を解除する)ことにより、当該不動産を取り戻すことを内容とする売買契約である(579条前段)。

趣旨 売主(債務者)が不動産を売却して金銭を取得し、後日、売買代金と契約費用を買主(債権者)に返還して不動産を取り戻す、という形で不動産を担保とする手段を認めた。

〈語句〉●買戻し代金とは、売買代金(買主が支払った代金)と契約費用のことである。ただし、代金については、別段の合意をした場合にあっては、その合意により定めた金額となる(579条前段括弧書)。

　例えば、売主Aと買主Bとの間で、A所有の甲住宅をBに500万円で売却する旨の売買契約を締結し、同時に、当該売買契約の解除権(買戻権)をAに留保する旨の特約(買戻しの特約)をしておく。後日、Aは、500万円と契約費用を合わせた金額をBに返還し、当該売買契約を解除することによって、甲住宅を取り戻すことができる。

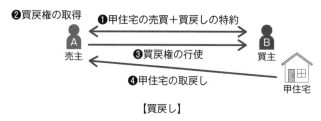

【買戻し】

2 買戻しの要件

　買戻しの要件は、以下の3つである。買戻しの期間を定めることは、買戻しの要件に含まれないが、次の 3 「買戻しの期間」による制限がかかる。 **G**

【買戻しの要件(579条前段)**】**
① 目的物は**不動産**に限定される
② 売買契約と**同時**に買戻し特約をしなければならない **H**
③ 買戻し代金は、**売買代金**(別段の合意をした場合にあっては、その合意により定めた金額)に**契約費用**を加えたものに限定される

---

3 買戻しの期間

　買戻し期間は**10年**を超えることができず、10年より長い期間を定めたときは10年に短縮される(580条1項) **H** 。また、買戻し期間を定めたときは、その後にこれを伸長することはできない(580条2項)。

　これに対して、**買戻しの期間を定めなかったとき**は、**5年以内に買戻し**(買戻権

の行使)をしなければならない(580条3項)。

4 > 対抗要件

　売買契約と**同時**に買戻しの特約を**登記**したときは、買戻しは、第三者に対抗することができる(581条1項)。

5 > 買戻しの実行

① 買戻しの意思表示

　買戻しの実行(買戻権の行使)は、**買戻しの期間内**に、売主(買戻し権を有する者)が、買主(買戻しをする義務を負っている者)に対する**一方的な意思表示**によって行う。

② 売買代金と契約費用の提供

　売主は、買戻しを実行する場合には、買戻しの期間内に、買戻し代金である**売買代金**(別段の合意をした場合にあっては、その合意により定めた金額)と**契約費用**を提供しなければならない(583条1項)。 [I]

【買戻しと売買の一方の予約】

	買戻し	売買の一方の予約
内容	売主が買戻権(契約解除権)を留保し、期間内に買戻権を行使して不動産を取り戻す	一方当事者の予約完結権の行使により、売買の効力を生じさせる
条文	579条〜585条	556条
目的物	不動産に限定(579条)	制限なし
特約の締結時期	売買契約と同時(579条)	制限なし
対抗要件	登記(売買契約と同時)(581条)	仮登記
行使期間	10年以下(定めがない場合は5年以下、伸長不可)(580条)	制限なし(予約完結権は債権一般の消滅時効にかかる)

重要事項 一問一答

01 売買の目的物の引渡しと同時に代金を支払うべきときは、どこが代金の支払場所になるか？

目的物の引渡しの場所(574条)

02 民法が規定する買主が代金の支払いを拒むことができる場合は(2つ)？

①権利を取得することができない等のおそれがある場合(576条)、②目的不動産に抵当権等の登記が存在する場合(577条)

03 目的物引渡し債務と代金支払債務がともに未履行の場合、買主は代金の利息を支払う義務を負うか?

負わない(判例)。

04 売買の一方の予約とは何か?

売買の予約のうち、相手方(一方当事者)が売買を完結する意思を表示することにより、売買の効力を生じさせることを内容とする契約のこと(556条1項)。

05 売買の一方の予約がなされた場合、いつから売買の効力が生じるか?

予約完結権が行使された時点(556条1項)

06 動産は買戻しの対象になるか?

ならない。買戻しの対象は不動産に限られる(579条前段)。

07 10年より長い買戻しの期間を定めることはできるか?

できない。この場合は10年に短縮される(580条1項)。

08 買戻しの対抗要件は何か?

売買契約と同時に買戻しの特約を登記すること(581条1項)

▌過去問チェック (争いのあるときは、判例の見解による)

01 売買の一方の予約がなされた後、予約完結権を有する当事者から売買を完結する意思表示がなされた場合には、予約の時に遡って売買の効力を生じる。
×(税・労・財2016)「予約の時に遡って売買の効力を生じる」が誤り。

02 買主が売買の一方の予約をした場合、買主が売主に対して売買を完結する意思を表示したときは、売主は契約を承諾する義務を負うが、売買の効力は生じない。
×(国般2014)「売主は契約を承諾する義務を負うが、売買の効力は生じない」が誤り。

03 一方の当事者が予約完結権を有する予約は、その行使により本契約たる売買の効力を生じさせるので、一方の当事者の相手方に対する予約完結の意思表示とともに、改めて相手方の承諾がなければ、本契約たる売買は成立しない。
×(区2010)「改めて相手方の承諾がなければ、本契約たる売買は成立しない」が誤り。

A 特定物の売買契約において、代金支払債務が先履行とされた場合には、買主は、別段の意思表示のない限り、買主の現在の住所地において代金を支払わなけれ

ばならない。

×（裁2017）「買主の現在の住所地において代金を支払わなければならない」が誤り。代金支払債務が先履行とされた場合には、弁済の一般原則である「持参債務の原則」（484条1項）に従うから、代金支払いの債務者（買主）が「債権者（売主）の現在の住所地」において弁済しなければならない。

B 売買の目的について権利を主張する者があるために買主がその買い受けた権利の全部又は一部を失うおそれがあるときは、売主が買主との合意に基づいて相当の担保物権を設定した場合においても、買主は、その危険の程度に応じて、代金の支払を拒むことができる。

×（区2015改題）「買主は、その危険の程度に応じて、代金の支払を拒むことができる」が誤り。

C 買い受けた不動産について契約の内容に適合しない抵当権の登記があるときは、買主は、抵当権消滅請求の手続が終わるまで、その代金の支払を拒むことができるが、この場合において、売主は、買主に対し、遅滞なく抵当権消滅請求をすべき旨を請求し、また、その代金の供託を請求することができる。

○（区2015改題）

D 売買の目的物の動産から果実が生じたときは、売買契約が成立していれば、買主から代金の支払がなく売主から売買の目的物が引き渡されていない場合であっても、果実収取権は買主に属する。

×（区2002）「果実収取権は買主に属する」が誤り。

E 売買契約において、引渡前に目的物から生じた果実は売主に帰属し、買主は目的物の引渡日より代金の利息の支払義務を負うから、売主は、目的物の引渡しを遅滞していても、代金が未払である限り、果実を収得することができる。

○（国般2017）

F 売買の一方の予約は、相手方が売買を完結する意思を表示した時から、売買の効力を生ずるが、その意思表示について期間を定めなかったときは、予約者は、相手方に対し、相当の期間を定めて、その期間内に売買を完結するかどうかを確答すべき旨の催告をすることができる。

○（区2021）

G 売買契約に買戻しの特約を付す場合には、必ず、買戻しの期間を定めなければならない。

×（国般2008）「必ず、買戻しの期間を定めなければならない」が誤り。

[H]　AがBに対して甲土地を売る場合、AとBとは、売買契約と同時に甲土地につき買戻しについての特約をすることができ、買戻しの期間について制限はない。
×（裁2013改題）「買戻しの期間について制限はない」が誤り。

[I]　売買契約に買戻しの特約を付した場合において、その売買契約の売主は、買戻しの期間内に買主が支払った代金及び契約の費用を提供しなければ、買戻しをすることができない。
○（国般2008）

6 契約各論(2)─賃貸借①

賃貸借は公務員試験頻出分野です。本節では、賃貸借契約の効力を中心に扱います。権利義務関係について、賃貸人・賃借人それぞれの立場から整理して確認をしましょう。

1 概説

1 賃貸借契約の意義

意義 賃貸借契約(賃貸借)とは、当事者の一方(賃貸人)がある物(目的物)の使用・収益を相手方(賃借人)にさせることを約束し、相手方がこれに対してその賃料を支払うこと、及び引渡しを受けた物を契約が終了したときに返還することを約束することによって、その効力を生じる契約である(601条)。 01

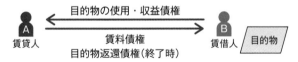

【賃貸借契約】

　賃貸借は、賃貸人と賃借人が約束することのみで成立する**諾成契約**であり(書面は不要である)、「目的物の使用・収益」「賃料の支払」という対価的な債務を互いに負担する**双務契約**であり、賃借人が金銭的な負担をする**有償契約**である(諾成・双務・有償契約)。そして、比較的長期にわたって契約関係が続くことの多い**継続的契約**でもある。 02

　また、民法の条文では、賃貸借の**目的物**のことを、賃貸人を主語とする場合は「**賃貸物**」、賃借人を主語とする場合は「**賃借物**」と表現している。したがって、「賃貸物」「賃借物」と言葉は違うものの、両者の意味は同じ「目的物」であると考えてよい。

〈語句〉●**賃貸人**とは、賃貸借において、目的物を引き渡してその使用・収益をさせる者のことを、**賃借人**とは賃料を支払って目的物の使用・収益をする者のことをいう。
　　　　●**賃借権**とは、賃借人が有している、賃貸人から引渡しを受けた**目的物を使用・収益することができる権利**のことをいう。

〈**解説**〉　民法上の賃貸借の目的は「ある物」と規定されているので、権利を目的とすることはできない。

2 賃貸借契約の成立

賃貸借は諾成契約なので、賃貸人と賃借人が約束すること、言いかえれば、賃貸人と賃借人の意思表示(申込み・承諾)が合致することで成立する。

例えば、Aが「甲土地を貸したい」と申込み(甲土地を引き渡して使用・収益させるとの約束)をしたことに対し、Bが「甲土地を借ります」と承諾(甲土地を使用・収益する対価として賃料を支払い、契約終了後に返還するとの約束)をしたことで、AB間で甲土地の賃貸借契約が成立する。

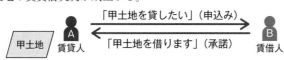

【賃貸借契約の成立】

〈**解説**〉　不動産賃借権については、①目的物の継続的な用益という外形的事実があり、かつ、②その用益が賃借の意思に基づくものであることが客観的に表現されている(賃料の支払いを継続している場合など)ときに、163条所定の時効期間を経過することで、**不動産賃借権の時効取得を認めることができる**(最判昭43.10.8、『民法 上』第1章 **13** 節「時効—総説と取得時効・消滅時効」参照)。

【地上権・賃貸借・使用貸借の比較】

	地上権	賃貸借（民法）	使用貸借
性質	物権	債権	債権
主な発生原因	契約の締結 388条の要件を満たす場合（法定地上権） 時効取得	契約の締結（双務・諾成の契約） 時効取得（不動産賃借権の場合）	契約の締結（片務・諾成の契約）
対価（地代・賃料）	契約による（法定地上権は裁判所が定める）	**必要**（有償契約）	**不要**（無償契約）
権利譲渡	地上権設定者の承諾が不要（地上権者の自由）	**賃貸人の承諾**が必要	**不可**
第三者への対抗	登記が対抗要件	動産は第三者に対抗不可 **不動産は登記が対抗要件**	第三者に対抗不可
存続期間	規定なし	**最長50年**	規定なし
主な終了原因	期間満了 契約解除 地上権者の放棄	期間満了 契約解除 解約申入れ	期間満了 契約解除 **借主の死亡**

❷ 不動産賃借権の物権化

1 概説

　賃借権は債権であるところ、債権は特定の人に対する一定の要求を内容とする相対的な権利である（第4章❶節「債権の目的」参照）。この点から、賃借人は、賃貸人以外の第三者に対しては賃借権を主張することができず、目的物が第三者に譲渡された場合には、賃貸人に対する債務不履行責任を追及するほかないのが原則である（**売買は賃貸借を破る**）。

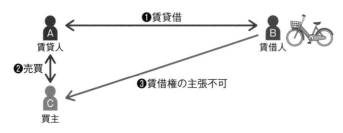

【売買は賃貸借を破る】

しかし、目的物が不動産の場合、これでは賃借人の生活の基盤が容易に脅かされることになりかねない。そこで、**不動産賃借権については特則を設ける**ことにより、第三者への対抗力の付与や存続期間の長期化が図られている。これは、不動産賃借権に物権類似の内容を認めるものであり、**不動産賃借権の物権化**と呼ばれている。

2 民法上の特則

民法では**不動産賃借権の登記**を認めている(605条)。不動産賃借権の登記がされれば、その不動産につき物権を取得した者その他の第三者に不動産賃借権を対抗することができる。

もっとも、特約(特別の取決め)がある場合を除き、**賃借人は不動産賃借権の登記請求権を有しない**(大判大10.7.11)**03**。この点から、不動産賃借権の登記をするには賃貸人の協力が必要となるが、一般的には賃貸人の負担となることから実際上あまり機能していない。

3 借地借家法上の特則

借地借家法では、①建物所有を目的とする土地の地上権または賃借権(借地権)、②建物の賃借権(借家権)について、賃借人だけで不動産賃借権の対抗力を備える方法を認めている。

趣旨 建物に関係する賃借権について、賃借人だけで対抗力を備える方法を認めることで、賃借人の生活基盤の安定化を図る。

〈解説〉 建物所有を目的としない土地の賃借権(ex.駐車場又は太陽光パネルの設置目的)には、借地借家法が適用されないので、対抗要件として不動産賃借権の登記が必要である。

① 借地権

設例 Bは、建物の所有を目的として、Aから同人所有の土地を賃借したが、Aが賃借権(借地権)の登記に協力してくれない。借地権が対抗力を備えるためにBはどのような手段がとれるだろうか。

意義 **借地権**とは、**建物の所有を目的とする地上権または土地の賃借権**をいう(借地借家法2条1号)。建物所有目的であればよく、居住用か事業用かを問わない。

(ア) 借地上の建物の登記

借地権は、その登記がなくても、**土地の上に借地権者が登記されている建物を所有する**ときは、これをもって第三者に対抗することができる(借地借家法10条1項)。
04

(イ) 建物の登記名義 /発展

建物の登記は**借地権者自身の名義**であることを要する(最大判昭41.4.27)。借地権者と同居している配偶者又は子の名義であっても、借地権の対抗力は認められない。 A

> **理由** 他人名義の建物の登記によっては、自己の建物の所有権さえ第三者に対抗できないものであり、自己の建物の所有権を対抗し得る登記があることを前提として、これをもって賃借権の登記に代えるものとする旧建物保護法1条(借地借家法10条1項)の法意に照らし、このような場合は、同法の保護を受けるに値しないからである。

土地の上に借地権者が登記されている建物を所有していても、使用貸借契約に、借地借家法は適用されない(借地借家法1条)。 B

> **設例**の場合、Bは、土地上の建物について自己名義の登記を備えることにより、借地権は対抗力を備える。したがって、仮にその後Cが土地を買い受けたとしても、Cに対して賃借権を対抗することができる。
>

〈語句〉●**借地権者**(借地借家法2条2号)とは、借地権において、借地権を有する者(土地の賃借人)をいう。

●**借地権設定者**(借地借家法2条3号)とは、借地権者に対して借地権を設定している者(土地の賃貸人)をいう。

② 借家権

> **設例** Bは、Aから同人所有の建物を賃借したが、Aが賃借権の登記に協力してくれない。借家権が対抗力を備えるためにBはどのような手段がとれるだろうか。

意義 借家権とは、**建物の賃借権**をいう。居住用か事業用かを問わない。

　借家権は、その登記がなくても、**建物の引渡しがあったとき**は、その後その建物について物権を取得した者に対し、その効力を生ずる(借地借家法31条)。

> **設例**の場合、Bは、Aから建物の引渡しを受けることにより、借家権は対抗力を備える。したがって、仮にその後Cが建物を買い受けたとしても、Cに対して借家権を対抗することができる。

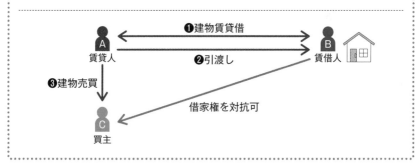

3 存続期間

1 民法上の原則

　民法上は**最長50年**であり(**最短期間の定めはない**)、50年より長い期間を定めたとしても存続期間は50年となる(604条1項) **05**。また、期間を定めない賃貸借とする(存続期間を定めない)ことも可能である。

〈解説〉 期間を定めた賃貸借は、存続期間の満了に際して、契約の更新をすることができる。この場合、更新後の存続期間も最長50年となる(604条2項)。

2 借地借家法上の借地権 (定期借地権を除く)

　借地権の存続期間は**30年**であり、30年より長い期間を定めたときは、その期間が存続期間となるので(借地借家法3条)、**最長期間については制限がない**。この規定

から、借地権を設定する際、30年より短い期間を定めた場合又は期間を定めなかった場合は、存続期間が30年となる。

趣旨 借地権者(賃借人)が建物を長期にわたり安定して使用・収益するために、借地権の存続期間を30年以上確保することにした。

〈語 句〉●**定期借地権**とは、存続期間の満了によって当然に終了し、**契約の更新がない借地権**である。定期借地権の詳細については、民法の範囲を大きく逸脱するので、公務員試験対策として学習する必要はない(次の 3 「借地借家法上の借家権」についても同じ)。

〈解説〉 借地権の場合、存続期間の満了に際して、借地権設定者(賃貸人)が契約の更新を拒絶する場合には、正当の事由(土地を使用する必要性、立退料の提供などを考慮する)が必要である(借地借家法6条)。

3 借地借家法上の借家権(定期借家権を除く)

借家権の存続期間については、**1年未満の期間を定めた場合は、期間の定めがない建物の賃貸借**(存続期間の定めがないもの)とみなされる(借地借家法29条1項)。反対に、存続期間を最長50年とする604条が適用されないので(借地借家法29条2項)、**最長期間については制限がない**。

趣旨 賃借人が建物を安定して使用・収益するために、借家権の存続期間について最長期間の制限を設けないことにした。

〈解説〉 賃貸人による借家権の解約(期間の定めがない場合)及び契約の更新拒絶(期間の定めがある場合)には、正当の事由が必要である(借地借家法28条)。

【賃貸借の存続期間】

	最長期間	最短期間
民法上の原則	50年	なし
借地権	なし	30年
借家権	なし	1年(1年未満は期間の定めなし)

4 短期賃貸借 /発展

処分の権限を有しない者が次表の目的で賃貸借をする場合は、**次表に定める期間を超えることができない**(602条前段)。契約で次表に定める期間より長い期間を定めたとしても、次表に定める期間とする(602条後段)。

趣旨 長期間にわたる賃貸借は処分行為に相当するとの考えから、処分の権限を有しない者は管理権限の範囲内において賃貸借(短期間の賃貸借)を行うことができることにした。

〈解説〉 ① 「処分の権限を有しない者」の例として、不在者の財産管理人(28条)、権限の定めのない代理人(103条)、相続財産の清算人(953条)等が挙げられる。

② 被保佐人が次表の期間を超える賃貸借をするには、保佐人の同意が必要であり(13条1項9号)、保佐人の同意又はこれに代わる許可を得ていないときは取消事由となる(13条4項)。C

【短期賃貸借】

賃貸借の目的	期間
樹木の栽植又は伐採を目的とする山林の賃貸借	10年
上記に掲げる賃貸借以外の土地の賃貸借※	5年
建物の賃貸借	3年 C
動産の賃貸借	6か月

※借地権の存続期間の下限が30年であることから、処分の権限を有しない者や被保佐人は、土地に借地権の設定をすることができない。

上表に定める期間は、更新することができるが、その期間満了前、土地については1年以内、建物については3か月以内、動産については1か月以内に、その更新をしなければならない(603条)。

4 賃貸借契約の効力①—賃貸人の義務

契約の効力として当事者には義務(債務)が生じるところ、賃貸借は双務契約であるため、賃貸人・賃借人の双方に対価的な義務が生じる。

1 目的物を使用・収益させる義務

賃貸人は、賃借人に目的物を使用・収益させる義務を負う(601条) 06 。具体的には、賃借人に目的物を引き渡す義務を負い、第三者が賃借人の使用・収益を妨害するときは、それを排除する義務も負う。

〈解説〉 ① 発展 賃貸借は有償契約であり、その性質に反しない限り、売買の規定が準用されるので(559条)、他人物売買(本章4節「契約各論(1)—売買①」参照)と同様に、**他人物賃貸借**(他人所有の物を目的とする賃貸借契約)は有効である。他人物賃貸借の賃貸人は、所有者から目的物の権利を取得して賃借人に使用・収益させる義務を負い(559条、561条)、この使用・収益の対価として、賃借人は賃料支払義務を負う(601条)。D

② 発展 所有権ないし賃貸権限を有しない者から不動産を貸借した者

は、その不動産につき権利を有する者(主として所有者)から権利を主張され、不動産の明渡しを求められた場合には、賃借不動産を使用収益する権原を主張することができなくなるおそれが生じたものとして、559条で準用する576条(買主による代金支払の拒絶)により、明渡請求を受けた以後は、賃貸人に対する賃料の支払を拒絶することができる(最判昭50.4.25)。 E

③ 　🖉発展 売買の売主の契約不適合責任の規定は、賃貸借について準用される(559条、562条、563条)。したがって、賃借物に契約不適合があった場合、賃借人は賃貸人に対して修補などの追完の請求、賃料減額請求等をすることができる。 F/予

2 目的物の修繕義務

　目的物の修繕義務については、下記の 設例 を踏まえて、関連する事項である「賃借人の意思に反する賃貸人の保存行為」「賃借人による修繕」をあわせて検討していく。

設例 　Bは、Aから同人所有の住宅甲を賃借したが、台風により住宅甲の屋根が損傷したことで、一部の部屋から雨漏りがするようになった。雨漏りの事実はAも認識している。

① 修繕義務を負う場合と負わない場合

原則 　賃貸人は、賃貸物(目的物)の使用・収益に必要な修繕をする義務を負う(606条1項本文)。 06

趣旨 　賃借人に対して目的物を使用・収益させる義務(601条)を負っている賃貸人は、自ら費用を負担して、その目的物を使用・収益に適した状態にしておかなければならない。

例外 　賃借人の責めに帰すべき事由(帰責事由)によって賃貸物の修繕が必要となったときは、賃貸人は、目的物の使用・収益に必要な修繕をする義務を負わない(606条1項ただし書)。 07/予

趣旨 　賃借人に帰責事由がある場合は、目的物を賃借人が費用を負担して修繕すべきであり、賃貸人の費用負担で修繕させるのは相当でない。

> **設例** では、賃借人Ｂの帰責事由によって住宅甲の修繕が必要になったわけではないので、賃貸人Ａは住宅甲の修繕義務を負う。

〈解説〉 **発展** 「入居後の大小修繕は賃借人がする」旨の住居用家屋についての契約条項は、単に賃貸人が修繕義務を負わないとの趣旨にすぎず、賃借人が家屋の使用中に生じる一切の汚損や破損を自己の費用で修繕し、家屋を賃借当初と同一状態で維持すべき義務を負うとの趣旨ではないとした判例がある（最判昭43.1.25）。同判例によれば、特約の定めにより、賃貸人が修繕義務を免れる余地がある。 G

② 賃貸人の保存行為と賃借人の拒否

賃貸人が賃貸物（目的物）の保存に必要な行為をするときは、**賃借人は、これを拒むことができない**（606条2項） 08 。この規定により、賃貸人は、賃貸物の修繕義務があるか否かを問わず、賃借人の意思に反していても、賃貸物の保存行為をすることができる。

> **趣旨** 賃貸人は目的物の所有者であることが通常で、所有者が目的物の保存行為をする権利を有していることの裏返しとして、賃借人に受忍義務を課した。

③ 賃借人の意思に反する保存行為

賃貸人が**賃借人の意思に反して保存行為をしようとする場合**において、そのために賃借人が賃借をした目的を達することができなくなるときは、**賃借人は、契約の解除をすることができる**（607条）。 09

> **趣旨** 賃貸人による保存行為を拒絶することができない点への対抗手段として、賃借人に契約解除権を認めた。

> **設例** では、賃借人Ｂは、賃貸人Ａによる住宅甲の修繕を拒むことができない。もっとも、住宅甲の修繕がＢの意思に反しており、修繕により賃借した目的を達することができない場合、Ｂは、ＡＢ間の賃貸借契約を解除することができる。

④ 賃借人による修繕

賃借物（目的物）の修繕が必要である場合において、次の①又は②のいずれかに該当する場合、**賃借人は、賃借物の修繕をすることができる**（607条の2）。

趣旨 賃貸人が目的物を使用・収益に適した状態にしない場合に、賃借人自身によってそのような状態にすることを認める。

【賃借人自身による修繕（607条の2）】
① 賃借人が賃貸人に修繕が必要である旨を通知し、又は賃貸人がその旨を知ったにもかかわらず、賃貸人が相当の期間内に必要な修繕をしないとき [10/予]
② 急迫の事情があるとき

設例 では、賃貸人Aが住宅甲の修繕が必要と知った（Aは雨漏りの事実を認識している）にもかかわらず、相当期間内に必要な修繕をしない場合、又は急迫の事情がある場合、Bは住宅甲の修繕をすることができる。

3 > 費用償還請求

意義 費用償還請求とは、賃借人が目的物に関して支出した費用（必要費及び有益費）の償還を、賃貸人に対して請求する権利である。

以下のように、賃借人が支出した費用が必要費であるか有益費であるかによって、償還時期及び償還額が異なる。

① 必要費償還請求（必要費を支出した場合）

設例 Bは、Aから同人所有の住宅甲を賃借したが、台風により住宅甲の屋根が損傷したことで、一部の部屋から雨漏りがするようになった。615条本文に従い、BがAに修繕が必要である旨を通知したが、Aが相当期間内に必要な修繕をしないので、Bが雨漏りの修繕をした。Aは、Bが支出した雨漏りの修繕費用を、Bに対して償還する義務を負うか。

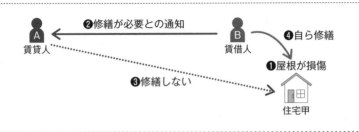

賃借人は、賃借物について**賃貸人の負担に属する必要費を支出した**ときは、賃貸

人に対し、**直ちにその償還を請求**することができる（**必要費償還請求**）(608条1項)。
11

趣旨 賃貸人が負担して行うべき目的物の修繕(606条1項本文)を、賃貸人の代わりに費用を負担して行った賃借人には、その費用を直ちに（必要費の支出後すぐに）償還すべきである。

〈語句〉●必要費とは、通常の使用・収益に適する状態に目的物を維持・保存するために支出された費用である。例えば、損傷した屋根、玄関、トイレ、風呂などの修繕費が該当する。

〈解説〉 必要費償還請求は、「賃借人が賃借物について賃貸人の負担に属する必要費を支出した場合、賃借人は、直ちに、その償還を請求することができる」(608条1項)という規定から導かれる。したがって、賃貸人から見ると**必要費償還義務**となる。

> **設例**では、雨漏りは賃借人Bの帰責事由によらず、賃貸人Aが費用を負担して修繕義務を負うものである。したがって、Bは、Aに対して、直ちに自ら支出した雨漏りの修繕費用の償還を請求することができる（Aは、Bに対して、直ちにBが支出した雨漏りの修繕費用を償還する義務を負う）。11

② 有益費償還請求（有益費を支出した場合）

賃借人が賃借物について**有益費を支出**したときは、賃貸人は、**賃貸借の終了の時**に、**賃借物の価格の増加が現存**する場合に限り、賃貸人の選択に従い、**支出額又は増価額を償還**しなければならない（**有益費償還義務**）(608条2項本文、196条2項)。
12

趣旨 有益費は賃貸人が負担すべきものではないが、目的物の価値が増加している場合は、当事者間の公平を図るため、支出額又は増加額のうち賃貸人が自ら選択したものを賃借人に償還させることを認めた。

〈語句〉●有益費とは、**目的物の改良**のために支出した費用である。例えば、和式トイレを洋式トイレに変更する費用、床暖房を設置する費用、玄関先に外灯を設置する費用が挙げられる。

〈解説〉 有益費償還義務は、賃借人から見ると**有益費償還請求権**となる。

③ 賃借人による留置権の行使

原則 必要費又は有益費を支出した賃借人は、賃貸借の終了の後は、それらの**償還を受けるまで、留置権**(295条1項)を行使することによって、目的物の返還を拒むことができる。

例外 裁判所は、賃貸人の請求により、**有益費の償還について相当の期限を許与**することができる(608条2項ただし書)。相当の期限が許与されると有益費の弁済期が先延ばしになる(未到来になる)ので、賃借人は留置権を行使することができなくなる。

④ 費用償還請求権の行使期間

設例 住宅甲の賃借人Bの賃貸人Aに対する必要費償還請求権が発生してから2年後、AB間の賃貸借契約が期間満了により終了し、Bは、Aに住宅甲を返還したが、未だ必要費の償還をAから受けていない。Bは、いつまでに必要費償還請求権を行使しなければならないか。

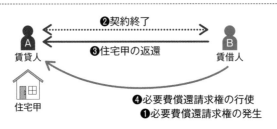

賃借人の費用償還請求権(必要費償還請求権、有益費償還請求権)の行使については、**賃貸人が賃貸物(目的物)の返還を受けた時から1年以内**に請求しなければならない(622条、600条1項)。

趣旨 費用償還請求権に関する法律関係を早期に確定させる。

設例では、賃借人Bは、賃貸人Aが住宅甲の返還を受けた時から1年以内に、必要費償還請求権を行使しなければならない。

5 賃貸借契約の効力②──賃借人の義務

賃借人の義務としては、契約期間中の賃料支払義務と、契約終了時の目的物返還義務が中心的なものとなる。

1 賃料支払義務

意義 **賃料支払義務**とは、賃借人が目的物の使用・収益の対価である**賃料を賃貸人に支払う義務**を負うことである(601条)。

① 賃料の支払時期

賃料の支払時期は、目的物が**動産、建物、宅地である場合は毎月末**に、目的物が**宅地以外の土地である場合は毎年末**に、それぞれ支払わなければならない(614条本文)。したがって、民法上は**後払い**を採用している。 13

〈解説〉 ① 賃料の支払時期について民法と異なる特約をすることが可能であり、賃貸実務上は前払い(ex.毎月の賃料を前月末までに支払う)とすることが一般的である。

　　　　② 発展 賃料の支払時期は、収穫の季節があるものについては、その季節の後に遅滞なく支払わなければならない(614条ただし書)。この規定も**後払い**を採用している。 H

② 賃借物の一部滅失等による賃料の減額等 発展

設例　Bは、Aから同人所有の住宅甲を賃借したが、台風により住宅甲の屋根が損傷したことで、雨漏りがしている一部の部屋を使用することができない状態になった。

❶建物賃貸借
A 賃貸人　　B 賃借人　❷屋根が損傷
❸一部使用不能　住宅甲

(ア) 賃料の減額

賃借物(目的物)の一部が滅失その他の事由により使用・収益をすることができなくなった場合で、それが賃借人の責めに帰することができない事由によるときは、その使用・収益をすることができなくなった部分の割合に応じて、**賃料が減額される**(611条1項)。賃借物の一部滅失等の場合は、賃借人の請求によって減額されるのではなく、**当然に減額される**ことになる。 1/予

趣旨　当事者間の公平の観点から、賃借人に帰責事由がない場合、使用収益不能の割合に応じた賃料減額を認めた。

(イ) 契約の解除

賃借物の一部が滅失その他の事由により使用・収益をすることができなくなった場合で、**残存する部分のみでは賃借人が賃借をした目的を達することができないとき**は、賃借人が**契約の解除**をすることができる(611条2項)。

趣旨　契約の全部解除をすることができる状況(542条1項3号参照)に相当するの

で、賃借人に契約解除権を認めた。

設問では、住宅甲の使用・収益ができなくなった部分の割合に応じて、賃借人Bが支払うべき賃料が減額される。また、雨漏りがない部分のみではBが賃借をした目的を達することができなければ、Bは賃貸借契約を解除することができる。

③ 耕作・牧畜を目的とする賃貸借

(ア) 賃料の減額請求

耕作・牧畜を目的とする土地の賃借人は、不可抗力によって賃料より少ない収益を得たときは、その収益の額に至るまで、賃料の減額を請求することができる(609条)。

趣旨 不可抗力によって収益が減少した賃借人を保護する規定である。

(イ) 契約の解除

不可抗力によって引き続き2年以上賃料より少ない収益を得たときは、契約の解除をすることができる(610条)。

趣旨 不可抗力によって収益が減少した賃借人を保護する規定である。

2 善管注意義務

意義 善管注意義務(保管義務)とは、賃借人が、賃借物(目的物)を賃貸人に返還するまで、契約その他の債権の発生原因及び取引上の社会通念に照らして定まる善良な管理者の注意をもって、その物を保存しなければならない義務のことである(400条)。

賃借人が負っている契約終了後の目的物返還義務が特定物の引渡債務に当たることから、賃借人には善管注意義務が発生する。

3 用法遵守義務

意義 用法遵守義務とは、賃借人が、契約又はその賃借物(目的物)の性質によって定まった用法(使い方)に従い、賃借物の使用・収益をしなければならない義務のことである(616条、594条1項)。

例えば、建物の賃貸借契約の締結時に「ペットを飼ってはいけない」「事業目的で使用・収益をしてはならない」といった用法に関する特約をした場合、その用法に従って建物を使用・収益しなければならない。

〈解説〉 善管注意義務違反又は用法遵守義務の違反によって生じた賃貸人の損害賠償請求権は、賃貸人が賃貸物(目的物)の返還を受けた時から1年を経過

するまで、時効は完成しない(622条、600条2項)。

4 通知義務

　賃借物(目的物)が**修繕を要し**、又は賃借物について**権利を主張する者**があるときは、賃貸人が既に知っているときを除いて、賃借人は、**遅滞なくその旨を賃貸人に通知しなければならない**(615条)。 [14]

趣旨 目的物から生じる賃貸人の損害を未然に防ぐため、目的物に関する情報を賃貸人より知り得る立場にある賃借人に通知義務を課した。

5 契約終了時の目的物返還義務

　賃貸借が終了したときは、目的物を賃貸人に**返還する**義務を負う(601条)。

6 契約終了時の付属物収去義務 /発展

原則 賃借人は、賃借物(目的物)を受け取った後にこれに付属させた物(付属物)がある場合において、賃貸借が終了したときは、その**付属物を収去する**義務を負う(622条、599条1項本文)。 [J/予]

例外 その付属物が賃借物から**分離することができない物**又は**分離するのに過分の費用を要する物**である場合、賃借人は、その付属物を収去する義務を負わない(622条、599条1項ただし書)。 [J/予]

〈解説〉 賃借人は、賃借物を受け取った後にこれに付属させた物を収去することができる(622条、599条2項)。したがって、賃借人は、付属物について収去義務を負うと共に、収去権を有する。

7 契約終了時の原状回復義務

設例 AB間の住宅甲の賃貸借契約が終了したが、賃貸人Aは、賃借人Bに対して、住宅甲に生じていた経年変化を契約締結時の状態に復するよう求めた。Bは、Aの求めに応じなければならないか。原状回復義務に関する特約はないものとする。

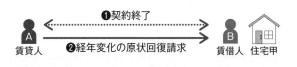

原則　賃借人は、賃借物(目的物)を受け取った後にこれに生じた損傷がある場合において、賃貸借が終了したときは、その損傷を原状に復する義務を負う(原状回復義務)(621条本文)。15/予

例外❶　通常の使用・収益によって生じた賃借物の損耗(賃借物の通常損耗)及び賃借物の経年変化は「損傷」に含まれないので、原状回復義務を負わない(621条本文括弧書)。したがって、賃借物の通常損耗や経年変化は、賃貸人の負担で原状回復すべきものとなる。15/予

例外❷　賃借物の損傷が賃借人の責めに帰することができない事由によるものであるときは、原状回復義務を負わない(621条ただし書)。したがって、賃借人に帰責事由のない損傷は、賃貸人の負担で原状回復すべきものとなる。

趣旨　賃借人が原状回復義務を負わない範囲を明確化して、原状回復義務の名の下に賃借人が不当に重い負担を課されることを未然に防止する。

設例において、住宅甲の経年変化は「損傷」に当たらないので、原状回復義務の対象外であり、BがAの求めに応じる義務はない。

問題点　/発展 通常損耗についての原状回復義務を建物の賃借人に負わせる旨の特約(通常損耗補修特約)が有効となるのは、どのような場合か。

結論　① 少なくとも、賃借人が補修費用を負担することになる通常損耗の範囲が賃貸借契約書の条項自体に具体的に明記されているか、仮に賃貸借契約書では明らかでない場合には、賃貸人が口頭により説明し、賃借人がその旨を明確に認識し、それを合意の内容としたものと認められるなど、**通常損耗補修特約が明確に合意されていることが必要である**(最判平17.12.16)。Ｋ

② このような明確な合意がない場合、通常損耗の補修費用は賃貸人の負担であるから(621条本文括弧書)、賃貸人は敷金(詳細は本章 **7** 節 **3** 項「敷金」で扱う)を返還する際に当該費用を控除することはできない。Ｋ

理由　賃貸物件の損耗の発生は、賃貸借という契約の本質上当然に予定されており、建物の賃借人にその賃貸借において生ずる通常損耗についての原状回復義務を負わせるのは、賃借人に予期しない特別の負担を課すことになる。

重要事項 一問一答

01 賃貸借において賃借人は何を約束するか?

ある物の使用・収益に対してその賃料を支払うこと、及び引渡しを受けた物を契約が終了したときに返還すること(601条)

02 賃貸借はどのような性質を有する契約か（3つ）？

諾成契約、双務契約、有償契約

03 賃貸借と使用貸借の対価に関する違いは何か？

賃貸借は対価(賃料)の支払が必要であるのに対し、使用貸借は対価の支払が不要である。

04 民法上の不動産賃借権の対抗要件は何か？

登記(605条)

05 借地権と借家権の対抗要件は何か？

借地権は土地の上にある建物について借地権者名義の登記があること(借地借家法10条1項)、借家権は建物の引渡し(借地借家法31条)

06 民法上の賃貸借の存続期間は？

最長50年であり(604条1項)、最短期間の定めはない。

07 建物又は動産の短期賃貸借において定めることができる期間は？

建物は3年以内、動産は6か月以内(602条)

08 賃貸人の帰責事由で目的物の修繕が必要になっても、賃貸人は修繕義務を負うか？

負わない(606条1項ただし書)。

09 賃借人は、賃貸人による目的物の修繕を拒絶することができるか？

できない(606条2項)。

10 賃借人は、急迫の事情がある場合、自ら目的物の修繕をすることができるか？

できる(607条の2第2号)。

11 賃借人による必要費償還請求は、いつ行うことができるか？

必要費の支出後直ちに償還を請求することができる(608条1項)。

12 賃借人による有益費償還請求は、いつ行うことができるか？

賃貸借の終了時に償還を請求することができる(608条2項本文)。

13 建物の賃料の支払時期は？

毎月末(614条本文)

14 目的物の使用・収益をすることができなくなった部分の割合に応じて、賃料が当然に減額される場合は？

目的物の一部が滅失その他の事由により使用・収益をすることができなくなった場合で、それが賃借人の責めに帰することができない事由によるとき(611条1項)

15 賃借人の用法遵守義務とは？

契約又はその目的物の性質によって定まった用法に従い、目的物の使用・収益をしなければならない義務(616条、594条1項)

16 賃借人が通知義務（615条）を負わない場合とは？

　目的物が修繕を要し、又は賃借物について権利を主張する者があることを、賃借人が既に知っているとき

17 目的物の損傷が賃借人の責めに帰することができない事由によるものである場合、賃借人は原状回復義務を負うか。

　負わない（621条ただし書）。

過去問チェック（争いのあるときは、判例の見解による）

01 賃貸借は、当事者の一方がある物の使用及び収益に対する賃料を支払うことを約して、相手方からその物を受け取ることによって、その効力を生ずる。

×（国般2006）「相手方からその物を受け取ることによって、その効力を生ずる」が誤り。

02 賃貸借契約は、有償・双務・要物契約であるとともに、継続的契約の一つの典型である。

×（区2010改題）「要物」が誤り。

03 不動産の賃借人は、賃貸人に対し、特約がなくても、賃借権の登記をするように請求することができる。

×（裁2017）「請求することができる」が誤り。

04 土地の賃借人は、当該土地上に自己名義の登記のされた建物を所有している場合には、当該土地の譲受人に対し、当該土地の賃借権を対抗することができる。

○（裁2021）

05 賃貸借の存続期間については、特段の定めがなく、当事者の自由にゆだねられている。

×（区2003）全体が誤り。

06 賃貸人は、賃借人に賃貸物の使用及び収益をさせる義務を負うとともに、それに必要な修繕をする義務を負う。

○（裁2017）

07/予 賃貸人は、賃借人の責めに帰すべき事由によって賃借物の修繕が必要となったときでも、賃貸物の使用及び収益に必要な修繕をする義務を負う。

× （予想問題）「賃貸物の使用及び収益に必要な修繕をする義務を負う」が誤り。

08 賃貸人が賃貸物の保存に必要な行為をしようとする場合において、そのために賃借人が賃借をした目的を達することができなくなるときは、賃借人は、これを拒むこと又は賃料の減額を請求することができる。

× （区2020）「これを拒むこと又は賃料の減額を請求することができる」が誤り。

09 賃貸人が賃貸物の保存に必要な行為をしようとするときは、賃借人はこれを拒むことができず、賃貸人が賃借人の意思に反して保存行為をしようとする場合において、そのために賃借人が賃借をした目的を達することができなくなるときであっても、賃借人は契約の解除をすることができない。

× （区2016）「契約の解除をすることができない」が誤り。

10/予 賃借物の修繕が必要である場合において、賃借人が賃貸人に修繕が必要である旨を通知し、又は賃貸人がその旨を知ったにもかかわらず、賃貸人が相当の期間内に必要な修繕をしないとしても、賃借人は、その修繕をすることができない。

× （予想問題）「その修繕をすることができない」が誤り。

11 賃借人は、賃貸目的物である建物の雨漏りを修繕するための費用を支出したときは、賃貸人に対し、直ちにその償還を請求することができる。

○ （裁2021）

12 賃借人は、賃借物について有益費を支出したときは、賃貸人に対し、直ちにその償還を請求することができる。

× （国般2020）「直ちにその償還を請求することができる」が誤り。

13 賃料の支払は、特約又は慣習がない場合には、前払いとされている。

× （税・労・財2017改題）「前払い」が誤り。

14 賃借人は、賃借物が修繕を要するときは、遅滞なくその旨を賃貸人に通知しなければならないが、賃貸人が既にこれを知っているときは、この限りでない。

○ （区2016改題）

15/予 賃借人は、賃借物を受け取った後にこれに生じた損傷がある場合において、賃貸借が終了したときは、その損傷を原状に復する義務を負うが、ここでの「損傷」

には、通常の使用及び収益によって生じた賃借物の損耗並びに賃借物の経年変化が含まれる。

× (予想問題)「含まれる」が誤り。

A 土地の賃借人は、当該土地上に同居する家族名義で保存登記をした建物を所有している場合であっても、その後当該土地の所有権を取得した第三者に対し、借地借家法第10条第1項により当該土地の賃借権を対抗することはできない。

○ (税・労・財2021)

B 土地の賃貸借では、賃借人が土地上に自己名義で登記した建物を所有していれば、その賃借権を土地の譲受人に対抗できるが、土地の使用貸借では、借主が土地上に自己名義で登記した建物を所有していても、使用貸借に基づく土地利用権を土地の譲受人に対抗できない。

○ (裁2007)

C 処分について行為能力の制限を受けた者であっても、賃貸人として5年以内の建物賃貸借契約を締結することができる。

× (国般2013)「5年以内の建物賃貸借契約を締結することができる」が誤り。

D AはBに対して甲建物を賃貸して引き渡したが、甲建物の所有権はCが有していた。この場合、甲建物を使用収益させているのはAではなくCだから、AはBに対して賃料の支払を請求することができない。

× (裁2015)「甲建物を使用収益させているのはAではなくCだから、AはBに対して賃料の支払を請求することができない」が誤り。

E AはBに対して甲建物を賃貸したが、甲建物の所有権はCが有していた。CがBに対して甲建物の明渡しを請求した場合、Bは以後Aに対する賃料支払を拒むことができる。

○ (裁2015)

F/予 賃貸借として賃借人に引き渡された物が、種類、品質又は数量に関して契約の内容に適合しないものであったとしても、上記の不適合が賃貸人の責めに帰すべき事由によるものでなければ、賃借人は修補、代替物の引渡し、又は不足分の引渡しによる履行の追完を請求することができない。

× (予想問題)「上記の不適合が賃貸人の責めに帰すべき事由によるものでなければ、賃借人は修補、

代替物の引渡し、又は不足分の引渡しによる履行の追完を請求することができない」が誤り。

第5章
債権各論

[G] 賃貸人は、賃貸物の使用及び収益に必要な修繕をする義務を負い、特約によって修繕義務を免れることは一切できない。
× (区2016改題)「特約によって修繕義務を免れることは一切できない」が誤り。

[H] 賃料の支払は、収穫の季節があるものについては、後払いとされている。
○ (税・労・財2017改題)

[I/予] 賃借物の一部が賃借人の責めに帰することができない事由によって滅失したときは、賃料は、賃借人の請求を待ってはじめて、その使用及び収益をすることができなくなった部分の割合に応じて、減額される。
× (予想問題)「賃借人の請求を待ってはじめて」が誤り。

[J/予] 賃借人は、賃借物を受け取った後にこれに付属させた物がある場合において、賃貸借が終了したときは、その付属させた物を収去する義務を負う。このことは、その付属させた物が、賃借物から分離することができない物又は分離するのに過分の費用を要する物であっても、同様である。
× (予想問題)「同様である」が誤り。

[K] 建物の賃貸借契約の終了時において、賃借人は建物の原状回復義務を負っているので、社会通念上通常の使用をした場合に生じる建物の劣化又は価値の減少に係る補修費用について賃借人が負担することが明確に合意されていなかったとしても、賃貸人は、当該補修費用を差し引いて敷金を返還することができる。
× (国般2011)「当該補修費用を差し引いて敷金を返還することができる」が誤り。

7 契約各論(2)— 賃貸借②

前節に続いて賃貸借を扱います。賃借人が賃借権の譲渡・転貸をしたときの関係や、賃貸人が第三者に目的物を売却したときの関係、敷金に関する諸問題が中心となります。

1 賃借権の譲渡・賃借物の転貸

1 概説

賃借権の存続期間中に、賃借人が賃借物(目的物)を第三者に利用させる手段として、**賃借権の譲渡**と**賃借物の転貸**がある。

【賃借権の譲渡・賃借物の転貸】

賃借権の譲渡	・賃借人が賃借権自体を第三者に譲渡すること ・第三者が新賃借人となり、旧賃借人は賃貸借関係から離脱する
賃借物の転貸 (転貸)	・賃貸人と賃借人との間の賃貸借関係はそのままに、賃借人が賃借物(目的物)を第三者に賃貸して転貸借関係を生じさせること ・単に「転貸」と呼ばれることが多い(本書も「転貸」と表記している) ・転貸借関係においては、賃借人が転貸人、第三者が転借人となる

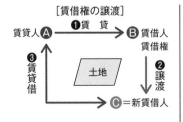

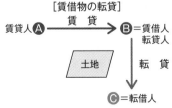

賃借人は、**賃貸人の承諾**を得なければ、その**賃借権を譲り渡し**、又は**賃借物を転貸**することができない(612条1項)。そして、賃借人が、賃貸人の承諾を得ることなく賃借権の譲渡又は転貸を行い(無断譲渡・無断転貸)、第三者に賃借物(目的物)の使用又は収益をさせたときは、**賃貸人は、契約の解除**をすることができる(612条2項、詳細は後述の 3 「無断譲渡・無断転貸」で扱う)。

〈解説〉 賃貸借契約を解除した場合、その解除は、将来に向かってのみその効力が生じる(将来効)(620条)。

発展　なお、賃借人である小規模で閉鎖的な有限会社において、持分の譲渡及び役員の交代により実質的な経営者が交代しても、有限会社としての活動の実体がなくその法人格が全く形骸化しているような場合はともかく、そのような事情が認められない場合には、民法612条にいう賃借権の譲渡に当たらないとした判例がある(最判平8.10.14)。 A

2 借地上の建物の譲渡・賃貸が借地権の譲渡・転貸に当たるか 🖊発展

借地権の譲渡・転貸に当たるかが問題となる賃借人の行為として、借地上の建物の譲渡・賃貸がある。

【借地上の建物の譲渡・賃貸】

❶借地上の建物の譲渡	土地賃借人(借地権者)が、借り受けた土地(借地)の上に建築した自己所有の建物を他人に譲渡すること
❷借地上の建物の賃貸	土地賃借人(借地権者)が、借り受けた土地(借地)の上に建築した自己所有の建物を他人に賃貸すること

問題点❶　借地上の建物の譲渡は、借地権の譲渡(建物所有目的の土地の賃借権の譲渡)に当たるか。

結論　特別の事情のない限り、**借地権の譲渡に当たる**(最判昭47.3.9)。したがって、土地賃貸人(借地権設定者)の承諾を得ることが必要である。

理由　建物の所有権は、その敷地の利用権を伴わなければ、その効力を全うすることができないものであるから、賃借地上にある建物の所有権が譲渡された場合には、特別の事情のないかぎり、それと同時にその敷地の賃借権も譲渡されたものと推定するのが相当である。また、建物の譲渡はその従たる権利である借地権の譲渡を当然に伴う(87条2項類推)。

問題点❷　借地上の建物の賃貸は、土地の転貸に当たるか。

結論　**土地の転貸には当たらない**(大判昭8.12.11)。したがって、土地賃貸人の承諾を得る必要はない。 B

理由　土地賃借人は、建物を第三者に賃貸しても、未だ建物の所有権が土地賃借人に帰属している以上、土地賃借人が自ら借り受けた土地を自ら使用・収益しているといえる。

3 無断譲渡・無断転貸

① 無断譲渡・無断転貸を理由とする契約の解除

> **設例** Bは、Aから同人所有の住宅甲を賃借したが、Aの承諾を得ることなく、BC間において住宅甲をCに転貸する旨の契約を締結し、Cは住宅甲に入居した。Aは、AB間の賃貸借契約を解除することができるか。

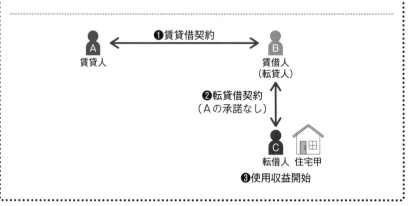

```
         ❶賃貸借契約
  A  ◄─────────────────►  B
賃貸人                    賃借人
                         （転貸人）

                         ❷転貸借契約
                         （Aの承諾なし）

                         C  住宅甲
                        転借人
                      ❸使用収益開始
```

意義 無断譲渡とは、賃借人が、**賃貸人の承諾を得ることなく、その賃借権を譲り渡す**ことである。

　　　無断転貸とは、賃借人が、**賃貸人の承諾を得ることなく、賃借物を転貸**することである。

　賃借人は、賃貸人の承諾を得なければ、その賃借権を譲り渡し、又は賃借物を転貸することができないので(612条1項)、無断譲渡・無断転貸は612条1項に違反する行為である。 **01**

趣旨 賃貸借は賃貸人と賃借人との個人的信頼を基礎とする継続的法律関係である(最判昭28.9.25)。このことから、当事者の信頼関係が契約継続の前提となるので、賃貸人が個人的信頼を置けない者(承諾することができない者)に対する賃借権の譲渡・転貸を許さないものとした。

〈解説〉 無断譲渡・無断転貸に関する契約自体は当事者間では有効である(大判昭2.4.25)。**設例**では、Aの承諾はないが、BC間の転貸借契約は有効である。 **01**

　そして、**賃借人が無断譲渡・無断転貸を行って第三者に賃借物（目的物）の使用又は収益をさせたときは、賃貸人は、無断譲渡・無断転貸を理由に契約の解除をすることができる**(612条2項)。 **02**

| 趣旨 | 賃借人による無断譲渡・無断転貸は、賃貸借関係を継続するに堪えない賃貸人に対する背信的行為に当たる(最判昭28.9.25)。これは個人的信頼を破壊する(当事者の信頼関係を失わせる)ものである。 |

〈解説〉　①　無断譲渡・無断転貸を理由とする契約の解除は、第三者が**賃借物の使用・収益を開始した時点以降**に行うことができる。第三者と契約を締結するにとどまる段階では、未だ契約の解除をすることができない(大判昭13.4.16)。 02

　　　　②　/発展 無断転貸を理由とする契約の解除をするに当たり、第三者(転借人)に対して退去等の**催告をする必要はない**。 C

② 信頼関係破壊の理論 (契約解除権の制限)

| 意義 | 信頼関係破壊の理論(信頼関係破壊法理)とは、賃借人が賃貸人の承諾なく第三者に賃借物(目的物)の使用・収益をさせた場合においても、**賃借人の当該行為が賃貸人に対する背信的行為と認めるに足らない特段の事情がある**ときは、無断譲渡・無断転貸を理由とする**契約解除権が発生しない**とする理論である(最判昭28.9.25)。 03 |

| 理由 | 無断譲渡・無断転貸を理由とする契約解除権は、それが賃貸人に対する背信的行為に当たることを趣旨とするので、無断譲渡・無断転貸が賃貸人に対する背信的行為に当たらない場合には、**賃借人の利益にも考慮して**、例外的に無断譲渡・無断転貸を理由とする契約解除権が発生しないものとした。 |

(ア) 信頼関係破壊の有無の判断基準

　信頼関係破壊の有無は、賃貸人側・賃借人側双方の諸事情を総合的に考慮して判断する。

→使用形態が譲渡・転貸前と異ならないと特段の事情がある→解除できない

【信頼関係の破壊の有無が問題となった判例】

| ①　土地の賃借人の内縁の妻が、賃借人の死後、その相続人から地上建物と共に借地権の譲渡を受け、従前と同一の営業を継続している場合に、特段の事由があり背信行為とならないとして、解除が否定された(最判昭39.6.30)。 |

| ②　賃借人が、借地上の建物の建て替えに当たり賃貸人から得た承諾とは異なる持分割合で新築建物を他の者らの共有とすることを容認して借地を無断転貸しても、新築建物の共有者は、賃借人の妻及び子であって、建て替えの前後を通じて借地上の建物において賃貸人と同居しており、当該転貸により借地の利用状況に変化は生じていない等の事情の下においては、賃貸人に対する背信行為と認めるに足りない特段の事情があるとして、解除が否定された(最判平21.11.27)。 |

〈解説〉　/発展 賃借物(目的物)の一部の無断譲渡・無断転貸にも信頼関係破壊の

理論の適用がある(最判昭33.1.14)。 D

(イ) 特段の事情がある場合の法律関係

　賃貸人に対する背信的行為と認めるに足りない特段の事情がある場合、契約を解除することができず、承諾のある譲渡・転貸と同様の関係となる。

> **設例**では、BがCに住宅甲を使用・収益させる行為がAに対する背信的行為と認めるに足らない特段の事情がある場合、Aは、無断転貸を理由にAB間の賃貸借契約を解除することができない。

③ 賃貸人と譲受人・転借人との法律関係

　無断譲渡の譲受人や無断転貸の転借人は、賃貸人に対して賃借権の譲渡・転貸を主張することができないので、賃貸人との関係では目的物の不法占有者となる。この点から、**賃貸人は、賃貸借契約を解除しなくても、譲受人・転借人に対して、所有権に基づき目的物の明渡しを請求することができる**(最判昭26.5.31)。 04

理由　　612条2項は、無断譲渡・無断転貸を理由に賃貸人が賃貸借契約を解除することを認めたものにすぎないのであって、賃貸人が賃貸借契約を解除するまでは賃貸人の承諾を得ずしてなされた賃借権の譲渡又は転貸を有効とする旨を規定したものでない。

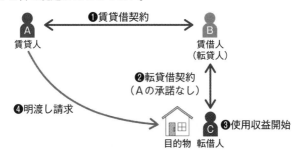

【賃貸人と転借人との法律関係】

4 賃貸人の承諾のある賃借権の譲渡

　賃貸人の承諾のある賃借権の譲渡があった場合、**譲渡人(旧賃借人)は賃貸借関係から離脱し、譲受人が新賃借人となる**。したがって、賃貸人と譲渡人との間の賃貸借関係が消滅すると共に、賃貸人と譲受人との間の賃貸借関係が新たに成立する。

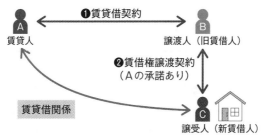

【賃貸人の承諾のある賃借権の譲渡】

5 ▷ 賃貸人の承諾のある転貸

> **設例**　Bは、Aから同人所有の住宅甲を毎月5万円の賃料で賃借したが、Aの承諾を得て、BC間において住宅甲を毎月7万円の賃料でCに転貸する旨の契約を締結した。

賃貸人の承諾のある転貸があった場合を、民法では「**賃借人が適法に賃借物を転貸したとき**」(613条1項前段)と表現している。この場合、賃貸人と賃借人との間の賃貸借関係は変わらず存続すると共に、賃借人(転貸人)と転借人との間に転貸借関係が新たに成立する。

そこで、賃貸人の承諾のある転貸に関しては、新たに生じる賃貸人と転借人との関係が問題となる。

〈**解説**〉　613条2項は、賃貸人の承諾のある転貸があった場合でも、「賃貸人が賃借人に対してその権利を行使することを妨げない」と規定して、賃貸借関係が継続していることを示している。

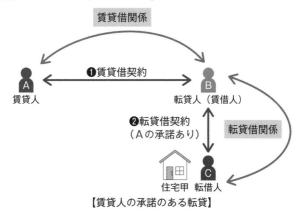

【賃貸人の承諾のある転貸】

では、AB間の賃貸借関係は存続し、BC間に転貸借関係が新たに成立する。

① 賃貸人の転借人に対する義務

転借人は賃貸人に対して自己の転借権を主張することができる。しかし、**賃貸人は転借人に対して直接に義務を負わない**。したがって、転借人は、賃貸人に対して、直接、目的物の使用・収益をさせることの請求や、目的物の修繕請求や費用償還請求をすることはできず、これらの請求は転貸人(賃借人)に対して行うことになる。 05

理由 賃貸人・転借人間には契約が存在せず、613条1項(詳細は次の②「転借人の賃貸人に対する義務」で扱う)のような規定も存在しない。

設例 では、AがCに対して直接に義務を負わないので、CはBに対して修繕請求や費用償還請求を行うことになる。

② 転借人の賃貸人に対する義務

賃借人が適法に賃借物(目的物)を転貸したときは、**転借人は、賃貸人と賃借人との間の賃貸借に基づく賃借人の債務の範囲を限度として、賃貸人に対して転貸借に基づく債務を直接履行する義務を負う**(613条1項前段)。 06/予

趣旨 賃貸人・転借人間に契約は存在しないが、賃貸人の賃借人に対する権利を確保する必要性から、民法が特に転借人に対して義務を負わせた。

(ア) 賃料支払い義務

転借人は賃貸人に対して直接賃料を支払う義務を負う。 発展 転借人が負担する賃料の額は、転借人が賃借人(転貸人)に対して負担する転貸料の額と賃借人が賃貸人に対して負担する賃料の額のうち**小さい方を限度とする**(613条1項前段)。 E

(イ) 賃料の前払い

転借人は、賃借人(転貸人)に対する**賃料の前払**をもって、賃貸人に**対抗することができない**(613条1項後段)。 07

賃料の前払とは、転貸借契約における賃料をその契約に定めた弁済期より前に支払うことをいう(大判昭7.10.8)。

設例 では、CがAに対して直接賃料を支払う義務を負う(AはCに対して直接賃料の支払を請求することができる)。ただし、Cが負担する(Aが請求することができる)賃料の額は、小さい方の額である「毎月5万円」を限度とする。

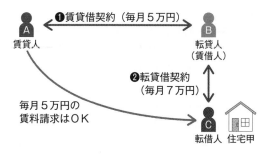

【転借人の賃貸人に対する義務】

③ 賃貸人・賃借人間の賃貸借契約が解除された場合

> **設例** Bは、Aから同人所有の住宅甲を賃借した後、Aの承諾を得て、C に対して住宅甲を転貸した。その後、AB間の賃貸借契約が解除された。
>
>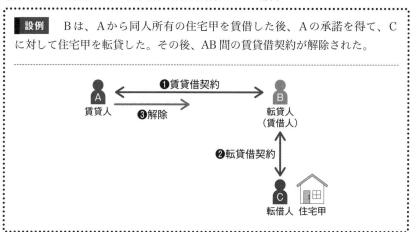

　賃貸人・賃借人間の賃貸借契約が解除された場合、転借人の地位がどのような影響を受けるのかは、**債務不履行による解除**であるか、**合意解除（合意による解除）**であるかによって異なる。

（ア）債務不履行による解除

問題点❶ 賃貸人は賃料延滞を理由とする賃貸借契約の解除前に、転借人に対して通知等をする必要があるか。

結論 解除前に賃借人に対して催告すれば足り、特段の事情のない限り、**転借人に通知等をして延滞賃料を代わりに支払う機会を与える必要はない**（最判昭37.3.29、最判平6.7.18）。[08]

理由 賃貸人は、転借人に対して賃料の支払を請求することができるが、賃借人が賃料不払の場合に転借人に対して賃料を請求する義務を負っているわ

けではない。

問題点❷ 賃貸借契約が賃借人の債務不履行を理由とする解除により終了した場合、賃貸人の承諾のある転貸借契約はいつ終了するか。

結論 賃貸人が転借人に対して直接目的物の返還を請求した時に終了する(最判平9.2.25)。 09

理由 賃貸人が転借人に直接目的物の返還を請求するに至った以上、転貸人が賃貸人との間で再び賃貸借契約を締結するなどして、転借人が賃貸人に転借権を対抗することができる状態を回復することは期待し得ないので、賃貸人が転借人に目的物の返還を請求した時に、転貸人の転借人に対する債務(目的物を使用・収益させる義務)が履行不能になる。 09

〈解説〉 発展 賃貸人の承諾のある転貸借契約がある場合で、賃貸借契約が転貸人の債務不履行を理由とする解除により終了した後、賃貸人が転借人に対して直接目的物の返還を請求したときは、転借人は賃貸人に対し、目的物の返還義務を負う(最判平9.2.25)。 F

> **設例** では、AB間の賃貸借契約がBの債務不履行により解除された場合、AがCに対して住宅甲の返還を請求した時に、BC間の転貸借がBのCに対する債務の履行不能により終了する。

(イ) 合意解除

原則 賃貸人は、賃借人との間の賃貸借契約を**合意解除したことをもって、転借人に対抗することができない**(613条3項本文)。この場合は、賃貸人が転借人に対して目的物の返還を請求することができない。 10/予

趣旨 転貸を承諾したのに後から覆そうとするのは矛盾した挙動であり、信義誠実の原則(1条2項)に照らして許されない。

例外 合意解除の当時、**賃貸人が賃借人の債務不履行による解除権を有していた**ときは、合意解除をもって転借人に対抗することができる(613条3項ただし書)10/予。この場合は、合意解除の後、賃貸人が転借人に目的物の返還を請求することができ、その時点で転貸借契約が履行不能により終了する。

趣旨 債務不履行による解除の場合と同視することができる。

〈解説〉 ① 合意解除を転借人に対抗することができない場合の法律関係について、民法の条文や判例は明確にしていない。学説の中には、賃貸人・賃借人間の合意解除は有効であるが、これを転借人に対抗することができない結果、賃貸人(転貸人)・転借人間の転貸借契約が有効なものとして維持されるとの見解がある。

② 📘発展 土地の賃貸人と賃借人との間において賃貸借契約を合意解除
しても、土地の賃貸人は、特別の事情がない限り、その効果を地上建
物(土地の上に建っている建物)の賃借人に対抗することができない(最
判昭38.2.21)。その結果、地上建物の賃借人は、原則として自らの賃借
権を土地の賃貸人に対抗することができる。 G

> 設例 では、AB間の賃貸借契約が合意解除された場合、AがBの債務不履行
> による解除権を有していた場合を除き、合意解除をCに対抗することができ
> ない。

2 賃借人と第三者との関係

　賃借人と第三者の関係は、主として賃貸人が目的物を第三者に譲渡した場合や、
第三者が目的物の使用・収益を妨害する場合に問題となる。

〈解説〉　民法上は、不動産賃借権に関する賃借人と第三者との関係を規定するに
とどまるので、本書では不動産賃借権を前提として説明している。

1 賃貸人が目的物を譲渡した場合

① 不動産の賃借人が不動産賃借権の対抗要件を備えている場合

> 設例　Bは、A所有の甲土地を資材置場とする目的でAから賃借し、甲土
> 地について賃借権の登記を備えていた。その後、Aが甲土地をCに売り渡し
> た(譲渡した)。この場合、甲土地の賃貸人たる地位はCに移転するか。

　不動産賃借権の対抗要件は、原則として**賃借権の登記**(605条)である。ただし、
借地権の場合は**借地上にある借地権者**(土地賃借人)**名義の建物の登記**(借地借家法10

条1項)、借家権の場合は目的物である**建物の引渡し**(借地借家法31条)も対抗要件として認められる(本章**6**節**2**項「不動産賃借権の物権化」参照)。

　賃借人がこれらの対抗要件を備えている状況で、賃貸人が目的物である不動産を第三者に譲渡した場合は、以下のようになる。

(ア) 不動産の賃貸人たる地位の移転 (原則)

　不動産賃借権の対抗要件を備えた場合において、その不動産が譲渡されたときは、**その不動産の賃貸人たる地位は、その譲受人に移転する**(不動産の賃貸人たる地位の移転)(605条の2第1項)。これにより、不動産の譲渡人(旧賃貸人)が賃貸借関係から離脱する。 11/予

> **趣旨**　不動産の賃借人が対抗要件を備えており、その不動産の譲受人に不動産賃借権を対抗することができる旨の反射的効果として、その不動産の譲渡により、**当然に賃貸人たる地位が譲受人に移転する**ものとした。

　そして、不動産の賃貸人たる地位の移転は、賃貸物(目的物)である不動産について**所有権移転登記をしなければ、賃借人に対抗することができない**(605条の2第3項)。この規定により、新賃貸人である譲受人は、不動産の所有権移転登記を備えなければ、賃借人に賃料を請求することができない。 11/予

> **趣旨**　賃借人が賃料を支払うべき相手方を明確にするため。

〈解説〉　賃貸人たる地位が譲受人に移転した場合、**費用償還義務**(608条)及び**敷金返還義務**(622条の2第1項)は譲受人が承継する(605条の2第4項)。 12/予

> **設例**では、Bが甲土地について賃借権の対抗要件を備えており、賃貸人の地位がAからCへと当然に移転する。ただし、Cは、甲土地の所有権移転登記を備えなければ、Bに賃貸人たる地位の移転を対抗することができない。

(イ) 不動産の賃貸人たる地位が移転しない場合 (例外)

　不動産賃借権の対抗要件を備えた場合において、不動産の譲渡人及び譲受人が、**賃貸人たる地位を譲渡人に留保する旨及びその不動産を譲受人が譲渡人に賃貸する旨の合意をしたときは、賃貸人たる地位が譲受人に移転しない**(不動産の賃貸人たる地位の留保)(605条の2第2項前段)。 13/予

> **趣旨**　賃借人から見たときの不動産の賃貸人たる地位を譲渡人に留めることにより、その不動産の管理を引き続き譲渡人に委ねることを可能にした。

〈解説〉　不動産の賃貸人たる地位の留保があった場合、「譲受人Cが賃貸人、譲渡人Aが転貸人(賃借人)、賃借人Bが転借人」という一種の転貸借関係が生じる。

設例 では、AC間において、賃貸人たる地位をAに留保する旨と、甲土地をCがAに賃貸する旨の合意をすることで、甲土地の賃貸人たる地位がCに移転せず、Bの賃貸人はAのままとなる。

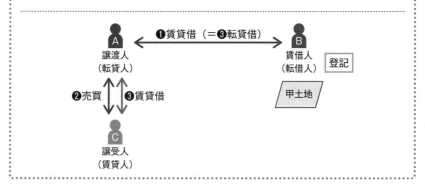

その後、**譲渡人と譲受人又はその承継人との間の賃貸借が終了したときは、譲渡人に留保されていた賃貸人たる地位が譲受人又はその承継人に移転する**(605条の2第2項後段)。

趣旨 賃借人(転借人)が譲受人又はその承継人(賃貸人)からの所有権に基づく不動産の明渡し請求に応じなくてよいことにするため、**賃借人から見たときの賃貸人たる地位が当然に譲受人又はその承継人に移転する**ものとした。

② 不動産の賃借人が不動産賃借権の対抗要件を備えていない場合

設例 Bは、A所有の甲土地を資材置場とする目的でAから賃借したが、甲土地について賃借権の登記を備えていなかった。その後、Aが甲土地をCに売り渡した(譲渡した)。この場合、甲土地の賃貸人たる地位はCに移転するか。

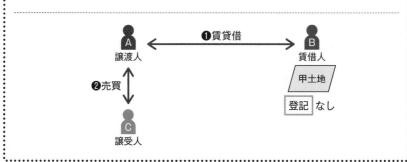

不動産の譲渡人が賃貸人であるときは、その賃貸人たる地位は、**賃借人の承諾を要しないで、譲渡人と譲受人との合意により、譲受人に移転させることができる**（合意による不動産の賃貸人たる地位の移転）(605条の3前段)。14/予

趣旨　賃貸人の目的物を使用・収益させる義務は、その目的物の所有者であれば通常行うことができるので、賃貸人という契約上の地位の移転に際して相手方(賃借人)の承諾を不要とした。

〈**解説**〉　契約の当事者の一方が第三者との間で契約上の地位を譲渡する旨の合意をした場合は、その契約の相手方がその譲渡を承諾したときに、契約上の地位がその第三者に移転する(539条の2)。合意による不動産の賃貸人たる地位の移転は、539条の2の**例外**と位置付けられている。

合意による不動産の賃貸人たる地位の移転の場合も、賃貸物(目的物)である不動産について**所有権移転登記をしなければ**、賃借人に対抗することができない(605条の3後段、605条の2第3項)。

設例 では、AC間の合意があれば、甲土地の賃貸人たる地位はAからCへと移転する。ただし、Cは、甲土地の所有権移転登記を備えなければ、Bに賃貸人たる地位の移転を対抗することができない。

---

2 第三者が目的物である不動産の使用・収益を妨害する場合

① 賃借人が不動産賃借権の対抗要件を備えている場合

設例　Bは、A所有の甲土地を資材置場とする目的でAから賃借し、甲土地について賃借権の登記を備えている。その後、Cが資材を甲土地に放置するなどして、Bによる甲土地の占有を妨害している。

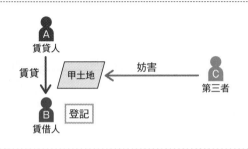

不動産の賃借人は、不動産賃借権の対抗要件を備えた場合において、①その不動

の占有を第三者が妨害しているときは、その第三者に対する**妨害の停止の請求**をすることができ、②その不動産を第三者が占有しているときは、その第三者に対する**返還の請求**をすることができる(605条の4)。 15

趣旨 対抗要件を備えた不動産賃借権は物権に類似する(本章 6 節 2 項「不動産賃借権の物権化」参照)ことから、不動産賃借権に基づいた妨害停止請求や返還請求を認めてもよい。

設例 では、Bは、甲土地の不動産賃借権に基づいて、Cに対して妨害の停止を請求することができる。

② 賃借人が不動産賃借権の対抗要件を備えていない場合 /発展

　不動産賃借権の対抗要件を備えていない場合、賃借人は、不動産賃借権に基づいた妨害停止請求や返還請求をすることはできない H 。しかし、以下のいずれかの方法によって、第三者による妨害を取り除くことができる。

債権者代位権	賃借人は、賃貸人に対する使用・収益請求権を被保全債権として、賃貸人の第三者に対する所有権に基づく**妨害排除請求権を代位行使**(423条)することができる(大判昭4.12.16)
占有訴権	賃借人は、目的物の占有者として、その占有が妨害されたときは**占有保持の訴え**(198条)を、その占有を奪われたときは**占有回収の訴え**(200条)を、それぞれ提起することができる

3 敷金

1 概説

意義 敷金とは、いかなる名目によるかを問わず、**賃料債務その他の賃貸借に基づいて生じる賃借人の賃貸人に対する金銭の給付を目的とする債務を担保する目的**で、賃借人が賃貸人に交付する金銭をいう(622条の2第1項柱書括弧書)。 16/予

趣旨 特に建物の賃貸借で、未払賃料などの賃貸人の債権担保を目的として敷金が広く利用されており、敷金をめぐるトラブルが多いことから、2020年施行の民法改正により敷金に関する明文規定を設けるに至った。

　敷金は、賃貸借契約に含まれるものではなく(敷金契約を伴わない賃貸契約もある)、賃貸借契約に付随する別個独立の敷金契約に基づいて、賃借人から賃貸人に交付される金銭である。 16/予

そして、多くの場合において、賃貸借契約の終了後、賃貸人は、目的物の返還を受けた後、賃借人が負担すべき金銭債務の弁済に敷金を充当し、残額を賃借人に返還することになる。

〈解説〉 発展 建物の賃借人から賃貸人に対し敷金が差し入れられている場合においても、特段の事情のない限り、賃借人が賃料を延滞したときは、これを理由に賃貸人は賃貸借契約を解除することができる(最判昭45.9.18)。 I

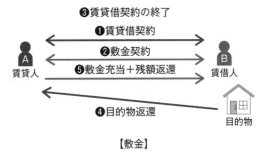

【敷金】

2 敷金が担保する債務

敷金が担保するのは、「**賃貸借に基づいて生じる賃借人の賃貸人に対する金銭の給付を目的とする債務**」(622条の2第1項柱書括弧書)である。端的にいえば、**賃借人が負担すべき金銭債務**のことを指し、その代表例が条文にも掲げられている**賃料債務**である。

その他、賃借人の帰責事由によって修繕が必要になった場合の修繕費や、賃貸借終了後から明渡までの間の賃料相当額(賃料相当損害金)についても、敷金によって担保される。 17

3 敷金の充当

設例 Bは、Aから同人所有の住宅甲を月5万円の賃料で賃借し、敷金として20万円をAに交付した。その後、賃料を2か月分滞納したBは、Aに対して、敷金を滞納分の賃料に充当するように請求することができるか。

賃借人が自ら負担すべき金銭債務を履行しない場合、**賃貸人は、敷金をその金銭債務の弁済に充てることができる**（622条の2第2項前段）⌈18⌋。敷金の充当の時期に関する制限はないので、賃貸人は、賃貸借の終了後に限らず、賃貸借の契約期間中でも、敷金を未払賃料などに充当することができる。

理由 敷金は賃貸人の債権担保の目的を有するので、担保権の実行として、担保権者に相当する賃貸人からの敷金の充当は許容される。

これに対して、**賃借人は、賃貸人に対し、敷金をその債務の弁済に充てることを請求することができない**（622条の2第2項後段）。⌈18⌋⌈19⌋

理由 敷金の充当は担保権の実行といえるので、担保権者に相当しない賃借人からの敷金の充当は許容することができない。

【敷金の充当】

時期	当然に充当されるのか
契約期間中	×
①賃貸借が終了し、かつ、賃貸物の返還を受けたとき ②賃借人が適法に賃借権を譲り渡したとき	○

設例 では、Bは、Aに対して、敷金を滞納分の賃料（10万円）の支払に充当するよう請求することはできない。なお、Aは、敷金を滞納分の賃料の支払に充当することができる。

敷金充当可

A
賃貸人

×
敷金充当請求不可

B
賃借人

4 敷金の返還の時期（敷金返還請求権の発生時期）

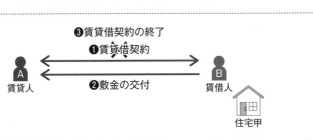
賃貸人は、①賃貸借の終了後、賃貸物（目的物）の返還を受けたとき、又は、②賃借人が適法に賃借権を譲り渡したときは、賃借人に対して敷金を返還しなければならない（622条の2第1項）。したがって、**賃借人の賃貸人に対する敷金返還請求権は、①又は②のときから発生する。**

① 賃貸借の終了後、賃貸物の返還を受けたとき

賃借人による**賃貸物（目的物）の明渡しが先履行**（賃貸人による敷金の返還は後履行）であり、**賃貸物の返還と敷金の返還とは同時履行の関係に立たない**ことを意味する（最判昭49.9.2参照）。20/予

理由 敷金は賃貸借終了後から目的物の明渡しまでに生じる賃借人の金銭債務もあわせて担保するもので、目的物の明渡しを受けて初めて返還すべき敷金の有無やその額が確定する。

〈解説〉 発展 賃貸借終了後であっても目的物の明渡し前においては、敷金返還請求権は、その発生及び金額の不確定な権利であって、転付命令の対象とならず、転付命令を得たとしても無効である（最判昭48.2.2）。 J

設例 では、Bは、Aに住宅甲を返還したときから、Aに対して敷金の返還を請求することができる。

② 賃借人が適法に賃借権を譲り渡したとき

賃貸人の承諾を得て賃借権が旧賃借人から新賃借人へと譲渡された場合、旧賃借

人の敷金返還請求権が発生することを意味する。

理由 賃借権が適法に譲渡された場合、旧賃借人の敷金返還請求権が新賃借人には承継されないので（詳細は後述の 7 ▷②「賃借人が交代した場合」で扱う）、譲渡の時点で旧賃借人の敷金返還請求権が発生するものとした。

5 ▷ 敷金の返還の範囲

設例 Bは、Aから同人所有の住宅甲を月5万円の賃料で賃借し、敷金として20万円をAに交付した。その後、AB間の賃貸借契約が終了し、BはAに対して住宅甲を返還した。Bには、2か月分の未払賃料及び賃貸借契約終了後から明渡しまでの1か月分の賃料相当損害金があった。AがBに対して返還すべき敷金の額はいくらか。

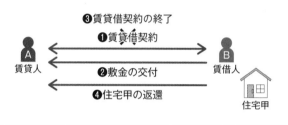

❸賃貸借契約の終了
❶賃貸借契約
A 賃貸人
❷敷金の交付
❹住宅甲の返還
B 賃借人
住宅甲

　賃貸人が返還すべき敷金の範囲は、賃貸人が受け取った敷金の額から、賃貸借に基づき生じた賃借人の賃貸人に対する金銭の給付を目的とする債務の額を控除した残額である（622条の2第1項柱書）。端的にいえば、**賃貸人が受け取った敷金の額から賃借人が負担すべき金銭債務の額を差し引いた残額**である。

〈解説〉 目的物の返還時に残存する賃借人が負担すべき未払賃料などの金銭債務は、敷金が存在する限度において、敷金の充当により当然に消滅するが、これは敷金契約から発生する効果であって、相殺のように当事者の意思表示を必要とするものではない（最判平14.3.28）。 **21**

設例 では、Aは、20万円（Aが受け取った敷金の額）から15万円（2か月分の未払賃料と1か月分の賃料相当損害金の合計）を差し引いた5万円を、Bに対して返還しなければならない。

6 敷引特約 *発展*

意義　敷引特約とは、居住用家屋の賃貸借における敷金につき、**賃貸借終了時に、そのうちの一定金額又は一定割合の金員を返還しないとする特約**である(最判平10.9.3)。敷引特約において、返還をしない一定金額又は一定割合の金員のことを**敷引金**という。

問題点　災害により賃借している居住用家屋が滅失し、賃貸借が終了したときに敷引特約を適用することができるか。

結論　他に敷引金の不返還を相当とするに足りる**特段の事情がない限り、敷引特約を適用することはできず、賃貸人は賃借人に対し敷引金を返還すべき**である(最判平10.9.3)。 K

理由　一般に、賃貸借が火災、震災、風水害その他の災害により当事者が予期していない時期に終了した場合についてまで敷引金を返還しない、という合意が成立していたと解することはできない。

7 当事者の交代と敷金の承継

　不動産の賃貸借において敷金が交付された後、当事者が交代した場合における敷金の承継の有無は、次のようになる。

① 賃貸人が交代した場合

　賃貸物(目的物)が第三者に譲渡されると共に、第三者が賃貸人たる地位を承継したが、賃借人が不動産賃借権の対抗要件を備えていた場合である。この場合は、**第三者(新賃貸人)に敷金が承継されるので、賃借人は第三者に対して敷金返還請求権を行使する**ことになる(605条の2第4項) 22 。具体的には、旧賃貸人・賃借人間で債務の清算をした後、敷金残額が新賃貸人に承継される(最判昭44.7.17参照)。

理由　新賃貸人への敷金の承継を認めても、賃借人には不利にならない。

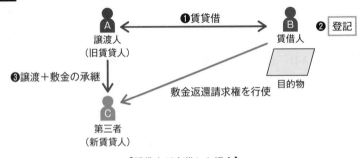

【賃貸人が交代した場合】

〈解説〉　 ☑発展 賃貸借終了後明渡し前に目的物の所有権が第三者に移転された場合、敷金に関する権利義務関係は、旧所有者と新所有者との合意のみによっては**新所有者に承継されない**(最判昭48.2.2)。　L

② 賃借人が交代した場合

　適法に(賃貸人の承諾を得て)賃借権が第三者に譲渡された場合である。この場合、**特段の事情がない限り、第三者**(新賃借人)**に敷金が承継されない**(最判昭53.12.22)ことから、**旧賃借人が賃貸人に対して敷金返還請求権を行使すること**になる(622条の２第１項２号)。 23/予

　理由　敷金は賃貸借契約に付随する性質を有しており、賃貸人と旧賃借人との賃貸借契約とは無関係の者に関する債務まで担保するものではない。

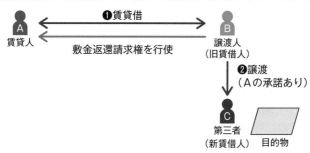

【賃借人が交代した場合】

〈解説〉　 ☑発展 判例は、敷金交付者が、賃貸人との間で敷金をもって新賃借人の債務不履行の担保とすることを約し、又は新賃借人に対して敷金返還請求権を譲渡するなど**特段の事情がない限り、敷金に関する敷金交付者の権利義務関係は新賃借人に承継されるものではない**としている(最判昭53.12.22) M 。この判例によれば、特段の事情があるときは、新賃借人に敷金が承継され、新賃借人が賃貸人に対して敷金返還請求権を行使することが認められる。

4 賃貸借の終了

　賃貸借が終了する事由として、①存続期間の満了、②解約申入れ後の所定期間の経過、③賃借物(目的物)の全部滅失等による履行不能、④賃借物(目的物)の一部滅失等を理由とする解除、⑤混同、⑥債務不履行や無断転貸・無断譲渡を理由とする解除を挙げることができる。

　また、賃貸借の解除をした場合、その解除は**将来に向かってのみ効力を生じる**

（将来効）(620条前段)ので、解除によって賃貸借が遡及的に消滅するわけではない。もっとも、賃貸借の解除は**損害賠償の請求を妨げない**(620条後段)。 24

〈解説〉　① 賃貸借の解除が将来効であることにより、賃貸借の期間中に、賃借人が目的物を不法に占有していたことにはならない 25 。

　　　　② /発展 賃貸借の解除が将来効であることから、賃貸人が受け取った賃料は不当利得（詳細は本章 12 節「不当利得」で扱う）にならない（返還することを要しない）。 N

　　　　② 借地権又は借家権の場合は、賃借人を保護する観点から、存続期間の満了時における賃貸人からの更新拒絶（契約の更新を拒むこと）及び賃貸人からの解約申入れについて**正当の事由を要求する**(借地借家法6条、28条)など、借地借家法が特別の規定を設けている。

1 存続期間の満了

　期間の定めのある賃貸借であるときは、存続期間の満了をもって賃貸借が終了する。例えば、存続期間を「〇年1月1日から〇年12月31日まで」と定めていたときは、「〇年12月31日」の満了をもって賃貸借が終了する。

　/発展 ただし、賃貸借は当事者間の合意によって更新することができる(**合意による更新**)。また、当事者間の合意がなくても、賃貸借の期間が満了した後、賃借人が賃借物（目的物）の使用・収益を継続する場合において、賃貸人がこれを知りながら**異議を述べないとき**は、従前の賃貸借と同一の条件で更に賃貸借をしたものと推定する(619条1項前段) O 。これを**賃貸借の更新の推定**または**黙示の更新**という。

〈解説〉　① /発展 賃貸借の更新の推定があった場合、期間の定めのある賃貸借から期間の定めのない賃貸借へと変更されるので、各当事者は、617条の規定に基づいて解約申入れをすることができる(619条1項後段)。 O

　　　　② /発展 更新料の支払が、賃料の支払と同様、更新後の賃貸借契約の重要な要素として組み込まれ、賃貸借契約の当事者の信頼関係を維持する基盤をなしている場合、更新料の不払は、その基盤を失わせる著しい背信行為として賃貸借契約それ自体の解除原因となり得る(最判昭59.4.20)。 P

　　　　③ /発展 賃貸借の更新において、従前の賃貸借について当事者が担保を供していたときは、**敷金を除いて**、その担保は期間の満了によって消滅する(619条2項)。 Q

2 解約申入れ後の所定期間の経過

　期間の定めのない賃貸借であるときは、各当事者は、**いつでも解約の申入れ**をす

ることができる(617条1項柱書前段)。そして、解約の申入れがあった場合において
は、**解約の申入れの日から所定期間**(土地の賃貸借は1年、建物の賃貸借は3か月、
動産及び貸席の賃貸借は1日)を経過することによって賃貸借が終了する(617条1項
柱書後段)。 26

〈解説〉 当事者が賃貸借の期間を定めた場合であっても、その一方又は双方が期
間内に解約をする権利を留保したときは、617条の規定を準用する(618条)。

3 賃借物の全部滅失等による履行不能

賃借物(目的物)の**全部が滅失**その他の事由により使用・収益をすることができな
くなった場合には、賃貸借は、これによって終了する(616条の2)。たとえ賃借人の
故意・過失又は帰責事由によって賃借物の全部滅失等による履行不能が生じても、
賃貸借は終了する。 27

4 賃借物の一部滅失等を理由とする解除

賃借物の一部が滅失その他の事由により使用・収益をすることができなくなった
場合において、**残存する部分のみでは賃借人が賃借をした目的を達することができ
ないとき**は、賃借人は、**契約の解除**をすることができる(611条2項)(本章 6 節 5 項
「賃借契約の効力②—賃借人の義務」参照)。この解除によって、賃貸借は、終了する。

5 混同 /発展

債権及び債務が同一人に帰属したときは、その債権は、消滅する(520条本文)。例
えば、賃借人が賃貸人から目的物の所有権を取得すると、賃借人の債権及び債務が
同一人に帰属することになる、この場合、混同によって賃借人の債権が消滅する結
果として、賃貸借が終了する。

問題点 転借人が賃貸人から目的物を購入したことにより、賃貸人の地位と転
借人の地位とが同一人に帰した場合、転貸借が消滅するか。

結論 当事者間(転貸人と転借人との間)に転貸借を消滅させる特別の合意が成
立しない限り、**転貸借は当然には消滅しない**(最判昭35.6.23)。 R

理由 賃貸借の当事者間(賃貸人と賃借人との間)及び転貸借の当事者間(転貸人
と転借人との間)には混同が生じていない。

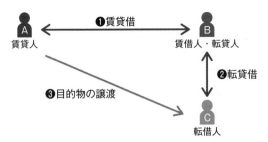

【目的物が転借人に譲渡された場合】

6 債務不履行や無断譲渡・無断転貸を理由とする解除 /発展

債務不履行を理由とする場合は、賃貸人から解除する場合も賃借人から解除する場合もあるのに対し、無断譲渡・無断転貸を理由とする場合は、それが賃借人の違反行為であることから、賃貸人から解除するものである。

問題点 無断譲渡・無断転貸を理由とする場合だけでなく、債務不履行を理由とする場合も、信頼関係破壊の理論が適用されるか。

結論 賃貸人から解除する場合には信頼関係破壊の理論が適用される。したがって、賃借人の債務不履行があっても、当事者間の信頼関係が解除を相当とする程度にまで破壊されるに至ったといえないときは、賃貸人からの解除が認められない(最判昭41.4.21、最判昭51.12.17)。

理由 賃貸借は賃貸人と賃借人との個人的信頼を基礎とする継続的法律関係であり、当事者間の信頼関係が契約継続の前提となるので、賃借人の保護の観点から、信頼関係が破壊されるに至っていないときは、賃貸人からの解除を認めるべきではない(解除されると賃借人は生活の拠点を失いかねない)。

賃借人の債務不履行としては、**賃料の延滞**のほか、**用法遵守義務への違反**(本章 6 節 5 項「賃貸借契約の効力②―賃借人の義務」参照)などもある。これに対して、賃貸人の債務不履行としては、賃借人に契約の内容に適合しない目的物を引き渡した場合(契約不適合責任)などがある(本章 4 節 4 項「売買契約の効力②―売主の契約不適合責任」参照)。

〈解説〉 ① 信頼関係が破壊されるに至ったときに賃貸人が解除をする場合、賃借人への催告は不要である(最判昭50.2.20)。

② **無催告解除特約**(ex.賃借人が賃料の支払を 1 か月分でも怠ったときは賃貸借契約が当然解除となる特約)は無効でないものの、賃貸借契約が当然に解除されたとみなすのを相当とする程度にまで当事者間の信頼関係が破壊されていないときは、無催告解除特約に基づく当然解除

が認められない(信頼関係破壊の理論の適用がある)(最判昭51.12.17)。 S

7 賃借人の死亡 ✎発展

使用貸借では借主の死亡が終了事由となる(597条3項)のに対し、**賃借人の死亡は賃貸借の終了事由ではなく、賃借権の相続が行われる。** T

〈解説〉 家屋賃借人の内縁の妻は、賃借人が死亡した場合には、相続人の賃借権を援用して賃貸人に対し当該家屋に居住する権利を主張することができるが、相続人とともに共同賃借人となるものではない(内縁の妻は賃料支払義務などを負わない)(最判昭42.2.21) U 。内縁については、第6章 3 節 2 項「内縁・婚約」で扱う。

重要事項 一問一答

01 賃借権の譲渡や転貸をするときは誰の承諾が必要か?

賃貸人(612条1項)

02 賃借権の無断譲渡や無断転貸があった場合、賃貸人は、どの時点から契約の解除をすることができるか?

賃借人が第三者に使用・収益をさせた時点から(612条2項)

03 信頼関係破壊の理論とは何か?

賃借人が賃貸人の承諾なく第三者に目的物の使用収益をさせても、それが賃貸人に対する背信的行為と認めるに足らない特段の事情がある場合、無断譲渡・無断転貸を理由とする契約解除権が発生しないとする理論(判例)

04 賃貸人の承諾を得て賃借権の譲渡が行われた場合、譲渡人は賃貸借関係から離脱するか?

譲渡人(旧賃借人)は賃貸借関係から離脱し、賃貸人と譲受人(新賃借人)との間の賃貸借関係が新たに成立する。

05 賃貸人の承諾を得て転貸が行われた場合、賃借人は賃貸借関係から離脱するか?

離脱しない。賃貸借関係に加えて、賃借人(転貸人)と転借人との間の転貸借関係が新たに成立する。

06 適法な転貸があった場合、転借人は賃貸人に対してどのような義務を負うか?

賃貸人と賃借人との間の賃貸借に基づく賃借人の債務の範囲を限度として、賃貸人に対して転貸借に基づく債務を直接履行する義務を負う(613条1項前段)。

07 適法な転貸があった場合、賃貸人が、賃料延滞を理由に賃貸借契約を解除する際、あらかじめ転借人への通知等は必要か?

不要である(判例)。

08 賃貸人が、賃借人との間の賃貸借契約を合意解除したことをもって、転借人に対抗することができるのは、どのような場合か？

合意解除の当時、賃貸人が賃借人の債務不履行による解除権を有していた場合(613条3項ただし書)

09 不動産賃借権の対抗要件を備えた場合において、その不動産が譲渡された場合、原則として、その不動産の賃貸人たる地位はどうなるか？

その不動産の譲受人に移転する(605条の2第1項)。

10 不動産の賃貸人たる地位の留保があった後、譲渡人と譲受人との間の賃貸借が終了した場合、その不動産の賃貸人たる地位はどうなるか？

譲受人に移転する(605条の2第2項後段)。

11 合意による不動産の賃貸人たる地位の移転の要件として、賃借人の同意は必要か？

不要である(605条の3前段)。

12 不動産賃借権の対抗要件を備えている賃借人は、目的物を占有する第三者に対して、その返還を請求することができるか？

できる(605条の4第2号)。

13 敷金とは何か？

いかなる名目によるかを問わず、賃料債務その他の賃貸借に基づいて生じる賃借人の賃貸人に対する金銭の給付を目的とする債務を担保する目的で、賃借人が賃貸人に交付する金銭をいう(622条の2第1項柱書括弧書)。

14 賃借人は、賃貸人に対して、敷金を自らの債務の弁済に充てることを請求することができるか？

できない(622条の2第2項後段)。

15 賃貸人が敷金を返還しなければならない場合は (2つ) ？

①賃貸借の終了後、賃貸物 (目的物) の返還を受けたとき、又は、②賃借人が適法に賃借権を譲り渡したとき(622条の2第1項)。

16 賃貸人が返還しなければならない敷金の範囲は？

賃貸人が受け取った敷金の額から、賃貸借に基づき生じた賃借人の賃貸人に対する金銭の給付を目的とする債務の額を控除した残額(622条の2第1項柱書)

17 適法な賃借権の譲渡があった場合、敷金は新賃借人 (譲受人) に承継されるか？

特段の事情がない限り、敷金は新賃借人に承継されない(判例)。

18 賃貸借の解除は遡及効を有するか？

将来効を有するにとどまる(620条)。

19 期間の定めのない建物の賃貸借の解約の申入れがあった場合、解約の申入れの日から何日の経過によって賃貸借が終了するか？

解約申入れの日から3か月の経過（617条1項2号）

20 賃借物の全部が滅失により使用・収益をすることができなくなった場合、賃貸借はどうなるか？

賃貸借は終了する（616条の2）。

21 賃借人の債務不履行を理由とする解除にも信頼関係破壊の理論が適用されるか？

適用される（判例）。

22 賃借人の死亡は賃貸借の終了事由か？

終了事由ではない。

過去問チェック（争いのあるときは、判例の見解による）

01 賃借人は、賃貸人の承諾を得なければ、目的物を転貸することができず、賃貸人の承諾を得ずに締結された転貸借契約は無効となる。

×（税・労・財2014）「無効となる」が誤り。

02 賃借人が、賃貸人の承諾を得ずに、賃借物を第三者に転貸した場合、賃借人がその第三者に賃借物を使用又は収益をさせる前であっても、賃貸人は、賃借人との間の賃貸借契約の解除をすることができる。

×（国般2015）「賃借人との間の賃貸借契約の解除をすることができる」が誤り。

03 最高裁判所の判例では、賃借人が賃貸人の承諾なく第三者をして賃借物の使用又は収益をなさしめた場合、賃借人の当該行為を賃貸人に対する背信的行為と認めるに足らない特段の事情があるときにおいても、賃貸人は契約の解除をすることができるとした。

×（区2010）「賃貸人は契約の解除をすることができるとした」が誤り。

04 Aの所有する土地がBに賃貸され、さらにCに転貸されて、実際にCがその土地を使用している。Aに無断で転貸借契約がされた場合には、Aは賃貸借契約を解除しなくても、Cに対して所有権に基づき土地の明渡しを請求することができる。

○（国般2007改題）

05 賃借人が適法に賃借物を転貸した場合、転借人は、賃貸人に対し、直接、賃貸目的物を使用収益させることを求めることができる。

×（裁2021）「直接、賃貸目的物を使用収益させることを求めることができる」が誤り。

06/予 賃借人が適法に賃借物を転貸したときは、転借人は、賃貸人と賃借人との間の賃貸借に基づく賃借人の債務の範囲を限度として、賃貸人に対して転貸借に基づく債務を直接履行する義務を負う。

○（予想問題）

07 Aは、自己の所有する甲建物をBに賃貸し、Bは、Aの承諾を得て、甲建物をCに転貸した。Cは、Bに対して賃料を前払いしていれば、Aの賃料請求を拒むことができる。

×（裁2017改題）「Aの賃料請求を拒むことができる」が誤り。

08 土地の賃貸借契約において、適法な転貸借関係が存在する場合、賃貸人が賃料の不払を理由として賃貸借契約を解除するには、特段の事情のない限り、転借人に通知等をして賃料の代払の機会を与えることが信義則上必要である。

×（税・労・財2021）「転借人に通知等をして賃料の代払の機会を与えることが信義則上必要である」が誤り。

09 Bは、Aから賃借している甲土地を、Aの承諾を得てCに転貸した。その後、AB間の賃貸借がBの債務不履行を理由とする解除により終了した場合は、BC間の転貸借も、AB間の賃貸借契約の解除と同時に、BのCに対する債務の履行不能により終了する。

×（裁2005）「AB間の賃貸借契約の解除と同時に」が誤り。

10/予 Aは、自己の所有する甲建物をBに賃貸し、Bは、Aの承諾を得て、甲建物をCに転貸した。Aは、AB間の賃貸借契約を合意解約した場合、解除の当時、AがBの債務不履行による解除権を有してないときでも、Cに対し、甲建物の返還を求めることができる。

×（予想問題）「甲建物の返還を求めることができる」が誤り。

11/予 賃借権の対抗要件を備えた土地が譲渡された場合、旧所有者と賃借人との間に存在した賃貸借関係は、原則として、新所有者である譲受人と賃借人との間に移転し、旧所有者はその関係から離脱するから、その所有権の移転について未登記の譲受人は、賃貸人たる地位の取得を賃借人に対抗することができる。

×（予想問題）「賃貸人たる地位の取得を賃借人に対抗することができる」が誤り。

12/予 賃借権の対抗要件を備えた建物の賃借人が有益費を支出した後、建物の所有

権譲渡により賃貸人が交代したときは、新賃貸人は、当該有益費の償還義務を承継する。

○（予想問題）

[13/予] 不動産賃借権の対抗要件を備えた場合において、不動産の譲渡人及び譲受人が、賃貸人たる地位を譲渡人に留保する旨の合意をすれば、その不動産を譲受人が譲渡人に賃貸する旨の合意をしなくても、賃貸人たる地位が譲受人に移転しない。

×（予想問題）「賃貸人たる地位が譲受人に移転しない」が誤り。

[14/予] 賃貸人Aが、Bに対して賃貸しているA所有の土地をCに譲渡し、さらに、AB間の賃貸借契約におけるAの地位をCに移転する旨合意した。この場合、賃貸人の地位は、Bの承諾がなければ、AからCに移転しない。

×（予想問題）「Bの承諾がなければ、AからCに移転しない」が誤り。

[15] 民法、借地借家法その他の法令の規定による賃貸借の対抗要件を備えた不動産の賃借人は、当該不動産の占有を第三者が妨害しているときは、当該第三者に対して妨害の停止の請求をすることができる。

○（税・労・財2021）

[16/予] 家屋の賃貸借における敷金契約は、賃借権に基づいて生じる賃貸人が賃借人に対して取得することのある債権を担保するために締結されるものであって、賃貸借契約に付随するものである。

○（予想問題）

[17] 建物の賃貸借契約終了後に賃借人がなお建物の占有を継続する場合、賃貸人が、賃貸借契約締結の際に賃借人から差し入れられた敷金を、賃貸借契約終了後から明渡しまでの賃料相当損害金の支払に充当することは、賃貸借契約が終了している以上許されない。

×（裁2010）「賃貸借契約が終了している以上許されない」が誤り。

[18] 賃貸人は、賃借人が賃貸借に基づいて生じた金銭の給付を目的とする債務を履行しないときは、敷金をその債務の弁済に充てることができる。また、賃借人も、賃貸人に対し、敷金をその債務の弁済に充てることを請求することができる。

×（税・労・財2021）「敷金をその債務の弁済に充てることを請求することができる」が誤り。

第5章 債権各論

[19] 建物の賃貸借契約において、賃貸人が未払賃料の支払を求めた場合、賃借人は、既に差し入れている敷金をもって充当することを主張してその支払を免れることができる。

×（裁2021）「既に差し入れている敷金をもって充当することを主張してその支払を免れることができる」が誤り。

[20/予] 賃貸借の終了に伴う賃借人の家屋明渡債務と賃貸人の敷金返還債務とは、一個の双務契約によって生じた対価的債務の関係にあり、特別の約定のない限り、同時履行の関係に立つ。

×（予想問題）「一個の双務契約によって生じた対価的債務の関係にあり、特別の約定のない限り、同時履行の関係に立つ」が誤り。

[21] 賃貸借契約終了時に賃借人に賃料不払の債務がある場合、不払の賃料額分が当然に敷金から控除されるのではなく、当事者による相殺の意思表示が必要である。

×（裁2011）「不払の賃料額分が当然に敷金から控除されるのではなく、当事者による相殺の意思表示が必要である」が誤り。

[22] BがAから甲建物を賃借し、Aに敷金を差し入れて居住していたところ、賃貸借契約期間中にAがCに対して甲建物を譲渡した。この場合、Cは、AのBに対する敷金返還債務を承継しないから、Bが約定の賃料債務を遅滞なく支払っていたとしても、Bは、Cに対して敷金の返還を請求することができない。

×（裁2005）「Cは、AのBに対する敷金返還債務を承継しないから、Bが約定の賃料債務を遅滞なく支払っていたとしても、Bは、Cに対して敷金の返還を請求することができない」が誤り。

[23/予] 賃貸人は、敷金を受け取っている場合において、賃借人が適法に賃借権を譲り渡したときは、賃借人に対し、その受け取った敷金の額から賃貸借に基づいて生じた賃借人の賃貸人に対する金銭の給付を目的とする債務の額を控除した残額を返還しなければならない。

○（予想問題）

[24] 賃貸借契約の解除をした場合には、その解除は契約締結時に遡ってその効力を生ずるが、解除以前に生じた損害賠償請求権は消滅しない。

×（国般2018）「その解除は契約締結時に遡ってその効力を生ずるが」が誤り。

25 AB間の建物の賃貸借契約が解除された場合、賃借人として当該建物に居住していたBは、従前の賃貸借契約の期間中、賃貸目的物を不法に占有していたことになる。

×（裁2021）「賃貸目的物を不法に占有していたことになる」が誤り。

26 当事者が建物の賃貸借の期間を定めなかったときは、賃借人の側からは、いつでも解約の申入れをすることができるため、賃借人から解約の申入れがあった場合、賃貸借契約は直ちに終了する。

×（区2010）「賃貸借契約は直ちに終了する」が誤り。

27 賃貸借の目的物となっている不動産が賃借人の過失によって全部滅失して使用及び収益をすることができなくなった場合には、賃貸借契約が終了しないので、賃貸人は、賃借人に対し、従来どおりの賃料を請求することができる。

×（裁2002改題）「賃貸借契約が終了しないので、賃貸人は、賃借人に対し、従来どおりの賃料を請求することができる」が誤り。

A 最高裁判所の判例では、小規模で閉鎖的な有限会社において、持分の譲渡及び役員の交代により実質的な経営者が交代した場合、賃貸人の承諾を得ていない賃借権の譲渡に当たるとした。

×（区2016改題）「賃貸人の承諾を得ていない賃借権の譲渡に当たるとした」が誤り。

B Aから土地を賃借しているBが、同土地上に建物を建て、同建物をAの承諾を得ることなく第三者Cに賃貸した場合、Aは、Bとの間の賃貸借契約を解除することができる。

×（裁2012）「Bとの間の賃貸借契約を解除することができる」が誤り。

C A所有の家屋をAから賃借中のBがAの承諾を得ずにCに転貸していた場合でも、Aは、Cに対してその家屋から退去するように催告した後でなければ、AB間の賃貸借契約を解除することができない。

×（裁2004改題）「Aは、Cに対してその家屋から退去するように催告した後でなければ、AB間の賃貸借契約を解除することができない」が誤り。

D 賃貸人は、賃借人が賃貸人の承諾なく第三者に賃借物の一部を使用又は収益させた場合であっても、契約を解除することが一切できない。

×（区2003）「契約を解除することが一切できない」が誤り。

E Aは、自己の所有する甲建物をBに賃貸し、Bは、Aの承諾を得て、甲建物をCに転貸した。Cは、Aに対し、賃料の支払義務を負うが、Bの賃借料とCの転借料のうち、いずれか低い方の金額を支払えば足りる。

○（裁2017改題）

F 貸主Aが借主Bとの間で建物の賃貸借契約を締結し、更にBがAの同意を得てCとの間で当該建物の転貸借契約を締結した場合において、AB間の賃貸借契約がBの債務不履行を原因として解除により終了したときであっても、AはCに当該建物の返還を請求することはできない。

×（国般2018）「AはCに当該建物の返還を請求することはできない」が誤り。

G Aは自己が所有する土地をBに賃貸し、Bはその土地上に建物を建て、それをCに賃貸し、Cはその建物の引渡しを受け居住している。AB間の賃貸借契約が合意解除された場合、Cは建物の賃借権をもってAに対抗することができない。

×（裁2018）「Cは建物の賃借権をもってAに対抗することができない」が誤り。

H 不動産の賃借人は、不動産の不法占拠者に対し、賃借権の対抗要件を具備していなくても、賃借権に基づき、不動産の明渡しを請求することができる。

×（裁2017）「賃借権に基づき、不動産の明渡しを請求することができる」が誤り。

I 賃借人から賃貸人に対し、十分な敷金が差し入れられている場合、賃料不払があっても、敷金がこれに充当されるから、賃貸人は、賃料不払を理由として賃貸借契約の解除をすることはできない。

×（裁2011）「賃貸人は、賃料不払を理由として賃貸借契約の解除をすることはできない」が誤り。

J AがBに対してA所有の甲建物を賃貸し、BがAに対して敷金を交付した。AB間の賃貸借契約が終了した後であっても、BがAに甲建物を明け渡していない段階では、Bの債権者FがBのAに対する敷金返還請求権を差し押さえてその転付命令を得たとしても、その転付命令は無効である。

○（裁2008改題）

K 居住用建物の賃貸借における敷金について、賃貸借契約の終了時にそのうちの一定金額を返還しない旨の特約が合意された場合には、災害により当該建物が滅失し賃貸借契約が終了したときであっても、特段の事情がない限り、賃借人は賃貸人に対し当該一定金額の返還を請求することはできない。

×（国般2011）「賃借人は賃貸人に対し当該一定金額の返還を請求することはできない」が誤り。

L　最高裁判所の判例では、家屋賃貸借契約の終了後、明渡し前にその所有権が他に移転された場合には、敷金に関する権利義務の関係は、新所有者と旧所有者の合意のみによって、新所有者に承継されるとした。

×（区2010）「新所有者に承継されるとした」が誤り。

M　最高裁判所の判例では、土地賃借権が賃貸人の承諾を得て旧賃借人から新賃借人に移転された場合であっても、敷金に関する敷金交付者の権利義務関係は、敷金交付者において賃貸人との間で敷金をもって新賃借人の債務の担保とすることを約し、又は新賃借人に対して敷金返還請求権を譲渡する等、特段の事情のない限り、新賃借人に承継されないとした。

○（区2020）

N　A所有の家屋をAから賃借中のBがAの承諾を得ずにCに転貸していた場合、CがB名義でAに対して賃料を支払っていたにもかかわらず、Aが、AB間の契約を解除したときは、Aは、CがB名義で支払っていた賃料をCに返還しなければならない。

×（裁2004改題）「Aは、CがB名義で支払っていた賃料をCに返還しなければならない」が誤り。

O　賃貸借契約において、黙示の更新があった場合、従前の賃貸借契約と同一の条件で更に賃貸借をしたものと推定されるから、更新後の賃貸借契約における賃料額やその支払時期は、従前の契約に定められた内容と同一となり、契約期間についても同様である。

×（裁2010）「契約期間についても同様である」が誤り。

P　更新料の支払が、更新後の賃貸借契約の重要な要素として組み込まれ、その賃貸借契約の当事者の信頼関係を維持する基盤をなしていたとしても、その不払は、賃料の不払とは異なり契約の中核部分ではないから、賃貸借契約の解除原因とはならない。

×（税2000）「その不払は、賃料の不払とは異なり契約の中核部分ではないから、賃貸借契約の解除原因とはならない」が誤り。

Q　建物の賃貸借契約において、黙示の更新があった場合、更新前に差し入れられた敷金は、更新までに賃借人が賃貸人に対して負担する債務を担保するものであ

るから、更新後は、賃借人はあらためて、賃貸人に対して敷金を交付する必要がある。

× (裁2010)「更新後は、賃借人はあらためて、賃貸人に対して敷金を交付する必要がある」が誤り。

R 賃貸人が賃借人に土地を賃貸し、同賃借人 (転貸人) が転借人に同土地を転貸した後に転借人が賃貸人から同土地を購入した場合、賃貸借及び転貸借は混同により消滅する。

× (裁2020)「賃貸借及び転貸借は混同により消滅する」が誤り。

S 甲が乙に対して建物を賃貸した。甲と乙は、賃貸借契約の際甲からの要望により、乙の賃料の不払いがある場合には甲は催告なく賃貸借契約を解除できるとの特約をした。しかし、そのような特約は、賃借人の保護の観点から許されず、無効である。

× (裁2009改題)「賃借人の保護の観点から許されず、無効である」が誤り。

T 賃貸借は、賃借人が死亡しても終了せず、賃借権は財産権として相続の対象となる。

○ (裁2007改題)

U BがAから甲建物を賃借し、内縁の妻であるCと共に居住していた。その後Bが死亡した場合、Cは、Bの唯一の相続人であるDの相続承継した甲建物の賃借権を援用してAに対して甲建物に居住する権利を主張することができるが、Aに対して甲建物の賃料支払義務を負わない。

○ (裁2005)

8 契約各論(3)
―その他① 贈与・消費貸借・使用貸借

本節では、その他①として、贈与・消費貸借・使用貸借を扱います。贈与、消費貸借については、 /発展 としています。

1 贈与 /発展

1 総説

意義 贈与契約(贈与)とは、当事者の一方(贈与者)がある財産を無償で相手方(受贈者)に与える意思を表示し、相手方が受諾をすることによって、その効力が生じる契約である(549条)。 A

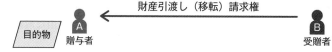

【贈与契約】

　贈与は、贈与者と受贈者が約束することのみで成立する**諾成契約**であり(書面は不要である)、贈与者だけが「受贈者に財産を与える」という債務を負担する**片務契約**であり、受贈者が金銭的な負担をしない**無償契約**である(諾成・片務・無償契約)。 A

〈**語句**〉●贈与者とは、贈与において、財産を無償で与える者のことをいう。

　　　　●受贈者とは、財産を無償で受け取る者のことをいう。

〈**解説**〉　贈与の目的物である「財産」は、物(不動産・動産)の所有権に限定されず、**債権**を目的物とする贈与も可能であり、これにより贈与者から受贈者への債権の移転(債権譲渡)が行われる(第4章 **15** 節「債権譲渡」参照)。

2 書面によらない贈与の解除

設例 Aは、Bとの間で、自己所有の甲土地をBに贈与する旨の契約を口頭で締結した。その後、Aが思いとどまって、甲土地の贈与契約を解除したいと考えた場合、いつまでであれば解除をすることができるか。

前提 書面による贈与については、**各当事者は解除をすることができない。**

理由 解除事由とする規定がないため、契約の法的拘束力がある。

原則 書面によらない贈与については、**各当事者が解除をすることができる**（550条本文）。

趣旨 贈与者が軽率に贈与することを予防し、かつ、贈与の意思を明確にすることを期するため、書面によらない贈与について自由な解除権を認めた。

例外 履行の終わった部分については、**各当事者が解除をすることができない**（550条ただし書）。

趣旨 履行の終わった部分は、贈与者による贈与の意思が明確になっており、自由な解除権を認める必要がない。

〈解説〉 贈与契約を550条本文に基づいて解除することができなくても、他の理由（ex.贈与者の契約不適合や履行遅滞）に基づいて解除することは妨げられない。

①「書面」の意味

「書面」（550条にいう「書面」）は、**書面に贈与がされたことを確実に看取しうる（見て知ることができる）程度の記載がある書面であれば足りる。**

例えば、甲から不動産を取得した乙がこれを丙に贈与した場合で、乙が司法書士に依頼して、登記簿上の所有名義人である甲に対し、「**当該不動産を丙に譲渡したので甲から直接丙に所有権移転登記をするよう求める**」旨の内容証明郵便を差し出したなどの事情があるときは、**当該内容証明郵便は550条にいう「書面」に当たる**とした判例がある（最判昭60.11.29）。 **B**

理由 当該内容証明郵便の作成動機や記載文言などに照らせば、贈与の意思を

確実に看取しうる書面というのに欠けるところがない。

〈解説〉　550条にいう「書面」といえるためには、贈与の意思表示自体が書面によっていることを必要としないのはもちろん、書面が贈与の当事者間で作成されたこと、又は書面に無償の趣旨の文言が記載されていることも必要としない（最判昭60.11.29）。上記の判例は、書面が贈与の当事者間（乙丙間）で作成されていないが、550条にいう「書面」に当たるとした例である。

【550条にいう「書面」に該当する場合】

②「履行の終わった部分」の意味

問題点　動産や不動産の贈与については、どのような行為が「履行の終わった部分」に該当するか。

結論　①　動産であれば引渡しが「履行の終わった部分」に該当し、動産の引渡しがあった後は、550条本文に基づいて贈与契約を解除することができなくなる。

②　不動産であれば引渡し又は移転登記が「履行の終わった部分」に該当し（最判昭40.3.26）、不動産の引渡し又は移転登記のいずれかがあった後は、550条本文に基づいて贈与契約を解除することができなくなる。　C

③　①②にいう「引渡し」には、現実の引渡し（182条1項）及び指図による占有移転（184条）だけでなく、占有改定（183条）及び簡易の引渡し（182条2項）も含まれる（最判昭31.1.27、最判昭39.5.26）。　D

理由　①　不動産や動産の所有権の移転があっただけでは履行を終ったものとすることはできず、その占有の移転があったときに履行を終ったものと解すべきである（引渡しについて、最判昭31.1.27）。

②　未だ引渡しがなされていなくても、登記を経由していれば贈与者の贈与意思が明確になったものとして、履行は完了したものと考えるべきである（不動産について、学説による理由）。

〈解説〉　不動産の贈与契約において、当事者間の合意により、移転登記の原因を形式上売買契約としても、履行完了の効果を生ずる（贈与の履行が終わったものとする）についての妨げとなるものではない（最判昭40.3.26）。　C

> **設例** では、贈与者Aは、受贈者Bに対する甲土地の引渡し又は移転登記のいずれかを行っていなければ、甲土地の贈与契約を解除することができる。

3 贈与者の引渡義務等

　贈与者は、受贈者に対し、**契約の内容に適合した物を引き渡し、又は権利を移転**する義務を負っている（**引渡義務等**）。ただし、この引渡義務等の内容については、次のように軽減されている。また、特定物の贈与者には善管注意義務が発生する。

① 引渡義務等の軽減

　贈与者は、贈与の目的である物又は権利を、**贈与の目的として特定した時の状態で引き渡し、又は移転することを約束したものと推定する**（551条1項）。したがって、贈与者は、特定した時の状態で物の引渡し又は権利の移転をすれば、受贈者に対して契約不適合責任を負わないのを原則とする。[E/予]

趣旨 贈与が無償契約であることに鑑みると、贈与者の引渡義務等の内容については軽減されたものとすべきである。

〈解説〉　① 「贈与の目的として特定した時の状態」とは、特定物贈与の場合は贈与契約の時の状態であり、種類物（不特定物）贈与の場合は贈与の目的として特定した時の状態である。

　　　　② 551条1項は**推定規定**であるため、当事者間において異なる約束（特約）をしていた場合には、贈与者は、その約束に従った責任を負うことになる。

② 善管注意義務

　特定物（贈与の目的として特定した種類物も含む）の贈与者は、その引渡しをするまで、契約その他の債権の発生原因及び取引上の社会通念に照らして定まる**善良な管理者の注意**をもって、**その物を保存**しなければならない（**善管注意義務**）（400条）。[F]

　例えば、贈与者は、贈与契約時には正常動作していた中古パソコンを、その引渡し前に不注意で床に落下させて動作不良に至らせた場合、中古パソコンの引渡しを受けた受贈者に対して契約不適合責任を負う。

〈解説〉　上記の事例は特定物贈与であるため、贈与者は、正常動作の状態（贈与契約の時の状態）で引き渡せば、契約不適合責任を負わないのが原則である。

4 負担付贈与

意義 　負担付贈与とは、受贈者が、贈与者に対し、**贈与の目的と対価関係に立たない一定の債務を負担する贈与**である。例えば、Aが、Bに不動産を無償で与える代わりに、Bに自分の身の回りの世話をしてもらう(BがAの身の回りの世話をする債務を負担する)場合が当てはまる。

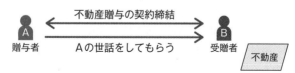

不動産贈与の契約締結

A
贈与者

Aの世話をしてもらう

B
受贈者

不動産

【負担付贈与】

① 負担の限度による担保の責任 (契約不適合責任)

　負担付贈与の贈与者は、その負担の限度において、売主と同じく担保の責任(契約不適合責任)を負う(551条2項)**G**。したがって、受贈者に引き渡された贈与の目的である物又は権利に契約不適合があれば、贈与者は、受贈者の負担の限度において、受贈者に対して契約不適合責任を負う。

趣旨 　負担付贈与については、受贈者が一定の負担をする点において有償契約と類似する性質があるので、551条1項を適用せず、贈与者が受贈者に対して契約不適合責任を負うことにした。

② 双務契約に関する規定の準用

　負担付贈与については、贈与の節(549条〜554条)に定めるもののほか、**その性質に反しない限り、双務契約に関する規定を準用する**(553条)。

趣旨 　負担付贈与は、贈与者の引渡義務等と受贈者の負担とが実質的に見ると対価関係にあり、双務契約に類似した性質を有する。

　例えば、贈与者による贈与の目的物の引渡しと、受贈者による負担の履行とが**同時履行の関係に立つ**(533条)**H**。また、受贈者が負担を履行しない場合、贈与者は契約を**解除**することができる(541条、542条、最判昭53.2.17)。**I**

5 定期贈与

意義 　定期贈与とは、**定期の給付を目的とする贈与**のことをいう。例えば、AがBに対して毎月3万円を与えるという贈与契約が当てはまる。

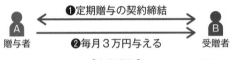

【定期贈与】

　定期贈与は、**贈与者又は受贈者の死亡**によって、**その効力を失う**(552条)。なお、贈与者又は受贈者が死亡しても、定期贈与の効力が失われないとする特約を定めることは可能である。 [J]

趣旨　定期贈与は当事者間の特別な人間関係が前提となっている。

〈解説〉　定期の給付を目的とする贈与が、終期の定めのない無期限贈与又は終期の定めのある期間付き贈与である場合でも、それは定期贈与である(大判大6.11.5)。したがって、特約のない限り、当事者の死亡によってその効力を失う。 [K]

6 死因贈与

意義　死因贈与とは、**贈与者の死亡によって効力を生じる贈与**のことをいう [L]。遺贈が受遺者の承諾を不要とするのとは異なり、死因贈与は契約なので受贈者の承諾を要する。

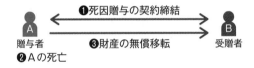

【死因贈与】

　死因贈与については、**その性質に反しない限り、遺贈に関する規定を準用する**(554条)。**遺贈**とは、遺言者が遺言により無償で自己の財産を受遺者に与える単独行為であり、受遺者の承諾は不要である(詳細は第6章**10**節**4**項「遺贈」で扱う)。

趣旨　死因贈与は、被相続人の死亡時に財産が無償で移転する点において、遺贈と共通している。

　例えば、**死因贈与の取消しは、贈与者がいつでも行うことができる**(1022条の準用、最判昭47.5.25)。また、死因贈与の効力が生じるのは、贈与者が死亡した時であり(985条1項の準用)、贈与者の死亡以前に受贈者が死亡したときは、死因贈与の効力が生じない(994条1項の準用)。 [L]

問題点　死因贈与の方式について**遺言の方式**に関する規定が準用されるか。

結論　**準用されない**(最判昭32.5.21) [L]。死因贈与の取消しについても、1022条の規定のうち方式に関する部分は準用されない(最判昭47.5.25)。

理由　554条の規定は、死因贈与の効力については遺贈に関する規定に従うべ

きことを定めただけで、その方式についても遺言の方式に関する規定に従うべきことを定めたものではない。

② 消費貸借 ✎発展

1 総説

消費貸借(消費貸借契約)は、書面によらない消費貸借と書面でする消費貸借とに分けられ、両者は法的性質が異なる。消費貸借の目的物の典型例が引渡しを受けて消費する**金銭**であるが、引渡しを受けて消費する物(ex.調味料、原材料)も消費貸借の目的物になる。しかし、引渡しを受けた金銭その他の物を消費しない場合は、消費貸借に該当しない。 **M**

① 書面によらない消費貸借

意義 書面によらない消費貸借とは、当事者の一方(借主)が種類・品質・数量の同じ物をもって返還することを約束し、相手方(貸主)から金銭その他の物を受け取ることによって、その効力が生じる契約であり(587条)、貸主と借主の意思が口頭で表れている場合が典型例である。

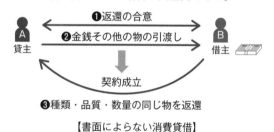

【書面によらない消費貸借】

(ア) 要物契約

書面によらない消費貸借は、借主が目的物を受け取った時点で成立する**要物契約**である **N** 。

(イ) 片務契約

要物契約であることから、貸主には目的物引渡し義務が発生せず、借主に種類・品質・数量の同じ物の返還義務が発生するだけの**片務契約**となる。

(ウ) 無償契約

また、借主による対価(利息)の支払を要しない**無償契約**である(要物・片務・無償契約)。

〈語句〉●貸主とは、消費貸借において、消費貸借の目的物を引き渡す者をいう。**借主**と

は、その目的物と種類・品質・数量の同じ物を返還する者をいう。

② 書面でする消費貸借

意義　書面でする消費貸借とは、当事者の一方(貸主)が**金銭その他の物を引き渡すこと**を約束し、相手方(借主)がその受け取った物と種類・品質・数量の同じ物をもって返還をすることを約束することによって、その効力が生じる契約である(587条の2第1項)。もっとも、貸主と借主の意思が**書面**又は**電磁的記録**に表れていなければならない(**要式契約**)(587条の2第1項、第4項)。

❶返還の合意
貸主 A　借主 B
契約成立
書面
❷金銭その他の物の引渡し
❸種類・品質・数量の同じ物を返還
【書面でする消費貸借】

(ア) 諾成契約

　書面でする消費貸借は、貸主と借主の約束のみで成立する**諾成契約**である。

(イ) 片務契約

　貸主は目的物引渡し義務を負うが、この義務と借主による種類・品質・数量の同じ物の返還義務とが対価的関係に立たない**片務契約**である。

(ウ) 無償契約

　また、借主による対価(利息)の支払を要しない**無償契約**である(諾成・片務・無償契約)。

(エ) 目的物受取前の借主の契約の解除権

　書面でする消費貸借の成立後、**借主**は、貸主から**金銭その他の物**(目的物)を受け取るまで、**契約の解除**をすることができる(587条の2第2項前段)〔O/予〕。ただし、その契約の解除によって損害を受けた貸主は、借主に対し、その賠償を請求することができる(587条の2第2項後段)。

(オ) 当事者の一方の破産手続開始の決定

　書面でする消費貸借は、借主が貸主から金銭その他の物を**受け取る前に**当事者の一方が**破産手続開始の決定**を受けたときは、その効力を失う(587条の2第3項)。〔P/予〕

2 消費貸借の無償性

貸主は、特約がなければ、借主に対して利息を請求することができない(589条1項)**Q**。

趣旨 利息を付ける約定をしない限り、消費貸借は無利息となるので、民法上の消費貸借は無償契約を原則とすることにした。

なお、利息を付ける約定をした場合には、借主に利息支払義務が生じるので有償契約となる。

3 貸主の義務

貸主の義務は、消費貸借を書面でしているか否か、約定によって利息が付いているか否かによって異なる。

① 目的物引渡し義務 (書面でする消費貸借に限る)

書面でする消費貸借の場合は、借主に目的物を引き渡さなくても契約が成立するので(諾成契約)、契約成立後、借主に対して目的物を引き渡す義務が生じる。

これに対して、書面によらない消費貸借の場合は、借主に目的物を引き渡さないと契約が成立しないので(要物契約)、契約成立後、借主に対して目的物を引き渡す義務は生じない。

② 契約不適合責任 (利息の有無で異なる)

(ア) 無利息消費貸借の場合

利息を付ける約定がない場合(無利息消費貸借)、借主に引き渡した消費貸借の目的物に契約不適合があったときは、贈与の規定が準用される(590条1項)。

具体的には、貸主は、消費貸借の目的物を、消費貸借の目的として特定された時の状態で引き渡すことを約束したものと推定されるので(551条1項)、特定した時の状態で目的物を引き渡せば、原則として、その目的物の契約不適合について契約不適合責任を負わない。ただし、当事者が異なる合意をしていた場合には、貸主は、その合意に従った責任を負う。

(イ) 利息付き消費貸借の場合

利息を付ける約定がある場合(利息付消費貸借)、消費貸借が有償契約になることから、借主に引き渡した目的物に契約不適合があったときは、売買の規定が準用される(559条本文)。したがって、貸主は、借主に対し、売主と同様の契約不適合責任を負う(本章**4**節**4**項「売買契約の効力②—売主の契約不適合責任」参照)。**R/予**

4 借主の義務

① 種類・品質・数量の同じ物の返還義務

原則 借主は、目的物と種類・品質・数量の同じ物を返還する義務を負う。例えば、消費貸借契約に基づいて10万円分の金銭の引渡しを受けた借主は、貸主に対し、同額である10万円分の金銭を返還する義務を負う。

例外 ① 貸主から引き渡された物が種類又は品質に関して契約の内容に適合しないものであるときは、借主は、その物の価額を返還することができる(590条2項)。

② 借主が貸主から受け取った物と種類、品質及び数量の同じ物をもって返還をすることができなくなったときは、その時における物の価額を償還しなければならない(592条本文)。

② 利息返還義務 (利息付消費貸借に限る)

利息付消費貸借の場合、借主は、約定された利息を返還する義務を負う。この場合、貸主は、借主が金銭その他の物を受け取った日以後の利息を請求することができる(589条2項)。 S

例えば、年5％の利率による利息付の消費貸借契約に基づいて10万円分の金銭の引渡しを受けた借主は、引渡しから1年後に10万円を返還する場合、貸主に対し、同額である10万円分の金銭を返還する義務に加え、利息として5000円(10万円×0.05)を返還する義務も併せて負う。

③ 借りる債務

消費貸借の借主は、合意した金銭その他の物を貸主から借りる債務を負担しない。

理由 書面によらない消費貸借は、借主が金銭その他の物の引渡しを受け取らないと契約が成立せず(要物契約)(587条)、書面でする消費貸借は、金銭その他の物の引渡しを受け取るまで借主に契約解除権を認めている(587条の2第2項前段)からである。 T

5 返還時期

借主が種類・品質・数量の同じ物を返還しなければならない時期(**返還時期**)については、返還時期の定めの有無によって異なる。

① 返還時期の定めのある場合

(ア) 貸主

貸主は、借主に対し、約定された返還時期に、**種類・品質・数量の同じ物**(利息付消費貸借の場合は利息も併せて)**の返還を請求**することができる。

(イ) 借主

借主は、返還時期の定めの有無にかかわらず、**いつでも返還**をすることができる(591条2項)ので、**約定された返還時期の前でも返還**することができる〔U〕。もっとも、貸主は、借主が返還時期の前に返還をしたことによって損害を受けたときは、借主に対し、その**賠償を請求**することができる(591条3項)。

例えば、年5%の利率による利息付で、返還時期を1年後とする消費貸借契約に基づいて10万円分の金銭の引渡しを受けた借主は、引渡しから6か月後(0.5年後)に10万円と利息2500円(10万円×0.05×0.5)を返還することができる。しかし、この返還により、貸主は、5000円の利息のうち2500円の返還を受けられないという損害を受けているので、借主に対し、2500円の支払を請求することができる。

② 返還時期の定めのない場合

(ア) 貸主

貸主は、借主に対し、**相当の期間を定めて返還の催告**をすることができる(591条1項)。この催告はいつでも行うことができる。そして、催告の時から相当期間が満了する時が借主の返還時期となり(大判昭5.6.4)、その相当期間を経過すれば、借主は履行遅滞に陥る。〔V〕

〈解説〉 貸主が相当期間を定めずに返還を催告しても、その催告の時から返還の準備をするのに相当期間を経過すれば、借主は履行遅滞に陥る(大判昭5.1.29)。〔W〕

(イ) 借主

借主は、**いつでも返還**することができる(591条2項)。〔X〕

6 準消費貸借

意義 準消費貸借とは、金銭その他の物を給付する義務を負う者がある場合において、当事者がその物を消費貸借の目的とすることを約束したときは、これによって**消費貸借が成立したものとみなす**ことである(588条)。〔Y〕

【準消費貸借】

例えば、売主Aに対して代金支払債務を負っている買主Bが、支払期限に代金を支払うことができない場合、Bが、この代金支払債務を改めてAから借り入れた形にして繰延払いを行う（支払を一定期間猶予してもらう）、というように既存の代金支払債務を消費貸借の目的とすることである。

なお、準消費貸借の対象となる既存の債務は、消費貸借によって発生したものでもよい（大判大2.1.24）[Y]。例えば、既存の複数の借入れを一本化するような準消費貸借が認められる。

① 目的とされた旧債務が存在しない場合

準消費貸借は、目的とされた旧債務が存在しない場合には、その効力を生じない（最判昭43.2.16）。[Z]

理由 準消費貸借が成立するには、基礎となる債務が存在する必要があるからである。

② 準消費貸借と詐害行為

既存債務成立後に特定債権者のためになされた債務者の行為は、詐害行為の要件を具備する限り、準消費貸借契約成立前のものであっても、詐害行為としてこれを取り消すことができる（最判昭50.7.17）。[AA]

理由 準消費貸借契約に基づく債務は、当事者の反対の意思が明らかでない限り、既存債務と同一性が維持されるから。

❸ 使用貸借

1 総説

意義 使用貸借契約（使用貸借）とは、当事者の一方（貸主）がある物を引き渡すことを約束し、相手方（借主）がその受け取った物について無償で使用・収益をして契約が終了したときに返還をすることを約束することによって、その効力が生じる契約である（593条）。[01]

❶返還の合意

A 貸主 ⟷ B 借主

契約成立

❷目的物の引渡し

❸目的物を返還
【使用貸借】

① 法的性格

(ア) 諾成契約

使用貸借は、貸主と借主の約束のみで成立する**諾成契約**である。

(イ) 片務契約

貸主は目的物引渡し義務を負うが、この義務と借主による目的物返還義務とが対価的関係に立たない**片務契約**である。

(ウ) 無償契約

借主による対価(賃料など)の支払を要しない**無償契約**である(諾成・片務・無償契約)。

② 第三者に対する対抗力

使用貸借には借主が対抗要件を備えるための手段がないので、借用物が第三者に譲渡されると、新所有者に借主の地位を対抗することができなくなる。

📝**発展** 土地の使用貸借において、借主が土地上に自己名義で登記した建物を所有していても、借地借家法31条は建物所有を目的とする地上権・賃借権についてのみ適用されるので、使用貸借に基づく土地利用権を土地の譲受人に対抗できない。**AB**

③ 借用物受取前の貸主による契約の解除

使用貸借の成立後、貸主は、書面による使用貸借をした場合を除き、借主が借用物(目的物)を**受け取るまで、契約の解除をすることができる**(593条の2)。**02**

〈語句〉●**貸主**とは、使用貸借において、目的物を引き渡して使用・収益させる者を、**借主**とは、その目的物を使用・収益して契約終了時に返還する者をいう。
　　　●**借用物**とは、**使用貸借の目的物**のことである。

④ 遺産である建物の遺産分割前の使用関係 📝**発展**

共同相続人の1人が相続開始前から被相続人の許諾を得て遺産である建物において被相続人と同居してきたときは、特段の事情のない限り、被相続人とその相続人との間において、その建物について、相続開始時を始期とし、遺産分割時を終期とする使用貸借契約が成立していたものと推認される(最判平8.12.17)。**AC**

> **理由** 建物が同居の相続人の居住の場であり、同人の居住が被相続人の許諾に基づくものであったことからすると、遺産分割までは同居の相続人に建物全部の使用権原を与えて相続開始前と同一の態様における無償による使用を認めることが、被相続人及び同居の相続人の通常の意思に合致するといえるからである。

2 借主の義務

① 使用収益権に関して

借主は借用物(目的物)の使用収益権を有するが、その使用収益権に関して、借主には以下の義務が課されている。

【使用収益権に関する借主の義務と義務違反の対応 (594条)】

用法遵守義務 (1項)	借主は、契約又はその目的物の性質によって定まった用法に従い、その物の使用・収益をしなければならない
無断転貸禁止 (2項)	借主は、貸主の承諾を得なければ、第三者に借用物の使用・収益をさせることができない 03
無催告解除 (3項)	*発展* 借主が用法遵守義務や無断転貸禁止に**違反して使用・収益**をした場合、貸主は、**契約を解除**することができる。この解除に際して借主に対する催告は不要である AD

② 費用償還に関して

(ア) 通常の必要費は借主負担

意義 **必要費**とは、通常の使用・収益に適する状態に借用物(目的物)の維持・保存をするために支出された費用で、**通常の必要費**と**特別の必要費**に分けられる。

必要費のうち通常の必要費は、借主が負担する(595条1項)。 04

【通常の必要費と特別の必要費の具体例】

必要費の種類	具体例
通常の必要費	・借用物の現状維持に必要な補修費 ・借用物である建物の通常の使用・収益によって損傷したトイレや風呂などの修繕費 ・借用物である不動産の固定資産税
特別の必要費	・借用物である建物が台風や水害により損傷した場合の修繕費

(イ) 有益費・特別の必要費は償還請求可能

意義 **有益費**とは、借用物(目的物)の**改良**のために支出した費用である。例えば、和式トイレを洋式トイレに変更する費用、床暖房を設置する費用、玄関先に外灯を設置する費用が挙げられる。

借主が支出した有益費や特別の必要費は、貸主に対してその償還を請求することができる(費用償還請求権) 04 。ただし、次の表のように償還請求の範囲が異なる。

【有益費・特別の必要費償還請求の範囲】

支出した費用	償還請求の範囲
有益費	借用物の価格の増加が現存している場合に限り、貸主の選択に従い、支出額または増価額のいずれかを償還させることができる(595条2項、583条2項本文、196条2項本文)
特別の必要費	借主は、支出した金額を貸主から償還させることができる(595条2項、583条2項本文、196条1項本文)

③ 借用物返還義務

借主は、貸主に対し、契約終了後に借用物(目的物)を返還しなければならない。

3 貸主の義務 /発展

借主に引き渡した使用貸借の目的物に契約不適合があったときは、**贈与の規定が準用される**(596条)。

具体的には、貸主は、使用貸借の目的物を、使用貸借の目的として特定した時の状態で引き渡し、又は移転することを約束したものと推定される(551条1項)**AE/予**。したがって、**特定した時の状態で引き渡し、又は移転をすれば、原則として、その目的物の契約不適合について責任を負わない**。ただし、当事者が異なる合意をしていた場合には、貸主は、その合意に従った責任を負う。

4 使用貸借の終了

以下のように、使用貸借の期間の定めの有無や、使用収益目的の定めの有無によって、使用貸借の終了事由が異なる場合がある。

① 期間の定めがある場合 /発展

当事者が使用貸借の期間を定めたときは、使用貸借は、**その期間が満了すること**によって終了する(597条1項)。**AF**

② 期間の定めがないが使用収益目的の定めがある場合
(ア)目的に従い使用・収益が終了した

当事者が使用貸借の期間を定めなかったが、使用・収益の目的を定めたときは、使用貸借は、借主がその目的に従い使用・収益を終えることによって終了する(597条2項)。

(イ)目的に従い使用・収益をするのに足りる期間を経過した

当事者が使用貸借の期間を定めなかったが、使用・収益の目的を定めた場合にお

いて、定められた目的に従い借主が使用・収益をするのに足りる期間を経過したときは、貸主は、契約の解除をすることができる(598条1項)。

③ 期間の定めがないが使用収益目的の定めもない場合

当事者が使用貸借の期間及び使用・収益の目的を定めなかったときは、貸主は、いつでも契約の解除をすることができる(598条2項)。

④ 期間や使用収益目的の定めの有無を問わない終了事由

(ア) 借主の死亡

使用貸借は、借主の死亡によって終了する(597条3項)[05]。したがって、使用貸借の借主の地位は相続されない。これに対して、貸主の死亡によっては使用貸借が終了しないので、貸主の地位は相続される。

(イ) 借主の契約解除権

借主は、いつでも契約の解除をすることができる(598条3項)。

【使用貸借の終了】

			解除以外の終了事由	使用貸借の解除	
				貸主の解除	借主の解除
借用物の受領前			借主の死亡	書面によらない使用貸借は解除可能※1	いつでも解除可能
借用物の受領後	期間の定めがある		借主の死亡 期間満了	借主の違法な使用収益があった場合は解除可能※2	
	期間の定めがない	使用収益目的がある	借主の死亡 目的に従った使用収益終了	使用収益に足りる期間経過時に解除可能 借主の違法な使用収益があった場合は解除可能※2	
		使用収益目的がない	借主の死亡	いつでも解除可能 借主の違法な使用収益があった場合は解除可能※2	

※1 貸主は、書面による使用貸借をした場合を除き、借主が借用物(目的物)を受け取るまで、契約の解除をすることができる(593条の2)。

※2 借主が用法遵守義務や無断転貸禁止に違反して使用・収益をした場合、貸主は、契約を解除することができる(594条3項)。

5 > 借主による収去等 /発展

① 使用貸借終了後の借主の収去義務

原則　借主は、借用物（目的物）を受け取った後にこれに附属させた物がある場合において、使用貸借が終了したときは、その附属させた物を収去する義務を負う（収去義務）（599条1項本文）。

例外　借用物から分離することができない物又は分離するのに過分の費用を要する物については、収去義務を負わない（599条1項ただし書）。 AG/予

② 使用貸借終了後の借主の原状回復義務

原則　借主は、借用物を受け取った後にこれに生じた損傷がある場合において、使用貸借が終了したときは、その損傷を原状に復する義務を負う（原状回復義務）（599条3項本文）。

例外　その損傷が借主の責めに帰することができない事由によるものであるときは、原状回復義務を負わない（599条3項ただし書）。 AH/予

③ 借主の収去権

借主は、借用物を受け取った後にこれに附属させた物を収去することができる（収去権）（599条2項）。収去権については、使用貸借の終了後に限らず、契約期間中でもこれを行使することができる。

6 > 損害賠償請求権や費用償還請求権の期間制限

①契約の本旨に反する使用・収益によって生じた損害の賠償、②借主が支出した費用の償還は、貸主が返還を受けた時から1年以内に請求しなければならない（600条1項）。

そして、①の損害賠償請求権については、貸主が返還を受けた時から1年を経過するまでの間は、時効が完成しない（600条2項）。

趣旨　損害賠償請求権を行使することができる状況にあるのを知らないまま、10年間の経過によって時効消滅する（166条1項2号）ことを防止する。

■ 重要事項 一問一答

01 贈与は要物契約かつ双務契約か？

諾成契約かつ片務契約である。

02 書面によらない贈与は、履行が終わった部分も解除することができるか？

履行の終わった部分は解除することができない(550条ただし書)。

03 負担付贈与とは何か?

受贈者が、贈与者に対し、贈与の目的と対価関係に立たない一定の債務を負担する贈与である。

04 死因贈与とは何か?

贈与者の死亡によって効力を生じる贈与である。

05 書面によらない消費貸借は諾成契約かつ双務契約か?

要物契約かつ片務契約である。

06 書面でする消費貸借は要物契約かつ双務契約か?

諾成契約かつ片務契約である。

07 消費貸借の貸主は利息請求権を有するか?

特約がなければ、利息請求権を有しない(無償契約)(589条1項)。

08 消費貸借の借主は約定された返還時期の前に返還することができるか?

できる(591条2項)。

09 使用貸借は要物契約かつ有償契約か?

諾成契約かつ無償契約である。

10 使用貸借の借主は、借用物を第三者に使用・収益させることができるか?

貸主の承諾を得なければ、借用物を第三者に使用・収益させることができない(594条2項)。

11 使用貸借の借主は通常の必要費と特別の必要費を負担するか?

通常の必要費は借主負担(595条1項)、特別の必要費は貸主負担(595条2項、583条2項本文、196条1項本文)である。

12 貸主の死亡で使用貸借は終了するか?

終了しない。

過去問チェック (争いのあるときは、判例の見解による)

01 使用貸借契約は、当事者の一方が無償で使用及び収益をした後に返還することを約して相手方からある物を受け取ることによって、その効力を生ずる。

× (国般2021)「相手方からある物を受け取ることによって」が誤り。

02 使用貸借契約の貸主は、書面による場合を除き、借主が借用物を受け取るまで、その契約を解除することができる。

○ (国般2021)

03 使用貸借契約の借主は、自らの判断で自由に、第三者に借用物の使用又は収益をさせることができる。

×（国般2021）「自らの判断で自由に」が誤り。

04 使用貸借の借主は、無償で借用物の使用及び収益をすることができることとの均衡を図るため、特約のない限り、借用物の通常の必要費、災害により破損した借用物の修繕費等の特別の必要費及び借用物の有益費のいずれも負担しなければならない。

×（国般2015）「災害により破損した借用物の修繕費等の特別の必要費及び借用物の有益費のいずれも負担しなければならない」が誤り。

05 使用貸借契約は、借主が死亡しても、特約のない限り、その相続人と貸主との間で存続する。

×（国般2021）「その相続人と貸主との間で存続する」が誤り。

A 贈与とは、当事者の一方が自己の財産を無償で相手方に与える意思を表示し、相手方が受諾をすることによって、その効力を生じる契約のことをいい、契約類型として、契約によって当事者双方が債務を負担しそれが互いに対価たる意義を有する双務契約であり、契約が成立するために物の引渡しを必要とする要物契約である。

×（区2019）「契約によって当事者双方が債務を負担しそれが互いに対価たる意義を有する双務契約であり、契約が成立するために物の引渡しを必要とする要物契約である」が誤り。

B 最高裁判所の判例では、甲から不動産を取得した乙がこれを丙に贈与した場合において、乙が、司法書士に依頼して、登記簿上の所有名義人である甲に対し、この不動産を丙に譲渡したので甲から直接丙に所有権移転登記をするよう求める旨の内容証明郵便を差し出したとしても、この内容証明郵便は丙に対するものではないため、贈与の書面には当たらないとした。

×（区2013）「贈与の書面には当たらないとした」が誤り。

C 最高裁判所の判例では、不動産の贈与契約において、当該不動産の所有権移転登記が経由されたときは、当該不動産の引渡しの有無を問わず、贈与の履行が終わったものと解すべきであり、当事者間の合意により、移転登記の原因を形式上売買契約としても、履行完了の効果を生ずるについての妨げとなるものではないとした。

○（区2019）

D 書面によらない贈与は、贈与の目的物が動産である場合、その動産の引渡しをもって履行の終了となり、各当事者は解除することができなくなるが、この引渡しは、現実の引渡しに限られ、占有改定や指図による移転は含まれない。

×（区2017改題）「現実の引渡しに限られ、占有改定や指図による移転は含まれない」が誤り。

E/予 贈与者は、贈与の目的である物を、贈与の目的として特定した時の状態で引き渡すことを約束したものと推定されるから、受贈者に引き渡したものの、その物の種類又は品質に不適合があった場合、贈与者は、売主と同じく担保の責任を負う。

×（区2017改題）「売主と同じく担保の責任を負う」が誤り。

F 特定物の贈与者には財産権の移転義務があるが、売買の場合と異なり、民法に定める特定物の引渡しの場合の善管注意義務はなく、贈与者の不注意によってその特定物を損傷したとしても、贈与者に債務不履行の責任が生じることはない。

×（区2013）「民法に定める特定物の引渡しの場合の善管注意義務はなく、贈与者の不注意によってその特定物を損傷したとしても、贈与者に債務不履行の責任が生じることはない」が誤り。

G 贈与者は、負担付贈与の場合は、その負担の限度において、売主と同じく担保の責任を負うものではない。

×（区2019改題）全体が誤り。

H 負担付贈与とは、贈与契約の際に受贈者に負担を課すもので、双務契約に関する規定が適用されるが、同時履行の抗弁権の規定の適用はない。

×（区2009）「同時履行の抗弁権の規定の適用はない」が誤り。

I 贈与者が受贈者に対し贈与者の所有する建物を贈与する代わりに受贈者が贈与者を扶養するという負担付贈与契約が締結された場合において、受贈者が負担を履行しないときであっても、贈与者は負担付贈与契約の解除をすることはできない。

×（国般2015）「贈与者は負担付贈与契約の解除をすることはできない」が誤り。

J 定期の給付を目的とする贈与は、贈与者又は受贈者の死亡によって、その効力を失い、特約により反対の意思表示があったとしても、贈与者又は受贈者の死亡によって、当然に、その効力を失う。

×（区2017）「特約により反対の意思表示があったとしても、贈与者又は受贈者の死亡によって、当

然に、その効力を失う」が誤り。

K 定期の給付を目的とする贈与は、贈与者又は受贈者の死亡によって、その効力を失うが、当該贈与が終期の定めのない無期限贈与又は終期の定めのある期間付贈与である場合は、特約の有無にかかわらず、それによってその効力を失わない。

×（区2019）「特約の有無にかかわらず、それによってその効力を失わない」が誤り。

L 贈与者の死亡によって効力を生ずる贈与については、受贈者の承諾を不要とする単独行為であり、遺贈に関する規定を準用するため、遺言の方式に関する規定によって行われなければならない。

×（区2017）「受贈者の承諾を不要とする単独行為であり」「遺言の方式に関する規定によって行われなければならない」が誤り。

M Aが、Bに対し、展示会用に米俵3俵を貸し渡し、Bが、Aに対し、展示会終了後その米俵3俵を返すことを内容とする契約は、消費貸借契約である。

×（裁2021）「消費貸借契約である」が誤り。

N AがBに対し100万円を貸し渡すこと及びBがAに対し一定期間経過後に同額を返還することを合意した場合、それが口頭の合意であっても、100万円の交付を要せずに直ちに消費貸借契約が成立する。

×（裁2021）「100万円の交付を要せずに直ちに消費貸借契約が成立する」が誤り。

O/予 書面でする消費貸借の借主は、貸主から金銭その他の物を受け取るまでであっても、契約の解除をすることができない。

×（予想問題）「契約の解除をすることができない」が誤り。

P/予 書面でする消費貸借は、借主が貸主から金銭その他の物を受け取る前に当事者の一方が破産手続開始の決定を受けたときでも、その効力を失わない。

×（予想問題）「その効力を失わない」が誤り。

Q 私人間の消費貸借は、特約がなくても、貸主が借主に利息を請求することができる。

×（裁2020）「特約がなくても」が誤り。

R/予 利息付きの消費貸借において、物の種類又は品質に不適合があったとして

も、貸主は、借主に対し、その不適合を理由とする損害賠償責任を負うわけではない。

× (予想問題)「その不適合を理由とする損害賠償責任を負うわけではない」が誤り。

[S] 利息付きの消費貸借では、貸主は、借主が目的物を受け取った日以後の利息を請求することができる。

○ (裁2020)

[T] 消費貸借契約が成立した場合には、借主は、合意した金銭その他の物を貸主から借りる債務を負担する。

× (裁2021)「合意した金銭その他の物を貸主から借りる債務を負担する」が誤り。

[U] 消費貸借契約において、返還の時期を合意した場合であっても、借主は、いつでも目的物を返還することができる。

○ (裁2021)

[V] 消費貸借において、当事者が返還時期を定めなかったときは、貸主は、借主に対して、いつでも返還の請求を行うことができ、貸主から返還の請求があった場合、借主は、直ちに返還すべき義務を負う。

× (裁2013)「直ちに返還すべき義務を負う」が誤り。

[W] 消費貸借の当事者が返還の時期を定めなかったときに、貸主が返還を要求する場合は、相当の期間を定めて返還の催告をしなければならず、相当の期間を定めないでした催告が有効となることはない。

× (区2012)「相当の期間を定めないでした催告が有効となることはない」が誤り。

[X] 返還時期の定めのない消費貸借では、借主は、相当な期間を定めて催告しただけでは返還をすることができない。

× (裁2020)「相当な期間を定めて催告しただけでは返還をすることができない」が誤り。

[Y] 準消費貸借は、消費貸借によらないで金銭その他の物を給付する義務を負う者がいる場合に、当事者の合意によって成立するものであるから、消費貸借上の債務を準消費貸借の目的とすることはできない。

× (裁2013)「消費貸借によらないで」「消費貸借上の債務を準消費貸借の目的とすることはできない」が誤り。

Z 準消費貸借契約は、目的とされた旧債務が存在しない場合には、無効である。
○ (裁2013)

AA 最高裁判所の判例では、準消費貸借契約に基づく債務は、既存債務と同一性を維持しないので、債務者による詐害行為当時債権者であった者は、その後その債権を目的とする準消費貸借契約を締結した場合においても、当該詐害行為を取り消すことができないとした。
× (区2012)「既存債務と同一性を維持しないので」「当該詐害行為を取り消すことができないとした」が誤り。

AB 土地の使用貸借では、借主が土地上に自己名義で登記した建物を所有していても、使用貸借に基づく土地利用権を土地の譲受人に対抗できない。
○ (裁2007改題)

AC 最高裁判所の判例では、共同相続人の一人が相続開始前から被相続人の許諾を得て遺産である建物で被相続人と同居してきたときは、特段の事情のない限り、被相続人と当該相続人との間で、この建物について、相続開始時を始期とし、遺産分割時を終期とする使用貸借契約が成立していたと推認されるとした。
○ (区2012)

AD 使用貸借において、借主が、貸主の承諾を得ずに借用物を第三者に使用又は収益をさせた場合、貸主は、借主に催告をしなければ、契約を解除することはできない。
× (国般2015)「借主に催告をしなければ」が誤り。

AE/予 使用貸借は、無償契約であるから、貸主は目的物について使用貸借の目的として特定した時の状態で引き渡すことを約束したものとは推定されない。
× (予想問題)「使用貸借の目的として特定した時の状態で引き渡すことを約束したものとは推定されない」が誤り。

AF 使用貸借は、返還時期の定めがある場合、期限到来により終了する。
○ (国般2015改題)

AG/予 借主は、借用物(目的物)を受け取った後にこれに附属させた物がある場合において、使用貸借が終了したときは、分離するのに過分の費用を要する物であって

も、その附属させた物を収去する義務を負う。

×（予想問題）「分離するのに過分の費用を要する物であっても」が誤り。

AH/予　借主は、借用物を受け取った後にこれに生じた損傷がある場合において、使用貸借が終了したときは、その損傷が借主の責めに帰することができない事由によるものであるとしても、その損傷を原状に復する義務を負う。

×（予想問題）「その損傷が借主の責めに帰することができない事由によるものであるとしても」が誤り。

9 契約各論(3)— その他② 請負

本節では、建物の建築を依頼する場合などに用いられる請負契約について扱います。

1 総説

1 請負契約の意義

意義 請負契約(請負)とは、当事者の一方(請負人)がある仕事を完成すること
を約束し、相手方(注文者)がその仕事の結果に対してその報酬を支払うこ
とを約束することによって、その効力を生じる契約である(632条)。 01

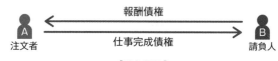

【請負契約】

請負は、注文者と請負人が約束することのみで成立する**諾成契約**であり(書面は
不要である)、「仕事の完成」「報酬の支払」という対価的な債務を互いに負担する**双
務契約**であり、注文者が金銭的な負担をする**有償契約**である(諾成・双務・有償契
約)。 01

〈語句〉●**注文者**とは請負において、仕事の完成を依頼した者のことをいう。**請負人**とは
仕事を完成させて報酬を受け取る者のことをいう。

2 請負契約の成立

請負は諾成契約なので、注文者と請負人が約束すること、言いかえれば、注文者
と請負人の意思表示(申込み・承諾)が合致することで成立する。
例えば、Aが「建物を建築して欲しい」と申込みをしたことに対し、Bが「建物を
建築します」と承諾をしたことで、AB間で建物の建築を目的とする請負契約が成
立する。

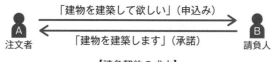

【請負契約の成立】

そして、請負契約の目的である「仕事の完成」は、建物(ex.住宅、マンション)の建築、土地の工作物(ex.道路、橋梁)の建設、物品(ex.機械、加工食品)の製造、人や物品の運送(ex.タクシー、宅配便)など多岐にわたっている。

〈解説〉　請負契約に関しては、「業法」と呼ばれる各種の特別法(ex.建設業法)によって規制される部分も多いが、公務員試験では民法の規定を押さえておけば足りる。

❷ 当事者の義務

　請負人は、**仕事を完成させる義務**のほか、引渡しが必要な場合は完成した仕事の**目的物を注文者に引き渡す義務**を負うのに対し、注文者は、完成した仕事の**報酬(請負代金)を支払う義務**を負うのが基本である。

1 請負人の義務

① 仕事完成義務

　請負人は、注文者に対して、**請負契約において定められた仕事を完成させる義務**を負う(**仕事完成義務**)(632条)。

　民法上は、請負人が仕事を完成させる手段について、特段の制限を設けていない。したがって、請負人が仕事の全部又は一部の完成を第三者(**下請負人**)に請け負わせることも可能である〔02〕。これを**下請(下請負)**という。

発展 下請があった場合、下請負人は請負人に対して義務を負うにとどまり、注文者に対して直接義務を負わない。[A]

【下請】

〈語句〉●**元請(元請負)**とは、下請に対して、注文者から直接仕事の完成を請け負うことをいい、元請における請負人のことを**元請負人**という。

〈解説〉　当事者間の特約によって、下請を禁止又は制限することは可能である。

② 完成物の引渡義務

　仕事の完成が**物の引渡し**を要する場合、請負人は、注文者に対して、**完成した仕事の目的物(完成物)を引き渡す義務**を負う。

　例えば、仕事の完成が「新築の建物の建築」である場合には、建築した建物を注文者に引き渡すことを要するので、請負人は、完成した建物を注文者に引き渡す義務

を負う。これに対して、仕事の完成が「建物の壁の塗装」である場合には、注文者の下に建物の占有がある中で仕事をするので、塗装完成後に建物の引渡しを要せず、完成物の引渡義務が問題にならない。

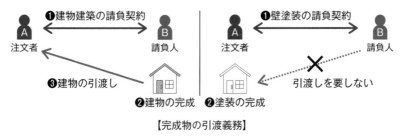

【完成物の引渡義務】

③ 契約不適合責任（担保責任）

請負人が注文者に対して負う契約不適合責任（担保責任）については、本節❺項「請負人の契約不適合責任」で扱う。

2 注文者の義務（報酬支払義務）

> **設例** Aは、住宅の新築を1000万円の報酬でBに請け負わせ、Bが住宅を完成させた。Bは、住宅をAに引き渡すよりも先に、Aから1000万円の支払を受けることができるか。
>
>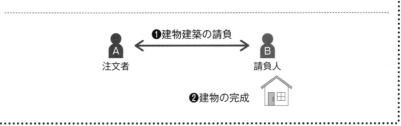

注文者は、請負人に対して、**完成した仕事の結果に対して報酬を支払う義務**を負う（**報酬支払義務**）（632条）。これを請負人の側から見ると、注文者に対して、完成した仕事の結果に対して報酬を請求する権利（**報酬債権**）を有することになる。

報酬債権は、請負契約の成立と同時に発生する（大判昭5.10.28）**03**。しかし、報酬の支払を請求することができる時期（**報酬の支払時期**）は、次表のように、請負人が仕事の目的物の引渡しを要するか否かによって異なる。

理由 報酬の支払時期は、注文者が仕事の目的物を確実に手に入れることができるようにする、という注文者を保護する観点から定められている。

【報酬の支払時期】

引渡しの要否	報酬の支払時期
仕事の目的物の引渡しを要する場合	注文者は、**仕事の目的物の引渡しと同時に、報酬を支払わなければならない**(633条本文) ⇒仕事の完成が先履行であり、**注文者の報酬支払義務と請負人の目的物引渡義務とが同時履行の関係にある** 04
仕事の目的物の引渡しを要しない場合	請負人は、**仕事が完成した後でなければ、報酬を請求することができない**(633条ただし書、624条1項) ⇒仕事の完成が先履行であり、**報酬は後払いである** 05

設例 では、請負人Bは、住宅を注文者Aに引き渡すのと同時に、Aから1000万円の支払を受けることができる。引渡しより先に支払を受けることはできない。

〈解説〉　請負契約が仕事の完成前に解除された場合において、請負人が既にした仕事の結果のうち可分な部分の給付によって注文者が利益を受けるときは、その部分を仕事の完成とみなし、請負人は、注文者が受ける利益の割合に応じて報酬を請求することができる(634条2号、詳細は本節 ❻ 項「請負契約の終了」で扱う)。

3 建物建築工事請負契約における建物の所有権の帰属

設例　Aは、建物の新築を1000万円の報酬でBに請け負わせ、Bが自ら材料の全部を提供して建物を完成させた。AB間で完成時の建物の所有権に関する特約がなく、報酬の支払もない場合、完成時に建物の所有権は誰に帰属するか。

建物建築工事請負契約(建物の新築を目的とする請負契約)に基づいて完成した建

物の所有権は、最終的には注文者に帰属するが、完成時における帰属先が問題となる。

問題点❶ 建物建築工事請負契約において、完成した建物の所有権は、その完成時の段階では請負人又は注文者のいずれに帰属するか。

結論 特約(当事者間の合意)があるときは、特約に基づいて帰属先が決まるが、特約がないときは、以下のように帰属先が決まる(判例)。

【完成した建物の所有権の帰属】

① 注文者が材料の全部又はその主要部分を供給した場合は、**原始的に**(はじめから)建物の所有権が**注文者に帰属**する(大判昭7.5.9)。

  理由 完成した建物について注文者が多くの負担をしており、報酬債権を保護する必要性が低い。

② **請負人が材料の全部又はその主要部分を供給**した場合は、**完成時に建物の所有権が請負人**に帰属し、**引渡しによって注文者に帰属**する(③の場合を除く)(大判大3.12.26)。 06

  理由 完成した建物について請負人が負担をしており、報酬債権を保護する必要性が高い(報酬によって負担を穴埋めする)。

③ 請負人が材料の全部又はその主要部分を供給した場合でも、建物の**完成前に注文者が報酬の全部又は大部分を支払済み**であるときは、**原始的に**建物の所有権が**注文者に帰属**する(大判昭18.7.20、最判昭44.9.12、最判昭46.3.5)。 07

  理由 報酬債権が確保されており、建物を請負人に帰属させる必要がない。

設例では、請負人Bが材料の全部を供給しているので、完成時に建物の所有権はBに帰属し、引渡しによって注文者Aに帰属する。

問題点❷ 建物建築工事請負契約の注文者と元請負人との間に「当該契約が中途で解除された際の出来形部分の所有権は注文者に帰属する」との約定(特約)があり、当該契約が中途で解除された。元請負人から一括して工事を請け負った下請負人が自ら材料を提供して出来形部分を築造していた場合、当該出来形部分の所有権は下請負人に帰属するか。

結論 注文者と下請負人との間に格別の合意があるなど特段の事情のない限り、**当該出来形部分の所有権は注文者に帰属**する(最判平5.10.19)。 08

理由 下請負人は、注文者との関係では、元請負人の履行補助者的な立場であるにすぎない。

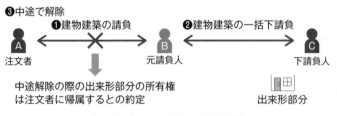

❸中途で解除

❶建物建築の請負　**❷建物建築の一括下請負**

A　　　　　　　　　　　B　　　　　　　　　C

注文者　　　　　　　　元請負人　　　　　　下請負人

中途解除の際の出来形部分の所有権
は注文者に帰属するとの約定

出来形部分

【下請負人がいる場合の中途解除】

❹ 仕事完成前における目的物の滅失・損傷

仕事完成前に目的物が滅失又は損傷した場合、どのように処理されるか。仕事の完成が可能な場合か、それとも仕事の完成が不可能となった場合かで取扱いが異なる。

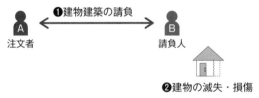

❶建物建築の請負

A　　　　　　　　　　　B

注文者　　　　　　　　請負人

❷建物の滅失・損傷

1 仕事の完成が可能な場合

請負人は、注文者に対して仕事完成義務を負っているので、**仕事の完成が可能な限り、工事を続行して仕事を完成させなければならない。** 09

さらに、完成する仕事の結果が変わらないことから、目的物の滅失又は損傷を理由とする**報酬の増額は認められず**、注文者が増加費用分を負担する旨の特約がない限り、**増加費用分は請負人が負担**することになる。なお、注文者に帰責事由がある場合には、公平の観点から、請負人は注文者に対して増加費用を請求することができると解されている。

理由　債務の履行費用について別段の意思表示がない場合、その費用は債務者が負担する（485条本文）ので、特約（別段の意思表示）がない限り、仕事完成義務を負っている請負人（債務者）が増加費用分を負担することになる。

2 仕事の完成が不能となった場合

請負人の債務である仕事完成義務が履行不能となるので、請負人は債務不履行の状態にある。この場合は、当事者の帰責事由（責めに帰すべき事由）の有無に応じて、以下のように取扱いが異なる。

〈解説〉　仕事完成義務の履行不能の典型例は、仕事完成前に目的物が滅失又は損

傷した場合である。その他、請負人が中途で工事を中止し、約定された工期内に工事が完成しないことが確定した場合も、仕事完成義務の履行不能であると解することができる。

① 請負人の帰責事由による場合

> **設例**　Bは、Aからスーツ10着の製作を請け負ったが、3着を完成させてAに引き渡した後に、Bの責めに帰すべき事由によりスーツを製作するための工場が焼失し、残り7着のスーツを製作することができなくなった。Bは、Aに対して、スーツの製作に関する報酬を一切請求することができないか。

❷3着完成＋引渡し　　❶スーツ製作の請負　　❸製作不能
A 注文者　　B 請負人

（ア）請負人の損害賠償責任

　仕事完成義務の履行不能について帰責事由のある請負人は、注文者に対して損害賠償責任を負う（415条1項本文）。

（イ）注文者による契約解除

　また、仕事完成義務の履行不能について帰責事由がない注文者は、履行不能を理由として請負契約を解除することができる（542条1項1号）。(10)

（ウ）請負人による報酬請求

　そして、仕事が未完成なので報酬支払の時期に達しておらず、**請負人は報酬を請求することができないのを原則**とする。ただし、請負人が既にした仕事の結果のうち可分な部分の給付によって注文者が利益を受けるときは、その部分を仕事の完成とみなし、**請負人は、注文者が受ける利益の割合に応じて報酬を請求（割合報酬請求）**することができる（634条1号）。(11)

> **理由**　仕事完成義務の履行不能について**注文者に帰責事由がない**ので、634条1号の「注文者の責めに帰することができない事由によって仕事を完成することができなくなったとき」に該当する。(11)

> **設例**では、3着分のスーツが「請負人Bが既にした仕事の結果のうち可分な部分」に該当し、これを注文者Aに給付することによってAが利益を受けているので、Bは、Aに対して、3着分のスーツの製作料を請求することができる。

② 注文者の帰責事由による場合

(ア) 請負人の損害賠償責任

仕事完成義務の履行不能について帰責事由がない請負人は、注文者に対して損害賠償責任を負わない(415条1項ただし書)。

(イ) 注文者による契約解除

また、仕事完成義務の履行不能について帰責事由がある注文者(仕事完成請求権を有する債権者)は、履行不能を理由として請負契約を解除することができない(543条)。

(ウ) 請負人による報酬請求

さらに、注文者に帰責事由があることから、**危険負担の債権者主義**により、注文者の報酬支払義務が存続するので、**請負人は、注文者に対して報酬の全額を請求することができる**(536条2項前段)。 12

〈解説〉 〖発展〗帰責事由がない請負人は、仕事完成義務を免れたことによって利益を得たときは、これを帰責事由がある注文者に償還しなければならない(536条2項後段、最判昭52.2.22参照)。 B

③ 注文者・請負人の双方に帰責事由がない場合

(ア) 請負人の損害賠償責任

仕事完成義務の履行不能について帰責事由がない請負人は、注文者に対して損害賠償責任を負わない(415条1項ただし書)。

(イ) 注文者による契約解除

また、仕事完成義務の履行不能について帰責事由がない注文者は、履行不能を理由として請負契約を解除することができる(542条1項1号)。

(ウ) 請負人による報酬請求

そして、報酬の支払に関しては「請負人の帰責事由による場合」と同様の結論になる。すなわち、**請負人は原則として報酬請求権を有しないものの、請負人が既にした仕事の結果のうち可分な部分の給付によって注文者が利益を受けるときは、その部分を仕事の完成とみなし、請負人は注文者が受ける利益の割合に応じた報酬請求権を有する**(634条1号)。 13

理由 「請負人の帰責事由による場合」と同様に、仕事完成義務の履行不能について注文者に帰責事由がないので、634条1号に該当する。

【仕事完成前の目的物の滅失・損傷】

帰責事由	仕事完成が可能	仕事完成が不能
請負人にあり	請負人の仕事完成義務が存続（報酬増額不可）	[請負人]損害賠償義務を負担する、報酬請求原則不可（割合報酬請求可能な場合あり） [注文者]契約解除可能
注文者にあり	請負人の仕事完成義務が存続（増加費用請求可能）	[請負人]損害賠償義務を負担しない、報酬全額請求可能 [注文者]契約解除不可
双方になし	請負人の仕事完成義務が存続（報酬増額不可）	[請負人]損害賠償義務を負担しない、報酬請求原則不可（割合報酬請求可能な場合あり） [注文者]契約解除可能

❺ 請負人の契約不適合責任（担保責任）

　請負が有償契約であることから、売買における売主の契約不適合責任（担保責任）に関する規定が準用される（559条）。請負の場合には、請負人が注文者に対して契約不適合責任（担保責任）を負うことになる。

⌐1⌐ 請負人の契約不適合責任における契約不適合

意義　請負人の契約不適合責任における契約不適合とは、引き渡された仕事の目的物（引渡しを要しない場合にあっては、仕事が終了した時における仕事の目的物）が種類又は品質に関して契約の内容に適合しないことをいう（636条本文）。

　請負人の契約不適合責任（担保責任）が問題となるのは、仕事の目的物について、次のいずれかの契約不適合があった場合である（559条、562条〜564条、636条本文）。

> **【請負人の契約不適合】**
> ① 請負人が**種類又は品質**に関して**契約の内容に適合しない**仕事の目的物を注文者に**引き渡したとき**
> ② 仕事の目的物の引渡しを要しない場合にあっては、仕事が終了した時に仕事の目的物が**種類又は品質**に関して**契約の内容に適合しない**とき

〈解説〉　請負の場合、仕事の目的物が数量又は権利について契約の内容に適合しないときは、請負人の契約不適合責任ではなく、債務不履行の一般規定によって処理される（第4章 **2** 節「債権の効力①―債務不履行」参照）。**14/予**

2 請負人の契約不適合責任（担保責任）の内容

設例　注文者Aは、建物の新築を1000万円の報酬で請負人Bに請け負わせ、Bが完成させた建物をAに引き渡した（報酬は受け取っていない）。しかし、その建物にはBの帰責事由による耐震不足の欠陥があった。

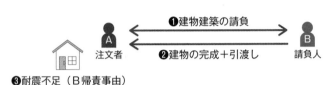

❶建物建築の請負
A 注文者
❷建物の完成＋引渡し
B 請負人
❸耐震不足（B帰責事由）

　売主の契約不適合責任(担保責任)に関する規定が準用され(559条)、注文者は、①追完請求権、②報酬減額請求権のほか、③損害賠償請求権・契約解除権を行使することもできる。

① 追完請求権
（ア）追完請求権の行使の可否
原則　仕事の目的物に契約不適合がある場合、注文者は、請負人に対し、**目的物の修補又は代替物の引渡しによる履行の追完を請求することができる（追完請求権）**(559条、562条1項本文)。15/予

例外　①　その不適合が注文者の責めに帰すべき事由によるものであるときは、履行の追完を請求することができない(559条、562条2項)。
　　　　②　請負人による**履行の追完が不能**であるときは(履行不能)、履行の追完を請求することができない(412条の2第1項)。

（イ）履行の追完の方法
原則　履行の追完の方法は**注文者が選択**する。

例外　**注文者に不相当な負担を課するものでないときは、請負人は、注文者が請求した方法と異なる方法による履行の追完をすることができる**(562条1項ただし書)。

> 設例 では、注文者Aは、請負人Bに対し、建物の耐震補強又は代替の建物の引渡しによる履行の追完を請求することができる。ただ、Aが代替の建物の引渡しを請求しても、建物の耐震補強がAに不相当な負担を課さないときは、Bは建物の耐震補強をもって履行の追完とすることができる。

② 報酬減額請求権

(ア) 報酬減額請求権の行使の可否

原則 仕事の目的物に契約不適合がある場合、注文者は、相当の期間を定めて請負人に履行の追完の催告をし、その期間内に履行の追完がないときは、請負人に対し、その不適合の程度に応じて報酬の減額を請求することができる(報酬減額請求権)(559条、563条1項)。16/予

例外 その不適合が注文者の責めに帰すべき事由によるものであるときは、報酬の減額を請求することができない(559条、563条3項)。

> 設例 では、注文者Aは、相当の期間を定めて請負人Bに建物の耐震補強又は代替の建物の引渡しによる履行の追完を催告し、その期間内に履行の追完がないときは、耐震不足の程度に応じて報酬の減額を請求することができる。

(イ) 履行の追完の催告を要しない場合

また、次の①～④のいずれかに該当する場合には、注文者は、履行の追完の催告をすることなく、請負人に対し、**直ちに不適合の程度に応じて報酬の減額を請求**することができる(559条、563条2項柱書)。この場合も、帰責事由が注文者にあるときは、報酬の減額を請求することができない(559条、563条3項)。

【履行の追完の催告を要しない場合 (559条、563条2項1号～4号)】

① 履行の**追完が不能**であるとき(1号)17/予

② 請負人が履行の**追完を拒絶する意思を明確に表示**したとき(2号)

③ 契約の性質又は当事者の意思表示により、**特定の日時又は一定の期間内に履行を**しなければ契約をした目的を達することができない場合において、請負人が履行の追完をしないで**その時期を経過**したとき(3号)

④ 注文者が追完の催告をしても履行の**追完を受ける見込みがないことが明らかである**とき(4号)

---

③ 損害賠償請求権・契約解除権

　仕事の目的物に契約不適合がある場合、注文者は、債務不履行の一般規定により、請負人に対して**損害賠償請求**をすることができる(559条、564条、415条)ほか、**請負契約を解除**することができる(559条、564条、541条、542条)。 18/予

　/発展 例えば、仕事の目的物である建物に契約不適合がある場合、注文者は、債務不履行の一般規定により、請負契約を解除することができるので、請負人に対し、それと実質的に同様の効果を生じさせる建替え費用相当額の損害賠償請求をすることもできる(最判平14.9.24参照)。 C

〈解説〉　改正前民法の下では、建物その他の土地の工作物を仕事の目的物とする請負契約については、その目的物の瑕疵(欠陥)を理由とする注文者の契約解除権を認めないとする規定が存在した。しかし、2020年施行の民法改正により、この規定は削除されている。

> 設例 では、注文者Aは、相当の期間を定めて請負人Bに建物の耐震補強又は代替の建物の引渡しによる履行の追完を催告し、その期間内に履行の追完がないときは、請負契約を解除することができる(催告による解除)(541条)。また、耐震不足についてBに帰責事由があるので、Aは、Bに対し、損害賠償を請求することもできる(415条)。

3 請負人の契約不適合責任の制限 /発展

原則　仕事の目的物の契約不適合が**注文者の供した材料の性質又は注文者の与えた指図**によって生じた場合には、注文者は、その不適合を理由とする追完請求権、報酬減額請求権、損害賠償請求権、契約解除権を**行使することができない**(636条本文)。

　趣旨　契約不適合の原因が注文者にある場合、請負人の契約不適合責任を排除ないし制限する。

例外　請負人がその材料又は指図が不適当であることを**知りながら告げなかった**ときは、注文者の供した材料の性質又は注文者の与えた指図によってその不適合が生じたとしても、注文者は履行の追完の請求、報酬の減額の請求、損害賠償の請求及び契約の解除をすることができる(636条ただし書)。 D/予

　趣旨　請負人が悪意であるときには、請負人の契約不適合責任は制限されない。

4 注文者の通知懈怠による失権

原則 仕事の目的物の契約不適合がある場合において、注文者がその不適合を知った時から1年以内にその旨を請負人に通知しないときは、注文者は、その不適合を理由とする追完請求権、報酬減額請求権、損害賠償請求権、契約解除権を行使することができない（637条1項）。〔19〕

趣旨 目的物の引渡しまたは仕事の終了によって請負が完了したとの請負人の信頼を保護する。

例外 仕事の目的物を注文者に引き渡した時（その引渡しを要しない場合にあっては、仕事が終了した時）において、請負人がその不適合を知り、又は重大な過失によって知らなかったときは、注文者は、上記の通知を怠ったとしても、注文者の権利は失われない（637条2項）。〔19〕

趣旨 悪意又は重過失のある請負人は保護するに値しない。

5 仕事の目的物の滅失等についての危険の移転 《発展》

請負人が注文者に仕事の目的物（請負の目的として特定したものに限る）を引き渡した場合において、その引渡しがあった時以後にその目的物が当事者双方の責めに帰することができない事由により滅失又は損傷したときは、注文者は、その滅失又は損傷を理由とする追完請求権、報酬減額請求権、損害賠償請求権、契約解除権を行使することができないと共に、報酬の支払を拒むことができない（559条、567条1項）。〔E/予〕

趣旨 目的物の引渡しにより、危険が請負人から注文者へと移転するという原則を明らかにすることで、請負人が過重な責任を負わないようにする。

例えば、建物建築工事請負契約に基づいた建物が完成し、これが注文者に引き渡された後、当事者双方の責めに帰すことができない事由で建物が滅失した場合、注文者は、建物を再築しての引渡し（代替物の引渡しによる履行追完）などを請求することができない。〔E/予〕

6 請負人の契約不適合責任に関する特約 《発展》

請負人が契約不適合責任を負わないとする特約は有効である。もっとも、請負人が契約不適合の存在を知りながら注文者に告げなかった場合は、契約不適合責任を免れることができない（559条、572条）。〔F〕

趣旨 契約不適合の存在を知りながら注文者に告げない請負人を保護する必要はない。

7 損害賠償債権と報酬債権との関係 /発展

　仕事の目的物が引き渡された後(その引渡しを要しない場合は仕事の終了後)も請負人の報酬債権が残っているときに、契約不適合責任に基づく注文者の損害賠償債権と請負人の報酬債権との関係が問題となる。

問題点❶　請負人の契約不適合責任に基づく注文者の損害賠償債権と請負人の報酬債権とは同時履行の関係に立つか。

結論　契約不適合の程度や各契約当事者の交渉態度等に鑑み、信義則に反すると認められるときを除き、**同時履行の関係に立つ**ので、**請負人から損害の賠償を受けるまでは、注文者は報酬全額の支払を拒む**ことができ、これについて履行遅滞の責任も負わない(最判平9.2.14参照)。　**G**

理由　報酬全額について同時履行の抗弁権を認めないと、損害賠償の額について争っている間に報酬支払義務が履行遅滞に陥ってしまう。

問題点❷　請負人の報酬債権に対し、注文者がこれと同時履行の関係にある契約不適合責任に基づく損害賠償債権を自働債権とする相殺をすることができるか。

結論　相殺をすることができる(最判平9.7.15参照)。　**H**

理由　自働債権に相手方の同時履行の抗弁権が付着している場合には、原則として相殺は許されないが、損害賠償債権が注文者の支払うべき報酬を減額させる機能を有することから、相殺をすることができる。

問題点❸　注文者は、契約不適合責任に基づく損害賠償債権を自働債権とする請負人の報酬債権との相殺の意思表示をした場合、請負人に対する相殺後の報酬残債務について、いつから履行遅滞による責任を負うか。

結論　**相殺の意思表示をした日の翌日から履行遅滞による責任を負う**(最判平9.7.15参照)。　**I**

理由　相殺の意思表示をするまで注文者がこれと同時履行の関係にある報酬債務の全額について履行遅滞による責任を負わなかったという効果に影響はないと解すべきだから。

❻ 請負契約の終了

　他の契約と同様に、相手方(債務者)に債務不履行があれば、541条以下の規定に基づいて請負契約を解除することができ、解除によって請負契約が終了する。その他、次のような特殊な理由による請負契約の解除が認められている。

　なお、請負契約が仕事の完成前に解除された場合において、請負人が既にした仕

事の結果のうち可分な部分の給付によって注文者が利益を受けるときは、その部分を仕事の完成とみなし、請負人は、注文者が受ける利益の割合に応じて報酬を請求することができる(634条2号)。

1 注文者の任意解除権

請負人が仕事を完成しない間は、注文者は、いつでも損害を賠償して請負契約を解除することができる(641条)**20**。この解除権の行使について、注文者の正当な理由の有無は問われない。**21**

趣旨 請負は注文者の利益のための契約であるため、注文者にとって不要な仕事を完成させる意味がなく、請負人も賠償をしてもらえれば不利益が生じない。

〈解説〉 **発展①** 注文者による損害賠償は解除の要件ではないから、解除に先立って請負人に損害賠償を提供することを要しない。そして、解除後にその効果として損害賠償義務が発生する(大判明37.10.1)。**J**

発展② 注文者の損害賠償の範囲には、支出した費用のほか、仕事を完成すれば得たであろう利益(履行利益)も含まれる(通説)。**K**

2 注文者が破産手続開始決定を受けた場合

注文者が破産手続開始の決定を受けたときは、**仕事完成前の請負人又は注文者の破産管財人は、請負契約を解除することができる**(642条1項)。**22**

趣旨 破産により注文者に報酬を支払う能力が失われた後も、引き続き仕事を完成させなければならないとするのは請負人にとって酷である。

破産管財人が請負契約を解除した場合、請負人は、その解除によって生じた損害の賠償を請求することができ、その損害賠償について、破産財団の配当に加入する(642条3項)。

〈語句〉●破産財団とは、破産者の財産又は相続財産若しくは信託財産であって、破産手続において破産管財人にその管理及び処分をする権利が専属するものをいう(破産法2条14項)。

〈解説〉 **発展**注文者が破産手続開始の決定を受けた場合において、請負人は、既にした仕事の報酬及びその中に含まれていない費用について、破産財団の配当に加入することができる(642条2項)。**L**

重要事項 一問一答

01 請負契約の締結について書面は必要か?

書面は不要であり、当事者間の合意だけで成立する(諾成契約)。

02 請負契約の目的は何か？

仕事の完成

03 民法では下請 (下請負) は禁止されているか？

禁止されていない。

04 下請 (下請負) に対して、注文者から直接仕事の完成を請け負うことを何と言うか？

元請(元請負)

05 完成物の引渡義務はどのような場合に負うか？

仕事の完成が物の引渡しを要する場合

06 請負人の仕事完成義務と注文者の報酬支払義務は同時履行の関係か？

請負人の仕事完成義務が先履行(633条)

07 建物建築工事請負契約で請負人が材料の全部を提供した場合 (注文者は報酬未払)、建物の完成時点では誰にその所有権が帰属するか？

請負人に帰属する(判例)。

08 仕事完成前に請負人の帰責事由により仕事完成義務が履行不能になった場合、請負人が報酬を請求する余地はあるか。

請負人が既にした仕事の結果のうち可分な部分の給付によって注文者が利益を受けるときは、その部分を仕事の完成とみなし、請負人は、注文者が受ける利益の割合に応じて報酬を請求することができる(634条1号)。

09 仕事完成前に注文者の帰責事由により仕事完成義務が履行不能になった場合、請負人はどの程度の報酬を請求することができるか。

全額の報酬を請求することができる(536条2項前段)。

10 請負人の契約不適合責任における契約不適合とは何か？

引き渡された仕事の目的物(引渡しを要しない場合にあっては、仕事が終了した時における仕事の目的物)が種類又は品質に関して契約の内容に適合しないこと(559条、562条〜564条、636条本文)

11 請負人の契約不適合責任に基づいて注文者が行使することができる権利は何か？

追完請求権、報酬減額請求権、損害賠償請求権、契約解除権

12 注文者は、引き渡された仕事の目的物の種類又は品質に関する不適合を理由にして、請負契約を解除することができるか？

解除することができる(559条、564条、541条、542条)。

13 仕事の目的物の契約不適合がある場合、注文者は、その不適合を知った時から何年以内にその旨を請負人に通知しないときに、その不適合を理由とする追完請求権を行使することができなくなるか？

その不適合を知った時から1年以内(637条1項)

14 民法では請負人が契約不適合責任を負わないとする旨の特約は有効か？

有効である。

15 請負人が仕事を完成しない間は、注文者は、正当な理由がなくても請負契約を解除することができるか？

請負人が仕事を完成しない間は、正当な理由がなくても、いつでも損害を賠償して請負契約を解除することができる(641条)。

16 注文者が破産手続開始の決定を受けた場合、注文者の破産管財人は、請負契約を解除することができるか。

解除することができる(642条1項本文)。

▶ 過去問チェック（争いのあるときは、判例の見解による）

01 請負は、当事者の一方がある仕事を完成することを約し、相手方がその仕事の結果に対してその報酬を支払うことを約することによって、その効力を生ずる有償、双務及び諾成契約である。

○（区2019）

02 請負契約においては、請負人は、自らが請け負った仕事を第三者に請け負わせることはできない。

×（国般2012改題）「第三者に請け負わせることはできない」が誤り。

03 請負人の報酬債権は、仕事の完成によって発生するので、請負人は、仕事を完成させるまでは、注文者に対し、報酬の支払を請求することができない。

×（裁2015）「請負人の報酬債権は、仕事の完成によって発生するので」が誤り。

04 請負契約において、注文者の報酬支払義務と同時履行の関係に立つのは、請負人の目的物の引渡義務ではなく、請負人の仕事完成義務である。

×（国般2012）「請負人の目的物の引渡義務ではなく、請負人の仕事完成義務である」が誤り。

05 請負代金の支払時期は、仕事の目的物の引渡しを要しない場合には、請負人を保護する観点から、先払いとされている。

×（税・労・財2020）「請負人を保護する観点から、先払いとされている」が誤り。

06 請負人が材料の全部又は主要部分を供給した場合には、完成物の所有権は請

負人にいったん帰属し、注文者が請負人に対して報酬を支払うことによって、完成物の所有権は請負人から注文者に移転する。

× (裁2015)「注文者が請負人に対して報酬を支払うことによって」が誤り。

[07] 注文者が仕事の完成前に代金の全額を支払っていた場合には、材料の主要部分を提供したのが注文者か請負人かにかかわらず、原則として、仕事の完成と同時に注文者が目的物の所有権を原始的に取得する。

○ (裁2019)

[08] 注文者Aと請負人Bが、契約が中途で解除された際の出来形部分の所有権はAに帰属する旨の約定で建物建築工事の請負契約を締結した後に、Bがその工事を下請負人Cに一括して請け負わせた場合において、その契約が中途で解除されたときであっても、Cが自ら材料を提供して出来形部分を築造したのであれば、AC間に格別の合意があるなど特段の事情のない限り、その出来形部分の所有権はCに帰属するとするのが判例である。

× (国般2021)「その出来形部分の所有権はCに帰属する」が誤り。

[09] 請負契約が締結されたが、その仕事が完成する前に、注文者と請負人のいずれの責めにも帰することのできない事由によって仕事の目的物が滅失した場合は、仕事を再開すれば契約で規定された期間内に完成が可能であっても、請負人の仕事完成義務は消滅する。

× (国般2012)「請負人の仕事完成義務は消滅する」が誤り。

[10] 請負人が、その責めに帰すべき事由により中途で仕事を中止し、約定された工期内の完成不能が明確になったときは、注文者は、当該期限の経過前であっても契約を解除することができる。

○ (裁2013)

[11] 注文者の責めに帰することができない事由によって仕事を完成することができなくなった場合において、請負人が既にした仕事の結果のうち可分な部分の給付によって注文者が利益を受けるときは、その部分は仕事の完成とみなされ、請負人は、注文者が受ける利益の割合に応じて報酬を請求することができる。

○ (税・労・財2020)

[12] 請負工事が注文者の責めに帰すべき事由で完成不能となったときは、請負人

は、工事を続行すべき義務を免れるが、注文者に対して残部に係る請負代金を請求することもできない。

× (裁2013)「注文者に対して残部に係る請負代金を請求することもできない」が誤り。

[13] 請負契約が締結されたが、その仕事が完成する前に、注文者の責めに帰すことのできない事由によって仕事の目的物が滅失して、仕事の完成が不能となったときには、請負人は、既にした仕事の結果のうち可分な部分の給付によって注文者が利益を受けるとしても、注文者が受ける利益の割合に応じて報酬を請求することができない。

× (国般2012改題)「注文者が受ける利益の割合に応じて報酬を請求することができない」が誤り。

[14/予] 引き渡された仕事の目的物が数量又は権利について契約の内容に適合しないときは、注文者は、請負人に対し、その不適合を理由とする追完請求権を行使することができる。

× (予想問題)「その不適合を理由とする追完請求権を行使することができる」が誤り。

[15/予] 引き渡された仕事の目的物が品質に関して契約の内容に適合しない場合、その不適合の修補に過分の費用を要するときは、その不適合について帰責事由のない注文者は、請負人に対し、その目的物の修補を請求することができず、損害賠償の請求のみをすることができる。

× (予想問題)「その目的物の修補を請求することができず、損害賠償の請求のみをすることができる」が誤り。

[16/予] 引き渡された仕事の目的物が品質に関して契約の内容に適合しない場合、その不適合について帰責事由のない注文者は、相当の期間を定めて請負人に履行の追完の催告をし、その期間内に履行の追完がないとしても、請負人に対し、その不適合の程度に応じて報酬の減額を請求することができない。

× (予想問題)「その不適合の程度に応じて報酬の減額を請求することができない」が誤り。

[17/予] 引き渡された仕事の目的物が品質に関して契約の内容に適合しない場合、その不適合について帰責事由のない注文者は、履行の追完が不能であっても、請負人に履行の追完の催告をしなければ、請負人に対し、報酬の減額を請求することができない。

× (予想問題)「請負人に履行の追完の催告をしなければ、請負人に対し、報酬の減額を請求することができない」が誤り。

18/予 建物の建築を目的とする請負契約において、その仕事の目的物である建物の種類又は品質に関して契約の内容に適合していないものがある場合であっても、注文者は、請負契約の解除をすることができない。

× (予想問題)「請負契約の解除をすることができない」が誤り。

19 建物建築工事の請負契約の目的物として請負人Bから引渡しを受けた建物に欠陥があった場合において、注文者Aがその欠陥があることを知った時から1年以内にその旨をBに通知しなかったときは、建物をAに引き渡した時に、Bがその欠陥の存在を知り、又は重大な過失によって知らなかったときを除き、Aは、その欠陥の存在を理由としてBに建物の修補を求めることができない。

○ (国般2021)

20 建物建築工事の請負契約において、注文者Aは、請負人Bがその工事を完成しない間は、損害を賠償することなく、いつでもその契約を解除することができる。

× (国般2021)「損害を賠償することなく」が誤り。

21 請負人が仕事を完成しない間は、注文者は、正当な理由があるときに限り、損害を賠償して請負契約を解除することができる。

× (税・労・財2020)「正当な理由があるときに限り」が誤り。

22 注文者が破産手続開始の決定を受けたときは、請負人は、仕事の完成後であっても、請負契約を解除することができる。

× (税・労・財2020)「仕事の完成後であっても」が誤り。

A 請負人が、請け負った仕事の全部又は一部を下請負人に請け負わせた場合には、下請負人は、注文者に対して直接に義務を負う。

× (裁2019)「注文者に対して直接に義務を負う」が誤り。

B 請負人が注文者から住宅の建築を請け負ったが、注文者の責めに帰すべき事由によりその仕事の完成が不可能になった場合には、請負人は報酬請求権を失わず、たとえ自己の債務を免れたことにより利益を得たとしても、これを注文者に償還する必要はない。

× (税・労2004改題)「たとえ自己の債務を免れたことにより利益を得たとしても、これを注文者に

償還する必要はない」が誤り。

C 仕事の目的物である建物の種類又は品質に不適合があるためにこれを建て替えざるを得ない場合であっても、注文者は、建物の建替えに要する費用相当額の損害賠償請求をすることはできない。

×（裁2016改題）「建物の建替えに要する費用相当額の損害賠償請求をすることはできない」が誤り。

D/予 引き渡された仕事の目的物の種類又は品質に関する不適合が、注文者の供した材料の性質又は注文者の与えた指図によって生じた場合、請負人がその材料又は指図が不適当であることを知りながら告げなかったとしても、注文者は、その不適合を理由とする追完請求権や報酬減額請求権を行使することができない。

×（予想問題）「その不適合を理由とする追完請求権や報酬減額請求権を行使することができない」が誤り。

E/予 甲が、乙に対して、甲所有の土地上に建物を建築することを請け負わせた。その後、建物が完成し、乙から甲に建物が引き渡された後、落雷が発生し、当事者双方の責めに帰すことができない事由により建物が全焼してしまった場合、乙は、建物を建て直さなければならない。

×（予想問題）「乙は、建物を建て直さなければならない」が誤り。

F 請負人は、仕事の目的物が種類又は品質に関して契約の内容に適合しない場合における担保の責任（契約不適合責任）を負わない旨の特約をしたときであっても、その存在を知りながら告げなかった事実については、その責任を免れることができない。

○（税2012改題）

G 請負契約の目的物に瑕疵がある場合には、注文主は、瑕疵の程度や各契約当事者の交渉態度等にかんがみ信義則に反すると認められるときを除き、請負人から瑕疵の修補に代わる損害の賠償を受けるまでは、報酬全額の支払を拒むことができ、これについて履行遅滞の責任も負わない。

○（税・労2000）

H 自働債権に相手方の同時履行の抗弁権が付着している場合には、原則として相殺は許されないが、注文者が請負目的物の種類又は品質の不適合に基づく損害賠償請求権を自働債権とし、これと同時履行の関係にある請負人の報酬請求権を受働

債権として相殺することは許される。

○（裁2009改題）

［ I ］ 請負人の報酬債権に対し、注文者がこれと同時履行の関係にある請負目的物の種類又は品質の不適合に基づく損害賠償債権を自働債権とする相殺の意思表示をした場合、注文者は、請負人に対する相殺後の報酬残債務について、相殺の意思表示をした日の翌日からではなく、相殺適状になった日の翌日から遅滞に陥るとするのが判例である。

×（税2004改題）「相殺の意思表示をした日の翌日からではなく、相殺適状になった日の翌日から遅滞に陥る」が誤り。

［ J ］ 請負人が仕事を完成しない間は、注文者は、いつでも契約を解除することができるが、解除に先立って損害賠償を提供する必要がある。

×（裁2016）「解除に先立って損害賠償を提供する必要がある」が誤り。

［ K ］ 請負人が仕事を完成させるまでは、注文者はいつでも損害を賠償して契約を解除できる。通説に照らすと、この損害賠償の範囲には、支出した費用のほか仕事を完成すれば得たであろう利益も含まれる。

○（税・労2004改題）

［ L ］ 注文者が破産手続開始の決定を受けたとき、請負人は、契約の解除をすることができるが、この場合に、請負人は、既にした仕事の報酬に含まれていない費用について、破産財団の配当に加入することができない。

×（区2019）「破産財団の配当に加入することができない」が誤り。

10 契約各論(3)―その他③ 委任

本節では、委任、寄託、組合、和解を扱います。委任以外は、📖発展 扱いです。

❶ 委任

1 総説

意義 委任契約(委任)とは、当事者の一方(委任者)が**法律行為をすること**を相手方(受任者)に委託し、相手方がこれを承諾することによって、その効力が生じる契約である(643条)。契約時に書面(ex.契約書、委任状)の作成・交付が行われることが多いが、民法上は**書面の作成・交付は不要**である。 01

① 無償委任の法的性格

委任は、委任者と受任者の約束のみで成立する**諾成契約**である。受任者は委任事務を処理する義務を負うが、この義務と委任者の義務(詳細は後述の 4 「委任者の義務」で扱う)とが対価的関係に立たない**片務契約**である。また、委任者による対価の支払を要しない**無償契約**である(諾成・片務・無償契約)。

委任者 A ──── 委任事務の処理を請求する債権 ────▶ B 受任者

【委任契約 (無償)】

② 有償委任の法的性格

ただし、委任者が受任者に**報酬を支払う旨の特約**がある場合は、「委任事務の処理」「報酬の支払」という対価的な債務を互いに負担する**双務契約**であり、委任者による対価の支払を要する**有償契約**となる(諾成・双務・有償契約)。

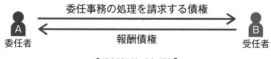

委任者 A ──── 委任事務の処理を請求する債権 ────▶ B 受任者
A ◀──── 報酬債権 ──── B

【委任契約 (有償)】

〈語句〉●**委任者**とは、委任において、委任事務の処理を委託した者をいう。**受任者**とは、委託を受けて委任事務を処理する者をいう。
●**有償委任**とは、委任者が報酬を支払う旨の特約がある委任をいう。**無償委任**とは、そのような特約がない委任をいう。

〈解説〉 委任契約は、仕事を自己の裁量で処理する点では請負契約と共通する。しかし、請負が仕事の完成を目的としているのに対して、委任は仕事の完成を目的としていない点が異なる。

2 ▷ 準委任 /発展

意義 準委任とは、**法律行為でない事務の委託**をいい、準委任についても**委任に関する規定が準用**される(656条)。

準委任契約(準委任)は、**委任者が法律行為でない事務をすること**を受任者に委託し、受任者がこれを承諾することによって、その効力が生じることになる。そして、準委任にも委任の規定が及ぶことから、委任と準委任を区別する実益はないので、本書では両者を併せて「委任」とする。

3 ▷ 受任者の義務

① 委任事務を処理する義務

設例 AはBに甲土地を1000万円で売却して引き渡したが、約束の期日を経過してもBが代金を支払わないので、弁護士Cに代金の回収を委託した。

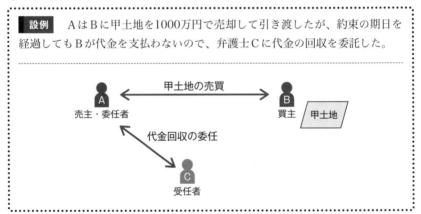

受任者は、委任事務を処理する義務を履行するに際して、善管注意義務と自ら委任事務を処理する義務を負う。

(ア) 善管注意義務

受任者は、**委任の本旨に従い、善良な管理者の注意**をもって、委任事務を処理する義務を負う(**善管注意義務**)(644条)。02

趣旨 委任は委任者・受任者間の信頼関係に基づく契約なので、その信頼に応えるため、**有償委任・無償委任を問わず**、受任者が委任者に対して善管注意義務を負うものとした。**02**

┈┈
設例 では、受任者Cは、委任者Aに対し、委任の本旨に従い、善良な管理者の注意をもって代金回収を行う義務を負う。
┈┈

(イ) 自ら委任事務を処理する義務

受任者は、**委任者の許諾を得たとき、又はやむを得ない事由**があるときでなければ、**復受任者を選任**することができない(644条の2第1項)。したがって、受任者は、委任者の許諾又はやむを得ない事由がある場合を除き、**自ら委任事務を処理する義務を負う。 03**

趣旨 委任が委任者・受任者間の信頼関係に基づく契約なので、受任者以外の者による委任事務の処理を原則として禁止した。

〈**語句**〉●**復受任者**とは、受任者から委託を受けて委任事務を処理する者である。

〈**解説**〉　**発展** 代理権を付与する委任において、受任者が代理権を有する復受任者を選任したときは、**復受任者**は、委任者に対して、その権限の範囲内において、**受任者と同一の権利を有し、義務を負う**(644条の2第2項)。

┈┈
設例 では、受任者Cは、委任者Aの許諾を得たとき、又はやむを得ない事由があるときを除き、復受任者の選任ができず、委任事務を自ら処理する義務を負う。
┈┈

② 付随的義務

受任者は、委任事務の処理に付随して、次のような義務や責任を負う。

(ア) 報告義務 (645条)

①請求による報告	委任者の請求があるときは、**いつでも**委任事務の処理の状況を報告 **04**
②委任終了後の報告	委任が終了した後は、**遅滞なく**その経過及び結果を報告しなければならない。 **04**

(イ) 受取物引渡し等の義務

受任者は、①委任事務を処理するに当たって受け取った金銭その他の物及び収取した果実を、委任者に引き渡さなければならず(646条1項) **05**、②委任者のために自己の名で取得した権利を、委任者に移転しなければならない(646条2項)。 **06**

（ウ）金銭の消費についての責任（647条）／発展

　受任者は、委任者に引き渡すべき金額又はその利益のために用いるべき金額を自己のために消費したときは、その消費した日以後の利息を支払わなければならず、損害があるときは、併せてその賠償の責任も負う。 A

③ 委任の終了後の応急処分

　委任が終了した場合において、急迫の事情（そのまま放置すると委任者等に損害が生じるような事情）があるときは、受任者等は、**委任者等が委任事務を処理することができるに至るまで**、必要な処分をしなければならない（654条）。

〈語句〉●委任者等とは、「委任者又はその相続人若しくは法定代理人」である。すなわち、委任者、委任者の相続人、委任者の法定代理人のことを指す。
　　　　●受任者等とは、「受任者又はその相続人若しくは法定代理人」である。すなわち、受任者、受任者の相続人、受任者の法定代理人のことを指す。

4 委任者の義務

　委任者の義務は、無償委任・有償委任に共通する義務と、有償委任における報酬支払義務とに分けることができる。

① 無償委任・有償委任に共通する義務

（ア）費用前払義務（649条）

　委任事務を処理するについて費用を要するときは、委任者は、**受任者の請求により、その前払**をしなければならない。 07

（イ）立替費用償還義務（650条1項）

　受任者は、委任事務を処理するのに必要と認められる費用を支出したときは、委任者に対し、その費用及び支出の日以後におけるその利息の償還（**立替費用償還**）を請求することができる 08 。したがって、**委任者は、受任者からの立替費用償還の請求に応じる義務がある。**

（ウ）代弁済義務・担保供与義務（650条2項）

　受任者は、委任事務を処理するのに必要と認められる債務を負担したときは、委任者に対し、自己に代わってその弁済をすること（**代弁済**）を請求することができる。この場合において、その債務が弁済期にないときは、委任者に対し、相当の担保を供させること（**担保供与**）ができる。したがって、**委任者は、受任者からの代弁済や担保供与の請求に応じる義務がある。**

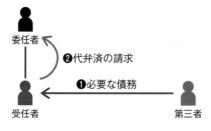

【代弁済義務】

〈解説〉　📖発展 650条2項に基づいて有する代弁済請求権に対しては、委任者は、受任者に対して有する債権をもって相殺することができない（最判昭47.12.22）B 。受任者の有する代弁済請求権は、通常の金銭債権とは異なる目的を有するものであって、委任者が受任者に対して有する金銭債権と同種の目的を有する権利ということはできないからである。

(エ) 損害賠償義務

　受任者は、委任事務を処理するため自己に**過失なく損害を受けた**ときは、委任者に対し、その**賠償**を**請求**することができる（650条3項）。したがって、受任者が委任事務の処理において過失なく損害を受けた場合、委任者は、**自己の過失の有無を問わず**、受任者に対して損害賠償義務を負う（**無過失責任**）。09

② 有償委任における報酬支払義務

> **設例**　AはBに甲土地を1000万円で売却して引き渡したが、約束の期日を経過してもBが代金を支払わないので、弁護士Cに代金の回収を委託した。AC間の委任契約に関する報酬は「回収することができた代金の10％」とする旨を約束していた。
>
>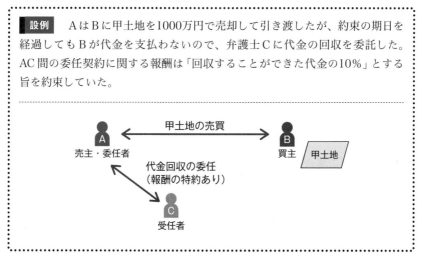

有償委任の場合に限り、委任者が報酬を支払う義務を負う（648条1項）10 。報酬

が支払われる委任は、①委任事務の履行に対して報酬が支払われる場合(**履行割合型**)と、②委任事務の処理の結果として達成された成果に対して報酬が支払われる場合(**成果完成型**)の2つがあり、以下のように報酬支払時期が異なる。

〈解説〉　期間によって報酬を定めたときは、受任者は、その期間を経過した後に、報酬を請求することができる(648条2項ただし書、624条2項) 11 。例えば、「毎月25日に10万円を支払う」との報酬の特約を定めた場合には、委任事務の履行状況を問わず、委任者は、受任者に対し、毎月25日に10万円の報酬を支払わなければならない。

(ア) 履行割合型の報酬支払時期

履行割合型の場合、受任者は、原則として、委任事務を履行した後でなければ、報酬を請求することができない(648条2項本文)。したがって、委任事務の履行と報酬の支払とは同時履行の関係に立たず、**報酬は後払いである**。 10

(イ) 成果完成型の報酬支払時期

成果完成型の場合、委任事務の成果の引渡しを要するときは、委任者は、その成果の引渡しと同時に報酬を支払わなければならない(648条の2第1項)。したがって、**成果の引渡しと報酬の支払とが同時履行の関係に立つ**。 12/予

これに対して、委任事務の成果の引渡しを要しないときは、受任者は、委任事務の履行によって成果が得られた後でなければ、報酬を請求することができない(648条2項本文)。したがって、委任事務の履行による成果と報酬の支払とは同時履行の関係に立たず、**報酬は後払いである**。

> ■設例■では、AC間の委任契約が成果完成型に当たるので、受任者Cは、委任者Aに対し、回収した代金の引渡しと同時に報酬を支払うよう請求することができる。例えば、Cが100万円を回収したときは、Aに対して100万円の引渡しと同時に10万円の報酬を支払うよう請求することができる。

5 委任事務の処理不能の場合等の報酬請求権

① 履行割合型の場合

(ア) 委任者の帰責事由がある場合

委任者の責めに帰すべき事由によって委任事務を処理することができなくなった場合は、危険負担の債権者主義により、受任者は、**報酬の全額を請求する**ことができる(536条2項本文)。

(イ) 委任者の帰責事由がない場合、委任が中途で終了した場合

これに対して、委任者の責めに帰することができない事由によって委任事務を処

理することができなくなった場合、又は委任が履行の中途で（委任事務を処理している途中の段階で）終了した場合には、受任者は、**既にした履行の割合に応じて報酬を請求する**ことができる（648条3項）。 13/予

【委任事務の処理不能の場合等の報酬請求権（履行割合型）】

委任者に帰責事由あり	委任者に帰責事由なし※	履行の中途で終了
報酬全額請求可能	履行の割合に応じた報酬請求可能	

※ 受任者だけに帰責事由がある場合と双方に帰責事由がない場合を意味する。

② 成果完成型の場合

（ア）委任者の帰責事由がある場合

委任者の責めに帰すべき事由によって委任事務を処理して成果を得ることができなくなった場合は、**危険負担の債権者主義**により、受任者は、**報酬の全額を請求する**ことができる（536条2項本文）。

（イ）委任者の帰責事由がない場合、委任が中途で終了した場合

これに対して、委任者の責めに帰することができない事由によって委任事務を処理することができなくなった場合、又は委任が履行の中途で（委任事務を処理している途中の段階で）解除された場合において、受任者が既にした委任事務の処理のうち**可分な部分の履行によって委任者が利益を受ける**ときは、受任者は、その部分を得られた成果とみなし、委任者が受ける利益の割合に応じて報酬を請求することができる（648条の2、634条）。 14/予

【委任事務の処理不能の場合等の報酬請求権（成果完成型）】

委任者に帰責事由あり	委任者に帰責事由なし※	履行の中途で解除
報酬全額請求可能	可分な部分の履行によって委任者が利益を受ける割合に応じた報酬請求可能	

※ 受任者だけに帰責事由がある場合と双方に帰責事由がない場合を意味する。

6 委任の終了

委任が終了する事由には、契約の一般的な終了事由（ex.債務不履行による解除）に加えて、次のような特殊な事由がある。

〈解説〉 委任の終了事由は、これを相手方に通知したとき、又は相手方がこれを知っていたときでなければ、これをもってその相手方に対抗することができない（655条）。 15

① 任意解除

（ア）任意解除と損害賠償

　委任は、各当事者がいつでもその解除をすることができる(651条1項)［16］。したがって、委任の履行の途中で、理由を問わず、いつでも解除をすることができる。

　趣旨　委任は当事者間の信頼関係に基づく契約であり、信頼関係が失われた場合に契約関係を維持するのは無意味であるから、自由な解除権を認めた。

　もっとも、相手方の不利な時期に解除した場合、又は受任者の利益(専ら報酬を得ることによるものを除く)をも目的とする委任を解除したときは、やむを得ない事由による場合を除き、その損害を賠償しなければならない(651条2項)。［16］

　趣旨　自由な解除権を認めつつも、一定の場合に相手方の損害を賠償させることによって、当事者間の公平を図る。

〈**解説**〉　①　「相手方の不利な時期」の具体例として、受任者からの解除であれば、その時期に解除されると、委任者が自らまたは他の者に委託して委任事務を処理するのに支障を生じる場合などが挙げられる。

　　　　　②　「受任者の利益をも目的とする委任」の具体例として、賃貸人AがB社に賃貸不動産の管理の一切を委託しており、賃借人Cから受け取る保証金をBが事業資金として自由に使ってよいとする約定がある場合などが挙げられる。

　　　　　③　「やむを得ない事由による場合」の具体例として、受任者からの解除であれば、急病によって委任事務の継続が困難になった場合などが挙げられる。

【委任の任意解除】

原則	いつでも解除することができ、相手方への損害賠償は不要である
例外	以下のいずれかの場合には、いつでも解除することはできるが、相手方への損害賠償が必要である(やむを得ない場合は損害賠償が不要) ①　相手方に不利な時期の解除 ②　受任者の利益(専ら報酬を得ることによるものを除く)をも目的とする委任の解除

（イ）委任の解除の効力

　委任の解除は、将来に向かってのみその効力を生じる(将来効)(652条、620条前段)。［17］

　趣旨　委任は継続的契約であり、解除の遡及効を認めると当事者間の法律関係が複雑化するので、これを否定した。

② 当事者の死亡等

以下の①〜③のいずれかの事由により、委任が終了する(653条)。

> 【当事者の死亡等による委任の終了 (653条)】
> ① 委任者又は受任者の**死亡**(1号) 18 C
> ② 委任者又は受任者が**破産手続開始の決定**を受けたこと(2号) 18
> ③ **受任者が後見開始の審判**を受けたこと(委任者が後見開始の審判を受けたことは委任の終了事由でない)(3号) 18

〈解説〉 /発展 委任者の死亡後の事務処理を内容とする場合には、委任者が死亡しても委任は終了しない(最判平4.9.22)。 C

2 寄託 /発展

1 総説

意義 寄託契約(寄託)とは、当事者の一方(寄託者)がある**物を保管すること**を**相手方(受寄者)に委託**し、相手方がこれを承諾することによって、その効力が生じる契約である(657条)。

① 無償寄託の法的性格

寄託は、寄託者と受寄者の約束のみで成立する**諾成契約**である。受寄者は物を保管する義務を負うが、この義務と寄託者の義務(詳細は後述の 5 「寄託者の義務」で扱う)とが対価的関係に立たない**片務契約**である。また、寄託者による対価の支払を要しない**無償契約**である(諾成・片務・無償契約)。

【寄託契約 (無償)】

〈語句〉●**寄託者**とは、寄託において、物の保管を委託した者をいう。**受寄者**とは、委託を受けて物を保管する者をいう。
●**寄託物**とは、受寄者に保管を委託する寄託の目的物である。
●**有償寄託**とは、寄託者が報酬を支払う旨の特約がある寄託をいう。**無償寄託**とは、そのような特約がない寄託をいう。

② 有償寄託の法的性質

　寄託者が受寄者に**報酬を支払う旨の特約**がある場合は、「物の保管」「報酬の支払」
という対価的な債務を互いに負担する**双務契約**であり、寄託者による対価の支払を
要する**有償契約**となる(諾成・双務・有償契約)。

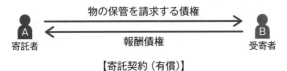

【寄託契約(有償)】

2 特殊な寄託

① 混合寄託

意義　混合寄託とは、複数の者が寄託した物の種類・品質が同一である場合、
　　　　受寄者が、各寄託者の承諾を得て、これらを混合して保管する場合の寄託
　　　　をいう(665条の2第1項)。

　混合寄託の寄託者は、その寄託した物と同じ数量の物の返還を請求することがで
きる(665条の2第2項)。

② 消費寄託

意義　消費寄託とは、受寄者が契約により寄託物を消費することができる場合
　　　　の寄託をいう(666条1項)。預金者(寄託者)が金融機関(受寄者)に金銭(寄託
　　　　物)を預けるという預金契約が典型例である。

　消費寄託の受寄者は、寄託された物と種類・品質・数量の同じ物をもって返還し
なければならず、これができなくなったときは、その時における物の価額を返還し
なければならない(666条2項、592条本文)。

3 寄託物の受取前の解除

　以下のように、寄託物の受取前においては、**寄託者や無報酬の受寄者(書面によ
る寄託の受寄者を除く)**には、**自由な解除を認める**と共に、有報酬の受寄者や無報
酬の受寄者(書面による寄託の受寄者に限る)には、催告の手続を経ることで解除す
ることを認めている。

【寄託物の受取前の解除】

・寄託者	受寄者が寄託物を受け取るまで、契約の解除をすることができる(657条の2第1項前段)
・無報酬の受寄者(書面による寄託の受寄者を除く)	寄託物を受け取るまで、契約の解除をすることができる(657条の2第2項)
・有報酬の受寄者 ・無報酬の受寄者(書面による寄託の受寄者に限る)	寄託物を受け取るべき時期を経過したにもかかわらず、寄託者が寄託物を引き渡さない場合において、相当の期間を定めてその引渡しの催告をし、その期間内に引渡しがないときは、契約の解除をすることができる(657条の2第3項)

4 受寄者の義務

　受寄者は、寄託者に対し、寄託物を保管する義務(保管義務)と、それに付随する義務を負う。

① 保管義務
(ア) 保管義務の程度
　保管義務の程度については、有償寄託が善管注意義務であるのに対し、無償寄託はそれより軽減された注意義務を負うにとどまる。

無償寄託	受寄者は、自己の財産に対するのと同一の注意をもって、寄託物を保管する義務を負う(659条)
有償寄託	受寄者は、寄託物の引渡しをするまで、契約その他の債権の発生原因及び取引上の社会通念に照らして定まる善良な管理者の注意をもって、その寄託物を保管(保存)しなければならない(善管注意義務)(400条)

(イ) 寄託物の使用の禁止
　受寄者は、寄託者の承諾を得なければ、寄託物を使用することができない(658条1項)。

趣旨　寄託は寄託物の保管を目的とする契約であり、寄託物を使用することを予定していない(使用を目的とするのであれば、使用貸借又は賃貸借を締結すべきである)。

(ウ) 自ら寄託物を保管する義務
　受寄者は、寄託者の承諾を得たとき、又はやむを得ない事由があるときでなければ、寄託物を第三者(再受寄者)に保管させることができない(658条2項)。

趣旨　寄託は受寄者が保管することを内容とする契約であり、第三者が保管することを予定していない。

〈解説〉　再受寄者は、寄託者に対して、その権限の範囲内において、受寄者と同

一の権利を有し、義務を負う(658条3項)。

② 保管に付随する義務

(ア) 委任の規定の準用

①受領物引渡し等の義務(646条)、②金銭の消費についての責任(647条)の規定が、寄託について準用される(665条、本節❶項③「受任者の義務」参照)。

(イ) 通知義務

寄託物について権利を主張する第三者が受寄者に対して訴えを提起し、又は差押え、仮差押え若しくは仮処分をしたときは、受寄者は、寄託者が既に知っている場合を除き、遅滞なくその事実を寄託者に通知しなければならない(660条1項)。

(ウ) 寄託物の返還の場所

寄託物の返還は、その保管をすべき場所でしなければならない。ただし、受寄者が正当な事由によってその物を保管する場所を変更したときは、その現在の場所で返還をすることができる(664条)。

(エ) 損害賠償義務

受寄者は、寄託者に対し、寄託物の一部滅失又は損傷によって生じた損害を賠償する義務を負う(664条の2)。

〈解説〉　寄託物の一部滅失又は損傷によって生じた損害の賠償は、寄託者が返還を受けた時から1年以内に請求しなければならない(664条の2第1項)。この損害賠償の請求権については、寄託者が返還を受けた時から1年を経過するまでの間は、時効が完成しない(664条の2第2項)。

5 寄託者の義務

① 委任の規定の準用

①費用前払義務(649条)、②立替費用償還義務(650条1項)、③代弁済義務・担保供与義務(650条2項)、④有償委任における報酬支払義務(648条)の規定が、寄託について準用される(665条、本節❶項④「委任者の義務」参照)。なお、④は**有償寄託**について準用される。

〈解説〉　①　有償委任における報酬支払義務のうち、成果完成型の場合の報酬(648条の2)の規定は、有償寄託について準用されない。したがって、有償寄託について準用されるのは、履行割合型の場合の報酬の規定である。

②　受寄者が支出した費用の償還は、寄託者が返還を受けた時から1年以内に請求しなければならない(664条の2第1項)。

② 損害賠償義務

原則　寄託者は、寄託物の性質又は瑕疵によって生じた損害を受寄者に賠償しなければならない(661条本文)。

例外　寄託者が**過失なくその性質若しくは瑕疵を知らなかったとき**、又は**受寄者がこれを知っていたとき**は、損害賠償義務を免れる(661条ただし書)。

6 寄託物の返還時期

寄託物の返還時期については、以下のように、当事者が寄託物の返還時期を定めたか否かによって異なる。

【寄託物の返還時期】

返還時期の有無	寄託者	受寄者
返還時期を定めた場合	いつでも返還請求可能(662条1項)	やむを得ない事由がなければ、**期限前に返還不可**(663条2項)
返還時期を定めなかった場合	いつでも返還請求可能(662条1項)	いつでも返還可能(663条1項)

3 組合 /発展

1 総説

意義　組合契約とは、各当事者(2人以上の組合員)が**出資をして共同の事業を営むこと**を約束することによって、その効力が生じる契約である(667条1項)。

① 組合契約の法的性質

組合契約は、各当事者の約束のみで成立する**諾成契約**であり、各当事者が出資という対価的な債務を互いに負担する**双務契約**である。また、各当事者による出資を要する**有償契約**である(諾成・双務・有償契約)。

〈**語句**〉●組合員とは、組合契約において、出資をして共同の事業を営む者をいう。組合とは、組合員が出資をして結成される団体をいう。

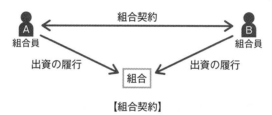

【組合契約】

② 組合契約と契約総則の規定

合同行為に類似する特殊性があることから、組合契約については、**同時履行の抗弁権**(533条)**及び危険負担**(536条)**の規定が適用されない**(667条の2第1項)。また、組合員は、他の組合員が組合契約に基づく債務の履行をしないことを理由として、**組合契約を解除することができない**(667条の2第2項)。

2 組合契約の成立要件

組合契約が成立するには、①2人以上の組合員が、②**出資**をして、③**共同の事業**を営むことを約束することが必要である。

① 出資の種類

各組合員の出資は、金銭や物品に限らず、**労務をその目的とすることができる**(667条2項) D 。また、金銭を出資の目的とした場合において、組合員がその出資をすることを怠ったときは、その利息を支払うほか、損害の賠償をしなければならない(669条)。 E

② 共同の事業

共同の事業を営むことが必要であるが、**事業の種類や目的について限定はない** F 。したがって、営利事業か非営利事業かを問わないし、継続的か非継続的かも問わない。 G

③ 組合員の1人の無効・取消しの原因

組合員の1人について意思表示の無効又は取消しの原因があっても、他の組合員の間においては、組合契約は、その効力を妨げられない(667条の3)。したがって、組合員の1人に無効・取消しの原因があっても、他の組合員の間の組合契約には影響を及ぼさない。

3 組合の業務執行

組合の業務執行(組合契約で定めた事業の実行に必要な行為)は、組合内部の関係である**対内関係**と、組合と第三者との関係である**対外関係**(組合代理)とに分けることができる。

① 対内関係
(ア) 業務執行者を決めていない場合 (少人数の組合を想定)

組合の業務は、**組合員の過半数をもって決定し、各組合員がこれを執行する**(670

条1項〔H〕。ただし、**組合の常務**は、その完了前に他の組合員が異議を述べたときを除き、**各組合員が単独で行うことができる**(670条5項)。

〈語句〉●**常務**とは、日常反復継続して行われる軽微な事務である。

（イ）業務執行者を決めている場合（多人数の組合を想定）

業務執行者は、**組合の業務を決定し、これを執行する**(670条3項前段)。この場合、業務執行者が数人あるときは、組合の業務は、**業務執行者の過半数**をもって決定し、各業務執行者がこれを執行する(670条3項後段)。

ただし、組合の業務については、総組合員の同意によって決定し、又は総組合員が執行することを妨げられない(670条4項)。また、**組合の常務**は、その完了前に他の組合員が異議を述べたときを除き、**各組合員が単独で行うことができる**(670条5項)。

〈語句〉●組合の業務の決定及び執行は、組合契約の定めるところにより、一人又は数人の組合員又は第三者に委任することができる(670条2項)。この規定により委任を受けた組合員又は第三者を**業務執行者**という。組合と業務執行者との関係は、**委任の規定が準用**される(671条)。

〈解説〉　①　業務執行組合員（業務執行者である組合員）は、①正当な事由がなければ、辞任することができず(672条1項)、②正当な事由がある場合に限り、他の組合員の一致によって解任することができる(672条2項)。

②　各組合員は、組合の業務の決定及び執行をする権利を有していなくても、その業務及び組合財産の状況を検査することができる(673条)。〔 I 〕

【組合の対内関係】

	業務の意思決定	業務の執行	常務
業務執行者を決めていない	組合員の過半数	各組合員	各組合員
業務執行者を決めている	単独ならその業務執行者が決定 複数なら業務執行者の過半数で決定 または 総組合員の同意で決定	各業務執行者 または 総組合員	各業務執行者 または 各組合員

② 対外関係（組合代理）

（ア）業務執行者を決めていない場合

各組合員は、組合の業務を執行する場合において、**組合員の過半数の同意**を得たときは、他の組合員を代理することができる(670条の2第1項)。

ただし、各組合員は、**組合の常務を行うときは、単独で組合員を代理**することができる(670条の2第3項)。

(イ) 業務執行者を決めている場合

　業務執行者のみが組合員を代理することができる。この場合、業務執行者が数人あるときは、各業務執行者は、業務執行者の過半数の同意を得たときに限り、組合員を代理することができる(670条の2第2項)。

　ただし、各業務執行者は、組合の常務を行うときは、単独で組合員を代理することができる(670条の2第3項)。

【組合の代理と常務】

	代理	常務
業務執行者を決めていない	組合員の過半数の同意を得た組合員	各組合員
業務執行者を決めている	単独ならその業務執行者 複数なら業務執行者の過半数の同意を得た業務執行者	各業務執行者

4 組合の財産関係

① 組合財産の法的性質

　各組合員の出資その他の組合財産は、**総組合員の共有**に属する(668条)。しかし、民法では**組合財産を確保**するため、組合員による持分処分や分割請求を制限していることから、一般に組合財産は**各組合員の合有**であると説明されている。判例も、組合財産が「組合員に合有的に帰属」すると述べている(最判昭43.6.27)。

〈語句〉●合有とは、共同所有の形態を表す講学上の概念で、共有と総有の中間に位置する。具体的には、各共同所有者は、**潜在的には持分を有するが、持分処分や分割請求の自由が制限される**など、共同目的のために持分が拘束を受けている場合をいう。

〈解説〉　組合財産についても、民法で特別の規定のなされていない限り、共有の規定(249条以下)が適用されるとしたうえで、組合員の1人は、単独で、組合財産である不動産につき、登記簿上の所有名義者たるものに対して登記の抹消を求めることができるとした判例がある(最判昭33.7.22)。

【共有・合有・総有の比較】

	共有	合有	総有
持分権	○	○(潜在的な持分を有するにすぎない)	×
持分処分	○	△(組合と第三者に対抗できない)	×
分割請求	○	△(清算前は不可)	×

② 組合員の持分処分の制限

組合員が組合財産について**持分を処分**しても、その処分をもって**組合及び組合と取引をした第三者に対抗する**ことができない(676条1項)。また、組合員は、組合財産である債権について、その持分についての権利を単独で行使することができない(676条2項)。

③ 組合財産の分割請求の制限

組合員は、清算前に組合財産の分割を求めることができない(676条3項)。

④ 組合財産に対する組合員の債権者の権利の行使の禁止

組合員の債権者(組合員に対して債権を有する者)は、**組合財産についてその権利を行使する**ことができない(677条)。例えば、組合員の債権者は、自己の債権と自己の組合に対する債務とを相殺することができず、組合員の組合財産上の持分を差し押さえることもできない。

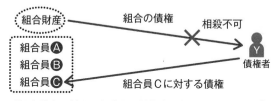

【組合財産に対する組合員の債権者の権利の行使の禁止】

⑤ 組合員の損益分配の割合

当事者が損益分配の割合を定めなかったときは、その割合は、**各組合員の出資の価額**に応じて定める(674条1項)。また、利益又は損失についてのみ分配の割合を定めたときは、その割合は、利益及び損失に共通であるものと推定する(674条2項)。

⑥ 組合の債権者の権利の行使

組合の債権者(組合に対して債権を有する者)は、①組合財産についてその権利を

行使することができる(675条1項)と共に、②その選択に従い、各組合員に対して損失分担の割合又は等しい割合でその権利を行使することができる(675条2項本文)。

〈解説〉 ②の場合において、組合の債権者がその債権の発生の時に各組合員の損失分担の割合を知っていたときは、各組合員に対してその割合でその権利を行使することができる(675条2項ただし書)。

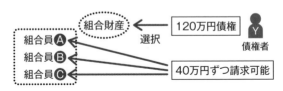

【組合の債権者の権利の行使（等しい割合の場合）】

5 組合員の加入と脱退

① 組合員の加入

組合員は、その**全員の同意**によって、又は**組合契約の定めるところ**により、新たに組合員を加入させることができる(677条の2第1項)。組合の成立後に加入した組合員は、その**加入前に生じた組合の債務**については、これを弁済する**責任を負わない**(677条の2第2項)。

② 組合員の脱退

（ア）組合員の任意脱退

組合員が任意に脱退することができる場合は、以下のように、組合契約における存続期間の定めの有無やその内容によって異なる。

〈解説〉 組合契約において**やむを得ない事由があっても組合員は脱退することができない旨の特約**がなされた場合、この特約は**公序良俗に反し無効**である(最判平11.2.23)。やむを得ない事由があっても組合からの任意脱退を認めないことは、任意脱退の自由の著しい制限であり公序良俗に反することに鑑み、678条はこのような制限を排除するための強行規定である。

【組合員の任意脱退（678条）】

①組合契約で組合の存続期間を定めなかった場合 ②組合契約である組合員の終身間組合が存続すべきことを定めた場合	**原則** いつでも脱退することができる(1項本文) **例外** やむを得ない事由がある場合を除き、組合に不利な時期に脱退することができない(1項ただし書)
③組合契約で組合の存続期間を定めた場合	やむを得ない事由があるときは、脱退することができる(2項)

（イ）組合員の非任意脱退

組合員は、次の①～④のいずれかの事由によって、脱退する(679条)[J]。これらの事由による脱退は、組合員の意思によらない脱退である(非任意脱退)。

> **【組合員の非任意脱退 (679条)】**
> ① 死亡(1号)
> ② 破産手続開始の決定(2号)
> ③ 後見開始の審判(3号)
> ④ 除名(4号)

④の事由については、**正当な事由**がある場合に限り、**他の組合員の一致**によって除名をすることができる(680条本文)。もっとも、除名した組合員にその旨を通知しなければ、これをもってその組合員に対抗することができない(680条ただし書)。[K]

（ウ）脱退の際の清算

組合員が脱退した際の清算については、以下の内容に従うことになる。

【脱退の際の清算 (681条)】

脱退した組合員と他の組合員との間の計算	脱退の時における組合財産の状況に従ってしなければならない(1項)
脱退した組合員の持分	その出資の種類を問わず、**金銭で払い戻すことができる**(2項) [L]
脱退の時にまだ完了していない事項	その完了後に計算をすることができる(3項)

（エ）脱退者の責任

⑦ 脱退前に生じた組合の債務

脱退した組合員は、その**脱退前に生じた組合の債務**について、従前の責任の範囲内でこれを弁済する責任を負う(680条の2第1項前段)。そして、脱退した組合員は、脱退前に生じた組合の債務を弁済したときは、組合に対して求償権を有する(680条の2第2項)。

① 脱退後に生じた組合債務

脱退後に生じた組合債務について、脱退した組合員は弁済責任を負わない。

〈解説〉 債権者が全部の弁済を受けない間は、脱退した組合員は、組合に担保を供させ、又は組合に対して自己に免責を得させることを請求することができる(680条の2第1項後段)。

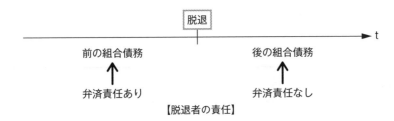

【脱退者の責任】

6 組合の解散

① 組合の解散事由

組合は、以下の①～⑤のいずれかの事由によって、解散する。

【組合の解散事由】

① 組合の目的である事業の**成功又はその成功の不能**(682条1号)

② 組合契約で定めた**存続期間の満了**(682条2号)

③ 組合契約で定めた**解散事由の発生**(682条3号)

④ **総組合員の同意**(682条4号)

⑤ 組合の**解散請求**(683条)

---

⑤の事由については、**やむを得ない事由**があるときに限り、各組合員は、組合の解散を請求することができる(683条)。

② 組合の解散の効果

組合の解散により、組合契約が将来に向かって消滅する(遡及効の否定)(684条、620条前段)。なお、組合が解散したときは、清算は、総組合員が共同して、又はその選任した清算人がこれをする(685条1項)。

③ 清算人の職務及び権限並びに残余財産の分割方法

(ア) 清算人の職務

清算人の職務は、①現務(現に取り扱っている事務)の結了、②債権の取立て及び債務の弁済、③残余財産の引渡し、を行うことである(688条1項)。 M

(イ) 清算人の権限

清算人は、(ア)に掲げる職務を行うために必要な一切の行為をすることができる(688条2項)。 M

(ウ) 残余財産の分割方法

残余財産は、各組合員の出資の価額に応じて分割する(688条3項)。

4 和解 発展

1 総説

意義　和解契約（和解）とは、当事者が**互いに譲歩をしてその間に存する争いを やめる**ことを約束することによって、その効力が生じる契約である（695 条）。

　和解は、当事者の約束のみで成立する**諾成契約**であり、各当事者が互いに譲歩 （不利益）という対価的な債務を負担し合う**双務契約**である。また、当事者が対価と して譲歩を負担する**有償契約**である（諾成・双務・有償契約）。

　例えば、AがBに対して100万円の金銭債権を有すると主張し、BがAに対する 金銭債務は存在しないと主張する争いがあったとする。この場合、BがAに50万 円を支払う旨を約束し、AB間の争いをやめることが和解に該当する。

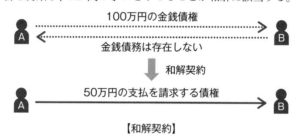

【和解契約】

2 成立要件

　和解の成立要件は、以下の①〜③をすべて満たすことである。

【和解の成立要件】

①争いの存在	「争い」とは、法律関係の存否・範囲または態様に関する主張の対立である
②互いに譲歩する（互譲）	当事者が**互いに主張を譲歩する**（当事者が何らかの負担をし合う）ことを要する
③争いをやめることの約束	和解は紛争解決を目的とする契約なので、争いをやめることの約束（合意）が中心的要素となる

3 効果

　和解の成立によって、当事者の争いが止むという効果が生じる。和解の内容に盛 り込まれた法律関係が、たとえ真実の法律関係と異なっていても、和解の効力は覆

されず、当事者は和解の内容に拘束される（和解の確定効）（696条参照）。

4 和解と錯誤

① 和解の対象事項に錯誤があった場合

　和解の対象事項は、和解の内容に盛り込まれているため、**和解の確定効が及ぶこ**とから、それに錯誤があっても和解を取り消すことはできない。

理由　この場合に、錯誤を理由とする和解の取消しを認めると、和解をした意味がなくなるからである。

　例えば、Aが、Bから代物弁済により甲土地を取得したと主張し、Bは代物弁済の効力を争っていたところ、AとBとの間で、BがAに甲土地の所有権があることを認め、AがBに対し甲土地の明渡しを猶予する旨の和解が成立した。その後、代物弁済が無効であることが判明した場合、AB間の和解は、AB間における代物弁済契約の効力に関する争いを和解によって止めることを約束したもので、本件代物弁済契約の効力自体が争いの目的たる事項に該当するといえるから、和解当事者は錯誤を理由としてその取消しを主張することはできない（最判昭43.7.9参照）。[N]

（代物弁済が有効で）Aが土地の所有者、明渡猶予する

【和解の対象事項に錯誤があった場合】

② 和解の前提事項に錯誤があった場合

　和解の前提事項は、当事者が和解の前提として争わなかった事項であり、和解の内容に盛り込まれていないため、**和解の確定効が及ばないことから、その錯誤を理由にして和解を取り消すことができる余地がある。**

　例えば、AB間において、Bの一定額の支払義務の存否が争われたが、あるジャムが特選イチゴジャムであることを前提に、Bがそのジャムを代物弁済としてAに引き渡すことで、AB間に和解が成立したとする。この場合、実際にBから引き渡されたジャムが粗悪品であったときは、Aは、錯誤を理由にして和解を取り消すことができるとした判例がある（最判昭33.6.14参照）。

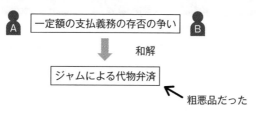

【和解の前提事項に錯誤があった場合】

5 和解と後遺症

　例えば、交通事故の場合、当事者の話し合いによって、加害者が支払うべき損害賠償金の額やその支払方法などを約束し、被害者もそれ以上の請求はしないことを約束して、和解を成立させることが多い（一般に「示談」と呼ばれている）。この場合、**和解成立後にそれ以上の損害があっても、被害者は追加の損害賠償金を請求することができない。**

　もっとも、交通事故による全損害を正確に把握し難い状況のもとで、早急に小額の賠償金をもって示談がされた場合は、**示談によって被害者が放棄した損害賠償請求は、示談当時予想していた損害についてのみ**と解すべきで、示談当時予想できなかった後遺症等については、被害者は、後日その損害の賠償を請求することができるとした判例がある（最判昭43.3.15）。

理由　示談当時予想できなかった不測の再手術や後遺症がその後発生した場合、その損害についてまで、賠償請求権を放棄した趣旨と解するのは、当事者の合理的意思に合致するものとはいえない。

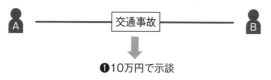

【和解と後遺症】

6 和解と不法

　和解の内容が公序良俗違反（90条）や強行規定違反（91条）のときは、その和解は無効である。例えば、Bが、Aに対する賭博債務を履行するため、Cに依頼して小切手を振り出してもらい、それを振出しの経緯を知っているAに交付した後、AC間で小切手金を減額して支払うことを内容とする和解契約を締結しても、その和解契約は公序良俗に違反し無効であるとした判例がある（最判昭46.4.9）。

01 委任をする際に書面が必要か?

不要である(不要式契約)。

02 無償委任は双務契約か?

片務契約である。

03 無償委任の受任者は善管注意義務を負うのか?

善管注意義務を負わなければならない(644条)。

04 無償委任の委任者は費用の前払いをしなければならないか?

受任者の請求があれば、費用の前払いをしなければならない(649条)。

05 委任事務の履行と報酬の支払は同時履行の関係になるか?

委任事務の成果の引渡しを要する場合を除いて同時履行の関係にならず、報酬が後払いである。

06 委任は委任者も受任者も自由に解除することができるか?

両者ともできる(651条1項)。

07 委任者の死亡も受任者の死亡も委任の終了事由か?

どちらも終了事由である(653条1号)。

08 無償寄託は要物契約かつ双務契約か?

諾成契約かつ片務契約である。

09 寄託者は受寄者が寄託物を受け取るまで契約を解除することができるか?

できる(657条の2第1項前段)。

10 無償寄託の受寄者は善管注意義務を負うか?

自己の財産に対するのと同一の注意義務を負うにとどまる(659条)。

11 寄託者は、寄託物の返還時期を定めた場合でも、いつでも返還請求をすることができるか?

できる(662条1項)。

12 組合契約には同時履行の抗弁権の規定が適用されるか?

適用されない(667条の2第1項)。

13 各組合員の出資は労務でも構わないか?

構わない(667条2項)。

14 業務執行者が数人ある場合、組合の業務執行の決定はどのように行うか?

業務執行者の過半数をもって決定する(670条3項後段)。

15 組合員の損益分配の割合を定めなかった場合、その割合はどのように定めるか?

各組合員の出資の割合に応じて定める(674条1項)。

16 組合契約で組合の存続期間を定めなかった場合、組合員はいつ脱退することができるのを原則とするか?

いつでも脱退することができるのを原則とする(678条1項本文)。

17 **脱退した組合員は、脱退後に生じた組合の債務について弁済責任を負うか?**

弁済責任を負わない。

18 **各組合員は、どのような場合に、組合の解散を請求することができるか?**

やむを得ない事由がある場合(683条)。

過去問チェック（争いのあるときは、判例の見解による）

01 委任は、当事者の一方(委任者)が法律行為をすることを相手方に委託し、相手方(受任者)がそれを承諾すること及び委任者による委任状の交付があって初めて成立する。

×(税・労・財2018)「及び委任者による委任状の交付があって初めて成立する」が誤り。

02 有償の委任契約においては、受任者は、委任の本旨に従い、善良な管理者の注意をもって事務を処理する義務を負うが、無償の委任契約においては、受任者は、委任の本旨に従い、自己の事務をするのと同一の注意をもって事務を処理する義務を負う。

×(国般2016)「自己の事務をするのと同一の注意をもって事務を処理する義務を負う」が誤り。

03 委任の場合には、委任事務を受任者自身ですべて完成させることが契約の要件となっていないことから、受任者は、自分の代わりに、いつでも第三者に委任事務を処理させることができる。

×(国般2009改題) 全体が誤り。

04 受任者は、委任者の請求があるときは、いつでも委任事務の処理の状況を報告し、委任が終了した後は、遅滞なくその経過及び結果を委任者に報告しなければならない。

○(税2019)

05 委任契約の受任者は、事務処理に当たって受け取った金銭その他の物及び収取した果実を委任者に引き渡さなければならない。

○(国般2016)

06 受任者が、委任事務の処理に際して自己の名をもって取得した権利については、委任者のために取得したものだとしても、委任者に移転する義務を負わない。

× (裁2018)「委任者に移転する義務を負わない」が誤り。

07 受任者は、委任事務を処理するについて費用を要するときでも、その前払を請求することはできない。

× (裁2020)「その前払を請求することはできない」が誤り。

08 受任者は、委任事務を処理するのに必要な費用を支出したときは、委任者に対し、その費用及びその支出の日以後における利息の償還を請求できる。

○ (裁2020)

09 受任者は、委任事務を処理するため自己に過失なく損害を受けた場合、委任者に当該損害の発生について過失があるときに限り、委任者に対して当該損害の賠償を請求することができる。

× (税2019)「委任者に当該損害の発生について過失があるときに限り」が誤り。

10 受任者は、委任者が報酬の支払義務を負わない旨の特約がない限り、委任者に報酬の支払を請求することができるが、原則として、委任事務を履行した後でなければ、報酬の支払を請求することができない。

× (国般2019) 全体が誤り。

11 受任者が報酬を受ける場合、期間によって報酬を定めたときであっても、委任事務を履行した後でなければ、報酬を請求することができない。

× (裁2020)「委任事務を履行した後でなければ、報酬を請求することができない」が誤り。

12/予 委任事務の履行により得られる成果に対して報酬を支払うことを約した場合において、その成果が引渡しを要するときは、報酬は、その成果の引渡しの後に、支払わなければならない。

× (予想問題)「その成果の引渡しの後に、支払わなければならない」が誤り。

13 委任の場合においては、委任者の責めに帰することができない事由によって委任事務の履行をすることができなくなったときは、受任者は、履行の割合に応じて報酬を請求することができる。

○ (予想問題)

14/予 委任事務の履行により得られる成果に対して報酬を支払うことを約した場合

において、委任者の責めに帰することができない事由によって仕事を完成することができなくなったときは、受任者が既にした仕事の結果のうち可分な部分の給付によって委任者が利益を受けるときは、その部分を仕事の完成とみなし、受任者は、委任者が受ける利益の割合に応じて報酬を請求することができる。
○（予想問題）

[15] 委任の終了事由は、これを相手方に通知したとき、又は相手方がこれを知っていたときでなければ、相手方に対抗することができない。
○（裁2013）

[16] 委任は、各当事者がいつでもその解除をすることができるが、当事者の一方が相手方に不利な時期に委任の解除をしたときは、その当事者の一方は、必ず相手方の損害を賠償しなければならない。
×（区2019）「必ず相手方の損害を賠償しなければならない」が誤り。

[17] 受任者の債務不履行を理由として委任契約が解除された場合であっても、解除の効果は、将来に向かってのみ発生する。
○（裁2015）

[18] 委任は、委任者の死亡、破産若しくは委任者が後見開始の審判を受けたこと又は受任者の死亡、破産若しくは受任者が後見開始の審判を受けたことによって終了する。
×（税・労・財2018）「若しくは委任者が後見開始の審判を受けたこと」が誤り。

[A] 受任者が委任者に引き渡すべき金銭や委任者の利益のために用いるべき金銭を自己のために消費した場合は、受任者は、消費した日以後の利息を支払わなければならず、さらに利息以上の損害があるときには、その賠償責任も負う。
○（国般2019）

[B] 民法650条2項に基づいて有する代弁済請求権に対しては、委任者は、受任者に対して有する債権をもって相殺することができない。
○（裁2012）

[C] 委任契約は、委任者の死亡により終了するから、委任者の葬式を執り行うなど委任者の死亡によっても終了しないという趣旨の委任契約が締結された場合であっても、かかる委任契約は委任者の死亡により終了する。

× (国般2016)「かかる委任契約は委任者の死亡により終了する」が誤り。

[D] 組合への出資は、金銭でなく物品や労務で提供することができる。
○ (区2015改題)

[E] 金銭を出資の目的とした場合において、組合員がその出資をすることを怠ったときは、その利息を支払わなければならないが、損害賠償責任は負わない。
× (区2021)「損害賠償責任は負わない」が誤り。

[F] 組合の目的は、金銭的な利益の追求でなければならず、複数人が共同出資してリゾートマンションを購入し、各人の出資割合に応じて専ら個人のレジャー活動に利用するという便益を追求する目的の場合には、組合は成立しない。
× (国般2001) 全体が誤り。

[G] 組合は共同の事業を行うことを目的として成立するものであり、その事業はある程度継続的なものでなければならないから、例えば物品の購入のような一時的な事業を目的とする場合には、組合は成立しない。
× (国般2001)「その事業はある程度継続的なものでなければならないから、例えば物品の購入のような一時的な事業を目的とする場合には、組合は成立しない」が誤り。

[H] 組合の業務の執行は、当事者の定めがなければ、組合員の過半数で決するのではなく、各組合員の出資の価額の割合に応じて定める。
× (区2015)「組合員の過半数で決するのではなく、各組合員の出資の価額の割合に応じて定める」が誤り。

[I] 各組合員は、組合の業務の決定及び執行をする権利を有しないときは、その業務及び組合財産の状況を検査することができない。
× (区2021)「その業務及び組合財産の状況を検査することができない」が誤り。

[J] 組合員は、死亡、破産手続の開始の決定を受けたこと及び後見開始の審判を受けたことによってのみ、脱退する。
× (区2021)「のみ」が誤り。

[K] 組合員の除名は、正当な事由がある場合に限り、他の組合員の一致によってすることができ、その場合には除名した組合員にその旨を通知しなくてもその組合

員に対抗することができる。

×（区2021）「その組合員に対抗することができる」が誤り。

L　脱退した組合員の持分は、その出資の種類を問わず、金銭で払い戻すことができる。

○（区2015改題）

M　清算人の職務は、現務の結了、債権の取立て及び債務の弁済、残余財産の引渡しであり、清算人は、これらの職務を行うために必要な一切の行為をすることができる。

○（区2021）

N　Aが、Bから代物弁済により甲土地を取得したと主張し、Bは代物弁済の効力を争っていたところ、AとBとの間で、BがAに甲土地の所有権があることを認め、AがBに対し甲土地の明渡しを猶予する旨の和解が成立した。その後、代物弁済が無効であることが判明した場合、和解によって合意した事項は、甲土地の所有権がAに帰属することであるから、Bは、その前提である代物弁済の効力については、錯誤による取消しを主張することができる。

×（裁2015改題）「甲土地の所有権がAに帰属することであるから、Bは、その前提である代物弁済の効力については、錯誤による取消しを主張することができる」という部分が妥当でない。

11 事務管理

本節では、事務管理を扱います。成立要件と効果を整理しましょう。

1 事務管理とは何か

> **設例** Aは、台風で隣人Bの家の屋根が壊れているのを発見したので、Bの家の中が水浸しになることを防ごうと考え、Bに頼まれてもいないのに屋根を修繕した。AはBに対して修繕にかかった費用の請求をすることができるか。

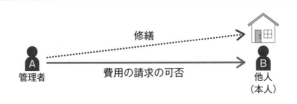

1 事務管理の意義

意義 義務なくして他人のためにその事務（ないし仕事）を処理することを事務管理という（697条1項）。民法はこれを適法なものとして管理者からその他人に対してその費用の償還請求を認める（702条）と共に、管理者にも一定の義務を負わせることとした。

趣旨 他人の生活への不当な干渉の排除と、社会生活における相互扶助の要請との調和を図ることにある。

〈語句〉●管理者とは、他人の事務を管理する者をいう。これに対して、事務を管理してもらった者を他人ないしは本人という。条文上、「他人」「本人」と異なる表現がされることがあるが、基本的に同一人物を指すと考えてよい。

　設例の場合、Aは、単なるBの隣人であり、また、Bから屋根の修繕依頼も受けていないので、Bの家の屋根を修繕する義務を負っていない。したがって、Aの行為が事務管理の成立要件を満たせば、Bに対して修繕費用の請求をすることができる。

2 事務管理の法的性格

　事務管理の法的性格は、**準法律行為**であり、他人との間の契約なしに債権関係が生ずる。

　理由　管理者の意思に対応する法的効果を付与していないからである（『民法上』第1章**7**節「法律行為―無効・付款」参照）。

　したがって、無効や取消しなど**法律行為を前提とする規定の適用はない**。ただし、他人の事務という点において委任契約(643条)との一定の共通性があるため、**委任契約に関する規定が準用**されている(701条)。

2 事務管理の成立要件

　設例　Aは、隣人Bが長期の旅行中、台風でBの家が壊れたので、Bに頼まれてはいないがその応急措置を施し、さらに天候の回復後、業者Cに必要な修理を依頼（請負契約の締結）し修理してもらった。

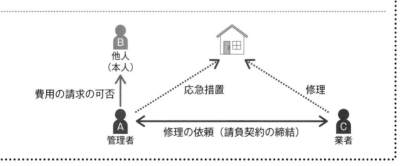

```
┌─────────────────────────────────────────────────────────────┐
│ 【事務管理の成立要件】                                          │
│ ①  他人の事務の管理を始めたこと(事務の他人性)(697条1項)        │
│ ②  他人のためにする意思があること(事務管理意思)(697条1項)      │
│ ③  法律上の義務のないこと(697条1項)                           │
│ ④  事務の管理が本人の意思および利益に適合すること(通説)         │
└─────────────────────────────────────────────────────────────┘
```

1 他人の事務の管理を始めたこと (事務の他人性、要件①)

① 事務の管理を始めた

(ア) 事務とは

意義　事務とは、法律行為でも事実行為でもよいし、継続的な行為のものでも1回的な行為のものでもよい(大判大8.6.26)。財産的な行為に限らず、人命救助のような行為も含まれる。 **01**

> **設例** の場合、隣人Bの家の修理は、他人の事務に当たり、事務管理の対象となる事務に該当する。

(イ) 管理を始めたとは

意義　管理を始めたとは、管理行為を始めることである。この「管理行為」には、保存行為・利用行為・改良行為だけではなく(103条参照)、処分行為も含むと解されている(大判大7.7.10)(通説)。 **02**

> **設例** の場合、AがBの家に応急措置を施したこと、業者Cに修理を依頼したこと(請負契約)は、管理行為(保存行為)に当たり、事務の管理を始めたといえる。

② 他人の事務

意義　他人とは、自然人・法人を問わないし(大判明36.10.22)、将来誕生する者(設立中の会社や胎児)でもよいと解されている(通説)。

2 他人のためにする意思があること (事務管理意思、要件②)

意義　他人のためにする意思(事務管理意思)とは、管理者が、他人の利益を図る意思をもって事務を管理することをいう(通説)。

理由　他人のためにする意思の存在により、管理行為が相互扶助という性格を

有することになり、法の保護に値するものとなるからである。

さらに、他人のためにする意思と、**自己のためにする意思が併存してもよい**。
03 04

> **設例** の場合に、Aが、BのためにBの家を修理しようと考えるのと同時に、
> Bの家を修理しないことにより自宅にも被害が及ぶことを防止しようと考え
> ていたような場合でも、「他人のためにする意思」があるといえる。

3 法律上の義務のないこと（要件③）

他人との関係で**法律や契約上の義務が存在しないこと**である 05 。したがって、
他人に対し事務を管理すべき義務を負う場合、管理者と本人との間の関係は、この
義務の発生原因である法律ないし契約関係によって決せられるので、事務管理は成
立しない。これに対し、当該管理義務がない以上、たとえ義務があると誤信して
も、事務管理の成立を妨げない。

> **設例** の場合、AがBからBの家の管理を依頼されていた場合、AB間に委任
> ないし準委任契約（643、656条）が成立しており、Aの応急措置や業者Cに修
> 理を依頼することは、委任契約上（法律上）のAの事務となり、事務管理は成
> 立しない。

4 事務の管理が本人の意思および利益に適合すること（要件④）

条文上明らかでないが、事務の管理が**本人の意思および利益に適合すること**が必
要となる（通説）。したがって、管理が本人の意思ないし利益に**反することが明らか
な場合**には、**事務管理は成立しない**。

理由 事務管理の継続が本人の意思に反し、又は本人に不利であることが明ら
かな場合、管理を継続してはならない以上（700条ただし書）、初めからこのこ
とが明らかな場合は、事務管理を成立させるべきではないからである。

もっとも、本人の意思は、強行法規及び公序良俗（民法90条）に反しないことが必
要となる。したがって、本人の意思が公序良俗に反するときは、事務管理は成立す
る（大判大8.4.18）。

③ 事務管理の効果

1 管理行為の違法性の阻却

　管理行為の違法性が阻却される。したがって、当該管理行為によって本人に損害を与えた場合であっても、本人に対する**不法行為**(709条、710条)**は成立しない**。

　しかし、以下に述べる通り、管理者には一定の義務が生じるので、管理の方法が不適当であった等、当該事務管理上の義務の履行を怠ったことにより本人に損害が生じた場合には、本人に対する**債務不履行責任**(415条)**が生じうる**。

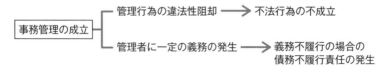

2 管理者の義務

① 本人の利益・意思にかなった事務管理義務の発生

（ア）管理方法

　管理者は、**最も本人の利益に適する方法で管理**をしなければならない(697条1項) 06 。また、**本人の意思を知っているとき、又はこれを推知することができるときは、その意思に従って管理**をしなければならない(697条2項)。 07

（イ）事務管理上の注意義務

原則	**善管注意義務**(400条参照)をもって管理しなければならない(通説)。善管注意義務については、第4章❶節「債権の目的」参照。
例外	**緊急事務管理**の場合には、注意義務が軽減され、悪意・重過失の場合にのみ損害賠償責任を負う(698条)。 08

〈**語句**〉●**緊急事務管理**とは、管理者が、本人の身体、名誉又は財産に対する急迫の危害を免れさせるための事務管理をいう。

② 管理開始の通知義務の発生

原則	事務管理を始めたことを**遅滞なく本人に通知**しなければならない(699条本文)。 09
例外	本人が既に知っている場合には通知は不要である(699条ただし書)。

③ 管理継続義務

原則	管理者は、本人または相続人もしくは法定代理人のいずれかによる管理

が可能になるまで、**事務管理を継続しなければならない**(700条本文)。 ⑩

例外 事務管理の継続が本人の意思に反し、または本人に不利であることが明らかであるときは**管理を中止**しなければならない(700条ただし書)。 ⑪

④ 受任者と同じ義務

管理者は、645条から647条までの委任の規定に従って、以下の義務を負う(701条による645条から647条の準用)。

(ア) 報告義務 **発展**

管理者は、本人の請求があるときは、いつでも事務の処理の状況を報告し、事務管理が終了した後は、遅滞なくその経過及び結果を報告しなければならない(701条による645条の準用)。 A

(イ) 受領物引渡義務

管理者は、事務管理を処理するに当たって受け取った金銭その他の物、及び収取した果実を本人に引き渡さなければならない。また、管理者は、本人のために管理者の名で取得した権利を本人に移転しなければならない(701条による646条の準用)。

(ウ) 受領金銭消費の責任

管理者が本人に引き渡すべき金銭、又は本人の利益のために用いるべき金銭を自己のために消費したときは、その消費した日以後の利息を支払い、なお損害があるときは、それを賠償しなければならない(701条による647条の準用)。

3 本人の義務

① 費用の償還義務等
(ア) 費用償還義務

管理者は、本人のために**有益な費用**を支出したときは、本人に対し、その償還を請求することができる(702条1項)。すなわち、本人は、管理者が支出した**有益な費用**を償還しなければならない ⑫。有益な費用かどうかは、支出の時を基準に判断される。

(イ) 代弁済義務

管理者が本人のために**有益な債務**を負担したときは、本人に対し、自己に代わってその弁済をすることを請求することができる(代弁済請求)(702条2項、650条2項前段) ⑬。すなわち、本人は、**管理者に代わって弁済(代弁済)**しなければならない。

(ウ) 相当の担保の供与義務 **発展**

有益な債務がまだ弁済期に達していないときは、本人に対し、相当の担保を供させることができる(702条2項、650条2項後段) B。すなわち、本人は、管理者に対して相当の担保を供与する義務を負う。

(エ) 償還義務の範囲

　これらの義務は、本人の意思に反するか否かによってその範囲に以下の差異が生じる。

【本人の義務の範囲の差異】

本人の意思	本人の義務の範囲
本人の意思に反しない場合	有益な費用**全額**の償還、及び管理者が負担した本人に有益な債務**全額**の弁済（代弁済）・相当担保の供与義務を負う（702条1項、2項、650条2項）
本人の意思に反した場合	**現に利益を受けている限度**において、償還・代弁済・相当の担保供与の義務を負う（702条3項、1項、2項、650条2項）〔14〕

② 報酬請求の可否

問題点　管理者は本人に対して報酬を請求することができるか。

結論　できない（通説）。〔15〕

理由　民法上報酬規定がないうえ、報酬請求権を認めることは、管理行為の社会生活における相互扶助の精神を損なうことになる。

③ 損害賠償請求の可否

　管理者は、事務の管理のため自己に過失なくして損害を被った場合、本人に対し当該損害の賠償を請求することはできない（通説）。

理由　委任契約における受任者に関する650条3項のような規定がない。

4 > 事務管理の対外的効果

設例 　Aは、隣家Bが長期の旅行中、台風でBの家が壊れたので、Bに頼まれてはいないがその応急措置を施し、さらに天候の回復後、業者Cに必要な修理を依頼（請負契約の締結）し修理してもらった。業者Cに必要な修理を、①管理者Aの名で依頼（請負契約の締結）し修理してもらった場合、その効果は本人に帰属するか。②本人Bの名で当該依頼をして修理してもらった場合はどうか。

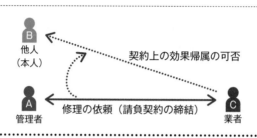

① 管理者の名で法律行為が行われた場合

　事務管理として、管理者の名で法律行為が行われた場合、その効果は直接本人には及ばない（大判明37.5.12）。

理由 　管理者自身の法律行為だからである。

② 管理者が本人の名で法律行為をした場合

問題点 　管理者が本人の名で法律行為をした場合、その効果は本人に帰属するか。

結論 　**当然には本人にその効果は帰属しない**（最判昭36.11.30）（通説）**16**。本人に効果が帰属するには、別途、表見代理の要件を備えるとか、無権代理として本人の追認が必要である。

理由 　事務管理は本人・管理者間の対内関係にとどまり、これと本人・相手方間の対外関係とは別個の問題だからである。

設例 で、業者Cに必要な修理を依頼（請負契約の締結）し修理してもらったが、この場合の契約を①管理者Aの名で行っても、②本人Bの名で行っても、当該契約の効果はBに帰属しないこととなる。

01 事務管理とは？

義務なくして他人のためにその事務(ないし仕事)を処理すること

02 事務管理行為に意思表示に関する規定の適用はあるか？

ない。

03 事務管理行為に処分行為は含まれるか？

含まれる(判例・通説)。

04 事務管理意思と自己のためにする意思は併存してよいか？

併存してよい。

05 事務管理が成立すると、当該管理行為の法的効果は？

違法性が阻却され、不法行為は成立しない。

06 管理者が義務に違反した場合の効果は？

管理者に債務不履行責任が生じうる。

07 管理者の注意義務は（原則）？

善管注意義務(通説)

08 緊急事務管理における管理者の注意義務は？

悪意・重過失の場合に責任を負う(698条)。

09 管理者はいつまで管理の継続が必要か？

本人または相続人もしくは法定代理人のいずれかによる管理が可能になるまで(700条本文)

10 事務管理が成立する場合の本人に発生しうる義務は（3つ）？

①費用償還義務、②代弁済義務、③相当の担保の供与義務を負う。

11 事務管理が成立する場合に、管理者は本人に対して報酬請求できるか？

できない。

12 事務管理として管理者が本人の名で法律行為をした場合、その効果は本人に帰属するか？

帰属しない。

■ **過去問チェック**（争いのあるときは、判例の見解による）

01 Aは、隣人Bが長期の海外出張で不在中に、B宅の庭の排水溝から汚水があふれ出ていることに気付き、このまま放置するとB宅の庭が水浸しになってしまうと思い、自らの手で排水溝を修理した。この排水溝の修理は、事務管理に対象となる事務に該当する。

○ (国般2012改題)

[02] 事務管理における事務の管理には、保存行為、利用行為及び改良行為は事務管理が含まれるが、処分行為は含まれない。

× (区2014改題)「処分行為は含まれない」が誤り。

[03] 事務管理が成立するためには、他人の利益のみを図る意思をもって他人の事務を管理することが必要であるので、他人の利益を図る意思と自分の利益を図る意思が併存している場合には、事務管理は成立しない。

× (区2014)「他人の利益を図る意思と自分の利益を図る意思が併存している場合には、事務管理は成立しない」が誤り。

[04] Aは、隣人Bが長期の海外出張で不在中に、B宅の庭の排水溝から汚水があふれ出ていることに気付き、このまま放置するとB宅の庭が水浸しになってしまうと思い、これを防止する意図で、自らの手で排水溝を修理した。この場合において、Aに、このような意図に加えて、排水溝からあふれ出た汚水が自宅の庭に流れ込むのを防止する意図があったときは、Aに事務管理は成立しない。

×(国般2012)「排水溝からあふれ出た汚水が自宅の庭に流れ込むのを防止する意図があったときは、Aに事務管理は成立しない」が誤り。

[05] 管理者は、本来、他人の事務を管理する義務を負わない。

○ (裁2007改題)

[06] 管理者は、事務の性質に従い、最も本人の利益に適合する方法によって、その事務の管理をすることができる。

× (区2020改題)「その事務の管理をすることができる」が誤り。

[07] 管理者は、本人の意思を知っているときに限り、その意思に従って事務管理をしなければならない。

× (区2020改題)「本人の意思を知っているときに限り」が誤り。

[08] 管理者は、本人の身体、名誉又は財産に対する急迫の危害を免れさせるために事務管理をしたときは、管理者に重大な過失があったとしても、これにより本人が被った損害を賠償する義務を負うことはない。

× (裁2007)「これにより本人が被った損害を賠償する義務を負うことはない」が誤り。

[09] 管理者は、管理を始めたことを本人に自発的に通知する義務は負わない。

×（裁2007改題）「は負わない」が誤り。

10　Aは、隣人Bが突然の交通事故で意識不明の重体となり、長期間の入院を余儀なくされてしまったため、Bの不在中、Bが日頃から自宅の庭で大切に育てていた植木の手入れをBのためにしている。この場合において、Aはいつでもこの植木の手入れを中断することができる。
×（国般2012）「Aはいつでもこの植木の手入れを中断することができる」が誤り。

11　管理者は、事務管理の継続が本人の意思に反するときであっても、本人又はその相続人若しくは法定代理人が管理をすることができるに至るまで、事務管理を継続しなければならない。
×（区2020）「事務管理の継続が本人の意思に反するときであっても」が誤り。

12　管理者は、本人のために有益な費用を支出したときは、その費用の償還を請求することはできない。
×（区2014改題）「その費用の償還を請求することはできない」が誤り。

13　管理者は、本人のために有益な債務を負担した場合、本人に対し、自己に代わってその弁済をすることを請求することができる。
○（区2020改題）

14　管理者は、本人のために有益な費用を支出したときは、本人に対して、その償還を請求することができるが、本人の意思に反して事務管理をしたときは、その費用を一切請求することができない。
×（区2020）「その費用を一切請求することができない」が誤り。

15　管理者が、本人のために有益な費用を支出したときは、本人に対し、報酬を請求することができる。
×（裁2015）「報酬を請求することができる」が誤り。

16　Aは、隣人Bが長期の海外出張で不在中に、B宅の屋根の一部が破損していることに気付き、このまま放置すると雨漏りでB宅の内部が水浸しになってしまうと思い、これを防止する意図で、Bの名で業者と修繕契約を結び、屋根を修理してもらった。この場合において、AがBの名でした契約の効果は、原則としてBに帰属する。

× (国般2012)「原則としてBに帰属する」が誤り。

[A] 管理者は、本人からの請求があれば、いつでも事務処理の状況を報告する義務を負う。

○ (裁2007改題)

[B] 管理者は、本人のために有益な債務を負担した場合、本人に対し、自己に代わってその弁済をすることを請求することができるが、この場合において、その債務が弁済期にないときであっても、相当の担保を供させることはできない。

× (区2020)「その債務が弁済期にないときであっても、相当の担保を供させることはできない」が誤り。

12 不当利得

本節では、契約によらないで債権が発生する場合の1つとして、不当利得を扱います。

1 不当利得とは何か

> **設例** A所有の土地に、Bが自己の木材を置いて無断で利用している場合、Aは、Bに対し、土地利用代金相当額について請求をすることができるか。

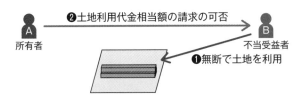

❷土地利用代金相当額の請求の可否

A 所有者　　　　　　　　B 不当受益者

❶無断で土地を利用

1 不当利得の意義

意義 不当利得とは、**法律上の原因がない**のに財産が使用・収益・消費・処分され、一方に**損失**、他方に**利益**が生じた場合に、他方の利益を元に戻させる制度をいう。不当利得の原則的な規定は703条と704条であり、これを**一般不当利得**(以下、単に不当利得という。)という。これに対し、705条以下に定められているものを**特殊な不当利得**という。

趣旨 財産的価値の移動が、実質的・相対的には正当視されない場合に、**公平の理念**に従い、その不公平さの解消を図る制度である(伝統的通説)。

> **設例**の場合、BはA所有の土地を無断で利用している。これは、Aが土地を利用することができないという損害を被っている一方で、Bは本来であればAに支払うべき利用代金を支払うことなく土地を利用するという利益を得ているといえる。したがって、AはBに対し、不当利得に基づいて土地利用代金相当額について請求をすることができる。

〈**解説**〉 伝統的な正義・公平という抽象的な基準では個々の場合における不当利得の成否を判定する基準とはなりえないとして、不当利得の類型ごとに基準を明らかにすべきとする考え方もあり、これを不当利得の類型論という（論者により類型の立て方が異なる）。不当利得の類型については、本書では、以下の２つを挙げるにとどめる。

2 不当利得の類型

① 給付利得

契約に基づく債務の履行として給付を受けたが、その契約の無効、取消し、解除によりその債務がなかったことになったため、受けた給付の返還が問題となる場合である。契約が**無効、取消しの場合には121条の２第１項が適用され、解除の場合には545条１項が適用され、不当利得の規定**(703条、704条)は適用されない。

② 侵害利得

当初から他人の権利を侵害する形で利得がされたため、その利得の返還が問題となる場合である。民法上、不当利得(703条、704条)の対象は侵害利得であり、給付利得を対象としていないと解されている。

❷ 不当利得の成立要件 (703条)

【不当利得の成立要件】
① 他人の財産または労務によって利益を受けたこと(**受益**)
② 受益によって他人に損失を及ぼしたこと(**損失**)
③ 受益と損失との間の因果関係(**因果関係**)
④ 法律上の原因がないこと

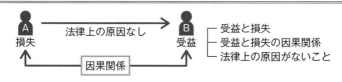

【不当利得の成立要件】

1 他人の財産または労務によって利益を受けたこと（受益、要件①）

① 受益の意義

意義 受益とは、利益を受けたこと、すなわち、金銭や財産の取得やサービスの給付など、ある事実がなかったと仮定した場合に予想される財産の総額よりも、その事実の後の現実の財産の総額が増加したことをいう。

（ア）利益の種類

利益には、**積極的利益**と**消極的利益**がある。

【利益の種類】

積極的利益	物権や債権などの財産権の取得、財産権の内容の増加、財産権の価値の増加など、**既存の財産権の内容が拡張した場合**をいう
消極的利益	本来自己の財産から支出するはずであった**出費を免れた場合**や、負担するはずであった**債務を免れた場合**などをいう [01]

（イ）受益の有無の判断

受益の有無は、実質的・相対的に判断されるが、受益は他人の財産または労務から生じたものでなければならない。

（ウ）受益の方法

受益の方法に制限はない。

問題点 契約に基づき契約の一方当事者が第三者に対して給付をした後に当事者間の契約が無効となるか、または取り消された場合、誰が利益を受けたといえるか。

結論 特段の事情のない限り、契約の一方当事者である給付者の給付により、**他方の契約当事者がその価額に相当する利益を受けたものとみるのが相当である**（最判平10.5.26）。

理由 契約の一方当事者の給付による利益は、直接には当該給付を受けた第三者に発生し、他方の契約当事者は外見上利益を受けないようにも見えるが、当該給付により第三者との関係に応じて利益を受け得るのであり、契約の他方当事者と第三者との間には事前に何らかの法律上又は事実上の関係が存在するのが通常だからである。

〈解説〉 本判例は、消費貸借契約の借主が貸主に対して貸付金を第三者に給付するよう求め、貸主がこれに従って第三者に対して給付を行った後、借主が第三者（X）による強迫（96条1項）を理由に当該消費貸借契約を取り消した事案である。

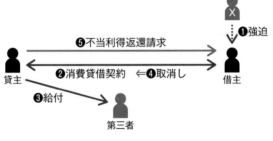

【第三者に対する給付】

2 受益によって他人に損失を及ぼしたこと（損失、要件②）

意義　損失とは、受益と表裏をなす概念であり、ある事実がなかったと仮定した場合に予想される財産の総額よりも、その事実の後の現実の財産の総額が減少したことをいう。**既存の財産が積極的に減少する場合のほか、増加するはずであった財産が増加しなかった場合も含まれる。**

問題点　✍**発展**　受益者（無権利者）が、債権者（預金者）の預金債権につき無権限で金融機関からの払戻しを受けていながら、払戻しがされた金員について債権者が提起した不当利得返還請求訴訟において、当該払戻しは478条の弁済として有効とはいえず、債権者は預金債権を有しており、債権者には不当利得返還請求権の成立要件である損失が発生していないと主張することは許されるか（478条「受領権者としての外観を有する者に対する弁済」については、第4章 **8** 節「債権の消滅(2)―弁済②」を参照）。

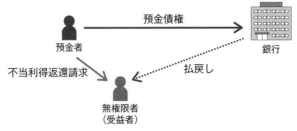

【無権限者に対する預金の払戻し】

結論　受益者が当該主張をして債権者の不当利得返還請求を争うことは、**信義誠実の原則に反し許されない**（最判平16.10.26）。　A

理由　当該主張が許されるとすると、債権者は、債務者が478条の適用につき善意無過失かという、自らが関与していない問題について判断をした上で訴訟の相手方を選択しなければならないことになり、何ら非のない債権者

第5章 債権各論

がこのような訴訟上の負担を受忍しなければならない理由はないからである。

3 受益と損失との因果関係（要件③）

一方が他方の損失において利益を得たという関係が存在することである。

発展 判例は、この因果関係は直接のものである必要があるとしつつ（最判昭45.7.16）、受益者と損失者との間に**中間者が介在しても**、社会通念上受益と損失との間に一定の連結があれば因果関係は認められるとした（最判昭49.9.26）。

問題点 **発展** 金銭を騙取された者（B）の損失と、騙取した者（A）から債務の弁済を受けた者（C）の受益との間に、不当利得における因果関係が認められるか。

結論 社会通念上Bの金銭でCの利益をはかったと認めるに足りる連結があるときは、Bの損失とCの受益との間には、不当利得の成立に必要な因果関係が認められる（最判昭49.9.26）。 B

理由 不当利得の制度は公平の観念に基づく制度であるから、騙取された金銭の所有権がCに移転するまでの間そのままBの手中にとどまる場合にだけ、Bの損失とCの受益との間に因果関係があると限定すべき理由はないからである。

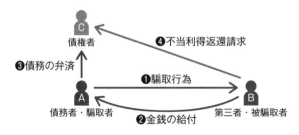

【騙取金員による弁済】

4 法律上の原因がないこと（要件④）

意義 法律上の原因がないとは、不当利得の制度趣旨である公平の理念から見て、受益者に利益を終局的に保有させることが、実質的に認められないことである。受益者がその利益を保有する正当な利益を有しない場合は、法律上の原因がないこととなる。

【「法律上の原因がない」とされる例】 発展

① 無権利者が、他人の所有する建物であることを知りながら、当該建物を賃貸する権限がなく第三者に賃貸した場合において、第二者から賃料を収受した場合、収受した賃料は法律上の原因がなく、不当利得となる **C**

② 債務者の弁済が、受領権者としての外観を有する者に対する弁済(478条)として有効となる場合において、その者が弁済として受領した場合、その受領したものは法律上の原因がなく、不当利得となる(大判昭17.5.23) **D**

③ 第三者の不動産に設定された抵当権が無効であるにもかかわらず、当該抵当権が実行され、当該第三者が不動産の所有権を喪失し、債権者がその売却代金から弁済金の交付を受けた場合、交付を受けた弁済金は法律上の原因がなく、不当利得となる(最判昭63.7.1) **E**

④ 借地契約の終了に当たり、建物買取請求権を行使した土地賃借人は、土地賃貸人(建物取得者)から建物買取代金の支払を受けるまで当該建物の引渡しを拒むことができるが、敷地の占有を継続する期間中の敷地の賃料相当額は不当利得となる(最判昭35.9.20) **F**

⑤ 債権者が、債務者が第三者から騙し取った金銭を受領するにつき、**悪意又は重大な過失がある場合**には、債権者の当該金銭の取得は、当該第三者に対する関係においては、法律上の原因がなく、不当利得となる(最判昭49.9.26) **G**

〈解説〉 他人物賃貸において、他人所有につき悪意の者は果実取得権を有さない(190条1項)。なお、果実取得権については、『民法 上』第2章**5**節「占有権」を参照。受領権者としての外観を有する者に対する弁済(478条)については、第4章**8**節「債権の消滅(2)—弁済②」を参照。

5 転用物訴権

① 転用物訴権の意義

意義 **転用物訴権**とは、契約上の給付が契約の相手方以外の第三者の利益になった場合に、給付をした契約当事者が、第三者(受益者)に対して、その利益の返還を請求することのできる権利をいい、不当利得返還請求権の一種と理解されている。

② 転用物訴権の判例 発展

(ア) 転用物訴権が認められた判例

ブルドーザーの賃借人Cが業者Aに修理を依頼し修理が行われたところ、修理代金債権未回収の間に賃借人Cが無資力となり当該債権が回収困難となったことから、業者Aが、ブルドーザーの賃貸人(所有者)Bに対し不当利得返還請求をした。

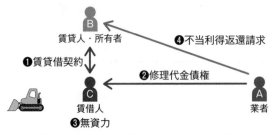

【転用物訴権（事例①）】

> **結論** 賃借人Cが無資力となったため、Cに対する業者Aの**修理代金債権の全部または一部が無価値**であるときは、その限度において、業者Aは賃貸人Bに対し修理による不当利得の返還を請求することができる（最判昭45.7.16）。

> **理由** 賃貸人Bの利得と業者Aの損失の間に直接の因果関係ありとすることができる（最判昭45.7.16）。

〈解説〉 「修理代金債権の全部または一部が無価値であるとき」とは、Cが無資力となり修理代金の回収が困難（事実上不可能）であることから、修理代金債権の全部または一部に価値がないということである。

（イ）転用物訴権が認められなかった判例

　ビルの賃借人Cが業者Aに修繕を依頼し修理が行われたところ、請負代金（修理代金）未回収の間に賃借人Cが無資力となり当該債権が回収困難となったことから、業者Aが、ビルの賃貸人（所有者）Bに対し不当利得返還請求をした（なお、BC間の賃貸借契約には**権利金支払い免除特約**が付され、賃借人Cが自ら修理をすることとなっていた）。

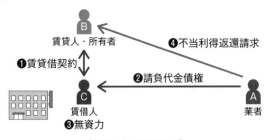

【転用物訴権（事例②）】

> **結論** 賃借人Cが無資力になったため請負代金が無価値になったとしても、賃貸人Bが**対価関係なしに工事による利益を受けた**と認められる場合でなけ

れば、賃貸人Bに対して不当利得としてその利益の返還請求をすることが
できない(最判平7.9.19)。 H

理由 ① BがCとの間の賃貸借契約において何らかの形で**利益に相応する出
捐ないし負担**をしたときは、Bの受けた**利益は法律上の原因に基づく**
ものというべきであり、AがBに対して利益につき不当利得としてそ
の返還を請求することができるとするのは、Bに二重の負担を強いる
結果となるからである。
② 建物の修繕費を賃借人Cが負担し、所有者(賃貸人)Bは権利金を受
領しないという権利金支払い免除特約があったので、所有者Bが対価
なく利益を受けたとはいえない(最判平7.9.19)。

③ 不当利得の効果

1 総説

損失者から受益者に対して、受益の返還請求権という債権が生じる(すなわち、
受益者から損失者に対して、受益の返還義務という債務が生じる)、という構成が
とられる。受益の返還の範囲は、受益者が、法律上の原因を欠くことについて善意
であるか、悪意であるかにより区別される。

【返還義務の範囲】

善意の受益者	その利益の存する限度において、これを返還する義務を負う(703条)
悪意の受益者	その受けた利益に利息を付して返還しなければならない。この場合において、なお損害があるときは、その賠償の責任を負う(704条)

2 受益者が善意の場合

善意の受益者は、損失者に対し、**利益の存する限度(現存利益)**で返還すればよい
(703条)。 02

① 善意

意義 **善意**とは、法律上の原因のないことを**知らずに**利益を得たことである。
善意であれば、**過失の有無は問わない**。

善意か否かの判断は**受益時**を基準とする。ただし、受益の時は善意でも、以後悪
意となったときは、その時から悪意の受益者としての返還責任を負うと解される
(詳細は後述の④「法律上の原因がないことを認識した後の利益の消滅」で扱う)。

② 善意の受益者の主張・立証責任 〔発展〕

　利益が現存しないことについては、不当利得返還請求権の**消滅を主張する者**において主張・立証すべきである(最判平3.11.19)。したがって、不当利得返還請求を受けた善意の受益者は、利益が現存しないことについて自ら主張・立証しなければ、利益を返還する義務を免れることができない。〔 I 〕

③ 利益の存する限度

原則　利益が原物のまま存すれば、それを返すのが原則である(**原物返還**)。

例外　原物返還が不能な場合には、価格による返還をすることとなる(**価格返還**)。〔発展〕例えば、原物を第三者に売却した場合は、売却代金相当額を返還することになる(最判平19.3.8)〔 J 〕。なお、現存利益の有無については、『民法 上』第1章 **4** 節「権利の主体③」を参照。

④ 法律上の原因がないことを認識した後の利益の消滅

問題点　受益者が当初は善意であったが、その後利得に法律上の原因がないことを認識した後に利益が消滅した場合、返還義務の範囲を減少させるか。

結論　不当利得をした者が利得に法律上の原因がないことを認識した後の利益の消滅は、**返還義務の範囲を減少させない**(最判平3.11.19)。〔03〕

理由　善意で不当利得をした者の返還義務の範囲が利益の存する限度に減縮されるのは、利得に法律上の原因があると信じて利益を失った者に不当利得がなかった場合以上の不利益を与えるべきでないとする趣旨に出たものであるから、受益者が利得に法律上の原因がないことを認識した後の利益の消滅は、返還義務の範囲を減少させる理由とはならない。

〈解説〉　この場合、受益者は、悪意となった時に現存する利益と、悪意となった後に受けた利益(悪意になった後に利得した物を使用して収益を得た場合)につき、704条にいう悪意の受益者としての責任を負うこととなる。〔04〕

⑤ 当事者双方の原状回復関係 〔発展〕

問題点　双務契約の無効又は取消しによって当事者双方に原状回復義務が発生する場合、当該義務の相互の関係はどのようになるか。

結論　533条の準用ないし類推適用により、当事者双方の原状回復義務は**同時**

履行の関係にある(最判昭28.6.16参照、最判昭47.9.7参照)。 **K**

理由 公平の見地からは、広く同時履行の抗弁権を認めるべきである。

3 受益者が悪意の場合

不当利得した者が悪意の場合には、その受けた利益が現存するかどうかにかかわらず、**受けた利益の全部に利息を加え**、さらに損失者の**損害があればその分も賠償**しなければならない(704条)。 **05**

趣旨 悪意の受益者は、後から返還請求を受けることを知って利得をする者であるから、善意の受益者の範囲より重い返還責任を課したものである。

❹ 特殊な不当利得

次の4つの場合には、返還請求権が制限される。

1 債務の不存在を知ってした弁済 (非債弁済)

① 意義

意義 債務の不存在を知ってした弁済(非債弁済)とは、債務の存在しないことを知りながら弁済として給付をした場合をいう。

債務の弁済として給付をした者は、その時において**債務の存在しないことを知っ**ていたときは、その給付したものの**返還を請求することができない**(705条)。 **06**

趣旨 受領者には債権がないので不当利得返還請求権が発生するはずであるが、弁済者が債務の不存在を知りながら弁済した場合は、不当利得の返還請求権を与えて保護する必要はないからである。

② 要件

(ア) 債務が不存在であること (要件①)

債務が弁済当時に不存在であったことであり、不存在の理由は問わない。

(イ) 弁済時において債務の存在しないことを知っていたこと (要件②)

債務の不存在について悪意であることであり、したがって、弁済者が債務の不存在を知らなかった場合には、たとえ過失によって知らなかった場合でも、弁済者には返還請求が認められる。 **07**

(ウ) 債務の弁済として給付をしたこと (要件③)

返還請求権が否定されるのは、あくまで弁済が任意になされた場合である。したがって、**強制執行を避けるため**、又はやむを得ず給付をした場合には、債務の不存在を知っていても返還請求は否定されない(大判大6.12.11)。 **08**

2 期限前の弁済 (706条)

意義 期限前の弁済とは、債務者が弁済期にない債務の弁済として給付をした場合をいう。

原則 債務者は、弁済期にない債務の弁済として給付をしたときは、その**給付したものの返還を請求することができない**(706条本文) [09]。この場合、利息相当額の返還を請求することもできないのを原則とする。

> **趣旨** 弁済期前でも債務は存在するので、期限前の弁済も有効な弁済として評価され、当該債務は消滅するからである。

例外 債務者が**錯誤によって**(弁済期にあると誤信して)その給付をした場合には、債務者は、債権者に対し、これによって**得た利益の額**(ex.弁済を受けた時から弁済期までの利息相当額)**の返還を請求することができる**(706条ただし書)。この場合も、給付したものの返還請求はできない。 [10]

> **趣旨** 期限前の弁済によって得た利益は、法律上の原因なくして債権者が利得したものといえるので、債務者が錯誤によって弁済したことを要件として、当該利益の返還請求を認めたものである。

〈解説〉 弁済者が期限未到来であることを知りながらあえて弁済した場合には、期限の利益を放棄(136条2項)したものと同じ結果となる。

3 他人の債務の弁済

① 総説

他人の債務と知りつつ弁済をした場合、第三者の弁済(474条)として有効となる。これに対し、自己の債務と誤信して(錯誤によって)弁済をした場合、その弁済は無効となり、弁済者は、原則として、給付したものの返還を請求することができる。

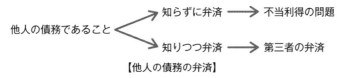

【他人の債務の弁済】

② 自己の債務と誤信して (錯誤によって) 弁済をした場合

原則 不当利得の問題となり、給付したものの返還を請求することができる。

例外 債権者が、**善意で**(有効な弁済があったと信じて)、債権証書を**滅失・損傷**し、担保を**放棄**し、または**時効によって債権を失った**場合には、弁済者は返還の請求をすることができない(707条1項)。 [11]

> **趣旨** このような場合に返還を認めると、債権者が損失を被るおそれがあるか

らである。

③ 債務者に対する求償権

弁済者の債権者に対する返還請求が否定される場合、結果的に有効な弁済とされ、債務者の債務は消滅する。そこで、**弁済者から債務者に対し**、弁済額について求償権を行使することが認められている(707条2項)。 12

4 不法原因給付

① 意義

意義　不法な原因のために給付をした者は、その給付したものの**返還を請求することができない**(708条)。この法律関係のことを**不法原因給付**という。

趣旨　社会的妥当性を欠く行為をし、その実現を望む者への助力を拒もうとする私法の理想の要請を達しようとする90条と並び、社会的妥当性を欠く行為の結果の復旧を望む者への助力を拒もうとする私法の理想の要請を達しようとする規定である(最判昭29.8.31)。

給付が不法な原因に基づいて行われており、その給付となる行為が無効(90条)とされる場合、本来、その給付は不当利得となる。例えば、麻薬の売買契約(原因となる行為)に基づいて、麻薬や代金の給付をする場合である。しかし、この場合に返還請求権を認めることは、結局、麻薬取引をした者の権利行使を公権力が保護することになる。

そこで、不法な原因に基づく給付が行われた場合、給付者に対する一種の制裁として、給付したものの返還請求権を否定したものである(**クリーン・ハンズの原則**の表れ)。

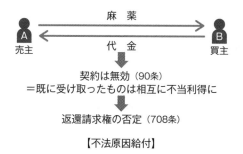

【不法原因給付】

② 不法原因給付の要件

不法原因給付の要件は、①**不法の原因**によって**給付**が行われ(708条本文)、②不法の原因が**受益者のみに存する**場合でない(708条ただし書)ことである。

(ア) 不法の原因

意義 ① **不法**とは、給付となる行為が、その社会において要求されている倫理、道徳を無視した醜悪なものであることをいう(最判昭37.3.8)。具体的には、公序良俗に反する行為(90条、『民法 上』第1章 **7** 節「法律行為―無効・付款」参照)を意味すると解されている。

② **原因**とは、給付の目的のことである。*発展* 動機に不法がある場合も原因に含まれる(大判大5.6.1)。例えば、麻薬の売買のために金銭を貸し付ける場合である。 **L**

趣旨 給付したものの返還請求を認めないことは、実現された不法の結果を放置することにもつながるので、708条の「不法」の範囲は厳格に解するべきである。

(イ) 給付が行われたこと

意義 **給付**とは、受益者に終局的な利益を与えることをいう。

趣旨 受益者の利益が終局的でない場合、受益者が利益を終局的に得るため、さらに国家への助力を求めることになるが、これを許すべきではない。

　給付が行われたといえるかについては、とくに建物が不倫関係の維持目的で贈与された場合に問題とされている。

【708条の給付に関する判例】

目的物	給付についての判断
未登記建物	引渡しのみで給付に当たる(最大判昭45.10.21) **13**
既登記建物	占有の移転(引渡し)のみでは足りず、**所有権移転登記手続**がされていることをも要する(最判昭46.10.28) **14**
発展 抵当権の設定登記	給付に当たらない(したがって、708条の適用はない) (最判昭40.12.17) **M**

〈解説〉 最判昭40.12.17は、賭博行為によって生じた金銭債権のためにされた抵当権設定登記の抹消の請求が許されるとしている。 **M**

(ウ) 不法の原因が受益者のみに存する場合でないこと (708条ただし書)

　不法の原因がもっぱら**受益者のみにあり、給付者にない**ときは、給付者に反社会性があるとはいえないので、708条ただし書により返還請求が認められる **15**。例えば、麻薬の売買のための資金を借り受けたが、貸し付けた側が麻薬資金であることを知らなかったような場合である。

問題点 *発展* 不法の原因が給付者及び受益者に存する場合、708条ただし書が適用され、給付者による返還請求が認められるか。

結論 双方の不法性を比較して、給付者の不法性が受益者の不法性よりも微弱

である場合は、給付者による返還請求が認められる(最判昭29.8.31)。 **N**

理由 給付者の返還請求を認めなければ、不法性の大きい受益者を保護する結果となるからである。

③ 不法原因給付の効果

(ア) 不当利得返還請求権の拒絶

原則 不法の原因のために給付をした者は、**給付したものの返還を請求することができない**(708条本文)。

例外 **不法の原因が受益者のみに存する場合には、給付したものの返還を請求することができる**(708条ただし書)(上記②(ウ)「不法の原因が受益者のみに存する場合でないこと」を参照)。

(イ) 給付者からの所有権に基づく返還請求

給付者からの**所有権に基づく返還請求は許されない**(最大判昭45.10.21) **16**。なお、給付者が給付物の返還請求をすることができなくなる**反射的効果として、その給付物の所有権は受益者に移転する**。

理由 所有権に基づく返還請求を認めては、708条の趣旨が没却されるからである。

(ウ) 不法行為に基づく損害賠償請求

給付者からの不法行為に基づく**損害賠償請求についても認められない**(大判明36.12.22)。

理由 不法行為に基づく損害賠償請求を認めては、708条の趣旨が没却されるからである。

(エ) 不法原因給付物の返還特約

問題点 不法の原因のために給付をした給付者が、受益者との間で給付物を任意に返還する特約を結んだ場合、当該特約は有効か。

結論 当該特約は、708条に反せず**有効である**(最判昭28.1.22)。 **17**

理由 708条は、反社会的給付をした者に法律上の保護を与えないとするものであって、受益者に給付物について法律上の正当な権原があったものとして留保される趣旨ではないから、当事者間の任意の返還の特約を否定する理由はない。 **18**

01 **不当利得の成立要件は（4つ）？**

①他人の財産または労務によって利益を受けたこと（受益）、②受益によって他人に損失を及ぼしたこと（損失）、③受益と損失との間の因果関係（因果関係）、④法律上の原因がないこと

02 **受益者が善意の場合の不当利得返還の範囲は？**

返還請求時において、現に存在する利益（現存利益）の範囲（703条）

03 **受益者が悪意の場合の不当利得返還の範囲は？**

受けた利益に利息を付して返還し、さらに損失者の損害があればその賠償もする（704条）。

04 **債務の存在しないことを知りながら弁済として給付をした場合、給付したものの返還請求はできるか？**

返還請求はできない（705条）。

05 **債務者は、弁済期にないことを知りながら債務の弁済をした場合、給付したものの返還請求はできるか？**

返還請求はできない（706条本文）。

06 **債務者は、弁済期にない債務の弁済を錯誤によって行った場合、給付したものの返還請求はできるか？**

返還請求はできない（706条本文）。ただし、債権者が弁済を受けた時から弁済期までの利息相当額を、不当利得として返還請求することはできる（706条ただし書）。

07 **他人の債務を自己の債務と誤信して弁済をした場合、弁済者は、給付したものの返還請求はできるか（原則）？**

給付したものの返還請求はできる。

08 **他人の債務を自己の債務と誤信して弁済をした場合において、債権者が、有効な弁済があったと信じて債権証書を廃棄した場合は、弁済者は、給付したものの返還請求ができるか？**

返還請求はできない（707条1項）。

09 **不法原因給付における給付とは？**

受益者に終局的な利益を与えること

10 **不法な原因に基づいて贈与をし、未登記の不動産を受贈者に引き渡した場合には、不法原因給付における給付があったといえるか？**

給付があったといえる（判例）。

11 **不法な原因に基づいて贈与をし、既登記の不動産を受贈者に引き渡しただけの場合には、不法原因給付における給付があったといえるか？**

給付があったとはいえない（判例）。

過去問チェック（争いのあるときは、判例の見解による）

01 不当利得が成立するためには、法律上の原因なく他人の財産又は労務によって利益を受けたことが必要であるが、本来であれば自己の財産から支出するはずであった出費を免れた場合であっても、利益を受けたとはいえないので、免れた額の返還義務を負わないとするのが判例である。

×（国般2006）「利益を受けたとはいえないので、免れた額の返還義務を負わないとするのが判例である」が誤り。

02 法律上の原因なく他人の財産又は労務によって利益を受け、そのために他人に損失を及ぼした者（受益者）は、善意であっても、その受けた利益につき、利息を付して返還する義務を負う。

×（国般2017）「その受けた利益につき、利息を付して返還する義務を負う」が誤り。

03 最高裁判所の判例では、不当利得者が当初善意であった場合には、当該不当利得者は、後に利得に法律上の原因がないことを認識したとしても、悪意の不当利得者とはならず、現存する利益の範囲で返還すれば足りるとした。

×（区2018）「悪意の不当利得者とはならず、現存する利益の範囲で返還すれば足りるとした」が誤り。

04 法律上の原因なく他人の財産又は労務によって利益を受けた者は、受益の時点で善意であればその利益の現存する範囲で返還する義務を負うので、その後に悪意となったとしても、悪意となった後に受益した物を使用して収益を得た場合など、悪意となった後に受けた利益については返還義務を負わないとするのが判例である。

×（国般2006）「悪意となった後に受けた利益については返還義務を負わないとするのが判例である」が誤り。

05 不当利得における悪意の受益者は、その受けた利益に利息を付して返還しなければならず、なお損害があるときはその賠償の責任も負う。

○（裁2020）

06 債務の弁済として給付をした者は、債務の存在しないことを知っていて弁済したときにおいても、その給付したものの返還を請求することができる。

×（国般2017）「その給付したものの返還を請求することができる」が誤り。

07 債務が存在しないにもかかわらず、その事実を知り、又は過失により知らないで、債務の弁済として給付をした者は、その給付したものの返還を請求することができない。

× (裁2020)「又は過失により知らないで」が誤り。

08 債務が存在しないことを知りながらその債務の弁済として給付をした者は、やむを得ずその給付をした場合でも、給付したものの返還請求をすることができない。

× (裁2016)「給付したものの返還請求をすることができない」が誤り。

09 債務者は、弁済期にない債務の弁済として給付をしたときであっても、弁済期が到来するまでは、その給付したものの返還を請求することができる。

× (国般2017)「弁済期が到来するまでは、その給付したものの返還を請求することができる」が誤り。

10 債務者が、錯誤により弁済期にあると誤信して、弁済期にない自己の債務の弁済として給付をした場合には、その給付の返還を請求することができる。

× (裁2020)「その給付の返還を請求することができる」が誤り。

11 債務者でない者が錯誤によって債務の弁済をした場合に、債権者が担保を放棄しその債権を失ったときは、弁済を受けた債権者を保護する必要があるので、債権者の善意悪意にかかわらず、その弁済をした者は、返還の請求ができない。

× (区2012)「債権者の善意悪意にかかわらず」が誤り。

12 債務者でない者が錯誤によって債務の弁済をした場合において、債権者が善意で証書を滅失させ若しくは損傷し、担保を放棄し、又は時効によってその債権を失ったときは、その弁済をした者は、返還の請求をすることができるため、債務者に対して求償権を行使することができない。

× (区2018)「返還の請求をすることができるため、債務者に対して求償権を行使することができない」が誤り。

13 民法708条の「給付」とは、受益者に終局的な利益を与えるものであることを要するから、給付された目的物が未登記不動産の場合には引渡しのみで「給付」に当たる。

○ (裁2010改題)

14 最高裁判所の判例では、贈与が不法の原因に基づく給付の場合、贈与者の返還請求を拒みうるとするためには、既登記の建物にあっては、その占有の移転のみで足り、所有権移転登記手続がなされていることは要しないとした。

×（区2018）「その占有の移転のみで足り、所有権移転登記手続がなされていることは要しないとした」が誤り。

15 不法な原因のために給付をした者は、不法な原因が受益者のみにあるときであっても、その給付したものの返還を請求することができない。

×（国般2017）「その給付したものの返還を請求することができない」が誤り。

16 不法な原因に基づいて贈与をし、未登記の不動産を受贈者に引き渡した場合には、その引渡しをもって不法原因給付が成立するので、贈与者は不当利得に基づく返還請求はできないが、そのような贈与は、公序良俗に反し無効となるので、その後に贈与者名義で所有権の保存の登記をすれば、受贈者に対し、所有権に基づく返還請求ができるとするのが判例である。

×（国般2006）「受贈者に対し、所有権に基づく返還請求ができるとするのが判例である」が誤り。

17 甲は、不法の原因によって、乙に金銭を贈与したが、その後、甲と乙は、当該贈与契約を解除して、乙が甲に当該金銭を返還する旨の合意をした。このような合意は、公序良俗に反し、無効である。

×（裁2008）「公序良俗に反し、無効である」が誤り。

18 最高裁判所の判例では、不法の原因のため給付をした者にその給付したものの返還請求することを得ないとしたのは、かかる給付者の返還請求に法律上の保護を与えないということであり、当事者が、先に給付を受けた不法原因契約を合意の上解除してその給付を返還する特約をすることは許されないとした。

×（区2018）「許されないとした」が誤り。

A Aが、B銀行のAの預金口座から無権限で預金の払戻しを受けたCに対し、払戻しを受けた預金相当額の不当利得返還請求をした。これに対し、Cは、B銀行のCへの払戻しは無権利者に対する弁済として無効であり、Aの預金債権は消滅していないためにAには損失が生じていないと主張して、不当利得返還義務を免れることができる。

×（裁2013）「不当利得返還義務を免れることができる」が誤り。

B Cが、Aから金銭を騙し取って、その金銭で自己の債権者Bに対する債務を弁済した場合、社会通念上Aの金銭でBの利益をはかったと認められるだけの連結があるときは、AからBに対する不当利得返還請求権の成立に必要な因果関係が認められる。

○（裁2016）

C Bが、Aが所有する建物であることを知りながら、その建物を賃貸する権限がないにもかかわらず、Cに賃貸した場合、Aは、BがCから収受した賃料を不当利得として返還請求することができる。

○（裁2003）

D AのBに対する弁済が受領権者としての外観を有する者に対する弁済として有効となる場合、真の債権者であるCは、Bに対し、弁済として受領したものを不当利得として返還請求することができる。

○（裁2003改題）

E 甲の乙に対する債権を担保するため丙所有の不動産に設定された抵当権が無効であるにもかかわらず、当該抵当権が実行され、丙が不動産の所有権を喪失し、甲がその売却代金から弁済金の交付を受けて乙の甲に対する債務が消滅した場合は、法律上の原因なくして丙の不動産により利得を受けたのは甲ではなく乙であるから、丙は甲に対しては、不当利得返還請求をすることができない。

×（裁2006）「甲ではなく乙であるから、丙は甲に対しては、不当利得返還請求をすることができない」が誤り。

F 借地契約の終了に当たり、建物買取請求権を行使した土地賃借人甲は、土地賃貸人乙から買取代金の支払を受けるまで建物の引渡しを拒むことができるから、これにより敷地の占有を継続することになるとしても、乙に対し、敷地の賃料相当額を不当利得として返還する義務はない。

×（裁2006）「敷地の賃料相当額を不当利得として返還する義務はない」が誤り。

G 甲が、乙からだまし取った金銭によって自己の丙に対する債務を弁済した場合、この弁済の受領につき丙に悪意又は重大な過失があったとしても、丙の金銭の取得は、乙に対する関係では、法律上の原因を欠くことにはならず、不当利得とはならない。

×（裁2006）「この弁済の受領につき丙に悪意又は重大な過失があったとしても、丙の金銭の取得は、

乙に対する関係では、法律上の原因を欠くことにはならず、不当利得とはならない」が誤り。

$\boxed{\text{H}}$ Aが、建物賃借人であるBとの請負契約に基づき建物の修繕工事をした後にBが無資力となり、AのBに対する請負代金債権の全部又は一部が無価値となった場合において、当該建物の所有者であるCが法律上の原因なく当該修繕工事に要した財産及び労務の提供に相当する利益を受けたといえるのは、BとCの間の賃貸借契約を全体としてみた場合に、Cが対価関係なく利益を受けたときに限られる。
○（国般2006）

$\boxed{\text{I}}$ 不当利得返還請求を受けた善意の受益者は、利益が現存しないことについて自ら主張立証しなければ、利益を返還する義務を免れない。
○（裁2016）

$\boxed{\text{J}}$ 法律上の原因なく代替性のある物を利得した受益者が、利得した物を第三者に売却処分した場合に、損失者は、受益者に対し、原則として代替物による返還を請求できる。
×（裁2015）「原則として代替物による返還を請求できる」が誤り。

$\boxed{\text{K}}$ AB間の売買契約に基づき、買主Aの代金支払及び売主Bの目的物引渡しがされた後に、Aが詐欺を理由として売買契約を取り消した場合、Aの代金相当額の金銭の原状回復請求権とBの目的物の原状回復請求権は同時履行の関係に立つ。
○（裁2013改題）

$\boxed{\text{L}}$ 民法708条の「不法な原因のため」とは、専ら給付自体が不法な場合をいうのであって、密航資金を貸与する場合のように、給付の動機に不法があるにすぎない場合は、「不法な原因のため」に給付したとはいえないから、密航資金の給付者は、受益者に対し、金銭消費貸借契約に基づき貸与した金銭の返還を請求することができる。
×（裁2010）全体が誤り。

$\boxed{\text{M}}$ 甲は、不法の原因によって発生した乙に対する貸金債務を担保するため、自己所有の土地に抵当権を設定し、その旨の登記をした。この場合、甲は、乙に対し、当該抵当権設定登記の抹消を請求することができる。
○（裁2008）

N 不法な原因が受益者についてのみ存した場合は、民法708条ただし書により、給付者は、給付したものの返還を請求することができるが、不法な原因が給付者・受益者双方に存した場合は、双方の不法性を比較して、給付者の不法性が微弱であったとしても、同条ただし書の適用はないから、給付者の受益者に対する不当利得返還請求は、認められないことになる。

×（裁2010）「同条ただし書の適用はないから、給付者の受益者に対する不当利得返還請求は、認められないことになる」が誤り。

13 不法行為①

ここでは、一般的不法行為において、成立要件と効果、賠償額の算定を扱います。

1 総論

1 意義・趣旨

意義 不法行為とは、**違法な行為**により他人（被害者）に生じた**損害の賠償義務を加害者に負わせる**制度である（709条）。

趣旨 ①損害の塡補による**被害者の救済**と、②加害者に対して賠償責任が課せられることを示すことによって**将来の不法行為を抑止する**ことにある。

不法行為が認められると、その被害者は加害者に対して損害賠償請求をすることができる。したがって、被害者は損害賠償請求権の債権者、加害者は損害賠償請求権の債務者となる。

【不法行為の債務者と債権者】

2 犯罪行為における損害賠償義務と処罰の相違

> **設例** Aは友人Bと口論になり、Bを突き飛ばした。転倒したBは車止めのブロックに右腕を打ちつけ、病院での治療を要する怪我を負った。
>
> ❶突き飛ばした
> A → B
> ❷怪我

民法の不法行為制度は、**被害者の被った損害を加害者に賠償させる**ものである。これに対して、法律上犯罪とされる行為を行った加害者に対する処罰は、公益的見

地からの制裁として刑法により刑事罰が科される。

> 設例において、被害者Bは、加害者Aに対して治療費等の損害賠償請求をすることができる（＝Aは不法行為責任として損害賠償義務を負う）。Aの行為についての処罰は刑法の領域の問題となる（傷害罪等に問われる可能性がある）。

3 債務不履行との関係 〔発展〕

> 設例　右腕に怪我を負ったBは、これを治療するための手術を病院で受けた。しかし、①執刀医Cが手術中にミスを犯したことにより、②Bは右腕を動かすことができなくなってしまった。
>
>
> ❶手術ミス
> ❷右手が動かせない

　不法行為責任も債務不履行責任も違法な原因による利益の侵害という点で共通しており、ある行為が不法行為に当たると同時に債務不履行に該当する場合がある〔A〕。このような場合、不法行為責任と債務不履行責任が併存することになり、被害者はいずれも追及することができる〔B〕。このように、ある1つの事実を原因として複数の請求権が発生・併存することを**請求権競合**という。

> 設例において、被害者Bは、①診療契約上の債務不履行に基づく損害賠償請求をすることができると同時に、②不法行為に基づく損害賠償請求をすることもできる。

〈解説〉　〔発展〕契約締結に先立って信義則上の説明義務に違反した場合、契約の一方当事者は、相手方が当該契約を締結したことにより被った損害につき、不法行為による賠償責任を負うことがあるのは格別、当該契約上の債務の不履行による賠償責任を負うことはないとした判例がある（最判平23.4.22）〔C〕。この場合、後に締結された契約は、信義則上の説明義務の違反によって生じた結果と位置付けられ、信義則上の説明義務がその後に締結された契約に基づくものであるというのは一種の背理といえるからである。

4 ▷ 一般的不法行為と特殊的不法行為

民法上の不法行為制度は**一般的不法行為**と**特殊的不法行為**に大きく分けられる。一般的不法行為とは、原則的な不法行為責任の規定であり、この原則を成立要件の点で修正したものが特殊的不法行為である。

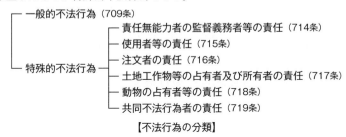

【不法行為の分類】

本節および **14** 節「不法行為②」において一般的不法行為を扱い、特殊的不法行為については **15** 節「不法行為③─特殊的不法行為」で扱う。

2 成立要件

1 ▷ 総論

故意又は過失によって他人の**権利又は法律上保護される利益**を侵害した者は、これによって生じた**損害**を賠償する責任を負う(709条)。

以下が、不法行為の成立要件である。

【不法行為の成立要件】
① 加害者の**故意又は過失**による行為であること
② 被害者に**権利・利益侵害**があること
③ **損害の発生**
④ 行為と損害の**因果関係**
⑤ 加害者に**責任能力**があること

上記の成立要件のうち①〜④は被害者に立証責任があり、⑤は加害者に立証責任がある(加害者は、⑤責任能力がないことを立証すれば、不法行為責任を免れる)。

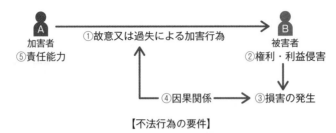

【不法行為の要件】

以下、各要件について見ていく。

2 加害者の故意又は過失による行為であること（要件①）

① 意義

意義　故意とは、自分の行為が他人に損害を及ぼすことを**知りながら、あえてその行為を行う心理状態**をいう。

過失とは、法律上要求される注意を怠ったこと（**注意義務違反**）をいう。

〈解説〉　加害者に落ち度（過失）がないにもかかわらず不法行為責任を負わせることは結果責任を認めることであり、それでは国民の自由な活動が守られないことから、成立要件として過失があることが求められる（**過失責任主義**）。

ここにいう注意義務とは、**平均的一般人（標準人）に期待される注意義務**を意味し、加害者自身に期待される注意義務ではない。また、業務における不法行為においては、**当該業務における平均的一般人（標準人）が基準となる**（いわゆる一般人よりも高度な注意義務が要求される）。

【業務における注意義務に関する判例】 **発展**

対象者	注意義務の程度
医療過誤における医師	診療当時の臨床医学の実践における医療水準を基準に判断され（最判平7.6.9）、医師個人には、その業務の性質に照らし、**危険防止のために実験上必要とされる最善の注意義務**を要求される（最判昭36.2.16）**D**
建物の基本的な安全性に瑕疵があった場合の設計者・施工者等	契約関係にない居住者等に対する関係でも、当該建物に建物としての基本的な安全性が欠けることがないように配慮すべき注意義務を負う（最判平19.7.6）※ **E**

※なお、居住者等の生命、身体又は財産の侵害に対する損害賠償が認められるためには、不法行為の成立を主張する者が建物の瑕疵の存在を知りながらこれを前提として当該建物を買い受けていたなど特段の事情がないことも必要となる。 **E**

② 過失責任主義の例外

> **設例** 家屋の賃借人Aの軽過失による失火によって当該家屋が焼失した。賃貸人BがAに対して損害賠償請求をする場合、不法行為に基づく損害賠償請求と、目的物返還債務の債務不履行に基づく損害賠償請求（請求権競合）のいずれの方法をとるのが適切だろうか。
>
>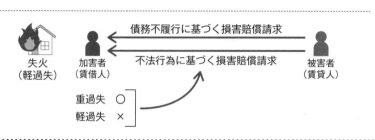

過失責任主義の例外の1つとして、民法の特別法である失火ノ責任ニ関スル法律（失火責任法）がある。これは、失火により発生した損害については、加害者に**重過失がある場合にのみ不法行為責任を負わせる**というものである（＝軽過失の場合は免責される）。

趣旨 木造家屋の多い日本では、延焼により損害が拡大する可能性が高いことから、加害者（失火者）の責任が過度に重くなることを防ぐためである。

問題点 **／発展**債務不履行に基づく損害賠償請求について、失火責任法は適用されるか。

結論 債務不履行については適用されない（大連判明45.3.23）。 **F**

> **設例** においては、Aの失火は軽過失によるものなので、不法行為に基づく損害賠償請求には失火責任法が適用される結果、Aに重過失がないとして請求が認められない。これに対して、債務不履行に基づく損害賠償請求には失火責任法が適用されず、Aに軽過失があることから請求が認められる。

③ 故意・過失の証明責任

原則 加害者（債務者）に故意・過失があったことは、**被害者（債権者）が証明し**なくてはならない。**01**

〈解説〉 同じ損害賠償請求であっても、債務不履行を理由とする場合には、**債務者が帰責事由がないことを証明しなければならない**という点で異なる。**01**

もっとも、被害者保護の観点から被害者の立証の負担を軽減するため、以下のような方法が用いられている。

例外❶　**立証責任の転換**

　故意・過失がなかったことを加害者が立証しなければならないとする方法である。事案の性質上用いられるものであり、民法上は、責任無能力者の監督義務者等の責任(714条)、使用者等の責任(715条)、土地の工作物等の占有者及び所有者の責任(717条)、動物の占有者等の責任(718条)などが規定されている(詳細は本章**15**節「不法行為③—特殊的不法行為」で扱う)。

例外❷　**過失の一応の推定**

　被害者が、加害者に過失があったことを証明できない場合であっても、加害者に過失があったことを**推認させる程度の事実を証明**すれば、加害者に過失があったものと推定され、**加害者がその反証をできない限り過失が認定される方法**である。判例は、医療行為による不法行為に用いている(最判昭51.9.30等)。

過失の証明＝裁判官が加害者に過失があったという心証を得る

【過失の一応の推定】

3 被害者に権利・利益侵害があること(要件②)

　被害者の**権利**又は**法律上保護される利益**が侵害されることである(709条参照)。

意義　「**権利又は法律上保護される利益**」とは、**法律上の明確な権利**だけではなく、**法律上保護される利益も不法行為による保護の対象となる**ことを意味する。

　　(例)法律上の明確な権利→所有権、法律上保護される利益→生命・身体

〈解説〉　**発展**　制定当初の民法では、他人の「権利を侵害した」ことが要件とされており、当初の判例は「権利」の意味を法律によって認められた権利であるとする立場をとっていた(大判大3.7.4)。この見解は、法律の規定の有無により不法行為の成否も決することになり不当であると批判されていたが、のちの判例はこの立場を改め、法律上保護される利益も「権利」に該当するとして、より広く解する立場をとった(大判大14.11.28)。以上のような経緯から、2004年改正において「権利又は法律上保護される利益」と明文化された。

権利又は法律上保護される利益	備考
良好な景観の恵沢を享受する利益（景観利益）	違法な侵害行為といえるためには、侵害行為が、刑罰法規や行政法規の規制に違反するものである、公序良俗違反や権利の濫用に該当するものであるなど、侵害行為の態様や程度の面において社会的に容認された行為としての相当性を欠くことが必要(最判平18.3.30、国立マンション事件) **G**
名誉権	① 一般読者において、単に興味本位の1つとして一読されるにすぎない記事(いわゆるゴシップ記事)であっても、新聞記事による名誉毀損においては、当該新聞の編集方針、その主な読者の構成、当該新聞の性質についての社会の一般的な評価は不法行為責任の成否を左右するものではない(最判平9.5.27) **H** ② その目的が専ら公益を図るものであり、かつ、その前提としている事実が主要な点において真実であることの証明があったときは、人身攻撃に及ぶなど論評としての域を逸脱したものでない限り、違法性が阻却される(最判平1.12.21) **I**
所有権	第三者の詐欺による売買により目的物件の所有権を喪失した売主は、買主に対し代金請求権を有していても、第三者に対する不法行為に基づく損害賠償請求権がないとはいえない(最判昭38.8.8) **J**

4 損害の発生 (要件③)

意義 損害とは、不法行為の結果としての**現在の被害者の財産状態**と、不法行為がなければ**得られたであろう被害者の財産状態の差額**をいう(差額説)(最判昭39.1.28)。積極損害・消極損害などの財産的損害(経済的不利益)に限られず、精神的損害(被害者の感じた精神的苦痛)も損害に含まれる。

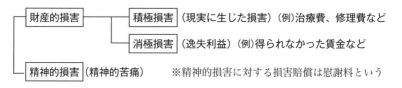

```
          ┌ 財産的損害 ─┬─ 積極損害  (現実に生じた損害) (例)治療費、修理費など
          │             │
          │             └─ 消極損害  (逸失利益) (例)得られなかった賃金など
          │
          └ 精神的損害 (精神的苦痛)     ※精神的損害に対する損害賠償は慰謝料という
```

【損害の分類】

5 行為と損害の因果関係 (要件④)

① 因果関係の意義

加害者の行為(原因)に「よって」損害(結果)が発生したこと、すなわち、**加害行為と損害の間に因果関係(原因と結果の関係)のあること**が必要である。

意義 因果関係のあることとは、加害行為と損害との間に、①事実的因果関係

があることを前提として、②相当因果関係の範囲内の損害が賠償の範囲に含まれることをいう。

ここでは、事実的因果関係(上記①)について扱い、相当因果関係(上記②)については、後述の❹項「賠償額の算定」で扱う。

② 事実的因果関係の立証

事実的因果関係とは、簡単にいえば「あれなければこれなし」の関係にあるということである。**因果関係の立証は被害者がしなければならないが**、医療過誤、公害、医薬品による健康被害などの事案においては、経済的理由や専門知識の不足などにより、被害者が事実的因果関係の立証をすることが困難な場合がある。

問題点 **発展** どの程度の証明があれば、訴訟上の因果関係の立証があったといえるのか。

結論 ① 訴訟上の因果関係の立証は、一点の疑義も許されない自然科学的証明ではなく、経験則に照らして全証拠を総合検討し、特定の事実が特定の結果発生を招来した関係を是認し得る**高度の蓋然性を証明**することをいう。

② その判定は、**通常人が疑いを差し挟まない程度に真実性の確信を持ちうるもの**であることを必要とし、かつ、それで足りる(最判昭50.10.24)。

[K]

〈解説〉 **発展** 加害者の行為と被害者の損害との間の因果関係の立証責任は、損害賠償請求をする被害者にある。しかし、因果関係の立証は困難が伴うため、判例は、事実上の推定その他の法理を用いて立証責任を転換するなどの法技術を用いている(大判明45.5.6、大判昭11.4.21)。[L]

6 加害者に責任能力があること (要件⑤)

加害者に責任能力がないことは、不法行為の成立を妨げる(加害者が不法行為責任を免れる)事由であり、**加害者が立証しなければならない**。

意義 **責任能力**とは、加害行為の**法律上の責任を弁識するに足る知能**をいう(大判大6.4.30)。言いかえれば、**自己の行為の結果、不法行為責任を負うことになると理解できる程度の能力**のことである。

趣旨 ①責任能力に欠ける者の行為は、非難することができず責任を負わせることは妥当でない。②弱者保護の観点から、責任能力に欠ける者に不法行為責任を負わせるべきではない。

具体的には、以下の者が**責任能力を欠く**とされる。

【責任能力を欠く者】

具体例	内容
未成年者のうち、行為の責任を理解できない者(712条)[02]	おおむね、小学校卒業程度(11歳〜12歳)の精神能力を基準とするとされる
精神上の障害により、行為の責任を理解できない者(713条本文)	① 行為の時点で精神上の障害があれば足りる(行為能力(『民法上』第1章 **2** 節「権利の主体①」参照)とは異なる) ② **発展** 故意・過失によって一時的に精神上の障害のある状態を招いた者は責任を免れない(原因において自由な行為) (713条ただし書)[M] (例)酔うと粗暴になると認識している者が多量に飲酒、覚せい剤を使用して他人に損害を加えた

　責任能力に欠ける者か否かは、個別の事情から判断される。責任能力に欠けると判断された場合、被害者の救済は、**監督者責任**によって図られる(詳細は **15** 節「不法行為③─特殊的不法行為」で扱う)。

3 効果

1 原則

　債務不履行の場合と同じく**金銭賠償が原則である**(722条1項、417条)。原状回復ではない。[03][04]

　(例)市販のカメラを滅失させたという不法行為の場合、滅失したカメラを金銭的に評価してこれを賠償させる(同機種のカメラを調達して引き渡すことを命じるのではない)。

2 例外

① 名誉を回復するのに適当な処分

　被害者の請求により、裁判所は、名誉毀損における原状回復として**損害賠償に代えて、又は損害賠償とともに名誉を回復するのに適当な処分**を命じることができる(723条)[05]。新聞等の記事により名誉を毀損された場合は、謝罪広告を新聞等に掲載することを命じることが多い(最大判昭31.7.4、謝罪広告事件)。

意義　**発展** 民法723条における名誉とは、人に対する**客観的な社会的評価**をいう。自身の人格的価値について有する主観的評価(名誉感情)は含まれない(最判昭45.12.18)。[N]

② 差止請求

民法上明文の規定はなく、現在のところ明確な基準も定立されていないが、公害などの継続的不法行為では可能であると解されている。

④ 賠償額の算定

1 損害賠償の範囲

不法行為の成立要件を満たせば、加害者に損害賠償義務が生じる。もっとも、事実的因果関係のある損害は無限に拡大する可能性があるため、賠償の対象となる損害を一定の範囲に限定しなければならない。そこで、**社会通念上、加害者の行為が原因で結果（損害）が生じたといえる範囲に損害賠償は限定される**（相当因果関係説）。

発展 具体的には、債務不履行に関する416条が類推適用され、通常損害と特別損害が損害賠償の対象となる（大連判大15.5.22参照）**〇**。債務不履行における損害賠償の範囲と同じと考えてよい（第4章 **2** 節「債権の効力①―債務不履行」参照）。

【不法行為における損害賠償の範囲】

通常損害	当該不法行為から、社会通念上、**通常発生すると考えられる損害**
特別損害	通常損害に当たらない、**特別の事情によって生じた損害のうち、加害者が予見すべきであったもの**（加害者が予見すべきであったといえないものについては、損害賠償責任を負わない）

2 損害額算定の基準時

① 基準時

不法行為時を原則とする。不法行為後に損害額が変動した場合は（ex.不法行為により物が滅失したが、その後にその物の価格が高騰した）、特別事情による損害として、加害者が予見すべきであったか否かで判断される（416条2項）。

② 具体例
（ア）生命侵害

被害者が**生存していれば得られたであろう収入額**（逸失利益）が損害額となる。通常は、被害者の死亡当時の収入を基準に、就労可能年齢までの平均的総収入を算出し、被害者の生活費・中間利息を損益相殺（控除）して算定される。精神的苦痛、葬式費用等も損害である。

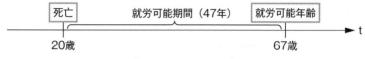

【生命侵害と損害賠償】

　なお、生命侵害の場合、被害者が死亡していることから、損害賠償請求権は被害者の相続人に帰属することになるが、この点については後述の**14**節**❶**項「損害賠償請求の主体」で扱う。

（イ）身体傷害

　治療代が主な損害となるが、治療期間中に得られたであろう利益や（休業損害）、後遺症（労働能力の喪失・減少）により従来の仕事を継続することができなくなった場合は、その分の所得（逸失利益）も含まれる。

【身体傷害と損害賠償】

> **問題点**　身体傷害の後遺症のために労働能力の一部を喪失したが、収入の減少がなかった場合、労働能力の一部の喪失を理由とする損害賠償請求は認められるか。

> **結論**　その後遺症の程度が比較的軽微であって、被害者が従事する職業の性質から見て、現在又は将来における収入の減少も認められないという場合は、特段の事情のない限り、労働能力の一部喪失を理由とする**損害賠償請求は認められない**（最判昭56.12.22）。 06

3 逸失利益の賠償における事故後の事情 発展

> **設例**　Aは、Bの過失による交通事故によって身体に傷害を受け、後遺症を負ったことにより、従来の仕事を続けることができなくなった。後遺症の症状が固定した1か月後、Aは海で心臓麻痺を起こして死亡した。Aの遺族がBに対して損害賠償請求をしたところ、Bは、逸失利益の算定において、Aが死亡した後の期間の逸失利益を含めることは不当だと主張している。
>
>

問題点 交通事故により被害者が身体に傷害を受けた後に、その傷害とは別の原因によって死亡した場合、**事故後の事情は損害額の算定に影響を与えるか。**

結論 交通事故の時点で、死亡の原因となる具体的理由が存在し、近い将来における死亡が客観的に予測されていたなどの**特段の事情がない限り、死亡の事実は就労可能期間の認定上考慮しない**(最判平8.4.25)。 P

理由 労働能力の一部喪失による損害は、**交通事故の時に一定の内容のものとして発生している**のであるから、交通事故の後に生じた事由によってその内容に消長を来すものではない(最判平8.4.25)。

> **設例**においては、Aの就労可能年齢までの期間を含めて逸失利益の算定が行われる (Bの主張は認められない)。

4 ▶ 介護費用の賠償 /発展

> **設例** AはBの過失による交通事故により身体に傷害を受け、後遺症を負ったことにより他人の介護を必要とする状態になった。後遺症の症状が固定してから2年後、Aは胃がんのため死亡した。Aの遺族がBに対して損害賠償請求をしたところ、Bは、損害額の算定において、Aが死亡した後の期間の介護費用を損害に含めることは不当だと主張している。
>
>

問題点 交通事故により傷害を負い要介護状態となった者が、その傷害とは別の原因で死亡した場合、**死亡後の期間についての介護費用を交通事故による損害として請求することはできるか。**

結論 交通事故の被害者が事故後に別の原因により死亡した場合には、死亡後に要したであろう介護費用を交通事故による損害として**請求することはできない**(最判平11.12.20)。 Q

理由 介護費用の賠償は、被害者において**現実に支出すべき費用を補填する**ものであるところ、被害者が死亡すれば、**その時点以降の介護は不要となる**から、介護費用の賠償を命じるべき理由はなく、その費用を加害者に負担

させることは、被害者ないしその遺族に根拠のない利得を与える結果となり、公平の理念に反する(最判平11.12.20)。

> **設例**においては、Aが死亡した後の期間についての介護費用を損害として請求することはできない(Bの主張は認められる)。

5 間接被害者からの賠償請求(企業損害) /発展

> **設例** AはBの過失による交通事故により、身体に入院治療を要する傷害を受けた。Aは会社Cの代表取締役であるところ、会社Cは、Aの他には名目上の社員としてAの妻が所属するのみであり、実質上A個人が営業をしていた(税金対策として法人としての組織をとっていた)。会社Cは、Aの入院によりその期間の営業が不可能となり損害(企業損害)を被ったとして、Bに対して損害賠償請求をした。
>
>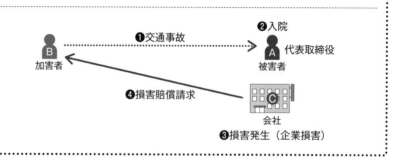

問題点 交通事故の被害者が会社の代表者だった場合、当該会社は被害者の入院により被った損害を逸失利益として、加害者に対して損害賠償請求をすることができるか。

結論 会社が法人とは名ばかりの、俗にいう個人会社であり、その実権が被害者個人に集中して**被害者には会社の機関としての代替性がなく、経済的に被害者と会社とが一体をなす関係**にあるものと認められるときは、加害行為と被害者の受傷による会社の利益の逸失との間に相当因果関係が認められ、会社は加害者に対して損害賠償請求をすることができる(最判昭43.11.15)。 (R)

> **設例**においては、会社Ｃは、税金対策のうえで法人組織をとっているにすぎず、その営業はＡ個人が行っていることから、会社の機関として代替性がなく、経済的にも会社ＣとＡは一体であるといえるので、会社ＣのＢに対する損害賠償請求は認められる。

重要事項 一問一答

01 不法行為の趣旨は（2つ）？

①被害者の救済、②将来の不法行為の抑止

02 不法行為の要件は（5つ）？

①故意・過失、②権利・利益侵害、③損害、④因果関係、⑤加害者の責任能力

03 失火責任法の特則の内容は？

重過失の場合に責任を負い、軽過失の場合は免責される。

04 故意・過失の立証責任を負うのは誰？

被害者(債権者)

05 人の名誉や景観利益は保護の対象となるか？

保護の対象となる。

06 責任能力を欠く者とは（2つ）？

①未成年者のうち、行為の責任を理解できない者(712条)、②精神上の障害により、行為の責任を理解できない者(713条)

07 損害賠償の方法は？

金銭賠償(原則)、名誉を回復するのに適当な処分(名誉毀損の場合の例外)

08 損害賠償の範囲は？

相当因果関係の範囲(社会通念上相当といえる範囲)に限定される。

09 損害賠償額の算定基準時はいつか？

原則として不法行為時

過去問チェック（争いのあるときは、判例の見解による）

01 債務不履行にあっては、債権者が債務者の帰責事由を立証する必要はなく、債務者は自己に帰責事由がなかったことを立証しない限り、債務不履行の責任を免れない。他方、不法行為にあっては、被害者である債権者は、加害者である債務者の故意又は過失を立証しない限り、損害賠償を請求することができない。

○（国般2014）

02 未成年者は、他人に損害を加えた場合において、自己の行為の責任を弁識するに足りる知能を備えていなかったとしても、その行為について賠償の責任を負う。

×（裁2021）「その行為について賠償の責任を負う」が誤り。

03 不法行為による損害賠償の方法は、損害を金銭的に評価して行う金銭賠償によるのではなく、損害を現実的、自然的に消去する原状回復によることを原則としている。

×（区2011）全体が誤り。

04 債務不履行、不法行為のいずれの場合でも、損害の賠償は、原則として金銭により行われる。

○（裁2003）

05 裁判所は、被害者の請求により、被害者の名誉を毀損した者に対して、名誉を回復するのに適当な処分を命ずるときは、被害者の請求があっても、その処分とともに損害賠償を命ずることはできない。

×（区2014）「その処分とともに損害賠償を命ずることはできない」が誤り。

06 不法行為により被害者の労働能力が喪失・減退したにもかかわらず、収入の減少がなく現実に損害が発生しなかった場合には、労働能力喪失を理由とする逸失利益の賠償請求は認められない。

○（裁2012）

A 債務不履行責任も、不法行為責任も、ともに違法な原因で他人の利益を侵害することから生じる責任である。

○（裁2003）

B 債務不履行に基づく損害賠償請求権と不法行為に基づく損害賠償請求権のいずれの成立要件も満たす場合、債権者は、どちらの請求権を行使してもよい。

○（裁2002）

C 契約の一方当事者が、当該契約の締結に先立ち、信義則上の説明義務に違反して、当該契約を締結するか否かに関する判断に影響を及ぼすべき情報を相手方に提供しなかった場合には、当該一方当事者は、相手方が当該契約を締結したことに

より被った損害につき、不法行為による賠償責任のみならず、当該契約上の債務の不履行による賠償責任も負う。

× (国般2020)「当該契約上の債務の不履行による賠償責任も負う」が誤り。

D 医療事故における過失の認定においては、医師の注意義務の基準は診療当時のいわゆる臨床医学の実践における医療水準であり、医師には業務の性質に照らし、危険防止のために実験上必要とされる最善の注意義務が要求されるとするのが判例である。

○ (国般2005改題)

E 建物の建築に携わる設計者、施工者及び工事監理者が、建物の建築に当たり、当該建物に建物としての基本的な安全性が欠けることがないように配慮すべき注意義務を怠ったために、建築された建物に建物としての基本的な安全性を損なう瑕疵があり、それにより居住者等の生命、身体又は財産が侵害された場合には、設計者、施工者及び工事監理者は、不法行為の成立を主張する者が当該瑕疵の存在を知りながらこれを前提として当該建物を買い受けていたなど特段の事情がない限り、これによって生じた損害について不法行為による賠償責任を負う。

○ (国般2020)

F 家屋の賃借人Aの失火により、賃貸家屋が滅失したことから、賃貸人Bが債務不履行を理由にAに損害賠償請求を行ったが、Aには失火ノ責任ニ関スル法律に規定されている「重大ナル過失」が認められない場合には、Aは損害賠償責任を負わないとするのが判例である。

× (国般2005)「Aには失火ノ責任ニ関スル法律に規定されている『重大ナル過失』が認められない場合には、Aは損害賠償責任を負わないとするのが判例である」が誤り。

G 良好な景観の恵沢を享受する利益を侵害した者は、その侵害行為が刑罰法規や行政法規の規制に違反するものであったり、又は公序良俗違反や権利の濫用に該当するものであるなど侵害行為の態様や程度の面において社会的に容認された行為としての相当性を欠くか否かにかかわらず、不法行為による損害賠償責任を負う。

× (国般2020)「相当性を欠くか否かにかかわらず、不法行為による損害賠償責任を負う」が誤り。

H 新聞記事による名誉毀損については、当該新聞が興味本位の内容の記事を掲載することを編集の方針とするものであり、当該記事が、一般読者にも興味本位の記事の一つとして一読されたにすぎない場合には、不法行為の成立が否定される。

× （裁2012）「不法行為の成立が否定される」が誤り。

I ある事実を基礎としての意見ないし論評の表明による名誉毀損にあっては、その行為が公共の利害に関する事実に係り、かつ、その目的が専ら公益を図ることにあった場合に、当該意見ないし論評の前提としている事実が重要な部分について真実であるなどの証明があったときには、人身攻撃に及ぶなど意見ないし論評としての域を逸脱したものでない限り、当該行為は違法性を欠く。

○ （税・労2004）

J 第三者の詐欺による売買のため、目的物の所有権を喪失した売主は、買主に対して代金債権を有している場合には損害があるとはいえない。

× （裁2012）「損害があるとはいえない」が誤り。

K 訴訟上の因果関係の立証は、一点の疑義も許されない自然科学的証明ではなく、経験則に照らして全証拠を総合検討し、特定の事実が特定の結果発生を招来した関係を是認し得る真実性を証明することであり、その判定は、通常人が疑いを差し挟まない程度に可能性の確信を持ち得るものであることを必要とし、かつ、それで足りるものである。

× （国般2003改題）「真実性」「可能性」が誤り。

L 不法行為における故意又は過失の立証責任は、被害者にあり、加害者の行為と権利侵害ないし違法な事実との間に因果関係がないことを、加害者が証明することは一切ない。

× （区2011）「加害者が証明することは一切ない」が誤り。

M 精神上の障害により自己の行為の責任を弁識する能力を欠く状態にある間に第三者に損害を加えた者は、故意により一時的にその状態を招いたときは、その損害を賠償する責任を負うが、過失により一時的にその状態を招いたときは、その損害を賠償する責任を負わない。

× （国般2016）「過失により一時的にその状態を招いたときは、その損害を賠償する責任を負わない」が誤り。

N 民法723条にいう名誉とは、自己自身の人格的価値について有する主観的な評価、すなわち名誉感情を含む。

× （裁2014改題）全体が誤り。

O 債務不履行に基づく損害賠償の範囲を定めた規定(民法416条)は、不法行為に基づく損害賠償の範囲を定めるときに類推適用される。

◯（裁2002）

P 交通事故の被害者が後遺障害により労働能力の一部を喪失し、その後に別の原因で死亡した場合には、死亡以降は現実に就労可能性がないから、原則として、逸失利益の算定において、死亡以降は就労可能期間として認定すべきではない。

✕（裁2009）「死亡以降は現実に就労可能性がないから、原則として、逸失利益の算定において、死亡以降は就労可能期間として認定すべきではない」が誤り。

Q 交通事故による損害賠償請求訴訟において、交通事故の被害者が事故のため介護を要する状態になった後に別の原因により死亡したときでも、死亡後の期間に係る介護費用を当該交通事故による損害として請求することができる。

✕（税・労2004改題）「死亡後の期間に係る介護費用を当該交通事故による損害として請求することができる」が誤り。

R X社の代表者Aは、Yの過失による交通事故で負傷した。X社がいわゆる個人会社であり、AにX社の機関としての代替性がなく、AとX社が経済的に一体の関係にあるような場合、X社はYに対して、Aの負傷のため逸失した利益について損害賠償を請求することができる。

◯（税・労2009）

14 不法行為②

本節では、前節に続いて一般的不法行為として、損害賠償請求の主体、賠償額の調整、賠償責任の制限・消滅、債務不履行との異同を扱います。

❶ 損害賠償請求の主体

損害賠償の請求権者は、原則として被害者(本人)であるが、以下の場合に損害賠償請求が認められるか問題となる。

1 ▷ 法人の場合

法人は、財産的損害については損害賠償請求が可能だが、精神的損害はあり得ないため、慰謝料請求は不可能である。 01

問題点 法人は不法行為による**名誉毀損**を理由として損害賠償請求をすることができるか。

結論 金銭的評価が可能な限り、**損害賠償請求をすることができる**(最判昭39.1.28)。 02

理由 名誉毀損の場合でも、金銭的評価が可能な無形の損害(710条、非財産的損害)が生じることはあり得る(最判昭39.1.28)。 02

2 ▷ 胎児の場合

胎児は権利能力を有しないが、不法行為による損害賠償請求権(721条)や相続(886条)等については、**すでに生まれたものとみなされる**(『民法 上』第1章 **2** 節「権利の主体①」参照) 03 。ただし、死産の場合には、権利の主体とはならない。

(例)父親が交通事故で死亡した場合、胎児は**近親者固有の慰謝料請求権**(711条、詳細は次の 3 ▷ 「被害者本人が死亡した場合」で扱う)を取得する。

3 ▷ 被害者本人が死亡した場合

① 被害者本人の損害賠償請求権の相続性
(ア) 財産的損害

損害賠償請求権が成立している限り、通常の債権と異なることはない。したがって、身体傷害の場合、受傷と死亡との間に時間的間隔があれば**受傷時に損害賠償請**

求権が成立し（被害者が損害賠償請求権を取得し）、被害者の死亡により相続人がこれを相続する。

問題点 不法行為の**被害者が即死**した場合、被害者の相続人は、被害者の死亡についての損害賠償請求権を相続するか（人は死亡により**権利能力を失う**ため、被害者は生命侵害に対する損害賠償請求権を取得するか）。

結論 即死の場合でも、被害者は**生命侵害に対する損害賠償請求権を取得**し、被害者の相続人はこれを相続する（大判大15.2.16）。 **04**

理由 ①死亡は被害者が負った傷害の程度の極限概念であり、**傷害と死亡との間に観念上の時間的間隔がある**といえる。②身体傷害の場合に被害者が損害賠償請求権を取得することに対して、傷害の極限概念である死亡の場合に被害者が損害賠償請求権を取得しないとすることは均衡を欠く。

(イ) 慰謝料請求権

精神的苦痛に対する損害賠償である慰謝料を請求するか否かは、被害者自身の問題である（**行使上の一身専属権**）**05**。そのため、被害者自身が死亡の前に加害者に対して慰謝料を請求していれば（その旨の意思表示をしていれば）、慰謝料請求権が成立し、被害者の死亡により、通常の金銭債権として相続人がこれを相続する（896条ただし書参照）。

問題点 被害者が生前に慰謝料請求の**意思表示をしていなかった**場合、相続人は慰謝料請求権を相続するか。

結論 相続する（最大判昭42.11.1）。 **05** **06**

理由 不法行為の被害者は、損害の発生と同時に慰謝料請求権を取得し、慰謝料請求権を放棄したものと解しうる特別の事情がない限り、慰謝料を請求する意思を表明するなど格別の行為をすることなく慰謝料請求権を行使することができる **06**。そして、被害者の死亡により相続人は、慰謝料請求権を**当然に相続する**（最大判昭42.11.1）。 **05** **06**

発展 なお、精神的苦痛に対する感受性は、被害の当時に備わっている必要はなく、被害者が幼児であっても慰謝料請求権を取得する。判例は、父親の死亡という被害の当時1歳4か月だった幼児について、通常、将来における苦痛の感受性の発生を期待できるとして、慰謝料請求権を認めている（大判昭11.5.13）。 **A**

② 近親者固有の慰謝料請求権

他人の**生命を侵害**した者は、被害者の父母、配偶者及び子に対しては、その**財産権が侵害されなかった場合**においても、損害の賠償をしなければならない（711条）。

趣旨 被害者の近親者を保護するために、被害者本人の損害賠償請求権とは別に、**被害者が死亡した場合**には、その父母・配偶者・子に固有の慰謝料請

求権を認めた。

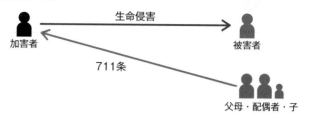

【固有の慰謝料請求権①】

（ア）711条該当者以外の近親者

問題点❶　父母・配偶者・子(711条該当者)以外の近親者は、固有の慰謝料請求をすることができるか。

結論　被害者との間に**711条所定の者と実質的に同視しうべき身分関係**が存し、被害者の死亡により甚大な精神的苦痛を受けた者は、**711条の類推適用**により、加害者に対し直接に固有の慰謝料を請求することができる(最判昭49.12.17)。

　　(例)長年同居していた被害者の夫の妹(最判昭49.12.17)、内縁の妻、兄弟姉妹など [07] [08]

（イ）被害者が死亡しなかった場合 (身体傷害)

問題点❷　被害者が傷害を負った場合、近親者は711条と同様の慰謝料請求をすることができるか。

結論　傷害を受けた被害者の近親者が、そのために**被害者が死亡した場合にも比肩しうるような精神上の苦痛を受けたとき**は、**709条、710条**(通常の慰謝料請求)に基づいて**自己の権利として慰謝料請求をすることができる**(最判昭33.8.5)。 [09]

　　(例)10歳の娘がスキー事故により顔面に深刻な外傷をおった事案における母親(最判昭33.8.5)

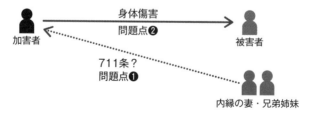

【固有の慰謝料請求権②】

② 賠償額の調整

1 過失相殺

① 過失相殺とは

> **設例** Aは車を運転中にわき見をしていたところ、わき道から車道に飛び出してきた8歳の児童Bをはねてしまった。この交通事故により、Bは入院治療を要する傷害を負った(100万円の損害を受けた)。

❶車ではねた

加害者 A → 被害者 B
❷傷害（100万円の損害）

意義 不法行為における過失相殺とは、不法行為の被害者に過失があった場合、裁判所は、被害者の過失を考慮して、損害賠償の額を定めることができることをいう(任意的考慮)(722条2項)。10

趣旨 被害者に過失があった場合に、損害のすべてを加害者に負わせることは公平ではないため(損害の公平な負担)。

〈解説〉 不法行為における過失相殺は、裁判官の裁量に委ねられているため(任意的考慮)、裁判官は、過失を考慮して減額調整することも、考慮せずに減額調整をしないこともできる10。ただし、被害者救済の必要性から、**全額の免除**(賠償額をゼロにすること)はできない。

> **設例**においては、裁判官は、「Bが車道に飛び出したこと」(Bの過失)を考慮して100万円の損害額を減額することも、考慮せずに減額しないこともできる。

　過失相殺は、債務不履行の場合においても認められるが(418条)、不法行為の場合と比べて次表のような相違がある。

【過失相殺における債務不履行（418条）と不法行為（722条2項）の相違点】

	債務不履行	不法行為
裁判所の考慮	必要的考慮	任意的考慮
責任と額	責任の免除可能	減額のみ

② 過失相殺能力

　過失行為によって責任を負うことの前提として、加害者が責任能力を有していることが必要となる（本章**13**節**2**項⌊6⌋「加害者に責任能力があること」参照）。そこで、過失相殺における過失を、不法行為の成立要件における過失と同じ意味と解するのか問題となる。

問題点　被害者にどの程度の能力が備わっていれば過失相殺ができるか。

結論　被害者に事理を弁識する能力（事理弁識能力）が備わっていれば足り、自己の行為の責任を弁識するに足る能力（責任能力）が備わっている必要はない（最大判昭39.6.24）。**11**

理由　*発展*　過失相殺の問題は、**不法行為者に対し積極的に損害賠償責任を負わせる問題とは異なり**、不法行為者が責任を負うべき損害賠償の額を定めるにつき、公平の見地から、損害発生についての**被害者の不注意をいかに斟酌するかの問題に過ぎない**（最大判昭39.6.24）。**B**

〈解説〉　事理弁識能力とは、簡単にいえば物事の道理を理解していることであり（ex.赤信号の道路は横断してはいけない）、責任能力よりも低い能力である。未成年者の責任能力は11〜12歳程度の精神能力が基準とされるが、事理弁識能力はおおむね6歳程度の精神能力が基準とされている。

③ 被害者側の過失
（ア）幼児と一定の関係にある者

> **設例** Aは車を運転していたところ、わき道から車道に飛び出してきた4歳の幼児Bをはねてしまった。Bが車道に飛び出したのは、Bと共に歩いていた成人CがBの手を放してしまった直後のことであった。この交通事故により、Bは入院治療を要する傷害を負った（100万円の損害を受けた）。
>
>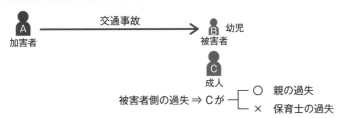

被害者に過失がなくとも（被害者に事理弁識能力が備わっていなくとも）、被害者と利益を同じくする者の過失がある場合には、過失相殺がされることがある（**被害者側の過失**）。[12]

意義 被害者側とは、**被害者と身分上ないし生活関係上一体をなすとみられるような関係にある者**（ex.幼児の父母）をいう。[12][13]

問題点 保育園の保育士（保母）の過失は、被害者側の過失に含まれるか。

結論 被害者側の過失に含まれない（最判昭42.6.27）。[13]

理由 両親より幼児の監護を委託された者の被用者（保育園の保育士）は、被害者と身分上ないし生活関係上一体をなすと見られる関係にあるとはいえない（最判昭42.6.27）。

> **設例** においては、成人Cが幼児Bの手を放してしまったことが被害者側の過失として考慮される余地があるところ、①CがBの親であった場合は被害者側の過失に含まれ、②CがBの通う保育園の保育士であった場合は被害者側の過失に含まれないことになる。

（イ）夫婦関係にある者 ✎発展

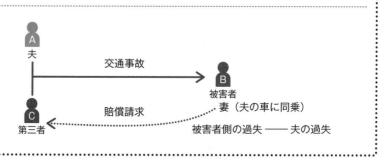

> 設例 　Aは、妻のBを同乗させ車を運転していたところ、第三者Cの運転する車と衝突する事故を起こし、Bは傷害を負った。この事故は、AとC両者の過失によるものであった。Bからの損害賠償請求に対して、Cは、Aに過失があること（被害者側の過失）を理由として、過失相殺を主張した。
>
> A
> 夫
>
> 交通事故
>
> B
> 被害者
> 妻（夫の車に同乗）
>
> 賠償請求
>
> C
> 第三者
>
> 被害者側の過失 ── 夫の過失

問題点 　夫が運転中の車に同乗していた妻が、夫と第三者による衝突事故により第三者に損害賠償請求をした場合、夫の過失は被害者側の過失に含まれるか。

結論 　夫婦の婚姻関係が既に破綻にひんしているなど**特段の事情のない限り、夫の過失は被害者側の過失に含まれる**（最判昭51.3.25）。 C

理由 　夫婦関係にある者は、夫婦の婚姻関係が既に破綻にひんしているなど特段の事情のない限り、被害者と身分上ないし生活関係上一体をなすとみられるような関係にある者といえる。

> 設例 においては、AB間の夫婦関係が既に破綻しているなどの特段の事情がない限り、Cの過失相殺の主張は認められうる。

④ 被害者の素因

　被害者が有する精神的・身体的要素（素因）が原因で損害が拡大した場合、**722条2項を類推適用して、損害賠償額の減額を認める場合がある**（最判昭63.4.21、最判平4.6.25）。

理由 　損害を公平に分担させるという損害賠償法の理念に照らし、裁判所は、損害賠償の額を定めるに当たり、その損害の拡大に寄与した被害者の事情を斟酌することができるものと解するのが相当だから。

　被害者の素因は、心因的素因と身体的素因に分けられる。

素因	事案	減額の可否
心因的素因	交通事故によって、いわゆるむち打ち症の傷害を負い、治療に10年を要した。事故の程度は比較的軽微で、治療に10年を要したのは被害者の性格(心因的要因)によるところが大きかった(最判昭63.4.21)	可能 D
	交通事故によって受傷した被害者が、精神的ショックからうつ病になり自殺に至った(最判平5.9.9)	可能
	企業の被用者が長時間労働を強いられたことによってうつ病になり自殺に至った(最判平12.3.24)	不可能
身体的素因	交通事故によって死亡したが、事故当時、被害者がり患していた疾患(一酸化炭素中毒)も共に死亡の原因となっていた(最判平4.6.25)	可能 (疾患の態様、程度などに照らし、加害者に損害の全部を賠償させるのが公平を失する場合) E
	交通事故によって、頚椎捻挫、いわゆるむち打ち症による視力低下などの傷害を負ったが、被害者が、平均的体格に比して首が長く多少の頚椎不安定症があるという身体的特徴を有しており、これが損害の拡大に寄与していた(最判平8.10.29)	不可能 (被害者の有する身体的特徴が疾患にあたらず、特段の事情もない場合) F

```
┌ 心因的素因(特異な性格)
│    ⇒ 類推適用可能(=減額可能)
└ 身体的素因(特異な体質) ┬ 疾患(病気)にあたるもの
                              │    ⇒ 類推適用可能(=減額可能)
                              └ 疾患(病気)にあたらないもの
                                   ⇒ 類推適用不可能(=減額不可能)
```

【被害者の素因】

2 損益相殺

意義　損益相殺とは、被害者が不法行為によって損害を被ると同時に、同一の原因によって利益を受ける場合、損害と利益との間に同質性がある限り、その利益について損益相殺として賠償額が減額される(最大判平5.3.24)。
14

理由　公平の見地。

【損益相殺の対象】 **発展**

損益相殺の対象となるもの	損益相殺の対象とならないもの
・自賠責保険 ・支給を受けることが確定した遺族年金(最大判平5.3.24) ・労災保険の休業補償・障害補償給付 ・死亡の場合の(支出を免れた)生活費	・生命保険(最判昭39.9.25) **G** ・傷害保険 ・労災保険の特別給付金 ・火災保険金(最判昭50.1.31) ・未成年者が死亡した場合の(支出を免れた)養育費(最判昭53.10.20) **H**

3 > 遅延利息の発生

損害賠償義務は不法行為と同時に発生し、その時から法定利率(404条)による遅延利息が生じる(大判明43.10.20)。

理由 被害者保護のためである。

3 賠償責任の制限・消滅

1 > 違法性阻却事由 **発展**

加害行為によって他人に損害が生じても、その行為が**正当防衛**又は**緊急避難**に該当するときは、**加害者は損害賠償責任を負わない**。

① 正当防衛

設例❶ 道端でAがBに日本刀で切りかかってきたため、Bは自分の身を守るため、やむを得ずAを殴り倒した。

設例❷ 道端でAがBに日本刀で切りかかってきたため、Bは自分の身を守るため、やむを得ずC宅の窓ガラスを破ってC宅に逃げ込んだ。

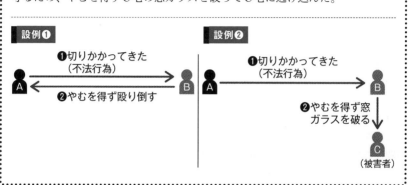

他人の不法行為に対し、**自己又は第三者の権利又は法律上保護される利益を防衛**するため、**やむを得ず加害行為をした者は、損害賠償の責任を負わない**。ただし、被害者から不法行為をした者に対する損害賠償の請求を妨げない（720条1項）。［ Ｉ ］

> ■**設例❶**においては、ＢはＡを殴り倒した行為について損害賠償責任を負わない。
>
> ■**設例❷**においては、ＢはＣ宅の窓ガラスを破った行為について損害賠償責任を負わない。ＣはＡ（不法行為をした者）に対して、窓ガラスの破損について損害賠償請求をすることができる。

② 緊急避難

> ■**設例**　道端でＡの飼っている大型犬がＢに襲い掛かってきたため、Ｂは自分の身を守るため、やむを得ず大型犬を殴り倒した。
>
>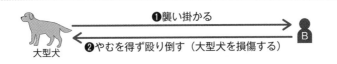
>
> ❶襲い掛かる
> ❷やむを得ず殴り倒す（大型犬を損傷する）
> 大型犬　　Ｂ

　他人の物から生じた急迫の危難を避けるためその物を損傷した場合、**損害賠償の責任を負わない**（**正当防衛の規定が準用される**）（720条2項）。正当防衛が他人の不法行為に対する行為であることに対して、緊急避難は**他人の物**（から生じた危険）に対する行為である点が異なる。

> ■**設例**においては、Ｂは大型犬を殴り倒した行為について損害賠償責任を負わない。なお、正当防衛（720条1項）の規定が準用されるのは、その物を損傷した場合に限られるため、正当防衛の■**設例❷**のように、ＢがＣ宅の窓ガラスを破った場合には、Ｂは損害賠償責任を負う。

③ その他

　解釈上認められている違法性阻却事由として、正当行為や被害者の承諾などがある。

（ア）正当行為

　正当な権利の行使に対しては違法性が阻却されると解されている。具体的には、格闘技の試合、医師の医療行為（手術）、正当なストライキなどがある。

（イ）被害者の承諾

　侵害行為を事前に被害者が承諾していた場合は、違法性が阻却されると解されている。もっとも、承諾は自由意思に基づくものであり、法令又は公序良俗に反しないものでなければならない。⎡ J ⎤

2 ▷ 損害賠償請求権の消滅時効

　不法行為の損害賠償請求権は、次の2種類の消滅時効期間にかかる（724条）。

① 主観的起算点

　（人の生命または身体を害するものでない不法行為の）被害者又はその法定代理人が、損害及び加害者を知った時から3年間、賠償請求権を行使しないと消滅する（1号）。⎡15/予⎤

（ア）加害者を知った時 📖発展

　「加害者を知った時」とは、加害者に対する賠償請求が可能な程度にこれを知った時をいい、具体的状況において損害賠償請求権の行使が事実上不可能な場合には、その状況が止み、被害者が加害者の住所氏名を確認した時を指す（最判昭48.11.16）。⎡ K ⎤

（イ）損害を知った時 📖発展

　「損害を知った時」とは、被害者が損害の発生を現実に認識したときをいう（最判平14.1.29）。⎡ L ⎤

② 客観的起算点

　損害及び加害者を知らなくても、**不法行為の時から20年間**、賠償請求権を行使しないと消滅する（2号）。⎡16/予⎤

〈解説〉 📖発展 継続的不法行為（ex. 土地の不法占拠）による損害については、被害者が、加害行為により日々発生する各々の損害を知った時から別個に消滅時効が進行する（大連判昭15.12.14）。⎡ M ⎤

3 ▷ 「人の生命・身体を害する場合」の消滅時効（724条の2）

　不法行為が人の生命又は身体の侵害である場合は、724条1号の消滅時効の期間は、**損害及び加害者を知った時から5年間**となる。⎡17⎤

【損害賠償請求権の消滅時効】

起算点の種類	不法行為に基づく損害賠償 (724条、724条の2)		債務不履行に基づく損害賠償 (166条1項、167条)	
	損害及び加害者を知った時から	不法行為の時から	権利を行使することができることを知った時から	権利を行使することができる時から
人の生命又は身体侵害によらない	3年 18/予	20年	5年 18/予	10年
人の生命又は身体侵害による	5年	20年	5年	20年

4 不法行為と債務不履行の異同

　損害賠償請求について、不法行為と債務不履行の異同をまとめると次表のようになる。

【不法行為と債務不履行の異同】

	不法行為	債務不履行
効果	損害賠償請求	
責任	法定責任	契約責任
故意過失・帰責性の立証責任	被害者(債権者)	債務者
消滅時効期間　原則	① 損害及び加害者を知った時から3年 ② 不法行為時から20年	① 権利を行使することができることを知った時から5年 ② 権利を行使することができる時から10年
消滅時効期間　生命・身体侵害	① 損害及び加害者を知った時から5年 ② 不法行為時から20年	① 権利を行使することができることを知った時から5年 ② 権利を行使することができる時から20年
失火責任法の適用	あり	なし
過失相殺	任意的	必要的
損害賠償請求権の遅滞時期 [19]	不法行為時	請求時
/発展 近親者の慰謝料請求 [N]	生命侵害の被害者の近親者	なし
/発展 受働債権としての相殺 [O]	可能 (悪意による場合、人の生命又は身体の侵害の場合を除く)	可能 (人の生命又は身体の侵害の場合を除く)

第5章　債権各論

▌重要事項 一問一答

01 法人は、不法行為による名誉毀損を理由として損害賠償請求をすることができるか?

金銭的評価が可能であれば、できる。

02 被害者本人が死亡した場合、本人の損害賠償請求権は相続されるか?

相続される。

03 近親者固有の慰謝料請求権は711条該当者以外にも認められるか?

711条所定の者と実質的に同視しうべき身分関係がある者には認められる。

04 不法行為における過失相殺は必要的か、任意的か?

任意的

05 **過失相殺をするには、被害者にどの程度の能力が必要か？**

事理弁識能力（6歳程度の知能）

06 **被害者側の過失の判断において被害者側に含まれる者は？**

被害者と身分上ないし生活関係上一体をなすとみられるような関係にある者（保育園の保育士は含まれない）

07 **不法行為の損害賠償請求権の消滅時効期間は？**

①損害及び加害者を知った時から3年、②不法行為時から20年

08 **生命・身体侵害の場合の消滅時効期間は？**

①損害及び加害者を知った時から5年、②不法行為時から20年

過去問チェック （争いのあるときは、判例の見解による）

01 法人は、名誉を毀損されても精神的苦痛を感じることはないから、法人については精神的損害を観念できない。

○（裁2017改題）

02 法人の名誉権が侵害され、無形の損害が生じた場合、その金銭評価が可能である限り、民法710条により、損害賠償を求めることができる。

○（裁2003）

03 AはBの不法行為により即死した。Aの死亡時にAには妻Cがおり、CがAとの間の子Dを懐胎していた場合、Dは、胎児であっても、生きて生まれると、Aの死亡時に遡って固有の損害賠償請求権を取得する。

○（税・労・財2017改題）

04 Aは、Yの過失による交通事故で死亡した。Aが即死の場合でも、Aは損害賠償請求権を取得することになるから、Aの相続人であるXは、Aの生命侵害についての損害賠償請求権を相続することができる。

○（税2009改題）

05 不法行為の結果、被害者には財産上の損害賠償請求権と慰謝料請求権が発生するが、慰謝料請求権は被害者が請求意思を表明しない限り被害者の一身に専属するから、不法行為により被害者が死亡した場合には、死亡前に被害者が慰謝料を請求する意思を表明したと認められない限り、相続人が慰謝料請求権を相続することはない。

×（裁2005）「死亡前に被害者が慰謝料を請求する意思を表明したと認められない限り、相続人が慰謝料請求権を相続することはない」が誤り。

[06] 不法行為により財産以外の損害を被った被害者は、慰謝料請求権を放棄したものと解されるような事情がない限り、慰謝料請求権を行使することができ、また、被害者が死亡したときは、その相続人は当然に慰謝料請求権を相続するとするのが判例である。
○（税・労2008）

[07] 最高裁判所の判例では、不法行為により死亡した被害者の夫の妹は、身体障害者で、長年にわたり被害者と同居してその庇護のもとに生活を維持し、将来もその継続を期待しており、被害者の死亡により甚大な精神的苦痛を受けた事実関係があるときであっても、加害者に対し慰謝料を請求できないとした。
×（区2009）「加害者に対し慰謝料を請求できないとした」が誤り。

[08] 生命を侵害された被害者の兄弟姉妹に、固有の慰謝料請求権が認められる場合がある。
○（裁2016）

[09] 不法行為により身体を害された被害者の親は、不法行為により被害者が生命を害されたときにも比肩すべき精神上の苦痛を受けたとしても、実際に被害者の生命が害されたわけではないから、自己の権利として慰謝料の請求をすることはできない。
×（裁2005）「自己の権利として慰謝料の請求をすることはできない」が誤り。

[10] 被害者甲が加害者丙に対して不法行為に基づく損害賠償請求訴訟を提起した場合、丙が甲にも過失があったことを主張し、その証拠を裁判所に提出している場合には、裁判所は、甲の損害賠償額の算定に当たって過失相殺をしなければならない。
×（裁2006改題）「過失相殺をしなければならない」が誤り。

[11] 過失相殺において未成年者の過失を斟酌するためには、その未成年者に事理を弁識するに足りる知能だけではなく、行為の責任を弁識するに足りる知能が備わっていることが必要である。
×（裁2016）「行為の責任を弁識するに足りる知能が備わっていることが必要である」が誤り。

[12] 被害者が幼児である場合その保護者に過失があったとしても過失相殺をすることはできない。

×（裁2020）「過失相殺をすることはできない」が誤り。

[13] 過失相殺は公平の理念によるものであるから、被害者の過失には、被害者本人と身分上又は生活関係上一体を成すとみられるような関係がある者の過失を包含すべきものと解される。したがって、特段の事情のない限り、被害者が通っていた保育園の保母の過失を被害者側の過失として斟酌することができる。

×（国般2005）「被害者が通っていた保育園の保母の過失を被害者側の過失として斟酌することができる」が誤り。

[14] 不法行為と同一の原因によって、被害者が第三者に対して損害と同質性を有する利益を内容とする債権を取得し、当該債権が現実に履行された場合、これを加害者の賠償すべき損害額から控除することができる。

○（裁2021）

[15/予] Aは、自動車で住宅街を猛スピードで走行していたところ、ハンドル操作を誤って自動車をB所有の家屋に衝突させ、その家屋を損傷させたところ、Bは当日に事故による損傷の事実を知った。不法行為に基づく損害賠償請求権は、損害を知った時から3年が経過すると時効によって消滅するから、Bは、事故の日から3年が経過すると、加害者がAであることを知らなかったとしても、Aに対して修繕費等を請求できない。

×（予想問題）「損害を知った時から3年が経過すると時効によって消滅するから、Bは、事故の日から3年が経過すると、加害者がAであることを知らなかったとしても、Aに対して修繕費等を請求できない」が誤り。

[16/予] 不法行為による損害賠償請求権は、不法行為の時から20年間行使しないときに、時効により消滅する。

○（予想問題）

[17] 人の生命又は身体を害する不法行為による損害賠償請求権の消滅時効期間は、被害者又はその法定代理人が損害及び加害者を知った時から5年間である。

○（裁2021）

[18/予] 債務不履行にあっては、債権者が権利を行使することができることを知った時から10年で損害賠償請求権(人の生命又は身体の侵害を除く)の消滅時効が完成するが、不法行為にあっては、損害及び加害者を知った時から20年経過しなければ損害賠償請求権(人の生命又は身体を害する場合を除く)の消滅時効は完成しない。

× (予想問題)「10年」「20年」が誤り。

[19] 債務不履行にあっては、損害賠償債務は期限の定めのない債務であり、債権者から履行の請求を受けた時に期限が到来する。他方、不法行為にあっては、損害賠償債務は不法行為と同時に期限が到来する。

○ (国般2014)

[A] Aは、自動車で住宅街を猛スピードで走行していたところ、突然わき道から飛び出してきた幼児Bに自動車を衝突させ、傷害を負わせた。幼児であるBには苦痛を感受しうる能力が備わっていないから、精神的損害というものが観念できず、BはAに対し、治療費の請求ができるにとどまり、傷害の程度にかかわらず、慰謝料を請求することはできない。

× (裁2010改題)「治療費の請求ができるにとどまり、傷害の程度にかかわらず、慰謝料を請求することはできない」が誤り。

[B] 過失相殺は、不法行為者が責任を負うべき損害賠償の額を定めるにつき、公平の見地から損害発生についての被害者の不注意を斟酌するかどうかの問題であるから、被害者が未成年者の場合、特段の事情のない限り、未成年者に行為の責任を弁識する能力があるときのみ、過失相殺の対象となる。

× (国般2005)「未成年者に行為の責任を弁識する能力があるときのみ、過失相殺の対象となる」が誤り。

[C] Aが運転する自動車とB社の従業員であるYが運転する自動車が衝突し、Aの自動車に同乗していた妻であるXが負傷した場合、XがYに対し損害賠償を請求する場合の賠償額を算定するに当たっては、AX間の婚姻関係が既に破綻にひんしているなど特段の事情が存在しないときでも、Aの過失を斟酌することができない。

× (裁2007改題)「Aの過失を斟酌することができない」が誤り。

[D] 被害者の心因的要因が損害の拡大に寄与した場合は、身体的特徴が損害の拡大に寄与した場合と異なり、過失相殺の規定を類推することができない。

× (国般2005)「過失相殺の規定を類推することができない」が誤り。

[E] 被害者に対する加害行為と被害者の疾患とが共に原因となって損害が発生した場合において、当該疾患の態様、程度などに照らし、加害者に損害全額を賠償させるのが公平でないときは、過失相殺の規定を類推することができる。
○ (国般2005)

[F] 交通事故により傷害を被った被害者が平均的な体格ないし通常の体質と異なる身体的特徴を有しており、これが加害行為と競合して傷害を発生させ又は損害の拡大に寄与した場合には、当該身体的特徴が疾患に当たらないときでも、損害賠償の額を定めるに当たりこの事実を斟酌すべきである。
× (税・労2004)「損害賠償の額を定めるに当たりこの事実を斟酌すべきである」が誤り。

[G] 不法行為による被害者が死亡した場合、支払われた生命保険金は、損害額から控除される。
× (裁2014)「支払われた生命保険金は、損害額から控除される」が誤り。

[H] 交通事故により死亡した幼児の損害賠償請求権を相続した親が同請求権を行使する場合、幼児の逸失利益の算定において、親が支出を免れた養育費は損益相殺の対象として控除される。
× (裁2009)「親が支出を免れた養育費は損益相殺の対象として控除される」が誤り。

[I] 他人の不法行為に対し、第三者の権利又は法律上保護される利益を防衛するため、やむを得ず加害行為をした者であっても、損害賠償の責任を負うので、被害者から不法行為をした者に対して、損害賠償を請求することはできない。
× (区2014) 全体が誤り。

[J] 不法行為を事前に被害者が承諾していたとしても、不法行為が成立する場合がある。
○ (裁2004)

[K] Xが運転する自動車とYが運転する自動車が衝突し、Xは障害を負った。Xは事故の現場から逃走したYを探し続けたが、Yの住所氏名を知ることなく事故の発生から5年が経過した場合には、XのYに対する損害賠償請求権は時効により消滅する。

× (裁2007改題)「XのYに対する損害賠償請求権は時効により消滅する」が誤り。

［ L ］ 不法行為に基づく損害賠償請求権の消滅時効の起算点の一つとして、被害者又はその法定代理人が損害及び加害者を知った時がある。ここでいう「損害を知った時」とは、損害を現実に認識した時のみならず、損害発生の可能性を認識した時も含む。

× (裁2014改題)「損害を現実に認識した時のみならず、損害発生の可能性を認識した時も含む」が誤り。

［ M ］ 土地の不法占拠による継続的不法行為の損害賠償請求権は、日々の損害が発生するごとに個別に消滅時効が進行する。

○ (裁2016)

［ N ］ 民法の条文上、不法行為の場合は、生命侵害を受けた者の一定の近親者に固有の慰謝料請求権を認める規定が置かれているが、債務不履行の場合には、そのような遺族固有の慰謝料請求権を認める規定は置かれていない。

○ (国般2007)

［ O ］ 債務不履行にあっては、債務不履行(人の生命又は身体の侵害を除く)に基づく損害賠償請求権を受働債権とする相殺は禁じられていないが、不法行為にあっては、悪意による不法行為に基づく損害賠償請求権を受働債権とする相殺は禁じられている。

○ (国般2014改題)

15 不法行為③ ─特殊的不法行為

ここでは、特殊的不法行為を扱います。監督者責任、使用者責任、工作物責任、共同不法行為が特に重要となります。成立要件について一般的不法行為と異なる点を押さえたうえで、それぞれの問題点を整理していきましょう。

1 総論

1 意義

意義 特殊的不法行為とは、一般的不法行為の要件が修正された特殊な不法行為をいう。民法では6つの特殊な不法行為が規定されている（714条〜719条）。

【特殊的不法行為の類型】

類型	内容	要件
監督者責任 （714条）	責任無能力者が賠償責任を負わない場合に、その監督義務者等が代わって責任を負うもの	責任無能力者に対する監督義務を怠ったこと
使用者責任 （715条）	被用者が事業の執行について他人に対して不法行為を行った場合に、使用者が責任を負うもの	被用者の選任・監督を怠ったこと
注文者責任 （716条）	請負契約において請負人が第三者に損害を加えた場合に、注文者が責任を負うもの　※一般的不法行為の性質	注文又は指図について注文者に過失があったこと
工作物責任 （717条）	①土地工作物の設置・保存上の瑕疵、又は②竹木の栽植・支持の瑕疵により他人に損害を与えた場合に、第一に占有者、第二に所有者が責任を負うもの	①　占有者 ⇒ 損害発生防止に必要な注意を怠ったこと ②　所有者 ⇒ 占有者が免責されること（無過失責任）
動物占有者 （718条）	動物が他人に損害を与えた場合に、動物の占有者又は占有者に代わって管理する者が責任を負うもの	動物の管理上、相当の注意を怠ったこと
共同不法行為 （719条）	数人が共同して同一の加害行為を行った場合に、各自が連帯して損害全部の賠償責任を負うもの	加害行為に共同関係（関連共同性）が存在すること

2 特徴

特殊的不法行為の効果は、損害賠償義務の発生であり一般的不法行為と同じだが、成立要件の一部が異なる。以下の類型については、過失の立証責任を転換している(被害者が加害者側の過失を証明する必要はない)点が重要である(証明責任の転換)。したがって、賠償義務者は不法行為の類型ごとに以下の事項について自己に過失がないことを証明しない限り、損害賠償責任を免れない。

【過失の立証責任の転換】

類型	証明の対象	責任の性質
監督者責任	監督義務	中間責任
使用者責任	選任・監督上の注意	中間責任
工作物の占有者	損害発生防止に必要な注意	中間責任
工作物の所有者	なし	無過失責任
動物の占有者等	管理上の相当な注意	中間責任

〈語句〉●**中間責任**とは、過失の立証責任が転換され、加害者側が免責のために無過失を立証しなければならないことをいう。過失責任と無過失責任の中間という意味で中間責任といわれる。

以下では、監督者責任、使用者責任、工作物責任、共同不法行為の4つを中心に扱う。

2 監督者責任

1 制度趣旨

意義 監督者責任とは、責任無能力者の監督義務者、又は監督義務者に代わって監督する者が、原則として**監督義務を怠らなかったことを立証しない限り損害賠償責任を負う**ことをいう。

趣旨 被害者救済のため。

監督者責任の性質は中間責任であり、**監督義務者が免責事由**(監督義務を怠らなかったこと等)を立証しなければならない。 01

2 責任無能力者の監督義務者等の責任

① 責任と免責事由

> **設例** 　5歳の幼児Aとその親Bは公園に遊びに来ていた。BがAから目を離している間に、Aは別の家族がベンチに置いていた荷物に水をかけて、Cの所有するパソコンを壊してしまった。CはAの親であるBに対して、損害賠償請求をすることができるだろうか。

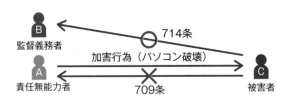

原則	①　責任無能力者が不法行為**責任を負わない**場合に、その責任無能力者を**監督する法定の義務**を負う者は、その責任無能力者が第三者に加えた損害を**賠償**する義務を負う(714条1項本文)。 [02]
	②　監督義務者に代わって責任無能力者を監督する者も同様に損害を賠償する責任を負う(714条2項)。
例外	監督義務者等がその**義務を怠らなかった**とき、又はその**義務を怠らなくても損害が生ずべき**ときには、**責任を負わない**(714条1項ただし書)。 [02]

> **設例** においては、パソコンを壊したAは5歳の幼児であり、責任無能力者であることから、Cは714条により親のBに対して損害賠償請求をすることができる。裁判においては、Bが免責のために、①Aの監督を怠っていなかったこと、又は②監督を怠らなくとも損害が生じたことを立証することになる（Aから目を離していたことは監督を怠っていたことに当たるため、Aを見ていてもパソコンが壊れたこと（上記②）を立証しない限り損害賠償責任を負う）。

② 責任の主体

責任の主体は、①法定の監督義務者(714条1項)、②法定の監督義務者に代わって監督責任を負う者(代理監督者)(714条2項)である。

【責任の主体】

法定の監督義務者	代理監督者（法律又は法定の監督義務者との契約によって、責任無能力者の監督を委託された者）
・親権者 ・後見人 ・その他法令に規定のある者（児童福祉施設の長等）	・保育士 ・教師 ・医師

　　法定の監督義務者と代理監督者の双方に監督上の過失がある場合、両者の責任が併存して成立することもありうる。

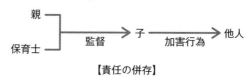

【責任の併存】

③ 責任無能力者が監督下にない場合の免責事由 📝発展

設例　12歳の児童Aは、放課後に学校のグラウンドでサッカーのフリーキックの練習をしていた。Aが蹴ったボールがゴールを外れ、グラウンドの外の道路に出たところ、そこをバイクで通りかかったBは、ボールを避けようとして転倒し傷害を負った。Aが責任無能力者とされた場合、BはAの親Cに対して、損害賠償請求をすることができるだろうか。

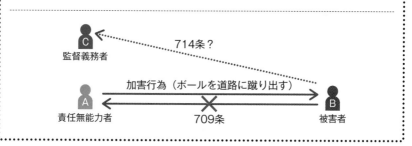

　　未成年者といえども、年齢によっては常に親（監督者）と共に行動しているとは限らない。実際に監督者の監督下になかった（目が届かない）場合、監督者の責任は問えるのか。

問題点　親権者（監督者）の直接的な監督下にない未成年者（責任無能力者）が、**通常は人身に危険が及ぶものとはみられない行為**によってたまたま人身に損害を生じさせた場合、損害賠償責任を負うか。

結論 加害行為について**具体的に予見可能であるなど特別の事情**が認められない限り、**損害賠償責任を負わない**（最判平27.4.9、サッカーボール事件）。 (A)

理由 親権者の**直接的な監視下にない子**の行動についての日頃の指導監督は、ある程度一般的なものとならざるを得ないから、通常は人身に危険が及ぶものとはみられない行為によってたまたま人身に損害を生じさせた場合は、当該行為について具体的に予見可能であるなど特別の事情が認められない限り、子に対する**監督義務を尽くしていなかったとすべきではない**（最判平27.4.9、サッカーボール事件）。 (A)

> **設例** においては、Aが学校のグラウンドでゴールに向かってサッカーボールを蹴っていたという行為は、通常は人身に危険が及ぶような行為であるとはいえないので、親Cが当該行為について具体的に予見可能であるなど特別の事情が認められない限り、損害賠償請求は認められない（監督義務が尽くされていたといえる）。

④ 法定の監督義務者等が存在しない場合 /発展

> **設例** 認知症を患う90歳の男性Aは、自宅を抜け出し徘徊していたところ、B電鉄の線路内に立ち入り、電車にはねられ死亡した。Aが責任無能力者とされた場合、B電鉄は電車の運行が停止したこと等の損害について、①Aと同居する妻C、又は②他の地域に居住しているAの長男Dに対して、714条に基づく損害賠償請求をすることができるだろうか。
>
>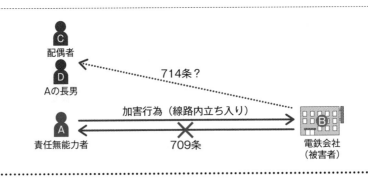

精神上の障害を原因とする成年者の責任無能力者については、成年後見開始の審判を受けていない場合、法定の監督義務者は存在しないことになる（『民法 上』第1章 **3** 節「権利の主体②」参照）。

問題点❶ 責任無能力者である成年者に法定の監督義務者が存在しない場合、当該成年者と同居する配偶者は、752条(夫婦の同居、協力及び扶助の義務)を根拠として、法定の監督義務者に当たるといえるか。

結論 752条の規定を根拠として責任無能力者と**同居の配偶者が法定の監督義務者に当たるといえない**(最判平28.3.1、JR東海事件)。

理由 752条の規定は、夫婦間において相互に相手方に対して負う義務であって、第三者との関係で夫婦の一方に何らかの作為義務を課するものではない(最判平28.3.1、JR東海事件)。

問題点❷ 法定の監督義務者に該当しない者に対して、714条1項の類推適用をすることは可能か。

結論 法定の監督義務者に該当しない者であっても、責任無能力者との身分関係や日常生活における接触状況に照らし、第三者に対する加害行為の防止に向けてその者が当該責任無能力者の監督を現に行いその態様が単なる事実上の監督を超えているなどその**監督義務を引き受けたとみるべき特段の事情が認められる場合**には、**法定の監督義務者に準ずべき者**として、714条1項が**類推適用される**(最判平28.3.1、JR東海事件)。 ⬜B

理由 上記のような特段の事情が認められる場合には、衡平の見地から法定の監督義務を負う者と同視して、その者に対し、714条に基づく損害賠償責任を問うことができるとするのが相当である(最判平28.3.1、JR東海事件)。

> **設例**においては、B電鉄は、①妻Cに対して714条に基づく(直接適用して)損害賠償請求をすることはできない。しかし、②C又は長男Dに監督義務を引き受けたとみるべき特段の事情が認められる場合には、法定の監督義務者に準ずべき者として、714条1項が類推適用され、損害賠償請求をすることができる。

⑤ 失火責任法との関係

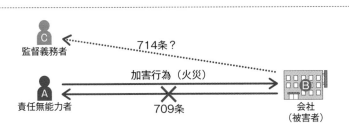
　失火により発生した損害については、失火者は**重過失がある場合にのみ不法行為責任を負う**(失火責任法、本章 **13** 節 **2** 項「成立要件」参照)。

問題点　責任能力のない未成年者の行為によって火災が発生した場合、重過失の有無は、当該未成年者自身(の行為態様)とその監督義務者(の監督義務)のいずれを対象に判断されるか。

結論　**監督義務者(の監督義務)を対象**として重大な過失の有無が判断される(最判平7.1.24)。

理由　714条の趣旨(被害者の救済)と、失火責任法の趣旨(失火者が過剰な責任を負うことを防ぐ)の両者を併せ考えれば、**監督義務者に未成年者の監督について重大な過失がなかったときは、これを免れるものと解するのが相当**である(最判平7.1.24)。

設例においては、BはAの親Cに対して損害賠償請求をすることができる。そして、CがAの監督について重過失がなかったことを証明した場合には、Cは免責される(Bの損害賠償請求は認められない)。

3 > 責任能力がある者の監督義務者の責任

設例　15歳の中学生Aは、同級生のBに対して日常的に暴力的ないじめをしていたが、ある日、Aの暴力によりBは頭に大けがを負った。Aの親Cは、Aの生活態度に対して無関心であり、Bのいじめを黙認していた。BとCその親は、Aの親Cに対して損害賠償請求をすることができるだろうか。

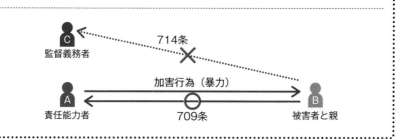

　未成年者が**責任能力**を有する場合、714条に基づいてその親（監督義務者）に対して**損害賠償請求をすることはできない**。この場合、加害者である未成年者に対して709条に基づいて損害賠償請求をすることは可能であるが、これでは実際に被害者が救済されるとはいい難い（通常、《親の監督下で生活している》未成年者が損害を賠償するのに十分な資力をもっているとは考えられない）。

問題点　加害者が責任能力を有する未成年者である場合、被害者は、加害者の監督義務者に対して損害賠償請求をすることができるか。

結論　**監督義務者の義務違反**と未成年者の不法行為によって生じた**結果との間に相当因果関係を認めうるとき**は、**709条に基づいて、監督義務者に対して損害賠償請求をすることができる**（最判昭49.3.22）。**03**

設例においては、Aの親Cは、AがBに対して暴力的ないじめを行っていることを黙認していたことから、監督義務違反（いじめをしないよう監督する）と結果（Bの怪我）との間に相当因果関係が認められる。したがって、BとCAの親であるCに対して709条に基づいて損害賠償請求をすることができる。

③ 使用者責任

1 意義

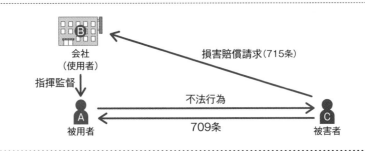
意義　使用者責任とは、他人に使用されている者(被用者)が、その**事業の執行**について**第三者**に**違法**に**損害**を与えた場合、使用者又はこれに代わる代理監督者が損害を**賠償する義務を負う**とする制度である(715条1項、2項)。

設例においては、加害者AはB運送会社の従業員であるため、使用者責任(715条)の成立要件を満たせば、CはBに対しても損害賠償請求をすることができる。

2 法的性質

　法的性質については、被用者に不法行為が成立することを前提に、**使用者が被用者に代わって責任を負う代位責任**と解されている。

理由　会社(使用者)は、従業員(被用者)を使用して**利益を上げている**わけであるから、従業員(被用者)から生じる**損失も負担すべき**である(**報償責任**)。

　また、監督者責任(714条)と同じく、過失の立証責任が転換された**中間責任**であり、使用者は、被用者の選任・監督につき相当の注意をしたこと、又は相当の注意をしても損害が生ずべきであったことを証明できれば、免責される。

3 成立要件

① 総論

使用者責任の成立要件は次の4つである。

【使用者責任の成立要件(715条1項)】

① ある事業のために他人を使用すること(使用関係の存在)

② 事業の執行についてなされたこと(事業執行性)

③ 被用者が第三者に損害を加えたこと(不法行為の成立)

④ 使用者が免責事由を立証しないこと

以上のうち、①②③は被害者に立証責任があり、④については使用者に立証責任がある。

② ある事業のために他人を使用すること (要件①)

「ある事業のために他人を使用すること」とは、使用者と被用者の間に**使用関係が存在すること**を意味する。**発展**「事業」は広い意味に解されており、営利・非営利、継続的・一時的、適法・違法(ex. 暴力団と組員)を問わない。 C

意義 **使用**とは、使用者と被用者の間に、**実質的な指揮監督関係があること**をいう。

雇用契約以外の契約によっても使用関係は生じるが、選任・監督の余地があるものでなければならないので、注文者と請負人、依頼人と弁護士などの間には原則として使用関係は認められない。判例上、実質的な指揮監督関係があると認められたものとして、次の事案がある。

【実質的な指揮監督関係があるとされた事案】 発展

① 兄Aが自宅に連絡して弟BにA所有の車で迎えに来させ、そのままBに運転させた帰り道で、歩行者と接触し負傷させたという事案において、Aが同乗中に助手席でBに**運転上の指示**をしていたなどの特段の事情がある場合、AB間に実質的な指揮監督関係がある(最判昭56.11.27) D

② 元請負人Xから仕事を請け負った下請負人Aの被用者Yが作業中に第三者Bを負傷させたという事案において、Xがその従業員Cを工事責任者として工事現場に常駐させ、AとYの**両者を同様に**指揮監督させていた場合、XY間に実質的な指揮監督関係がある(最判昭45.2.12) E

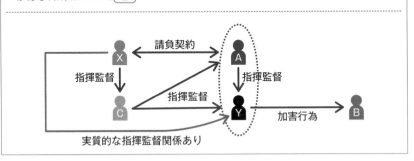

③ 事業の執行についてなされたこと（要件②）

被用者の行為が①使用者の**事業の範囲**に含まれ、かつ、被用者の行為が②その担当する**職務の範囲**に含まれる必要がある。

(ア)「事業の範囲」

使用者の事業自体のみならず、これと密接不可分の関係にある業務及び付随的業務も含まれる(最判昭36.1.24)。

(イ)「職務の範囲」

被用者の職務の範囲外であっても、その行為が**外形的に職務行為に属すると認められる行為**であれば、職務の範囲といえる(**外形標準説又は外形理論**)(最判昭40.11.30)。 04

理由 報償責任の下、被用者の行為を信頼して取引をした相手方を保護する必要があるため(個人よりも会社の方が資力を有する)。

〈解説〉 外形標準説は、取引の相手方の信頼保護を根拠とすることから、外形上職務行為に属する行為であっても、被害者(相手方)が職務の範囲外であることについて**悪意又は重過失**である場合は、**使用者は責任を負わない**(最判昭42.11.2)。 04

【取引行為的不法行為について外形標準説を用いた判例】 発展

①	銀行の支店長が内部規定に違反して行った取引行為(最判昭42.11.2) **F**
②	手形振出行為を担当する課長が会社名義の手形を偽造して行った手形振出(最判昭32.7.16) **G**

以上は、取引行為における不法行為(**取引行為的不法行為**)についてであるが、判例は、配達中の交通事故など**事実行為による不法行為**(**事実行為的不法行為**)についても**外形標準説**を用いて判断をしている(最判昭37.11.8)。

〈解説〉 交通事故のような事実行為については、「行為に対する相手方の信頼」というものが考え難い(問題とならない)ため、事実的不法行為に外形標準説を用いることは、妥当性がないとする見解もある。

【事実行為的不法行為について外形標準説を用いた判例】

①	発展 大臣秘書官を乗車させて、普段から国が所有する車を運転していた職員が、私用で当該車を運転中に交通事故を起こした事案(最判昭30.12.22) **H**
②	自動車販売会社の営業として普段から会社所有の社用車を運転していた者が、終電がなくなったために会社に無断で社用車を使用し、交通事故を起こした事案(最判昭39.2.4) **05**
③	発展 土木建築会社の従業員が、水道管敷設工事中に他の従業員と言い争いとなり、暴行を加えた事案(最判昭44.11.18) **I**

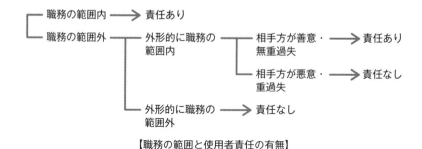

【職務の範囲と使用者責任の有無】

④ **被用者が第三者に損害を加えたこと(不法行為の成立)(要件③)**

被用者の行為が709条の成立要件を満たすことである(通説) **06** 。「第三者」とは、使用者及び行為をした被用者以外の者をいう。

⑤ **使用者が免責事由を立証しないこと(要件④)**

使用者が、被用者の選任・監督について相当の注意をしたこと、又は相当の注意をしても損害が生じたこと、を証明できないことである。選任・監督についての過

失の立証責任が使用者に転換されている〔07〕。近時の判例は、この免責を認めない傾向にある。

4 ▷ 効果

使用者もしくは使用者に代わって事業を監督する者(代理監督者)は、第三者に対して損害を賠償する責任を負う(715条1項、2項)。〔08〕

発展 法人の代表者は、現実に被用者の選任・監督を担当していたときに限り、当該被用者の行為について代理監督者の責任を負う(最判昭42.5.30)。〔J〕

理由 代理監督者とは、客観的に見て、使用者に代わり現実に事業を監督する地位にある者を指称するものと解すべきであるから。

5 ▷ 使用者と被用者の関係

① 被用者に対する不法行為責任の成立 発展

使用者責任が成立する場合、不法行為を行った**被用者自身についても不法行為が成立するため、被用者も独立して損害賠償責任を負う**(709条)。〔K〕

② 使用者と被用者の不法行為責任の関係 発展

使用者と被用者の不法行為責任の関係は**連帯債務の関係**になるとされ、被害者は、使用者・被用者のどちらに対しても損害賠償の全額(又は一部)を請求することができる。そして、使用者または被用者の一方が被害者に全額の損害賠償を行うと、その者の損害賠償義務が消滅すると共に、他方の損害賠償義務も消滅する。〔L〕

③ 使用者又は監督者から被用者に対する求償

使用者又は監督者が被害者に対して弁済したときは、**使用者又は監督者は被用者に対して求償することが認められる**(715条3項)。〔09〕

使用者が求償権を行使するのに、加害行為について**被用者の故意・過失の有無は問わない**(故意・重過失がある場合に限られない)。

問題点 使用者が被害者に対して損害賠償の全額を弁済した場合において、使用者から被用者に対して損害額の全額を求償することができるか。

結論 その事業の性格、規模、施設の状況、被用者の業務の内容、労働条件、勤務態度、加害行為の態様、加害行為の予防若しくは損失の分散についての使用者の配慮の程度その他諸般の事情に照らし、**損害の公平な分担という見地から信義則上、相当な限度に制限される**(全額の求償が認められないことがある)(最判昭51.7.8)。〔10〕

理由 損害の公平な分担。

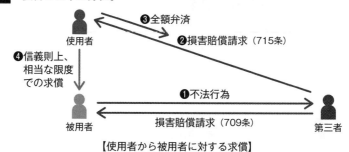

【使用者から被用者に対する求償】

〈解説〉 発展 上記判例(最判昭51.7.8)は、従業員が会社所有のタンクローリーを運転中に他の車に衝突する事故を起こしたことにより、被害者への損害賠償やタンクローリーの損傷など会社が被った損害について、会社が従業員に対して求償した事案である。同判例は、会社が対物保険等に未加入であったこと、普段は小型貨物車を運転していた従業員に臨時にタンクローリーを運転させたことなどを指摘し、損害の4分の1を限度とした求償が相当とした。 M

④ 被用者から使用者に対する求償

　被用者が使用者の事業の執行について第三者に損害を加え、その損害を賠償した場合に、被用者から使用者に対する求償に関する規定は存在しない。もっとも、判例は、被用者は、使用者の事業の性格、規模、施設の状況、被用者の業務の内容、労働条件、勤務態度、加害行為の態様、加害行為の予防又は損失の分散についての使用者の配慮の程度その他諸般の事情に照らし、**損害の公平な分担という見地から相当と認められる額**について、**使用者に対して求償**することができるとしている(最判令2.2.28)。

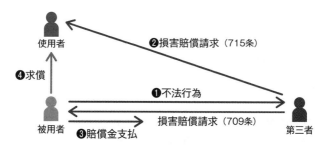

【被用者から使用者に対する求償】

6 失火責任法との関係 📖発展

> **設例** Aは、Aが所有する甲建物の一室で飲食店を経営していたが、従業員Bの過失による失火で、甲建物のほかに隣接するYが所有する乙建物も全焼した。AはYに対して使用者責任を負うか。
>
>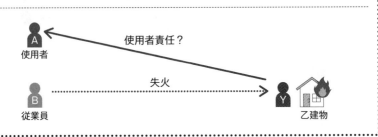

問題点 被用者の失火により火災が発生した場合、重過失の有無は、被用者(の行為態様)と使用者(の選任・監督義務)のいずれを対象に判断されるか。

結論 **被用者(の行為態様)を対象として重過失の有無が判断される**(最判昭42.6.30)。 N

したがって、被用者が失火について重過失があると認められた場合、使用者は**選任・監督について(重過失がなくても)軽過失があると認められれば、免責されず使用者責任を負う。** N

理由 失火責任法は、失火者その者の責任条件を規定したものであって、失火者を使用していた使用者の帰責条件を規定したものではないから。

> **設例**では、Bに失火について重過失があると認められた場合、Aは選任・監督についての過失が軽過失であっても免責されず、使用者責任を負う。

❹ 注文者の責任

1 総説

意義 注文者の責任とは、請負人が請け負った仕事に関して第三者に損害を与えた場合に、注文者が負う責任のことをいう。

趣旨 他人を使用して事業を執行している際に、その他人が第三者に損害を与えた場合には、使用者責任(715条)で処理されることになるが、注文者と請

負人との間には、指揮・監督関係がないことから、使用者責任で処理することができないため、注文者の責任を規定した。

2 ▷ 成立要件

原則 注文者は、請負人がその仕事について第三者に加えた**損害を賠償する責任を負わない**(716条本文)。

例外 注文又は指図についてその**注文者に過失**があったときは、賠償する責任を負う(716条ただし書)。**11**

〈解説〉 /**発展** 注文者に過失があることの立証は、被害者が負担する**○**。原則として注文者は責任を負わないが、注文者の過失があった場合には責任を負うという規定の構造になっているからである。

⑤ 土地工作物責任

1 ▷ 意義

設例❶ Aは自己の所有する家屋をBに賃貸していたが、家屋を囲っていたブロック塀が倒壊して、通行人Cが下敷きとなり負傷した。Cは誰に対して損害賠償請求をすることができるだろうか。

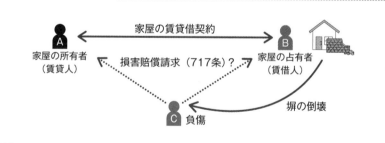

家屋の賃貸借契約
A 家屋の所有者（賃貸人）
B 家屋の占有者（賃借人）
損害賠償請求（717条）？
塀の倒壊
C 負傷

意義 土地工作物責任とは、土地の工作物の設置又は保存に瑕疵があることによって他人に損害を生じたときは、その**工作物の占有者又は所有者**が、損害を賠償する責任を負うとする制度である(717条)。なお、占有者は損害の発生を防止するのに必要な注意をしていたときは免責されるが(中間責任)、**所有者については無過失責任**である。**12**

趣旨 他人に損害を及ぼす危険性のある物を占有又は所有する者は、その物か

ら生じた損害について賠償責任を負うべきである（**危険責任の法理**）。

> **設例❶**においては、第一に、Cは家屋の占有者である賃借人Bに対して損害賠償請求をすることができる。第二に、Bが免責事由を立証した場合には、家屋の所有者Aに対して損害賠償請求をすることができる（Aについては無過失責任）。

2 成立要件

① 総論

土地工作物責任の成立要件は次の３つである。

> **【土地工作物責任の成立要件(717条1項)】**
> ① 土地の工作物
> ② 土地の工作物の設置又は保存に瑕疵があること
> ③ 損害が工作物の瑕疵に起因すること（因果関係）

以上の①〜③については、被害者に立証責任がある。

② 土地の工作物（要件①）

意義　土地の工作物とは、土地に接着して人工的に作り出された設備をいう。
（例）建物、石垣、電柱、橋、トンネル、エスカレーター

③ 土地の工作物の設置又は保存に瑕疵があること（要件②）

意義　瑕疵とは、その種の工作物として**通常備えるべき安全な性状を欠いている**ことをいう。この瑕疵が当初から存在していることが「設置の瑕疵」であり、瑕疵が事後に生じたときが「保存の瑕疵」である。
（例）ブロック塀が倒壊した原因が、①これを作った建設業者の手抜き工事だった場合→「設置の瑕疵」、②経年劣化による強度の低下だった場合→「保存の瑕疵」

④ 損害が工作物の瑕疵に起因すること（因果関係）（要件③）

工作物の瑕疵と損害の間に因果関係があることが必要である。危険責任の法理から、損害発生の原因が瑕疵のみである必要はなく、自然力・第三者・被害者の行為が影響した場合であっても717条の責任は生じうる。もっとも、工作物に瑕疵がなくとも損害が生じるほどの自然力（巨大地震など）の場合には、因果関係がなく、

717条の責任は生じない。

3 効果

> **設例❷** **設例❶**の事案で、ブロック塀は家屋の所有者Aが建設業者Dに依頼して作らせたものだったが、Dの手抜き工事が原因で倒壊した。一方、賃借人Bは、ブロック塀が倒壊する1日前にその安全確認をしていたが、外見上異常を見つけることはできなかった。Cからの損害賠償請求が認められた場合、賠償額は誰が負担することになるだろうか。

① 責任負担者 (損害賠償義務者)

第一次的に工作物の**占有者**が損害賠償責任を負い、占有者が免責事由を証明したときは、第二次的に工作物の**所有者**がこれを負う(717条1項)。**[12]**

② 求償関係 /発展

損害の原因について他にその責任を負う者があるときは、占有者又は所有者は、その者に対して求償権を行使することができる(717条3項)。**[P]**

> **設例❷**においては、賃借人Bの行ったブロック塀の安全確認が、「損害の発生を防止するのに必要な注意」(717条1項ただし書) に当たると認められれば、Bは免責され、家屋の所有者Aが損害賠償責任を負うことになる。もっとも、ブロック塀は建設業者Dの手抜き工事が原因で倒壊していることから、Dは「損害の原因について他に責任を負う者」に当たり、A (免責が認められない場合のB) は、Dに対して求償権を行使することができる。

4 準用される場合 /発展

竹木は土地の工作物ではないが(本項 2 「成立要件」参照)、その栽植又は支持の瑕疵(ex.枝が折れた)によって損害が生じた場合は、717条1項の規定が準用される(717条2項)。

6 動物占有者の責任

1 総説

意義　動物占有者の責任とは、動物を占有している者及び占有者に代わって動物を管理する者が負う賠償責任である(718条)。

趣旨　動物が他人に損害を与えたときに、動物の占有者等に一般不法行為よりも重い責任を課すことで、被害者を救済する。

2 成立要件

原則　動物の占有者(占有者に代わって動物を管理する者も同様)は、その動物が他人に加えた損害を賠償する責任を負う。 [13]

例外　動物の種類及び性質に従い相当の注意をもってその管理をしたときは、責任を負わない。 [13]

7 共同不法行為

1 共同不法行為制度の存在意義

設例　ABの両名は、共同してCに暴行を加えた。その際、❶AはCの鼻の骨を折り、❷BはCの右足の骨を折った。ABは、Cに生じた損害について、それぞれどの程度の責任を負うのか。

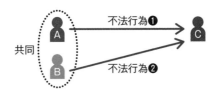

　不法行為(709条)の原則によれば、複数の者が共同して他人に損害を与えた場合、各加害者はそれぞれ自己の行為から生じた損害について賠償責任を負うことになる。また、損害がどの加害行為によって発生したか不明(因果関係が証明できない)の場合、被害者はいずれの加害者に対しても損害賠償請求ができないことになる。そこで、民法は、共同不法行為者の責任という規定を設けた。

　数人が共同の不法行為によって他人に損害を加えたときは、加害者は**各自が連帯して損害を賠償する責任を負い**(連帯債務)、被害者はいずれの加害者に対しても損害賠償の全額を請求することができる(共同不法行為者の責任)(719条1項)。 14

趣旨　被害者の救済が可能となるようにした。

> **設例**においては、ABはCに対して、全損害(❶鼻の骨折、❷右足の骨折)について賠償する責任を負い、AとBの責任は連帯債務の関係となる。

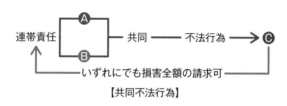

【共同不法行為】

2 狭義の共同不法行為

意義　**狭義の共同不法行為**とは、共同者全員が損害の発生に関連している場合をいう(719条1項前段)。

　狭義の共同不法行為の成立要件は次の2つである。

【共同不法行為の成立要件】
① 各加害者の行為が**それぞれ不法行為の要件を備えている**こと
② 各加害者の行為の間に**関連共同性がある**こと

問題点　「共同」といえるためには、いかなる関連共同性が必要となるか。

結論　不法行為者間に意思の共通(共謀)もしくは「共同の認識」を要せず、単に客観的に権利侵害が共同になされるをもって足りる(**客観的関連共同**)(最判昭32.3.26)。

理由　他人と共同する意思(主観的関連共同)まで求めてしまうと、被害者の救済が困難になる場合がある。

　　　(例)A工場と別会社のB工場がそれぞれ川に廃液を排出しており、近隣住民がその川の魚を食べて病気になった場合、AとBには意思の連絡がないが、社会的に見て1個の行為と評価できるため、共同不法行為が成立する。

設例　ABCが共同してDに暴行を加えていたところ、ABCの誰かがナイフでDを刺し、Dは打撲傷と刺傷を負った。Dの刺傷について、ABCのだれが責任を負うのか。

意義　加害者不明の共同不法行為とは、数人が共同の不法行為によって他人に損害を加えたときに、共同行為者のうちいずれの者がその損害を加えたかを知ることができないときをいう。

　共同行為者の特定はできるが、損害を加えた者が不明(因果関係が証明できない)の場合でも、次の要件を満たす場合は共同不法行為が成立する(719条1項後段)。

【加害者不明の共同不法行為の成立要件】 /発展
① 共同行為者によること
② 共同行為者中の誰かの行為によって損害が発生したこと
③ 各共同行為者が**因果関係以外**の不法行為の要件を備えていること Q

〈解説〉　共同行為者とは、直接の加害行為についての共同ではなく、その前提となる集団行為について客観的関連共同性のある者らをいう。直接の加害行為について客観的関連共同性がある場合は、狭義の共同不法行為が成立する。

設例においては、Dがナイフで刺された(直接の加害行為)のは、ABCによる暴行(加害行為の前提となる集団行為)の最中なので、ABC(共同行為者)の中の誰かの行為によって損害が発生したといえる。したがって、Dの刺傷についても、ABCの全員が連帯して不法行為責任を負う。

4 教唆・幇助

　教唆者・幇助者は、自らは不法行為をしていないが**共同行為者とみなされる**(719条2項)。 15

趣旨　教唆者・幇助者と直接の加害者の間には、主観的にも関連共同があるからである。

〈語句〉●ここにいう**教唆**とは、他人を唆して不法行為を実行する意思を決定させることをいう。
　　　　●ここにいう**幇助**とは、不法行為の実行を容易にさせることをいう。 15

発展 教唆者・幇助者が未成年者であっても、責任能力を有する限り719条2項により、損害賠償責任を負う。 R

5 ▶ 不法行為が順次に競合した場合 **発展**

> **設例**　Aは車を運転中、**❶**過失によりBに衝突した。Bはこの交通事故により脳内出血の傷害を負っていたが、交通事故直後にBが搬送された病院の医師Cは、**❷**過失により脳内出血のあることを見落とし、Bを帰宅させた。Bは帰宅後に意識を失い、その後、脳内出血が原因で死亡した。ACは、Bの死亡について、それぞれどの程度責任を負うのか。

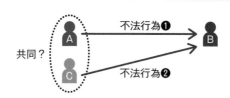

交通事故とその後の医療過誤のように、それぞれ独立した不法行為が競合して1つの損害を発生させる場合がある。

問題点❶　交通事故と医療過誤が順次競合して被害者が死亡した場合、共同不法行為として扱うことはできるか。

結論　交通事故と医療過誤のいずれもが、被害者の死亡という不可分の一個の結果を招来し、この結果について相当因果関係を有する関係にある場合、**共同不法行為として扱われる**(最判平13.3.13)。 S

理由　交通事故と医療事故とのいずれもが、被害者の死亡という不可分の一個の結果を招来し、この結果について相当因果関係を有する関係にある以上、本件交通事故における運転行為と本件医療事故における医療行為とは719条所定の共同不法行為に当たるといえる。

問題点❷　各不法行為者の結果発生に対する寄与の割合をもって被害者の被った損害額を案分し、各不法行為者が責任を負うべき損害額を限定することは許されるか。

結論　許されない。各不法行為者は被害者の被った**損害の全額について連帯して責任を負う**(最判平13.3.13)。 S

理由　共同不法行為(719条)に当たる以上、それぞれ独立して成立する複数の不法行為が順次競合した共同不法行為においても別異に解する理由はない(最

判平13.3.13)。

> **設例**においては、Aによる交通事故とCによる医療過誤はともに、Bの脳内出血による死亡という結果と因果関係が認められるので、ACは連帯して損害の全額について責任を負う。

6 共同不法行為者間の求償

　共同不法行為の各加害者は、損害全体について連帯して賠償する責任を負う。共同不法行為者間の求償については、連帯債務者間の求償権について規定する442条によって処理されると解されている。

　なお、民法改正前の判例は、共同行為者間の負担部分は、原則として、過失割合により定められるとする。そして、共同行為者の一人が自己の負担部分を超えて賠償に応じた場合、その超える部分について、他の共同不法行為者に対し求償することができる、としていた。

【民法改正前における共同不法行為者間の求償に関する判例】 発展

求償の当事者	判例
使用者・第三者間の求償	使用者は、被用者と第三者の共同過失によって惹起された交通事故による損害を賠償したときは、被用者と第三者の過失割合に従って定められる第三者の負担部分について第三者に対して求償権を行使することができる（最判昭41.11.18）
	被用者と第三者との共同不法行為により他人に損害を加えた場合において、第三者が自己と被用者との過失割合に従って定められるべき自己の負担部分を超えて被害者に損害を賠償したときは、第三者は、被用者の負担部分について使用者に対し求償することができる（最判昭63.7.1） T
被用者に対して複数の使用者が存在する場合	一方の加害者を指揮監督する複数の使用者がそれぞれ賠償責任を負う場合において、各使用者の責任の割合は、被用者である加害者の加害行為の態様およびこれと各使用者の事業の執行との関連性の程度、加害者に対する各使用者の指揮監督の強弱等を考慮して定められるべきである。この場合に、使用者の一方が自己の負担部分を超えて損害を賠償したときは、その超える部分につき、他方の使用者に対してその負担部分の限度で求償することができる（最判平3.10.25）
第三者にも使用者が存在する場合	共同不法行為の加害者（被用者）の各使用者が使用者責任を負う場合において、一方の加害者の使用者は、当該加害者の過失割合に従って定められる自己の負担部分を超えて損害を賠償したときは、その超える部分につき、他方の加害者の使用者に対し、当該加害者の過失割合に従って定められる負担部分の限度で、求償することができる（最判平3.10.25）

7 共同不法行為と過失相殺 /発展

① 複数の加害者の過失と被害者の過失による１つの交通事故の場合

複数の加害者の過失及び被害者の過失が競合する一つの交通事故においては、その交通事故の原因となった全ての過失の割合（絶対的過失割合）を認定することができるときには、絶対的過失割合に基づく被害者の過失による過失相殺をした損害賠償額について、加害者らは連帯して共同不法行為に基づく賠償責任を負う（最判平15.7.11）。

② 不法行為が順次競合した場合

交通事故と医療過誤が順次競合した事案においては、被害者の被った損害の全額を算定した上、各加害行為の寄与度に応じてこれを案分して割り付け、その上で個々の不法行為についての過失相殺をして、各不法行為者が責任を負うべき損害賠償額を分別して認定することはできない。すなわち、過失相殺は各不法行為の加害者と被害者との間の過失の割合に応じてすべきものであり、**他の不法行為者と被害者との間における過失の割合をしん酌して過失相殺をすることは許されない**（最判平13.3.13）。 U

重要事項 一問一答

01 責任能力のない者が不法行為をした場合、損害賠償責任を負う者は（2つ）？

監督義務者、代理監督者

02 責任能力を有する未成年者が不法行為をした場合、監督義務者である親は損害賠償責任を負うことがあるか？

709条に基づいて損害賠償責任を負うことがある。

03 使用者責任とは？

被用者が、事業の執行について第三者に損害を与えた場合に、使用者も責任を負うこと

04 使用者責任の成立要件は（4つ）？

①ある事業のために他人を使用すること、②事業の執行についてなされたこと、③被用者が第三者に損害を加えたこと、④使用者が免責事由を立証しないこと

05 ある事業のために他人を使用することとは？

使用者と被用者の間に、実質的な指揮監督関係があること

06 職務の範囲内か否かはどのように判断する？

行為の外形から判断する（外形標準説又は外形理論）。ただし、事業の執行でないことにつき悪意又は重過失の者は保護されない。

07 被用者の不法行為責任と使用者の使用者責任はどのような関係になるか？

連帯債務の関係

08 使用者は被用者に対して損害額の全額を求償することができるか？

信義則上、相当な限度に制限される。

09 工作物責任とは？

土地の工作物の設置又は保存に瑕疵があることで他人に生じた損害を工作物の占有者又は所有者が賠償する責任を負うこと

10 工作物責任の責任主体は？

第一次的に占有者(過失責任)、第二次的に所有者(無過失責任)

11 共同不法行為とは？

数人が共同の不法行為により他人に損害を加えた場合に、各自が連帯して損害を賠償する責任を負うこと

12 共同不法行為の要件である関連共同性の意味は？

社会的にみて1個の行為と認められるもの(客観的関連共同)

13 被害者が加害者の一人に対して損害全額の賠償を請求することは可能か？

可能(連帯債務の関係)

14 自ら不法行為を行っていない者が共同不法行為者とみなされる場合は（2つ）？

他人を①教唆した場合、②幇助した場合

過去問チェック（争いのあるときは、判例の見解による）

01 小学2年生の甲の同級生戊が悪ふざけをしてはしごにぶつかったために甲がけがをした場合、甲が戊の両親に損害賠償を請求するときは、甲は、戊の両親が監督義務者としてその義務を怠ったことを主張・立証しなければならない。

×（裁2006改題）。「甲は、戊の両親が監督義務者としてその義務を怠ったことを主張・立証しなければならない」が誤り。

02 未成年者が不法行為によって第三者に損害を加えた場合、その未成年者は、自己の行為の責任を弁識するに足りる知能を備えていなかったときは、その損害を賠償する責任を負わない。この場合において、その未成年者を監督する法定の義務を負う者は、その義務を怠らなかったことを証明したときに限り、その損害を賠償する責任を負わない。

×（国般2016）「その義務を怠らなかったことを証明したときに限り」が誤り。

03 最高裁判所の判例では、未成年者が他人に損害を与えた場合に、未成年者が

責任能力を有する場合は、監督義務者の義務違反と当該不法行為による結果との間に相当な因果関係があったとしても、監督義務者は不法行為責任を負わないとした。

× (区2011)「監督義務者は不法行為責任を負わないとした」が誤り。

04 被用者が、外形上は使用者の事業の範囲内に属する取引行為をして相手方に損害を与えた場合、それが被用者の職務権限内で適法に行われたものでないときは、そのことについての相手方の悪意又は過失の有無にかかわらず、使用者は相手方に対する使用者責任に基づく損害賠償義務を免れる。

× (裁2013)「そのことについての相手方の悪意又は過失の有無にかかわらず」が誤り。

05 普段から業務として使用者である会社の自動車を運転していた被用者が、終電車に乗り遅れたため、その自動車を無断で持ち出して運転して帰宅する途中、被害者を轢いて死亡させた。この場合被用者の行為は、使用者の事業の執行についてされたものであることの要件を満たさない。

× (裁2011)「使用者の事業の執行についてされたものであることの要件を満たさない」が誤り。

06 被用者の行為によって他人に損害が発生した場合、使用者は被用者に故意も過失もなかったときは、民法第715条の責任を免れる。

○ (裁2018)

07 不法行為における使用者責任において、使用者は、被用者の選任及びその事業の監督について相当の注意をしたことを証明した場合、責任を免れる。

○ (裁2011改題)

08 ある事業のために他人を使用する者は、被用者がその事業の執行について第三者に加えた損害を賠償する責任を負うが、使用者に代わって事業を監督する者は、一切その責任を負わない。

× (区2017)「使用者に代わって事業を監督する者は、一切その責任を負わない」が誤り。

09 ある事業のために他人を使用する者は、被用者がその事業の執行について第三者に加えた損害を原則として賠償する責任を負うが、使用者が第三者にその損害を賠償したときは、使用者は被用者に求償権を行使することができる。

○ (国般2016)

[10] 会社Aの従業員Bが、Aの社用車を運転して業務に従事していたところ、Bの過失によりCの車に追突して損害を生じさせたため、AがCに対して修理費を支払った場合には、Aは、自らに過失がないときに限り、Bに対してその全額を求償することができる。

× (国般2018)「自らに過失がないときに限り、Bに対してその全額を求償することができる」が誤り。

[11] 注文者は、注文又は指図についてその注文者に過失があったときであっても、請負人がその仕事について第三者に加えた損害を賠償する責任を負うことはない。

× (区2009)「請負人がその仕事について第三者に加えた損害を賠償する責任を負うことはない」が誤り。

[12] 土地の工作物の設置又は保存に瑕疵があり、これにより他人に損害が生じたときは、工作物の占有者及び所有者は損害賠償責任を負うが、損害の発生を防止するのに必要な注意をしていたことを立証した占有者及び所有者は免責される。

× (税・労2008)「及び所有者」「及び所有者」が誤り。

[13] 動物の占有者は、その動物の性質に従い相当の注意をもって管理をした場合であっても、その動物が他人に加えた損害を賠償する責任を負うが、占有者に代わって動物を管理する者は、その責任を負わない。

× (区2009) 全体が誤り。

[14] 数人が共同の不法行為によって第三者に損害を加えたときは、各自が連帯してその損害を賠償する責任を負う。

○ (国般2016改題)

[15] 自らは不法行為を実行していないが、他人を唆して不法行為をなす意思を決定させた者や、直接の不法行為の実行を補助し容易にした者も、不法行為責任を負う。

○ (裁2020)

[A] 責任能力のない未成年者の親権者は、直接的な監視下にない子の行動についても日頃から指導監督を確実に行うべきであるから、子が、通常は人身に危険が及ぶものとはみられない行為によってたまたま人身に損害を生じさせた場合であって

も、子に対する監督義務を尽くしていなかったことを理由として、常に民法第714条に基づく損害賠償責任を負う。

×（国般2020）全体が誤り。

[B] 法定の監督義務者に該当しない者であっても、責任無能力者との身分関係や日常生活における接触状況に照らし、第三者に対する加害行為の防止に向けてその者が当該責任無能力者の監督を現に行いその態様が単なる事実上の監督を超えているなどその監督義務を引き受けたとみるべき特段の事情が認められる場合には、その者に対し民法第714条に基づく損害賠償責任を問うことができる。

○（国般2020）

[C] 不法行為における使用者責任において、使用者の事業は、営利かつ適法なものであることを要する。

×（裁2011改題）全体が誤り。

[D] 兄Aが、その出先から自宅に連絡して弟BにA所有の自動車で迎えに来させた上、Bに自動車の運転を継続させ、これに同乗して自宅に帰る途中でBが運転を誤りCに損害を生じさせた場合において、Aが同乗中に助手席でBに運転上の指示をしていたなどの事情があるときは、Aは、Cに対して、民法第715条に基づく損害賠償責任を負う。

○（国般2018）

[E] 下請人Zの被用者Aが、Zの事業の執行について他人Cに損害を加えた場合において、元請人BとZの関係が使用者と被用者の関係と同視できるときは、A自身に対して直接間接にBの指揮監督関係が及んでいなくても、Bは、Cに対する損害賠償責任を負う。

×（裁2008）「A自身に対して直接間接にBの指揮監督関係が及んでいなくても」が誤り。

[F] 銀行Aの支店長Bが、会社Cとの間で、Aの内規・慣行に反する取引を行ったところ、Cがその取引によって損害を被った場合において、Bの当該取引行為が、その外形からみて、Aの事業の範囲内に属するものと認められ、かつ、当該取引行為がBの支店長としての職務権限を逸脱して行われたものである旨を知らないことについてCに重大な過失がないときであっても、Cは、Aに対して、民法第715条に基づく損害賠償を請求することができない。

×（国般2018改題）「Cは、Aに対して、民法第715条に基づく損害賠償を請求することができない」

が誤り。

[G] 手形振出行為を担当する会社の課長が無断で代表取締役の印を盗用して会社名義の手形を偽造し、それを取得した第三者に損害を与えた場合、当該振出行為が行為の外形から観察して、あたかも被用者の職務の範囲内の行為に属するものとみられるときであっても、表見代理の要件を満たしていなければ、使用者責任を問うことはできないとするのが判例である。

× (税・労2003)「表見代理の要件を満たしていなければ、使用者責任を問うことはできないとするのが判例である」が誤り。

[H] 大臣秘書官Aが、私用のために国が所有する自動車を職員Bに運転させてこれに乗車していたところ、当該自動車がCの運転する自動車と衝突してCに損害を生じさせた場合には、国は、Cに対して、民法第715条に基づく損害賠償責任を負わない。

× (国般2018)「民法第715条に基づく損害賠償責任を負わない」が誤り。

[I] 会社Aの従業員Bが、一緒に仕事をしていた他の従業員Cとの間で業務の進め方をめぐって言い争った挙げ句、Cに暴行を加えて損害を発生させたとしても、Aは、Cに対して、民法第715条に基づく損害賠償責任を負わない。

× (国般2018)「民法第715条に基づく損害賠償責任を負わない」が誤り。

[J] 被用者Aが、法人である使用者Bの事業の執行について他人Cに損害を加えた場合、Bの代表者は、現実にAの選任、監督を担当しているときは、Cに対する損害賠償責任を負う。

○ (裁2008)

[K] 会社の従業員が、会社の事業の執行について他人に損害を与えたため、会社に民法715条1項による使用者責任が成立する場合は、会社の従業員は、その行為について故意又は重過失がない限り、被害者に対して直接損害賠償義務を負わない。

× (裁2005)「その行為について故意又は重過失がない限り、被害者に対して直接損害賠償義務を負わない」が誤り。

[L] 使用者責任に基づき、使用者が被害者に全額の損害賠償を行った場合であっても、被用者が民法709条の不法行為責任に基づき被害者に全額の損害賠償を行う

義務は存続する。

×（裁2011）「被用者が民法709条の不法行為責任に基づき被害者に全額の損害賠償を行う義務は存続する」が誤り。

[M] 最高裁判所の判例では、被用者がタンクローリーを運転中に事故を起こし、第三者に損害を与えるとともに使用者所有のタンクローリーに損害を与えた茨城石炭商事事件にて、労働環境の整備につき使用者側に問題がある場合には、信義則によって使用者は被用者に対して求償権を行使できないとした。

×（区2011）「信義則によって使用者は被用者に対して求償権を行使できないとした」が誤り。

[N] 失火については「失火の責任に関する法律」により重過失の場合にのみ損害賠償責任を負うとされていることから、被用者の重過失により失火した場合、被用者の選任・監督につき使用者に重過失がなければ、使用者責任は免責されるとするのが判例である。

×（税・労2003）「被用者の選任・監督につき使用者に重過失がなければ、使用者責任は免責されるとするのが判例である」が誤り。

[O] 個人経営の造園業者丙が作業のために使っていたはしごが倒れ、そばにいた甲がけがを負ったという事案において、丙が造園業会社丁から請け負った作業を行っていた場合、甲が丁に損害賠償を請求するときは、甲は、丙に対する注文又は指図について丁に過失があったことを主張・立証しなければならない。

〇（裁2006改題）

[P] Aは、Bから建物を買い受けてこれに居住していたが、この建物にはもともと構造上の欠陥があり、これに起因してその一部が倒壊し、通行人Cが負傷した。この欠陥は、Bから建築工事を請け負ったDの手抜き工事によるものであった。Aが土地工作物の占有者ないし所有者として、Cに対し、その損害の賠償をした場合、Dに対してその支払額を求償をすることはできない。

×（裁2007改題）「Dに対してその支払額を求償をすることはできない」が誤り。

[Q] 共同不法行為責任が成立するためには、各共同行為者の行為について不法行為の一般的成立要件を満たすことが必要であるから、共同行為者のうちいずれの者が損害を加えたかを知ることができないときは、共同不法行為責任の成立が否定される。

×（裁2016）「各共同行為者の行為について不法行為の一般的成立要件を満たすことが必要であるか

ら」「共同不法行為責任の成立が否定される」が誤り。

[R] 責任能力を有する未成年者A、B、Cが共同で不法行為を犯した場合に、B、Cが、実行犯のAに教唆や幇助をしたにとどまるときは、B、Cは損害賠償責任を負うことはない。
× (国般2005改題)「B、Cは損害賠償責任を負うことはない」が誤り。

[S] 加害者の過失により生じた交通事故によってそのまま放置すれば死亡に至る傷害を負った者が、その後搬送された病院で適切な手術を受ければ本来は救命できたにもかかわらず、医師の手術中の過失により死亡した場合、交通事故の加害者と医師の双方が、それぞれの過失行為と相当因果関係のある死亡による損害の全額について連帯して賠償する義務を負う。
○ (裁2013)

[T] 被用者と第三者が共同で不法行為をした場合、被害者に損害の全額を賠償した第三者は、使用者に対し、被用者の負担部分について、求償することができる。
○ (裁2017)

[U] 交通事故と医療事故とが順次競合した共同不法行為においては、各不法行為者は、各不法行為の損害発生に対する寄与の割合をもって被害者の被った損害額を案分し、責任を負うべき損害額を限定することができる。
× (税・労2004)「各不法行為の損害発生に対する寄与の割合をもって被害者の被った損害額を案分し、責任を負うべき損害額を限定することができる」が誤り。

過去問 Exercise

問題1　　同時履行の抗弁に関する次のア～オの記述のうち、妥当なもののみを全て挙げているものはどれか（争いのあるときは、判例の見解による）。　　裁判所2021［R3］

ア　不動産の売買契約において、売主の移転登記の協力義務と買主の代金支払義務は同時履行の関係に立つ。

イ　動産の売買契約において、代金の支払につき割賦払いとされている場合、売主の目的物引渡義務と買主の代金支払義務は同時履行の関係に立つ。

ウ　建物の賃貸借契約における賃借人から造作買取請求権が行使された場合において、造作買取代金の支払と建物の明渡しは同時履行の関係に立つ。

エ　建物の賃貸借契約が終了した場合において、賃借人の建物の明渡義務と賃貸人の敷金返還義務は同時履行の関係に立つ。

オ　請負契約が締結されている場合において、物の引渡しを要しないときを除き、請負人の目的物引渡債務と注文者の報酬支払債務は同時履行の関係に立つ。

1. ア、イ
2. ア、オ
3. イ、エ
4. ウ、エ
5. ウ、オ

ア ○ 判例により妥当である。判例は、不動産の売買契約において、売主の移転登記の協力義務と買主の代金支払義務は同時履行の関係に立つとしている（大判大7.8.14）。

イ ✕ 「売主の目的物引渡義務と買主の代金支払義務は同時履行の関係に立つ」という部分が妥当でない。双務契約の当事者の一方は、相手方がその債務の履行（債務の履行に代わる損害賠償の債務の履行を含む）を提供するまでは、自己の債務の履行を拒むことができる。ただし、相手方の債務が弁済期にないときは、この限りでない（533条）。代金の支払につき割賦払いとされている場合には、売主の目的物引渡義務が先履行となるから、売主の目的物引渡義務と買主の代金支払義務は同時履行の関係に立たない。

ウ ✕ 「造作買取代金の支払と建物の明渡しは同時履行の関係に立つ」という部分が妥当でない。判例は、建物の賃貸借契約における賃借人から造作買取請求権が行使された場合、造作買取請求権は、造作に関して生じた債権であり建物に関して生じた債権ではないから、造作買取代金の支払と造作の引渡しが同時履行の関係に立つのみで、造作買取代金の支払と建物の明渡しは同時履行の関係に立たないとしている（最判昭29.7.22）。

エ ✕ 「賃借人の建物の明渡義務と賃貸人の敷金返還義務は同時履行の関係に立つ」という部分が妥当でない。賃貸人は、賃貸借が終了し、かつ、賃貸物の返還を受けたときに、賃借人に対し、その受け取った敷金の額から賃貸借に基づいて生じた賃借人の賃貸人に対する金銭の給付を目的とする債務の額を控除した残額を返還しなければならない（622条の2第1項1号）。したがって、建物の賃貸借契約が終了した場合には、賃借人の建物の明渡義務が先履行であって、賃貸人の敷金返還義務と同時履行の関係には立たない。

オ ○ 条文により妥当である。請負契約が締結されている場合、報酬は、仕事の目的物の引渡しと同時に支払わなければならない（633条本文）。なお、物の引渡しを要しないときは、約束した仕事を終わった後でなければ、報酬を請求することができない（633条ただし書、624条1項）。

以上より、妥当なものは**ア**、**オ**であり、正解は **2** となる。

第 5 章

債権各論

問題2 民法に規定する売買に関する記述として、妥当なのはどれか。

特別区2021［R3］

1 売買の一方の予約は、相手方が売買を完結する意思を表示した時から、売買の効力を生ずるが、その意思表示について期間を定めなかったときは、予約者は、相手方に対し、相当の期間を定めて、その期間内に売買を完結するかどうかを確答すべき旨の催告をすることができる。

2 買主が売主に手付を交付したときは、相手方が契約の履行に着手した後であっても、買主はその手付を放棄し、売主はその倍額を現実に提供することで、契約の解除をすることができる。

3 他人の権利を売買の目的としたときは、売主は、その権利を取得して買主に移転する義務を負うが、他人の権利には、権利の一部が他人に属する場合におけるその権利の一部は含まれない。

4 引き渡された目的物が種類、品質又は数量に関して、買主の責めに帰すべき事由により、契約の内容に適合しないものであるときには、買主は売主に対し、目的物の修補による履行の追完を請求することはできるが、代替物の引渡し又は不足分の引渡しによる履行の追完を請求することはできない。

5 売主が買主に売買の目的として特定した目的物を引き渡した場合において、その引渡しがあった時以後にその目的物が当事者双方の責めに帰することができない事由によって損傷したときは、買主は、その損傷を理由として、代金の減額の請求をすることができる。

解説

❶ ○ 条文により妥当である。売買の一方の予約は、相手方が売買を完結する意思を表示した時から、売買の効力を生ずる（556条1項）。そして、この意思表示について期間を定めなかったときは、予約者は、相手方に対し、相当の期間を定めて、その期間内に売買を完結するかどうかを確答すべき旨の催告をすることができる（556条2項前段）。

❷ ✕ 「相手方が契約の履行に着手した後であっても」という部分が妥当でない。買主が売主に手付を交付したときは、買主はその手付を放棄し、売主はその倍額を現実に提供して、契約の解除をすることができる（手付解除）（557条1項本文）。ただし、その相手方が契約の履行に着手した後は、この限りでない（557条1項ただし書）。契約の履行に着手した相手方の信頼を保護する趣旨から、相手方の履行着手後は手付解除を認めないことにしている。

❸ ✕ 「他人の権利には、権利の一部が他人に属する場合におけるその権利の一部は含まれない」という部分が妥当でない。他人の権利を売買の目的としたときは、売主は、その権利を取得して買主に移転する義務を負うが、ここでの「他人の権利」には、権利の一部が他人に属する場合におけるその権利の一部が含まれる（561条）。

❹ ✕ 「目的物の修補による履行の追完を請求することはできるが」という部分が妥当でない。引き渡された目的物が種類、品質又は数量に関して契約の内容に適合しないものであるときは、買主は、売主に対し、目的物の修補、代替物の引渡し又は不足分の引渡しによる履行の追完を請求することができる（買主の追完請求権）（562条1項本文）。しかし、当該不適合が買主の責めに帰すべき事由によるものであるときは、買主は、民法562条1項の規定による履行の追完の請求をすることができない（562条2項）。

❺ ✕ 「買主は、その損傷を理由として、代金の減額の請求をすることができる」という部分が妥当でない。売主が買主に目的物（売買の目的として特定したものに限る）を引き渡した場合において、その引渡しがあった時以後に、その目的物が当事者双方の責めに帰することができない事由によって滅失し、又は損傷したとき

は、買主は、その滅失又は損傷を理由として、履行の追完の請求、代金の減額の請
求、損害賠償の請求及び契約の解除をすることができない(目的物の滅失等につい
ての危険の移転)(567条1項前段)。

問題3 不法行為に関する次のア〜オの記述のうち、妥当なもののみを全て挙げているものはどれか（争いのあるときは、判例の見解による）。 裁判所2021［R3］

ア 人の生命又は身体を害する不法行為による損害賠償請求権の消滅時効期間は、被害者又はその法定代理人が損害及び加害者を知った時から5年間である。

イ 不法行為と同一の原因によって、被害者が第三者に対して損害と同質性を有する利益を内容とする債権を取得し、当該債権が現実に履行された場合、これを加害者の賠償すべき損害額から控除することができる。

ウ 被害者が不法行為によって即死した場合、被害者が不法行為者に対して有する不法行為に基づく損害賠償請求権は、被害者の死亡によって相続人に承継されない。

エ 会社員が、勤務時間外に、自己が勤務する会社所有に係る自動車を運転していた際、同自動車を第三者に衝突させた場合、当該会社が損害賠償責任を負うことはない。

オ 未成年者は、他人に損害を加えた場合において、自己の行為の責任を弁識するに足りる知能を備えていなかったとしても、その行為について賠償の責任を負う。

1 ア、イ
2 ア、オ
3 イ、ウ
4 ウ、エ
5 エ、オ

ア ◯　条文により妥当である。人の生命又は身体を害する不法行為に基づく損害賠償請求権の消滅時効期間は、被害者又はその法定代理人が損害及び加害者を知った時から５年、又は不法行為の時から20年である(724条、724条の２)。なお、人の生命又は身体の侵害による債務不履行に基づく損害賠償請求権の消滅時効期間は、権利を行使することができる時から20年、又は債権者が権利を行使することができることを知った時から５年である(166条１項、167条)。

イ ◯　判例により妥当である。判例は、不法行為と同一の原因によって被害者又はその相続人が第三者に対して損害と同質性を有する利益を内容とする債権を取得した場合は、当該債権が現実に履行されたとき、又はこれと同視し得る程度にその存続及び履行が確実であるときに限り、これを加害者の賠償すべき損害額から控除すべきであるとしている(損益相殺)(最大判平5.3.24)。

ウ ✕　「被害者の死亡によって相続人に承継されない」という部分が妥当でない。判例は、傷害により被害者が即死した場合には、傷害の瞬時に被害者に損害賠償請求権が発生し、死亡によりこれが相続されるとしている(大判大15.2.16)。

エ ✕　「当該会社が損害賠償責任を負うことはない」という部分が妥当でない。判例は、被用者である従業員が、使用者である会社の自動車を私用で運転中に交通事故を起こした場合でも、従業員の行為の外形をとらえて客観的に観察すると会社の従業員としての職務行為の範囲に属すると認められるときは、会社の「事業の執行」であるといえるので、その被害者は、会社に対して、使用者責任(715条１項)に基づく損害賠償請求ができるとしている(最判昭39.2.4)。

オ ✕　「自己の行為の責任を弁識するに足りる知能を備えていなかったとしても、その行為について賠償の責任を負う」という部分が妥当でない。未成年者は、他人に損害を加えた場合において、自己の行為の責任を弁識するに足りる知能を備えていなかったときは、その行為について賠償の責任を負わない(712条)。

　以上より、妥当なものは**ア**、**イ**であり、正解は **1** となる。

第 6 章

親族・相続

第6章では、私たちに身近な家族関係が、どのように規律されているかについて学習します。特に、公務員試験では、夫婦関係、親子関係及び相続関係が大切ですのでよく理解するようにしてください。

1 親族①―総論

本節は、親族法における総論を扱います。姻族関係や縁組については、該当箇所を学習したあとで読むことを勧めます。

1 親族法の全体図

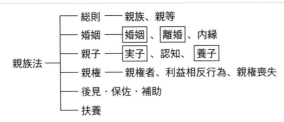

2 親族の範囲

1 親族の意義

意義 家族関係のある者のうち、一定の範囲の者を法律上、「親族」と呼ぶ。

2 親族の範囲

　以下に掲げる者を親族とする（725条）**01**。これらの者の間には一定の法律関係が存在し、これを**親族関係**ないし**身分関係**という。

【親族の範囲（725条）】
①　6親等内の血族（1号）
②　配偶者（2号）
③　3親等内の姻族（3号）

① 血族
意義 血族とは、実親子のように出生によって血縁関係にある者（**自然血族**）と、養子縁組による養親と養子の関係にある者（**法定血族**）がある。

② 配偶者

意義 配偶者とは、婚姻によって夫婦になった者の一方からみた他方をいう。

③ 姻族

意義 姻族とは、配偶者の一方と、他方配偶者の血族との関係をいう。

解説 配偶者は姻族に含まれず、したがって、親等もない。 01

3 親等の計算

　親族は、その関係に応じて以下の図のような呼称で呼ばれる。また、血縁関係の遠近を表す指標として「親等」が用いられる。図中の丸数字は親等を表す。

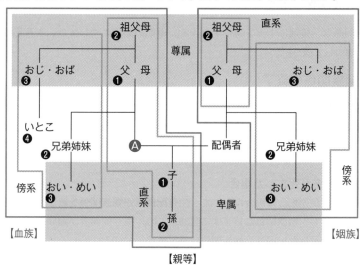

1 親等

　親等は、**親族間の世代数を数えて、これを定める**(726条1項)。

　傍系親族の親等を定めるには、その一人又はその配偶者から同一の祖先に遡り、その祖先から他の一人に下るまでの世代数による(726条2項)。

2 直系と傍系

意義 **直系**とは、血族の一方が他方の子孫に当たる関係にある場合をいう。例えば、親と子、祖父母と孫が直系に当たる。

　　　傍系とは、共同の祖先から別れた2つの枝の関係にある血族を指す。例

えば、兄弟姉妹、おじおばとおいめいが傍系に当たる。

3 尊属と卑属

意義 尊属とは、血族のうちで、**自分よりも前の世代の者**をいう。例えば、親、祖父母、おじおばが尊属に当たる。

卑属とは、血族のうちで、**自分よりも後の世代の者**をいう。例えば、子、孫、おいめいが卑属に当たる。

4 姻族関係

1 姻族関係の発生

姻族関係は、**婚姻**によって発生する $\boxed{02}$。婚姻の詳細については、本章 **2** 節「親族②―婚姻」で扱う。

2 姻族関係の終了

① 離婚による終了

姻族関係は、**離婚**によって終了する(728条1項)。**婚姻の取消し**によっても終了する(749条、728条1項)。$\boxed{02}$

② 夫婦の一方が死亡した場合

夫婦の一方が死亡した場合において、**生存配偶者が姻族関係を終了させる意思を表示**したときも、姻族関係は終了する(728条2項)。生存配偶者が姻族関係を終了させる意思を表示しない限り、姻族関係は終了しない。$\boxed{02}$

5 縁組による親族関係

1 縁組による親族関係の発生

養子と養親及びその血族との間においては、養子縁組の日から、血族間におけるのと同一の親族関係を生ずる(727条)。縁組の詳細については、本章 **4** 節「親族④―親子」で扱う。

2 離縁による親族関係の終了 ✐発展

「養子及びその配偶者並びに養子の直系卑属及びその配偶者」と「養親及びその血

族」との親族関係は、**離縁によって終了する**(729条)。**縁組の取消し**によっても終了する(803条〜808条)。 A

❻ 身分行為の特色

1️⃣ 身分行為の意義

意義 **身分行為**とは、身分関係を形成する法律行為である。

身分行為は、財産行為に比べて、次のような特色をもっている。

2️⃣ 要式行為性

身分行為の多くは、**当事者の意思**のほか、**書面の作成**(ex.遺言書の作成)、**戸籍法上の届出**(創設的届出)といった形式を成立要件とする。

趣旨 身分関係は第三者にも影響を与えるためである。

戸籍法上の届出は、大きく分けて、以下の2種類がある。

【戸籍法上の届出】

種類	内容	具体例
①報告的届出	身分関係の発生・変更・消滅が既に生じているものを戸籍に反映させるための届出	出生届、死亡届、裁判上の離婚届、裁判上の離縁届等
②創設的届出	届出をすることにより身分関係が発生・変更・消滅するものについての届出	婚姻届、養子縁組届、協議離婚届、協議離縁届、入籍届、転籍届等

3️⃣ 代理に親しまない

原則 制限行為能力者であっても、本人の意思を尊重し、その意思によってのみ身分行為をすることができる。

例外 代理人によって身分行為をすることができる。

(例) 15歳未満の者を養子とする縁組は、法定代理人が縁組の承諾をすることができる(797条1項)。

4️⃣ 無効・取消しの特則

身分行為の無効・取消しについては、個別に規定が置かれ、原則として総則の規定は適用されない。

01 親族の範囲は？

6親等内の血族、配偶者、3親等内の姻族

02 血族の種類は（2つ）？

①自然血族、②法定血族

03 姻族関係の終了事由は（3つ）？

①離婚、②婚姻の取消し、③夫婦の一方が死亡した場合において、生存配偶者が姻族関係を終了させる意思を表示したとき

過去問チェック（争いのあるときは、判例の見解による）

01 親族は、6親等内の血族及び3親等内の姻族とされており、配偶者は1親等の姻族として親族に含まれる。

×（国般2017）全体が誤り。

02 姻族関係は、婚姻により発生し、離婚、婚姻の取消し及び夫婦の一方の死亡により当然に終了する。

×（国般2017）「及び夫婦の一方の死亡」が誤り。

A 血族関係は、死亡、離縁及び縁組の取消しにより終了するため、養子と養親の血族との血族関係は、養親の死亡により終了する。

×（国般2017）「死亡」「養親の死亡により終了する」が誤り。

2 親族②—婚姻

本節では、婚姻がどのような要件で成立するのか、また婚姻によってどのような効果が発生するのかについて扱います。

1 婚姻

意義　婚姻とは、男女が相互に配偶者という身分関係を形成する身分行為である。

配偶者は、婚姻によって夫婦になった者の一方からみた他方をいい、**血族でも姻族でもない親族**である。

2 婚姻の成立

婚姻の成立には、実質的要件および形式的要件を必要とする。

【婚姻の成立要件】

要件	内容	欠けた場合
実質的要件	① 婚姻意思の合致	無効
	② 婚姻障害のないこと	取り消すことができる
形式的要件	戸籍法上の届出	無効（通説は不成立とする）

1 婚姻意思の合致（742条1号）/発展

当事者である男女双方の婚姻意思の合致が必要となる。

① 婚姻意思

意義　婚姻意思とは、たんに婚姻の届出をする合意ではなく、**実質的に夫婦関係を形成する合意**でなければならない（実質的意思説）。　A

したがって、他の目的(ex.子に嫡出子としての地位を得させる)を達成するための便法としてなされた婚姻は、婚姻意思を欠き無効である（最判昭44.10.31）。

〈解説〉　婚姻意思とは、婚姻届出の意思で足りるとする説もある（形式的意思説）。

② 成年被後見人と婚姻

成年被後見人も成年後見人の同意なく婚姻することができる(738条) <u>B</u> 。ただし、意思表示時点での意思能力は必要である。

2 婚姻障害

政策上婚姻が禁止される場合である。婚姻障害に該当する婚姻は、当然に無効となるわけではなく、取り消すことができるものとなる(**婚姻の取消原因**)(744条〜746条)。

① 婚姻適齢

婚姻は、**18歳**にならなければ、することができない(731条)。すなわち、未成年者は、婚姻をすることができない。

② 重婚禁止 /発展

配偶者のある者は、**重ねて婚姻をすることができない**(732条)。重婚が行われた場合、後婚は取消原因(744条)となり、前婚は離婚原因となる(770条1項1号、5号)。 <u>C</u>

③ 再婚禁止期間

原則 女が再婚する場合は、**前婚の解消又は取消しの日から起算して100日を経過した後でなければならない**(733条1項)。

趣旨 父性の重複(詳細は本章 **4** 節「親族④—親子」で扱う)を防止するためとされる。

例外 前婚の解消若しくは取消しの時に懐胎していなかった場合、又は、前婚の解消又は取消しの後に出産した場合には、再婚禁止期間は適用されない(733条2項)。

【再婚禁止期間】

④ 近親婚禁止

次の３つの場合には、近親婚として婚姻することができない。

【近親婚禁止】

禁止規定	具体例
(1) 近親者間の婚姻の禁止(734条1項本文)　**発展** ①直系血族間 ②３親等内の傍系血族間 　血族には自然血族・法定血族を含む **趣旨**　自然血族間については優生学上の配慮による。法定血族間については倫理観念による	①親子間、祖父母・孫間 ②兄弟姉妹間、おじめい間
ただし、養子と養方の傍系血族との間の婚姻は可能(734条1項ただし書)　**D**	養子と養親の実子間(婿養子)
(2) 直系姻族間の婚姻の禁止(735条)　**発展** ①直系姻族間　**E** ②姻族関係終了後も禁止 **趣旨**　親子間の秩序の乱れを防止する	義父と義娘間、義母と義息子間
(3) 養親子等の間の婚姻の禁止(736条) ①養子(その配偶者)又は養子の直系卑属(その配偶者)と養親又はその直系尊属との間　**01** ②離縁後も禁止　**01** **趣旨**　親子間の秩序の乱れを防止する	養子の配偶者と養親間、養子の子と養親間

3 届出

① 婚姻の効力発生

婚姻は、戸籍法の定めるところにより**届け出ることによって、その効力を生ずる**(739条1項)。　**02**

② 届出の方法　**発展**

届出は、当事者双方及び成年の証人２人以上が署名した**書面**で、又はこれらの者から**口頭**で、しなければならない(739条2項)。　**F**

③届出の受理

婚姻の届出は、その婚姻が婚姻障害や届出の方法の規定に違反しないことを認めた後でなければ、受理することができない(740条)。

もっとも、婚姻の届出は、受理によって完了するから、戸籍吏(戸籍事務を担当

する市区町村長)に受理されれば戸籍簿への記載がなくても、婚姻は有効に成立する(大判昭16.7.29)。

④ 外国に在る日本人間の婚姻の方式 📄発展

外国に在る日本人間で婚姻をしようとするときは、その国に駐在する日本の大使、公使又は領事にその届出をすることができる(741条前段)。届出の方法等は、国内の規定(739条、740条)を準用する(741条後段)。 G

---

③ 婚姻の無効・取消し 📄発展

1 無効

当事者に婚姻をする**意思**がないときは、婚姻は**無効**である(742条1号)。婚姻意思は、婚姻届作成時、婚姻届提出時に存在することが必要であるが、次のような場合が問題となる。

届出書作成	届出書提出 ⇒ 受理
婚姻意思	婚姻意思

※ 図：時間軸 t 上に「届出書作成／婚姻意思」と「届出書提出 ⇒ 受理／婚姻意思」が左から右へ並ぶ

① 婚姻届作成時には意識があったが、受理時には意識不明

事実上の夫婦共同生活関係にある者が婚姻意思を有し、その意思に基づいて婚姻の届書を作成したときは、届書の受理された当時意識を失っていたとしても、その受理前に**翻意**したなど特段の事情のない限り、届書の受理により婚姻は**有効に成立**する(最判昭44.4.3) H 。この結論は、将来婚姻することを目的に性的交渉を続けてきた者が、婚姻意思を有し、かつ、その意思に基づいて婚姻の届出を作成したときも同様である(最判昭45.4.21)。 I

理由 その後再び意識を回復した場合においても、届書の受理によっては婚姻が有効に成立しないものと解することとなり、きわめて不合理となるから。

② 当初から婚姻意思はなく、届出のみなされた場合

事実上の夫婦の一方が他方の意思に基づかないで婚姻届を作成提出した場合において、当時両名に夫婦としての実質的生活関係が存在しており、後に他方の配偶者が**届出の事実を知ってこれを追認**したときは、婚姻は追認によりその**届出の当初に遡って有効**となる(最判昭47.7.25)。 J

理由 追認により婚姻届出の意思の欠缺は補完され、また、追認にその効力を

認めることは当事者の意思に沿い、実質的生活関係を重視する身分関係の本質に適合する。

2 取消し

① 取消原因

（ア）婚姻障害に違反した婚姻

　婚姻障害に違反した婚姻は、一定の者がその取消しを家庭裁判所に請求することができる（744条〜746条）。

（イ）詐欺・強迫による婚姻

　詐欺又は強迫によって婚姻をした者は、その取消しを家庭裁判所に請求することができる（747条1項）。

② 取消請求権者

　婚姻の取消原因がある場合、取消請求権者からの取消請求を受けて、家庭裁判所が婚姻を取り消す。

【婚姻の取消原因と取消請求権者】

婚姻の取消原因	取消請求権者
婚姻適齢違反（731条）※1 Ｋ 近親婚（734条、735条）Ｌ	各当事者、その親族、検察官（744条1項本文）※2
重婚（732条）Ｍ 再婚禁止期間違反（733条）※3 Ｎ	各当事者、その親族、検察官、当事者の配偶者、前配偶者（744条1項本文・2項）
詐欺・強迫による婚姻（747条）※4 Ｏ	詐欺または強迫を受けた当事者（747条1項）

※1 婚姻適齢違反の婚姻（不適齢婚）は、適齢に達した後は、取消しができない。ただし、本人は適齢に達した後3か月内に取消しの請求をすることができるが、その期間内でも追認をすれば取消権を失う（745条）。

※2 検察官は、当事者の一方が死亡した後は、取り消すことができない（744条1項ただし書）。

※3 再婚禁止期間中の婚姻は、前婚の解消若しくは取消しの日から起算して100日を経過し、又は女が再婚後に出産したときは、その取消しを請求することができない（746条）。 Ｎ

※4 詐欺により婚姻をした者は、詐欺を発見した時から、強迫により婚姻をした者は強迫を免れた時から、いずれも3か月を経過したとき、又は追認をしたときは、取り消すことができない（747条2項）。 Ｐ

3 取消しの効果

① 身分上の効果

　将来に向かってのみ効力を生じる（748条1項）。したがって、過去になされた行為に影響を及ぼさない（ex.子は嫡出子としての地位を失わない）。 Ｑ

〈解説〉　夫婦の一方の死亡後に婚姻が取り消されたときは、その者の死亡時に婚

姻が取り消されたものと扱われるのが一般である。 R

② 財産上の効果

(ア) 善意の者の返還義務の範囲

婚姻の時においてその取消しの原因があることを知らなかった当事者が、婚姻によって財産を得たときは、**現に利益を受けている限度**において、その返還をしなければならない(現存利益の返還)(748条2項)。

(イ) 悪意の者の返還義務の範囲

婚姻の時においてその取消しの原因があることを知っていた当事者は、婚姻によって**得た利益の全部を返還**しなければならない。この場合において、相手方が善意であったときは、これに対して損害を賠償する責任を負う(748条3項)。 S

❹ 婚姻の効果 🖊発展

婚姻の効果には、身分上の効果(一般的効果)および財産上の効果(夫婦財産制)がある。

1 一般的効果

① 夫婦の氏

夫婦は、婚姻の際に戸籍法の定めるところに従い、**夫又は妻の氏**を称する(750条)。氏の選定は原則として婚姻の際にのみ許され、その後の氏の変更は戸籍法107条による方法しか認められず、合意により氏を変更することはできない。

趣旨 本条は強行規定であり、夫婦共同体思想の表れとされる。

(ア) 夫婦の一方の死亡と氏

夫婦の一方が死亡したときは、**婚姻は終了し、生存配偶者は、婚姻前の氏に復する**ことができる(751条1項)。当然に復氏するわけではない。

(イ) 夫婦の一方の死亡と姻族関係

夫婦の一方が死亡したときに、生存配偶者が**姻族関係を終了させる意思表示**をしたときは、**姻族関係は終了**する(728条2項)。夫婦の一方の死亡によって当然に姻族関係が終了するわけではない。 T

② 同居・協力・扶助義務

夫婦は同居し、互いに**協力**し**扶助**しなければならない(752条)。

意義 同居義務とは、同じ場所で生活をともにする義務をいう。

夫婦の一方が、正当な理由なく同居義務を履行しない場合でも、夫婦間の同居義

務の履行は、その性質上強制履行を許さないものであって、間接強制をすることもできない(大決昭5.9.30)。したがって、夫婦の同居を命ずる審判がなされても、これを強制履行することはできない。 ⎡U⎤

意義　**協力義務**とは、婚姻生活に必要な仕事を分担する義務をいう。

意義　**扶助義務**とは、生活保持の義務(扶養義務者が自分の最低生活を割っても、要扶養者に対して自分と同等の生活をさせる義務)とされる。

　正当な理由なくこれらの義務に違反した場合は、悪意の遺棄として裁判上の離婚原因になり得る(770条1項2号)。

③ 貞操義務

意義　**貞操義務**とは、夫婦が互いに不貞行為を行わない義務のことをいう。明文の規定はないが、不貞行為が裁判上の離婚原因とされている(770条1項1号)ことから、一般に認められている。

　夫婦の一方と不貞行為を行った第三者は、**他方の配偶者に対して不法行為責任を負う**場合がある(最判昭54.3.30)。

理由　他方の配偶者の夫又は妻としての権利を侵害し、その行為は違法性を帯びるから。

　夫婦の**婚姻関係がすでに破綻**していた場合には、特段の事情のない限り、第三者は、他方配偶者に対して**責任を負わない**(最判平8.3.26)。

理由　婚姻関係が既に破綻していた場合には、原則として、婚姻共同生活の平和の維持という権利又は法的保護に値する利益があるとはいえないから。

④ 夫婦間の契約取消権

　夫婦間で契約をしたときは、その契約は、**婚姻中いつでも、夫婦の一方からこれを取り消す**ことができる(754条本文)。

趣旨　夫婦間の契約の履行は、当事者の道徳心にゆだねる趣旨である(「法律は家庭に入らず」)。

　婚姻が**実質的に破綻**している場合には、それが形式的に継続しているとしても、754条の規定により、夫婦間の契約を**取り消すことは許されない**(最判昭42.2.2)。 ⎡V⎤

理由　754条本文にいう「婚姻中」とは、単に形式的に婚姻が継続していることではなく、形式的にも、実質的にもそれが継続していることをいうものと解すべきである。

2 夫婦財産制

① 夫婦財産契約

　夫婦の財産の帰属をどのように定めるかについては、第一に、当事者の意思による（夫婦財産契約）（755条）。しかし、夫婦財産契約は第三者に与える影響が大きいため、**婚姻の届出までにその登記をしなければ**、これを夫婦の承継人及び第三者に対抗することができない（756条）**W**。さらに、婚姻の届出後は変更することができない（758条1項）。このため、ほとんど利用されていない。

　夫婦財産契約がなされない場合は、法定の財産制による（**法定財産制**）（760条〜762条）。

　　　　　　　　　　　あり　→　夫婦財産契約
　　当事者の意思
　　　　　　　　　　　なし　→　法定財産制

② 法定財産制の内容

（ア）夫婦別産制の原則

　婚姻前から有する財産、および婚姻中自己の名で得た財産は、その者に帰属する（762条1項）**X**。ただし、夫婦一方の名義になっていても、夫婦が資金を出し合って購入した不動産は夫婦の共有となり得る。

趣旨　夫婦であっても、個人の財産権を保護する。

　所属不明の財産は、**夫婦の共有**に属するものと推定される（762条2項）。**X**

（イ）夫婦別産制の例外

㋐　婚姻費用の分担

意義　婚姻費用とは、生活共同体を維持するために必要な費用のことをいう。

　夫婦は、その資産、収入その他一切の事情を考慮して、婚姻から生ずる費用を分担する（760条）。

趣旨　婚姻共同生活の維持のため、夫婦別産制の例外として規定した。

㋑　日常家事に関する債務の連帯責任

　夫婦の一方が日常の家事に関して第三者と法律行為をしたときは、他の一方は、これによって生じた債務について、**連帯してその責任を負う**（761条本文）。ただし、第三者に対し責任を負わない旨を予告した場合は、責任を負わない（761条ただし書）。**Y**

趣旨　日常の家事に関して取引をした第三者は、実質的には夫婦生活共同体と
　　　　取引していると考えられるから、第三者を保護するために連帯責任とした。

③ 日常家事債務に関する問題

（ア）日常家事債務

意義　日常家事債務とは、夫婦の生活共同体を維持するため日常必要な費用につき、夫婦が負担する債務である。電気料金・家賃・納税資金調達行為などが該当する。しかし、具体的な範囲は、当該夫婦の収入・資産・職業などによって異なる。

夫婦の一方の固有財産、特に不動産を他方が処分する行為は、通常は日常家事に該当しない（最判昭43.7.19）。

（イ）日常家事に該当しない行為と表見代理（110条）

> **設例**　Aの妻Bは、夫Aが長期療養中であり生活費に困ったことから、Aの所有する土地について、Aの代理人としてCとの間で売買契約を締結した。相手方Cはどのような法律構成によって保護されるか。
>
>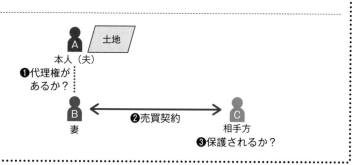

問題点❶　761条本文は、「夫婦の一方が日常の家事に関して第三者と法律行為をしたときは、他の一方は、これによって生じた債務について、連帯してその責任を負う。」と規定しているが、これは何を定めたものか。

結論　761条本文は、夫婦は相互に日常の家事に関する法律行為につき他方を代理する権限を有することを定めたものである（最判昭44.12.18）。

理由　761条本文の趣旨は、夫婦で共同生活を営む以上、日常家事において負担した債務は夫婦で責任を負うべきとするものであり、夫婦が互いに日常家事に関して代理権を有していると解することが761条本文の趣旨に合致する。

問題点❷　夫婦の一方が、761条本文所定の日常の家事に関する代理権の範囲を越えて第三者と法律行為をした場合、第三者の保護をどのように図るべきか。

結論　権限外の行為の相手方である第三者において、その行為がその夫婦の日

常の家事に関する法律行為に属すると信ずるにつき正当の理由のあるとき
にかぎり、110条の趣旨を類推して第三者の保護をはかるべきである（最判
昭44.12.18）。 Z

理由 ①　夫婦の一方が日常の家事に関する代理権の範囲を越えて第三者と法
　　　　　律行為をした場合に、その代理権の存在を基礎として広く110条の表
　　　　　見代理の成立を認めることは、夫婦別産制をそこなうおそれがある。
　　　　②　夫婦の一方が他の一方に対しその他の何らかの代理権を授与してい
　　　　　ない以上、権限外の行為の相手方である第三者において、その行為が
　　　　　当該夫婦の日常の家事に関する法律行為の範囲内に属すると信ずるに
　　　　　つき正当の理由のあるときにかぎり保護をはかれば足りる。

〈解説〉　「適用」と「趣旨類推」の相違
　　　　・適用→相手方が妻に代理権ありと過失なく信頼すれば、表見代理成立
　　　　・趣旨類推→相手方がその夫婦にとって日常家事の範囲内の行為である
　　　　　　　　　　と過失なく信じることが必要

> **設例** において、妻Bは夫Aの土地売却に関する代理権を有しておらず、ま
> た、土地の売却は、日常の家事に関する法律行為に該当しない。しかし、AB
> は互いに日常家事に関する代理権を有することから、Cは、BC間の土地売買
> 契約がABの日常家事に関する法律行為であると信じるにつき正当の理由のあ
> る場合（善意無過失）にかぎり、110条の趣旨を類推することによって保護さ
> れることになる。

重要事項 一問一答

01 婚姻の要件は（3つ）？

①婚姻意思の合致、②婚姻障害がないこと、③届出

02 婚姻意思の合致は形式的意思で足りるか？

実質的意思も必要

03 成年被後見人は成年後見人の同意なしに婚姻できるか？

成年後見人の同意なしに婚姻できる。

04 婚姻障害の具体例は（4つ）？

①婚姻適齢違反、②重婚、③再婚禁止期間違反、④近親婚

05 婚姻の取消しの効果は？

将来効

06 婚姻の身分上の効果は（4つ）？

①氏の共同、②同居・協力・扶助義務、③貞操義務、④夫婦間の契約取消権

過去問チェック（争いのあるときは、判例の見解による）

01 養子若しくはその配偶者又は養子の直系卑属若しくはその配偶者と養親又はその直系尊属との間では、離縁により親族関係が終了した後であれば、婚姻をすることができる。

×（区2020）「離縁により親族関係が終了した後であれば、婚姻をすることができる」が誤り。

02 当事者間に婚姻をする意思の合致があれば、民法上婚姻の効力が生じる。婚姻の届出は、あくまで行政関係法規に基づく義務であることから、届出の有無は、民法上の婚姻の効力には影響しない。

×（税・労・財2013）全体が誤り。

A 婚姻の成立に必要な婚姻をする意思とは、法律上の夫婦という身分関係を設定する意思で足り、当事者間に真に社会観念上夫婦であると認められる関係の設定を欲する効果意思までも要求するものではない。

×（税・労・財2013）「当事者間に真に社会観念上夫婦であると認められる関係の設定を欲する効果意思までも要求するものではない」が誤り。

B 成年被後見人が婚姻をするには、その成年後見人の同意を要するが、被保佐人が婚姻をするには、その保佐人の同意を要しない。

×（区2010）「その成年後見人の同意を要するが」が誤り。

C 配偶者のある者は、重ねて婚姻をすることができない。
○（国般2003改題）

D 直系血族又は三親等内の傍系血族の間では、婚姻をすることはできないから、養子と養方の傍系血族との間においても、三親等内であれば婚姻をすることはできない。

×（国般2003）「三親等内であれば婚姻をすることはできない」が誤り。

E 直系姻族間及び養親子間の婚姻は禁止されている。
○（税・労・財2013改題）

F 婚姻の届出は、当事者双方及び成年の証人2人以上が署名した書面又はこれ

らの者から口頭でしなければならない。

○（区2016改題）

[G] 外国に在る日本人間で婚姻をしようとするときは、その国に駐在する日本の大使、公使又は領事に、必ずその届出をしなければならないが、当該届出は、当事者双方及び成年の証人2人以上が署名した書面又はこれらの者から口頭ですることができる。

×（区2016改題）「必ずその届出をしなければならないが」「することができる」が誤り。

[H] 事実上の夫婦共同生活関係にある者が、婚姻意思に基づいて婚姻の届書を作成した場合においても、その者が届出受理当時に意思能力を失っていたのであれば、婚姻は有効に成立することはないとするのが判例である。

×（国般2003）「婚姻は有効に成立することはないとするのが判例である」が誤り。

[I] 将来婚姻することを目的に性的交渉を続けてきた者が、婚姻意思を有し、かつ、その意思に基づいて婚姻の届出を作成したときは、仮に届出が受理された当時意識を失っていたとしても、その受理前に翻意したなど特段の事情がない限り、当該届出の受理により婚姻は有効に成立する。

○（税・労・財2013）

[J] 事実上の夫婦の一方が他方の意思に基づかないで婚姻届を作成、提出した場合においても、当時両名に夫婦としての実質的生活関係が存在しており、かつ、後に他方の配偶者が届出の事実を知ってこれを追認したときは、当該婚姻は追認によりその届出の当初に遡って有効となる。

○（税・労・財2013）

[K] 婚姻をしようとする者の一方が婚姻適齢に達していない場合、その婚姻の届出が誤って受理されたときであっても、この婚姻は当然に無効である。

×（区2005）「この婚姻は当然に無効である」が誤り。

[L] 直系姻族間及び養親子間の婚姻は禁止されており、これに反して婚姻したとしても当然に無効であり、婚姻の効力は発生しない。

×（税・労・財2013）「当然に無効であり、婚姻の効力は発生しない」が誤り。

[M] 配偶者のある者は、重ねて婚姻をすることができず、これに反してなされた

婚姻は、当然に無効となる。

× (国般2003)「当然に無効となる」が誤り。

[N] 再婚禁止期間内にした婚姻は、女が再婚後に出産したときは、その取消しを請求することができない。

○ (税・労・財2020)

[O] 婚姻が詐欺によってなされた場合、その婚姻は取り消し得るものとなるが、婚姻が強迫によってなされた場合、その婚姻は無効である。

× (税・労・財2016)「その婚姻は無効である」が誤り。

[P] 詐欺又は強迫によって婚姻をした者は、その婚姻の取消しを家庭裁判所に請求することができるが、その取消権は、当事者が詐欺を発見し、若しくは強迫を免れた後3か月を経過し、又は追認をしたときは、消滅する。

○ (区2016)

[Q] 詐欺又は強迫による婚姻が裁判所で取り消された場合、その婚姻の効果は、始めから生じなかったものとして扱われる。

× (区2005)「始めから生じなかったものとして扱われる」が誤り。

[R] 夫婦の一方の死亡後に婚姻が取り消されたときは、婚姻は当該死亡時に取り消されたものとされると一般に解されている。

○ (税・労・財2018)

[S] 婚姻の時においてその取消しの原因があることを知っていた当事者は、婚姻によって得た利益の全部を返還しなければならず、この場合において、相手方が善意であったときは、これに対して損害を賠償する責任を負う。

○ (区2020)

[T] 姻族関係は、離婚、婚姻の取消し及び夫婦の一方の死亡により当然に終了する。

× (国般2017改題)「及び夫婦の一方の死亡」が誤り。

[U] 婚姻中、夫婦の一方が、正当な理由なくして同居義務を履行しない場合には、他方は、同居を命ずる審判を求めることができ、同居を命ずる審判が下される

と、当該義務が強制履行される。

×（税・労・財2018）「当該義務が強制履行される」が誤り。

[V] 夫婦関係が破たんに瀕している場合になされた夫婦間の贈与契約であっても、権利の濫用に当たらない限り、これを取り消すことができるとするのが判例である。

×（税・労・財2018）「権利の濫用に当たらない限り、これを取り消すことができるとするのが判例である」が誤り。

[W] 夫婦が法定財産制と異なる契約をしたときは、婚姻の届出の前後にかかわらずその旨の登記をすれば、これを夫婦の承継人及び第三者に対抗することができる。

×（税・労・財2018）「婚姻の届出の前後にかかわらずその旨の登記をすれば」が誤り。

[X] 夫婦の一方が婚姻前から有する財産は、その特有財産とするが、婚姻中自己の名で得た財産及び夫婦のいずれに属するか明らかでない財産は、その共有に属するものと推定する。

×（区2016）「婚姻中自己の名で得た財産及び」が誤り。

[Y] 夫婦の一方が日常の家事に関して第三者と法律行為をしたときは、他の一方は、これによって生じた債務について、連帯責任を負わないが、第三者に対し責任を負う旨を予告した場合は、この限りでない。

×（区2010）「連帯責任を負わないが」「第三者に対し責任を負う」が誤り。

[Z] 夫婦の一方が日常の家事に関する代理権の範囲外の法律行為を行った場合、相手方である第三者において、当該行為が当該夫婦の日常の家事に関する法律行為の範囲内に属すると信じるにつき正当な理由がある場合に限り、日常の家事に関する代理権を基本代理権として民法第110条の規定を直接適用することにより、他の一方も責任を負う。

×（税・労・財2015）「日常の家事に関する代理権を基本代理権として民法第110条の規定を直接適用することにより、他の一方も責任を負う」が誤り。

親族③―婚姻の解消・内縁

本節では、婚姻の解消がどのような要件で成立するのか、また解消によってどのような効果が発生するのかについて扱います。

① 婚姻の解消

　婚姻の解消とは、一旦有効に生じた婚姻の効果について、婚姻後に生じた事由に基づいて、**将来に向かって消滅**させることをいう。離婚によるものと、当事者の死亡によるものがある。

1 ▷ 離婚の種類

① 協議離婚（協議上の離婚）

　当事者の協議による離婚(763条)であり、合意が前提となる。

② 調停離婚

　家庭裁判所の調停による離婚である(家事事件手続法244条)。離婚に関する事件は、裁判の前に調停が行われる(**調停前置主義**)(同法257条)。

③ 審判離婚

　家事事件手続法に基づいて家庭裁判所の審判により成立する離婚である(家事事件手続法284条)。

④ 裁判離婚（裁判上の離婚）

　裁判所の判決による離婚である(770条)。

2 ▷ 協議離婚

① 要件
（ア）離婚意思の存在 (763条)

　意義　離婚意思とは、婚姻意思と異なり、法律上の**婚姻関係を解消する合意**(離婚の届出に向けられた意思)で足りる(**形式的意思説**)。

　したがって、債権者の強制執行を免れる目的・氏変更の目的・生活扶助を受ける

目的の場合でも、離婚は無効とならない(最判昭38.11.28等)。

そして、離婚意思は、離婚届の**作成時**と**提出時**の両方の時点で必要である。

合意により協議離婚届書を作成した一方の当事者が、届出を相手方に委託した後、協議離婚を翻意し、翻意を市役所戸籍係員に表示しており、相手方によって届出がなされた当時、離婚の意思を有しないことが明確であるときは、協議離婚届出が無効である(最判昭34.8.7)。

(イ) 届出 📝発展

婚姻のときと同様に**届出**が必要である(764条、739条)。すなわち、**当事者双方及び成年の証人2人以上が署名した書面**で、又はこれらの者から**口頭**で、しなければならない(739条2項)。 A

離婚の届出は、その離婚が739条2項の規定及び819条1項の規定(父母の一方を親権者と定める)その他の法令の規定に違反しないことを認めた後でなければ、**受理**することができない(765条1項)。

しかし、離婚の届出が765条1項の規定に違反して受理された(ex.親権者の記載を欠いているのに受理された)ときであっても、離婚は、そのためにその**効力を妨げられない**(765条2項)。 A B

② 協議離婚の取消し

(ア) 取消原因

詐欺又は強迫によって離婚をした者は、その**離婚の取消し**を家庭裁判所に請求することができる(764条、747条1項)。

もっとも、詐欺を発見し、若しくは強迫を免れた後**3か月を経過**し、又は**追認**をしたときは、取り消すことはできない(764条、747条2項)。

(イ) 取消しの効果 📝発展

協議離婚の取消しの効果は、婚姻取消しの場合と異なり、**離婚届出時に遡る**。したがって、婚姻は当初から継続していたことになる。 C

> **理由** 準用規定である764条が、婚姻取消しの将来効を規定した748条を準用していないので、取消しの遡及効の原則(121条)が適用される。

③ 協議離婚の効果

(ア) 婚姻の解消

婚姻は、離婚により解消される。

（イ）姻族関係の消滅

姻族関係は、**離婚**によって**終了**する（728条1項）。

（ウ）子の監護

⑦ 協議による定め

父母が協議上の離婚をするときは、子の監護をすべき者（監護者）、父または母と子との面会及びその他の交流、子の監護に要する費用の分担その他の**子の監護**について必要な事項は、その**協議**で定める。この場合においては、子の利益を最も優先して考慮しなければならない（766条1項）。

④ 家庭裁判所による定め

協議が調わないとき、または協議をすることができないときは、**家庭裁判所が、必要な事項を定める**（766条2項）。

⑤ 家庭裁判所による既存の定めの変更と相当な処分の命令

家庭裁判所は、必要があると認めるときは、**必要な事項の定めを変更**し、その他子の監護について**相当な処分を命ずる**ことができる（766条3項）。

〈解説〉　親権者は、原則として、子に対する**身上監護権**と**財産管理権**を有している（詳細は本章 **5** 節「親族⑤―親権」で扱う）。親権者がいる場合、親権者が身上監護権を有するので、通常、監護者は設けられない。しかし、離婚の際などで、親権者とは別に身上監護権を有する者を置くべき必要がある場合、監護者が設けられる場合がある。

（エ）親権者の決定（819条）🖋発展

①親権に服する子がいる場合	父母の**協議**で※1 **その一方を親権者と定めなければならない**※2（1項）　D
②子の出生前に離婚した場合	**母が親権者**となる。ただし、子の出生後に、父母の協議で※1 父を親権者と定めることができる（3項）
③父が認知した子がいる場合	父母の協議で※1 父を親権者と定めたときに限り、父が親権を行う（4項）

※1 協議が調わないとき、または協議ができないときは、父または母の請求により**家庭裁判所が協議に代わる審判**をすることができる（5項）。

※2 裁判離婚の場合には、父母の協議によらず、裁判所が父母の一方を親権者と定める（2項）。

（オ）離婚による復氏

原則　婚姻によって氏を改めた夫または妻は、協議離婚によって**婚姻前の氏に復する**（767条1項）。　01

例外　**離婚の日から3か月以内**に戸籍法の定めるところにより届け出れば、離婚の際に称していた氏（婚姻中の氏）を称することができる（767条2項）。
01

【復氏・姻族関係の終了】

	離婚	死別
復氏	**原則** 当然復氏する(767条1項) **例外** 3か月以内に届出をすれば、婚姻中の氏を称することができる(767条2項)	復氏しない (復氏するには、生存配偶者から意思表示が必要)(751条1項)
姻族関係	当然終了(728条1項)	終了しない (終了するには、生存配偶者からの意思表示が必要)(728条2項)

(カ) 財産分与 🖊発展

意義 財産分与とは、離婚をした者の**一方**が他方に対して財産の**分与を請求**することができる制度である。離婚・婚姻の取消しの場合に認められる(749条、768条)。内縁にも準用される。

趣旨 夫婦が婚姻中に有していた実質上共同の財産を清算分配し、かつ、離婚後における一方の当事者の生計の維持をはかることを目的とする(最判昭46.7.23)。 **E**

⑦ 財産分与の請求

　協議離婚をした者の一方は、相手方に対して**財産分与を請求**することができる(768条1項)。この請求について期間制限はない。 **F**

④ 家庭裁判所の協議に代わる処分

　この財産分与についても、**協議**により決するが、協議が調わないとき、または協議ができないときは、当事者の請求により**家庭裁判所が協議に代わる処分**をする(768条2項本文)。

　もっとも、**離婚の時から2年を経過**したときは、この請求をすることはできない(768条2項ただし書)。

⑨ 財産分与と損害賠償

　分与の請求の相手方が離婚についての**有責の配偶者**であって、その有責行為により離婚に至らしめたことにつき請求者の被った精神的損害を賠償すべき義務を負うと認められるときには、その損害賠償(離婚による慰謝料)のための**給付をも含めて財産分与の額および方法を定める**こともできる(最判昭46.7.23)。 **E**

理由 裁判所が財産分与を命ずるかどうかならびに分与の額および方法を定めるについては、当事者双方における一切の事情を考慮すべきである。

3 裁判離婚

① 裁判上の離婚原因 ✍発展

裁判上の離婚原因は以下のとおりである(770条1項)。

【裁判上の離婚原因】

種類	裁判上の離婚原因
具体的離婚原因 **(1号〜4号)**	① 不貞行為(配偶者以外との肉体関係)
	② 悪意の遺棄(同居・協力・扶助の義務を履行しない)
	③ 生死が3年以上不明 **G**
	④ 強度の精神病で回復の見込みがない
抽象的離婚原因 **(5号)**	⑤ 婚姻を継続し難い重大な事由(虐待、重大な侮辱、性交不能、性交拒否、著しい性格の不一致等)

　判例は有責配偶者からの離婚請求を否定していたが、一定の要件の下で有責配偶者からの離婚請求を肯定するようになった(判例変更)。すなわち、有責配偶者からされた離婚請求であっても、夫婦がその年齢および同居期間と対比して**相当の長期間別居**し、その間に**未成熟子がいない**場合には、相手方配偶者が離婚によって精神的・社会的・経済的に極めて苛酷な状態におかれる等離婚請求を認容することが著しく社会正義に反するといえるような特段の事情のない限り、有責配偶者からの請求であるとの一事をもって許されないとすることはできないとした(最大判昭62.9.2)。

② 裁判所の裁量権 ✍発展

　裁判所は、前表の①〜④の離婚原因があるときでも、**一切の事情を考慮して婚姻の継続を相当と認めるときは、離婚の請求を棄却**することができる(770条2項)。**H**

③ 子の取扱い

　離婚する夫婦に親権に服する子がいる場合には、裁判所は、**父母の一方を親権者**と定める(819条2項)。

④ 協議離婚の規定の準用

　子の監護者の決定(766条)、離婚による復氏(767条)、離婚による財産分与の請求(768条)に関する規定等は、裁判離婚にも準用される(771条)。

4 当事者の死亡

夫婦の一方が死亡した場合、婚姻が解消される。

2 内縁・婚約 / 発展

1 内縁

意義 内縁とは、実質的に夫婦関係にあり、婚姻意思を有しながら、**届出をし
ていないもの**をいう。

2 婚約

意義 婚約とは、将来婚姻をする旨約束したものをいう。

3 婚姻予約

判例は、内縁と婚約とを、いずれも「婚姻予約」と称し、ある程度共通の扱いをし
ている。

内縁の不当破棄は、婚姻予約の不履行と構成するが(**婚姻予約理論**)、さらに内縁
を一種の準婚関係と見て、不法行為として損害賠償責任を生ぜしめるとする(**準婚
理論**)(最判昭33.4.11)。

4 内縁に特有の問題

内縁関係は、社会的・実質的には夫婦と同一の生活共同体を形成している。そこ
でできるかぎり婚姻の規定を類推し、内縁関係を法的に保護する方法が取られてい
る。

① 類推適用が否定されるもの

戸籍と結びつく婚姻の効果である夫婦の氏(750条)、嫡出推定(772条)、相続権
(896条)等については、類推適用が否定される。

② 類推適用が肯定されるもの

共同生活に基づく効果である同居協力扶助義務(752条)、婚姻費用分担義務(760
条)(最判昭3.4.11)、日常家事債務の連帯責任(761条)、別産制(762条)、財産分与
(768条)等については、類推適用が肯定される。

ただし、内縁の一方当事者が死亡した場合は、財産分与の規定の類推は否定され

る（最決平12.3.10）。 I

5 借家権と内縁

① 死亡配偶者に相続人がいない場合

死亡配偶者に相続人がいない場合、家屋賃借人の内縁配偶者は、賃借権を当然に承継する（借地借家法36条）。

② 死亡配偶者に相続人がいる場合

死亡配偶者に相続人がいる場合、家屋賃借人の内縁配偶者は、**相続人の承継した賃借権を援用**して、賃貸人からの明渡請求を拒絶することができる J 。もっとも、内縁配偶者が相続人と並んで家屋の共同賃借人となるものではないから、**内縁配偶者は賃料支払債務を負わない**（最判昭42.2.21）。 K

6 特別縁故者に対する相続財産の分与

特別縁故者に対する相続財産の分与の要件を充足すれば（958条の2）、相続財産の全部もしくは一部の分与を受ける余地がある。特別縁故者に対する相続財産の分与については、本章 **9** 節「相続②─相続人が数人ある場合」で扱う。

▌重要事項 一問一答

01 離婚の要件は（2つ）？

①離婚意思の合致、②届出

02 離婚意思の合致は形式的意思で足りるか？

形式的意思で足りる。

03 裁判上の具体的離婚原因は（4つ）？

①不貞行為、②悪意の遺棄、③3年以上の生死不明、④回復の見込みのない強度の精神病

04 離婚の場合、復氏するか？

当然に復氏。なお、3か月以内に届出をすれば、婚姻中の氏を称することができる。

05 離婚の場合、姻族関係は終了するか？

当然に終了

▌過去問チェック（争いのあるときは、判例の見解による）

01 婚姻によって氏を改めた夫又は妻は、協議上の離婚によって婚姻前の氏に復するが、いつでも戸籍法の定めるところにより届け出ることによって、離婚の際に

称していた氏を称することができる。

×（税・労・財2015）「いつでも戸籍法の定めるところにより届け出ることによって」が誤り。

A 離婚の届出は、当事者双方及び成年の証人２人以上が署名した書面で、又はこれらの者から口頭でしなければならず、この規定に違反して当該届出が受理されたときは、離婚の効力を生じない。

×（区2020）「離婚の効力を生じない」が誤り。

B 未成年の子のいる夫婦が協議上の離婚をするときに、父母の一方を子の親権者とする旨の記載のない離婚届が受理された場合には、当該離婚は無効である。

×（区2007改題）「当該離婚は無効である」が誤り。

C 詐欺又は強迫による離婚は、取り消すことができるが、その取消しの効果は、婚姻の取消しと異なり、届出の時に遡及しない。

×（区2007改題）「届出の時に遡及しない」が誤り。

D 未成年の子のいる夫婦が協議上の離婚をするときは、父母の一方を子の親権者と定めなければならない。

○（区2007改題）

E 離婚における財産分与は、夫婦が婚姻中に有していた実質上共同の財産を清算分配し、かつ、離婚後における一方の当事者の生計の維持を図ることを目的とするものであるから、財産分与の請求に離婚による慰謝料を含めることはできないとするのが判例である。

×（税・労・財2016）「財産分与の請求に離婚による慰謝料を含めることはできないとするのが判例である」が誤り。

F 協議上の離婚をした者の一方は、離婚の時から１年以内に限り、相手方に対して財産の分与を請求することができる。

×（税・労・財2020）「離婚の時から１年以内に限り」が誤り。

G 夫婦の一方は、配偶者の生死が３年以上明らかでないときは、離婚の訴えを提起することができる。

○（区2007改題）

H 裁判所は、民法第770条第1項第1号から第4号までに規定する具体的離婚原因の事由を認定した場合には、離婚の請求を認めなければならない。

× (税・労・財2018)「離婚の請求を認めなければならない」が誤り。

I 内縁の夫婦の一方の死亡により内縁関係が解消した場合には、法律上の夫婦の離婚に伴う財産分与に関する民法第768条の規定を類推適用することはできず、生存する内縁配偶者は、死亡した内縁配偶者の相続人に対して財産分与を請求することができないとするのが判例である。

○ (税・労・財2016)

J 借家権は、財産権の一種であるが、相続人が居住しておらず、内縁の配偶者や事実上の養子といった居住者がいるなどの特段の事情がある場合には、居住していない相続人よりも居住者を保護すべきであるから、相続の対象とならない。

× (国般2004)「相続の対象とならない」が誤り。

K BがAから甲建物を賃借し、内縁の妻であるCと共に居住していた。その後Bが死亡した場合、Cは、Bの唯一の相続人であるDの相続承継した甲建物の賃借権を援用してAに対して甲建物に居住する権利を主張することができるが、Aに対して甲建物の賃料支払義務を負わない。

○ (裁2005)

4 親族④—親子

本節では、親子を扱います。ここではどのような場合に嫡出子とされるのか、また親子関係を切断する方法には何があるか、その他普通養子と特別養子の異同を扱います。

① 親子関係の種類

親子関係は、以下のような種類がある。

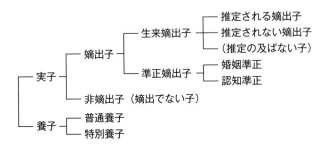

【親子関係の種類】

② 実子 (じっし)

1 意義

意義 実子とは、出生を起因として、**血縁関係上も親子**である者が**法律上も親子**と認められる**自然血族**である。

2 嫡出子 (ちゃくしゅつし)

① 嫡出子 (生来嫡出子) (せいらい)

意義 嫡出子(生来嫡出子)とは、婚姻関係にある男女間に生まれた子をいう。

【嫡出子の種類】

嫡出子の種類	要　件
推定される嫡出子	①　妻が婚姻中に懐胎した子 ②　婚姻成立の日から200日後、又は婚姻解消・取消しの日から300日以内に生まれた子
推定されない嫡出子	婚姻成立の日から200日以内に生まれた子
推定の及ばない（嫡出）子	妻が夫によって懐胎することが不可能な事実がある場合の子

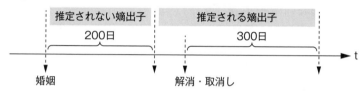

（ア）推定される嫡出子

意義　推定される嫡出子とは、①妻が婚姻中に懐胎した子、②婚姻成立の日から200日後、または婚姻解消・取消しの日から300日以内に生まれた子のことをいう。

　嫡出子とされるためには、婚姻関係にある夫婦の実子であることが必要である。ところが、一般に母子関係の存在は分娩によって明らかであるが、父子関係の存在は明らかとはいえない。そこで、民法は、①婚姻中に妻が懐胎した子については、夫との父子関係が推定されるものとした（772条1項）。

　しかし、子を懐胎した日も通常は不明確である。そこで、民法はさらに、②婚姻の成立の日から200日を経過した後、または婚姻の解消もしくは取消しの日から300日以内に生まれた子については、婚姻中に懐胎したものと推定することとした（772条2項）。以上から、上表①または②の期間内に出生した子が推定される嫡出子となる。

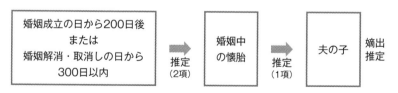

【772条の構造】

（イ）推定されない嫡出子

意義　推定されない嫡出子とは、婚姻成立の日から200日以内に生まれた子で、

772条の推定を受けないが、嫡出子たる身分を有する子をいう。

772条を形式的に適用すれば、非嫡出子となるはずであるが、婚姻届出に先立って内縁関係が存在する場合、実状にそぐわないことから、判例により認められた。すなわち、**内縁中に懐胎**し、適法に**婚姻した後に出生**した子は、婚姻届出と出生との間に200日の期間がなくても、**出生と同時に当然に嫡出子**（推定されない嫡出子）たる身分を有するとした（大連判昭15.1.23）。**01**

もっとも、実質審査権のない戸籍実務では、内縁が婚姻届出に先行するか否かにかかわらず、**婚姻届出後に出生**した子は、すべて**嫡出子**（推定されない嫡出子）として扱う。

（ウ）推定の及ばない（嫡出）子 〔発展〕

意義 **推定の及ばない（嫡出）子**とは、妻が婚姻中に懐胎した場合であっても、夫によって懐胎することが不可能な事実があるために、嫡出推定を受ける前提を欠いている嫡出子のことをいう（最判昭44.5.29、最判平26.7.17）。**A**

（例）夫が行方不明である、夫が海外単身赴任中のために夫婦が遠隔地に居住している、事実上離婚状態で夫婦関係が断絶している等

② 父子関係を切断する方法

父子関係を否定するには、子の種類に応じて、以下の方法による。

【父子関係を切断する方法】

子の種類	父子関係切断の方法
推定される嫡出子	嫡出否認の訴え（775条）
推定されない嫡出子	親子（父子）関係不存在確認の訴え（大判昭15.9.20）**01**
推定の及ばない（嫡出）子	〔発展〕親子関係不存在確認の訴え（最判平26.7.17）**A**
推定が重複する場合	父を定める訴え（773条）

③ 嫡出推定が重複する場合

> **設例**　B男と婚姻関係にあったA女は、B男と離婚した50日後にC男と再
> 婚した。本来はこのような再婚は733条1項に反するため、婚姻届が受理され
> ないはずであるが、戸籍事務管掌者が誤って受理してしまった。その後、前
> 婚の離婚から250日後にA女は子を出産した。

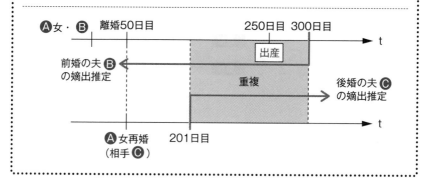

　設例のように、再婚禁止期間の規定(733条1項)に違反した再婚の婚姻届が誤っ
て受理された場合には、生まれた子に対して前婚の夫の嫡出推定と後婚の夫の嫡出
推定とが重複する。また、重婚関係が生じた場合にも同様の状況が生じる。

　このような場合には、**父を定める訴え**によって裁判所が父を定める(773条)。

④ 各種訴えの異同 *発展*

【親子関係の各種訴え】

	嫡出否認の訴え (775条)	親子関係不存在確認の訴え	父を定める訴え (773条)
提訴権者	夫(774条)※1 B	確認の利益がある者ならば誰でも訴えを提起できる※3	子、母、母の配偶者、母の前配偶者（人事訴訟法43条1項）
訴えの相手方	子、親権を行う母、親権を行う母がいないときは特別代理人(775条) C	**原則** 父母双方と子が訴訟当事者(大判昭4.9.25) **例外** 父母の両者または子のいずれか一方が死亡した場合、生存する一方は検察官を相手方としうる(最大判昭45.7.15)	母の配偶者、母の前配偶者等（人事訴訟法43条2項）
提訴期間	子の出生を知った時から1年以内(777条) D	—	—
提訴権の消滅	嫡出性の承認(776条)※2	—	—

※1 夫が子の出生前又は提訴期間内に嫡出否認の訴えを提起せずに死亡した場合、その子のために相続権を害される者その他夫の三親等内の血族は、夫の死亡の日から1年以内に限り、嫡出否認の訴えを提起できる（人事訴訟法41条）。

※2 父には出生届をする義務があるので（戸籍法52条1項、53条）、命名したことや出生届を出したことは、嫡出性の承認にはならない。 E

※3 嫡出否認の訴えの提起期間の経過後は、夫と妻との婚姻関係が終了してその家庭が崩壊しているとの事情が存在することの一事をもって、夫が、772条により嫡出推定を受ける子に対して、親子関係不存在確認の訴えを提起することは許されない（最判平12.3.14）。 F

⑤ 準正

意義 準正とは、父母の婚姻を原因として、**非嫡出子が嫡出子になる制度**をいう。

趣旨 婚外子の保護を図る規定である。

（ア）婚姻準正

意義 婚姻準正とは、父が認知した子が、その父母の婚姻によって嫡出子の身分を取得することである(789条1項)。

（イ）認知準正

意義 認知準正とは、父母の婚姻中に認知した子が、その認知の時から、嫡出子の身分を取得することである(789条2項)。

（ウ）子がすでに死亡している場合

　子がすでに死亡している場合にも、789条1項・2項が準用される(789条3項)。

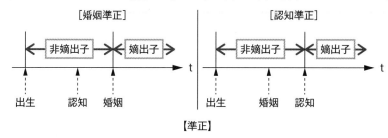

【準正】

3 ▷ 非嫡出子 /発展

　意義　非嫡出子とは、婚姻関係にない男女間に生まれた子をいう。

① 非嫡出母子関係

　母と非嫡出子間の親子関係は、原則として母の認知をまたず、**分娩の事実**により当然発生する(最判昭37.4.27)。 G

② 非嫡出父子関係

　認知(任意認知・強制認知)によって発生する。 H

4 ▷ 任意認知と強制認知

① 任意認知

　意義　任意認知とは、自己の子と承認する意思表示を父又は母が進んでする場合をいう(多数説)。

（ア）要件

㋐　認知能力

　認知をするには、父又は母が未成年者又は成年被後見人であるときであっても、その**法定代理人の同意を要しない**(780条)。 02

　趣旨　認知をする者に認知能力が必要となるが、単独で法律行為をする能力(行為能力)までは必要なく、**意思能力があれば足りる**。

㋑　認知される者の承諾 /発展

　原則として、認知される者の承諾は不要であるが、以下の場合には承諾が必要である。

【認知される者の承諾】

①成年者を認知する場合	その者の承諾(782条) I
②胎児を認知する場合	母の承諾(783条1項) J
③死亡した子を認知する場合	その直系卑属がいる場合に限り認知できるが、その直系卑属が成年者であるときには、その者の承諾(783条2項) K

(イ) 方式

⑦ 届出による認知

　戸籍法の定めるところにより届け出ることによって認知する(**要式行為**)(781条1項、戸籍法60条、61条)。認知の効力はこの**届出の時**に生じる(**創設的届出**)。

④ 遺言による認知

　遺言によって認知する場合(781条2項)には、遺言の発効と同時に認知の効力が生じる。

⑦ 虚偽の出生届

　父が非嫡出子を嫡出子として出生届をした場合(虚偽の出生届)、嫡出子の出生届としては無効であるが、これが受理された場合には**認知届としての効力**を認められる(最判昭53.2.24)。 [03]

　理由　出生した子が自己の子であることを、父として承認する意思の表示が含まれているから。

② 強制認知 (認知の訴え)

　意義　強制認知とは、子などから父に対して認知を強制すること(認知の訴え)をいう。

(ア) 訴えの性質

　認知によって親子関係を形成するもの(形成訴訟)と解されている(最判昭29.4.30、通説)。

(イ) 訴えの当事者

　・原告…子、その直系卑属、またはこれらの者の法定代理人(787条本文)
　・被告…父又は母、その者の死亡後は検察官(人事訴訟法42条1項)

(ウ) 出訴期間

　父又は母の死亡の日から3年経過すると訴えの提起はできなくなる(787条ただし書)。

(エ) 認知請求権の放棄 /発展

　子の父に対する認知請求権は、その身分法上の権利としての性質や、これを認めた民法の法意(非嫡出子の保護)に照らし、**放棄することができない**(最判昭37.4.10)

$\boxed{\text{L}}$。したがって、認知請求権を放棄する旨の契約は無効である。

③ 認知の効果

　認知があると親子関係が生じ、親子関係に認められるすべての効果が発生する。この効果は**出生時に遡って発生**する（784条本文）。ただし、第三者の権利を害することはできない（784条ただし書）。

（ア）親権者

| 原則 | **母**（819条4項参照） |

| 例外 | 父母の協議または家庭裁判所の審判により、**父を親権者**とすることができる（819条4項、5項）。 |

（イ）氏と戸籍

　認知は戸籍に直接の影響を与えない。

| 原則 | 母の氏（790条2項）、母の戸籍 |

| 例外 | 家庭裁判所の許可を得て父の氏への変更ができ、その場合には父の戸籍に入ることになる（791条1項）。 |

（ウ）取消しの禁止

　認知をした父又は母は、その認知を取り消すことができない（785条）。

④ 認知の無効

　子その他の利害関係人は、認知に対して**反対の事実を主張**することができる（786条）。

/**発展** 認知者は、786条に規定する利害関係人に当たり、血縁上の父子関係がないことを知りながら認知をした場合でも、**認知の無効を主張**することができる（最判平26.1.14）。$\boxed{\text{M}}$

| 理由 | 血縁上の父子関係がないにもかかわらずされた認知は無効というべきであり、自らの意思で認知したことを重視して認知者自身による無効の主張を一切許さないと解することは相当でない。 |

　認知者の意思に基づかない届出による認知は、認知者と被認知者との間に親子関係があるときであっても無効である（最判昭52.2.14）。

③ 養子

1 意義

| 意義 | **養子**とは、**縁組を起因**として、血縁関係にない者の間に**親子関係をつく** |

りだす**法定血族**である。

〈**語句**〉●縁組とは、一般的には、夫婦や養子などの**関係を結ぶ**ことをいう。養子縁組では、親子ではない者が法律上親子の関係を結ぶことをいう。

2 普通養子

意義 　普通養子とは、養親およびその血族との親族関係のほかに、実方の父母及びその血族との親族関係を**併存させる養子制度**をいう。

① 養子の要件

尊属または**年長者**は、これを養子とすることができない（793条）。

② 養親の要件 ✐**発展**

20歳に達した者は、養子をすることができる（792条）。すなわち、養親となる者は20歳に達していなければならない。 [N/予]

③ 成立要件

（ア）基本的な成立要件

縁組をする当事者の合意と届出が必要となる（802条）。

（イ）未成年者を養子とする場合

原則 　未成年者を養子とするには、**家庭裁判所の許可**を得なければならない（798条本文）。

趣旨 　養子となる未成年者の福祉に反する縁組を未然に防止するため。

例外 　自己又は配偶者の直系卑属を養子とする場合は、家庭裁判所の許可は不要となる（798条ただし書）。（例）自分の孫を養子とする場合

（ウ）未成年後見人が未成年被後見人を養子とする場合

未成年後見人が未成年被後見人を養子とするには、**家庭裁判所の許可**を得なければならない（794条）。

④ 法定代理人の同意

養子となる者が**15歳未満**であるときは、その**法定代理人**が、これに代わって、**縁組の承諾**をすることができる（代諾縁組）（797条1項）。

趣旨 　15歳未満の者を縁組の意思能力が無い者として、常に法定代理人が代わって縁組の同意をすることで、その者の保護を図る。

法定代理人が縁組の承諾をするには、養子となる者の父母でその監護をすべき者であるものが他にあるときは、その同意を得なければならない（797条2項前段）。ま

た、養子となる者の父母で親権を停止されているものがあるときも、その同意を得なければならない(797条2項後段)。

⑤ 配偶者のある者の縁組
(ア) 配偶者のある者が未成年者を養子とする場合

原則　配偶者のある者が未成年者を養子とするには、**配偶者とともにしなけれ**ばならない(795条本文)。

　趣旨　未成年者を養子とする縁組は、未成年者の監護養育が中心となることから、父母双方が存在することが望ましいから。

例外　配偶者の嫡出である子を養子とする場合又は配偶者がその意思を表示することができない場合は、この限りでない(795条ただし書)。

　発展　夫婦が共同して養子縁組をするものとして届出がされたところ、その一方に縁組をする意思がなかった場合には、原則として、縁組の意思のある他方の配偶者についても縁組は無効であるが、その他方と縁組の相手方との間に単独でも親子関係を成立させることが795条本文の趣旨にもとるものではないと認められる特段の事情がある場合には、**縁組の意思を欠く当事者の縁組のみを無効とし、縁組の意思を有する他方の配偶者と相手方との間の縁組は有効に成立したものと認めること**を妨げない(最判昭48.4.12)。　〔O〕

(イ) 配偶者のある者が成年者を養子とする場合

原則　配偶者のある者が縁組をするには、その**配偶者の同意を得なければならない**(必要的同意縁組)(796条本文)。

　趣旨　縁組が成立すると、相続、扶養等の点で、配偶者にも影響が及ぶから。

例外　配偶者とともに縁組をする場合又は配偶者がその意思を表示することができない場合は、同意は不要である(796条ただし書)。

⑥ 戸籍
養子であることが戸籍上明記される。

⑦ 縁組の効果
(ア) 嫡出子の身分
養子は、縁組の日から、**養親の嫡出子の身分**を取得する(809条)。　〔04〕

(イ) 法定血族関係の発生
養子と養親及びその血族との間においては、養子縁組の日から、**血族間におけるのと同一の親族関係(法定血族関係)を生ずる**(727条)。養子の血族と養親との間に関しては同様の規定が置かれていないため、**養子縁組以前に存在した養子の血族と**

養親との間には法定血族関係は生じない(大判昭7.5.11)。 04

📝**発展** 他人の子を実子として届け出た者の代諾による養子縁組も、養子が満15年に達した後これを有効に追認することができる(最判昭27.10.3)。 P

(ウ) 養子の氏

養子は、**養親の氏**を称する。ただし、婚姻によって氏を改めた者については、婚姻の際に定めた氏を称すべき間は、この限りでない(810条)。

(エ) 養子の親権

未成年の子は**養親の親権**に服する(818条2項)。

(オ) 実方との親族関係も存続

実方・養方双方について相続・扶養の権利義務が生じる。

⑧ 離縁

(ア) 離縁の方法

当事者の協議による離縁(811条)、裁判上の離縁(814条)がある。

(イ) 離縁と親族関係

養子の側(養子及びその配偶者並びに養子の直系卑属及びその配偶者)と養親の側(養親及びその血族)との親族関係は、**離縁によって終了**する(729条)。

(ウ) 養子や養親の死亡と親族関係 📝**発展**

養子や養親の死亡によっては親族関係が終了しない。 Q

3 特別養子

意義 特別養子とは、実方の父母およびその血族との親族関係を断絶させ、養親およびその血族との親族関係のみの下に入る養子制度である。これは主として子の福祉の観点から昭和62年に制度化されたものである。

① 養子の要件

原則 ①特別養子縁組の請求時に**15歳未満**であること、②特別養子縁組が**成立するまでに18歳未満**であること(817条の5第1項) 05

例外 15歳に達する前から引き続き養親となる者に監護されている場合において、15歳に達するまでに特別養子縁組の請求がされなかったことについてやむを得ない事由があるときは、①は適用しない(817条の5第2項)。

養子となる者が**15歳に達している場合**においては、特別養子縁組の成立には、その者の**同意**がなければならない(817条の5第3項)。

② 養親の要件

原則 25歳以上の配偶者のある者(817条の3第1項、817条の4本文) `06`

例外 夫婦の一方が25歳以上であれば、他方は20歳以上であればよい(817条の4ただし書)。`07`

> **趣旨** 離縁が困難な縁組であることから、親としてより安定していることを求めた。

③ 成立要件

(ア) 手続的要件

養親となる者の請求(特別養子縁組の請求)により、家庭裁判所の審判によって成立する(817条の2第1項)。`08` `09`

(イ) 実質的要件

特別養子縁組は、父母による養子となる者の監護が著しく困難又は不適当であることその他特別の事情がある場合において、子の利益のため特に必要があると認めるときに、これを成立させるものとする(817条の7)。

趣旨 特別養子縁組の実質的な成立要件を規定した。

④ 試験養育

原則 養親となる者が養子となる者を6か月以上の期間監護した状況を考慮しなければならない(817条の8第1項)。6か月の期間は、特別養子縁組の請求の時から起算する(817条の8第2項本文)。

> **趣旨** 養親の適格性や養親子間の適合性を判断するためである。

例外 特別養子縁組の請求前の監護の状況が明らかであるときは、この限りでない(817条の8第2項ただし書)。

なお、試験養育は特別養子にのみ求められる要件であり、普通養子においては要件とされていない(規定がない)。

⑤ 父母の同意

原則 養子となる者の父母の同意がなければならない(817条の6本文)。

> **趣旨** 特別養子縁組の成立によって、親子関係は終了することから、父母の同意を要件とした。

例外 父母がその意思を表示することができない場合、又は父母による虐待、悪意の遺棄その他養子となる者の利益を著しく害する事由がある場合は、父母の同意は不要である(817条の6ただし書)。`10`

⑥ 配偶者のある者の単独縁組

原則 夫婦の一方は、他の一方が養親とならないときは、養親となることができない(817条の3第2項本文)。

例外 夫婦の一方が他の一方の嫡出である子(特別養子縁組以外の縁組による養子を除く)の養親となる場合は、単独で養親となることができる(817条の3第2項ただし書)。

⑦ 戸籍

養子の続柄が「養子」ではなく、「長男」「長女」のように**実子と同様の記載**がなされる。ただし、縁組がされた事実は記載される。

⑧ 縁組の効果

(ア) 嫡出子の身分

養子は、縁組の日から、**養親の嫡出子の身分**を取得する(809条)。

(イ) 法定血族関係の発生

養子と養親及びその血族との間に、**縁組の日から、法定血族関係が発生**する(727条)。

(ウ) 養子の氏

養子は、養親の氏を称する(810条本文)。ただし、婚姻によって氏を改めた者については、婚姻の際に定めた氏を称すべき間は、この限りでない(810条ただし書)。

(エ) 養子の親権

未成年の子は、養親の親権に服する(818条2項)。

(オ) 養子と実方の父母及びその血族との親族関係

原則 **養子と実方の父母及びその血族との親族関係**は、特別養子縁組によって**終了**する(817条の9本文)。 11

例外 817条の3第2項ただし書に規定する(夫婦の一方が他の一方の嫡出である子《特別養子縁組以外の縁組による養子を除く》の養親となる場合の)他の一方及びその血族との親族関係については、終了しない(817条の9ただし書)。

⑨ 離縁

原則 離縁をすることは**できない**(817条の10第2項)。

例外 以下の①②に該当する場合で、**養子の利益のため特に必要がある**と認めるときは、家庭裁判所は、**養子、実父母又は検察官**の請求により、特別養子縁組の当事者を離縁させることができる(817条の10第1項)。 12

① 養親による虐待、悪意の遺棄その他養子の利益を著しく害する事由が

あること。

② 実父母が相当の監護をすることができること。

〈解説〉 当事者の協議による離縁は、■**例外**■に含まれておらず、認められないことになる。12

⑩ 離縁の効果 🖊**発展**

養子と実父母及びその血族との間においては、離縁の日から、特別養子縁組によって終了した親族関係と同一の親族関係を生ずる(**実父母との親族関係復活**)(817条の11)。R

重要事項 一問一答

01 嫡出子とは？

婚姻関係にある男女間から生まれた子

02 推定される嫡出子とは？

婚姻成立の日から200日後、又は婚姻解消・取消しの日から300日以内に生まれた子

03 推定される嫡出子の父子関係を否定するには？

嫡出否認の訴え

04 推定されない嫡出子とは？

婚姻成立から200日以内に出生した子

05 推定されない嫡出子の父子関係を否定するには？

親子関係不存在確認の訴え

06 推定の及ばない子とは？

妻が婚姻中に懐胎した場合でも、妻が夫の子を懐胎することが不可能である事情があり、嫡出推定を受ける前提を欠いている嫡出子

07 推定の及ばない子の父子関係を否定するには？

親子関係不存在確認の訴え

08 嫡出推定の重複が生じた場合は？

父を定める訴えによって、裁判所が父を決定する。

09 準正とは？

非嫡出子が嫡出子になる制度

10 非嫡出子とは？

婚姻関係にない男女間から生まれた子

11 非嫡出子の父子関係は？

父の認知があって初めて発生する。

12 **非嫡出子の母子関係は？**

原則として、分娩の事実によって当然に発生する。

13 **認知の方法は（2つ）？**

①任意認知、②強制認知

14 **成年の子を認知するのにその子の承諾が必要か？**

必要

15 **胎児を認知するのに誰の承諾が必要か？**

母親

16 **養子の具体例は（2つ）？**

①普通養子、②特別養子

▌過去問チェック（争いのあるときは、判例の見解による）

01 婚姻前に既に内縁関係にあり、内縁成立後200日を経過している場合であっても、婚姻成立後200日以内に出生した子については、嫡出子としての推定を受けないことから、父が子の嫡出性を争う場合には、嫡出否認の訴えではなく、父子関係不存在確認の訴えによる。

○（国般2019）

02 父又は母が未成年者又は成年被後見人であるときは行為能力が制限されているので、当該父又は母が認知をするには、法定代理人の同意が必要となる。

×（区2012）「法定代理人の同意が必要となる」が誤り。

03 最高裁判所の判例では、嫡出でない子につき父がした嫡出子出生届又は非嫡出子出生届が、戸籍事務管掌者によって受理されたときは、認知届としての効力を有するとした。

○（区2012）

04 養子は、養子縁組の日から養親の嫡出子の身分を取得し、養子縁組以前に生まれた養子の子は、養子縁組の日から当該養親と法定血族の関係が生じる。

×（国般2017）「養子縁組の日から当該養親と法定血族の関係が生じる」が誤り。

05 特別養子縁組が成立するまでに18歳に達した者は、養子となることができない。

○（区2021）

[06] 特別養子縁組の養親となる者は、配偶者のある者であることは要しないが、25歳に達していなければならない。

×（区2021）「配偶者のある者であることは要しないが」が誤り。

[07] 特別養子縁組の養親となる者は、配偶者のある者で、年齢は25歳に達していなければならないが、養親となる夫婦の一方が25歳に達していない場合も、その者が20歳に達しているときは養親になることができる。

○（区2015）

[08] 特別養子縁組は、原則として家庭裁判所の審判により成立するが、実父母が相当の監護をすることができない場合は、養親となる者と養子となる者の法定代理人との協議によりすることができる。

×（区2015）「養親となる者と養子となる者の法定代理人との協議によりすることができる」が誤り。

[09] 家庭裁判所は、養親となる者又は養子となる者の請求により、実方の血族との親族関係が終了する、特別養子縁組を成立させることができる。

×（区2021）「又は養子となる者」が誤り。

[10] 特別養子縁組の成立には、養子となる者の父母がその意思を表示することができない場合に限り、父母の同意を要しない。

×（区2021）「養子となる者の父母がその意思を表示することができない場合に限り」が誤り。

[11] 特別養子縁組により養子と養親及び養親の親族との間に法定血族関係が発生するが、原則として実方との親族関係も引き続き存続する。

×（国般2015）「原則として実方との親族関係も引き続き存続する」が誤り。

[12] 特別養子縁組は、養子、実父母又は検察官の請求による家庭裁判所の審判によってのみ当事者を離縁させることができ、当事者の協議による離縁はすることができない。

○（区2015）

[A] 妻が子を懐胎した時期に、夫が遠隔地に居住していたなど、嫡出子としての推定を受ける前提を欠く場合であっても、子と夫との間の父子関係の存否を争うときは、親子関係不存在確認の訴えによるのではなく、嫡出否認の訴えによらなけれ

ばならない。

×（国般2021）「親子関係不存在確認の訴えによるのではなく、嫡出否認の訴えによらなければならない」が誤り。

B 嫡出否認の訴えを提起し得る者は、原則として夫と妻であるが、妻が否認権を行使する場合には、子の意思に反してはならない。

×（国般2001）「と妻であるが、妻が否認権を行使する場合には、子の意思に反してはならない」が誤り。

C 嫡出否認の訴えの相手方は、子又は親権を行う母であり、親権を行う母がいないときは、子又は子の後見人が訴えの相手方となる。

×（国般2001）「子又は子の後見人が訴えの相手方となる」が誤り。

D 嫡出否認の訴えは、夫が妻の生んだ子が嫡出性の推定を受けることを知ったときから、1年以内に提起しなければならない。

×（国般2001）「夫が妻の生んだ子が嫡出性の推定を受けることを知ったときから」が誤り。

E 夫が子の出生後に出生の届出をした場合には、子の嫡出性を承認したものとみなされ、夫の否認権は失われる。

×（国般2001）「子の嫡出性を承認したものとみなされ、夫の否認権は失われる」が誤り。

F 嫡出否認の訴えを提起し得る期間が経過した場合には、血液型の不一致があり、かつ既に婚姻関係が終了し嫡出性の推定及び嫡出否認の訴えの制度の基盤である家族共同体の実態が失われていたとしても、戸籍上の父が父子関係の存否を争うことはできない。

○（国般2001）

G 嫡出でない子との間の親子関係について、父子関係は父の認知により生ずるが、母子関係は、原則として、母の認知をまたず、分娩の事実により当然発生する。

○（国般2019）

H 自然血族は、出生による血縁の関係にある者をいうが、婚姻関係のない男女から生まれた子については、認知がなければ父や父の血族との血族関係は生じない。

○（国般2017）

I 認知をすると父子関係が生ずるから、成年の子を認知する場合は、その子の承諾が必要である。

○（国般2013改題）

J 父は、胎内に在る子を認知することができ、この場合においては、子の利益を守るため、母の承諾を得る必要はない。

×（区2012）「母の承諾を得る必要はない」が誤り。

K 死亡した子については、子の名誉を守るため、父又は母は、子の直系卑属の有無にかかわらず、認知することができる。

×（区2012）「子の直系卑属の有無にかかわらず」が誤り。

L 最高裁判所の判例では、認知は子の経済的保護を図るためのものであるから、子が十分な金銭的対価を得ているのであれば、子の父に対する認知請求権は放棄することができるとした。

×（区2012）全体が誤り。

M 認知者が、血縁上の父子関係がないことを知りながら、自らの意思に基づいて認知をした後、血縁上の父子関係がないことを理由に当該認知の無効を主張することは、被認知者の地位を不安定にすることから、認められない。

×（国般2019）「被認知者の地位を不安定にすることから、認められない」が誤り。

N/予 成年に達した者でも、20歳以上でない者は、普通養子縁組の養親となることができない。

○（予想問題）

O 配偶者のある者が未成年者を養子にする場合には、配偶者とともにこれをしなければならないことから、夫婦の一方の意思に基づかない縁組の届出がなされたときには、縁組の意思を有する他方の配偶者と未成年者との間で縁組が有効に成立することはない。

×（国般2019）「縁組の意思を有する他方の配偶者と未成年者との間で縁組が有効に成立することはない」が誤り。

P 15歳未満の他人の子を実子として届け出た者の代諾によるその子の養子縁組は、代理権を欠く一種の無権代理と解されるから、その子が15歳に達した後にこれを追認した場合は、当初に遡って有効となる。

○（国般2021）

Q 養子と養親の血族との血族関係は、養親の死亡により終了する。

×（国般2017改題）「養親の死亡により終了する」が誤り。

R 特別養子縁組は、養子と実父母及びその血族との親族関係を終了させ、当該縁組が離縁となった場合でも、特別養子縁組によって終了した親族関係と同一の親族関係は生じない。

×（区2015）「特別養子縁組によって終了した親族関係と同一の親族関係は生じない」が誤り。

親族⑤—親権

本節では、親権として、親権の当事者、親権の内容、利益相反行為、親権喪失を扱います。

1 総説

意義　親権とは、父母が未成年の子を保育・監護・教育する地位や職分から生ずる権利義務の総称をいう。

2 親族関係の当事者

1 親権に服する子

　成年に達しない子（未成年の子）は、父母の親権に服する（818条1項）。具体的には、18歳未満の者である（4条）。

2 親権者

・実子…実父母の親権に服する（818条1項）。
・養子…養父母の親権に服する（818条2項）。

3 親権共同行使の原則

原則　父母の婚姻中は、父母が共同して親権を行使する（818条3項本文）。
例外　父母の一方が親権を行使することができないとき（ex.所在不明、後見開始）は、他の一方が単独で親権を行使する（818条3項ただし書）。

4 父母が離婚した場合および父が子を認知した場合の親権者（819条）

　いずれの場合も、父母のどちらか一方が親権者となる点で共通しており、父母が共同して親権者となることはできない。

① 父母が離婚した場合
（ア）子の出生後に離婚した場合

　父母の一方を親権者と定める。協議離婚であれば協議により（819条1項）、裁判離

婚であれば裁判所が定める(819条2項)。

(イ) 子の出生前に離婚した場合

親権は、母が行う。ただし、子の出生後に、父母の協議で、父を親権者と定めることができる(819条3項)。

② 父が子を認知した場合

親権は、母が行う。父母の協議で、父を親権者と定めたときにかぎり、父が行う(819条4項)。

③ 以上につき協議が調わない場合・協議不調の場合

家庭裁判所は、父または母の請求によって、協議に代わる審判をすることができる(819条5項)。

④ 親権者の変更

子の利益のために必要がある場合、家庭裁判所は、子の親族の請求によって親権者を他の一方に変更することができる(819条6項)。

3 親権の内容

親権の内容としては、①子の身上に関する権利義務(**身上監護権**)と、②子の財産に関する権利義務(**財産管理権**)がある。

1 身上監護権

親権を行う者は、子の利益のために子の監護及び教育をする権利を有し、義務を負う(820条)。具体的に以下の権利が規定されている。

【身上監護権】

権利	内容
居所指定権 (821条)	子は、親権を行う者が指定した場所に、その居所を定めなければならない
懲戒権 (822条)	親権を行う者は、監護及び教育に必要な範囲内でその子を懲戒することができる
職業許可権 (823条)	子は、親権を行う者の許可を得なければ、職業を営むことができない
身分上の行為の 代理権	15歳未満の子の縁組(普通養子縁組)を代諾すること(797条)、相続の承認・放棄をすること(917条)等がある

2 財産管理権

① 財産の管理及び代表

　親権を行う者は、**子の財産を管理**し、かつ、その財産に関する法律行為について**その子を代表**する（824条本文）。ただし、その子の行為を目的とする債務を生ずべき場合には、本人の同意を得なければならない（824条ただし書）。

> **趣旨**　未成年者が自ら財産を管理するのは危険であることから、親権者に未成年者の財産の管理権・代理権を与えた。

② 財産の管理における注意義務

　親権を行う者は、**自己のためにするのと同一の注意**をもって、その管理権を行わなければならない（827条）。

> **趣旨**　親子という特別な血縁関係であることを配慮して、注意義務の程度を軽減している。

❹ 利益相反行為

1 総説

> **意義**　利益相反行為とは、**親権者と子の利益が相反**する行為をいう。さらに、**親権に服する数人の子の間で利益が相反**する行為をいう。

　親権者が子の財産を管理する行為でも、親権者と子の利益が衝突する場合もある。例えば、子が所有する土地を親権者に売却したり贈与したりする場合である。

　このような行為は、利益相反行為として、親権者は代理権も同意権も有せず、**家庭裁判所に特別代理人の選任を請求**しなければならない（826条1項）。そして、選任された特別代理人が子を代理して、子の土地の売却や贈与を行うことになる。

> **趣旨**　親権の濫用を防止して、子の財産上の利益を守るためである。

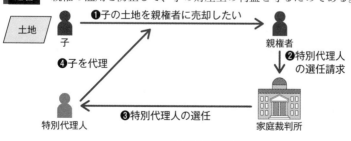

【利益相反行為】

発展 さらに、親権者が数人の子に対して親権を行う場合において、その**一人と他の子との利益が相反する行為**については、親権者は、その一方のために**特別代理人の選任を家庭裁判所に請求**しなければならない(826条2項) A 。具体例として、後述の 2 ③「相続に関するもの」で言及する「親権者が数人の子を代理して遺産分割協議をする場合」が挙げられる(最判昭48.4.24)。

2 利益相反行為となる場合

利益相反行為に該当するかどうかは、親権者が子を代理してした**行為自体を外形的客観的に考察して判定**すべきであって、代理行為をするについての親権者の動機、意図をもって判定すべきでない(**外形説**)(最判昭42.4.18)。

理由 親権者の意図やその行為の実質的効果から判定をすると、相手方に不測の損害を及ぼすおそれがあるし、826条の文言も行為の性質そのものを意味するとみるべきだからである。

具体的には、次のような事例において、利益相反行為となるか否かが問題となる。

① 親権者と子の間の譲渡行為

問題点 親権者と子との間の譲渡行為が利益相反行為となるか。

結論 ❶親権者と子との間の売買(大判昭10.9.20)、❷子から親権者への贈与(大判昭13.11.16)は利益相反行為となる。❸親権者から子への贈与は利益相反行為とならない(大判昭6.11.24)。

理由 ①②の行為を外形的に判断すると、親権者に有利で子に不利となる。

【利益相反行為（親権者と子の間の譲渡行為）】

② 子の不動産への担保の設定

問題点 子の不動産への担保の設定が利益相反行為となるか。

結論 発展①**親権者自身が負う債務**についての抵当権設定は利益相反行為となる(最判昭37.10.2) B 。②**子(又は第三者)の負う債務**についての抵当権設定は利益相反行為とならない(最判平4.12.10)。 01

理由 ①の行為を外形的に判断すると、親権者に有利で子に不利となる。

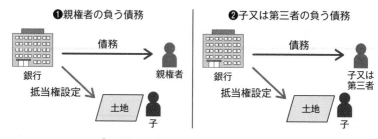

❶親権者の負う債務

銀行 —債務→ 親権者

抵当権設定 ↘ 土地 子

❷子又は第三者の負う債務

銀行 —債務→ 子又は第三者

抵当権設定 ↘ 土地 子

【利益相反行為 (子の不動産への担保の設定)】

〈解説〉　②の事案は、親権者に何の利益も帰属しないことから、行為の外形からは利益相反行為と認定されがたい。そこで、裁判では親権者の代理権の濫用が問題となった。 **発展** 判例は、親権者が子を代理してその所有する不動産を第三者の債務の担保に供する行為は、**親権者に子を代理する権限を授与した法の趣旨に著しく反すると認められる特段の事情が存しない限り、代理権の濫用には当たらない**としている (最判平4.12.10)。 C

③ 相続に関するもの

問題点　親権者が子を代理して遺産分割の協議をすることや、子を代理して相続放棄をすることは利益相反行為となるか。

結論　①親権者が共同相続人である数人の子を代理して遺産分割の協議をすることは利益相反行為となる (最判昭48.4.24)。②親権者が自ら相続放棄をしたうえで、子の全員についても相続放棄をすることは利益相反行為とならない (最判昭53.2.24)。

理由　①の行為は、826条2項の規定に該当する。②の行為は、親権者が自ら相続放棄をしている以上、その行為の客観的性質からみて、親権者と子との間においても、子の相互間においても、利益相反行為になるとはいえない。

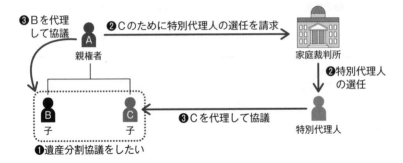

【利益相反行為（遺産分割協議）】

〈解説〉 ①の事案は、BC の祖父が死亡し、父（祖父の子）が先に死亡していたため、子の BC が代襲相続人となったケースである。この場合、親権者である母 A は相続人にならず、AB 間と AC 間には利益相反が生じないので、826条1項が適用されない。しかし、BC 間には利益相反が生じるので、826条2項が適用される。この場合、A は BC の一方を代理して遺産分割協議をすることができる。

【利益相反行為】

事例	利益相反となる	利益相反とならない
①親権者と子の間の譲渡行為	両者間の売買（大判昭10.9.20） 子から親権者（又はその内縁者）への贈与（大判昭13.11.16）	親権者から子への贈与（大判昭6.11.24）
②子の不動産への担保の設定	**発展** 親権者自身が負担する債務についての抵当権設定（最判昭37.10.2） **B**	子（又は第三者）の負う債務についての抵当権設定（最判平4.12.10） **01**
③相続に関するもの	親権者が共同相続人である数人の子を代理して遺産分割の協議をすること（最判昭48.4.24）	親権者が自ら相続放棄の上、子の全員についても相続放棄をすること（最判昭53.2.24）※

※ 親権者が自ら相続放棄をしない場合や、子の一部のみについて相続放棄をする場合は、それにより親権者や他の子の相続分が増えるので、利益相反となる。

3 特別代理人

① 特別代理人の選任

利益相反行為について、親権者は、その子のために**特別代理人を選任**することを家庭裁判所に請求しなければならない（826条1項）。

発展 親権者が数人の子に対して親権を行う場合において、その一人と他の子と

の利益が相反する行為については、親権者は、その**一方のために特別代理人を選任**することを**家庭裁判所に請求しなければならない**(826条2項)。 (A)

② 特別代理人の権限

特別代理人は、その子のために代理権又は同意権を行使する。

4 利益相反行為の効果

特別代理人が子を代理するので、親権者が子を代理して行った行為は**無権代理行為**となる(大判昭11.8.7)。もっとも、未成年者は成年に達した後に**追認**することができ、追認により**行為時に遡って有効になる**(最判昭46.4.20)。

5 親権喪失等

1 親権喪失・停止の審判

① 親権喪失の審判

父又は母による**虐待又は悪意の遺棄**があるときその他父又は母による**親権の行使が著しく困難又は不適当**であることにより子の利益を著しく害するときは、家庭裁判所は、子、その親族、未成年後見人、未成年後見監督人又は検察官の請求により、その父又は母について、**親権喪失の審判**をすることができる(834条本文)。親権喪失の審判があれば、親権者は、子に対する**身上監護権と財産管理権**を失う。

> **趣旨** 親権の著しい濫用(改善を期待することができないような濫用)に対して子の利益を守るためである。

② 親権停止の審判 /発展

父又は母による**親権の行使が困難又は不適当**であることにより子の利益を害するときは、家庭裁判所は、子、その親族、未成年後見人、未成年後見監督人又は検察官の請求により、その父又は母について、**親権停止の審判**をすることができる(834条の2第1項)。 (D)

親権停止の審判をするときは、2年を超えない範囲内で、親権を停止する期間を定める(834条の2第2項)。親権停止の審判があれば、定められた停止期間の間、親権者は、子に対する**身上監護権と財産管理権**を行使することができない。

> **趣旨** 親権の濫用に対して子の利益を守ると共に、親権が停止されている間に親権者の改善を期待するためである。

2 管理権 (財産管理権) 喪失の審判

　父又は母による管理権の行使が困難又は不適当であることにより子の利益を害するときは、家庭裁判所は、子、その親族、未成年後見人、未成年後見監督人又は検察官の請求により、その父又は母について、**管理権(財産管理権)喪失の審判**をすることができる(835条)。

3 親権・管理権の辞任

　親権を行う父または母は、やむを得ない事由があるときは、家庭裁判所の許可を得て、**親権または管理権(財産管理権)を辞する**ことができる(837条1項)。

重要事項 一問一答

01 親権共同行使の原則とは？

父母の婚姻中は父母が共同して親権を行使する原則のこと

02 子の出生後に離婚した場合の親権者は？

父母の一方を親権者と定める。

03 子の出生前に離婚した場合の親権者は？

母が親権者となる。ただし、子の出生後に、父母の協議で、父を親権者と定めることができる。

04 親権の内容は (2つ)？

①身上監護権、②財産管理権

05 利益相反行為とは？

親権者と子の利益が相反する行為や、親権に服する数人の子の間で利益が相反する行為をいう。

06 利益相反行為となるかどうかの判断は？

行為自体を外形的客観的に考察して判定すべきである。

過去問チェック (争いのあるときは、判例の見解による)

01 親権者が、第三者の債務を担保するために、子を代理して子の所有する不動産に抵当権を設定する行為は、親権者自身の利益のためにするものではないが、子に経済的不利益をもたらすものであり、民法第826条にいう利益相反行為に当たる。

×(国般2021)「民法第826条にいう利益相反行為に当たる」が誤り。

A 親権を行う者が数人の子に対して親権を行う場合において、その一人と他の

子との利益が相反する行為については、親権を行う者は、その一方のために特別代理人を選任することを家庭裁判所に請求しなければならない。
○（税・労・財2015）

[B] 親権者自身が金員を借り受けるに当たり、その貸金債務のために子の所有する不動産に抵当権を設定する行為は、当該借受金をその子の養育費に充当する意図であったとしても、民法第826条にいう利益相反行為に当たる。
○（国般2019）

[C] 親権者が子を代理する権限を濫用して行った法律行為は、その効果が子には及ばないときがあるが、親権者が子を代理して子の所有する不動産を第三者の債務の担保に供する行為は、利益相反行為に当たらないから、親権者に子を代理する権限を授与した法の趣旨に著しく反すると認められる特段の事情がない限り、親権者による代理権の濫用に当たらないとするのが判例である。
○（国般2013）

[D] 子に対する父又は母による親権の行使が困難又は不適当であることにより子の利益を害するときは、家庭裁判所は、子、その親族、未成年後見人、未成年後見監督人又は検察官の請求により、その父又は母について、親権停止の審判をすることができる。
○（国般2013）

6 親族⑥ —後見・保佐・補助 /発展

本節では、後見・保佐・補助を扱います。本試験の出題が少ないので、/発展 としています。

1 総説

　制限行為能力者を監護・監督し、その財産を管理する機関として、後見・保佐・補助という制度が設けられている。これらの者には、制限行為能力者の行為に対する同意権(成年後見を除く)、制限行為能力者の行為の取消権・追認権、代理権が付与される(『民法 上』第1章 2 節「権利の主体①」参照)。

2 各種の保護者

1 未成年後見人

意義 未成年後見人とは、①未成年者に対する**親権者**がいないとき、又は②親権者が**管理権**を有しないときに付されるものである(838条1号)。 A

① 未成年後見人の選任

【未成年後見人の指定方法】

指定後見人	未成年者に対して最後に親権を行う者は、**遺言**で、未成年後見人を指定することができる(839条1項本文)
選定後見人	指定後見人がいない場合には、**家庭裁判所**は、未成年被後見人又はその親族その他の利害関係人の請求によって、未成年後見人を**選任**する(840条1項)

② 員数等

　未成年後見人は、**複数選任**することができる(857条の2参照)。**法人**が未成年後見人になることもできる(840条3項括弧書参照)。 B

趣旨 未成年被後見人の多様な要求に応える必要があるからである。また、法人(ex.社会福祉法人、信託銀行)であれば、専門的な知識・能力・体制を備えているからである。

③ 未成年被後見人に代わる親権の行使

未成年後見人は、未成年被後見人に**代わって親権**を行う(867条1項)。 C

> **趣旨** 867条1項は、未成年後見に服する未成年者が婚姻外の子を有し、その子に親権を行うべき場合には、未成年後見人がその親権を代行するとしたものである。

④ 未成年後見人の辞任

未成年後見人は、正当な事由があるときは、家庭裁判所の許可を得て、その任務を辞することができる(844条)。

2 成年後見人

> **意義** **成年後見人**とは、後見開始の審判があった場合に付されるものである(838条2号)。

① 成年後見人の選任

家庭裁判所は、後見開始の審判をするときは、**職権**で、成年後見人を選任する(843条1項)。

② 成年後見人の員数等

成年後見人は、**複数選任**することができる(859条の2参照)。**法人**が成年後見人になることもできる(843条4項括弧書参照)。 B

> **趣旨** 成年被後見人の多様な要求に応える必要があるからである。また、法人(ex.社会福祉法人、信託銀行)であれば、専門的な知識・能力・体制を備えているからである。

③ 成年被後見人の居住用不動産の処分についての許可

成年後見人は、成年被後見人に代わって、その**居住の用に供する建物又はその敷地**について、売却、賃貸、賃貸借の解除又は抵当権の設定その他これらに準ずる処分をするには、**家庭裁判所の許可**を得なければならない(859条の3)。 D

> **趣旨** 生活の本拠地を失う可能性がある本人(成年被後見人)の保護のため。

④ 成年後見人の辞任

成年後見人は、正当な事由があるときは、**家庭裁判所の許可を得て**、その任務を辞することができる(844条)。 E

3 保佐人・補助人

保佐開始・補助開始の各審判があった場合に付される(876条の2第1項、876条の7第1項)。これらには、**成年後見人の規定の多くが準用**される。したがって、員数は一人に限られず、法人がなることもできる(876条の2第2項、876条の7第2項、843条3項、843条4項)。

❸ 保護者に対する監督

1 保護者の監督人

各種の保護者を監督する機関として、監督人(未成年後見監督人・成年後見監督人・保佐監督人・補助監督人)が置かれることがある。未成年後見監督人は遺言で指定することもできる(848条)が、それ以外は、家庭裁判所が必要と認める場合に、利害関係人の請求または職権によって付される(849条、876条の3第1項、876条の8第1項)。

2 各監督人の事務

各監督人は、各保護者の事務を監督する(852条、851条1号、876条の3第2項、876条の8第2項)。後見監督人が付された場合には後見人の代理権・同意権が制限を受け、一定の行為について後見人が代理権・同意権を行使するには後見監督人の同意が必要となる(864条)。

▰ 重要事項 一問一答

01 未成年後見人は、どのようなときに付されるのか?

①未成年者に対する親権者がいないとき、又は②親権者が管理権を有しないときに付される。

02 未成年後見人の員数は?

複数選任できる。法人も選任できる。

03 成年後見人は、どのようなときに付されるのか?

後見開始の審判があった場合に付される。

04 成年後見人の員数は?

複数選任できる。法人も選任できる。

A 未成年後見は、未成年者に対して親権を行う者がないとき、又は後見開始の審判があったときに限り開始する。

×（区2003）「又は後見開始の審判があったときに限り」が誤り。

B 未成年後見人及び成年後見人は、いずれも一人でなければならず、かつ自然人でなければならない。

×（区2003）「いずれも一人でなければならず、かつ自然人でなければならない」が誤り。

C 未成年後見人は、未成年被後見人に子がある場合には、当該未成年被後見人に代わってその子の親権を行う。

○（区2003）

D 成年後見人は、家庭裁判所の許可を得ることなく、成年被後見人に代わってその居住の用に供する建物を売却することができる。

×（区2003）「家庭裁判所の許可を得ることなく」が誤り。

E 成年後見人は、後見監督人があるときは、その同意を得れば、成年後見人の任務を辞することができる。

×（区2003）全体が誤り。

7 親族⑦—扶養 発展

本節では、扶養を扱います。本試験の出題が少ないので、 発展 としています。

1 扶養の意義

意義 扶養とは、ある人の生活を維持するために、これと一定の**親族的身分関係のある者からなされる経済的給付**をいう。

〈解説〉 生活困窮者に対する経済的援助としては、生活保護法等による**公的扶助**制度がある。民法による扶養は、親族による扶養であることから**私的扶養**である。公的扶助制度には、親族扶養優先の原則があり、私的扶養が公的扶助制度に優先するとされている。

2 扶養義務の性質

1 生活保持義務

本来、家族として共同生活をすべき者の間の扶養義務(未成熟子を養う親の義務、夫婦間の扶養義務など)をいう。具体的には、扶養義務者は、自分の最低生活を割っても要扶養者に対して自分と同等の生活をさせる義務を負う。生活扶助義務に優先する。 A

2 生活扶助義務

通常は**生活単位を異にする親族間の扶養義務**をいう。生活保持義務とは異なり、余力がある場合に果たす義務と一般に解されている。 A

3 扶養当事者

扶養義務は、相互的なものであるから、扶養義務を負う親族は、相手方に対して扶養を請求することができる。

1 第一次扶養義務者

① 配偶者

扶養義務者として規定されていないが、夫婦の同居・協力・扶助義務(752条)や婚姻費用分担義務(760条)が扶養義務を含んでいると解されている。

② 直系血族

親と子、祖父母と孫などの直系血族は、相互に扶養の義務を負う(877条1項)。 B C

③ 兄弟姉妹

兄と妹、姉と弟などの兄弟姉妹は、相互に扶養の義務を負う(877条1項)。

2 第二次扶養義務者

3親等内の親族間(877条2項)は、特別の事情のある場合に、家庭裁判所の審判により扶養の義務を負わせることができる。 B

3 扶養の順位

当事者の協議によって扶養する義務をすべき者の順位を決める。協議が調わないとき又は協議することができないときは、家庭裁判所が定める(878条前段)。 D

4 扶養請求権の処分の禁止

扶養を受ける権利は、処分することができない(881条)。また、扶養を受ける権利は、その性質上、扶養権利者(要扶養者)のみに帰属する一身専属権であって、相続の対象にならない(896条ただし書)。さらに、扶養を受ける権利の差押えは制限されている(民事執行法152条1項1号など)。 E

趣旨 扶養は、要扶養者の生存を確保するための制度であるから。

■ 重要事項 一問一答

01 第一次扶養義務者は？

①配偶者、②直系血族、③兄弟姉妹

02 扶養を受ける権利を放棄することができるか？

できない。

[A] 扶養義務には、生活扶助義務と生活保持義務があるが、生活扶助義務は、自分の最低生活を割っても相手方に自分と同程度の生活をさせなければならないものであり、これは、生活保持義務に優先する。

×（区2009）「生活扶助義務は、自分の最低生活を割っても相手方に自分と同程度の生活をさせなければならないものであり、これは、生活保持義務に優先する」が誤り。

[B] 扶養の義務を当然に負担しなければならない者は、要扶養者の直系血族及び三親等内の姻族である。

×（区2009）「及び三親等内の姻族」が誤り。

[C] 親は未成熟子を扶養する義務があるが、成人には公的扶助制度が整備されているから、子は親を扶養する義務はない。

×（国般2013）「子は親を扶養する義務はない」が誤り。

[D] 扶養義務者が数人ある場合において、扶養をすべき者の順序について、当事者間に協議が調わないときは、家庭裁判所がこれを定める。

○（区2009）

[E] 扶養請求権は、一身専属権であり、相続や譲渡の対象にならず、差押えも制限されており、将来に向かって放棄することも許されない。

○（区2009）

8 相続①─相続法の構造

本節では、相続の開始、相続人およびその順位、相続の効果の確定（単純承認、限定承認、相続放棄）などを扱います。相続人およびその順位は、次の **9** 節で扱う相続分の前提知識になります。

1 相続法の全体図

相続法 ── 相続法の構造（総説、[相続人及びその順位]、[相続の承認及び放棄]）
　　　 ── 相続人が数人ある場合（[相続分]、相続分の調整、相続人等を保護する制度、[遺産分割]、相続人の不存在）
　　　 ── 遺言

【相続法の全体図】

2 総説

1 相続とは

意義　相続とは、被相続人の権利義務ないし法律上の地位を**相続人に承継**させることである。

趣旨　私的自治の原則のもとで故人の意思を尊重し、かつ故人と生計を一にしていた者の生活を保障することをその目的としている。

〈語句〉●被相続人とは、相続される者、すなわち、死亡した者のことをいう。これに対して、相続をする者を相続人という。

2 相続の進行過程

① 相続の開始
（ア）相続開始の原因

　被相続人の死亡によって相続が開始する(882条)。この「死亡」には、失踪宣告がなされた場合(31条)も含まれる(大判大5.6.1)。 01

(イ) 相続開始の場所 /発展

相続は、**被相続人の住所**において開始する(883条)。相続に関する裁判管轄も被相続人の住所を基準に定められる(民事訴訟法5条14号)。 **A**

(ウ) 相続の一般的効力

相続人は、相続開始の時から、被相続人の**一身に専属**したものを除き、被相続人の財産に属した**一切の権利義務を承継**する(896条)。

【相続されるものと相続されないもの】 /発展

相続されるもの	相続されないもの
・借家権(最判昭42.2.21) **B** ・占有権(最判昭44.10.30) **C** ・無権代理人の責任としての損害賠償債務 　(最判昭48.7.3) **D** ・慰謝料請求権(最大判昭42.11.1) **E**	・生命保険金請求権(大判昭11.5.13) **F** ・生活保護受給権(最大判昭42.5.24) **G** ・民法上の組合員の地位(679条1号) **H** ・使用貸借の借主の地位(597条3項) **I**

(エ) 共同相続の効力

相続人が数人いる場合(共同相続)、相続財産は、**各相続人の共有**に属する(898条1項)。また、各相続人は、その**相続分に応じて**被相続人の権利義務を承継する(899条)。

【債権・債務の相続】 /発展

相続分に応じて承継	遺産分割の対象になる
① 可分債権(最判昭29.4.8) 　債権は法律上当然分割され各共同相続人がその相続分に応じて権利を承継する ② 可分債務(大決昭5.12.4) **J** 　共同相続人はその相続分に応じて、分割された債務を負担する ③ 連帯債務(最判昭34.6.19) **K** 　相続人等は被相続人の債務の分割されたものを承継し、各自その承継した範囲において本来の債務者と共に連帯債務者となる	① 預貯金債権(最大決平28.12.19) **L** 　共同相続された普通預金債権、通常貯金債権及び定期貯金債権は、いずれも、相続開始と同時に当然に相続分に応じて分割されることはなく、遺産分割の対象となる

② 相続の効果の確定

相続の効果は直ちに確定するのではなく、各相続人は、原則として、**自己のために相続があったことを知った時から3か月以内に**(これを**熟慮期間**という)、相続について**承認または放棄を決定**する(915条1項本文)。もし放棄又は限定承認をしないで熟慮期間を経過すると、被相続人の権利義務ないし法律上の地位が相続人に帰属することが確定する(921条2号)。

③ 遺産分割

共同相続の場合には、**共同相続人の間で相続財産の取り分け**が行われる。これを**遺産分割**という。

④ 相続財産に関する費用

相続財産に関する費用は、**相続人の過失によるものを除いて、相続財産から支弁**する(885条)。 02

⑤ 相続人による管理

相続人は、相続の承認又は放棄をしたときを除いて、その**固有財産におけるのと同一の注意**をもって、相続財産を管理しなければならない(918条)。

3 相続人およびその順位

1 配偶者がある場合

配偶者は、以下の血族と並んで常に相続人となる(890条)。

2 血族における相続順位

【血族における相続順位】

順位	相続人となる者^{※1}
第一順位者	① 子(887条1項) ② 子が死亡(同時死亡の場合を含む)・相続欠格・廃除により相続権を失った場合^{※2}は、**孫**(代襲)(887条2項本文) ③ 孫も同様に相続権を失った場合は、**ひ孫**^{※3}(再代襲)(887条3項)
第二順位者	第一順位者がいない場合に、**直系尊属**のうち、最も被相続人に親等の近い者(889条1項1号)
第三順位者	① 第一順位者も第二順位者もいない場合に、**兄弟姉妹**(889条1項2号) ② 兄弟姉妹が死亡・相続欠格・廃除により相続権を失った場合、代襲は行われるが、再代襲は行われない(889条2項、887条2項本文)

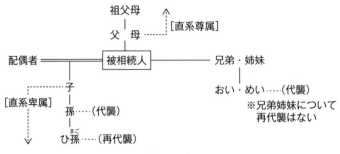

【相続人】

※1 相続人には胎児を含む。胎児は相続について生まれたものとみなされるので（886条1項）、生きて生まれると相続権を取得する。

※2 相続人が相続放棄をした場合には、初めから相続人でなかったとみなされるため（939条）、代襲は生じない。

※3 孫の子も相続権を失った場合は、その直系卑属に代襲が生じる（再々代襲）。直系卑属の代襲に制限はない。887条3項が再代襲に限定していないからである。

① 胎児

　胎児は、相続については、**既に生まれたものとみなす**（886条1項）〔03〕。ただし、胎児が**死体**で生まれたときは、生まれたものとはみなさない（886条2項）。〔04〕

　例えば、夫Aの死亡時に妻BがCを懐胎していた場合、胎児であるCが生きて生まれると、BとともにAを相続する権利を取得する。

趣旨　自然人は出生により権利能力を取得するため（3条1項）、胎児としての存在が明らかである段階で、父親が死亡したような場合に相続権が認められないのは不公平であることから、生まれたものとみなすことにした。

〈解説〉　①　「既に生まれたものとみなす」の理論構成については、『民法 上』第1章**2**節**❶**項「権利能力」を参照。

　　　　②　相続においては、相続人となる者は、被相続人の死亡時点で権利を承継する主体でなければならない（同時存在の原則）。したがって、886条1項は、同時存在の原則の例外を規定したものである。

② 同時死亡の推定 発展

> **設例** 被相続人Aには、妻Bと子C、母Dがいる。Aは、乗船していた船舶が沈没して死亡した。Aの子Cは搭乗していた飛行機が墜落して死亡した。AとCが死亡した時期の先後が不明の場合、Aの財産は誰が相続するのか。

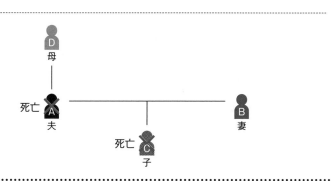

　数人の者が死亡した場合において、死亡者の**死亡時期の先後**が**不明**なときは、死亡者は、**同時に死亡したものと推定**する（同時死亡の推定）（32条の2）。

趣旨 死亡時期の立証の困難性を救済する趣旨である。

　32条の2の規定により、死亡者（AC）相互間では、相続は認められない。すなわち、**Cが先に死亡したときと同じように処理**する**M**。なお、生死が不明な場合には、32条の2は適用されない。

> **設例**では、Cが先に死亡したものとして処理するから、配偶者Bのほかに第2順位のDが相続人となる（Aが先に死亡したものとすると、相続人はBとCになり、Dは相続することはできない）。

3 代襲相続

意義 代襲相続とは、本来相続人となるべき者（被代襲者）が死亡等により相続することができない場合に、その者に代わって、その者の**直系卑属（代襲者）**が被相続人を相続することをいう。

趣旨 被代襲者が相続していれば、被代襲者の死亡後に相続により財産を承継することができたであろう、という代襲者の期待を保護するための制度である。

① 代襲原因

（ア）相続開始以前に被代襲者が死亡したこと（同時死亡も含む）

㋐ 代襲

　被相続人Ａの死亡以前に、子Ｂが死亡しており、その後、Ａが死亡した場合には、被相続人Ａの財産は、孫Ｃが代襲相続する（887条2項）。

㋑ 再代襲

　被相続人Ａの死亡以前に、子Ｂ・孫Ｃが死亡しており、その後、Ａが死亡した場合には、被相続人Ａの財産は、ひ孫Ｄが代襲相続する（887条3項）。 05

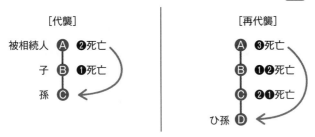

【Ａの財産の代襲相続】

（イ）相続欠格

　被代襲者が相続の欠格事由に該当すると（891条）、代襲原因となる（887条2項本文）。欠格事由が相続開始後に生じても、相続権喪失の効果が遡及するから、代襲相続をすることが可能である（詳細は次の❹項「相続権の喪失」で扱う）。 06

（ウ）廃除

　被代襲者が廃除されると（892条）、代襲原因となる（887条2項本文）。相続開始後に廃除の審判が確定しても、相続権喪失の効果が遡及するから（893条後段）、代襲相続をすることが可能である（詳細は次の❹項「相続権の喪失」で扱う）。 07

（エ）相続の放棄と代襲相続

　相続の放棄は、代襲原因とはならない。相続資格が遡及的消滅する効果を生じる「相続の放棄」をした者の意思を尊重する。 07

② 被代襲者

　被相続人の子、被相続人の兄弟姉妹（887条2項、889条2項）

③ 代襲者の要件

（ア）被代襲者が被相続人の子の場合

　被相続人の直系卑属でない者は、代襲者となることはできない（887条2項ただし書）。具体的には、以下の者が代襲者とならない。

⑦　配偶者

　配偶者は、被相続人の直系卑属でないから、代襲者とならない。[08]

④　養子縁組前に生まれた養子の子

　養子縁組前に生まれた養子の子は、被相続人の直系卑属でないから、代襲者とならない。反対に、養子縁組後に生まれた養子の子は、被相続人の直系卑属であるから、代襲者となりえる。[09]

(イ) 被代襲者が被相続人の兄弟姉妹の場合

　被代襲者の子であること（887条2項、889条2項）。[10]

④ 再代襲

(ア) 被相続人の子と再代襲

　被相続人の子に代襲原因があれば、孫が代襲相続人となり、子と孫の双方に代襲原因があれば、孫の子が代襲相続人となる。このように、被代襲者が被相続人の子の場合は、**再代襲**が認められる（887条3項）。

(イ) 兄弟姉妹の子と再代襲

　被相続人の兄弟姉妹に代襲原因があれば、その子が代襲相続人となるが、兄弟姉妹とその子の双方に代襲原因があっても、その**孫は代襲相続人とならない**。このように、被代襲者が被相続人の兄弟姉妹の場合は、再代襲が認められない（889条2項が887条3項を準用していない）。[10]

❹　相続権の喪失

　相続人が相続に関連して不当な行為をした場合、法律上当然に（相続欠格）、または被相続人の意思により（廃除）、相続人は相続権を失う。

1　相続欠格（891条）/発展

① 意義

意義　相続欠格とは、相続人となる者が、民法に定める一定の事由（欠格事由）に該当することによって、**法律上当然に相続人としての資格を失う**ことをいう（891条）。

趣旨　不正な行為により相続に関して不正な利益を得ようとした者に対し、相続権を与えることを許さない。

② 欠格事由

　以下のいずれかの欠格事由に該当すると、相続欠格となる（891条）。

> **【相続欠格事由(891条)】**
> ① 故意に被相続人または相続について先順位もしくは同順位にある者を殺
>   し、または殺そうとしたため、刑に処せられた者(1号)
> ② 被相続人が殺害されたことを知って、これを告発せず、または告訴しな
>   かった者。ただし、その者に是非の弁別がないとき、または殺害者が自己の
>   配偶者もしくは直系血族であったときを除く(2号)。
> ③ 詐欺・強迫によって、被相続人の相続に関する遺言の作成・撤回・取消・
>   変更を妨げた者(3号)
> ④ 詐欺・強迫によって、被相続人に相続に関する遺言をさせ、またはその撤
>   回・取消・変更をさせた者(4号)
> ⑤ 相続に関する被相続人の遺言書を**偽造・変造・破棄・隠匿**した者(5号)※ 〔Ｎ〕

※ 相続人が被相続人の遺言書を**破棄又は隠匿**した行為が**相続に関して不当な利益を目的**とするものでな
   かったときは、相続人は891条5号所定の相続欠格者に当たらない(最判平9.1.28)。〔Ｏ〕

③ 欠格の効果

　欠格事由があれば、該当者は何らの手続を待つまでもなく、①**法律上当然に相続
権を失う**だけでなく、②**受遺者になることもできなくなる**(965条)。

　相続開始後に欠格事由が発生したときは、その効果は相続開始時に遡って発生す
る。〔Ｐ〕

〈語句〉●**受遺者**とは、遺言者(被相続人)から遺贈を受ける者のことをいう(遺贈について
は、本章 **10** 節 **4** 項「遺贈」で扱う)。

2 廃除 /発展

① 意義

意義 　廃除とは、民法に定める一定の事由(廃除事由)がある場合に、**被相続人
の意思によって、遺留分を有する推定相続人の遺留分権**を否定し、その者
の**相続権を完全に剝奪**することを認める制度をいう(892条・893条)。

趣旨 　欠格事由には該当しないが、相続をさせたくない程の非行がある場合に、
被相続人の意思によって相続権を奪うことを認めた。

② 廃除の要件
(ア) 廃除される相続人

　廃除される相続人は、**遺留分を有する推定相続人**であることを要する(892条)。
遺留分を有しない兄弟姉妹は含まれない 〔Ｑ〕。兄弟姉妹に相続をさせたくなけれ
ば、被相続人としては、全財産を他人に対して処分すれば足りる(ex.全財産を慈善

団体に遺贈する)。

(イ) 廃除事由のあること

以下のいずれかの事由が廃除事由となる(892条)。

> **【廃除事由(892条)】**
> ① 被相続人に対する虐待・重大な侮辱
> ② 推定相続人の著しい非行

(ウ) 廃除の請求

生前廃除	被相続人が家庭裁判所に請求する(892条)
遺言廃除	被相続人が遺言でする(遺言執行者が家庭裁判所に請求する)(893条前段)

(エ) 廃除の効果

推定相続人は、**廃除の審判の確定又は調停の成立により相続権を失う**。廃除原因の発生により当然に相続権を失うわけではない。

相続開始後は被相続人の死亡の時に遡って効力を生ずる(893条後段)。

5 相続の効果の確定

被相続人の死亡によって開始した相続の効果は、直ちに確定するのではなく、**3か月の熟慮期間**内における相続人の意思表示または態度によって確定される(915条)。相続効果の確定方法には、単純承認・限定承認・相続放棄の3種類がある。

1 単純承認

意義 **単純承認**とは、相続人が、被相続人の**権利義務を全面的に承継**することを内容として相続を承認する相続人の意思表示をいう(判例・多数説)。

① 単純承認の効果

単純承認の意思表示により、相続人は**無限に被相続人の権利義務を承継する**(920条)**11**。したがって、相続財産をもって相続債務を弁済することができないときは、相続人は、自己の固有の財産で弁済しなければならない。

② 法定単純承認

相続人が次の①〜③のいずれかの行為をした場合、**単純承認をしたものとみなす**(921条)。

```
【法定単純承認(921条)】
① 相続人が相続財産の全部又は一部を処分したとき。ただし、保存行為及び
   第602条に定める期間を超えない賃貸は除く(1号)
② 相続人が熟慮期間内(自分が相続人となったことを知った時から3か月以
   内)に限定承認又は相続の放棄をしなかったとき(2号) 12
③ 相続人が、限定承認又は相続の放棄をした後であっても、相続財産の全部
   若しくは一部を隠匿し、私にこれを消費し、又は悪意でこれを相続財産の目
   録中に記載しなかったとき。ただし、その相続人が相続の放棄をしたことに
   よって相続人となった者が相続の承認をした後は、単純承認とはみなされな
   い(3号)
```

2 限定承認

意義 限定承認とは、相続財産の限度においてのみ被相続人の債務及び遺贈を弁済するという留保付で、相続を承認する意思表示である(922条) 11 。相続人が数人あるとき(共同相続の場合)は、共同相続人全員でなければ限定承認はできない(923条)。 13

① 手続要件

限定承認をするには、①熟慮期間内に、②財産目録を作成して家庭裁判所に提出し、③限定承認する旨の申述をしなければならない(924条)。

② 限定承認の効果

相続人は、被相続人の一切の権利義務を承継するが、**相続債務・遺贈**については**相続財産の限度で弁済責任**を負うにとどまる(物的有限責任)。

3 相続放棄

意義 相続の放棄とは、相続開始によって相続人に**一応帰属**した相続の効果を、**確定的に拒否**する相続人の意思表示である。

相続の放棄は、限定承認と異なり、共同相続の場合でも**各相続人が単独で行う**ことができる。

① 放棄の方式

熟慮期間内に、**家庭裁判所に申述**しなければならない(**要式行為**)(938条) 14 。

熟慮期間内に限定承認又は放棄をしなかった場合や、相続財産の全部又は一部を処分した場合は、**単純承認をしたとみなされる**(法定単純承認)(921条)。

② 放棄の効果

相続の放棄をした者は、その相続に関しては、**初めから相続人とならなかったもの**とみなされる(939条)。

(ア) 相続の放棄と代襲相続

相続の放棄をしたときは**代襲相続が起こらない**。 15

(イ) 相続の放棄と相続の順位

同順位の相続人全員が相続の放棄をしたときは、次順位の相続人が相続することになる。例えば、被相続人の子(第一順位者)の全員が相続の放棄をしても、孫への代襲相続は発生せず、直系尊属(第二順位者)が相続人となる。

(ウ) 相続の放棄と相続財産の管理 改正

📖発展 相続の放棄をした者は、その放棄の時に相続財産に属する財産を現に占有しているときは、相続人又は相続財産の清算人に対して当該財産を引き渡すまでの間、**自己の財産におけるのと同一の注意**をもって、その財産を保存しなければならない(940条1項)。 R/予

(エ) 相続放棄と登記

相続放棄と登記については、『民法 上』第2章 8 節 5 項「相続と登記」を参照のこと。

4 相続の承認・放棄の通則

① 行為能力を有すること

承認・放棄とも財産法上の行為であるから、**財産法上の行為能力を有すること**を要する。制限行為能力者は単独では承認・放棄をすることはできない。

② 相続開始後に行われること

承認・放棄は相続開始後に行われなければならず、**相続開始前に承認・放棄を行うことはできない**。 14

〈解説〉 遺留分(本章 9 節 4 項 1 「遺留分」で扱う)の相続開始前の放棄は、家庭裁判所の許可があれば効力が生じる(1049条1項)。

③ 要式行為 (限定承認・放棄)

限定承認・放棄は、家庭裁判所への申述という方式を必要とするので、要式行為である。反対に、単純承認は不要式行為である。

④ 承認・放棄の撤回・取消し

（ア）承認・放棄の撤回

　一旦なされた承認・放棄は、**熟慮期間中であっても撤回することはできない**(919条1項)。 16

趣旨　一旦なされた承認・放棄について、撤回を認めると、共同相続人、次順位の相続人等に影響を与えることから、禁止した。

（イ）承認・放棄の取消し

　制限行為能力・詐欺・強迫など、民法の一般規定に基づく**承認・放棄の取消しは認められる**(919条2項)。もっとも、追認をすることができる時より6か月、又は承認・放棄の時より10年で取消権が時効消滅する(919条3項)。この取消しも、家庭裁判所への申述を要する(919条4項)。

趣旨　限定承認・放棄は財産上の行為能力が要求される法律行為であり、民法総則の規定による取消しは当然に認められる。

⑥ 熟慮期間

原則　相続人は、自己のために相続の開始があったことを知った時から3か月以内に、相続について、**単純若しくは限定の承認又は放棄をしなければならない**(熟慮期間)(915条1項本文)。

例外　📖**発展**　熟慮期間は、利害関係人又は検察官の請求によって、**家庭裁判所において伸長することができる**(915条1項ただし書)。 S

▌重要事項 一問一答

01 相続とは？

被相続人の権利義務ないし法律上の地位を相続人に承継させること

02 相続の開始に失踪宣告が含まれるか？

含まれる。

03 相続の第一順位者は？

子

04 相続の第二順位者は？

直系尊属のうち、最も被相続人に親等の近い者

05 相続の第三順位者は？

兄弟姉妹

06 代襲相続の原因は（3つ）？

①相続開始以前の死亡、②相続欠格、③廃除

07 配偶者は代襲者となるか？

ならない。

08 養子縁組前に生まれた養子の子は代襲者となるか？

ならない。

09 相続の確定方法は（3つ）？

①相続放棄、②限定承認、③単純承認

10 相続人が熟慮期間内に限定承認又は相続の放棄をしなかった場合は？

単純承認をしたものとみなす。

11 限定承認の手続は？

①熟慮期間中に、②財産目録を作成して家庭裁判所に提出し、③限定承認する旨の申述_{しんじゅつ}をしなければならない。

12 相続放棄の手続は？

熟慮期間中に家庭裁判所に申述しなければならない。

13 承認・放棄を撤回できるか？

熟慮期間中でも撤回できない。

14 熟慮期間とは？

自己のために相続開始を知った時から3か月以内に、単純若しくは限定の承認又は放棄をしなければならない期間のこと

過去問チェック（争いのあるときは、判例の見解による）

[01] 相続は死亡によって開始するが、失踪宣告は医学上の死亡判定ができないので、相続開始の原因にならない。

×（区2011）「相続開始の原因にならない」が誤り。

[02] 相続財産の管理に関する費用は、相続人の過失により生じさせた費用も含めて相続人全体の負担となり、その相続財産の中から支弁しなければならない。

×（区2017）「相続人の過失により生じさせた費用も含めて」が誤り。

[03] 相続開始時点において胎児であった者は、相続開始時点で出生していない以上、生きて生まれた場合であっても相続人とはなり得ない。

×（税・労2010）「生きて生まれた場合であっても相続人とはなり得ない」が誤り。

[04] 同時存在の原則の例外として、胎児は相続については既に生まれたものとみ

なされ、胎児が死体で生まれたときもこの例外則が適用される。

× (区2004)「胎児が死体で生まれたときもこの例外則が適用される」が誤り。

[05] Aには、配偶者B及びAとBの子Cがいる。Cにはその子Dがおり、Dには
その子Eがいる。Aが死亡したが、Aが死亡した当時、C及びDも既に死亡してい
た場合は、Aの相続人は、Bのみである。

× (国般2012)「Bのみである」が誤り。

[06] 被相続人の死亡後、その子Aが、相続に関する被相続人の遺言書を偽造した
ときは、相続欠格事由に該当するので、Aの子aは、Aを代襲して相続人となるこ
とはできない。

× (区2008改題)「Aを代襲して相続人となることはできない」が誤り。

[07] 被相続人の子が、相続開始以前に死亡したとき、又は相続の放棄若しくは廃
除によって、その相続権を失ったときは、その者の子が代襲して相続人となる。

× (区2017)「相続の放棄若しくは」が誤り。

[08] 被相続人の子が、子供が無く、相続の開始以前にその配偶者だけを残して死
亡した場合には、当該配偶者に代襲相続が認められる。

× (区2004)「当該配偶者に代襲相続が認められる」が誤り。

[09] 被相続人の子Aは養子であり、Aに養子縁組前に生まれた子aと養子縁組後
に生まれた子bがおり、Aが相続開始以前に死亡したとき、bはAを代襲して相続
人となることができるが、aはAを代襲して相続人となることはできない。

○ (区2008)

[10] 子のいないAの死亡前に、相続人となるべき兄Bが死亡し、Bの唯一の子で
あるCも死亡している場合、Cの子であるDがAを相続する。

× (税・労・財2014)「Cの子であるDがAを相続する」が誤り。

[11] 相続人は、単純承認をしたときは、無限に被相続人の権利義務を承継する。
また、相続人は、相続によって得た財産の限度においてのみ被相続人の債務及び遺
贈を弁済することを留保して、相続の承認をすることもできる。

○ (税・労2010)

12 相続人が、自己のために相続の開始があったことを知った時から3か月以内に単純承認又は相続の放棄をしなかった場合、相続人は、相続によって得た財産の限度においてのみ被相続人の債務及び遺贈を弁済すべきことを留保して、相続の承認をしたものとみなされる。

×（税・労・財2015）全体が誤り。

13 限定承認とは、相続人が、相続によって得た財産の限度においてのみ被相続人の債務及び遺贈を弁済すべきことを留保して承認をすることであるが、相続人が数人いるときは、各相続人は個別に限定承認をすることができる。

×（税・労2004）「各相続人は個別に限定承認をすることができる」が誤り。

14 相続の放棄をしようとする者は、相続の開始前においては、その旨を家庭裁判所に申述しなければならないが、相続の開始後においては，その意思を外部に表示するだけで足りる。

×（国般2020）全体が誤り。

15 被相続人Aの子Bが相続を放棄した場合には、Bの子Cには代襲相続が認められる。

×（区2011）「Bの子Cには代襲相続が認められる」が誤り。

16 相続人は、自己のために相続の開始があったことを知った時から3か月以内であれば、一度した相続の承認及び放棄を撤回することができる。

×（国般2016）「一度した相続の承認及び放棄を撤回することができる」が誤り。

A 相続は相続人の住所において開始するとされ、相続をめぐる紛争が生じた場合は、相続人の住所を基準に裁判管轄が定められる。

×（区2011）「相続人の住所」（2か所）が誤り。

B 借家権は、財産権の一種であるが、相続人が居住しておらず、内縁の配偶者や事実上の養子といった居住者がいるなどの特段の事情がある場合には、居住していない相続人よりも居住者を保護すべきであるから、相続の対象とならない。

×（国般2004）「相続の対象とならない」が誤り。

C 被相続人の支配の中にあった物は、原則として当然に相続人の支配の中に承継されるので、その結果として、占有権は相続の対象となる。

◯（国般2004）

[D] 相続においては、原則として被相続人の財産に属した一切の権利義務がその対象となるが、被相続人の一身に専属した権利は相続の対象とはならないから、例えば、被相続人が無権代理行為を行ったことにより負担した無権代理人の責任としての損害賠償義務は相続の対象とはならない。

×（税・労2010）「被相続人が無権代理行為を行ったことにより負担した無権代理人の責任としての損害賠償義務は相続の対象とはならない」が誤り。

[E] 不法行為による生命侵害の慰謝料請求権は、被害者が生前に請求の意思を表明していなければ、相続人には承継されない。

×（税・労2012）「被害者が生前に請求の意思を表明していなければ、相続人には承継されない」が誤り。

[F] 生命保険金請求権は、一身専属的権利とはいえないから、被相続人が相続人を受取人に指定して死亡した場合、当該生命保険金請求権は相続の対象となる。

×（国般2004）「当該生命保険金請求権は相続の対象となる」が誤り。

[G] 生活保護法に基づく保護受給権は原則として相続されないが、被保護者の生存中の扶助で、既に遅滞にあるものの給付を求める権利は相続される。

×（税・労2012）全体が誤り。

[H] 被相続人が民法上の組合の組合員であった場合、相続人は原則としてその地位を承継する。

×（税・労2012）「相続人は原則としてその地位を承継する」が誤り。

[I] 使用貸借は、借主の死亡によって終了し、借主の使用・収益権を相続人は承継しない。

◯（税・労2012）

[J] 被相続人が負っていた可分債務のうち一身専属的でないものについては、共同相続人は、法定相続分によって分割承継するのではなく、遺産分割によって分割承継するのが原則であるとするのが判例である。

×（国般2018改題）「のではなく、遺産分割によって分割承継するのが原則であるとするのが判例である」が誤り。

K 連帯債務者の一人が死亡した場合においても、その相続人らは、被相続人の債務の分割される前のものを承継し、各自その承継した範囲において、本来の債務者とともに連帯債務者となると解するのが相当である。

× (税・労2006改題)「被相続人の債務の分割される前のものを承継し」が誤り。

L 共同相続された普通預金債権、通常貯金債権及び定期貯金債権は、いずれも、相続開始と同時に当然に相続分に応じて分割されることはなく、遺産分割の対象となるとするのが判例である。

○ (国般2018改題)

M 被相続人の子Aは、子供がなく、その配偶者Bだけを残して被相続人と同一の海難事故により死亡し、同時死亡の推定を受けた場合には、Aはいったん相続した後に死亡したものとされ、BはAを代襲して相続人となることができる。

× (区2008)「Aはいったん相続した後に死亡したものとされ、BはAを代襲して相続人となることができる」が誤り。

N 被相続人の死亡後、その子Aが、相続に関する被相続人の遺言書を偽造したときは、相続欠格事由に該当するので、Aは相続権を失う。

○ (区2008改題)

O 相続人が相続に関する被相続人の遺言書を破棄又は隠匿した場合において、相続人の当該行為が相続に関して不当な利益を目的とするものでなかったとしても、当該相続人は、民法第891条第5号所定の相続欠格者に当たる。

× (国般2016)「民法第891条第5号所定の相続欠格者に当たる」が誤り。

P 相続欠格の効果は、何らの手続きを要することなく法律上当然に発生し、欠格事由が相続開始後に生じる場合には、相続開始時に遡って発生する。

○ (区2004)

Q 被相続人は、推定相続人であるその兄弟姉妹から虐待又は重大な侮辱を受けた場合は、家庭裁判所の審判により、当該推定相続人を廃除することができる。

× (区2004)「家庭裁判所の審判により、当該推定相続人を廃除することができる」が誤り。

R/予 相続の放棄をした者は、その放棄の時に相続財産に属する財産を現に占有しているときは、相続人又は相続財産の清算人に対して当該財産を引き渡すまでの

間、善良な管理者の注意をもって、その財産を保存しなければならない。

× (予想問題)「善良な管理者の注意をもって」が誤り。

⟨S⟩ 相続人は、自己のために相続の開始があったことを知ったときから3か月以内に、相続について単純若しくは限定の承認又は放棄をしなければならず、当該期間を伸長することはできない。

× (国般2005)「当該期間を伸長することはできない」が誤り。

9 相続②
―相続人が数人ある場合

ここでは、相続人が数人ある場合に問題となる事項を扱います。事例形式で相続人は誰か、具体的な相続分、金額が出題される分野です。

1 遺産共有の性質 [改正]

相続人が数人ある場合(相続人が2人以上の場合)には、**相続開始の時から**、**相続財産が相続人全員の共有**になる(898条1項)。相続財産の「共有」(遺産共有)とは、物権法に言うところの「共有」(249条以下)とその性質を異にするものではない(最判昭30.5.31)。[01]

相続財産に対する各相続人の共有持分について、相続財産について共有に関する規定を適用するときは、**法定相続分又は指定相続分**(900条から902条までの規定により算定した相続分)をもって各相続人の共有持分とする(898条2項)。

〈語句〉●共同相続とは、相続人が数人ある場合で、遺産分割前の相続財産を共有している状態のことをいい、**共同相続人**は、共同相続をしている各々の相続人のことをいう。

〈解説〉 898条2項の規定により、遺産共有に共有の規定を適用する場合には、法定相続分又は指定相続分によって決まる各相続人の共有持分を使い、特別受益や寄与分(本節 ❸ 項「共同相続人間の相続分の調整」で扱う)を反映させた相続分は使わないことになる。

2 相続分

1 相続分の意義・決定方法

意義 相続分とは、相続財産中の**各共同相続人の権利の割合**をいう。各共同相続人は、相続分に従って被相続人の権利義務を承継する(899条)。

相続分に関しては、被相続人は、**遺言で**、共同相続人の相続分を定め、又はこれを定めることを**第三者に委託**することができる(902条1項)。このように、**被相続人が遺言により指定した各共同相続人の相続分を指定相続分**という。

趣旨 相続財産の行く末に対する被相続人の意思を尊重する。

しかし、被相続人の遺言による相続分の指定がない場合には、各共同相続人の相続分は民法の規定に従って決定される（900条、901条）。このように、**民法の規定に従った各共同相続人の相続分を法定相続分**という。

例えば、死亡したＡの相続人が配偶者Ｂ、子Ｃ、子Ｄの場合、Ａが遺言で「各人の相続分は、Ｂが４分の３、Ｃが８分の１、Ｄが８分の１である」と定めているのが指定相続分である。これに対して、民法の規定に従って決まる「Ｂが２分の１、Ｃが４分の１、Ｄが４分の１」というのが法定相続分である。

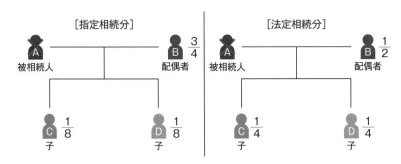

【指定相続分と法定相続分】

2 法定相続分の内容

① 配偶者がいる場合

> **設例❶**　Ａが死亡し、Ａの相続人が配偶者Ｂ、子Ｃ、子Ｄの場合、各々の法定相続分はどうなるか。
> **設例❷**　Ａが死亡し、Ａの相続人が配偶者Ｂ、兄Ｃ、弟Ｄ（どちらもＡと父母の双方を同じくする）の場合、各々の法定相続分はどうなるか。
>
>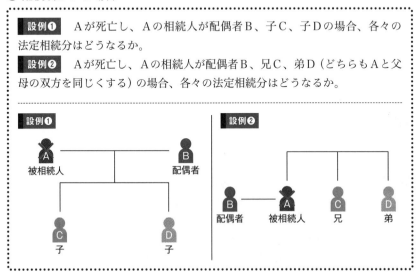

配偶者は常に相続人となるのに対し、血族はその順位によって相続人になるか否かが決まる（900条1号～3号）。血族の相続人が数人あるときは、各相続人の法定相続分は相等しいものとする（均等分割）（900条4号本文）。 02

また、血族の相続人の順位は、第1順位が子（代襲相続人を含む）、第2順位が直系尊属、第3順位が兄弟姉妹（代襲相続人を含む）となる（887条、889条）。したがって、第2順位の者は、第1順位の者が誰もいない場合に限り相続人となり、第3順位の者は、第1順位と第2順位の者が誰もいない場合に限り相続人となる。 03

配偶者がいる場合の法定相続分をまとめると、以下のようになる。

【法定相続分の内容（配偶者がいる場合、900条）】

順位	相続人	法定相続分
第1順位 （1号）	配偶者 子	配偶者：2分の1 子：2分の1（子が複数のときは均等分割※1） 02
第2順位 （2号）	配偶者 直系尊属	配偶者：3分の2 04 直系尊属：3分の1（直系尊属が複数のときは均等分割） 04
第3順位 （3号）	配偶者 兄弟姉妹	配偶者：4分の3 兄弟姉妹：4分の1（兄弟姉妹が複数のときは均等分割が原則※2）

※1 非嫡出子も嫡出子と相等しい相続分である。

※2 被相続人と父母の一方のみを同じくする兄弟姉妹の相続分は、双方を同じくする兄弟姉妹の相続分の2分の1である（900条4号ただし書）。

設例❶ では、Bが2分の1、Cが4分の1、Dが4分の1である。

設例❷ では、Bが4分の3、Cが8分の1、Dが8分の1である。

---

② 配偶者がいない場合

設例❸ 死亡したAには、配偶者や子がおらず、直系尊属は全て死亡しており、父母の双方を同じくする兄Bと、母のみを同じくする弟Cがいる。この場合、誰がAの相続人となり、法定相続分はどうなるか。

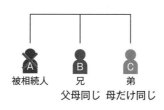

被相続人　兄　弟
父母同じ　母だけ同じ

血族がその順位によって相続人となるか否かが決まり、**相続人の人数に応じて均等に法定相続分を有する**(900条4号本文)。ただし、被相続人と父母の一方のみを同じくする兄弟姉妹の法定相続分は、双方を同じくする兄弟姉妹の法定相続分の2分の1である(半血兄弟)(900条4号ただし書)。

血族の相続人の順位は、配偶者がいる場合と同じであり、第1順位が子(代襲相続人を含む)、第2順位が直系尊属、第3順位が兄弟姉妹(代襲相続人を含む)となる(887条、889条)。

> **設例❸**では、Aの相続人はBCであり、法定相続分はBが3分の2、Cが3分の1である。

❸ 共同相続人間の相続分の調整 /発展

民法では、相続人が数人ある場合、各共同相続人の相続分を調整し、共同相続人間の実質的公平を実現するための制度として、**特別受益**と**寄与分**を規定している。なお、法定相続分や指定相続分を前提とし、これに**特別受益者や寄与分による調整を施して算出される相続分**のことを、法定相続分や指定相続分と区別するために**具体的相続分**と呼ぶことがある。

1 特別受益

① 意義

意義 特別受益とは、**共同相続人が被相続人から受けた遺贈又は贈与(生前贈与)**である。もっとも、贈与に関しては、①**婚姻**のために受けた贈与、②**養子縁組**のために受けた贈与、③**生計の資本**として受けた贈与、のいずれかに該当する場合に限られる(903条1項)**[A]**。そして、共同相続人中に特別受益を受けた者のことを**特別受益者**という。

趣旨 「特別受益は遺産の前渡しである」との考えや、相続人を公平に扱うという被相続人の意思の推測から、共同相続人間の実質的公平を実現するため、特別受益者がいる場合、各共同相続人の相続分を計算する際に**特別受益を相続財産に持ち戻す**ことにした(**特別受益の持戻し**)。

② 特別受益者の相続分（具体的相続分）

> **設例**　Ａが死亡し（遺言はない）、配偶者Ｂ、子Ｃ、子Ｄが相続人である場合において、相続財産が1000万円であり、ＣがＡから生計の資本として200万円の生前贈与を受けていたとする。ＢＣＤの相続分はどうなるか。
>
>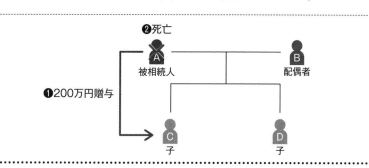

　特別受益者があるときは、被相続人が**相続開始の時において有した財産**の価額にその**贈与**（婚姻・養子縁組のため又は生計の資本として受けた贈与）の価額を**加えたもの**が相続財産とみなされる（**相続分算定の基礎となる相続財産**）（903条1項）。この段階で特別受益の持戻しが行われることになる。

　そのうえで、相続分の中からその**遺贈又は贈与の価額を控除した残額**を、**特別受益者の相続分**とする（903条1項）。ただし、**遺贈又は贈与の価額**が、**相続分の価額**に**等しく、又はこれを超えるとき**は、特別受益者（受遺者又は受贈者）は、その**相続分を受けることができない**（903条2項）。

　以上から、特別受益者の（具体的）相続分の計算式は、以下のようになる。

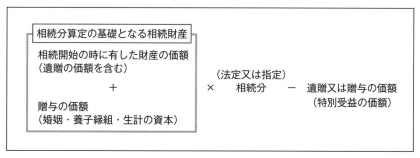

【特別受益者の（具体的）相続分の計算式】

③ 持戻しの免除

被相続人の意思表示により、特別受益の持戻しを免除することができる（903条3項）。この持戻しの免除の意思表示については、遺言などの特別の方式による必要はない。

④ 配偶者への居住用不動産の遺贈・贈与

婚姻期間が20年以上の夫婦の一方である被相続人が、他の一方に対し、その居住の用に供する建物又はその敷地について遺贈又は贈与をしたときは、当該被相続人は、その遺贈又は贈与について**特別受益の規定**（903条1項）を**適用しない旨の意思を表示したものと推定**する（903条4項）。

> **趣旨** 婚姻期間の長い夫婦間における居住用不動産の贈与又は遺贈は、配偶者の老後の生活保障のために行われることが多いので、被相続人による持戻しの免除の意思表示があったものと推定することにした。

2 寄与分

① 意義

> **意義** 寄与分とは、被相続人の事業に関する労務の提供又は財産上の給付、被相続人の療養看護その他の方法により、**被相続人の財産の維持又は増加について特別の寄与をした共同相続人に対して特別に与えられる相続財産への持分**である（904条の2第1項）[B]。そして、寄与分の対象者のことを**寄与者**という。

> **趣旨** 被相続人の財産の維持・増加に特別の寄与をした共同相続人に対して、相続分の他に、その特別の寄与に相当する財産を取得させることにより、共同相続人間の実質的公平を実現する。

> 〈解説〉 特別受益者が共同相続人に限定されるのと同じく、寄与者も共同相続人に限定される。例えば、内縁の妻、欠格・廃除により相続権を失った者、相続放棄をした者は、共同相続人に該当せず、寄与分の対象外である。[B]

② 寄与分の決定方法

（ア）協議による決定

寄与分は共同相続人間の協議で定める（904条の2第1項）。

（イ）家庭裁判所による決定

共同相続人間の協議が調わないとき、又は協議をすることができないときは、家庭裁判所は、寄与者の請求により、寄与の時期・方法・程度や相続財産の額その他一切の事情を考慮して、寄与分を定める（904条の2第2項）。

（ウ）寄与分の上限

寄与分は、被相続人が相続開始の時に有した財産の価額から遺贈の価額を控除した残額を超えることができない（904条の2第3項）。

③ 寄与者の相続分（具体的相続分）

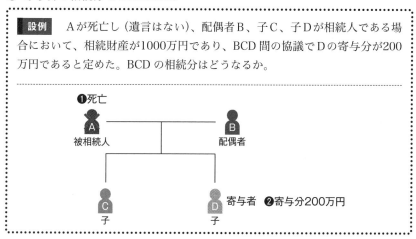

> **設例** Aが死亡し（遺言はない）、配偶者B、子C、子Dが相続人である場合において、相続財産が1000万円であり、BCD間の協議でDの寄与分が200万円であると定めた。BCDの相続分はどうなるか。

寄与者があるときは、被相続人が相続開始の時において有した財産の価額から共同相続人の協議で定めた寄与者の寄与分を控除したものを相続財産とみなし（**相続分算定の基礎となる相続財産**）、相続分に寄与分を加えた額をもって寄与者の（具体的）相続分とする（904条の2第1項）。

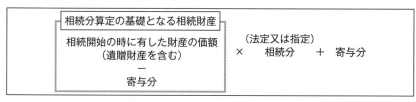

【寄与者の（具体的）相続分の計算式】

設例 では、相続分算定の基礎となる相続財産は800万円（1000万円－200万円）である。また、Aには遺言がないから法定相続分に従うので、各共同相続人の相続分は、以下のようになる。
- ・ B＝800万円 × 2分の1＝400万円
- ・ C＝800万円 × 4分の1＝200万円
- ・ D（寄与者）＝800万円 × 4分の1＋200万円＝400万円

4 相続人等を保護するための調整

民法では、相続人等に一定の財産を確保させて、その者を保護するための制度として、**遺留分**、**配偶者の居住の権利**、**特別の寄与**を規定している。

1 遺留分

① 意義

意義 遺留分とは、**一定の範囲の相続人に留保されている相続財産の一定の割合**である。遺留分は、被相続人の遺贈や贈与（生前贈与）によっても奪うことはできず、その取得が一定の範囲の相続人に保障されている。

趣旨 被相続人の財産処分の自由（遺産処分自由の原則）や取引の安全と、相続財産の公平な分配という相対立する要請を調和させる。

② 遺留分権利者

意義 遺留分権利者とは、遺留分の取得が保障されている一定の範囲の相続人であり、具体的には「**兄弟姉妹以外の相続人**」（1042条1項柱書）である 05 。したがって、被相続人の**配偶者**、**子**（その代襲者を含む）、**直系尊属**が遺留分権利者となる。

遺留分権利者は「**兄弟姉妹以外の相続人**」と規定されているように、相続権（相続人の地位）の存在を基礎にしているので、相続欠格、廃除、相続放棄によって相続権を失った場合には、遺留分権（遺留分権利者の地位）も失う。 06

〈**解説**〉 相続開始の時に胎児であった者は、生きて生まれれば子として相続人になり（886条）、遺留分も有する。また、子の代襲者（代襲相続人）は、被代襲者（被代襲相続人）である子と同じ遺留分を有する。 05

③ 遺留分率（遺留分の割合） 発展

> **設例❶** 　直系尊属Aのみが相続人である場合、その遺留分率はどのように
> なるか。
> **設例❷** 　直系尊属Aと配偶者Bが相続人である場合、各人の遺留分率はど
> のようになるか。
> **設例❸** 　配偶者Bと兄弟姉妹Cが相続人である場合、各人の遺留分率はど
> のようになるか。
> **設例❹** 　配偶者Bと子Dが相続人である場合、各人の遺留分率はどのよう
> になるか。

　遺留分率（遺留分の割合）には、遺留分権利者全体の遺留分の割合（**総体的遺留分**）
と、遺留分権利者が数人ある場合における各遺留分権利者の遺留分の割合（**個別的
遺留分**）がある。なお、遺留分権利者が１人である場合には、個別的遺留分を計算
する必要がないので、総体的遺留分がその遺留分権利者の遺留分率となる。

【遺留分率】

総体的遺留分	直系尊属のみが相続人の場合	３分の１（1042条1項1号）
	上記以外の場合	２分の１（1042条1項2号） C
個別的遺留分（遺留分権利者が数人ある場合）		総体的遺留分に各遺留分権利者の法定相続分を乗じたものとなる（1042条2項、900条、901条） D

> **設例❶** では、総体的遺留分が３分の１、遺留分権利者がAのみなので、３分
> の１がAの遺留分率となる。
> **設例❷** では、総体的遺留分が２分の１、遺留分権利者がABと数人ある場合
> なので、Aの遺留分率は６分の１（２分の１×３分の１）、Bの遺留分率は６
> 分の２（２分の１×３分の２）となる。
> **設例❸** では、総体的遺留分が２分の１、遺留分権利者がBのみなので、２分
> の１がBの遺留分率となる。 C
> **設例❹** では、総体的遺留分が２分の１、遺留分権利者がBDと数人ある場合
> なので、Bの遺留分率は４分の１（２分の１×２分の１）、Dの遺留分率は４
> 分の１（２分の１×２分の１）となる。 D

④ 遺留分を算定するための財産の価額 📖発展

遺留分算定の基礎となる財産の価額は、以下の計算式によって求める(1043条1項) **E** 。そして、遺留分を算定するための財産の価額に自己の遺留分率を乗じたものが、遺留分権利者の遺留分となる(1042条1項)。

相続開始の時に有した財産の価額 (遺贈財産の価額を含む)	＋	贈与財産の価額	－	債務の全額

【遺留分を算定するための財産の価額の計算式】

原則 　上記「贈与財産の価額」として算入されるのは、原則として、①**相続開始前の1年間にした贈与**(1044条1項前段)、又は、②**相続開始前の10年間にした相続人に対する贈与**(1044条3項)に限られる。 **F** **G**

　　趣旨 　過去の贈与を無条件に算入することができるとすれば、受贈者の立場が不当に害されるので、取引の安全を考慮して、算入される贈与財産の価額の範囲を制限した。

例外 　ただし、**当事者双方が遺留分権利者に損害を加えることを知って贈与をしたとき**は、例外として、①の場合は**1年前の日より前になされた贈与**についても算入され(1044条1項後段)、②の場合は**10年前の日より前になされた贈与**についても算入される(1044条3項)。

　　趣旨 　遺留分権利者に損害を加えることを知っている場合にまで、取引の安全を考慮する必要はない。

〈語 句〉●**相続人に対する贈与**とは、婚姻のため、**養子縁組のため又は生計の資本として**共同相続人が受けた**贈与**を意味する(1044条3項)。すなわち、特別受益に該当する贈与である(本節 ❸ 項 ① 「特別受益」参照)。 **G**

⑤ 遺留分侵害額請求権

意義 　**遺留分侵害額請求権**とは、自己の遺留分が遺贈又は贈与によって侵害された場合に、**遺留分権利者及びその承継人が、受遺者又は受贈者に対して、遺留分侵害額に相当する金銭の支払を請求することができる**という権利である(1046条)。 **07**

遺留分侵害額請求権を行使して請求することができるのは、遺留分侵害額に相当する金銭の支払であるから、**遺贈又は贈与された財産の返還を請求することはできない**。

〈解 説〉　①　📖発展 遺留分侵害額請求権は、特段の事情がある場合を除き、債権者代位権の目的とすることができない(最判平13.11.22)。 **H**

　　　　　②　📖発展 受遺者と受贈者が併存する場合、遺留分侵害額は、受遺者が

先に負担し、それでも足りないときに受贈者が負担する(1047条1項1号)。受贈者が複数いる場合、遺留分侵害額は、後の贈与に係る受贈者が先に負担し、それでも足りないときに順次前の贈与に係る受贈者が負担する(1047条1項3号)。遺留分侵害額を負担する順番をまとめると「受遺者→後の贈与に係る受贈者→前の贈与に係る受贈者……」となる。

⑥ 遺留分侵害額の算定方法

遺留分権利者が請求することのできる遺留分侵害額の算定方法は、以下のような複雑な計算式による(1046条2項)。

```
[手順1]以下の計算式によって、遺留分権利者の遺留分を求める
            遺留分を算定するための財産の価額
                      ×
            遺留分権利者の遺留分率
[手順2]以下の計算式によって、遺留分権利者が請求することのできる遺留分侵害額を
    求める
                 遺留分権利者の遺留分
                      －
        遺留分権利者が受けた遺贈と特別受益に該当する贈与の価額
                      －
        相続により遺留分権利者が取得すべき遺産(積極財産)の価額
                      ＋
          相続により遺留分権利者が承継する債務の額
```

【遺留分侵害額の算定方法】

⑦ 遺留分の放棄 ✎発展

(ア) 相続開始前の放棄

相続開始前における遺留分の放棄は、**家庭裁判所の許可を受けたときに限り**、その効力が生じる(1049条1項)。この規定は、相続開始前に相続の放棄をすることができない(915条1項)のとは異なる。 J

趣旨 被相続人や他の遺留分権利者から遺留分を放棄するように強要されるおそれがあるので、遺留分権利者が自由な意思に基づいて放棄することを家庭裁判所に確認させることにした。

(イ) 相続開始後の放棄

相続開始後の遺留分の放棄は、**自由に行うことができる**ので、家庭裁判所の許可は不要である。

趣旨 相続開始前と異なり、相続開始後に発生する遺留分侵害額請求権が個々

の遺留分権利者の財産権であることから、これを放棄することは自由であるとした。

(ウ) 遺留分の放棄と相続

遺留分の放棄をした者は、遺留分侵害額請求権の行使ができなくなるだけで、相続人としての地位は失わない。

(エ) 遺留分の放棄と他の共同相続人の遺留分

相続開始の前後を問わず、共同相続人の1人のした遺留分の放棄は、他の各共同相続人の遺留分に影響を及ぼさない(1049条2項)。したがって、遺留分の放棄があっても他の共同相続人の遺留分は増加しない。

⑧ 遺留分侵害額請求権の期間制限 📖発展

遺留分侵害額請求権は、**遺留分権利者が、相続開始及び遺留分を侵害する贈与又は遺贈があったことを知った時から1年間行使しないときは、時効によって消滅する**(時効期間)(1048条前段)。 K

また、**相続開始の時から10年を経過したときも、遺留分侵害額請求権が消滅する**(除斥期間)(1048条後段)。 K

2 配偶者の居住の権利

配偶者の居住権を保護するための制度として、長期的な居住権を保障する配偶者居住権と、短期的な居住権を保障する配偶者短期居住権がある。

① 配偶者居住権

意義 配偶者居住権とは、被相続人の配偶者(内縁の配偶者は含まれない)が、その終身の間又は一定の期間、居住建物の全部を無償で使用・収益することができる権利である(1028条1項本文、1030条)。 08

趣旨 特に配偶者が高齢である場合は、新たに居住建物を確保することが困難になるので、住み慣れた建物で生活を継続することができるようにするとともに、生活資金としての財産(預貯金など)も相続できるようにした。例えば、夫が死亡し、相続人は配偶者と子で、①自宅2000万円と預金2000万円が相続財産の場合、配偶者と子が2分の1ずつ相続するとして、配偶者が自宅を相続し、子が預金2000万円を相続すると、配偶者の生活資金が確保できないおそれが生じる。また、②自宅2000万円のみが相続財産の場合、配偶者と子が2分の1ずつ相続するときは、自宅を売却して売却代金を分配することになり、配偶者が自宅に住むことができなくなるが、配偶者居住権により、これらの事態を回避することができる。

被相続人の配偶者は、以下の要件をすべて満たすことによって**配偶者居住権を取得**し(1028条1項)、**配偶者居住権の財産的価値相当額を相続したものとして扱われる。**

> **【配偶者居住権の成立要件】**
> ①　相続開始の時に建物が**被相続人の財産に属していたこと**
> ②　相続開始の時に被相続人の配偶者がその**建物に居住**していたこと
> ③　遺産分割または遺贈により、配偶者居住権を取得するものとされたこと

（ア）配偶者居住権の譲渡

配偶者居住権は**譲渡が禁止**されている(1032条2項)。 08

（イ）居住建物の増改築や賃貸

居住建物の増改築又は賃貸をするには**所有者の承諾**が必要となる(1032条3項)。

（ウ）配偶者居住権の対抗要件

また、配偶者居住権を第三者に対抗するための要件(対抗要件)は、配偶者居住権の設定登記である(1031条2項、605条)。

〈解説〉　居住建物の所有者は、配偶者居住権を取得した配偶者に対し、配偶者居住権の設定登記を備えさせる義務を負う(1031条1項)。

② 配偶者短期居住権

意義　**配偶者短期居住権**とは、被相続人の配偶者が、配偶者居住権を取得していなくても、被相続人の財産に属した建物に相続開始の時に無償で居住していた場合には、**一定の期間、その居住建物を無償で使用**することができる権利である(1037条1項本文)。

趣旨　被相続人の配偶者が新たな居住建物を確保するまでの猶予期間として**6か月以上を与える。**

ここでの「一定の期間」とは、例えば、遺産分割によって居住建物の帰属を確定すべき場合には、遺産分割により居住建物の帰属が確定した日又は相続開始の時から6か月を経過する日のいずれか遅い日までの間となる(最低でも6か月間が確保される)(1037条1項1号)。

3 > 特別の寄与 (相続人以外の親族による貢献)

意義　**特別の寄与**とは、**被相続人の親族**(相続人、相続放棄をした者、相続欠格又は廃除により相続権を失った者を除く)が、被相続人に対して無償で療養看護その他の労務の提供をしたことにより**被相続人の財産の維持又は増加**について**特別の寄与**をすることである。

特別の寄与をした被相続人の親族(特別寄与者)は、相続開始後、相続人に対し、

その寄与に応じた額の金銭(特別寄与料)の支払を請求することができる(1050条1項)。

〈解説〉　特別寄与者の具体例として、被相続人の子の配偶者(内縁の配偶者は含まれない)などが挙げられる。

❺ 遺産分割

1 意義

> **意義**　遺産分割とは、共同相続人が共有する**遺産を相続分に応じて分割**し、**各共同相続人の個人財産にすること**をいう。遺産分割は、遺産に属する物又は権利の種類及び性質、各相続人の年齢、職業、心身の状態及び生活の状況その他一切の事情を考慮して行う(906条)。

> **趣旨**　遺産の共有状態は暫定的・一時的な状態であるから、遺産を構成する個々の財産の帰属先を確定させるための手続として遺産分割を規定した。

〈解説〉　**/発展** 相続人は、遺産の分割までの間は、相続開始の時に存した金銭を相続財産として保管している他の相続人に対して、自己の相続分に相当する金銭の支払を求めることはできない(最判平4.4.10)。 L

2 遺産分割の方法

　遺産分割の方法には、①被相続人によって定める**指定分割**、②共同相続人間の協議によって定める**協議分割**、③家庭裁判所の審判によって定める**審判分割**がある。

① 指定分割
　被相続人は、**遺言**によって、①遺産分割の方法を定めること(**遺産分割の方法の指定**)、②遺産分割の方法を定めることを**第三者に委託**すること、③相続開始の時から**5年を超えない期間**を定めて**遺産分割を禁ずる**ことができる(908条1項)。

> **問題点❶**　**/発展** 特定の遺産を特定の相続人に「相続させる」趣旨の遺言は、遺産分割の方法の指定又は遺贈のどちらに該当するか。

> **結論**　遺言書の記載から、その趣旨が遺贈であることが明らかであるか又は遺贈と解すべき特段の事情のない限り、当該遺産を当該相続人に単独で相続させる遺産分割の方法の指定(908条)である(最判平3.4.19)。 M

> **理由**　当該遺言は、当該遺産を当該相続人に対して、他の共同相続人と共にではなく、単独で相続させようとする趣旨のものと解するのが当然の合理的な意思解釈である。

問題点❷ 🖊発展 特定の遺産を特定の相続人に「相続させる」趣旨の遺言が遺産分割の方法の指定である場合、当該遺産はいつの時点で当該相続人に帰属するか。

結論 当該遺言において相続による承継を当該相続人の意思表示にかからせたなどの特段の事情のない限り、何らの行為を要せずして、当該遺産は、被相続人の死亡の時に直ちに相続により承継される(最判平3.4.19)。[N]

理由 当該遺言は、遺産の一部である当該遺産を当該相続人に帰属させる遺産の一部の分割がなされたのと同様の遺産の承継関係を生じさせる。

〈語句〉●特定財産承継遺言とは、遺産分割の方法の指定として、特定の遺産を特定の相続人に「相続させる」趣旨の遺言のことをいう。民法の規定では「遺産の分割の方法の指定として遺産に属する特定の財産を共同相続人の一人又は数人に承継させる旨の遺言」(1014条2項)と定義されている。

② 協議分割 改正

共同相続人は、被相続人が遺言で遺産分割を禁じた場合(908条1項)又は遺産分割禁止の契約をした場合(908条2項本文)を除き、いつでも、その協議で、遺産の全部又は一部の分割をすることができる(907条1項)。

〈語句〉●共同相続人は、5年以内の期間を定めて、遺産の全部又は一部について、その分割をしない旨の契約をすることができる(908条2項本文)(09/予)。これを遺産分割禁止の契約という。遺産分割禁止の契約は、5年以内の期間を定めて更新することができるが、その期間の終期は相続開始の時から10年を超えることができない(908条3項)。

③ 審判分割

遺産分割について、共同相続人間に協議が調わないとき、又は協議をすることができないときは、各共同相続人は、その全部又は一部の分割を家庭裁判所に請求することができる(907条2項本文)。

③ 遺産分割の対象 🖊発展

遺産分割の対象は、**遺産分割時に存在する相続財産**である。したがって、遺産分割前(相続開始時から遺産分割時までの間)に遺産に属する財産が処分された場合、その財産は遺産分割の対象に含まれない。

ただし、遺産分割前に遺産に属する財産が処分された場合でも、共同相続人は、その全員の同意(処分をした共同相続人の同意を得ることを要しない)により、当該処分された財産が遺産分割時に遺産として存在するものとみなすことができる(み

なし遺産）(906条の2第1項)。

趣旨 遺産分割前に処分された遺産に属する財産を遺産分割時に考慮することを認めて、共同相続人間の公平を図る。

　相続開始から遺産分割までの間に共同相続に係る不動産から生ずる金銭債権たる賃料債権は、各共同相続人がその相続分に応じて分割単独債権として確定的に取得し、その帰属は、後にされた遺産分割の影響を受けない(最判平17.9.8)。**O**

理由 遺産は、相続人が数人あるときは、相続開始から遺産分割までの間、共同相続人の共有に属するものであるから、この間に遺産である賃貸不動産を使用した結果生ずる金銭債権たる賃料債権は、遺産とは別個の財産というべきであって、各共同相続人がその相続分に応じて分割単独債権として確定的に取得するから。

4 遺産分割の時的限界 改正

　特別受益又は寄与分に関する規定(903条～904条の2)は、以下の①又は②に該当する場合を除き、**相続開始の時から10年を経過した後にする遺産分割には適用しない**(904条の3)10/予。したがって、相続開始の時から10年を経過した後における遺産分割は、原則として法定相続分又は指定相続分による。

趣旨 長期間が経過した後、遺産分割に際して特別受益や寄与分を考慮することは、その証拠が散逸するなどして困難を極めるからである。

【遺産分割の時的限界の例外(904条の3)】
① 相続開始の時から10年を経過する前に、相続人が家庭裁判所に遺産分割の請求をしたとき(1号)
② 相続開始の時から始まる10年の期間の満了前6か月以内の間に、遺産分割を請求することができないやむを得ない事由が相続人にあった場合において、その事由が消滅した時から6か月を経過する前に、当該相続人が家庭裁判所に遺産分割の請求をしたとき(2号)

---

5 遺産分割の効果

① 遡及効

原則 遺産分割は、相続開始の時に遡って効力が生じる(遡及効)(909条本文)。

例外 遺産分割によっても、**第三者の権利を害することができない**(909条ただし書)。ここでの「第三者」とは、相続開始後遺産分割前に生じた第三者を指す(遺産分割前の第三者)(最判昭46.1.26)。

〈解説〉 特に不動産の所有権の帰属について、遺産分割前の第三者と相続人とが

争う場合や、遺産分割後の第三者と相続人とが争う場合については、『民法 上』第2章「物権」参照。 (11)

② 共同相続人間の担保責任 /発展

　各共同相続人は、他の共同相続人に対して、**売主と同じく**、その**相続分に応じて担保責任**を負う(911条)。

趣旨　遺産分割によって共同相続人の1人が取得した財産に不適合があるときに、共同相続人間の公平を図るため、他の共同相続人にもその不適合に対する責任を相続分に応じて負担させることにした。

　例えば、Aが死亡した後、Aの相続人であるBCD(全員がAの子であるとする)は遺産分割協議を成立させたが、それによってBが取得した建物にシロアリ被害の欠陥があったとする。この場合、CDは、各々3分の1の割合で按分して、Bに対して担保責任を負うことになる。

③ 遺産分割協議の解除

設例　Aが死亡した後、Aの相続人であるB・C・D(全員がAの子であるとする)が遺産分割協議を成立させた。その内容は、BがAの遺産の全部を取得する代わりに、Bが3か月以内に、CとDに対して各々1000万円を支払うものであった。しかし、3か月を経過しても、BはCDの双方に対して支払を一切行っていない。C又はDは、Bの履行遅滞を理由に、遺産分割協議を解除することができるか。

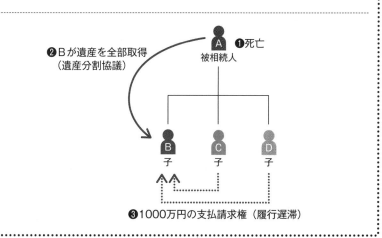

❷Bが遺産を全部取得
（遺産分割協議）

Ⓐ ❶死亡
被相続人

Ⓑ 子　Ⓒ 子　Ⓓ 子

❸1000万円の支払請求権（履行遅滞）

問題点 共同相続人間において遺産分割協議が成立したが、相続人の1人が当該協議において負担した債務を履行しない場合、その債権を有する相続人は、契約の解除の規定(541条)によって当該協議を解除することができるか。

結論 契約の解除の規定(541条)によって当該遺産分割協議を解除することはできない(最判平1.2.9)。 [12]

理由 遺産分割はその性質上協議の成立とともに終了し、その後は当該協議において債務を負担した相続人とその債権を取得した相続人間の債権債務関係が残るだけであると解さなければ、遡及効を有する遺産の再分割を余儀なくされ、法的安定性が著しく害される。

〈解説〉 共同相続人の全員が、既に成立している遺産分割協議の全部又は一部を合意により解除(遺産分割協議の合意解除)した上、改めて遺産分割協議をすること(再分割協議)は、法律上、当然には妨げられるものではない(最判平2.9.27)。

> **設例** では、C又はDは、Bの履行遅滞を理由に、遺産分割協議を解除することはできない。

⑥ 相続人の不存在 〈発展〉

　相続人のあることが明らかでないときは、相続財産を法人とし(951条)、**相続財産の清算**が行われる(952条〜959条)。その際、特別縁故者に対する相続財産の分与(958条の2)が行われる。

〈解説〉 「相続財産を法人とし」とは、一種の財団法人が成立するということである。これを相続財産法人という。管理人が選任され、相続財産の清算が行われる。

1 特別縁故者に対する相続財産の分与

意義 **特別縁故者**とは、被相続人と生計を同じくしていた者、被相続人の療養看護に努めた者その他被相続人と特別の縁故があった者をいう。

　相続開始後、一定の期間内に相続人としての権利を主張する者がいない場合において、相当と認めるときは、家庭裁判所は、**特別縁故者の請求**によって、その者に**清算後残存すべき相続財産の全部又は一部を与える**ことができる(958条の2第1項)。
[P]

〈解説〉 ① 借家権については、賃借人に相続人がいない場合、事実上の夫婦又

は養親子である同居者に対し、賃借人が有していた借家権が承継される(借地借家法36条)。

②　建物の賃借人に相続人がいる場合でも、建物の使用状況や必要度などを考慮し、被相続人の内縁の配偶者に対する相続人の建物明渡請求が権利濫用として許されないとした判例がある(最判昭39.10.13)。

2 処分されない相続財産の帰属

958条の2の規定(特別縁故者に対する相続財産の分与)により処分されなかった相続財産は、国庫に帰属する(959条前段)。

ただし、当該相続財産が第三者との共有である場合には、その第三者(他の共有者)に帰属する(255条)。共有財産に関する相続人の不存在は、255条の「共有者の一人が死亡して相続人がないとき」に該当するからである。

重要事項 一問一答

01 相続財産の共有の成立は？

物権法にいうところの「共有」(249条以下)と異ならない。

02 被相続人が遺言で定めた各共同相続人の相続分は？

指定相続分

03 血族の相続人の順位は？

第1順位が子(代襲相続人を含む)、第2順位が直系尊属、第3順位が兄弟姉妹(代襲相続人を含む)(887条、889条)

04 配偶者と直系尊属が相続人である場合の法定相続分は？

配偶者が3分の2、直系尊属が3分の1(900条2号)

05 父母の一方のみを同じくする兄弟姉妹の法定相続分は、父母の双方を同じくする兄弟姉妹の法定相続分と同じか？

父母の一方のみを同じくする兄弟姉妹の相続分は、父母の双方を同じくする兄弟姉妹の相続分の2分の1である(900条4号ただし書)。

06 特別受益に該当する贈与は何か（3つ）？

婚姻のための贈与、養子縁組のための贈与、生計の資本としての贈与(903条1項)

07 寄与分はどのように定めるか？

共同相続人間の協議で定めるのが原則である(904条の2第1項)。ただし、協議が調わないとき、又は協議ができないときは、寄与者の請求により家庭裁判所が定める(904条の2第2項)。

08 遺留分は被相続人の遺贈によって奪うことができるか？

できない。

09 兄弟姉妹は遺留分権利者であるか？

遺留分権利者ではない(1042条1項)。

10 相続放棄によって相続権を失った者は、遺留分権利者であるか？

遺留分権利者ではない。

11 個別的遺留分とは？

遺留分権利者が数人ある場合、総体的遺留分に各遺留分権利者の法定相続分を乗じたもの(1042条2項、900条、901条)

12 相続開始の1年前の日より前になされた贈与が贈与財産の価額に算入される場合は？

当事者双方が遺留分権利者に損害を加えることを知って贈与をした場合(1044条1項後段)

13 遺留分侵害額請求権の行使により、遺贈された財産の返還を請求することができるか？

できない。遺留分侵害額請求権は、遺留分侵害額に相当する金銭の支払を請求することができるのみである(1046条1項)。

14 相続開始後の遺留分の放棄について、家庭裁判所の許可は必要か？

不要である。

15 被相続人の内縁の配偶者は配偶者居住権を取得することができるか？

できない。

16 配偶者居住権の対抗要件は何か？

配偶者居住権の設定登記(1031条2項)

17 被相続人の子の内縁の配偶者は特別寄与者に含まれるか？

含まれない。

18 遺産分割の方法は（3つ）？

指定分割、協議分割、審判分割

19 指定分割として遺産分割を禁ずることができるか？

相続開始の時から5年を超えない期間を定めて遺産分割を禁ずることはできる(908条1項)。

20 特定の遺産を特定の相続人に「相続させる」趣旨の遺言は、遺贈と解するべきか？

特段の事情のない限り、遺産分割方法の指定と解するべきである(判例)。

21 遺産分割の効力は相続開始の時に遡るか？

相続開始の時に遡って効力を生じる(909条本文)。

22 909条ただし書の「第三者」とは？

相続開始後遺産分割前に生じた第三者を指す(判例)。

23 契約の解除の規定によって遺産分割協議を解除することができるか？

解除することができない(判例)。

24 特別縁故者は、請求をしなくとも、清算後残存すべき相続財産の全部又は一部を付与されるか？

家庭裁判所に請求をしないと付与されない(958条の2第1項)。

▶ 過去問チェック（争いのあるときは、判例の見解による）

01 AはBの不法行為により即死した。Aの死亡時にAには妻Cがおり、CはAとの間の子Dを懐胎していた。なお、AとCとの間には成人した子Eがおり、他にAの相続人となり得る者はいないものとする。遺産分割前における相続財産の共有は、民法が第249条以下に規定する「共有」とその性質を異にするものではないから、Cは、遺産分割前であっても、相続した共有持分を共同相続人以外の第三者に譲渡することができる。

○（税・労・財2017）

02 嫡出でない子の相続分は、嫡出である子の相続分の3分の1とされている。

×（国般2005）「嫡出である子の相続分の3分の1とされている」が誤り。

03 Xは相続財産1億円を残して死亡した。Xは遺言で相続分を指定していない。残されたXの家族は、配偶者A、母B、姉C、子D及びEであるが、Eは相続を放棄している。この場合、Cの法定相続分は0円である。

○（税・労2009改題）

04 相続人が配偶者1名と直系尊属1名のみである場合には、当該配偶者と直系尊属の法定相続分は、各2分の1となる。

×（税・労2010）「各2分の1となる」が誤り。

05 兄弟姉妹を除く法定相続人は遺留分を有し、相続開始のときに胎児であった者も生きて生まれれば子としての遺留分をもつ。また、子の代襲相続人も、被代襲相続人たる子と同じ遺留分をもつ。

○（税・労2011）

06 相続の放棄をした子は、初めから相続人とならなかったとみなされるため、遺留分侵害額に相当する金銭の支払を請求することができない。

○（税・労・財2014）

[07] AがCに自己の所有する甲不動産を遺贈する旨の遺言を行った場合において、Aの相続人Bは、自己の遺留分が侵害されているときでも、Cに対し、遺留分侵害額に相当する金銭の支払を請求することができない。

×（国般2014改題）「遺留分侵害額に相当する金銭の支払を請求することができない」が誤り。

[08] 配偶者居住権は、相続開始時に被相続人の財産に属した建物に居住していた被相続人の配偶者が、相続後も当該建物を無償で使用及び収益をすることができる権利であり、当該権利は第三者に譲渡することもできる。

×（税・労・財2021）「当該権利は第三者に譲渡することもできる」が誤り。

[09/予] 共同相続人は、10年以内の期間を定めて、遺産の全部又は一部について、その分割をしない旨の契約をすることができる。

×（予想問題）「10年以内」が誤り。

[10/予] 特別受益又は寄与分に関する規定は、相続開始の時から10年を経過した後にする遺産の分割についても、当然に適用される。

×（予想問題）「当然に適用される」が誤り。

[11] 遺産分割協議の結果、A所有の甲不動産をCが全部取得した場合、Cは、甲不動産の所有権を、登記なくして、遺産分割後に甲不動産につき権利を取得した第三者に対抗することができる。

×（税・労・財2017）「遺産分割後に甲不動産につき権利を取得した第三者に対抗することができる」が誤り。

[12] 共同相続人間において遺産分割協議が成立した場合に、相続人の一人が他の相続人に対して当該遺産分割協議において負担した債務を履行しないときであっても、他の相続人は民法第541条によって当該遺産分割協議を解除することができない。

○（国般2016）

[A] A、B及びCはいずれもDE間の実子である。Dは、生前、A及びBそれぞれの婚姻に際してA、Bに各々1000万円の現金を贈与し、その後、7000万円の銀行預金を残して死亡したが、遺言はなかった。この場合、A、Bへの当該贈与は特別受益に該当する。

○（国般2007改題）

[B] 寄与分制度は、被相続人の財産の維持又は増加について特別の寄与をした者に対して、その寄与分を与えるものであり、共同相続人以外の者の寄与分はその者の具体的相続分となり、共同相続人の寄与分はその者の具体的相続分の算定に当たり考慮される。

× (国般2018改題)「共同相続人以外の者の寄与分はその者の具体的相続分となり」が誤り。

[C] 被相続人の配偶者、弟、妹の3人が相続人であったとすると、それぞれの遺留分の割合は、順に、8分の3、8分の1、8分の1である。

× (国般2010)「8分の3、8分の1、8分の1である」が誤り。

[D] 相続人が、被相続人の配偶者Aと、Aと被相続人との間の、子Bと子Cであった場合、Aの遺留分の割合は、4分の1である。

○ (税・労2011)

[E] 遺留分算定の基礎となる財産は、被相続人が相続開始の時において有した財産の価額にその贈与した財産の価額を加えた額で算定し、債務額を控除して算定することはない。

× (区2013)「で算定し、債務額を控除して算定することはない」が誤り。

[F] 相続開始の6か月前に被相続人が相続人以外の者に贈与をしていた場合、遺留分を算定するための財産の価額は当該贈与の価額を含めて算定されない。

× (国般2010改題)「当該贈与の価額を含めて算定されない」が誤り。

[G] 相続開始の2年前に被相続人が相続人の1人に贈与をしていた場合は、それが特別受益に当たるときは、遺留分を算定するための財産の価額は当該贈与の価額を含めて算定される。

○ (国般2010改題)

[H] 遺留分侵害額請求権は、特段の事情がある場合を除き、債権者代位権の目的とすることができる。

× (国般2010改題)「債権者代位権の目的とすることができる」が誤り。

[I] 遺留分権利者は、受遺者又は受贈者に対し、遺留分侵害額に相当する金銭の支払を請求することができるが、受遺者と受贈者があるときは、受贈者が先に遺留分侵害額を負担する。

× (区2013改題)「受贈者が先に遺留分侵害額を負担する」が誤り。

〔 J 〕 相続開始前に相続を放棄できないのと同様に、遺留分は、相続開始前に放棄することができない。

× (税・労2011)「遺留分は、相続開始前に放棄することができない」が誤り。

〔 K 〕 遺留分侵害額の請求権は、遺留分権利者が、相続の開始及び遺留分を侵害する贈与又は遺贈があったことを知った時から３年間行使しないときは、時効によって消滅する。相続開始の時から10年を経過したときも、同様とする。

× (区2013改題)「３年間」が誤り。

〔 L 〕 相続人は、遺産の分割までの間は、相続開始時に存した金銭を相続財産として保管している他の相続人に対し、自己の相続分に相当する金銭の支払を請求することはできない。

○ (国般2016)

〔 M 〕 特定の遺産を特定の相続人に「相続させる」との遺言があった場合、遺言書の記載から、その趣旨が遺贈であることが明らかであるか又は遺贈と解すべき特段の事情がない限り、当該遺言は遺産分割方法を指定した趣旨であると考えられる。

○ (国般2006改題)

〔 N 〕 特定の遺産を特定の相続人に「相続させる」趣旨の遺言があった場合には、当該遺言において相続による承継を当該相続人の受諾の意思表示にかからせたなどの特段の事情がない限り、何らの行為を要せず、当該遺産は、被相続人の死亡の時に直ちに当該相続人に相続により承継されるとするのが判例である。

○ (税・労・財2019)

〔 O 〕 AはBの不法行為により即死した。Aの死亡時にAには妻Cがおり、CはAとの間の子Dを懐胎していた。なお、AとCとの間には成人した子Eがおり、他にAの相続人となり得る者はいないものとする。A所有の乙不動産が第三者に賃貸されている場合、Aの死亡後に発生する乙不動産の賃料債権もAの遺産に含まれ、常に遺産分割協議の対象となる。

× (税・労・財2017)「Aの死亡後に発生する乙不動産の賃料債権もAの遺産に含まれ、常に遺産分割協議の対象となる」が誤り。

P 相続人が不存在であり、特別縁故者が存在する場合であっても、当該特別縁故者に清算後残存すべき相続財産の全部が分与されることはない。

× (国般2005)「清算後残存すべき相続財産の全部が分与されることはない」が誤り。

10 相続③－遺言

本節では、遺言を扱います。遺言能力、普通の方式による遺言、遺言の効力を整理しておきましょう。

1 遺言とは何か

1 総説

意義 遺言とは、民法に定める方式に従って行われ、遺言者（被相続人）の死後にその効果の発生を認める意思表示をいう。

趣旨 相続財産の行く末に対する遺言者の意思を尊重する。

① 法的性格

遺言は遺言者の意思表示のみによって成立し、相手方との意思表示の合致を要しない**単独行為**に該当する。

② 遺言によってのみ行うことができる行為

遺言によってのみ行うことができる主な行為として、未成年後見人の指定(839条)、指定相続分(902条)、遺産分割方法の指定(908条1項)、遺産分割の禁止(908条1項)、遺言執行者の指定又はその指定の第三者への委託(1006条1項)がある。

③ 遺言によっても行うことができる行為

これに対して、遺言以外の方法によって行うこともできるが、遺言によっても行うことができる主な行為として、認知(781条2項)、推定相続人の廃除(893条)がある。

2 遺言の解釈 /発展

遺言の解釈にあたっては、遺言書の文言を形式的に判断するだけでなく、**遺言者の真意を探究すべきもの**であり、遺言書の特定の条項を解釈するに当たっても、当該条項と遺言書の全記載との関連、遺言書作成当時の事情及び遺言者の置かれていた状況などを考慮して**当該条項の趣旨を確定**すべきである(最判昭58.3.18)。 A

理由　遺言は可能な限りこれを**有効となるように解釈する**ことが遺言者の意思に沿う(最判平5.1.19)。

　例えば、遺産を「公共に寄与する」という遺言は、受遺者の選定を遺言執行者(本節 **5** 項 **3** 「遺言執行者」で扱う)に委託する旨の遺言であるが、遺産の利用目的が公益目的に限定されているうえ、その目的を達成することができる被選定者(受遺者)の範囲が国又は地方公共団体等に限定され、そのいずれが受遺者として選定されても遺言者の意思と離れることはなく、選定者(遺言執行者)における選定権濫用の危険も認められないので、有効であるとした判例がある(最判平5.1.19)。**B**

3 遺言能力

意義　遺言能力とは、**遺言を有効に行うことができる能力**である。遺言者は、遺言をする時において、遺言能力を有しなければならない(963条)。

① 制限行為能力制度の不適用

　民法では、遺言能力に関して、「第五条、第九条、第十三条及び第十七条の規定は、遺言については、適用しない」(962条)と規定している。したがって、**遺言については制限行為能力制度が適用されない**。**01**

　例えば、**15歳に達した者**が遺言能力を有する(961条)ので、遺言能力を有する未成年者は、法定代理人の同意がなくても遺言をすることができる。**01** **02**

② 成年被後見人の遺言

　成年被後見人は、事理を弁識する能力を一時回復した時に遺言をするには、医師2人以上の立会いがなければならない(973条1項)。したがって、成年被後見人は、事理を弁識する能力を一時回復した時に、医師2人の立会いを条件として遺言をすることができる。

2 遺言の方式

　遺言は、**民法に定める方式に従わなければ**、することができない(960条)。遺言は厳格な成立要件が定められている**要式行為**である。

趣旨　遺言の効力発生時に遺言者が死亡していることから、生前になされた遺言者の意思表示が真意によるものであると確証することができるようにすると共に、後から偽造・変造が行われることを防止する。

　遺言の方式は、**普通の方式**と**特別の方式**に大きく分けられるが、遺言者は、特別の方式によることが許される事情がない限り、**普通の方式**によって**遺言**をしなけれ

ばならない(967条)。 03

1 普通の方式

普通の方式の遺言には、**自筆証書遺言、公正証書遺言、秘密証書遺言**の3種類がある(967条)。 03

① 自筆証書遺言 発展

意義 　**自筆証書遺言**とは、遺言者が、**遺言の全文、日付、氏名を自書し、これに印を押す**(押印する)ことにより成立する遺言である(968条1項)。

公正証書遺言や秘密証書遺言と異なり、自筆証書遺言はその作成にあたって**公証人の関与を必要としない**ことが特徴である。

(ア) 全文の自書

意義 　**自書**とは、遺言者が**文字を自らの手で筆記**することである。

①他人の代筆によるもの、②タイプライター・ワープロ・点字機・パソコンを用いたもの、③スマートフォンを用いて録画したもの、④ボイスレコーダーを用いて録音したものは、いずれも自書に該当しないので、**自筆証書遺言としては無効である**。 C

ただし、自筆証書遺言にこれと一体のものとして**相続財産の目録を添付**する場合、当該目録は自書する必要がなく、パソコン等を用いて作成された書面によることが可能である(968条2項前段)。

〈解説〉 　自書によらない相続財産の目録については、当該目録の毎葉(自書によらない記載が両面にある場合は、その両面)に署名押印をしなければならない(968条2項後段)。

(イ) 日付の自書

日付については、作成された年月日を特定することができるように記載しなければならない。例えば、年月だけで日の記載のない遺言や、「○年○月吉日」と記載された遺言は、**作成年月日を特定することができないので、自筆証書遺言としては無効である**(最判昭54.5.31)。 D

理由 　遺言書が複数あった場合、その先後関係を判断するときに日付の記載が必要不可欠である。

〈解説〉 　自筆証書遺言に記載された日付が真実の作成日付と異なっていても、それが誤記であること及び真実の作成日付が当該遺言の記載などから容易に判明する場合には、その誤記をもって当該遺言が無効となるわけではない(最判昭52.11.21)。

（ウ）氏名の自書と押印（署名押印）

署名（氏名の自書）と押印は、**遺言書の作成の真正を担保**するために要求される。また、押印については、押印によって文書の作成を完結させるという我が国の慣行や法意識にも照らして要求されるものである（最判平1.2.16）。

署名については、戸籍上の氏名を原則とするが、遺言者を特定することができるものであれば、それ以外でもよい（ex.ペンネーム、芸名）。

押印については、**印章**（実印であるか否かは問わない）でもよいし、**指印**でもよい（最判平1.2.16）。しかし、**花押**を書くことは押印に該当しない（最判平28.6.3）。

〈語句〉●指印とは、指紋を印章の代わりにすることである。
●花押とは、署名押印の代わりに用いられる図案化された記号・符号のことである。

② 公正証書遺言

意義 公正証書遺言とは、証人2人以上の立会いの下で、公証人が遺言者の口述を筆記して作成する遺言である（969条）。

公正証書遺言の作成に際しては、証人2人以上の立会いが必要であり（969条1号）、以下の①〜④の手順に従って作成される（969条2号〜5号）。

【公正証書遺言の作成手順（969条）】

① 遺言者が遺言の趣旨を公証人に口授する（2号）

② 公証人が、遺言者の口述を筆記し、これを遺言者及び証人に読み聞かせ、又は閲覧させる（3号）

③ 遺言者及び証人が、筆記の正確なことを承認した後、各自これに署名し、印を押す（遺言者が署名することができない場合は、公証人がその事由を付記して、署名に代えることができる）（4号）

④ 公証人が、その証書は前各号に掲げる方式に従って作ったものである旨を付記して、これに署名し、印を押す（署名押印）（5号）

---

③ 秘密証書遺言

意義 秘密証書遺言とは、遺言者が、証書に署名押印し、その証書を封じ、証書に用いた印章をもって封印したうえで、公証人及び証人2人以上の署名押印を受けることによって作成される遺言である（970条）。

自筆証書遺言と異なり、証書の全文と日付は**自書でなくてもよい**。したがって、他人の代筆による証書や、タイプライター・ワープロ・点字機・パソコンを用いた証書でもよい。

④ 外国に在る日本人の遺言の方式 改正

日本の領事の駐在する地に在る日本人が公正証書遺言又は秘密証書遺言をしようとするときは、**領事が公証人の職務を行う**(984条前段)。この場合、遺言者及び証人は、公正証書遺言又は秘密証書遺言を作成する際に要求されている押印をすることを要しない(984条後段)。

2 特別の方式

① 危急時遺言

死亡の危急に迫った者のための遺言の方式である。以下のどちらの場合も、証人又は利害関係人が家庭裁判所に請求して、遺言者の真意に出たものであることを確認する必要がある(976条4項、5項、979条3項、4項)。

【危急時遺言】

死亡の危急に迫った者の遺言(976条)	① 疾病その他の事由によって死亡の危急に迫った者が、証人3人以上の立会いをもって、その1人に遺言の趣旨を口授することによって作成する(1項前段) ② 口授を受けた者は、これを筆記して、遺言者及び他の証人に読み聞かせ、又は閲覧させ、各証人がその筆記の正確なことを承認した後、これに署名押印する(1項後段)
船舶遭難者の遺言(979条)	① 船舶が遭難した場合において、当該船舶中に在って死亡の危急に迫った者が、証人2人以上の立会いをもって口頭で作成する(1項) ② 証人がその趣旨を筆記して、これに署名押印する(2項)

② 隔絶地遺言

遺言者が一般の交通から隔絶されているため、普通の方式によって遺言を行うことができない者のための遺言の方式である。どちらも遺言者が自ら遺言書を作成することから、家庭裁判所の確認は不要である。

【隔絶地遺言】

伝染病隔離者の遺言(977条)	伝染病のため行政処分によって交通を断たれた場所に在る者が、警察官1人及び証人1人以上の立会いをもって、遺言書を作成する
在船者の遺言(978条)	船舶中に在る者が、船長又は事務員1人及び証人2人以上の立会いをもって、遺言書を作成する

3 証人・立会人の欠格事由 発展

以上で述べた遺言の方式のうち、自筆証書遺言を除く遺言の方式では**証人を必要**とするほか、**立会人を必要**とする遺言の方式もある。

民法では、遺言の方式を問わず、以下の①～④のいずれかに該当する者は、遺言の証人・立会人となることができない旨を規定している（欠格事由）（974条、982条）。なお、**成年被後見人、被保佐人、被補助人は欠格事由に含まれていない。** E

> **趣旨** 遺言の内容について利害関係がある者（下記の②～④）、又は証人・立会人の役割を果たすことが難しい者（下記の①）を証人・立会人から排除する。ただし、ノーマライゼーションの観点から、成年被後見人、被保佐人、被補助人は排除しないものとした。

【遺言の証人・立会人の欠格事由(974条)】
① 未成年者（1号） E
② 推定相続人及び受遺者（2号）
③ 推定相続人及び受遺者の配偶者及び直系血族（2号）
④ 公証人の配偶者、四親等内の親族、書記及び使用人（3号）

〈解説〉 公正証書遺言の作成に当たり当該遺言の証人となることができない者が同席していたとしても、この者によって遺言の内容が左右されたり、遺言者が自己の真意に基づいて遺言をすることを妨げられたりするなど特段の事情のない限り、当該遺言が無効となるものではない（最判平13.3.27）。 F

3 遺言の効力

1 効力発生時期

　遺言が有効になされた場合、その効力が発生するのは**遺言者の死亡時**である（985条1項）。ただし、遺言に停止条件を付した場合、その条件が遺言者の死亡後に成就したときは、遺言は、**条件成就時から効力が生じる**（985条2項）。 04

2 共同遺言の禁止 /発展

　遺言は、2人以上の者が同一の証書ですることができない（975条、982条）。これに違反して行われた**共同遺言は無効**である。 G

> **趣旨** 各遺言者の意思が不明確になる他、遺言の撤回が困難になる。

3 > 遺言の撤回

① 遺言の撤回

> **設例** Aは、「子Bに甲土地を相続させる。この遺言は私の最後の遺言である」という遺言をした後、この遺言を撤回し、「子Cに甲土地を相続させる」という遺言をすることができるか。

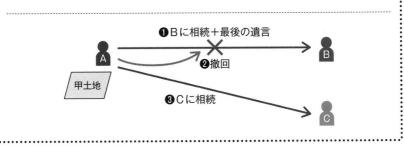

(ア) 遺言撤回の自由

遺言者は、いつでも、**遺言の方式に従って**、その遺言の全部又は一部を撤回することができる（遺言撤回の自由）（1022条）。遺言の撤回によって**撤回の対象となった遺言が無効**になる。 [05]

> **趣旨** いったん有効に遺言が成立しても、後から遺言者の意思が変わる可能性があるので、それを遺言書に反映させることを可能にした（遺言者の最終的意思の反映）。

(イ) 撤回する遺言の方式

遺言の撤回は、遺言の方式に従って行う必要があるものの、**遺言の方式に従う限り、撤回前の遺言と異なる方式でもよい**。例えば、公正証書遺言を自筆証書遺言によって撤回することができる。 [05]

(ウ) 撤回する権利の放棄

遺言者は、その**遺言を撤回する権利を放棄することができない**（1026条）。したがって、遺言者が遺言を撤回する権利を放棄する旨の意思表示をしても、その意思表示は**無効**である。 [06]

> **趣旨** 遺言撤回の自由を貫徹させるため。

　設例では、「この遺言は私の最後の遺言である」というのが、遺言を撤回する権利を放棄する旨の意思表示に当たるが、この意思表示は無効である。したがって、Aは、「子Bに甲土地を相続させる。この遺言は私の最後の遺言である」という遺言を撤回し、「子Cに甲土地を相続させる」という遺言をすることができる。**07**

② 前の遺言と後の遺言との抵触

（ア）遺言撤回の擬制

　前の遺言が後の遺言と抵触するときは、その抵触する部分については、**後の遺言で前の遺言を撤回したものとみなす**（遺言撤回の擬制）（1023条1項）。

　趣旨　遺言者の最終的意思を反映させる。

（イ）遺言がその後の生前処分などと抵触する場合

　遺言が遺言後の生前処分その他の法律行為と抵触する場合は、その抵触する部分については、**遺言後の生前処分その他の法律行為で前の遺言を撤回したものとみなす**（1023条2項）。

　趣旨　先に行われた遺言と抵触する点で、遺言と抵触する生前処分その他の法律行為と、前の遺言と抵触する後の遺言とは共通している。

　発展例えば、終生扶養を受けることを前提として養子縁組をしたうえ、その所有する不動産の大半を養子に遺贈する旨の遺言をした者が、その後養子に対する不信の念を深くして協議離縁をし、法律上も事実上も扶養を受けないことにした場合には、当該遺言は、その後にされた協議離縁と抵触する（協議離縁が当該遺言によりされた遺贈と両立し得ない）ものとして、1023条2項の規定により取り消されたものとみなすべきであるとした判例がある（最判昭56.11.13）。　**H**

③ 撤回された遺言の効力

　撤回行為（遺言を撤回する行為）が、撤回され、取り消され、又は効力を生じなくなるに至ったとしても、**撤回された遺言の効力は回復しない**（1025条本文）。ただし、**撤回行為が錯誤・詐欺・強迫による場合は、撤回された遺言の効力が回復する**（1025条ただし書）。

　問題点　**発展**第1遺言を第2遺言によって撤回した遺言者が、第2遺言を第3遺言によって撤回した場合、第1遺言の効力の復活が認められるか。

　結論　遺言書の記載に照らし、遺言者の意思が第1遺言の復活を希望するものであることが**明らかなときは、第1遺言の効力が復活**する（最判平9.11.13）。　**I**

理由 第1遺言の復活を希望する意思が明らかなときは、1025条ただし書の法意に鑑み、遺言者の真意を尊重して第1遺言の効力の復活を認めるのが相当である。

4 遺贈 /発展

1 総説

意義 遺贈とは、遺言者が、包括又は特定の名義で、その財産の全部又は一部を処分することをいう(964条)。

① 法的性格

遺贈は、被相続人が遺言によって、自己の財産を無償で与えるという**単独行為**に該当する。

② 遺贈の相手方

遺贈については、その相手方(受贈者)が相続人であることを要しない。受贈者が胎児の場合には、既に生まれたものとみなされる(985条、886条1項)ので、**胎児に対する遺贈も有効**である(出生した時点で受遺者の地位を取得する)。 J

③ 効力の発生時期

遺贈も遺言であるから、**遺言者(遺贈者)の死亡時から効力が生じる**(985条1項)。ただし、遺贈に付された停止条件が遺言者の死亡後に成就したときは、**条件成就時から遺贈の効力が生じる**(985条2項)。

〈解説〉 遺贈を受けた財産が多い場合には、受遺者が遺留分権利者から遺留分侵害額請求権の行使を受けることがある(本章 9 節 4 項「相続人等を保護するための調整」参照)。

2 遺贈の種類

遺贈は、受遺者に財産を与える方法の違いから、**包括遺贈**と**特定遺贈**とに分けられる(964条)。

① 包括遺贈
(ア) 意義

意義 包括遺贈とは、遺産の全部又は一定割合で示された部分を、受遺者に対

して無償で与える行為である。

　例えば、「遺産の全部をAに譲る」「遺産の2分の1をBに譲る」というのが包括遺贈に該当する。

（イ）受遺者の地位

⑦　相続人と同一の扱いを受ける場合

　包括遺贈を受けた受遺者（包括受遺者）は、**相続人と同一の権利義務**を有する（990条）。例えば、包括遺贈の承認・放棄については、遺贈の放棄・承認に関する規定（986条～989条）ではなく、**相続の放棄・承認に関する規定（915条～940条）が適用される**。

> **趣旨**　包括受贈者は、遺産の全部又は一定割合で示された部分を取得する点において、その地位が相続人と類似する。

〈解説〉　包括遺贈を放棄するときは、原則として、遺贈者が死亡したこと及び自己のために包括遺贈があったことを知った時から3か月以内（熟慮期間）に、家庭裁判所に申述をしなければならない（915条1項本文、938条）。

④　相続人とは異なる扱いを受ける場合

　これに対して、相続人とは異なる扱いを受ける主な事項として、①包括受遺者には**遺留分がない**こと、②包括遺贈は**代襲の制度がない**こと、③包括遺贈には**負担付き遺贈**（1002条）が認められることが挙げられる。

〈解説〉　①　包括受遺者に遺留分がないのは、遺留分が兄弟姉妹以外の相続人だけに認められるからである（1042条1項）。

　　　　②　包括遺贈に代襲の制度がないのは、遺言者の死亡以前に受遺者が死亡したときは、遺贈の効力が生じないからである（994条1項）。例えば、Aが「遺産の全部をBに譲る」と遺贈した後、Bが先に死亡したときは、当該遺贈の効力が失われ、Bの子に受遺者の地位が引き継がれない。

② 特定遺贈

（ア）意義

> **意義**　特定遺贈とは、**特定の具体的な財産的利益**を、受遺者に対して無償で与える行為である。

　例えば、「私が所有する甲土地をAに譲る」「乙銀行にある私の預金債権をBに譲る」というのが特定遺贈に該当する。

（イ）受遺者の地位

　特定遺贈の受遺者には、**遺贈の放棄・承認に関する規定（986条～989条）が適用される**。したがって、受遺者は、遺言者の死亡後、いつでも遺贈の放棄をすることができる（986条1項）**K**。遺贈の放棄がなされると、遺言者の死亡の時に遡って効力

が生じる（986条2項）。

　また、遺贈の承認・放棄は、撤回することができない（989条1項）。

〈解説〉　総則編・親族編の規定により、遺贈の承認・放棄を取り消すことは可能である（989条2項、919条2項）。なお、この取消しには6か月間の消滅時効期間及び10年間の除斥期間がある（989条2項、919条3項）。　K

3 負担付遺贈

意義　**負担付遺贈**とは、遺贈者が、**受遺者に一定の負担をさせることを内容とする遺贈**である。例えば、Aが「Bに1000万円の土地を譲るが、Bは私の死後、私の妻Cの身の回りの世話をしなさい」という遺言をする場合が当てはまる。

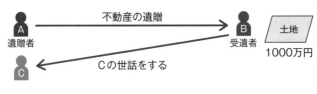

【負担付遺贈】

① 負担付遺贈の方法

　負担付遺贈の方法は、包括遺贈でも特定遺贈でもよい（上記のAは特定遺贈をしている）。したがって、負担付遺贈を放棄する場合には、それぞれの放棄の手続に従うことになる。例えば、負担付の包括遺贈のときは、相続放棄の手続に従って遺贈の放棄をする必要がある（915条1項）。負担付の特定遺贈のときは、遺贈の放棄の方法に従って遺贈の放棄をすることができる（986条1項）。

② 受遺者の責任

　負担付遺贈を受けた受遺者は、**遺贈の目的の価額を超えない限度**においてのみ、**負担した義務を履行する責任**を負う（1002条1項）。例えば、上記のBは、1000万円の限度においてCの世話する義務を負う。　L

趣旨　受遺者の負担額が遺贈額を上回らないようにする。

❺ 遺言の執行

　遺言の内容を実現するための行為が遺言の執行であり、**遺言執行者**又は相続人によって行われる。そして、遺言書の**検認・開封**は、遺言を執行する前に行われる手

続である。

1 ▸ 遺言書の検認

意義　検認とは、相続人に遺言の存在とその内容を知らせ、検認の日現在における**遺言書の内容**（遺言書の形状、加除訂正の状態、日付、署名など）を**明確にする手続**である。

　遺言書の保管者又は遺言書の保管者がない場合において遺言書を発見した相続人は、相続の開始を知った後、**遅滞なく**、これを家庭裁判所に提出して、その**検認を請求**しなければならない(1004条1項)

趣旨　検認後における遺言書の偽造・変造を防止し、遺言書の保存を確実なものとする。

　/発展 ただし、**公正証書遺言については、遺言書の検認の手続が不要である**(1004条2項)。[M]

趣旨　遺言書の原本が公証役場に保管されており、遺言書の偽造・変造のおそれがない。

2 ▸ 遺言書の開封

　封印のある遺言書は、家庭裁判所において相続人又はその代理人の立会いがなければ、開封することができない(1004条3項)。

3 ▸ 遺言執行者

意義　遺言執行者とは、遺言の内容を実現するために必要な手続などを行う者のことをいう。

① 選任 /発展
(ア) 選任の方法
㋐　遺言による指定・委託

　遺言者は、**遺言により**、1人又は数人の**遺言執行者を指定**し、又は遺言執行者の**指定を第三者に委託**することができる(1006条1項)。[N]

㋑　家庭裁判所による選任

　これに対して、遺言執行者がないとき(ex.遺言執行者の指定がない場合)、又は遺言執行者がなくなったとき(ex.遺言執行者が死亡・辞任・解任より不在になった場合)は、家庭裁判所は、利害関係人の請求によって、**遺言執行者を選任**することができる(1010条)。

（イ）選任の必要性

遺言の執行に際して、遺言執行者を必ず選任しなければならないわけではなく、相続人が遺言の執行を行うこともできる。ただし、必ず遺言執行者がしなければならない行為もある。

〈解説〉 必ず遺言執行者がしなければならない行為の例として、遺言による推定相続人の廃除(893条、戸籍法97条)、遺言による認知の届出(781条2項、戸籍法64条)がある。

② 欠格事由 /発展

未成年者及び破産者は、遺言執行者となることができない(1009条)。 N

趣旨 財産の管理能力が備わっていない者を遺言執行者から排除する。

③ 任務 /発展

遺言執行者は、遺言の内容を実現するため、**相続財産の管理その他遺言の執行に必要な一切の行為**をする権利義務を有する(1012条1項)。また、遺言者がその遺言に別段の意思を表示したときを除き、遺言執行者は、**自己の責任で第三者にその任務を行わせることができる**(1016条1項)。 O

遺言執行者がある場合、相続人は、相続財産の処分その他遺言の執行を妨げるべき行為をすることができない(1013条1項)。これに違反する行為は無効となるが、善意の第三者に対抗することができない(1013条2項)。

④ 辞任・解任

遺言執行者がその任務を怠ったときその他正当な事由があるときは、利害関係人は、その解任を家庭裁判所に請求することができる(1019条1項)。 08

遺言執行者は、正当な事由があるときは、**家庭裁判所の許可**を得て、その**任務を辞する(辞任する)ことができる**(1019条2項)。 08

重要事項 一問一答

01 遺言をするのに相手方との意思表示の合致は必要か？

不要である(単独行為)。

02 15歳の者が遺言をするのに法定代理人の承諾は必要か？

不要である(961条)。

03 遺言をするのに一定の方式が要求されるか？

民法に定める方式に従うことが要求される(要式行為)。

04 普通方式の遺言は（3つ）？

自筆証書遺言、公正証書遺言、秘密証書遺言

05 自筆証書遺言において自書を要するのは？

全文、日付、氏名(968条)

06 公正証書遺言において証人の立会いは必要か？

2人以上の証人の立会いが必要である(969条1号)。

07 遺言の効力発生時は？（原則）

遺言者の死亡時(985条1項)

08 共同遺言は禁止されているか？

禁止されている(975条、982条)。

09 遺言を撤回する際、遺言の方式に従う必要があるか？

従う必要がある(1022条)。

10 前の遺言が後の遺言と抵触するときはどうなるか？

抵触する部分については、後の遺言で前の遺言を撤回したものとみなす(1023条1項)。

11 遺贈の種類は（2つ）？

包括遺贈、特定遺贈

12 包括遺贈の放棄はいかなる規定に従うか？

相続放棄に関する規定に従う（熟慮期間の制限が及ぶ）。

13 特定遺贈の放棄はいつでも可能か？

遺言者の死亡後、いつでも放棄が可能である(986条1項)。

14 遺言書の検認は公証人に請求するのか？

家庭裁判所に請求する(1004条1項)。

15 遺言執行者は1人でなければならないか？

複数でもよい(1006条1項)。

16 遺言執行者はいつでもその任務を辞することができるか？

正当な事由があるときに、家庭裁判所の許可を得ることを要する(1019条2項)。

▌過去問チェック（争いのあるときは、判例の見解による）

01 遺言は、法律行為であり制限行為能力制度が適用されるので、法定代理人の同意のない未成年者の遺言は、未成年者の年齢にかかわらず無効である。
×（区2006）全体が誤り。

02 遺言者は、遺言をする時においてその能力を有しなければならず、未成年者は、公正証書によって遺言をすることはできるが、自筆証書によって遺言をするこ

とはできない。

× (区2018)「自筆証書によって遺言をすることはできない」が誤り。

[03] 遺言の方式には、普通方式と特別方式があり、普通方式には自筆証書遺言と公正証書遺言、特別方式には秘密証書遺言がある。

× (区2006)「特別方式には秘密証書遺言がある」が誤り。

[04] 遺言は、遺言者の死亡の時からその効力を生じ、遺言に停止条件を付した場合において、その条件が遺言者の死亡後に成就したときも、遺言は、条件が成就した時からではなく、遺言者の死亡の時に遡ってその効力を生ずる。

× (区2018)「遺言は、条件が成就した時からではなく、遺言者の死亡の時に遡ってその効力を生ずる」が誤り。

[05] 遺言者は、いつでも遺言の方式に従って遺言の全部又は一部を撤回することができるが、撤回する遺言は、撤回される遺言と同一の方式でなければならず、自筆証書遺言を公正証書遺言で撤回することはできない。

× (税・労・財2019)「撤回される遺言と同一の方式でなければならず、自筆証書遺言を公正証書遺言で撤回することはできない」が誤り。

[06] いったん遺言をした後であっても、遺言者は遺言の全部又は一部を自由に撤回することができる。ただし、遺言の撤回権をあらかじめ放棄している場合には、撤回は裁判所に届け出ない限り効力を生じない。

× (税・労・財2014)「自由に」「遺言の撤回権をあらかじめ放棄している場合には、撤回は裁判所に届け出ない限り効力を生じない」が誤り。

[07] Aが相続人Bに自己の保有する甲不動産を相続させる旨の遺言を行い、その遺言において、これが最終の遺言である旨を明示しても、Aは、その遺言を撤回し、Bに甲不動産ではなく自己の保有する乙不動産を相続させる旨の遺言を行うことができる。

○ (国般2014)

[08] 利害関係人は、遺言執行者を解任しようとするときは、家庭裁判所にその解任を請求することができ、また、遺言執行者は、正当な事由があるときは、家庭裁判所の許可を得ることなく、その任務を辞することができる。

× (区2014)「家庭裁判所の許可を得ることなく」が誤り。

A 遺言の解釈に当たっては、遺言書の文言を形式的に判断するだけでなく、遺言者の真意を探究すべきものであり、遺言書の特定の条項を解釈するに当たっても、当該条項と遺言書の全記載との関連、遺言書作成当時の事情及び遺言者の置かれていた状況等を考慮して当該条項の趣旨を確定すべきであるとするのが判例である。

○（税・労・財2021）

B 遺産の全部を「公共に寄与する」との遺言は、具体的な受遺者を指定していないため、遺言執行者が受遺者まで選定しなければならず、遺言者が遺言書作成に至った経緯やその置かれた状況等を考慮したとしても、選定権濫用の危険があり無効である。

×（国般2006）「選定権濫用の危険があり無効である」が誤り。

C 自筆証書によって遺言をするには、遺言者が、全文、日付及び氏名を自書し、これに印を押さなければならないが、タイプライターやワープロを用いてそれらを書いたものも自書と認められる。

×（区2018）「タイプライターやワープロを用いてそれらを書いたものも自書と認められる」が誤り。

D 自筆証書遺言に記載する日付は、暦上の特定の日を表示するものといえるように記載されることまでは必要とされていないため、証書の日付として例えば「平成31年4月吉日」と記載されていたとしても、日付の記載を欠くとはいえず、当該遺言は有効であるとするのが判例である。

×（税・労・財2019）全体が誤り。

E 自筆証書遺言を除く遺言方式では、証人又は立会人の立会いが必要とされるが、未成年者、成年被後見人、被保佐人及び被補助人は、遺言の証人又は立会人になることができないと民法上規定されている。

×（税・労・財2019）「成年被後見人、被保佐人及び被補助人」が誤り。

F 公正証書遺言の作成に当たり、民法所定の証人が立ち会っていれば、証人となることができない者が同席していたとしても、その者によって遺言の内容が左右されたり、遺言者が自己の真意に基づいて遺言をすることを妨げられたりするなど特段の事情のない限り、当該遺言は無効とならない。

○（国般2006）

G 遺言は、1人が一つの証書でしなければならないことはなく、2人以上の者が同一の証書で共同遺言しても有効とされる。

× (区2006) 全体が誤り。

H 終生扶養を受けることを前提として養子縁組を行い、大半の不動産を遺贈する旨の遺言をした者が、後に協議離縁し扶養を受けないことにした場合であっても、受遺者は遺言者の相続人に対し、当該不動産の所有権移転登記を請求することができる。

× (国般2006)「受遺者は遺言者の相続人に対し、当該不動産の所有権移転登記を請求することができる」が誤り。

I 第1の遺言を第2の遺言によって撤回した遺言者が、さらに第3の遺言によって第2の遺言を撤回した場合に、第3の遺言書の記載に照らし、遺言者の意思としては第1の遺言の復活を希望することが明らかであるときであっても、特段の事情のない限り、第1の遺言と同じ内容の新たな遺言をしなければならない。

× (国般2006)「特段の事情のない限り、第1の遺言と同じ内容の新たな遺言をしなければならない」が誤り。

J AとBは婚姻届を提出していないものの、いわゆる内縁関係にあり、BはCを懐胎している。その後、Aが死亡した後、Cが出生した場合、Aの死亡時には胎児であったCに遺贈する旨をAが遺言していたとしても、Cはその遺贈を受けることができない。

× (国般2002改題)「Cはその遺贈を受けることができない」が誤り。

K 受遺者は、遺言者の死亡後、いつでも遺贈の放棄をすることができるが、一度した遺贈の放棄は、いかなる場合であってもこれを取り消すことができない。

× (区2018)「いかなる場合であってもこれを取り消すことができない」が誤り。

L AがCに自己の保有する甲不動産を遺贈する旨の遺言を行った場合において、その遺言でCがDに対する甲不動産の価額を超える金銭の支払を負担として求められていても、CはDに対して甲不動産の価額に相当する金銭の限度においてのみ支払の義務を負う。

○ (国般2014)

M 公正証書遺言の方式に従って作成された遺言書の保管者は、相続の開始を

知った後、遅滞なく、これを家庭裁判所に提出して、その検認を請求しなければならない。

×（区2014）「遅滞なく、これを家庭裁判所に提出して、その検認を請求しなければならない」が誤り。

N 遺言者は、遺言で、一人又は数人の遺言執行者を指定することができるが、未成年者及び破産者は、遺言執行者となることはできない。

○（区2014）

O 遺言執行者は、遺言の内容を実現するため、相続財産の管理その他遺言の執行に必要な一切の行為をする権利義務を有するが、やむを得ない事由がある場合に限り、第三者にその任務を行わせることができる。

×（区2014改題）「やむを得ない事由がある場合に限り」が誤り。

婚姻に関するア～オの記述のうち、妥当なもののみを全て挙げているのはどれか。 国税・財務・労基2020 [R2]

ア 再婚禁止期間内にした婚姻は、女が再婚後に出産したときは、その取消しを請求することができない。

イ 協議上の離婚をした者の一方は、離婚の時から1年以内に限り、相手方に対して財産の分与を請求することができる。

ウ 未成年の子がいる父母が協議上の離婚をするに際して、その一方を親権者と定めた場合には、他の一方がその子の推定相続人となることはない。

エ 離婚によって婚姻前の氏に復した夫又は妻は、離婚の日から3か月以内に戸籍法の定めるところにより届け出ることによって、離婚の際に称していた氏を称することができる。

オ 建物賃借人の内縁の妻は、賃借人が死亡した場合には、その相続人とともに当該建物の共同賃借人となるため、賃貸人に対し、当該建物に引き続き居住する権利を主張することができるとするのが判例である。

1 ア、ウ
2 ア、エ
3 イ、ウ
4 イ、オ
5 エ、オ

ア ◯ 条文により妥当である。再婚禁止期間の規定に違反した婚姻は、①前婚の解消もしくは取消しの日から起算して100日経過したとき、又は、②女が再婚後に出産したときは、その取消しを請求することができない(746条)。本記述は②に該当するので妥当である。

イ ✕ 「離婚の時から１年以内に限り」という部分が妥当でない。協議上の離婚をした者の一方は、相手方に対して財産の分与を請求することができ(768条１項)、これについては特に期間の制限はない。なお、財産分与について当事者間の協議が調わないとき、又は協議をすることができないときに、協議に代わる処分を家庭裁判所に請求することについては、離婚の時から２年を経過するとできなくなる(768条２項ただし書)。

ウ ✕ 「他の一方がその子の推定相続人となることはない」という部分が妥当でない。被相続人に子及びその代襲者がいない場合、被相続人の直系尊属である父母が相続人となる(889条１項１号)。父母が離婚した場合でも、父母とその子との間の親子としての法律関係は影響を受けないから、親権者とならなかった父母の一方は、その子の推定相続人としての地位を失わない。

エ ◯ 条文により妥当である。婚姻によって氏を改めた夫又は妻は、協議上の離婚(協議離婚)によって婚姻前の氏に復する(当然復氏)(767条１項)。ただし、離婚の日から３か月以内に戸籍法の定めるところにより届け出ることによって、離婚の際に称していた氏を称することができる(婚氏続称)(767条２項)。そして、この規定は裁判上の離婚(裁判離婚)についても準用されている(771条)。

オ ✕ 「その相続人とともに当該建物の共同賃借人となるため」という部分が妥当でない。判例は、家屋賃借人の内縁の妻は、賃借人が死亡した場合には、相続人の賃借権を援用して賃貸人に対し当該家屋に居住する権利を主張することができるが、相続人とともに共同賃借人となるものではないとしている(最判昭42.2.21)。

　以上より、妥当なものは**ア**、**エ**であり、正解は❷となる。

| 問題2 | 次の文章は、ある最高裁判所決定の一部を要約したものである。下線部(1)～(5)に関するア～オの記述のうち、妥当なもののみを全て挙げているのはどれか。 |

国般2018 [H30]

　相続人が数人ある場合、各共同相続人は、(1)相続開始の時から被相続人の権利義務を承継するが、相続開始とともに共同相続人の共有に属することとなる相続財産については、相続分に応じた共有関係の解消をする手続を経ることとなる。そして、(2)この場合の共有が基本的には民法第249条以下に規定する共有と性質を異にするものではないとはいえ、この共有関係を協議によらずに解消するには、特別に設けられた裁判手続である遺産分割審判によるべきものとされており、また、その手続において基準となる相続分は、特別受益等を考慮して定められる(3)具体的相続分である。このように、遺産分割の仕組みは、(4)被相続人の権利義務の承継に当たり共同相続人間の実質的公平を図ることを旨とするものであることから、一般的には、遺産分割においては被相続人の財産をできる限り幅広く対象とすることが望ましく、また、遺産分割手続を行う実務上の観点からは、(5)現金のように、評価についての不確定要素が少なく、具体的な遺産分割の方法を定めるに当たっての調整に資する財産を遺産分割の対象とすることに対する要請も広く存在することがうかがわれる。

　ア　(1)について、相続は、被相続人の死亡によって開始する。この死亡には、失踪宣告がなされた場合も含まれる。

　イ　(2)の見解に立つと、相続財産の共有を「合有」と解する見解に比べて、相続財産中の個々の財産に対する持分の処分を制限的に解することになる。

　ウ　被相続人が負っていた可分債務のうち一身専属的でないものについては、共同相続人は、法定相続分によって分割承継するのではなく、(3)によって分割承継するのが原則であるとするのが判例である。

　エ　(4)と関連して、寄与分制度が設けられている。これは、被相続人の財産の維持又は増加について特別の寄与をした者に対して、その寄与分を与えるものであり、共同相続人以外の者の寄与分はその者の(3)となり、共同相続人の寄与分はその者の(3)の算定に当たり考慮される。

オ (5)について、共同相続された普通預金債権、通常貯金債権及び定期貯金債権は、いずれも、相続開始と同時に当然に相続分に応じて分割されることはなく、遺産分割の対象となるとするのが判例である。

1. ア、イ
2. ア、オ
3. イ、ウ
4. ウ、エ
5. エ、オ

ア ○　判例により妥当である。被相続人の死亡により相続が開始するが(882条)、ここでの「死亡」には、被相続人が死去した場合だけでなく、失踪宣告により被相続人が死亡したとみなされるに至った場合(31条)も含まれる(大判大5.6.1)。

イ ×　全体が妥当でない。財産の共同所有の形態には共有・合有・総有の３つがある。総有とは、財産が共同体に帰属し、財産に対する各人(各構成員)の持分は観念し得ず、各人への財産の分割を予定していない形態である(権利能力のない社団の財産など)。これに対し、共有とは、財産が持分に応じて各人に帰属し、各人への財産の分割を予定している形態である(249条以下の「共有」など)。そして、合有とは、総有と共有の中間に位置し、財産に対する各人の持分はあるが、各人への財産の分割が制限される形態である(組合財産など)。したがって、相続財産の共有を「合有」と解する方が、持分の処分は制限的に解することになる。

ウ ×　全体が妥当でない。判例は、相続人が数人ある場合において、その相続財産中に可分債務があるときは、その債務は法律上当然に分割され各共同相続人がその相続分(法定相続分又は指定相続分)に応じて負担するとしている(大決昭5.12.4)。したがって、可分債務は遺産分割の対象とはならず、共同相続人は、法定相続分又は指定相続分によってこれを分割承継することになる。

エ ×　「共同相続人以外の者の寄与分はその者の(3)となり」という部分が妥当でない。寄与分制度については、民法904条の２第１項が「共同相続人中に、……被相続人の財産の維持又は増加について特別の寄与をした者があるとき」と規定していることから、共同相続人に対してのみ適用される。したがって、共同相続人以外に対しては寄与分が与えられない。

オ ○　判例により妥当である。判例は、共同相続された普通預金債権、通常貯金債権及び定期貯金債権(預金債権等)は、いずれも、相続開始と同時に相続分に応じて分割されることはなく、遺産分割の対象となるとしている(最大決平28.12.19)。以前の判例は、預金債権等も可分債権として法律上当然に分割され、各共同相続人がその相続分に応じて承継すると解していた(最判平16.4.20)。しかし、預金債権等は現金に近い(現金は遺産分割の対象に含めている)(最判平4.4.10)ものとして想起さ

れること等を理由に、判例変更が行われて、預金債権等も遺産分割の対象に含めることになった。

　以上より、妥当なものは**ア**、**オ**であり、正解は **②** となる。

索　引

MEMO

【執　筆】　　　　　　　　　　　　　【校　閲】
TAC公務員講座講師室　　　　　　　TAC公務員講座講師室
北條 薫（TAC公務員講座）　　　　　北條 薫（TAC公務員講座）
横瀬 博徳（TAC公務員講座）　　　　横瀬 博徳（TAC公務員講座）
平川 哲也（TAC公務員講座）　　　　平川 哲也（TAC公務員講座）
田代 英治（TAC公務員講座）　　　　田代 英治（TAC公務員講座）

◎本文デザイン／黒瀬 章夫（ナカグログラフ）
◎カバーデザイン／河野 清（有限会社ハードエッジ）

本書の内容は，小社より2022年9月に刊行された
「公務員試験　過去問攻略Vテキスト　2　民法（下）第2版」（ISBN：978-4-300-10088-2）
と同一です。

こうむいんしけん　　かこもんこうりゃくぶい　　　　　　　　　　　　みんぽう　げ　　しんそうばん
公務員試験　過去問攻略Vテキスト　2　民法（下）　新装版

2019年6月15日　初　版　第1刷発行
2024年4月1日　新装版　第1刷発行

　　　　　　　　編 著 者　　T A C 株 式 会 社
　　　　　　　　　　　　　　　　　（公務員講座）
　　　　　　　　発 行 者　　多　　田　　敏　　男
　　　　　　　　発 行 所　　T A C 株式会社　出版事業部
　　　　　　　　　　　　　　　　　（TAC出版）
　　　　　　　　　　　　　　〒101-8383
　　　　　　　　　　　　　　東京都千代田区神田三崎町3-2-18
　　　　　　　　　　　　　　電話　03（5276）9492（営業）
　　　　　　　　　　　　　　FAX　03（5276）9674
　　　　　　　　　　　　　　https://shuppan.tac-school.co.jp
　　　　　　　　組　　版　　株 式 会 社　明　　昌　　堂
　　　　　　　　印　　刷　　株 式 会 社　ワ　　コ　　ー
　　　　　　　　製　　本　　東 京 美 術 紙 工 協 業 組 合

© TAC 2024　　　Printed in Japan　　　　ISBN 978-4-300-11142-0
　　　　　　　　　　　　　　　　　　　　N.D.C. 317

公務員講座のご案内

大卒レベルの公務員試験に強い!

2022年度 公務員試験

公務員講座生[1]
最終合格者延べ人数[2]

5,314名

国家公務員 (大卒程度)	計	2,797名
地方公務員 (大卒程度)	計	2,414名
国立大学法人等	大卒レベル試験	61名
独立行政法人	大卒レベル試験	10名
その他公務員		32名

[1] 公務員講座生とは公務員試験対策講座において、目標年度に合格するために必要と考えられる、講義、演習、論文対策、面接対策等をパッケージ化したカリキュラムの受講生です。単科講座や公開模試のみの受講生は含まれておりません。

[2] 同一の方が複数の試験種に合格している場合は、それぞれの試験種に最終合格者としてカウントしています。(実合格者数は2,843名です。)

* 2023年1月31日時点で、調査にご協力いただいた方の人数です。

1位 全国の公務員試験で 合格者を輩出!

詳細は公務員講座(地方上級・国家一般職)パンフレットをご覧ください。

2022年度 国家総合職試験

公務員講座生[1]

最終合格者数 217名

法律区分	41名	経済区分	19名
政治・国際区分	76名	教養区分[2]	49名
院卒/行政区分	24名	その他区分	8名

[1] 公務員講座生とは公務員試験対策講座において、目標年度に合格するために必要と考えられる、講義、演習、論文対策、面接対策等をパッケージ化したカリキュラムの受講生です。単科講座や公開模試のみの受講生は含まれておりません。

[2] 上記は2022年度目標の公務員講座最終合格者のほか、2023年度目標公務員講座生の最終合格者40名が含まれています。

* 上記は2023年1月31日時点で調査にご協力いただいた方の人数です。

2022年度 外務省専門職試験

最終合格者総数55名のうち 54名がWセミナー講座生です。[1]

合格者占有率[2] 98.2%

外交官を目指すなら、実績のWセミナー

[1] Wセミナー講座生とは、公務員試験対策講座において、目標年度に合格するために必要と考えられる、講義、演習、論文対策、面接対策等をパッケージ化したカリキュラムの受講生です。各種オプション講座や公開模試など、単科講座のみの受講生は含まれておりません。また、Wセミナー講座生はそのボリュームから他校の講座生と掛け持ちすることは困難です。

[2] 合格者占有率は「Wセミナー講座生(※1)最終合格者数」を、「外務省専門職採用試験の最終合格者総数」で除して算出しています。また、算出した数字の小数点第二位以下を四捨五入して表記しています。

* 上記は2022年10月10日時点で調査にご協力いただいた方の人数です。

WセミナーはTACのブランドです

TAC出版 書籍のご案内

TAC出版では、資格の学校TAC各講座の定評ある執筆陣による資格試験の参考書をはじめ、資格取得者の開業法や仕事術、実務書、ビジネス書、一般書などを発行しています!

TAC出版の書籍
＊一部書籍は、早稲田経営出版のブランドにて刊行しております。

資格・検定試験の受験対策書籍

- ✿日商簿記検定
- ✿建設業経理士
- ✿全経簿記上級
- ✿税　理　士
- ✿公認会計士
- ✿社会保険労務士
- ✿中小企業診断士
- ✿証券アナリスト

- ✿ファイナンシャルプランナー(FP)
- ✿証券外務員
- ✿貸金業務取扱主任者
- ✿不動産鑑定士
- ✿宅地建物取引士
- ✿賃貸不動産経営管理士
- ✿マンション管理士
- ✿管理業務主任者

- ✿司法書士
- ✿行政書士
- ✿司法試験
- ✿弁理士
- ✿公務員試験(大卒程度・高卒者)
- ✿情報処理試験
- ✿介護福祉士
- ✿ケアマネジャー
- ✿社会福祉士　ほか

実務書・ビジネス書

- ✿会計実務、税法、税務、経理
- ✿総務、労務、人事
- ✿ビジネススキル、マナー、就職、自己啓発
- ✿資格取得者の開業法、仕事術、営業術
- ✿翻訳ビジネス書

一般書・エンタメ書

- ✿ファッション
- ✿エッセイ、レシピ
- ✿スポーツ
- ✿旅行ガイド (おとな旅プレミアム/ハルカナ)
- ✿翻訳小説

公務員試験対策書籍のご案内

TAC出版の公務員試験対策書籍は、独学用、およびスクール学習の副教材として、各商品を取り揃えています。学習の各段階に対応していますので、あなたのステップに応じて、合格に向けてご活用ください!

INPUT

『みんなが欲しかった！公務員 合格へのはじめの一歩』
A5判フルカラー
● 本気でやさしい入門書
● 公務員の"実際"をわかりやすく紹介したオリエンテーション
● 学習内容がざっくりわかる入門講義

・数的処理（数的推理・判断推理・空間把握・資料解釈）
・法律科目（憲法・民法・行政法）
・経済科目（ミクロ経済学・マクロ経済学）

『みんなが欲しかった！公務員 教科書&問題集』
A5判
● 教科書と問題集が合体！でもセパレートできて学習に便利！
●「教科書」部分はフルカラー！見やすく、わかりやすく、楽しく学習！

・憲法
・[刊行予定]民法、行政法

『新・まるごと講義生中継』
A5判
TAC公務員講座講師
郷原 豊茂 ほか
● TACのわかりやすい生講義を誌上で！
● 初学者の科目導入に最適！
● 豊富な図表で、理解度アップ！

・郷原豊茂の憲法
・郷原豊茂の民法Ⅰ
・郷原豊茂の民法Ⅱ
・新谷一郎の行政法

『まるごと講義生中継』
A5判
TAC公務員講座講師
渕元 哲 ほか
● TACのわかりやすい生講義を誌上で！
● 初学者の科目導入に最適！

・郷原豊茂の刑法
・渕元哲の政治学
・渕元哲の行政学
・ミクロ経済学
・マクロ経済学
・関野喬のパターンでわかる数的推理
・関野喬のパターンでわかる判断整理
・関野喬のパターンでわかる空間把握・資料解釈

要点まとめ

『一般知識 出るとこチェック』
四六判
● 知識のチェックや直前期の暗記に最適！
● 豊富な図表とチェックテストでスピード学習！

・政治・経済
・思想・文学・芸術
・日本史・世界史
・地理
・数学・物理・化学
・生物・地学

記述式対策

『公務員試験論文答案集 専門記述』
A5判
公務員試験研究会
● 公務員試験（地方上級ほか）の専門記述を攻略するための問題集
● 過去問と新作問題で出題が予想されるテーマを完全網羅！

・憲法（第2版）
・行政法

書籍の正誤に関するご確認とお問合せについて

書籍の記載内容に誤りではないかと思われる箇所がございましたら、以下の手順にてご確認とお問合せをしてくださいますよう、お願い申し上げます。

なお、正誤のお問合せ以外の**書籍内容に関する解説および受験指導などは、一切行っておりません。**
そのようなお問合せにつきましては、お答えいたしかねますので、あらかじめご了承ください。

1 「Cyber Book Store」にて正誤表を確認する

TAC出版書籍販売サイト「Cyber Book Store」の
トップページ内「正誤表」コーナーにて、正誤表をご確認ください。

CYBER TAC出版書籍販売サイト
BOOK STORE

URL:https://bookstore.tac-school.co.jp/

2 1の正誤表がない、あるいは正誤表に該当箇所の記載がない ⇒ 下記①、②のどちらかの方法で文書にて問合せをする

★ご注意ください★

お電話でのお問合せは、お受けいたしません。

①、②のどちらの方法でも、お問合せの際には、「お名前」とともに、
「対象の書籍名（○級・第○回対策も含む）およびその版数（第○版・○○年度版など）」
「お問合せ該当箇所の頁数と行数」
「誤りと思われる記載」
「正しいとお考えになる記載とその根拠」
を明記してください。

なお、回答までに1週間前後を要する場合もございます。あらかじめご了承ください。

---

① ウェブページ「Cyber Book Store」内の「お問合せフォーム」より問合せをする

【お問合せフォームアドレス】

https://bookstore.tac-school.co.jp/inquiry/

---

② メールにより問合せをする

【メール宛先　TAC出版】

syuppan-h@tac-school.co.jp

※土日祝日はお問合せ対応をおこなっておりません。
※正誤のお問合せ対応は、該当書籍の改訂版刊行月末日までといたします。

乱丁・落丁による交換は、該当書籍の改訂版刊行月末日までといたします。なお、書籍の在庫状況等により、お受けできない場合もございます。
また、各種本試験の実施の延期、中止を理由とした本書の返品はお受けいたしません。返金もいたしかねますので、あらかじめご了承くださいますようお願い申し上げます。

（2022年7月現在）